Bauman: Uma biografia

Izabela Wagner

Bauman:
Uma biografia

Tradução:
Carlos Alberto Medeiros

ZAHAR

Grafia atualizada segundo o Acordo Ortográfico da Língua Portuguesa de 1990, que entrou em vigor no Brasil em 2009.

Título original: Bauman: A Biography
Capa: Violaine Cadinot
Foto de capa: Leonardo Cendamo
Preparação: Diogo Henriques
Índice remissivo: Probo Poletti
Revisão: Jane Pessoa, Ana Maria Barbosa e Valquíria Della Pozza

Dados Internacionais de Catalogação na Publicação (CIP)
(Câmara Brasileira do Livro, SP, Brasil)

Wagner, Izabela
Bauman : Uma biografia / Izabela Wagner ; tradução Carlos Alberto Medeiros.— 1ª ed. — Rio de Janeiro : Zahar, 2020.

Título original: Bauman : A Biography
Bibliografia
ISBN 978-85-378-1898-5

1. Bauman, Zygmunt, 1925-2017 2. Sociologia 3. Sociólogos – Polônia – Biografia I. Título.

20-47634 CDD-301.092

Índice para catálogo sistemático:
1. Sociólogos : Biografia e obra 301.092

Maria Alice Ferreira — Bibliotecária — CRB-8/7964

[2020]

EDITORA SCHWARCZ S.A.
Praça Floriano, 19, sala 3001 — Cinelândia
20031-050 — Rio de Janeiro — RJ
Telefone: (21) 3993-7510
www.companhiadasletras.com.br
www.blogdacompanhia.com.br
www.zahar.com.br
facebook.com/editorazahar
instagram.com/editorazahar
twitter.com/editorazahar

Num estado de exaltação, as pessoas não anseiam por conhecimento, mas por lendas; não pela distância comparativa da história, mas pela afirmação de sua *raison d'être*, suas crenças por tradição. Elas desejam explicações inequívocas e símbolos unificadores.

JERZY JEDLICKI[1]

Em memória de Keith Tester

Sumário

Introdução

22 de junho de 2013: Breslávia

O local é um salão de conferências de seiscentos lugares em Breslávia, cidade pitoresca construída sobre doze ilhas do sinuoso rio Oder que recuperou plenamente sua glória depois de sofrer uma destruição quase absoluta durante a Segunda Guerra Mundial. O salão está lotado de estudantes e professores universitários, com jovens se amontoando nas escadas ou de pé, encostados nas paredes, do lado de câmeras de TV que cobrem a palestra. O notável palestrante de hoje é Zygmunt Bauman, um intelectual globalmente reconhecido. Esse homem magro, de 88 anos, está sentado no palco entre o organizador do evento e o prefeito de Breslávia, Rafał Dudkiewicz. Dois guarda-costas contratados pela universidade estão de pé perto de Bauman. A tensão é grande. Dois meses antes, o político esquerdista franco-germânico Daniel Cohn-Bendit cancelou uma palestra que seria realizada ali em função de ameaças de morte. Hoje, mais uma vez, os organizadores temem a ocorrência de distúrbios provocados por grupos nacionalistas xenofóbicos.

Bauman é um excelente orador. Vários de seus livros (entre os mais de cinquenta que publicou) são best-sellers, escritos num estilo acessível ao grande público. Sua visão de mundo é uma inspiração para jovens engajados e movimentos sociais. Bauman é um raro intelectual que se tornou celebridade, e suas palestras atraem milhares de pessoas, da Itália ao Brasil e da Grécia a Portugal. Ele também tem, é claro, um público na Polônia. O tema da palestra de hoje são os ideais da esquerda, a velha e a nova, e os desafios enfrentados pelos movimentos com esse viés na atual configuração do capitalismo.[1]

Quando o prefeito assume o microfone para dizer algumas palavras, é atacado pelo público que está na parte de trás do salão, que entrou no último minuto, assim como por outras pessoas misturadas à plateia — cerca de cem, no total. Eles gritam palavras ofensivas, agitam os braços, cerram os punhos e ameaçam os que estão no palco. "Dudkiewicz, por que você o convidou?", gritam. "Abaixo o comunismo! Nuremberg para os comunistas!" "Os comunistas serão enforcados!" Alguns manifestantes "erguem as mãos na saudação nazista", lembrará depois Adam Chmielewski, organizador do evento.[2] Bauman observa com preocupação — nervoso, mas não em pânico. O público universitário, atônito, parece incapaz de acreditar no que está vendo com seus próprios olhos.

Uma das palavras de ordem que os manifestantes proclamam, aos gritos, é "NSZ!" (Narodowe Siły Zbrojne, ou Forças Armadas Nacionais). Eles se referem ao grupo nacionalista militar clandestino que enfrentou os nazistas e a esquerda polonesa durante e após a Segunda Guerra Mundial.[3] Quando jovem, imediatamente após a guerra, Bauman foi oficial do KBW (Korpus Bezpieczeństwa Wewnętrznego, ou Corpo de Segurança Interna), uma unidade de inteligência do Exército polonês que perseguia os remanescentes das NSZ. A história é velha — tem mais de sessenta anos —, mas esses radicais de direita agem como se tivesse acontecido ontem. Eles retomaram o bastão das NSZ e seu antissemitismo nacionalista radical e xenofóbico. Alguns usam camisetas com as iniciais do NOP (Narodowe Odrodzenie Polski, ou Renascimento Nacional da Polônia),[4] o partido que organizou a manifestação junto com o ONR (Obóz Narodowo-Radykalny, ou Acampamento Nacional Radical).[5] Ambos usam o símbolo da falange que grupos fascistas e antissemitas ostentaram em suas bandeiras no período entreguerras.[6] Eles portam bandeirolas — pequenas flâmulas do tipo usado por grupos que organizaram distúrbios antissemitas em universidades polonesas na década de 1930.

Depois de algum tempo, chega a polícia, recebida com aplausos pela plateia universitária. Os grupos agressivos abandonam o salão, prometendo voltar. Deixam Bauman sentado sozinho, completamente encolhido no palco. Ele fará sua palestra, mas ninguém irá se lembrar dela. O que ficará na memória serão os brutamontes que mostram que o fascismo ainda tem o poder de seduzir pessoas jovens e que ainda existe quem se recuse a aceitar o direito de pessoas como Zygmunt Bauman de se identificarem como polonesas.

Durante os anos que ainda viveu, Bauman jamais comentou o incidente em público. Mas as palavras e símbolos usados pelos manifestantes lhe eram familiares desde sua infância em Poznań, onde sofreu com o bullying antissemita e as leis raciais que o obrigavam, como os outros judeus, a se sentar no "banco do gueto" da escola.[7] Talvez ele tenha sentido que sua vida completava um círculo, ou que as antigas forças estavam de volta. A utopia do século XX que ele havia desejado — o fim das guerras, o desaparecimento dos conflitos étnicos e raciais e a possibilidade de uma sociedade igualitária — parecia ter acabado. O mundo estava enfrentando um velho fantasma, o ódio xenofóbico do "outro".

Por que Bauman era alvo desse ódio? Por que esses jovens queriam botá-lo na cadeia? O que ele teria feito para ser transformado num bode expiatório por parte da sociedade polonesa? E como uma mesma pessoa podia ser aclamada e admirada por milhões e odiada por outros?

Quem era Zygmunt Bauman?

Bauman, que morreu em 2017, foi um sociólogo, filósofo e intelectual. Tornou-se conhecido por outros sociólogos na década de 1960, quando, ainda jovem, fazia palestras em conferências internacionais. Mais tarde, passou a ser bastante conhecido entre a comunidade acadêmica mais ampla com a publicação de *Modernidade e Holocausto* (1989). O livro ganhou prêmios e foi reconhecido como uma contribuição significativa à compreensão da Shoá, bem como uma importante crítica da modernidade. Bauman, um intelectual e escritor notavelmente disciplinado que aprendeu sobre comunicação nas linhas de frente como um messias do socialismo para soldados poloneses analfabetos, veio depois a se tornar uma figura-chave no desenvolvimento da teoria pós-modernista; seu ecletismo e sua abordagem humanista fizeram com que os colegas o chamassem de "Simmel moderno" (em alusão ao eminente sociólogo alemão Georg Simmel).

Depois de aposentado, Bauman ultrapassou os limites da escrita acadêmica e buscou um público mais amplo, mais jovem. Foi um passo incomum para um intelectual com 75 anos, mas incrivelmente bem-sucedido. Professor britânico aposentado, judeu polonês por nascimento, foi abraçado por leitores de todo o mundo após a publicação de *Modernidade líquida* (2000), um livro inovador que se tornou best-seller quase que da noite para o dia. As obras que se seguiram popularizaram ainda mais a visão de Bauman, e sua análise das sociedades ocidentais contemporâneas tocou fundo em milhões de leitores, transformando-o num dos intelectuais mais prolíficos, influentes e lidos do século XXI. Bauman apresentava sua visão de mundo de uma forma que causava forte impressão nas pessoas. Foi citado por jornalistas, escritores, ativistas, artistas e também por acadêmicos e intelectuais. Captou a velocidade e as permanentes transformações do mundo e era visto como um oráculo, embora jamais tenha tido a pretensão de prever o futuro. Ele dizia que o mundo o enchia de pessimismo, mas que a admirável criatividade dos seres humanos proporcionava alguma reserva de otimismo. Essa era a voz de um intelectual idoso cujas experiências de guerra e fuga, discriminação e perseguição o tornaram particularmente atento aos processos que levavam à guerra e à ditadura.

Bauman era discreto sobre sua vida privada. Em nossas entrevistas para este livro, ele por vezes dizia que sua biografia era típica de sua geração e não tinha influenciado particularmente o seu trabalho.[8] Mas, depois de conhecer os detalhes de sua vida, convenci-me do oposto — seu trabalho é profundamente baseado em sua experiência pessoal, sobretudo na série de eventos traumáticos que se iniciou em sua infância e se estendeu até os seus quarenta anos. Num ensaio inédito,[9] dirigido a seus filhos e netos, ele revelou os interstícios de sua vida e, nesse processo, acabou reconhecendo o fato.

Bauman tentou construir um mundo melhor. Nas diferentes fases de sua vida adulta, nunca foi um observador passivo da sociedade, mas um ativista que vivia em função de seus ideais. Foi testemunha e participante de muitos eventos trágicos que transformaram fundamentalmente nosso mundo — vivenciando o antissemitismo em seus dias de juventude na Polônia, a fuga do nazismo, o exílio na Rússia soviética, a fome, a vida de combate de um soldado, a de um pregador do comunismo durante a implementação de um regime pró-soviético na Polônia, o colapso do stalinismo e a interação do autoritarismo com a democratização parcial na Polônia do pós-guerra. Bauman foi um refugiado duas vezes, em 1939-44 e em 1968. Não escolheu uma vida de nômade, mas ela lhe foi imposta. Durante a maior parte de sua existência, fez o possível para ser um bom polonês, mas a Polônia não o aceitou como tal. Sua identidade polonesa foi contestada pelas normas, pelas leis e pela perseguição antissemitas — a percepção de Bauman de sua identidade não era aceita por aqueles que a controlavam a partir de fora.

O sentimento de identidade (Quem sou eu?) e o *master status* (Como os outros me percebem?) são dois eixos que cortam este livro.

Aqui, sigo o pensamento de Everett Hughes (proeminente sociólogo de Chicago), que em 1945 apresentou o conceito de *master status*. Com essa expressão ele define a identidade social imposta por outros.[10] Uma contradição de status ocorre quando alguém tenta desempenhar um papel social embora lhe faltem as características necessárias a que a sociedade está habituada. Essa situação costuma ocorrer quando pessoas de grupos discriminados ocupam posições de prestígio, ou tentam fazê-lo.

Ainda criança, Bauman não pôde ser aceito como o primeiro aluno de sua turma na escola, apesar de seus resultados superiores, porque era judeu e tal posição era reservada a um polonês que não pertencesse a esse grupo. O *master status* nesse caso era um dos principais fatores que determinavam e limitavam os papéis sociais que ele podia exercer. Isso prosseguiu por grande parte de sua vida na Polônia: a tensão entre sua autoidentificação — polonês — e o *master status* imposto pelas pessoas à sua volta — judeu. Sua experiência era comum no país. Bauman teve muitos outros papéis: estudante, soldado, oficial, acadêmico, pai, emigrante e imigrante. Mas o status que predominou foi sua origem étnico-cultural, que impôs percepções e influenciou fortemente suas interações com os outros.

No nível pessoal, ele aprendeu como o comportamento tribal de sociedades divide as pessoas entre "nós" e "eles" — o "conflito", como Bauman escreveu, "sobre quem tem o sangue mais vermelho". Ele muitas vezes abordou esse tema, vendo-o como a origem dos problemas da humanidade. Com certeza, sua própria vida nunca seria inteiramente livre dos tormentos do tribalismo.

Na primeira parte da vida, ele foi afetado por forças extremas que privavam os indivíduos de sua agência e de seu senso de empoderamento. Essa dinâmica provavelmente moldou sua convicção de que a vida consiste em situações arriscadas, de que o controle de uma pessoa sobre a própria existência é amplamente limitado e de que o caráter do indivíduo pode propiciar possibilidades de se ajustar a uma determinada situação, mas a situação é determinada pela história e pela política. Essa visão de seres humanos enredados em um mundo poderoso, fora de seu controle, é contrária à ideologia popular na segunda metade do século XX, que apresentava o indivíduo como artífice de seu próprio destino. Enquanto o mundo neoliberal proclamava que "Se você quiser, você consegue", Bauman dizia o oposto, descrevendo uma sociedade cuja ideologia leva os cidadãos a acreditarem que sua agência é confirmada pelo consumo — a ilusão onipresente do poder do indivíduo.

Voltados para leitores da sociedade ocidental, seus livros afirmavam que, embora o capitalismo prometesse que a felicidade podia ser alcançada por meio das compras e do consumo, ele na verdade desestabilizava tudo aquilo que a civilização havia criado: as relações sociais, o amor, as regras, a moral, os valores — nos termos de Bauman, ele os "liquefazia". Os processos e regras da era "moderna", antes sólidos, com seu sentido de desenvolvimento e progresso constantes, agora eram líquidos, caracterizados por uma preferência pelas novas, próximas e melhores soluções, pela inovação em si. O sentimento de "liquidez" — sua temporalidade e falta de estabilidade — caracterizava os nossos tempos. O modo de vida antigo, percebido como sólido, fixo e claro, dava lugar a algo novo, ainda não estabelecido de fato — uma espécie de trabalho em andamento. Nossa época era um período intermediário no qual cada membro de uma sociedade desenvolvida precisava ser flexível, pois as estruturas, as regras e os valores precedentes não estavam mais disponíveis. A precariedade era a consequência das transformações de nossas sociedades.

No mundo líquido, tudo se transforma com tanta rapidez que somos levados a sentir que a vida é transitória. Os tempos líquidos são definidos pela incerteza. Se, nas gerações anteriores, muitas pessoas passavam a vida toda trabalhando no mesmo lugar, tendo a mesma ocupação, muitas vezes com o mesmo parceiro e a mesma família vivendo na mesma casa, os habitantes do mundo líquido são obrigados a mudar de local de trabalho e de ocupação, adaptando-se a um ambiente dinâmico. Essa instabilidade contextual está relacionada a um elevado grau de mobilidade geográfica. A dinâmica da liquidez modificou as relações sociais, que se tornaram frágeis. Os laços sociais se fragilizaram, aumentando a solidão das pessoas. A crença persistente de que comprar o último produto da moda nos faria felizes era uma poderosa ilusão. Essa é a desconstrução baumaniana de nossas sociedades ocidentais.

Bauman sabia muito sobre ilusões, crenças, pertencimento e engajamento. Foi um ex-missionário do socialismo que teve lições de engajamento ao procurar construir uma nova sociedade na primeira parte de sua vida, e então passou a segunda parte advertindo as pessoas sobre o perigo de engajamentos e crenças inumanos. Sua transformação foi diferente da dos colegas que, criticando seus sistemas de crenças iniciais, lançaram-se de cabeça em outros, novos e opostos (do comunismo ao capitalismo). Bauman manteve seus valores e sonhos sobre justiça social, mas analisou de forma crítica os sistemas que estavam sendo produzidos, supostamente para atingir objetivos nobres.[11]

Este livro, a primeira biografia abrangente de Bauman, situa seu trabalho no contexto de sua vida. Espera-se que possibilite aos leitores de sua obra revisitá-la com uma percepção mais profunda de suas mensagens, que emanam não apenas da volumosa produção acadêmica e do pensamento de Bauman, mas também de suas icônicas experiências.

I. Uma infância feliz "em tais circunstâncias"

Poznań (1925-32)

Um local de nascimento significativo, um período crítico...

Zygmunt Bauman nasceu no dia 19 de novembro de 1925 na cidade de Poznań, na Polônia. Nesse dia, a edição matutina do jornal local mais popular, o *Kurjer Poznański* [Correio de Poznań], trazia notícias diretas de Roma. "Ovações entusiásticas em homenagem a Mussolini", dizia a reportagem. "Fantástico discurso do primeiro-ministro na sessão de abertura do Parlamento. A sessão de hoje da Câmara dos Deputados começou num ambiente de extrema excitação, com muito entusiasmo e gestos exuberantes em homenagem a Mussolini."[1]

A edição noturna do *Kurjer* trazia a sétima parte de uma série de artigos intitulada "A sociedade do distrito de Poznań e da Pomerânia numa Polônia reconstruída",[2] escrita pelo famoso político nacionalista Roman Dmowski.[3] A primeira parte do texto fora publicada em 12 de novembro, um dia após o sétimo aniversário da independência do novo Estado polonês depois de 123 anos dividido entre a Rússia, a Prússia e o Império Austro-Húngaro. Dmowski ressaltava a importância da consciência nacionalista das massas. Tratava-se de uma questão de grande relevância a de cerrar fileiras uniformemente contra os judeus, tarefa que se pode considerar ter sido liderada por Poznań.[4] Esse foi o mundo em que nasceu Zygmunt Bauman.

Foi um dia pouco auspicioso para quem pertencia a essa minoria étnica — expressão que na época não era usada. Os judeus já viviam em solo polonês havia mais de mil anos, mas a maioria os considerava forasteiros, outros — e não membros plenos da sociedade. A situação dos judeus poloneses era diferente da dos judeus na França ou na Alemanha, onde havia, desde o século XVIII, um grau maior de assimilação. Na Polônia, o judaísmo não era apenas uma condição religiosa; os judeus eram representados como diferentes em muitas categorias — cultura, nacionalidade, etnia —, de modo a demonstrar que, embora vivessem havia séculos no mesmo solo que os católicos poloneses, eram um povo separado.

Num ensaio particular dirigido às filhas anos depois,[5] Bauman explicou a situação dos judeus poloneses nesse contexto histórico:

> Não posso evitar a história. Ela decretou que a condição de "ser polonês" tem sido, ao longo dos séculos, uma questão de decisão, escolha e ação. Tem sido algo pelo qual se deve lutar, algo que se deve defender, cultivar conscientemente e preservar com desvelo. "Ser polonês" não significa proteger fronteiras bem constituídas e delimitadas, mas estabelecer limites que ainda não existem — *construir* realidades em vez de expressá-las. Havia na polonesidade um traço constante de incerteza, de "até segunda ordem" — uma espécie de condicionalidade precária sobre a qual pouco sabem outras nações, mais seguras.
>
> Em tais circunstâncias, só se poderia esperar que a nação sitiada, o tempo todo ameaçada, testasse e retestasse constantemente a lealdade de seus quadros. Ela iria desenvolver um temor quase paranoico de ser ocupada, diluída, invadida, desarmada. Veria com desconfiança e suspeita todos os recém-chegados com credenciais que não fossem irretocáveis. Veria a si mesma como que cercada por inimigos, e desconfiaria, mais que de qualquer outro, do "inimigo interno".
>
> Em tais circunstâncias, também se deveria aceitar que a decisão de ser polonês (sobretudo se não tivesse sido tomada por ancestrais distantes o suficiente para que houvesse tempo de se enrijecer, transformando-se numa realidade sólida como uma rocha) fosse a de se unir numa luta sem vitória garantida e sem a perspectiva de que um dia viesse a sê-lo. Por séculos, as pessoas não se definiam como polonesas por desejarem uma vida tranquila. Os que assim se definiram dificilmente poderiam ser acusados de optar pelo conforto e segurança. Na maioria dos casos, mereciam louvor moral incondicional e calorosas boas-vindas.
>
> Que essas mesmas circunstâncias tenham levado a consequências apontando em direções opostas, chocando-se entre si e, em última instância, entrando em conflito, é ilógico. Ora, culpem as circunstâncias.[6]

Definir-se como polonês era uma decisão individual, mas que precisava ser confirmada pela sociedade. Falar da "assimilação" dos judeus ou de uma identidade que fundia as culturas polonesa e judaica era não apenas uma questão de autoidentificação, mas algo que envolvia inevitavelmente a sociedade polonesa como um todo. Nesse caso, "as circunstâncias" de que Bauman falou eram diferentes daquelas que permitiram a assimilação dos judeus na França e na Alemanha antes da chegada do nazismo. Havia um dito popular no século XX — e ainda hoje — segundo o qual embora fosse possível ser um judeu francês ou americano, não existia isso de ser um judeu polonês. Era preciso escolher — uma coisa ou a outra![7]

Bauman explicou o caso específico da Polônia a partir da perspectiva da *longue durée*:[8]

> Um dos mistérios da psicologia social é que os grupos que sustentam sua identidade na vontade e na decisão tendem a negar a outros o direito à autodefinição; ao questionarem e depreciarem a validade da autodeterminação, talvez desejem suprimir e esquecer as frágeis fundações de sua própria existência. Foi o que aconteceu na Polônia no entreguerras.[9]

O historiador Paweł Brykczyński, em seu livro *Primed for Violence: Murder, Antisemitism and Democratic Politics in Interwar Poland*, afirma que o nacionalismo antissemita foi uma força mais importante na cultura e na política do que alguns historiadores poloneses estão prontos a admitir:[10]

> Sem dúvida, ele não era uma força hegemônica. O nacionalismo antissemita enfrentou uma forte competição, liderada por talentosos e carismáticos líderes políticos, como Piłsudski,[11] e criada por poderosos campos socialistas, radicais, liberais e conservadores moderados que se reuniam em torno dele.[12]

Brykczyński propõe que a essência do conflito entre os apoiadores de Dmowski e Piłsudski — parafraseando Benedict Anderson[13] — envolvia diferentes formas de construir comunidades imaginárias.[14] Enquanto para Piłsudski a sociedade polonesa incluía todos os cidadãos poloneses, independente de religião ou etnia, para Dmowski a condição de polonês era reservada aos católicos. Assim, o problema do antissemitismo teve um papel fundamental no conflito entre os apoiadores de Dmowski e de Piłsudski.

Na Polônia do entreguerras, as relações entre as duas comunidades vizinhas eram dinâmicas, com fortes distinções de região para região, com base em qual dos poderes tripartites havia governado cada uma delas. De acordo com essa divisão, as regras referentes a moradia e acesso a profissões e ocupações eram diferentes nas áreas sob o domínio de tsares ou kaisers, assim como era diferente a demografia das populações judaicas. Poznań — capital da região de Wielkopolska — tinha, em 1921, 169 422 habitantes, dos quais apenas 1,2% era judeu.[15] Essa situação demográfica era excepcional entre as grandes cidades polonesas, nas quais, após o renascimento do Estado independente (1918), os judeus constituíam cerca de um terço da população (dados de 1921 mostram que Varsóvia tinha 33,1% de judeus, Łódź 34,6% e Cracóvia 25%). Esse parecia ser o motivo por que Dmowski era tão fascinado por Poznań, com sua modesta proporção de judeus e seu "patriótico alinhamento à nação polonesa".[16] A linguagem do período incluía a palavra "zażydzenie" (infestação judaica, ou "judificação").[17] O *Dicionário varsoviano* de 1927 define o termo como "poluir com judeus [...] encher um território de judeus, inundar de judeus". Como exemplo de seu uso, os autores do dicionário citam o romance *Marzyciel* [Sonhador], de Władysław Reymont, ganhador do prêmio Nobel de 1924, cujo herói afirma: "Vou morrer lá e esquecer este país fedorento, infestado de judeus". Os jornais e revistas com frequência observavam que Poznań era uma das cidades polonesas menos "infestadas de judeus".

Num dos primeiros artigos da série publicada por Dmowski no *Kurjer Poznański*, ele se refere ao avanço de Poznań no "processo civilizatório [...] Wielkopolska, sendo a região mais antiga e ocidental da Polônia, era mais civilizada que as outras. Antes, ela tinha ainda mais alemães e menos judeus [do que hoje]".[18] Uma vez mais, a quantidade dos judeus é diretamente associada ao progresso da civilização. O "desenvolvimento econômico" era a camuflagem científica para um antissemitismo bem desenvolvido e generalizado.

Em 1925, o antissemitismo era forte em Poznań, embora a presença de judeus na cidade fosse muito menor do que apenas uma década antes. Do fim do século XIX até 1918, os judeus constituíam uma parcela importante da vida econômica e política de Poznań. Naqueles anos, a população judaica se identificava fortemente com a Alemanha e sua situação era semelhante à de outras comunidades de judeus na Prússia. Três grupos étnicos — alemães prussianos, poloneses e judeus — conviviam pacificamente numa cidade cujo idioma para os negócios era o alemão. Falava-se polonês em casa, mas a política de germanização imposta por Bismarck impedia o uso da língua em lugares públicos. Não surpreende que os nacionais-democratas vissem com repugnância esse período do passado:

> Em 1853, judeus naturalizados foram eleitos pela primeira vez para a Câmara de Vereadores da cidade: seu número excedia o de delegados poloneses, o que piorou as relações com a população polonesa, que já estavam muito longe da perfeição [...]. Para os poloneses que lutavam para recuperar sua independência, os judeus germanizados, que ostentavam sua lealdade e vassalagem à Prússia, tornaram-se em alguns casos um grupo mais hostil do que os próprios alemães. Os judeus de Poznań iriam vivenciar essa hostilidade de forma particularmente aguda após a Primeira Guerra Mundial.[19]

No final da Primeira Guerra Mundial, alemães e poloneses lutaram pelo controle dos territórios em torno de Poznań, culminando no Levante de Wielkopolska de 1918-9. A população judaica da região, fortemente germanizada, apoiou nesse confronto a República de Weimar, acreditando que o Estado polonês recém-independente não iria durar. Quando a Polônia obteve o controle definitivo de Wielkopolska, a maioria das famílias judaicas deixou a cidade e se estabeleceu em territórios sob controle alemão — eram judeus que haviam "traído" o Estado polonês ao apoiarem os alemães em Poznań. Ao mesmo tempo, a Revolução de Outubro de 1917 trouxe "judeus do Leste" — com frequência famílias burguesas fugindo da União Soviética — para Poznań, onde eles receberam o apoio do Estado polonês. Apesar disso, cresceu o antissemitismo, produto da demonstração de força dos nacionalistas poloneses no entreguerras. Os habitantes católicos de Poznań tendiam a não fazer distinções entre os diferentes grupos judaicos, quer suas tradições fossem ligadas à Alemanha ou à zona de assentamento judeu na Rússia. Para eles, eram todos apenas judeus.

O historiador Rafał Witkowski observa que, em 1922, o alemão ainda era a língua oficial utilizada nos conselhos e associações da sinagoga, mas em 1931 apenas 15% dos judeus de Poznań eram alemães, no sentido de falarem o idioma e se identificarem como alemães.[20] Claramente, parte dessa população havia sido "substituída" por famílias vindas do Leste.[21]

A família

Os pais de Zygmunt Bauman também eram novos habitantes da cidade na década de 1920. Na lista de registros do cartório de Poznań, lê-se que o pai de Zygmunt se mudara para a rua Prusa, 17, no dia 1º de julho de 1923.[22] O mesmo documento mostra que Maurycy nasceu em 20 de fevereiro de 1890 na cidade de Słupca, cerca de cinquenta quilômetros a leste de Poznań. A comunidade judaica havia se estabelecido em Słupca por volta de 1870, e em 1900 os judeus constituíam 20% de sua população — 25% na época em que Maurycy Bauman se mudou para Poznań.[23] A mãe de Bauman, Zofia, nasceu em 10 de fevereiro de 1894 em Rypin, perto de Włocławek, que desde 1620 tinha uma ampla comunidade judaica. Seu nome de solteira é escrito de forma diferente em diversos documentos — ela aparece como Zofia Kon nos registros de endereços e como Zofia (Zywa) Cohn em outros documentos, na maioria produzidos após a Segunda Guerra Mundial. A terceira pessoa mencionada no registro de Poznań é Tauba, irmã mais velha de Zygmunt, cuja data de nascimento, em Słupca, é dada como 28 de janeiro de 1919. Zygmunt Bauman, o segundo e último filho dessa família, também aparece na lista.

A informação biográfica desse registro é um pouco diferente da que consta nos documentos oficiais de fases posteriores da vida da família. O próprio Zygmunt Bauman fornece um relato ligeiramente distinto de seus familiares e de seu histórico em documentos como o Questionário Especial de 1950, de treze páginas, produzido pela polícia política secreta da Polônia, o Departamento de Segurança (Urząd Bezpieczeństwa, UB). Muitas datas de nascimento e formas ortográficas variam de um documento para outro, situação comum depois da Segunda Guerra Mundial:[24] as pessoas muitas vezes saíam das tragédias da guerra, da deportação e da fuga com novos nomes, sobrenomes, datas e locais de nascimento. A família de Zygmunt mudou o nome Baumann — "construtor", em alemão — para um com "aspecto mais polonês", Bauman, provavelmente depois que a Polônia se tornou um Estado independente, em 1918.

Às vezes as mudanças eram involuntárias, resultado de alterações na língua oficial de pessoas educadas numa variedade de idiomas — polonês, alemão, russo, iídiche e hebraico,[25] o que envolvia três alfabetos: cirílico, hebraico e latino (além disso, o polonês apresenta muitas letras acentuadas que não são comuns em outras línguas que utilizam o alfabeto latino). O nome da mãe de Bauman, por exemplo, tinha origem iídiche/hebraica e podia ser escrito como Kon, Kohn, Kahn, Con, Cehn ou Cohn. Com efeito, várias fontes genealógicas afirmam que todas essas versões são variantes de Cohen, um nome associado à realeza na tradição judaica — sua tradução do hebraico é "sacerdote", referindo-se ao clã sacerdotal dos tempos bíblicos cujos membros eram guardiães do Templo original.

Mudanças de sobrenomes também podiam ser intencionais, mas muitas vezes ocorriam porque os funcionários dos cartórios usavam diversas línguas ou alfabetos ou vinham de diferentes culturas. Foi o caso de nomes hebraicos escritos por oficiais poloneses ou soldados soviéticos educados no alfabeto cirílico que, durante e após a Segunda Guerra Mundial, foram encarregados de preencher documentos oficiais. Tanto o funcionário do cartório quanto a pessoa cujo nome estava sendo alterado podia modificá-lo com o propósito de afirmar sua identidade ou pela necessidade de ser percebida como membro de determinado grupo. A irmã de Bauman foi inicialmente chamada de Tauba (conforme os registros na comunidade judaica) e depois se tornou Teofila, para se conformar à "versão" polonesa de seu nome inicial. Depois de se mudar para a Palestina, assumiu o nome hebraico de Tova. Nos documentos do pós-guerra, seu local de nascimento também foi alterado: de acordo com o cartório de registros de Poznań, ela nasceu em Słupca, mas em documentos do pós-guerra o local de nascimento passa a ser Włocławek, onde vivia a família de sua mãe. As duas cidades guardavam uma distância de 110 quilômetros e pertenciam a diferentes países.

Em janeiro de 1919, mês em que Tauba nasceu, Włocławek não era um lugar tranquilo. Um conflito entre membros do Partido Comunista e seus oponentes levou a uma série de pogroms contra o distrito judaico, embora, diferente de Poznań, a comunidade judaica de Włocławek tivesse apoiado o Exército polonês e o novo governo independente. Nos meses que se seguiram à Primeira Guerra Mundial, pogroms envolvendo soldados e a população civil foram frequentes em cidades e aldeias com população judaica.[26] O pogrom de Włocławek em janeiro de 1919 não pode ser explicado por outros motivos senão o ódio a uma minoria étnica que estava numa boa posição econômica. Os judeus de Włocławek eram donos de 60% dos negócios locais e havia décadas constituíam um grupo geralmente bem assimilado. Os conhecidos proprietários de terras e personalidades da cidade incluíam muitos Kohn. A família de Zofia era dona de uma empresa no setor de construção civil e pertencia à burguesia local.

As mudanças de data de nascimento talvez tenham sido o tipo mais frequente de alteração de documentos nesse período. Zofia, por exemplo, é registrada em papéis do período anterior à guerra como tendo nascido em 1894, mas no pós-guerra esse ano foi alterado para 1896. Muitas pessoas aproveitaram a oportunidade proporcionada pelo caos da guerra e do pós-guerra para rejuvenescer. Em sociedades reguladas pelo Estado com idades de aposentadoria prefixadas e pensões insignificantes ou simbólicas, era uma boa estratégia continuar trabalhando por mais tempo.

As mudanças de ocupação indicavam as pressões sociais cambiantes sob as quais Bauman e sua família viveram no século XX, e também as transformações das percepções do que constituía "capital social" ou "classe social". Nos documentos anteriores à guerra, a ocupação de Maurycy Bauman é registrada como comerciante, enquanto no momento em que Zygmunt nasceu ele é listado como proprietário (ou coproprietário) de lojas de tecidos. No início da década de 1930, depois de falências, da Grande Depressão e do boicote a lojas de judeus pela comunidade polonesa (particularmente bem articulada em Poznań), Maurycy tornou-se contador ou escriturário de uma empresa local, a Sławiński & Toczkała. Em resposta a diversos questionários administrativos do pós-guerra, Zygmunt Bauman atribuiu duas ocupações ao pai no período anterior ao conflito: primeiro, comerciante ou lojista; depois, contador. Por exemplo, no documento "Explicações do currículo", de 3 de janeiro de 1950, pode-se ler: "Até 1939, após a falência, meu pai trabalhou como escriturário e ao mesmo tempo, parcialmente, como caixeiro-viajante, primeiro na empresa Toczkała, depois na Skowrońscy em Poznań".[27]

Essas mudanças de informações tinham o objetivo de caracterizar as origens de Bauman de forma a reduzir seu pedigree "capitalista". Na Polônia do pós-guerra, ser filho de alguém que fora dono de um negócio ou comerciante de mercadorias — por consequência, um burguês e capitalista — era um enorme obstáculo a uma progressão de carreira, especialmente no Exército, no Partido Comunista e em outras instituições importantes. Ser caixeiro-viajante ou escriturário era muito melhor do que ser um capitalista. Esse foi um dos temas delicados na biografia de Zygmunt, na perspectiva de seu lugar na hierarquia polonesa do pós-guerra. No final da década de 1940, o problema não era tanto sua origem judaica, já que muitos judeus eram membros das instituições em que serviu. A história social e profissional de sua família — sua origem burguesa — era algo muito mais sério.

Maurycy Bauman era originário de uma família instruída. Como Zygmunt escreveu num ensaio particular:

> O pai de meu pai era lojista numa aldeia — um galho menor num tronco familiar em que outros troncos (pelo que ouvi) também incluíam alguns rabinos instruídos e *tsadiks* renomados. Começou seu negócio numa pequena aldeia de Zagórów, passando depois para um pequeno centro regional de Słupca. Pelo que eu sei, meu avô não tinha educação, a não ser a que recebeu na escola religiosa.[28]

Zagórów era uma pequena aldeia perto de Słupca cuja população no fim do século XIX era inferior a 3 mil habitantes, dos quais 20% eram judeus. O avô de Zygmunt havia se mudado para Słupca antes do nascimento de Maurycy. Dois de seus outros filhos também eram comerciantes, enquanto um terceiro era engenheiro. Todos os três emigraram — o mais velho,[29] antes da Primeira Guerra Mundial, para Karlsruhe, e depois para a Palestina; o segundo, Szymon, em 1905, para os Estados Unidos, onde "provavelmente foi dono de uma fábrica" em Little Rock, Arkansas, como relatou Zygmunt num "Currículo explicativo anexo" em 1950;[30] e o terceiro, Beniamin, em 1923, diretamente para a Palestina, onde se estabeleceu em Tel Aviv. Maurycy também tinha uma irmã, Zofia Izbicka, que era casada com um vendedor ou agente comercial e emigrou para Lucerna, na Suíça, em 1908. Tais padrões migratórios não eram excepcionais para pessoas que viviam nessa parte do continente naquela época.[31] A industrialização da Europa Ocidental e dos Estados Unidos atraía um grande número de jovens, que deixavam a insegurança e a pobreza por promessas de uma vida melhor. Não está claro se havia membros remanescentes da família em Słupca em 1939.

Em seu ensaio particular, Zygmunt lança alguma luz sobre a estratégia educacional da família de seu pai — uma estratégia típica das mudanças sociais que ocorreram nas primeiras décadas do século XX no Leste Europeu:

> Com relutância, meu avô concordou em bancar apenas a educação de seu filho mais novo. Meu pai não era o mais novo, de modo que, tal como o restante

> de seus irmãos, teve como único professor o *melamed* da aldeia. Mas todos os filhos, com exceção do primogênito, que ficou com o pai na loja, se rebelaram e foram embora, um por um [...]. A rebelião de meu pai tomou outra forma e não incluiu se mudar de lugar. Ele aprendeu um alemão perfeito, um russo decente, um polonês aceitável e noções de francês e inglês, e começou a devorar livros.[32]

Maurycy era um "autodidata", um amante de livros e um sonhador, desajustado para a carreira de lojista ou empresário. A ocupação que lhe foi destinada pelo pai e pela sociedade era compatível com os padrões que regulavam a vida naquela região no início do século XX: um judeu de uma cidade de médio porte devia trabalhar no comércio. Naqueles tempos, também, a regra era que os filhos seguissem a ocupação do pai — essa era a forma mais comum de se escolher uma trajetória profissional. Uma escolha que não era realmente uma escolha.

> Como veio de uma respeitável família de empresários, meu pai deve ter presumido que aquele era um bom plano. O dote de minha mãe serviria para dar a partida. O resto ficaria por conta dele. Talvez ninguém tenha prestado muita atenção. Assim, passou despercebido, creio eu, o fato de que meu pai combinava uma rica vida espiritual com uma espantosa falta de senso prático. Ele queria ser um intelectual, mas queriam que fosse um comerciante. Confundiram inteligência com sagacidade para os negócios.[33]

Nesse ensaio, Bauman descreve os pais como um casal que "não combinava", ou até mesmo "incompatível". Eles tinham diferentes procedências familiares e estilos de vida, e também vinham de regiões distintas. O pai de Zygmunt desejava uma vida modesta e solitária com foco na leitura e no estudo; a mãe tivera a criação de uma filha de família burguesa numa cidade provinciana com sua parcela de brilho cultural, como Bauman revelaria:

> O pai de minha mãe era um dos "pioneiros do progresso" cuja confiança no caráter dinâmico de suas habilidades e de seus feitos era reforçada e multiplicada pela crença no caráter progressista de sua recém-adquirida polonesidade. Minha mãe teve uma educação estritamente polonesa, muito semelhante à que tiveram suas quatro irmãs e o único irmão: ela dominava o iídiche apenas o tanto que não

era possível deixar de ouvir nas ruas de Włocławek — e apenas o suficiente para, depois, contar ao marido segredos que não queria que os filhos entreouvissem. Também foi criada numa atmosfera de formalidade e decoro mais próxima do refinamento polonês do que da tradição da shtetl [cidadezinha]. Foi apresentada a novelas românticas, conversas inteligentes e música.[34]

Embora progressista, no entanto, a família Cohn era governada por um pai despótico ("um patriarca estritamente bíblico", como Bauman o definiu), e mesmo as ideias liberais aprendidas nas escolas laicas não o impediram de arranjar os casamentos de todas as suas filhas, incluindo Zofia:

> Todas se casaram com homens de negócios de sucesso e relativamente bem de vida. Assim fez minha mãe. Ou, pelo menos, era o que se esperava [...]. O incompatível casal oficializou o matrimônio e se mudou para Poznań no [...] momento em que a cidade voltava a ser governada por poloneses após mais de [uma] centena de anos de um sólido governo prussiano-germânico.[35]

Maurycy, segundo os registros, chegou a Poznań em 1921 e de início morou na rua Masztalarska, com a família Szefer, e alguns meses depois na rua Bukowska, com a família Probański. Foram provavelmente contratos de aluguel. O primeiro endereço era localizado no distrito judaico e o segundo no bairro de Jeżyce, onde, após 1923, a família alugou um apartamento na rua Prusa, 17. A escolha desse endereço refletia a forte crença de Zofia no processo de assimilação:

> O desafio de minha mãe à realidade, que se prolongou por toda a sua vida [...], manifestou-se no aluguel de um apartamento numa área residencial que tinha evitado aceitar judeus durante os séculos da tormentosa história da cidade. Era um distrito calmo, limpo, próspero, decoroso e respeitável. Todas as ruas tinham nomes de luminares locais ou nacionais da cultura polonesa e eram habitadas por profissionais liberais, servidores civis, militares, cavalheiros e damas, algumas viúvas de maridos ilustres ainda brilhando com as glórias do passado.[36]

A escolha do apartamento deve ter sido contra a vontade de Maurycy e uma fonte de sofrimento para ele, que teria preferido permanecer no distrito judaico da Cidade Velha. Mas a principal preocupação do pai de Bauman era sua incapacidade de cumprir o papel de provedor da família, principalmente por sua falta de interesse pelo comércio. "A loja [de têxteis] foi aberta na área comercial da cidade e foi seu inferno e sua prisão [...]. Mesmo antes da Grande Depressão, meu pai declarou falência."[37]

Maurycy Bauman tentou escapar da ruína total indo para Paris, onde tentou uma nova empreitada graças a novos empréstimos, promessas e propostas de negócios. Sua ausência foi registrada no cartório municipal como tendo ocorrido entre 22 de setembro e 14 de outubro de 1931.

Zygmunt assim se lembra dela:

> Durante sua ausência nos alimentamos por várias semanas com sopa de repolho, cortesia da esposa do zelador, que gentilmente nos cedeu um barril de repolho em conserva que era parte de seu suprimento. Depois de algum tempo chegou um telegrama e ouvi minha mãe — que até então mantinha seu estilo normal, vivaz — soluçando. Nunca li o telegrama, mas sei de cor seu conteúdo. Tendo perdido todo o seu dinheiro para parisienses espertalhões que fingiram lhe alugar uma loja enquanto caíam na gargalhada diante daquele trouxa inocente e infeliz, meu pai perguntava a minha mãe se ela ainda o queria de volta. Esta é a minha primeira recordação, a primeira plenamente minha, vívida e inalterável: alguém batendo na porta com força [...] e do lado de fora meu pai — a barba por fazer, vestindo um casaco encharcado de água suja e pingando, coberto de capim e lodo.

Ele havia percorrido os escritórios dos comerciantes judeus bem-sucedidos implorando por um emprego, depois caminhara até a bela ponte sobre o rio Warta e se jogara dali: "Um grupo de escoteiros que passava pelo local mergulhou nas águas geladas e tirou meu pai — contra a vontade dele".[38]

A falência do pai dominou as memórias de infância de Bauman. Numa entrevista conduzida por Tomasz Kwaśniewski,[39] ele contou que o pai havia pulado porque tinha perdido tudo:

> Lembro-me de como a mobília foi retirada de nosso apartamento. O oficial de justiça nos visitava com frequência. Mas quando a notícia da tentativa de suicídio se espalhou por Poznań, ele foi contratado, por piedade, como guarda-livros.

> Ganhava um salário miserável, era discriminado e humilhado, mas de algum modo conseguiu nos manter financeiramente.

Segundo Bauman, Maurycy nunca explicou aos filhos sua tentativa de suicídio, mas

> posso compreendê-lo. Havia na época um conceito antiquado de "provedor da família". Ele tinha uma esposa e dois filhos, precisava alimentá-los e vesti-los e pagar por sua educação. Se não pudesse fazer isso, seria um zé-ninguém, um patife que não merecia viver. Se não fosse capaz de salvar os filhos e a mulher da fome e da humilhação, seria digno de desprezo.[40]

Essa história marcou profundamente a família. A imprensa observou: "Judeu tenta suicídio. Salvo por escoteiros poloneses".[41] Bauman afirma que foi a incompetência do pai, e não o boicote às lojas de judeus em Poznań, que causou sua falência. Mas os boicotes, que se ampliariam na era da Depressão, já haviam começado em 1920. Em novembro de 1925, no dia em que Zygmunt Bauman nasceu, o *Kurjer Poznański* publicou um anúncio do "encontro organizacional para união pela defesa da indústria polonesa".[42] A ideia de boicotar as lojas e empresas de judeus já era popular[43] e se tornou um foco importante do Endecja [Narodowa Demokracja, também conhecido como ND ou Democracia Nacional], o partido antissemita de direita de Dmowski.

Uma vez implementado o boicote, alguns empresários judeus tentaram se esquivar dele estrategicamente, como relembrou Fira Mełamedzon-Salańska: "Contratamos quatro vendedores. Meu pai escolheu apenas poloneses, porque não queríamos que nosso negócio fosse associado a um dono judeu".[44] O pai de Mełamedzon-Salańska era um empresário bem-sucedido que possuía os recursos e a astúcia para burlar o boicote. Maurycy, não. As duas famílias pertenciam à classe média, mas os Bauman tinham recursos limitados, insuficientes para um estilo de vida de classe média nesse contexto. Não eram os típicos judeus pobres, que tinham vivido na pobreza por gerações na shtetl ou nas cidades, trabalhando em fábricas ou lojas modestas e fazendo pequenos serviços manuais. Eles haviam ficado empacados a meio caminho entre os judeus de classe média e da classe trabalhadora.

"Eu era [...] pobre. Ou seja, meus pais eram pobres", escreveu Bauman no texto para as filhas:

> Não vivíamos na pobreza. Não em comparação com a miséria e a imundície abjetas de alguns quarteirões abaixo, onde oficinas ordinárias esperavam em vão por um cliente perdido e os filhos de trabalhadores desempregados e migrantes rurais chafurdavam na lama de estradas não pavimentadas com os pés descalços. Não me lembro de ter passado fome — mesmo durante as memoráveis "semanas do repolho". E no entanto nossa vida era um esforço permanente pela sobrevivência, com minha mãe lutando desesperada para pagar as contas, sempre com pouco dinheiro na segunda metade de cada mês [...]. Eu achava natural que livros, sapatos e meias fossem coisas que se ganhassem de presente de aniversário. Não me lembro de ter brinquedos.[45]

Sendo originários de famílias de classe média, mesmo contando com recursos limitados, Maurycy e Zofia Bauman tinham expectativas culturais que se enquadravam em suas origens sociais, como a convicção de que os filhos deveriam receber uma educação musical. Quando perguntei sobre isso a Bauman, numa entrevista realizada em 2015, ele me disse que a mãe queria que ele tocasse piano:

> Tínhamos um pequeno apartamento e ela queria que eu tocasse, e isso é curioso porque, tipicamente, esse era um elemento indispensável na criação de uma filha [...]. Eu tinha uma irmã mais velha, mas ninguém a obrigou a fazer coisa alguma, e eu fui forçado a tocar piano — não sei por quê.[46]

Os garotos das famílias judias de classe média nessa parte da Europa costumavam tocar violino.[47] Mas Zofia Bauman não seguia necessariamente a moda. Como Bauman contou a Kwaśniewski, "minha mãe era cheia de projetos, ambição e energia. Instruída, devorava livros e fora preparada para uma vida interessante, mas condenada pelo destino a ser uma dona de casa que precisava costurar remendos".[48]

Zofia vinha de uma região na qual a comunidade judaica tinha uma larga tradição de emancipação religiosa. A primeira escola laica para crianças judias foi inaugurada em 1859 em Włocławek, e o processo de secularização e polonização dos judeus foi muito importante nessa área. Zofia era uma mulher emancipada, ateia, instruída, porém em seu ambiente era percebida como judia… uma judia assimilada, é verdade, mas o que significava isso?

A memória de Mełamedzon-Salańska fornece uma excelente descrição do que significava a expressão "judeus assimilados" naquele tempo e lugar:

> Não éramos judeus religiosos, vivíamos como cristãos. Nossa casa não era kasher — eu comia presunto e salsicha —, e não tínhamos um jantar no Shabat. Não íamos à sinagoga, embora houvesse uma perto de casa. Nossa loja abria aos sábados, como a maioria dos estabelecimentos de judeus em Poznań. Só nos grandes feriados — Ano-Novo ou Yom Kippur — é que papai fechava a loja, pois seria vergonhoso trabalhar nesses dias [...]. Mas mesmo no Pessach, embora comprássemos matsá, também comíamos pão fermentado — algo impensável para os judeus religiosos. E nunca celebramos o Shavuot nem o Purim.[49]

A relação de Maurycy com a religião era, provavelmente, ainda mais distante: "Meu pai era um judeu praticante, mas não um crente. Ele sempre jejuava no Yom Kippur e depois passava o dia na sinagoga — era sua prática".[50]

Nessas famílias judias polonesas, os avós costumavam ser os veículos da tradição religiosa, e esse também foi o caso do avô paterno de Bauman:

> Lembro-me dele como um homem alto e de barba comprida, que seria branca não fossem as manchas amareladas do tabaco. Dificilmente falava polonês ou qualquer outra língua exceto o iídiche. Nossa comunicação, portanto, era limitada. Ele insistia em me ensinar a Bíblia, sobre a qual eu tinha apenas ideias vagas. Como eu não conseguia ler nem entender hebraico, e o conhecimento de polonês de meu avô se reduzia às poucas palavras necessárias numa vida passada sobretudo num balcão de loja, a Bíblia continuou sendo para mim um mistério total muito depois das instruções religiosas ministradas por meu avô.[51]

Essa era a visão típica de um judeu polonês do século XIX que vinha de uma cidade pequena — muito diferente da visão da geração seguinte, a que Maurycy pertencia, na qual crescia o ideal sionista.[52] "Ele acreditava na ideia do sionismo", contou-me Bauman sobre o pai. "Pelo que me consta, ele era um sionista, e o que foi antes do meu nascimento eu não sei, mas suponho que também tenha sido um sionista." Antes da Segunda Guerra Mundial, o sionismo era acima de tudo um sonho, raramente realizado. Bauman me contou uma piada que circulava entre os judeus naquela época: "O que é um sionista? É um judeu que usa outro judeu para enviar um terceiro judeu à Palestina".

No ensaio que escreveu para as filhas, ele diz:

> Acho que o sionismo de meu pai — sincero, permanente e fundamental para sua visão de mundo — era parte de sua rebelião, *era* sua rebelião [...]. O Sião era algo que não comportava a escuridão e a sujeira da shtetl, a ambição e a indiferença, a avareza ou pessoas transformadas em animais de tração. Uma espécie de irmandade e generosidade universal [...]. Ele não encontrou seu Sião em Israel quando finalmente se estabeleceu lá. Essa foi sua suprema derrota.[53]

Maurycy teria gostado de fazer sua Aliá,[54] mas Zofia se recusava. Não era uma entusiasta da ideia de emigração, como me contou seu filho. Mas Janina, esposa de Bauman, dá uma outra versão em sua autobiografia:

> Zofia me fez uma visita de surpresa [...]. Com muito desassossego, ouvi a triste história de sua família. Tanto quanto ela podia lembrar, começou Zofia, seu marido sonhara em emigrar para a Palestina. No final da década de 1930, eles consideraram seriamente a possibilidade de se estabelecerem lá. Sua filha Tova queria ir. Konrad [Janina se refere a Zygmunt como "Konrad" na edição em inglês do livro] era muito novo para que lhe perguntassem; Zofia, embora hesitante, nunca se opôs. Eles estavam para partir quando a guerra começou.[55]

Zygmunt já frequentava a escola primária antes do início da guerra. Sua experiência apresentava um grande contraste em relação à vida familiar: "Por toda a infância, eu estive mergulhado no amor caloroso de meus pais. Ele mantinha o frio do lado de fora. Se pensarmos bem, havia todo tipo de motivo para sentir frio".[56]

2. Um aluno como nenhum outro

Poznań (1932-9)

Em nossa terra natal, joelhos se dobram
A quem quer que seja mais poderoso
Aos subjugados — desdém e escarro
Enquanto são levados ao matadouro [...]

Em nossa terra natal, Deus não se rebaixa aos estrangeiros da fé
Minha terra natal toma o mundo inteiro
No abraço da cruz [...]

Embora favorecidos pela neblina do anoitecer
E pela noite sem estrelas
Como é que você me afasta de uma terra natal
Que você nem conhece?

ANTONI SŁONIMSKI, "Duas terras natais"[1]

O mundo fora da família: Um judeu solitário

Os Bauman falavam polonês em casa e viviam praticamente da mesma forma que a maioria dos moradores de Poznań. Mas não eram católicos, o que fazia toda a diferença. "Pelos padrões poloneses", escreveu Bauman em seu ensaio autobiográfico,

> Poznań era uma cidade verdadeiramente excepcional. Conseguia combinar uma ausência quase total de judeus com os mais injuriosos sentimentos antissemitas [...]. Poznań se tornou o centro cerebral e a fortaleza do Democracia Nacional — um partido que conseguiu cativar a mente e a alma do resto do país com a encantadora visão de uma vida sem judeus. A sofisticação de seus esquemas teóricos se beneficiava enormemente da falta de oportunidade de aplicá-los na prática.[2]

"Para se tornar polonês, era preciso ser católico, ou pelo menos cristão", afirma Anna Landau-Czajka, especialista no processo de assimilação.[3] Teria feito alguma diferença se os Bauman tivessem se convertido ao catolicismo? Conversões sempre geram suspeitas, e os ultranacionalistas não as aceitavam. Em suma:

> A assimilação não era uma questão de crença pessoal nem de um conhecimento perfeito da cultura, da língua, dos costumes e das tradições familiares poloneses. Dependia apenas da boa vontade do povo polonês.[4]

Em função do desejo de Zofia de viver numa área católico-polonesa de Poznań, a família se mudou para Jeżyce e matriculou o filho numa escola primária polonesa que ocupava um prédio inteiro na rua Słowacki, onde Zygmunt era o único judeu. A escola ainda estava lá quando Bauman voltou ao lugar, em 2000. "Nada mudou", disse-me ele. "Até caminhei pelo pátio — ele me pareceu terrivelmente pequeno, e quando criança me parecia imenso." O pátio continha intensas memórias da infância, relembrou Bauman em nossa conversa, sem muito lamento ou elaboração: "Fui discriminado lá". A Kwaśniewski, ele disse:

> Eu não praticava nenhum esporte, porque não ousava ir ao pátio. Se fizesse isso, não chutaria a bola, mas seria chutado como se fosse uma. E não apenas porque era um menino gordo, mas porque era judeu [...]. Eles me batiam e chutavam, e eu tinha medo de sair à rua.

Como ele sabia que era o único judeu em Jeżyce? "Se houvesse outro, os valentões teriam me dito."[5]

Bauman sofreu um assédio muito íntimo nas mãos de seus perseguidores adolescentes:

> Eles pareciam competir entre si pelo privilégio de caçar. Eu era uma presa muito rara para ser dividida com outros. A gangue que estava no comando num determinado momento desempenhava um papel duplo, o de meus caçadores e meus protetores — contra os esquemas furtivos das gangues rivais [...]. Nos cumprimentávamos com algo parecido com alegria: uma amostra do velho e

> familiar ritual em que todos os atores conhecem bem seus papéis e tudo se passa conforme o planejado, confirmando, mais uma vez, que o mundo é um lugar ordenado e, no geral, seguro para se estar.[6]

Em seus tempos de juventude, mais ou menos dos sete aos treze anos de idade, Bauman desempenhou esse notável papel de "presa amiga". Sua existência permitia que os garotos das gangues realizassem o "ritual de perseguição aos judeus", que os habilitava a se tornar "poloneses patriotas". Como o traço mais importante dessa identidade nacionalista era o antissemitismo, os garotos afirmavam seu compromisso com a "defesa da polonesidade" caçando o judeu. Seu comportamento refletia as preocupações da sociedade adulta. Na maior parte dos meios de comunicação locais durante o entreguerras — incluindo o já citado *Kurjer Poznański* —, o principal assunto era o "problema judaico", e todos os eventos discriminatórios, distúrbios universitários e pogroms que ocorriam em diferentes territórios da Polônia eram analisados de uma perspectiva antissemita. Essa posição refletia as opiniões do Endecja,[7] partido de Dmowski. Caçar judeus era uma atividade típica das gangues de jovens que lutavam por um lugar no espaço urbano.[8] Talvez fosse um treino para uma participação posterior em pogroms.

Segundo relatos de membros da família, o trauma dessas primeiras experiências era facilmente redespertado em Bauman ao longo de toda a sua vida. Perto dos noventa anos, por exemplo, uma vez ele perdeu o equilíbrio e caiu num espaço público. Quando pessoas à sua volta tentaram segurá-lo pelos braços para ajudá-lo a se levantar, reflexos que ele havia incorporado durante a infância nas ruas de Poznań afloraram, e ele empurrou quem o estava ajudando. O trauma, o medo de ser uma presa, era duplamente forte porque estava vinculado a sentimentos extremos de insegurança.

"O mais traumático dos encontros com meus perseguidores pesou pelo resto de minha infância, afastando para sempre o véu da falsa segurança", escreveu Bauman às filhas.

> Um dia, minha mãe, tendo acabado de fazer compras, veio me pegar depois da aula. Os então detentores do privilégio da caça — dois adolescentes desempregados… — estavam em seu lugar de costume, e nós quatro pegamos a mesma rua. Os dois ficaram alguns passos atrás, mas fora isso sua atitude não foi afetada

> pela presença de minha mãe. Eles fizeram os gestos de sempre e então começaram, numa sequência previsível, com todos aqueles sons já habituais. Olhei para minha mãe. Ela me manteve perto, mas abaixou a cabeça, fixou o olhar nos paralelepípedos e evitou lançá-lo à nossa escolta. De repente, percebi: minha mãe, a todo-poderosa e onisciente, não tinha o poder de me defender, não sabia o que fazer! Estava humilhada, com medo! Dali por diante, e por muitos anos, vivi com medo.[9]

Mesmo o lar era apenas um lugar de segurança relativa. Um dia (como relembra Bauman em seu ensaio autobiográfico), Zofia chamou uma pessoa para criar um sistema suplementar de segurança para a porta do apartamento:

> Daquele dia em diante também desenvolvi uma obsessão. Eu não ia me deitar sem primeiro abrir a porta da frente e perscrutar silenciosamente o entorno para garantir que não havia bandidos deitados à espreita na escada. Mas mesmo esses esforços para afastar meus temores não eram suficientes para impedir os pesadelos.[10]

Muitos livros contam as histórias de sobreviventes do Holocausto e seus traumas do pós-guerra, suas obsessões e sentimentos de insegurança. No caso de Bauman, o trauma do tratamento antissemita começou muitos anos antes da Segunda Guerra Mundial, num país considerado relativamente democrático, durante um período de paz e certa prosperidade.[11]

A família e o lar eram os antídotos para a discriminação constante. Bauman vivia num lar modesto, mas caloroso; o pai e a mãe o cobriam de amor. Sua primeira esposa, Janina Bauman, cujo sobrenome de solteira era Lewinson, descreveu Maurycy Bauman como uma pessoa discreta que "nunca falava muito, nunca se queixava, nunca queria alguma coisa para si mesmo".[12] Era o oposto da mulher, que, no primeiro encontro entre as famílias Bauman e Lewinson, em 1947, foi lembrada por Janina da seguinte maneira:

> A pessoa exuberante que nos cumprimentou à porta encheu nosso coração de encanto e temor desde a primeira vez que a vimos. Tinha cinquenta e poucos anos e era corpulenta, e usava um vestido todo preto enfeitado com um pesado colar de âmbar. Seus longos brincos também de âmbar emolduravam um rosto

> pálido de surpreendente beleza. O cabelo era ligeiramente grisalho, a pele lisa e macia, e os olhos sábios, verde-garrafa, fixaram-se em mim com atenção. O modo como ela se movia e falava continha um vigor juvenil.[13]

Zofia era claramente a força motriz da família, e o filho era sua única felicidade, como transparece no ensaio de Zygmunt para as filhas: "Para minha mãe, eu era a única companhia na maior parte do dia, e talvez a única promessa de que a vida talvez pudesse ser mais interessante e agradável no futuro".[14] Pelo que deduzi de minha única entrevista com Bauman, Zofia parece ter sido uma mãe exemplar, bem-educada, de mente aberta, curiosa e cheia de vida — e também uma excelente cozinheira.

> Na cozinha havia um forno com o fogo sempre aceso, quente. Minha mãe cozinhava e eu, sentado à mesa da cozinha, fazia meu trabalho de casa, e a cada estágio do preparo ela se dirigia a mim: "Prove isso, meu doce". O doce provava e engordava [...]. Quando garoto, eu era gordo e sofria por isso. Era ridicularizado, fácil de reconhecer. A obesidade não era tão presente quanto é hoje.[15]

Além da estigmatização causada pelo antissemitismo, o corpo do jovem Zygmunt também o sujeitava à discriminação, ainda que não no mesmo grau. Ser gordo não era nem de longe tão estigmatizante quanto ser judeu. Como ele escreveu às filhas:

> A judaicidade era para mim quase que um assunto de família — os únicos judeus que eu via e conhecia eram parentes. Isso tornou minha judaicidade um tema prático em vez de teórico. O que o tornava ainda mais prático era o mundo fora da família. Eu raramente ouvia outros garotos que passavam pela rua fazerem comentários sobre meu peso; mas muito poucos deles deixavam de sinalizar que haviam notado meu judaísmo.[16]

Apesar de tudo isso, sendo uma exceção na escola católica e na cidade, sua situação era

> segura e, curiosamente, prazerosa. Para meus colegas de escola, eu era "nosso próprio judeu" e "nosso próprio gordinho", o que lhes dava direitos, além de

> deveres [...]. Eu não me sentia vitimizado nem escolhido para um tratamento especial.[17]

Se Bauman não se sentiu vitimizado na escola primária, isso aconteceu porque seus professores gostavam dele e encorajavam seu progresso. Já nos primeiros anos de estudo, ele ensinava os alunos mais fracos. Entretanto, devido a sua condição particular de judeu, era excluído das atividades extraclasse, organizadas pela Igreja católica. O jovem Zygmunt buscou a clássica saída para crianças solitárias e perseguidas: os livros. Assim escreveu o autor de mais de oitenta deles:

> Os livros, que por muitos anos foram meus únicos amigos, eu pegava emprestados de uma biblioteca que ficava a poucos quarteirões de distância. A Associação para a Leitura Popular era uma organização sem fins lucrativos voltada a tornar os livros acessíveis a pessoas que não podiam comprá-los.[18]

A intensa leitura seria uma característica de Bauman por toda a vida. Ele começou lendo "livros para meninos":

> Todas as obras de Fennimore Cooper, Jack London, Zane Grey, Karl May, Júlio Verne, Robert Louis Stevenson, Alexandre Dumas — e entre os autores poloneses, Kornel Makuszyński. Depois, todos ou quase todos os clássicos poloneses em prosa e poesia (Mickiewicz, Prus, Sienkiewicz, Żeromski, Orzeszkowa, Słowacki etc.). Dois ou três anos antes de fugir de Poznań, dei adeus à literatura infantil. Victor Hugo, Charles Dickens e Liev Tolstói foram meus novos aperitivos.[19]

Sempre que as circunstâncias permitiam, ele lia — de maneira intensa, talvez até compulsiva — da mesma forma que o pai lhe dera como exemplo: como uma fuga de uma vida que doía muito. O amor aos livros foi um legado precioso que ele recebeu dos pais, que, embora não combinassem, eram unidos pelo amor à literatura. Durante a infância, via os pais lendo durante horas e com grande prazer. Maurycy e Zofia lhe ensinaram o valor dos livros por meio do amor que eles próprios lhes dedicavam.

Livros inspiram sonhos, e, como todas as crianças, Zygmunt tinha sonhos para o futuro. A Tomasz Kwaśniewski, ele disse:

— Eu tinha planos muito ambiciosos porque desejava ser cosmólogo ou cosmonauta.

— Você queria voar?

— Queria explorar, entender como tudo isso aconteceu, de onde é que veio.[20]

Zygmunt sonhava em fugir da difícil realidade de ser um "escolhido" — uma criança estigmatizada que não teria suas habilidades ou resultados recompensados pela escola, cujos colegas eram quase sempre os garotos que viviam em seu encalço e que estava condenada à solidão por conta de suas origens. Ele também sonhava em ter um cachorro — uma vontade muito comum em filhos únicos ou crianças com irmãos muito mais velhos. Seus pais recusaram, preocupados com sua segurança. Um cachorro seria um bom amigo, mas os passeios diários, mesmo perto de casa, iriam expô-lo com maior frequência a ataques antissemitas.[21]

Na condição de judeu, Zygmunt estava numa situação excepcional. As crianças judias viviam principalmente em torno da rua Wielka, no centro da cidade. A segregação espacial era comum na maioria das cidades polonesas, consequência de leis antigas que limitavam onde os judeus podiam viver ou de padrões tradicionais que permitiam aos judeus caminhar no Shabat até suas sinagogas, escolas religiosas, lojas e outras instituições. No distrito judaico de Poznań, as crianças frequentavam escolas religiosas cheder e yeshivá — não havia escolas judaicas laicas como as de Łódź ou Varsóvia, que possuíam uma rede de escolas Tsysho[22] criada e dirigida pelo partido socialista judeu, o Bund.[23] Essas instituições defendiam a língua e a cultura iídiche como idioma nativo dos 3 milhões de judeus do país. "Matemática, literatura, história, ciências biológicas e outras disciplinas em minha escola eram ensinadas em iídiche", relembrou Włodzimierz Szer,[24] nascido em 1924 na cidade de Varsóvia. "Todo dia havia também aulas de língua polonesa."[25]

Evidentemente, as crianças judias que frequentavam esse tipo de escola estudavam num ambiente livre de perigos, discriminação e humilhação. Foi a experiência de Marian Turski,[26] um ano mais nova que Bauman, que frequentou a melhor escola de Łódź, uma instituição judaica de ensino médio que atraía filhos da elite. Sem dúvida havia antissemitismo em Łódź e Varsóvia, relembrou Turski, mas "nunca tivemos esses problemas na escola!". A maior parte dos estudantes poloneses de origem judaica vivia e estudava cercada de outros alunos, vizinhos e professores da mesma comunidade.[27]

Bauman, por sua vez, aceitou o tratamento diferente como uma realidade, um tipo de lei superior que estruturava a vida de um judeu. Seus professores reconheciam suas habilidades, a ponto de pedirem que ele ensinasse os colegas mais fracos. Esse foi um aspecto positivo dessa realidade, um estímulo e um reconhecimento favorável. E Bauman gostava da escola, apesar de seu lado sombrio. Essa situação iria mudar depois de terminar o ensino fundamental, em junho de 1938. No verão seguinte, ele vivenciou uma mudança significativa. Zygmunt fez os exames de admissão para o ginásio e sua irmã Tosia (diminutivo de Tova) emigrou para a Palestina.

A irmã de Zygmunt: Teofila-Tova-Tosia e o destino de sua geração

"Quando eu nasci, meu pai e minha mãe parecem ter ficado tomados de alegria, o que encheu de desespero minha irmã sete anos mais velha", relataria Bauman.

> Ela viu corretamente uma perigosa competição em alguém que era ao mesmo tempo do sexo masculino e mais novo (e que com toda a probabilidade seria o caçula). E não aceitava dividir a atenção dos pais, até então absoluta. Como se viu, suas piores premonições se tornaram realidade. A atenção deles continuou absoluta, só que agora voltada em outra direção.[28]

Essa é uma típica história da chegada de um segundo filho numa família organizada em torno de um único descendente. Em muitas culturas, quando o segundo filho é um menino e o primeiro uma menina, esta incorre numa situação difícil, e assim foi com Tosia: "Ela [a mãe de Bauman] não investiu muita expectativa em minha irmã; ela era menina, e a única coisa que uma menina podia almejar era um bom casamento".[29]

Teofila, que todos na família chamavam de Tosia, formou-se em 1938 numa escola de jardinagem, uma instituição voltada à preparação de jovens judeus para a vida no kibutz e organizada por grupos comunitários sionistas como a ORT[30] (Organizacja Rozwoju Twórczości Przemysłowej Rzemieślniczej i Rolniczej, ou Organização para o Desenvolvimento do Artesanato e da Agricultura), o Hechaluc[31] e o Gordonia.[32] Estava ficando difícil sair da Polônia naquela época. Os candidatos à Aliá eram muitos, e o número de vistos para a Palestina, limitado; a emigração para os Estados Unidos, o Canadá e a França também era difícil para quem não tinha recursos nem o apoio significativo de um parente que morasse no exterior. E, evidentemente, depois de 1935 o êxodo maciço de judeus alemães constituía um elemento importante da imigração para esses países, tornando difícil que outros conseguissem apoio.

A jovens como Teofila-Tova-Tosia, com dezenove anos à época, faltavam opções na Polônia. A irmã de Bauman concluiu seu curso um ano depois de a Associação Polonesa de Jardinagem encerrar sua reunião de maio de 1937 com duas resoluções: introduzir a exigência[33] de que os jardineiros reconhecidos na Polônia fossem arianos e exigir que os jardineiros poloneses se recusassem a comprar ou vender produtos de ou para judeus. Em todo caso, não havia judeus vinculados à associação.[34] Teofila Bauman, obviamente, não podia esperar conseguir um lugar na profissão de jardinagem; tampouco haveria para ela um posto nas universidades polonesas, caso desejasse prosseguir em seus estudos — não porque fosse mulher, mas porque era judia. Nenhuma escola de ensino médio de Poznań daria um diploma que possibilitasse a um estudante judeu frequentar uma universidade, e mesmo aqueles com um diploma não entrariam na Universidade de Poznań, que havia imposto estritamente uma regra *numerus nullus*,[35] segundo a qual nenhum judeu seria aceito como aluno.

Embora se costume imaginar o ambiente universitário como um espaço de liberdade e lutas por direitos humanos, as universidades polonesas, a partir da década de 1920, eram arenas de repressão. Os postos importantes em suas organizações estudantis e no corpo docente eram ocupados por grupos de extrema direita, fascistas e antissemitas. As reações à onda antissemita na comunidade judaica eram multifacetadas.[36] A limitação da presença de judeus nas universidades era motivo de importantes conflitos políticos no Ministério da Educação Superior, no Parlamento, nas universidades e dentro de vários grupos políticos.[37] Pouco a pouco, normas racistas foram sendo implementadas nos últimos anos da década de 1920 e no decênio seguinte, com a situação se tornando extremamente tensa após a morte, em 1935, de Piłsudski, líder popular polonês que se opunha de maneira firme ao Endecja de Dmowski. A morte de Piłsudski abriu caminho para o domínio do Endecja e de sua afiliada, a Młodzież Wszechpolska (Juventude Polonesa), que transformou a educação superior no país num ambiente largamente antissemita. Nessa época, era forte a colaboração com universidades alemãs, e as universidades polonesas recebiam o tempo todo "personalidades" como Hans Frank ou Joseph Goebbels (ambos fizeram discursos na Universidade de Varsóvia). As manifestações de fascismo e antissemitismo eram tanto institucionais quanto pessoais, com a hostilidade se estendendo a outras minorias, como os ucranianos.[38] Entre os estudantes, a aliança à causa antissemita era simbolizada pelo uso de uma faixa verde (uma ação organizada pela Liga Zielonej Wstążki, a Liga da Faixa Verde), que mostrava que seu portador não era judeu e impunha os "bancos do gueto" — espaços separados obrigatórios para judeus, muitas vezes obrigando-os a ficarem de pé enquanto os cristãos permaneciam sentados.[39]

Por sua vez, a administração da universidade marcava com um selo especial os documentos de identificação dos judeus, e as fraternidades eram separadas etnicamente.[40] As normas segregacionistas foram impostas pelos reitores, e a maioria dos professores não se opôs a sua implementação. No final da década de 1930, porém, alguns atos de resistência individuais e coletivos a esses regulamentos racistas foram organizados por estudantes e professores não judeus. Cartas de protesto contra os bancos do gueto foram assinadas por alguns docentes,[41] enquanto outros professores[42] e o reitor da Universidade de Lwów, Stanisław Kulczyński, recusaram-se a se sentar enquanto os judeus estivessem de pé, ou a começar as aulas com as normas racistas em vigor. Alguns alunos não judeus tentaram proteger seus colegas judeus e professores "pró-judeus",[43] os quais com frequência eram alvos de agressões e outras pressões por parte da maioria dos alunos. Houve distúrbios em várias universidades, obrigando os reitores a fechar as instituições a fim de restaurar a paz.[44] O preço de mantê-la, porém, costumava ser a aplicação de normas racistas. O *numerus clausus* limitava o acesso de judeus às faculdades mais populares, cuja matrícula deveria refletir sua proporção na população geral. Os estudos de medicina eram particularmente difíceis de seguir, mesmo para os que tinham a sorte de conseguir se matricular, devido a uma regra que exigia a separação "étnico-religiosa" nos cursos de anatomia e fisiologia (não se permitia que judeus dissecassem corpos cristãos). Não surpreende que a grande maioria dos judeus poloneses estudasse no exterior. A França, a Suíça, a Bélgica e até a Áustria eram os principais destinos antes da ocupação nazista.

Em Poznań, após vários protestos estudantis (em novembro de 1931 e março de 1933), foi imposto o *numerus nullus* e o espaço universitário ficou "limpo" de judeus. Tais eventos, bem como esse período turbulento na universidade, exerceram forte influência sobre todo o setor educacional. Os ginásios, ou escolas de ensino médio, também implementaram regras pró-arianas. Cinquenta anos depois, Bauman assim relembrou esse clima de antissemitismo:

> Nos anos imediatamente anteriores à guerra, o antissemitismo tornou-se mais venenoso e difundido [...]. Líamos sobre a crescente violência física, os espancamentos de judeus nas universidades, os minipogroms em número cada vez maior nas áreas rurais e cidades provincianas, tropas que se autodenominavam fascistas marchando por shtetls judaicas, sob o olhar extremamente apático de uma polícia ansiosa por não se envolver.[45]

Essa era a situação no momento em que Teofila Bauman emigrou. Ela não tinha recursos, já que a situação financeira dos pais não lhes permitia guardar dinheiro. Segundo relatos de parentes, Teofila não tinha interesse em continuar os estudos. Seguindo a tradição da época (todas as irmãs de Zofia haviam se casado por meio de casamenteiros), Zofia começou a procurar um marido para ela,[46] e encontrou um viúvo abastado com dois filhos mais velhos do que Tosia. Era um velho judeu alemão, fluente em alemão e iídiche, mas que mal falava polonês e possuía terras no sul da Polônia. Tosia considerou o arranjo de mau gosto, e a mãe concordou. A busca por um marido recomeçou, agora com um final feliz — o verdadeiro amor.

No verão de 1938, a Exposição Nacional aconteceu em Poznań, e os Bauman alugaram seu apartamento, próximo ao parque (onde hoje se realiza a Feira Nacional de Poznań), a um jovem que viera da Palestina a trabalho. Tosia e seu futuro marido se apaixonaram quase que imediatamente, e quase que imediatamente ela viajou para se casar com ele na Palestina, retornando com o marido e uma bebê (e grávida de outro filho) em agosto de 1939. Graças a seus passaportes britânicos, Tosia e a família conseguiram deixar a Polônia quando estourou a guerra, algumas semanas depois.

Bauman relembra essa história em seu ensaio autobiográfico. Uma versão um pouco diferente aparece em alguns de seus documentos oficiais do pós-guerra. No currículo que entregou em 1949 como parte do requerimento para se juntar ao Partido Comunista, ele declara:

> Meus pais a fizeram sair da Polônia para a Palestina, aproveitando a visita de um cidadão palestino, Barzilay Yedidya-Mizrachi.[47] Ela se casou com ele e continua vivendo na Palestina, onde trabalha no laboratório da fábrica de frutas em conserva Givat Brenner. Ela se divorciou do primeiro marido e é esposa de um motorista de trator, Gabrieli. Tornou-se uma sionista fanática, despertando em meu pai sentimentos nostálgicos sobre um Estado judaico.[48]

Um ano mais tarde, ao preencher um questionário do Exército, Bauman acrescentou: "Ela era sionista e provavelmente se filiou ao Mapai" (grupo socialista com viés pacifista popular entre emigrantes judeus poloneses no final da década de 1930).[49]

Enquanto isso, Zygmunt permaneceu em Poznań, estudando para os exames de admissão ao ensino médio: "A ansiedade em relação aos resultados das provas coincidiu com o ciclônico romance de minha irmã, seu casamento e sua partida abrupta. Foi um longo verão, quente e decisivo".[50]

O ginásio nos bancos do gueto

Na década de 1930, as escolas públicas primárias da Polônia aceitavam crianças pertencentes a minorias, mas as secundárias, seguindo o exemplo das universidades, aplicavam testes de admissão. Antes da Segunda Guerra Mundial, o ensino médio na Polônia era voltado para a educação de membros da classe média visando carreiras profissionais ou empresariais; os ginásios eram instituições para uma população seleta. Contudo, estudantes judeus vivenciaram nos ginásios públicos muitos aspectos do *numerus clausus*, assim como o ostracismo social e o antissemitismo expressos abertamente por professores e colegas de turma.[51]

Em Poznań, somente duas escolas (em seu ensaio, Zygmunt Bauman menciona apenas uma) eram abertas a estudantes judeus. Para ingressar nelas, os candidatos tinham de ser aprovados em exames rigorosos.

> Meus pais mal podiam pagar as caras mensalidades de um ginásio [...] mas nem por um momento tive dúvida de que eles fariam qualquer sacrifício para que eu entrasse. Assim, o verdadeiro problema era ser admitido [...]. O Ginásio Estatal Berger era a única escola secundária que estabelecera um *numerus clausus* — limitando o número de alunos judeus de modo que não excedesse a percentagem do grupo na população total da região. Nas condições de Poznań, isso significava menos de 1%.* Eu terminei o ensino fundamental com excelentes notas, mas as chances de admissão eram ainda assim muito reduzidas [...]. Primeiro vinham os exames escritos de literatura polonesa e matemática. Os candidatos que tirassem as maiores notas seriam admitidos; os outros precisariam enfrentar provas orais competitivas. Eu fiz os dois exames escritos. Uma semana depois, chegou a vez das provas orais.[52]

Devido ao enorme estresse, Bauman não foi bem nas respostas, sendo quase reprovado — quando o diretor do ginásio apareceu de repente, anunciando que seus exames escritos haviam sido ótimos e que ele fora admitido. As emoções causadas por essa situação permaneciam vivas mesmo cinquenta anos depois:

> As palavras do diretor, a cara subitamente azeda e desapontada do examinador, as batidas ensurdecedoras de meu coração, as lágrimas de minha mãe, que aguardava apreensiva do lado de fora — tudo se fundiu numa experiência de excruciante felicidade; a memória mais feliz dos meus anos de infância. Minha primeira conquista — unicamente por meus esforços e contra obstáculos avassaladores e insuperáveis.[53]

Assim, Zygmunt Bauman passou pelo buraco da agulha e se tornou um dos raros alunos judeus matriculados num ginásio público em Poznań. De acordo com os arquivos escolares do Ginásio Berger,[54] cinco dos 49 alunos da turma de 1938-9 eram judeus, ou 10% deles, que era a proporção média de "judeus para poloneses" no país (para usar a terminologia do período entreguerras). Três dos cinco foram reprovados nos exames finais do primeiro ano e se tornaram repetentes, deixando apenas Zygmunt e outro colega judeu em sua turma.

---

* A porcentagem a que Bauman se refere diz respeito aos critérios específicos de Poznań. O Ginásio Berger, contudo, seguia o *numerus clausus* das escolas secundárias de todo o território polonês (ou seja, 10%). (N. E.)

Na década de 1930, o Berger era considerado o melhor colégio secundário para meninos em Poznań e em toda a região de Wielkopolska. Segundo o documento que lhe deu origem, escrito por seu fundador, Gotthilf Berger, a escola deveria aceitar alunos sem considerar sua etnia e religião. Podemos imaginar a felicidade dos pais de Zygmunt pelo fato de o filho ter sido admitido nessa instituição de elite. Bauman também ficou feliz, mas logo aprendeu que ter sido aceito na escola não havia alterado seu lugar no corpo estudantil.

> Algumas semanas depois chegou o grande dia. Usando orgulhosamente meu boné do Ginásio Berger, esse visível e inegável passo rumo às fileiras da gloriosa intelligentsia polonesa, cheguei à porta da sala do primeiro ano. Não tive tempo de atravessá-la antes de submergir numa avalanche de chutes e socos. Empurrado e puxado por todos os lados, perdi o controle das pernas e me percebi me movendo — ou melhor, sendo movido — para o longínquo canto esquerdo do fundo da sala. Os braços de alguém finalmente me lançaram sobre o último banco. "Este é o seu lugar, judeu! E não se atreva a procurar nenhum outro."
>
> Levei alguns minutos para me recuperar — ainda mais porque a balbúrdia na sala de aula permanecia inabalável. Só quando recobrei os sentidos foi que percebi que não estaria só naquele gueto a que fora destinado [...]. Havia ali quatro pares de olhos cheios de lágrimas de vergonha, tentando não olhar nos olhos dos outros, que tinham testemunhado sua humilhação [...]. Eu agora pertencia a um grupo, uma categoria, que podia ser classificada e rotulada e tratada de maneira arbitrária.[55]

Bauman não estava mais sozinho nessa situação: agora tinha a companhia de outros jovens sonhadores. A recepção do primeiro dia, e o que se seguiu, tinha a finalidade de os rebaixar, subjugar e envergonhar:

> Pelo que me recordo, nenhum dos professores se opôs ao nosso confinamento forçado num gueto. Alguns fizeram questão de manifestar sua aprovação, conferindo aos habitantes do gueto um tratamento especial [...]. O professor de geografia declarou publicamente que o conhecimento que os judeus possuíam só podia ter sido obtido de forma não inteiramente honesta, e teve o cuidado de classificá-lo abaixo do conhecimento semelhante revelado por alunos não judeus [...]. Outros, contudo, desaprovaram de maneira veemente as paredes invisíveis do gueto. Um ou dois — em particular o professor de história — pareceram se constranger de ensinar numa sala de aula segregada. A gradação das

> atitudes dos professores era replicada entre os alunos. Mas ninguém, fosse entre os professores ou entre os colegas de sala não judeus, tentou desafiar os "fatos da vida". A divisão era sólida e permanente, uma vez que aqueles que desejavam sua manutenção agiam em conformidade com isso, enquanto os que não a aprovavam apenas olhavam.[56]

Essa divisão sólida e permanente se refletia nas notas atribuídas nessa seleta instituição, em que ser aprovado para a série seguinte era um desafio. Oito dos 49 alunos da turma de Bauman não concluíram o primeiro ano (um por problemas de saúde, outro por motivos financeiros) e cinco abandonaram a escola no ano seguinte. A nota média, numa escala de um a cinco, era três, e apenas seis estudantes obtiveram nota quatro, ou "boa", e só um obteve nota cinco. A pontuação de Zygmunt Bauman foi a segunda mais alta da turma. E ainda assim, acreditava ele, seus professores o discriminavam. Um deles explicou a Zygmunt que gostaria de ter lhe dado uma nota mais alta, já que ele a merecia, mas "você sabe muito bem que, com sua origem, isso é impossível. Você não pode ser o primeiro da turma. Esse lugar é reservado a um garoto polonês".[57]

Nota por nota e matéria por matéria, a comparação dos resultados de Bauman com os de seus principais concorrentes confirma essa afirmação. O primeiro da turma, Kazimierz Skrzypczak, teve média 4,4, enquanto a de Zygmunt foi quatro. Skrzypczak chegou ao fim do ano em primeiro lugar em todas as matérias exceto educação física, desenho e trabalhos manuais. Bauman não conseguiu a melhor nota em religião (cujo foco era o catolicismo), e tirou quatro em geografia e desenho. Está claro que seu professor de geografia acreditava que os alunos judeus não obtinham seu conhecimento "de forma inteiramente honesta" — ele avaliava o progresso de Zygmunt com desconfiança, embora a nota obtida por Zygmunt em comportamento desmentisse essa suspeita: ele tirou a nota máxima, cinco. Ele também atingiu a pontuação máxima em língua e história polonesas, assim como em latim, biologia e matemática. Aos catorze anos, Bauman começou a estudar inglês, e obteve em dois semestres a nota máxima na língua que seria seu terceiro idioma falado com fluência nos últimos anos de vida. Em trabalhos manuais e educação física ele tirou três — confirmando sua condição de nerd. Todos pareciam saber que, qualquer que fosse a qualidade de seu trabalho, se você fosse judeu nunca seria o primeiro da turma.

Esse era um "fato natural da vida" (como Bauman cinicamente descreveu essa permanente discriminação), parte do retrato negativo da comunidade judaica transmitido nas escolas polonesas. Como afirmou o historiador Kamil Kijek:

> Nos livros didáticos para os alunos mais novos das escolas públicas, as minorias nem sequer aparecem. Nos para as turmas mais velhas, os judeus são representados de forma inequivocamente negativa [...]. O judeu era claramente um estrangeiro. Os textos não os incluíam como cidadãos comuns ou membros plenos de sua pátria.[58]

Na escola secundária, a situação de Bauman melhorou e piorou ao mesmo tempo. Piorou porque o ambiente da escola era muito mais agressivo, e melhorou porque alguns adolescentes compartilhavam sua identidade — um pequeno grupo de "outros" com os quais compartilhava a estigmatização, o isolamento e o tratamento discriminatório. Bauman recordaria cinquenta anos depois:

> Passar a ser membro de um grupo, compartilhar minha condição com outros de uma forma "predestinada" que nem eles nem eu podíamos contestar, mudou minha vida da maneira mais radical. Subitamente deixei de ser um caso solitário, uma pessoa deixada à própria sorte, que só podia contar consigo mesma.[59]

Aos treze anos de idade, depois de ser aprovado com excelência num exame muito competitivo para uma escola de elite, Zygmunt precisava aprender a se sentir menos humano. Tanto vítimas quanto agressores aprendiam com esse processo destrutivo que preparava as vítimas para sofrer ataques e ensinava aos jovens pertencentes ao grupo dominante que as pessoas dos bancos do gueto eram menos que humanas. Era uma prática generalizada — "óbvia", "natural". O racismo seguia os judeus por toda parte, a cada passo de suas vidas — do nascimento, passando pela escola, universidade, empresas e instituições, até a vida profissional. Não surpreende, assim, que durante os anos da ocupação alemã eles tenham sofrido a hostilidade ou a simples indiferença de seus vizinhos. O processo de transformá-los em menos que humanos havia começado anos antes da Segunda Guerra Mundial e contribuiu para o

Holocausto. O racismo institucional se espalhava a cada dia, passo a passo[60] — trazendo novas e cada vez mais severas restrições.

Essa doença abrangente e mortal não envenenou apenas a sociedade polonesa. Vários países da Europa sucumbiram aos encantos de ideologias fascistas e nacionalistas. Cada um deles — Alemanha, Itália, Espanha, Polônia, Romênia, Hungria — sonhava com uma grande pátria habitada por uma raça "pura" formada por um único grupo étnico. Foi esse o estúpido sonho que resultou na Segunda Guerra Mundial. Em Poznań, os atos de protesto contra esse tratamento desumano foram raros e débeis. E no outono de 1938, especialmente após a Noite dos Cristais,[61] a situação piorou. Com milhares de judeus alemães fugindo do país, o governo alemão deportou milhares de judeus poloneses através da fronteira com a Polônia, onde a maioria permaneceu em campos de refugiados semelhantes a prisões na cidade de Zbąszynek. Por vários meses, a partir de outubro de 1938, o governo polonês criou obstáculos para receber essa população, afirmando que eles não eram genuínos cidadãos poloneses em função de sua judaicidade.[62] A imprensa antissemita regurgitava o clima reinante em cidades e aldeias polonesas: houve um fluxo intenso de matérias sobre os campos de Zbąszynek, descritos como o início de uma temível e maciça onda de refugiados judeus poloneses e alemães, num contexto de alto nível de desemprego e aumento de impostos. Em Poznań, a cidade polonesa mais próxima de Zbąszynek, o ambiente era particularmente hostil a quem não fosse católico. A atmosfera do Ginásio Berger refletia o ambiente à sua volta — os tratamentos antissemitas e racistas eram "óbvios"; a maior parte das pessoas (tanto perseguidores quanto perseguidos) os via como normais.

Essa foi uma dura lição de vida que Zygmunt Bauman aprendeu cedo — colegas de escola e professores podiam ser racistas e discriminadores. Włodzimierz Szer, matriculado numa escola secular judaica em Varsóvia, e Marian Turski, que estudava numa instituição religiosa em Łódź, ficaram livres desse sentimento no início de suas vidas, assim como muitos jovens judeus poloneses. Zygmunt Bauman, porém, sentiu suas origens minoritárias praticamente desde o berço. Entretanto, em seus últimos meses em Poznań, ele pelo menos encontrou seu grupo de referência e pôde compartilhar experiências similares com amigos que também se sentiam "menos humanos" na escola — pessoas com as quais podia compartilhar seus sonhos de um futuro em que não houvesse discriminação racial.

Pertencimento: Um *szomer* na Hashomer Hatzair

> A Hashomer Hatzair [Jovem Guarda] era uma das organizações sionistas mais influentes no período entreguerras, embora não aspirasse a se tornar um movimento de massas. Seus membros, os *szomers*, eram obrigados a trabalhar pela implementação do programa sionista promovendo fundos nacionais judaicos, ensinando a língua hebraica e, finalmente, fazendo a Aliá, seguida do trabalho nos kibutzim [fazendas coletivas] na Palestina. A Hashomer Hatzair estabelecia uma vanguarda nacional de judeus ao promover a amizade fiel e um senso de irmandade e laços familiares entre seus membros.[63]

Bauman não precisava substituir a família, mas certamente procurava amizades e, como a maioria dos adolescentes — sobretudo os que eram excluídos na escola —, uma turma.[64] E foi assim que Zygmunt se filiou a uma organização de jovens sionistas que realizava encontros no salão de uma sinagoga fechada na esquina das ruas Dominikańska e Szewska. Era uma

> sala decrépita num dos prédios que envelheciam placidamente nas poucas ruas à esquerda do antigo bairro judeu.[65] Lá encontrei vários meninos e meninas mais ou menos da minha idade. Juntos, formavam o braço de Poznań da Hashomer Hatzair. O resto era uma confusão. Eu agora estava num grupo que me aceitava por nenhuma outra razão a não ser a incapacidade de se livrar de mim. Os outros meninos e meninas não eram "casos especiais" [...]. Eu não era mais um caso especial. Nós conversávamos, discutíamos, dançávamos, brigávamos, nos comportávamos de uma forma que eu imaginava estar reservada apenas às pessoas normais, das quais, evidentemente, eu não fazia parte. Dentro do espaço delimitado por aquelas paredes descascando eu era tudo que não podia ser lá fora. Comi o fruto proibido da árvore da liberdade, e me ocorreu então que a vida podia ser diferente do que era — não apenas duas tardes por semana. De repente, o mundo não parecia mais inabalável e predeterminado. Nem a escolha parecia ser, como fora antes, entre "pegar ou largar". Senti que nunca mais aceitaria isso. E não tinha a intenção de "largar".[66]

O grupo fez Bauman se sentir empoderado, restaurou sua dignidade, sua capacidade de agir, seus sonhos. Isso se entranhou por toda a sua atitude em relação ao futuro e à vida ao seu redor. A partir de então, o tratamento racista não seria mais "natural" — seria algo a ser mudado, consertado, abolido. E as mudanças seriam realizadas pelos membros de uma organização jovem e dinâmica. Esse sentimento era compartilhado por outros *szomers*, que durante os encontros se sentiam livres do peso da enorme discriminação. Fazer parte de uma comunidade judaica religiosa era uma experiência diferente. Bauman havia passado por um bar mitsvá,[67] mas isso era considerado um ritual básico — nada especial. Foi a Hashomer Hatzair que formou sua percepção de pertencimento.

"Promovíamos encontros, fazíamos apresentações e recebíamos amigos *szomers* de grupos de Włocławek, Varsóvia ou Kalisz, que vinham dar palestras ou conversar conosco", relembrou uma *szomer* do grupo de Bauman, filha de um bem-sucedido empresário de Poznań:

> Havia cerca de cem pessoas, todas jovens. Dançávamos a *hora*, meninos e meninas, cantando e segurando os braços uns dos outros, girando e batendo os pés com força [...]. E ali nos contavam sobre a situação dos judeus na Palestina! Havia palestras sobre nossa história e cultura. Chegavam cartas dos kibutzim para aqueles que já tinham estado lá [...] isso me despertou um orgulho de ser judia! [...] Até então eu tinha algumas conexões com judeus de quem gostava, mas tinha mais amigas polonesas. Entre os *szomers*, comecei a me identificar como judia. Eu me encontrava entre meus pares e sentia que era um deles. Eu pertencia a algum lugar.[68]

"O mundo que eu desejava colocar no lugar do que existia foi concebido segundo os moldes daquele braço da Hashomer Hatzair", afirmou Bauman:

> Olhando em retrospecto, penso que foi a vida que praticamos, e não a vida que imaginávamos, que se sedimentou na imagem de [um] mundo justo com o qual a partir dali, e até hoje, eu iria sonhar, um mundo que eu buscaria ativamente, na ilusão de poder encontrá-lo.
>
> Esse mundo fascinante recebeu o nome de Sião, mas não acredito que esse nome se refira a algum lugar geograficamente definido. Para mim, o Sião se situava nos bosques de Winiary, onde pela primeira vez na vida tive minha

parcela das delícias do Dia de Maio,* na companhia segura de meus novos amigos. Sião era o estranho mundo sem valentões. Um mundo em que as pessoas eram queridas ou desprezadas pelo que faziam, e não pelo que eram. No Sião as pessoas eram iguais, a menos que se tornassem outra coisa por si mesmas. Não havia judeus e gentios, nem ricos ou pobres, nem os que têm e os que não têm. Todos tinham o direito de ser respeitados.[69]

A Hashomer Hatzair era uma preparação para a vida futura, um campo de treinamento para ensinar os *szomers* a se tornarem ativos e a criar uma vida em vez de sofrer ao longo dela, e forneceu uma lição que eles guardaram para sempre, pelo menos no caso de Bauman. Ela foi um ponto de inflexão, uma nova vida, uma transformação permanente,[70] que inspirou em Bauman a paixão por fazer do mundo um lugar melhor, com uma orientação socialista. O período da Hashomer Hatzair também correspondeu a uma época de transformação física para Bauman: ele se tornou um jovem magro, e assim continuaria por toda a vida. A felicidade, porém, durou pouco. Em setembro de 1939, começou a guerra.

> De minha breve experiência com a Hashomer Hatzair, que mal chegou a durar um ano, eu saí determinado a mudar o mundo. E me tornei socialista. E magro. Com efeito, durante esses seis meses decisivos, perdi toda a gordura. Logo depois, perdi meu lar — para sempre. E minha terra natal — pela primeira vez.[71]

---

* Antigo festival de primavera da Europa medieval, geralmente celebrado em 1º de maio. (N. T.)

3. O destino de um refugiado de guerra

Poznań-Molodeczna (1939-44)

nós tínhamos nosso Parceiro no deserto
nós rezamos por Ele
nós o estávamos repreendendo
nós não éramos Seu
povo escolhido
nós éramos o Seu único

vocês tinham seus próprios Deuses
e vocês e vocês e vocês
mas vocês gostavam do nosso
e Ele gostava de vocês tão irritantes

quando Ele foi promovido
vocês
em nome Dele
nos perseguiram

Włodzimierz Holsztyński, "Parceiro"[1]

A eclosão da guerra

Rádio polonesa, sexta-feira, 1º de setembro de 1939, 6h30:

> Estamos falando de Varsóvia, transmitindo para todas as estações de rádio polonesas. Nesta manhã, às 5h30, tropas alemãs atravessaram a fronteira com a Polônia, violando o pacto de não agressão. Várias cidades foram bombardeadas. Dentro de instantes vocês ouvirão uma mensagem especial do presidente da República da Polônia [Ignacy Mościcki]:[2] "Então, estamos em guerra! Hoje, todos os demais assuntos e questões se tornaram secundários. Nossas vidas públicas e privadas tomam um rumo diferente. Entramos num período de guerra. Os

esforços de toda a nação devem caminhar num mesmo sentido. Somos todos soldados. Hoje, devemos pensar apenas numa coisa: lutar até vencermos".

Como todas as famílias polonesas, os Bauman, que desfrutavam da visita de Tosia, junto com o marido e a filha recém-nascida, durante as férias de verão na Palestina, provavelmente ouviram essa mensagem repetidas vezes naquela desastrosa manhã de sexta-feira. Como todos os poloneses, acompanhavam atentamente as notícias da tensão ao longo da fronteira Varsóvia-Berlim. Às oito e meia, devem ter ouvido as sirenes de ataque aéreo advertindo a cidade de Poznań sobre a aproximação de aviões alemães.

A mobilização geral, decretada em 30 de agosto, colocou todo o país em movimentação frenética. Veteranos tentaram se juntar a seus regimentos, enquanto algumas famílias fugiram das cidades, em busca de um lugar mais seguro para passar "os dias da guerra". Outros tentaram desesperadamente retornar das férias de verão para se reunir às suas famílias. Por toda parte, multidões abarrotavam as estações de trens, enquanto carros, caminhões e carroças entupiam as estradas. Nos últimos dias de agosto, a maioria dos poloneses já tinha alguma consciência de que a guerra se aproximava e tentou se preparar para isso, mas havia, em geral, um excesso de confiança. A guerra não iria durar muito, pensavam. A Polônia iria rechaçar e expulsar o Exército alemão em questão de dias — talvez semanas, mas não meses, com certeza. Mesmo os piores cenários previam que a paz chegaria antes do Natal. Qual a razão desse grande otimismo? O fato de que poderosos aliados — os Estados Unidos e a França — haviam prometido proteger a Polônia se Hitler ousasse violar o território. O Exército alemão enfrentaria uma dura resistência não apenas do Exército polonês, mas também do Ocidente, com um ataque maciço dos exércitos britânico e francês. A confiança nesse cenário era generalizada e muito forte. Isso explica por que a população civil só iniciou seu êxodo em massa em direção ao leste depois que as bombas começaram a cair, em 1º de setembro. Todos ficaram impressionados com a agressividade do Exército alemão, por sua eficiência, pela rapidez de seu avanço vitorioso e pelo poderio no campo de batalha — assim como seus ataques homicidas a civis desarmados.

Poznań sofreu pesados bombardeios naquele primeiro dia. Ao meio-dia, 31 aviões Heinkel He 111, voando com a cobertura de uma esquadrilha de caças

Bf 109, atacaram o aeroporto, a estação ferroviária central, quartéis militares em Jeżyce e pontes sobre o rio Warta. O segundo ataque ocorreu à tarde e o terceiro, ao anoitecer. A casa dos Bauman estava no centro desse ciclone de violência. Cerca de cem bombas caíram sobre a estação ferroviária e sobre uma fábrica de uniformes militares localizada a apenas dois quarteirões da residência da família.

No dia seguinte, o marechal Edward Rydz-Śmigły, comandante em chefe das forças militares, ordenou uma retirada para o leste durante uma pausa nos bombardeios; soldados, funcionários do governo e civis, usando os mais variados meios de transporte, fugiram de Varsóvia naquele dia e no seguinte. Em 3 de setembro, o Reino Unido e a França declararam guerra a Hitler em função do ataque, alimentando as esperanças de muitos poloneses. Mas o país inteiro estava desabando diante da Blitzkrieg alemã. O último dia em que os trens circularam normalmente na Polônia foi 3 de setembro, e no dia seguinte a maior parte das pontes do Warta foi destruída, tornando impossível o transporte ferroviário.

A experiência dos Bauman nos primeiros dias da invasão foi a mesma de milhares de outras famílias polonesas. Maurycy Bauman estava em casa, mas, aos 49 anos, não se preocupou com a mobilização geral. Entre a população judaica polonesa, apenas os soldados e oficiais profissionais (geralmente médicos) foram mobilizados. Os judeus não eram considerados poloneses e não se esperava deles que atendessem à convocação.[3] Zygmunt se preparava para iniciar o segundo ano no Ginásio Berger na segunda-feira, 4 de setembro. A família fugiu um dia antes.

Ele descreveria essa fuga às filhas:

> Saímos de Poznań [...] na noite de 2 de setembro. Percorremos o trajeto até a estação furtivamente, na escuridão total, escondendo-nos nas entradas das casas quando aviões inimigos se aproximavam. Levávamos apenas o que podíamos carregar nas mãos. Minha irmã perdeu os poucos pertences que havia trazido da Palestina; ela tinha uma filha para carregar.[4]

"Não fizemos as malas. Fugimos!", recordaria Bauman.[5] "A estação ferroviária não ficava longe de nosso apartamento. Mas o que poderíamos levar conosco?" Maurycy estava com a saúde abalada e com uma grave ferida na perna que tornava difícil caminhar. "Minha mãe e eu — um garoto bastante pueril — tivemos que carregar tudo", recordou Bauman:

> Nós pegamos o que estava à mão e embarcamos no último trem que saiu de Poznań [...]. Meu pai fora criado num espírito tão puritano que primeiramente se recusou a pegar o trem, pois era impossível comprar passagens. Todas as bilheterias estavam fechadas e não conseguimos pagar a viagem. Ele não conseguia aceitar isso [...] sua consciência não lhe permitia viajar sem os bilhetes. Foi por isso que acabamos pegando o último trem [...]. Só conseguimos seguir até Inowrocław, pois as linhas à frente já tinham sido destruídas. Aviões alemães atacavam as estações e os trens o tempo todo. Não demorou para que parassem de circular. Podíamos ter sido mortos durante a fuga [...] porque, em Inowrocław, meu pai não queria sair da estação até encontrar alguém a quem pudesse pagar pela nossa viagem até lá. Então nossa fuga foi bastante dramática.

"Os bombardeiros perseguiram nosso trem durante todo o percurso", escreveu Bauman:

> Paramos várias vezes para nos espalharmos e nos escondermos debaixo dos trilhos. Por fim, em Inowrocław, a cerca de 150 quilômetros de Poznań, o trem chegou a sua parada final. As linhas mais para o leste tinham sido pulverizadas, e a rede ferroviária parara de operar. A estação de Poznań estava em ruínas. Incentivados pela absoluta falta de resistência, aviões alemães metralharam os trens parados. Pilotos aproveitaram a oportunidade para mostrar suas habilidades aéreas. Voavam a poucos metros do solo, depois faziam loopings e círculos no céu, a seguir mergulhavam de novo. Muitas vezes sobrevoavam tão perto que eu juro que conseguia ver um sorriso malicioso em seus rostos.[6]

"Foi um pesadelo", disse-me Bauman. "Bandos de soldados alemães passavam por nós na estrada e nos empurravam para as valas. Isso aconteceu várias vezes. Ainda não havia Auschwitz ou Treblinka [...] mas o clima já era muito desagradável."[7]

Esta última frase foi pronunciada com os lábios apertados. Dizer que "o clima já era muito desagradável"[8] parece irônico, mas foi a forma de Bauman superar uma emoção difícil, dolorosa, gerada por um evento traumático ocorrido quando ele era um garoto de catorze anos. Ele teve que reconstituir a fuga dramática de uma massa de pessoas: crianças, velhos, tanto mulheres quanto homens (a maioria dos homens poloneses ainda estava no Exército, tentando deter a invasão alemã),[9] os mancos e os doentes, alguns já feridos, muitos em estado de choque em função do barulho ensurdecedor, com bombas caindo ao redor e pessoas morrendo, chorando e gritando.

Os bombardeios vinham em ondas, matando e ferindo milhares de pessoas. Apavorados e indefesos, civis tentavam fugir se escondendo em buracos ou florestas. Quando deixavam seus esconderijos, Messerschmitts — aviões de caça alemães — chegavam em grupos e, voando bem perto do solo, os atingiam com suas metralhadoras. Foram esses os pilotos cujos rostos Zygmunt Bauman viu. Essa cena se repetiu em muitas estradas polonesas em setembro de 1939. A performance assassina dos pilotos da Luftwaffe causou um medo e um pânico inacreditáveis. Foi uma experiência única, inesquecível, ser a presa de um caçador impiedoso e poderoso. O tempo demorava a passar para todos os que participaram desse êxodo. Qualquer segundo poderia ser o último. Da mesma forma que todos aqueles que fugiam, Bauman, ainda um adolescente, testemunhava a morte todos os dias. "Centenas de milhares de pessoas tiveram experiências desse tipo", disse-me ele, ressaltando um aspecto que havia destacado várias vezes em nossa conversa: "Não houve nada de incomum no meu caso".

De Inowrocław, a família viajou na carroça de um camponês, puxada a cavalo, até Włocławek, perfazendo uma distância de 65 quilômetros. Bauman conta que

> meus tios pareciam esperar nossa chegada, embora eu não me recorde de sua alegria por termos conseguido escapar. Instalaram-nos no apartamento de uma família que tinha fugido mais para o leste e nos deixaram por nossa própria conta. Não que tivéssemos controle sobre nosso destino. Os remanescentes do exército derrotado, sob forte pressão, precipitavam-se em direção ao leste — a cavalo, em carroças, a pé. Em pouco tempo as ruas estavam livres dos soldados, seguindo-se um silêncio estranho e assustador. E então chegaram os alemães. Em motocicletas, caminhões, tanques.[10]

Os primeiros dias da guerra trouxeram mudanças imediatas e radicais. O Exército alemão avançou com rapidez e impôs novas regras aos territórios ocupados com implacável poder e terror — especialmente no que dizia respeito à população judaica. Não se exigia dos católicos poloneses que usassem uma cruz ou qualquer sinal estigmatizante em suas roupas, como acontecia com os judeus. Włocławek foi uma das primeiras cidades a impor a "estrela amarela":

> Alguns dias depois, minha mãe cortou meu pijama amarelo de modo a formar triângulos que seriam costurados nas costas de nossos casacos — os sinais de nossa identidade judaica então oficialmente reconhecida pelos novos governantes. Portando esses emblemas, agora caminhávamos pelas ruas — alguns centímetros abaixo do nível das pessoas comuns, que andavam como antes, pelas calçadas.[11]

Depois de anos de distinções invisíveis — sentar-se em "bancos do gueto", ter a palavra "judeu" carimbada nas carteiras de identidade e nos documentos estudantis, possuir poucas ou nenhuma opção de estudo —, chegara o momento de Zygmunt Bauman receber um rótulo discriminatório adequado que oficializava e facilitava a perseguição. O tratamento criminoso imposto pelas autoridades alemãs a Włocławek e seus judeus ia da violência física à degradação psicológica.[12] Isso foi vivenciado diretamente por Bauman quando seu pai foi humilhado em público por um soldado alemão.

As façanhas sádicas dos invasores alemães muitas vezes incluíam cortar a barba dos judeus ortodoxos. Mas não era preciso ser um judeu ortodoxo para ser escolhido como objeto de maus-tratos. Bauman iniciou o relato que me fez da humilhação de seu pai com uma afirmação psicológica geral, uma observação que distanciava a experiência de si próprio:

> Isso já foi descrito milhares de vezes, a situação do filho que vê o pai como um deus onipotente e de repente o vê humilhado, o que faz toda a sua visão de mundo entrar em colapso. Isso aconteceu comigo quando os alemães mandaram meu pai recolher a sujeira da rua — com as próprias mãos. Não lhe deram [...] uma pá ou uma enxada [...]. Quando eu vi isso, disse a mim mesmo que não podia ficar ali. E isso foi providencial [...] porque tudo poderia ter sido inteiramente diferente.

Essa última parte de seu depoimento é plena de significado, pois quase todos aqueles que pertenciam à comunidade judaica de Włocławek em setembro de 1939 pereceram no Holocausto.

Tosia, o marido e a bebê estiveram entre os afortunados. Sua fuga, iniciada num trem de Włocławek para Berlim, coincidiu com a amarga experiência de humilhação do pai, o que em parte talvez explique por que Bauman fez uma descrição tão curta da cena em nossa entrevista. Ele parecia realmente lutar com essa lembrança, talvez mais do que com qualquer outro evento dramático de sua vida. Pronunciou a última frase com um sorriso sarcástico, como se estivesse reprimindo uma piada amarga, que então disfarçou com o gesto ritual de preparar seu cachimbo. Bauman preferiu diminuir a recordação difícil com um gesto de desdém e palavras que esclareciam que eram essas as experiências dos poloneses durante a guerra. Mas, evidentemente, nem todos os poloneses vivenciaram essa variedade particular de sofrimento.

"E assim três judeus com estrelas amarelas nas costas se despediram na estação de Włocławek de três judeus sem emblemas", escreveu Bauman no texto para as filhas:

> Bem, eles não viram exatamente a partida do trem. Pouco antes de minha irmã, com a filha nos braços e o marido ao lado, ser acomodada (com muita adulação e cumprimentos) no vagão reservado aos oficiais germânicos, um policial alemão apontou o dedo para meu pai: "Você, judeu, venha aqui e limpe essa plataforma imunda!". De costas para o trem que levava embora sua filha, com lágrimas nos olhos, as mãos cheias de papéis encharcados e restos mofados dos lanches dos soldados, movimentando-se ao ritmo das cutucadas do cabo de um rifle — essa foi a imagem de meu pai que minha irmã levou consigo em sua jornada para aquele que agora era seu único lar.[13]

A família se dividiu em duas: Tosia, o marido e a filha deixaram a Polônia e retornaram ao seu lar na Palestina, enquanto Zygmunt e os pais voltaram para a casa de seus parentes em Włocławek por algum tempo. "Eu me lembro de voltar para nosso apartamento exausto, mas desesperado: eu não iria continuar ali", registrou Bauman em seu ensaio autobiográfico. Maurycy queria esperar o fim da guerra numa pequena aldeia judaica como Izbica — seu local de nascimento —, mas Zygmunt se opôs com todas as forças:

> Eu me lembro de que tudo em mim combatia essa ideia. Um instinto infantil? Uma premonição? Um ímpeto de ousadia graças às noites passadas no salão da Hashomer Hatzair? Uma nova convicção de que o mundo podia ser melhor e de que podíamos ajudá-lo a ser assim? Não me recordo de nenhum pensamento — só dos sentimentos. Mas estes eram poderosos. Tão poderosos, na verdade, que acabaram prevalecendo sobre a solução saudosista de meu pai. E assim meus pais sobreviveram à guerra. E estou escrevendo estas palavras, quarenta inacreditáveis anos após a morte de Hitler.[14]

Esta última frase nos faz lembrar dos muitos relatos de sobreviventes da perseguição nazista. São palavras de agradecimento, um agradecimento retrospectivo — eles foram condenados, mas por algum motivo aqui estão, ainda vivos muitos anos depois, enquanto aquele que foi a personificação de sua desgraça está morto há décadas. Esses fatos ajudam os sobreviventes a acreditarem numa espécie de final feliz... um final feliz para uma história impossível. Naquela época, porém, enquanto faziam o que podiam para melhorar sua situação em Włocławek, não havia nada que se pudesse chamar de uma "boa" estratégia. Ninguém tinha como saber o que iria acontecer.

Os Bauman organizaram sua fuga. A família de Zofia emprestou dinheiro para que contratassem um cocheiro, dois cavalos e uma carroça. Tudo estava pronto em meados de outubro. Os Bauman se dirigiram à fronteira leste.

A viagem não seguiu o plano inicial, mas a urgência da partida ficou evidente quando os nazistas ocuparam Włocławek: "Os primeiros dias de sua [dos nazistas] permanência por lá foram tão terríveis que tive raiva e discuti com meus pais, dizendo que não queria ficar".[15] E assim a família saiu de Włocławek, primeiro numa carroça, mas os cavalos já estavam à beira da morte[16] e de fato morreram durante a viagem, perto de Mława, já sob controle alemão, e os Bauman prosseguiram a pé. "Caminhei bastante em minha juventude", disse Zygmunt.

Eles faziam parte de um grande grupo que caminhava lentamente de um chalé para outro, usando estradas secundárias para não chamar a atenção dos alemães. Estavam por conta própria. Não havia Cruz Vermelha nem qualquer outro órgão que lhes trouxesse remédios, roupas ou alimentos. Cada família era responsável por encontrar abrigo e comida para si mesma:

> Comprávamos comida dos camponeses. Essa tarefa ficava por conta de minha mãe. Ainda não tínhamos cupons de alimentos (mais tarde, no pós-guerra, o governo polonês introduziu esses cartões). Os camponeses vendiam comida, mas preferiam trocá-la por outros produtos. O que na verdade foi uma coisa boa — quanto mais caminhávamos, mais a nossa carga diminuía![17]

Uma vez próxima à fronteira com a parte da Polônia sob ocupação soviética, a família ficou aguardando a oportunidade de atravessá-la clandestinamente. Isso aconteceu algumas semanas após a invasão soviética dos territórios do leste do país, que se iniciou em 17 de setembro e fez com que se abortassem os planos de reorganização da resistência polonesa. Sob o pacto Mólotov-Ribbentrop, os soviéticos anexaram esses territórios, criando uma nova situação geopolítica com uma fronteira (ou linha de demarcação) germano-soviética. O governo polonês jamais assinou um acordo de capitulação, embora os prefeitos de algumas cidades o tenham feito (Varsóvia se rendeu em 25 de setembro). Sem um governo fantoche e com a maioria dos líderes poloneses fugindo para Londres, soviéticos e alemães simplesmente ampliaram seus territórios, fazendo com que a Polônia desaparecesse do mapa da Europa.

Para atingir o ponto mais próximo da nova fronteira com a União Soviética, a família de Bauman teve de atravessar cerca de trezentos quilômetros, de Włocławek a Wojciechowice — uma jornada que levou duas semanas.

> No final de outubro a família finalmente chegou a Wojciechowice — um pequeno vilarejo a cerca de cem metros da fronteira, que então ia de Ostrołęka (do lado alemão) a Łomża (do lado russo). Alugamos um quarto no sítio de um camponês. Tivemos sorte em encontrá-lo, pois todos os lugares do vilarejo estavam entulhados de refugiados como nós, esperando cruzar a fronteira.[18]

Em meio à confusão e à incerteza, e a alguns embates que prosseguiam com as forças polonesas, o tempo esfriou e se tornou cada vez mais difícil cruzar a fronteira em segredo.

A odisseia da passagem da família para o setor soviético foi tão traumática quanto a parte inicial de sua jornada:

> Quando chegamos à fronteira, os russos haviam deixado de permitir que as pessoas passassem. Antes, qualquer um podia entrar [...]. Meu pai era autodidata, mas tinha um bom nível de instrução e falava alemão muito bem.[19] Naquele momento havia uma guarnição da Wehrmacht em Wojciechowice. Meu pai encontrou um capitão alemão — um sujeito muito educado — e eles conversaram várias vezes de maneira realmente cordial.[20] Os russos não estavam mais aceitando refugiados porque havia gente demais em Wojciechowice tentando atravessar a fronteira. Mas ele prometeu encontrar uma solução quando falasse com "o comandante do outro lado do rio". Foi exatamente assim que ele falou! "Talvez", disse ele, "possamos chegar a um acordo, e os russos permitam que vocês entrem." Foi muito interessante — nós três nos sentamos do lado alemão do rio e vimos "nosso" capitão dirigindo seu carro todo equipado até o meio da ponte, onde parou. Creio que era uma ponte de verdade, não um pontão. E do outro lado ele se encontrou com os *Krasnarmiejci* [soldados do Exército Vermelho]. Eles vinham a pé, com os rifles pendurados em cordões. Encontraram-se no meio do caminho. Claro que não tenho a menor ideia do que falaram, mas o capitão voltou e disse a meu pai: "Infelizmente eles têm ordens para não deixar ninguém entrar, e não há nada que eu possa fazer a respeito".[21]

Embora a tentativa de cruzar a fronteira tivesse fracassado, Bauman ficou impressionado com os soldados do Exército Vermelho, que ele via pela primeira vez na vida: "Eles vinham caminhando tranquilamente em nossa direção; quanto mais se aproximavam, melhor podíamos ver seus uniformes do tamanho errado, com os botões soltando, os sapatos mal engraxados e surrados. A mim pareceram anjos. Ou mensageiros de Sião".[22] Contudo, por mais angelicais que parecessem, os soldados não deixariam a família entrar no território soviético.

Era uma má notícia, mas isso não desencorajou Zofia. "Ao contrário de meu pai, minha mãe era uma pessoa muito aguerrida", relembrou Bauman.

> Ela disse: "Não, não vou aceitar isso com tanta facilidade! Vou procurar o comandante alemão em Ostrołęka!". Você precisa entender que minha mãe parecia uma camponesa local — vestia-se da mesma forma que todas as mulheres do vilarejo e se juntou a uma verdadeira camponesa de lá que ia ao mercado de Ostrołęka.

Naquele mesmo dia, depois de minha mãe sair para tentar se encontrar com o comandante em Ostrołęka a fim de lhe pedir que possibilitasse nossa passagem — o que, por sinal, era um esforço terrivelmente ingênuo, na verdade completamente idiota —, o capitão da Wehrmacht procurou meu pai e lhe disse: "Senhor, não tenho nada a ver com essa decisão, mas vim lhe dizer que estamos sendo removidos (a Wehrmacht estava sendo liberada da tarefa de controlar a fronteira) e seremos substituídos hoje pela Grenzschutz [a polícia de fronteira] — e isso pode ser muito ruim para vocês".[23]

Bauman prosseguiu:

> Meu pai e eu estávamos lá, mas minha mãe tinha saído. Foi uma situação terrível porque não sabíamos quando ela iria voltar [...]. Só mais tarde ficamos sabendo que exatamente no momento em que ela chegou à cidade — Ostrołęka — os refugiados dali e das redondezas, todos os que estavam esperando para cruzar a fronteira, foram cercados pela Grenzschutz e levados para Ostrów Mazowiecka, onde ocorreu a primeira execução em massa na Polônia.

Pelo que se viu depois, se a família tivesse continuado junta, teriam todos morrido. Uma teia de coincidências improváveis salvou suas vidas.

A mãe de Bauman escaparia à morte por um milagre — ou talvez nem tanto:

> Minha mãe tinha uma beleza do tipo eslavo, não judaico. Agora, malvestida e com um enorme xale enrolado na cabeça, era praticamente indistinguível das camponesas locais. Ela tirou a única marca de sua judaicidade — a estrela amarela — e convenceu nossa senhoria, de quem se tornou amiga desde o primeiro dia, a arrear um cavalo e levá-la a Ostrołęka, onde esperava usar seu poder de persuasão para obter a cooperação do comandante alemão do distrito.

A aparência talvez fosse o elemento decisivo quanto a ser pego ou escapar, pois os predadores procuravam um determinado tipo físico. Felizmente para Zofia Bauman, ela não correspondia ao estereótipo da mulher judia: cabelos pretos e olhos escuros e amendoados. Seus traços eram mais tipicamente "arianos", e ela se misturou às esposas camponesas que iam toda semana a Ostrołęka para vender seus produtos no mercado.

Pai e filho também sobreviveram graças a uma certa teimosia. Como o capitão avisara, a Grenzschutz assumiu o lado alemão da divisa e

> logo depois ouvimos uma ordem em voz alta reverberando pelo vilarejo: *"Alle Juden raus!"*. Vindos de casas, celeiros e estábulos, surgiram homens, mulheres e crianças, empurrados e chutados por soldados usando estranhos uniformes em direção ao prédio da prefeitura. Quando nos juntamos à massa, ouvimos o oficial da Grenzschutz anunciar que seríamos transportados para Ostrów Mazowiecka, onde estavam sendo reunidos todos os judeus que desejavam atravessar para o lado russo [...]. Não podíamos ir para Ostrów. Não podíamos ir a lugar algum enquanto minha mãe estivesse fora. Tínhamos de esperar que ela voltasse. Não discuti a questão com meu pai, mas sabia que ele pensava da mesma forma. Nos comunicávamos sem palavras enquanto nos esgueirávamos para trás do prédio mais próximo e corríamos em direção ao bosque que se estendia pelos dois lados da fronteira. Logo vimos um solitário guarda de fronteira russo, sentado num tronco de madeira, observando pássaros e cantarolando, o rifle no chão a seus pés. Arquejando, meu pai declarou: "Estou aqui esperando minha mulher. Não vou a lugar algum até ela chegar". Creio que foi o dia mais longo da minha vida.[24]

Os soldados responsáveis pela matança em Ostrów Mazowiecka, que ficava a trinta quilômetros de Ostrołęka, já tinham bastante experiência em perseguir civis. Mas no dia 11 de novembro eles mataram cerca de seiscentos judeus,[25] uma execução em massa de habitantes locais e refugiados que esperavam, como os Bauman, por uma oportunidade para cruzar a fronteira.

Zygmunt e o pai estavam separados da fronteira por um riacho com uma espécie de ilha flutuante formada pela vegetação,[26] e ele sugeriu que se sentassem ali para esperar Zofia. Não havia absolutamente ninguém no local, mas,

> depois de algum tempo, apareceu um homem rechonchudo de aspecto saudável, um *kolkhoznik* [fazendeiro soviético] com um rifle preso numa correia, e começou a balbuciar algo. Meu pai falava um pouco de russo [...] era fluente em alemão, mas não em russo. Eu não sabia uma palavra sequer da língua. Assim,

> foi uma conversa difícil, mas ele parecia gentil. E disse que era melhor que fôssemos com ele até o seu vilarejo, onde haveria uma cama quente e um pouco de comida à nossa espera. Eu me opunha fortemente à ideia, mas ele tinha o rifle na correia e então fomos.[27]

Passava das duas da tarde, já começando a anoitecer nessa época do ano. Eles seguiram o fazendeiro até sua casa e se sentaram do lado de fora até que ele se ofereceu para levá-los ao gabinete de seu comandante, para que conseguissem um lugar para ficar.

> Nós o seguimos, caminhando na escuridão total — eu, meu pai e esse soldado [...] apenas nós três. E de repente [...] eu não conhecia a geografia do lugar, mas de alguma forma percebi que ele estava nos levando de volta para o lado alemão. No calor do momento, tomei uma decisão abrupta: deitei-me na grama e comecei a gritar numa língua que me parecia o russo. Até hoje me lembro do que disse: "*Maja mat tut — maja mat tut*" ["Minha mãe está aqui!"]. Fiquei deitado na grama e me recusei a prosseguir. E aquele bom homem realmente não sabia o que fazer conosco. Não podia nos levar nas costas. Disparou um sinalizador, mas nada aconteceu. Ele se juntou a nós, sentando-se numa pilha de entulho no meio do campo. Nós esperamos [...]. Então, de repente, apareceu um oficial russo montado num cavalo que espumava pela boca e trocou algumas palavras com o fazendeiro, depois fez o cavalo avançar, tentando nos amedrontar. Eu estava gritando. Meu pai tremia. Mas o oficial percebeu que aquilo não valia a pena.[28]

Embora horrorizados, Zygmunt e o pai se mantiveram imóveis. Não correram para o lado alemão. O oficial disse alguma coisa ao fazendeiro, continuou Bauman, "e se foi, galopando depressa e desaparecendo na escuridão". O fazendeiro fez um sinal com as mãos, indicando que pretendia nos dar as costas e, quando se virasse de novo, "deveríamos ter ido embora. Era isso. E como era uma noite sem lua, muito escura, foi fácil desaparecer. Alguns passos e não estávamos mais lá. E então continuamos nossa caminhada noturna para Łomża".

Uma jornada por terras soviéticas: Novembro de 1939-junho de 1941, Mołodeczno

Łomża ficava na zona de ocupação soviética, a primeira cidade depois da nova fronteira. Era uma cidadezinha polonesa que, de repente, em setembro de 1939, se tornara a primeira cidade da "liberdade" — ou, pelo menos, livre da ocupação alemã. A leste de Łomża, a etnia não era mais particularmente relevante: na União Soviética, os Bauman eram apenas "refugiados provenientes de territórios ocupados pelo Terceiro Reich".[29]

"A cidade já estava repleta de refugiados e não conseguíamos encontrar um lugar para passar a noite", relembrou Bauman: "Meu pai perguntou em vários lugares e finalmente alguém lhe disse que havia uma mulher que poderia nos receber por uma noite em troca de pagamento. Fomos até lá e quem encontramos?" Zofia! "Foi o coroamento de um dia cheio de milagres." A família estava reunida mais uma vez, uma sorte excepcional naqueles tempos fatais. Uma vez juntos, decidiram sair de Łomża. "Era impossível esticar o braço sem bater em alguém, de tanta gente que havia naquela cidade", recordou Bauman. "Havia três vezes mais refugiados do que moradores."

"Pegamos o trem para Białystok, a maior cidade dessa parte da Polônia ocupada pela Rússia", escreveu Bauman:

> Porém, Białystok não era muito diferente: encontramos ali as mesmas hordas de gente sem teto, aluguéis altíssimos, milhares de pessoas desarraigadas procurando parentes perdidos e meios de sobreviver por mais um dia. Tínhamos gastado todo o dinheiro que havíamos trazido de Włocławek e meu pai tentou desesperadamente obter mais algum.

Mais uma vez, Maurycy não conseguiu ganhar dinheiro e Zofia se encarregou da situação. Uma decisão foi tomada:

> Tínhamos que ir para outro lugar — longe daquela turba comprando e vendendo coisas. Mas para onde? Nisso meu amor pela geografia revelou sua utilidade. Mołodeczno parecia o lugar certo para onde ir. Pequena, mas não um vilarejo, longe o bastante da fronteira alemã para não ser facilmente alcançada por ou-

tros refugiados e localizada no que prometia ser um lugar pitoresco do interior. Gastamos nossos últimos centavos nos bilhetes do trem para Mołodeczno.[30]

Mołodeczno era uma típica cidade da Bielorrússia no final de 1939 — repleta de refugiados,[31] ou "Bieżency", nome derivado do russo que designava os refugiados da Polônia sob ocupação alemã nos territórios sob controle soviético. O trem para Mołodeczno não estava superlotado — na verdade, não havia outros refugiados na composição, já que fugir para o leste não era uma estratégia popular entre os refugiados, que não se sentiam estimulados a ir sozinhos para um lugar onde não tinham amigos nem conexões.[32] Os Bauman não contavam com nenhum apoio desse tipo, mas conseguiram encontrar uma boa situação em seu novo lar temporário. Como Bauman relembrou, "tivemos sorte, pois meu pai conseguiu um emprego e minha mãe também. E eu entrei na escola". Num manuscrito de 1951 contendo seu curriculum vitae (documento assinado pelo *major* Bauman), ele escreveu: "Nos estabelecemos em Mołodeczno, onde meu pai trabalhou como escriturário na Wojentorg Zach Okręg Wojskowy [empresa nacional fornecedora do Exército soviético] e minha mãe cozinhava na cantina dos oficiais".[33]

"Era uma cidade-guarnição, e não muito mais que isso", escreveu Bauman vinte anos depois:

> Quartéis espalhados de maneira confusa por um enorme terreno plano e cercado ocupavam a maior parte do espaço [...]. Havia uma grande quantidade de quartos para alugar quando chegamos, e logo encontramos um na casa da família de um camponês. Também havia uma abundância de empregos [...]. [No] dia seguinte à nossa chegada, ofereceram a meu pai o primeiro cargo que ele pediu: ele se tornou — o que mais? — contador de um grande entreposto que atendia a guarnição local.

A primeira impressão de Maurycy Bauman foi de horror e desânimo:

> Todo mundo rouba! Eles me pedem para registrar nos livros produtos que evaporaram antes de serem colocados nas prateleiras; ou eliminam [da lista] como defeituosas coisas que são perfeitamente utilizáveis em termos de qualidade. Como é que um Estado pode ser construído pelo roubo?[34]

Maurycy, que tentara comprar um bilhete de trem durante um bombardeio, não foi capaz de aprender a "contabilidade criativa":[35] "Também nunca aceitou a ideia de uma 'democracia fraudulenta' [...]. Ele continuou sofrendo — como era seu hábito, mas agora sofria em silêncio".[36]

Desde seus primeiros dias na União Soviética, a família Bauman tomou consciência das particularidades do novo sistema implementado depois da Revolução de 1917, que havia mudado a Rússia em todos os níveis da atividade humana. O roubo era uma prática e a "democracia fraudulenta" apresentava novas regras básicas que Zygmunt e os pais tiveram de aprender rápido. Isso não significa que Maurycy tenha começado a agir como os outros. Zygmunt avaliou a abordagem do pai ao novo sistema com as seguintes palavras: "Meu pai voltou a ser um escriturário, ainda que os livros agora fossem do reino da fantasia e não exercícios de realismo, socialista ou de qualquer outro tipo".[37]

Maurycy podia não mudar facilmente, mas Mołodeczno oferecia oportunidades — "uma verdadeira revolução" — para Zofia, recordou Bauman. Depois de um pequeno teste, a mãe de Zygmunt foi contratada pela caótica guarnição como cozinheira:

> Seus talentos mágicos se ajustavam muito bem à democracia fraudulenta [...]. Sua arte era aclamada, louvada, admirada. Minha mãe estava feliz. Amava sua nova vida, a cidade sonolenta, o Exército cujos oficiais olhavam para ela com olhos de cães amorosos, o país que tinha um Exército formado por homens como esses.[38]

O dom de Zofia iria salvar suas vidas e melhorar suas condições de existência diversas vezes ao longo da guerra. Ela possuía um talento essencial em tempos de guerra ou de crise — sabia fazer coisas com poucos recursos. Não era uma cozinheira profissional, mas "tinha muita energia", relembrou Bauman.

> E tinha a seguinte regra: para fazer boa comida, eram necessários ingredientes muito bons, ou passar o dia inteiro na cozinha. Não tínhamos como comprar produtos de alta qualidade, mas ela sabia fazer verdadeiras delícias a partir do nada. Era uma coisa incrível![39]

Existe um apelido em polonês para esses pratos, *zupa na gwoździu* (o equivalente a "sopa de pedra"), popularizado pelo escritor e jornalista Melchior

Wańkowicz. Durante a guerra, criar uma sopa saborosa a partir do nada era uma estratégia de sobrevivência. "Na União Soviética", recordou Bauman,

> essa habilidade valia ouro. Minha mãe se empregou como cozinheira na cantina de uma guarnição e foi logo promovida a chef. Foi um grande alívio para meu pai, que pôde se livrar do sentimento pesado de que precisava ganhar o suficiente para manter a família, pois esse era o dever do homem.

Na verdade, na União Soviética as mulheres eram ativas profissionalmente. Além disso, durante a guerra, e mesmo nos primeiros anos depois dela, o talento culinário era uma chave de ouro para uma vida decente. Às vezes, como no caso da família Bauman, podia ser um salva-vidas:

> O governo soviético declarou cidadãos soviéticos todos os habitantes do território polonês ocupado. Entretanto, como éramos refugiados de uma parte da Polônia sobre a qual os russos ainda não haviam proclamado sua jurisdição, fora inserido em nosso passaporte um pequeno parágrafo que nos proibia de ficar a menos de noventa quilômetros da fronteira. Mołodeczno ficava a apenas sessenta quilômetros da então independente Lituânia. Estávamos ameaçados de deportação [...]. O parágrafo fatal nunca foi eliminado de nossos passaportes, mas a ordem de deportação tampouco jamais chegou.[40]

Assim, os talentos culinários de Zofia afastaram uma ameaça que geraria miséria e mesmo fome para milhares de poloneses. As autoridades soviéticas não mandaram a família para a Sibéria em 1940, ou mesmo depois da invasão nazista de 22 de junho de 1941. Milhares de refugiados que tinham fugido para os territórios ocupados pelos soviéticos para escapar da ocupação nazista, e outros que já viviam naquelas áreas quando Stálin as ocupou, foram "enviados para a Sibéria".[41] Stálin tinha inúmeras justificativas para tais ações, que faziam parte de sua política de controlar grupos étnicos ou outros que ele percebia como hostis por meio do isolamento social. Os territórios soviéticos eram imensos, o clima era duro, as distâncias eram largas e havia muito trabalho a ser feito nas florestas e em longínquos postos industriais avançados. Não era necessário encarcerar as pessoas para torná-las dóceis e obedientes. Nesse sentido, os Bauman tiveram sorte. E, graças a seus empregos, seu único filho pôde frequentar a escola em Mołodeczno — sem precisar aguentar coisas como o *numerus clausus* ou os "bancos do gueto".

Mołodeczno: Um aluno entre muitos

No primeiro ano escolar após o início da guerra, os alunos das escolas bielorrussas tiveram uma experiência muito diferente. Mołodeczno era uma cidade polonesa antes da Segunda Guerra Mundial, mas possuía uma população multiétnica e multilinguística.[42] Durante os primeiros anos do conflito, os diretores das instituições tiveram um papel muito importante: estavam educando levas de crianças imigrantes que chegavam durante todo o ano, ingressando em turmas já em andamento. Seus pais muitas vezes não possuíam documentos: não havia identidades, passaportes, certificados escolares ou qualquer outra evidência da educação da criança. A flexibilidade era um valor importante naqueles tempos, e as transgressões eram a regra. Bauman recorda de sua matrícula:

> Perguntaram que tipo de educação eu havia tido. Foi quando contei a primeira mentira da minha vida. Disse que tinha completado o segundo ano do ginásio. Na verdade, só tinha feito o primeiro! Mas eles me colocaram no terceiro ano e consegui me sair bem.

Bauman apresentou uma versão diferente em 1950, ao preparar seu currículo para o Exército. Ali, escreveu: "Estudei numa escola secundária russa — no sexto e no sétimo anos (fiz o sétimo ano nas férias e passei nos exames)".[43] Na Polônia de 1950, quando as histórias de vida tinham de ser livres de quaisquer defeitos morais, seria inaceitável para Zygmunt Bauman escrever "foi quando contei a primeira mentira da minha vida". Na verdade, evidentemente, pular de ano não era algo incomum naquele período. No território polonês controlado pelo Exército alemão, as crianças polonesas voltaram às aulas depois da ocupação, embora mais tarde, no outono, os alemães fechassem todas as escolas, exceto as de ensino fundamental e de treinamento ocupacional — como *Untermenschen* [povos inferiores], os poloneses não mereciam nem precisavam da educação e da cultura a que as crianças alemãs tinham direito.

Não havia restrições desse tipo à educação das crianças polonesas no território sob controle soviético, mas o novo regime introduziu progressivamente a ideologia comunista nos currículos de todas as escolas, universidades e locais de trabalho. Essa transição altamente complexa de territórios — da dominação do Estado polonês, com uma breve fase de "libertação" bielorrussa, para uma república soviética — foi uma questão de semanas. É fascinante examinar esse processo tal como ocorreu numa escola secundária, a partir da perspectiva individual de um aluno.

Mais de quarenta anos depois, Bauman assim recordou essa experiência:

> Ninguém, ao que parece, questionou minhas credenciais. Para meus novos colegas, eu talvez fosse a pessoa mais polonesa entre todos eles. Aqui, na distante periferia da República do entreguerras, a polonesidade como tal estava permanentemente em dúvida. O vernáculo era uma curiosa mistura de russo, polonês, iídiche e esse dialeto camponês não codificado que alguns intelectuais sonharam em elevar à categoria de bielorrusso literário. Entre meus novos colegas de turma havia poloneses, russos, judeus e bielorrussos, mas isso não parecia ter importância. A categoria a que se pertencia parecia a alguns uma questão acidental; para outros, de autodefinição e escolha. Ninguém à minha volta falava um polonês tão puro e refinado quanto eu. Ninguém se movimentava com a mesma facilidade entre a literatura e a história polonesas. No novo contexto, eu parecia tão assustadoramente polonês que atraí as suspeitas e o ódio do subdiretor — um militante nacionalista bielorrusso e antipolonês. Alguns dias depois de eu começar na escola, ele me chamou ao seu escritório e me disse de forma bem clara que o domínio dos invasores poloneses tinha terminado e que eu e as pessoas da minha laia deveríamos nos dar conta disso, que aquela era uma escola bielorrussa e não havia lugar para quem falava polonês, e que eu devia aprender bielorrusso antes do Natal ou esquecer meu projeto de educação. Fiquei abalado, mas continuei a dar minhas respostas na classe em polonês. Já tinha muito problema em dominar o russo básico; não havia nenhum livro do tipo "aprenda sozinho", e aprendi a língua da maneira mais trabalhosa, lendo artigos do *Pravda* com o dicionário na mão. A reunião com o subdiretor teve, contudo, um efeito — embora não o desejado por ele. Estabelecer a língua bielorrussa como o inimigo da Polônia me fez odiá-la. Não me esforcei para aprendê-la. Na primeira oportunidade, mudei para um ginásio recém-inaugurado em que o russo era a língua falada em sala de aula.[44]

Essa longa passagem marca uma complexa transição na vida de Zygmunt Bauman como jovem judeu polonês. Depois de sofrer por longos anos em função do nacionalismo polonês e da exclusão antissemita no sistema escolar da Polônia, o jovem Zygmunt passou a ser percebido como um estudante polonês privilegiado numa escola bielorrussa sob o controle soviético, cujo diretor suspeitava que ele fosse um agente do governo de seu país. Isso mostra como eram as coisas num mundo complexo para uma criança judia imersa nesses tempos caóticos e matriculada num sistema escolar efêmero criado por adultos. Essa lição foi, decerto, extremamente valiosa para o futuro sociólogo e filósofo — um perfeito estudo de caso, in vivo, uma peça ideal de um trabalho de campo e de observação participante numa educação nacionalista. Que situação poderia ser mais adequada para compreender a complexidade de sistemas, grupos de poder, habilidades de negociação e a dinâmica da interação social? Essas experiências forneceram a base de seu trabalho futuro.

No nível pessoal, as coisas caminharam bem para Zygmunt Bauman: "Lembro-me de Mołodeczno como uma época agradável — eu era um adolescente[45] e me senti muito confortável lá". Deve ter sido uma experiência radical e chocante para um garoto educado numa escola de ensino médio só para meninos ser subitamente lançado, aos catorze anos, numa escola mista:[46] "Havia meninas. O primeiro amor [...] é uma história muito interessante. Diferente de Poznań, eu sentia que realmente fazia parte da escola. Ninguém ameaçava me mandar para a Palestina, como faziam em Poznań". Seus colegas de turma de Mołodeczno não usavam o antissemitismo contra ele. "De maneira alguma! Eles eram de todos os tipos: russos, bielorrussos, poloneses, lituanos, judeus — todos juntos. Miłosz descreveu tudo isso muito bem [...] uma mistura total."[47]

Czesław Miłosz, o falecido romancista polonês que ganhou o prêmio Nobel de Literatura, descreve esse ambiente em que se misturavam etnias, línguas, religiões e tradições no livro de memórias *Wyprawa w dwudziestolecie* [Uma excursão pelos anos 1920 e 1930]. Era um ambiente culturalmente rico e uma enorme mudança para Bauman. Pela primeira vez ele era um aluno como qualquer outro. Pela primeira vez suas notas não eram alteradas para refletir sua origem cultural ou étnica. Ao se formar em junho de 1941, após concluir o oitavo ano, ele recebeu uma carta de congratulações pelo seu desempenho, e durante esses dois anos escolares, recorda-se, foi uma preciosa fonte cultural para seus colegas poloneses — não por causa de sua judaicidade, mas por ter vindo da "verdadeira Polônia". Depois de ser um membro de uma minoria perseguida, tornar-se subitamente um reconhecido especialista na cultura nacional deve ter sido prazeroso. Quando Bauman diz que era originário da Polônia "verdadeira", referia-se ao fato de Poznań estar localizada em uma região demograficamente dominada por católicos poloneses, enquanto outros territórios que faziam parte do país, como Belarus, eram mais misturados. Ele guardava na cabeça a literatura e a poesia polonesas. Tudo que havia aprendido, tendo sido um ótimo aluno em uma excelente escola, era uma fonte de conhecimento para seus amigos poloneses. Os professores de Mołodeczno eram excepcionais. "De tirar o chapéu", dizia Bauman ao falar de sua experiência na cidade. "Aprendi tanta coisa lá!"

Ele também testemunhou o modo como os soviéticos abordavam o tema da religião na escola. Seu ginásio apresentava uma "terrível mistura de denominações e nacionalidades", sendo "um pouco difícil lidar com a religião". Um dia os estudantes estavam ensaiando uma peça de teatro em que uma menina se ajoelhava e rezava diante de uma imagem. O diretor da escola interveio: "'Não podemos usar esse quadro'. Assim, a pobre garota teve de rezar diante de uma parede vazia! Havia algumas dificuldades com a religião, mas a etnia tinha pouco significado".

Foi um período dinâmico e feliz para a família, segundo Bauman:

> Os dezoito meses em Mołodeczno se inscrevem em minha memória como uma experiência de felicidade permanente. Com meu pai e minha mãe trabalhando, pela primeira vez estávamos bem de vida — ao menos pelos padrões estabelecidos na minha infância. Eu estava cercado de amigos, e de modo geral gostava disso. Ao que parece, também estava me tornando bonito. As garotas ficavam inquietas em minha companhia. Algumas eram absolutamente agressivas. Eu ficava assustado, mas satisfeito. Sentia-me livre e desejado. Encontrei meu Sião em Mołodeczno. Ingressei no equivalente local da Hashomer Hatzair — a Komsomol.[48]

Em seu curriculum vitae de 1951, Bauman observa que, em 1940, ele "se juntou às fileiras da WLKZM".[49] Essa poderosa e lendária sigla, que hoje pertence à história, significa Liga Comunista Leninista da Juventude de Toda a

União. Amplamente conhecida como Komsomol, era uma antessala do Partido Comunista. Esse foi um momento crucial na vida de Zygmunt. Enfim livre da discriminação étnica, registrou ele num currículo de 1955, "fui eleito líder da seção escolar".[50] A eleição marcou o surgimento de um carisma pessoal que jamais o abandonaria. Seus colegas o escolheram como líder mesmo sendo Bauman um membro de uma minoria étnica e ainda não falasse russo perfeitamente. Ele aderiu à organização como voluntário — uma distinção importante, porque o ingresso na Komsomol não teria sido compulsório naquele momento. A rápida ascensão de Bauman a uma posição de liderança na organização mostra seu entusiasmo pelo novo sistema que estava sendo implementado no antigo território polonês.

Não deve surpreender, considerando-se as experiências de vida e a idade de Bauman, que ele fosse atraído pela ideologia comunista. Ele viu o novo sistema, em certa medida, como um prolongamento da Hashomer Hatzair. A diferença, além da ideologia (comunista no primeiro, socialista na segunda), estava no caráter geral da Komsomol. Em vez de realizar encontros semanais secretos duas vezes por semana, era uma porta oficial e institucionalmente bem-vinda para o poder, "filha" do Partido Comunista e um lugar estável para jovens líderes. Seria estranho escolher e apoiar um sistema que prometia esperança e igualdade entre os grupos étnicos quando a antiga ordem apoiava a discriminação em massa e a perseguição racial? Seria incorreto sustentar uma ideologia que abolira não somente o *numerus nullus*, mas também o *numerus clausus*?

Wacław Szybalski, geneticista polonês-americano nascido em Lwów (atualmente Lviv) em 1920, recordou que em setembro de 1939, durante seu primeiro ano na Politechnika Lwowska (a Universidade Politécnica de Lwów), apenas alguns judeus eram aceitos no Departamento de Química, em função de políticas racistas.[51] Entretanto, depois que o Exército Vermelho assumiu o controle da região, as autoridades soviéticas organizaram novas matrículas para a Politécnica, assim como para a Universidade de Lwów. O novo sistema, baseado unicamente no nível de escolaridade dos candidatos, aumentou a percentagem de judeus na turma de Szybalski para 90%. Pelo menos nessa época, os lemas comunistas proclamando a igualdade étnica eram sustentados na prática. Era uma mensagem muito poderosa e atraente para judeus e membros de outras minorias, e seduziu muitas pessoas — com exceção daquelas que haviam tido experiências negativas com os comunistas antes da Segunda Guerra Mundial. Muitos permaneceram desconfiados, sobretudo aqueles cuja vivência política era próxima dos partidos hostis ao comunismo. Entre as diversas correntes da comunidade judaica, o Bund se destacou por seu ceticismo, de modo que os soviéticos viam os ativistas desse grupo como opositores.

Muitos jovens estavam engajados com a política nesse período (segundo o historiador Włodzimierz Kijak, a comunidade judaica era especialmente ativa, com os ginásios servindo como locais de intenso recrutamento para os partidos).[52] Bauman foi um desses jovens *engagés* e um pioneiro na família, já que seu pai parece não ter se envolvido em nenhuma atividade política nem ter discutido muito sobre o assunto com o filho. Depois da guerra, a mãe de Bauman entrou para o Partido dos Trabalhadores Poloneses (Polska Partia Robotnicza, PPR) e apoiou o novo sistema político do país. A relativa ingenuidade política do jovem Bauman talvez explique por que a inflamada implementação do comunismo em sua escola em Mołodeczno o atraiu tanto. O novo governo impunha um sistema que era socialmente mais justo e, acima de tudo, não racista.[53]

Fora da escola, de volta à guerra

No verão de 1941, o idílio de Bauman em Mołodeczno subitamente chegou ao fim:

> Na manhã de 22 de junho de 1941, eu estava deitado na praia, numa das margens do rio que cortava a cidade, cercado de amigos, tomando banho de sol e matutando sobre alguns temas que queria abordar nas férias de verão. De repente, vi minha mãe correndo em minha direção. Venha para casa agora! Começou a guerra! [...] Eu vi a guerra primeiro pelos olhos do sobrinho de nossa senhoria. Nascido no lado soviético da velha fronteira e criado num *kolkhoz*, ele se mudara após a invasão soviética de Mołodeczno e ficara morando na casa da tia [...]. No dia 22 de junho, seus olhos se encheram de alegria e esperança. E de ódio, quando olhou para nós. "Os alemães não vão perturbar gente honesta, mas de algumas pessoas eles não gostam — dos judeus acima de tudo, e com razão", anunciou ele, olhando meu pai nos olhos, de maneira firme e deliberada. Senti

um intenso formigamento nas costas. A realidade silenciosamente esquecida estava voltando para reclamar seus direitos.[54]

A "realidade esquecida" era o antissemitismo que estruturara a sociedade antes da guerra. O último dia da família Bauman em Mołodeczno foi 23 de junho. A expressão do sobrinho da senhoria foi confirmada por um pequeno incidente:

> Morávamos longe da estação, e o sobrinho de nossa senhoria se recusou a nos levar de carro até lá. Assim, juntamos tudo que pudemos reunir em três sacolas e iniciamos nosso novo êxodo. Lembro-me de voltar para pegar alguma coisa que havia esquecido; encontrei o sobrinho da senhoria em nosso quarto, vasculhando o que tínhamos deixado para trás. Ele se recusou a me deixar entrar e ficou me xingando enquanto eu corria de volta para os meus pais.[55]

A atitude da senhoria de Bauman e de seu sobrinho não era rara entre as pessoas que viviam nesses territórios. Muitos ficaram felizes ao ver o Exército em fuga e deram boas-vindas aos alemães, os quais, acreditavam, iriam trazer ordem e uma boa economia. O antissemitismo era comum no leste da Polônia (depois de Poznań, Lwów era o principal centro do Endecja, com frequentes pogroms), e os antissemitas estavam ansiosos por se apoderar dos bens e negócios dos judeus em fuga. Nem todos conseguiram escapar, e seu destino foi trágico. Em muitos territórios ocupados pelos soviéticos entre setembro de 1939 e a invasão nazista, judeus eram caçados como se estivessem em territórios controlados por soldados do Terceiro Reich. Após a retirada dos soviéticos dessas cidades e aldeias, a comunidade judaica atraiu o ódio dos vizinhos, que afirmavam que os judeus haviam apoiado a ocupação soviética. A invasão alemã ofereceu oportunidades de vingança. Muitos culpavam os judeus pela ocupação soviética, e alguns, criminosamente, ajudaram alemães a encontrar judeus escondidos ou os mataram com as próprias mãos.[56] Ações individuais ou em grupo foram espontaneamente organizadas, recrutando o ódio de pessoas comuns.[57] Houve atos de "violência íntima"[58] entre pessoas que durante décadas haviam convivido de forma pacífica. Historiadores vincularam muitos assassinatos[59] individuais ou coletivos ao início da Operação Barbarossa realizada pelos alemães.[60] Enquanto para a comunidade judaica nativa dos territórios do leste a ameaça da ocupação nazista era algo novo, ainda imprevisível, para os Bauman as experiências traumáticas de Włocławek nas primeiras semanas da guerra não deixavam espaço para a dúvida quanto à necessidade de uma fuga imediata.

> No dia seguinte minha mãe voltou do trabalho mais cedo [...] para nos contar que as famílias do pessoal do Exército seriam evacuadas da cidade e lhe fora oferecido um lugar num trem especial. Havia pouco tempo a perder [...]. Diferente do trem de Poznań, esse não estava cheio. Além das esposas e filhos dos oficiais, só alguns poucos locais decidiram se mudar. Os soviéticos, ao que parece, não tinham feito muitos amigos.[61]

A guerra entre alemães e soviéticos começou em 22 de junho. Por volta do dia 25, Mołodeczno já estava sob o controle dos nazistas.

Zygmunt e os pais pegaram o trem de evacuação em 23 de junho. Uma vez mais, a família Bauman se viu forçada a fugir. Dessa vez, tentaram ir para o ponto mais a leste possível.

4. O êxodo russo

Górki e a floresta (1941-3)

Fuga para o interior da Rússia

> Foi uma viagem muito, muito longa — primeiro pelos territórios mais ocidentais, já devastados pelos bombardeiros alemães, depois pelo interior profundo da Rússia, longe da fronteira, mas ainda em estado de guerra. Em suas primeiras semanas, a guerra já se fazia mostrar no abatimento e no cansaço dos homens de uniforme, na ausência de pessoas em trajes civis, nos rostos perplexos de mulheres subitamente deixadas à própria sorte. Trens cheios de homens uniformizados dirigiam-se para o oeste; nosso trem, de forma errática e hesitante, rastejava para o leste. As famílias dos membros da guarnição iam desaparecendo, uma por uma, ao chegarem a suas cidades natais. O trem foi encolhendo lentamente até restarem uns poucos vagões cheios de pessoas sem teto. Pessoas como nós, que não tinham para onde ir.[1]

Mais uma vez, os Bauman estavam num trem, agora viajando para o extremo oriente, e sem a supervisão do NKVD (a polícia secreta soviética) — quase "livres" —, circunstância incomum para uma família judaico-polonesa. Estavam mais uma vez no último trem, e mais uma vez sob bombardeio, e mais uma vez isso "era uma coisa comum naquele tempo", disse Bauman em 2015.[2] Longas viagens de trem eram o destino de milhares de pessoas que fugiam da guerra e do terror nas mãos dos nazistas. O "último trem" que saiu de Mołodeczno não fazia parte de um comboio militar nem era uma composição comum de passageiros. Os refugiados estavam em vagões de carga, avançando e parando e sendo constantemente desviados para linhas secundárias a fim de dar espaço a composições militares que passavam nesta ou naquela direção.

> Ninguém sabia por quanto tempo iríamos viajar. Acabamos por passar um mês indo até os cafundós da Rússia. Mas tivemos a sorte de nossa viagem ter durado um mês, pois chegamos a um lugar que os alemães não alcançariam. Portanto, foi um resultado muito bom!

Ao pronunciar esta última frase, Bauman sorriu e voltou ao cachimbo.

Em filmes, livros de história, memórias e romances, as descrições do uso de trens de carga para evacuar judeus à força — de e para guetos, campos de concentração e de extermínio — ilustram a desumanização da Alemanha nazista. Mas passar dias, semanas e meses em trens de carga era uma experiência comum para refugiados e pessoas em condições um pouco menos extremas no Leste Europeu e na União Soviética. Os viajantes tinham de levar suas vidas em meio ao caos dos transportes e a bombardeios, atrasos e falsas partidas, com pouca ou nenhuma comida ou água, sem instalações de higiene e num estado de permanente ignorância quanto ao destino final dos trens. Habitantes das aldeias em torno das estações ferroviárias às vezes vendiam pão, refeições simples e água fervida, o que provavelmente salvou muitas vidas. O frio, a fome e a sede, a falta de sono e de privacidade básica eram desgastantes. Ainda assim, aqueles que tinham consigo membros da família sentiam-se com sorte. Sabiam que em algum momento, talvez uma questão de dias ou semanas, poderiam reconstruir uma vida modesta e sobreviver à guerra. Esses refugiados da Polônia e de outras partes da Europa (com exceção daqueles "condenados à Sibéria")[3] sabiam que em algum momento as autoridades ordenariam que parassem e se assentassem, e eles ficariam em algum lugar por determinado tempo. Seria permanente? Ninguém sabia.

A vida como *kolkhoznik*: Uma pequena estabilidade num país em guerra

Por fim, em algum lugar a meio caminho entre Moscou e os Urais, a família recebeu a ordem de desembarcar. Alguém decidiu que eles teriam de se estabelecer num *kolkhoz* local que, tendo perdido seus homens, precisava de mão de obra. A família ficou por um curto período no *kolkhoz* da aldeia de Krasnie Baki; depois se mudou para Chakhunia, capital do distrito de Górki (hoje Níjni

Novgorod). Era uma cidade com 5 mil ou 7 mil habitantes, com uma importante estação de baldeação na linha férrea que ia de Moscou, passando por Górki, até Archangelsk. "Eles nos colocaram perto de um kibutz", contou-me Bauman,

> depois perceberam o equívoco e disseram, com um sorriso: "Não, kibutz ainda não — *kolkhoz*". Nos deixaram por lá, e como meu pai já tinha aprendido a fazer contabilidade (em russo), resolveu procurar um emprego. Naquela época, isso era relativamente fácil, pois muitos homens haviam desaparecido subitamente [...] ido para o Exército. Eles precisavam de pessoas para substituí-los e meu pai era velho demais para ser recrutado.

Em seu ensaio, Bauman deu uma descrição mais ampla do *kolkhoz*, que se chamava Udarnik:[4]

> Fomos levados num bonde puxado a cavalos até uma aldeia ainda mais ao norte. Como adiantamento por nosso futuro trabalho, ofereceram-nos alguma farinha, batatas e óleo.
>
> Na manhã seguinte minha mãe e eu nos juntamos a uma longa coluna de mulheres e crianças que ia para os campos. Só ela e eu tínhamos sapatos. O resto usava calçados de fibra ou estranhos mocassins feitos de palha. Caminhamos por muitos quilômetros até chegarmos ao terreno cuja colheita estava marcada para aquele dia: um vasto campo coberto de centeio maduro que já começava a produzir sementes. Algumas mulheres trabalhavam com foices; uma delas dirigia um trator que se movia por alguns metros com um barulho ensurdecedor, só para fazer uma parada abrupta e soltar [uma] enorme nuvem de fumaça cáustica. A partir dali, apenas foices separavam o pão de que tanto necessitávamos de hectares de centeio podre. Como era alto para minha idade, ofereceram-me uma foice, mas a encarregada logo concluiu que seria um desperdício da preciosa ferramenta. Fui ordenado a me juntar a um grupo de mulheres e crianças que limpavam e amarravam caules cortados. Trabalhávamos com absoluta determinação, em completo silêncio, perturbado apenas pelo zumbido constante de mosquitos sedentos de sangue. Lembro-me deles pousando em cada centímetro desprotegido de minha pele. Tendo enfiado suas trombas profundamente no meu corpo, estavam ocupados demais em chupar meu sangue para perceber minhas desesperadas tentativas de afastá-los. Não havia como se livrar deles;

> os poucos que consegui esmagar foram na mesma hora substituídos por outros famintos. A nuvem estava sempre a ganhar reforços. Além de mim e da minha mãe, ninguém parecia se incomodar. Os mosquitos claramente faziam parte da vida, como um trator quebrado, o centeio apodrecendo ou uma tarefa obviamente além da capacidade humana, como um trabalho de sol a sol recompensado à noite por algumas batatas cozidas e água quente salpicada de farinha e sal.
>
> Depois de vários dias, fiquei doente e permaneci na casa. Meu corpo estava inchado, coberto de bolhas, furúnculos e feridas pustulentas. Os inúmeros hematomas e picadas infeccionaram. Eu sentia muitas dores, era incapaz de me mexer, de me sentar, de deitar. Minha mãe se revelou mais forte; ficou no campo mais um dia.[5]

A combinação de clima, insetos e esforço físico exauriu e finalmente fez mãe e filho adoecerem, embora as condições de trabalho não parecessem perturbar a população local, já acostumada a elas. Essa foi a iniciação de Bauman às duras condições, agravadas pela permanente falta de comida, que caracterizavam o interior da União Soviética.

Muitos relatos sobre a guerra se dedicam a descrever a penúria alimentar e a luta diária para cobrir o mínimo das necessidades de cada família em termos de sobrevivência. Bauman era um adolescente, em plena fase de crescimento. Em condições de prosperidade, jovens rapazes que consomem grandes quantidades de comida continuam com fome se não tiverem porções duplas ou triplas. Na União Soviética do tempo da guerra, comida era um elemento em falta, e muitas mercadorias eram restritas. A comida era racionada e havia poucas possibilidades de comprá-la no mercado negro, que era muito caro e perigoso. Os Bauman careciam de conexões e dinheiro para resolver seus problemas de alimentação. O efeito disso era uma desnutrição permanente.

> Eu tinha fome. Iria ter fome pelos próximos dois anos e meio — até começar minha vida no Exército. Não uma fome ocasional, mas 24 horas por dia, sete dias por semana. Eu imaginava a vida feliz depois do fim da guerra como uma imensa padaria aberta o dia inteiro.[6]

O sentimento provocado pela fome prolongada permanece para sempre na memória de qualquer um que o vivencie. Esse tipo de fome é um fenômeno raro nos países desenvolvidos no século XXI. A fome produz um sentimento opressivo de privação, tanto física quanto psicológica, uma sensação de que a vida está em perigo. É uma experiência extrema, que ameaça o desenvolvimento saudável de uma criança ou adolescente e muda tudo para sempre. É um sentimento forte demais para ser esquecido; se inscreve profundamente no corpo e na mente, cria uma sensibilidade específica e modifica a percepção da vida. O caso de Bauman não foi um infortúnio individual. Foi a privação sofrida por um imenso grupo, uma fatalidade que atingiu uma sociedade inteira, um sentimento poderoso compartilhado por todos na União Soviética, com exceção dos soldados, que recebiam rações especiais: "O país estava faminto [...]. Compartilhada, a fome doía menos. Mas era dolorosa de qualquer forma. E essa dor permaneceu por muito tempo depois que a fome acabou".[7]

Depois de um mês, Maurycy arranjou um emprego de contador na *prodkombinat*, mas a situação da família não melhorou. Por sorte, porém, Zofia também conseguiu um emprego, duas semanas mais tarde, que lhes deu maior acesso à comida. Ela foi contratada como cozinheira da Cantina nº 1 da *rajpotrebsojuz*, a cooperativa de alimentos do distrito.[8] Nem mesmo isso resolveu de vez o problema da fome, mas foi um avanço em relação às primeiras semanas da vida dos Bauman durante a guerra entre soviéticos e alemães. Em Chakhunia, escreveu Bauman, "minha mãe ficou encarregada da sobrevivência daquela pequena partícula de um vasto país em guerra. E meu pai se tornou, por muitos anos, o marido de sua esposa, oculto e invisível sob sua gigantesca sombra. Creio que ficou aliviado e feliz".[9]

A vida de refugiados não correspondia à imagem da família do século XX, assentada no trabalho masculino e dirigida pelo pai. Com efeito, por toda a União Soviética, o papel da mulher mudara significativamente desde a Revolução de Outubro, e, durante a guerra, mulheres substituíram os homens perdidos nas fábricas, nos coletivos e nos escritórios. No caso dos Bauman, a divisão de papéis correspondia às personalidades do pai e da mãe; não foi tanto uma adaptação às condições sociais, mas um encaixe de suas personalidades ao novo ambiente. O pai de Bauman era discreto; sua mãe, dinâmica e cheia de energia. Sua atitude em relação aos fatos e sua personalidade empreendedora tornaram mais fácil a vida diária.

Bauman continuou sua educação no ano escolar de 1941-2 no Liceu nº 14, fundado em 1927. Seus antecedentes escolares eram completamente diferentes dos de seus colegas de turma. Eles haviam sido educados conforme os novos manuais soviéticos — ferramentas de lavagem cerebral que preparavam as novas gerações para a vida num país comunista. A Rússia tinha mudado sua orientação política de uma monarquia poderosa para o sistema comunista em 1917. As novas regras e a distribuição de poder foram implementadas num país cuja industrialização estava atrasada em relação a nações como a Grã-Bretanha ou a Alemanha. Os manuais soviéticos eram textos politicamente orientados, dedicados a glorificar o novo sistema e seus líderes. Stálin era uma espécie de tsar no novo contexto comunista. A arte e a cultura soviéticas deveriam moldar a nova sociedade e contribuir para a formação de um "Novo Ser Humano" — um "Ser Humano Soviético". Qualquer atenção a peças de arte clássicas, percebidas como expressões burguesas de uma cultura inimiga, era malvista.

Mas a guerra produziu mudanças significativas no corpo educacional. Depois de junho de 1941, todos os russos recrutáveis e saudáveis estavam na linha de frente, e os professores que faltavam foram substituídos por ex-professores (aposentados ou recém-libertados de prisões e do gulag, para onde haviam sido levados por se oporem ao novo regime).[10] Muitos deles haviam sido educados no sistema anterior e tinham forte ligação com os clássicos. Valorizavam o conhecimento dos escritores e poetas que Bauman trouxe para sua nova escola em Chakhunia.

Um diploma com data de 7 de junho de 1942, escrito em cirílico, afirma que Bauman Zygmunt Moisiejewicz (filho de Moishe), Бауман Сигизмунд Моисеевич, concluiu um programa de educação plena no Liceu nº 14[11] com a nota máxima — *отлично*/Excelente. Apesar do desafio de aprender uma nova língua, um novo alfabeto e muitas matérias novas nesses tempos turbulentos, ele tinha se saído extremamente bem nesse ambiente livre de discriminação étnica. Bauman recebeu um diploma com moldura dourada.[12] Todas as suas notas foram a mesma — Excelente: em russo, literatura, aritmética, álgebra, geometria, trigonometria, ciências naturais, história, constituição da União Soviética, geografia, física, química, astronomia, língua estrangeira (alemão), desenho e esportes.

A avaliação do desempenho escolar em diferentes domínios é uma atividade subjetiva,[13] e os professores tendiam a dar boas notas a alunos carismáticos que expressassem as visões políticas corretas. Mas, além de tais considerações, estava claro que Bauman tinha uma ampla capacidade de estudo e análise, era extremamente hábil em apresentar suas opiniões, convencer seu público e, por fim, ser um líder e um guia com muito pouca idade, como diligentemente apontou o diretor Asafonov em sua avaliação final, em junho de 1942:

> O camarada Bauman Sigmundovich Moiseievich formou-se na escola secundária J. D. nº 14 [...] com excelentes notas. Ele tem habilidades intelectuais excepcionais. É um ativista social: presidente do comitê escolar, presidente do comitê da Komsomol e editor do jornal da escola, disciplinado, mas politicamente moderado [...]. Em seu trabalho ele manifesta iniciativa, retidão e responsabilidade. É obstinado e dono de uma vontade ferrenha. Um bom camarada. Goza de uma autoridade e de um respeito excepcionais entre alunos e professores.[14]

Essa opinião foi importante na carreira política de Bauman, embora contivesse alguns pontos controversos. Em primeiro lugar, a avaliação como "politicamente moderado" poderia significar "não suficientemente comunista" — não o bastante para um stalinista devotado. O segundo ponto negativo diz respeito a uma característica pessoal que não é bem recebida em nenhuma organização hierárquica — a obstinação de Bauman. Isso poderia significar uma perigosa independência ou resistência à hierarquia, uma pessoa difícil de administrar ou submeter.[15] Mas a atividade política de Bauman mostrava que ele tinha as atitudes e outras habilidades típicas de futuros líderes. Num currículo apresentado na década de 1950,[16] Bauman descreveu positivamente essa experiência: "Em 1942 me formei no décimo ano no liceu de Chakhunia (onde fui eleito líder do conselho estudantil) com a nota 'Excelente' e uma carta de recomendação".[17]

Mas, pelo ensaio de Bauman de 1987, ficamos sabendo que, apesar das oportunidades sugeridas pelos excelentes resultados escolares, nenhuma porta se abriu imediatamente para ele:

> Terminei o curso com uma medalha de ouro. Isso me dava o direito de ser admitido em qualquer faculdade de qualquer universidade de minha escolha. Eu tinha dezesseis anos — o mais jovem entre os formandos. No dia da formatura, fui com os garotos ao posto militar local e entreguei meu requerimento de ad-

missão a uma escola do Exército. Logo todos os outros garotos foram chamados, mas meu requerimento ficou sem resposta. Talvez minha idade estivesse abaixo do exigido. Mais provavelmente, a escola do Exército não tinha lugar para um estrangeiro não confiável.[18]

Não há nada nos arquivos oficiais indicando que o fracasso de Bauman na seleção para a escola do Exército se devesse a sua condição de estrangeiro — ou a suas origens étnicas. Os arquivos com documentos do período pós-guerra não possibilitam reconstruir sua história passo a passo. Muitos pontos dos dados estão faltando ou permanecem ocultos, e algumas informações são simplesmente inverídicas.

Um documento de 27 de dezembro de 1949 que consta da ficha militar de Bauman, redigido por um certo Paszkiewicz, relata que Bauman foi educado "na Escola Secundária da Ferrovia de Chakhunia",[19] o que sugere uma escola técnica. Nenhum outro documento indica que ele tenha recebido qualquer tipo de ensino técnico. Entretanto, entre o ensino médio e o início da universidade, ele de fato passou um verão nas oficinas da ferrovia de Chakhunia fazendo um curso voluntário de aprendiz de soldador. Ali, obteve um conhecimento básico sobre a vida nas fábricas — o árduo trabalho físico, o conhecimento dos artífices — e desenvolveu amizades com colegas de ofício. Os trabalhos eram realizados numa grande fábrica dedicada a manter nos trilhos as locomotivas da região — uma tarefa séria e difícil, já que a frota de trens era antiga e precisava de muitos reparos.

Na época em que Bauman foi aprendiz, havia apenas duas categorias de trabalhadores em muitas dessas instalações soviéticas — os muito experientes, que eram velhos, doentes ou as duas coisas, e os novatos, demasiado jovens ou enfermos para se juntar ao Exército. "As coisas na fronteira (nos agradáveis momentos em que houve uma fronteira definida) iam de mal a pior", escreveu Bauman:

> Os alemães pareciam estar prontos para cruzar o Volga. Quase por toda parte, o Exército Vermelho estava em retirada, perdendo muitos de seus homens e armamentos. Em nenhum outro lugar havia resistência ao poderio alemão. A Rússia lutava sozinha contra o poder industrial unificado da Europa. Em nossas oficinas, os poucos velhos e os zelosos mas inaptos adolescentes de minha

> idade, ou ainda mais novos, assumiram o trabalho, em fábricas inexistentes, de dezenas de outras fábricas especializadas agora destruídas pelos bombardeios ou apressadamente reformadas para atender às necessidades imediatas do Exército. Os velhos artífices faziam milagres sem se queixar, e com uma intensa e obstinada paixão. Se uma peça ou ingrediente importante estivesse em falta, eles improvisavam alguma coisa para substituí-los. Trabalhávamos em prédios que precisavam eles próprios de sérios reparos. Os ventiladores [haviam] deixado de funcionar fazia muito tempo e as oficinas estavam cheias de fumaça corrosiva ou vapores venenosos. Ninguém parecia se preocupar — muito menos os velhos artífices, que sabiam muito bem o que aquilo significava para seus pulmões. Espanto e admiração são os sentimentos de que me lembro melhor. Eu ficava perplexo diante daquele espetáculo de dedicação e solidariedade humana. Não ouvia nenhum resmungo, nem eu mesmo resmunguei. Estávamos todos famintos e cansados. Nossas vozes eram roucas e expelíamos catarro. Tínhamos os olhos vermelhos e irritados. Nossas mãos estavam cobertas de queimaduras e cicatrizes. E no entanto havia um significado em tudo que fazíamos, e tínhamos nosso quinhão de alegria e felicidade quando o trabalho impossível era concluído e uma locomotiva morta ganhava nova vida. Depois de três meses, deixei as oficinas com uma injeção de romântica utopia [...]. Nem toda condição inumana desumaniza. Algumas revelam a humanidade de um homem.[20]

Essa experiência deixou Bauman com um profundo senso de admiração pelos velhos trabalhadores que transmitiam seu conhecimento com paixão e paciência a jovens que o recebiam com grande entusiasmo. As condições de trabalho eram difíceis, mas a satisfação de realizar as tarefas era enorme. Cada vagão restaurado era uma vitória necessária num momento em que o Exército Vermelho estava na defensiva por toda a fronteira. Tudo isso contribuiu para construir uma imagem idílica e utópica do universo da fábrica e dos trabalhadores em que os homens operavam sem pressões competitivas, disputas de carreira ou concorrência desenfreada. Os homens de meia-idade haviam ido embora, a guerra estava por toda parte, o país precisava de um enorme esforço e eles o fizeram. Bauman viu algo profundamente humano nas relações entre os trabalhadores naquele ambiente. Essa experiência podia ser vista como uma espécie de trabalho de campo — uma prática que completava a base teórica de seu comunismo, adquirida na Komsomol. Foi uma importante lição de vida.

Tornando-se universitário: Mais uma vez, um estranho no ninho

Quando o verão de 1942 terminou, Bauman deixou o trabalho na ferrovia para frequentar a universidade em Górki, a maior cidade do distrito. Pouco antes de ele embarcar no trem que o levaria, seu pai, para sua surpresa, enfiou uma carta em seu bolso. Era o tipo de carta que muitos pais entregam aos filhos em ocasiões como essa — uma importante e poderosa mensagem de um pai a seu único filho quando este deixa o lar.

A partir do ensaio de Bauman, ficamos sabendo:

> Era uma carta de amor. Eu agora estava deixando meus pais, começando uma vida própria e diferente — e meu pai se apressou em me contar tudo que havia sentido ao longo dos anos, o papel que eu havia desempenhado em sua vida e que tipo de homem ele sonhava que eu viesse a ser.
>
> Também havia um conselho paterno. Sabedoria de vida que um pai queria transmitir a seu filho. O único capital que ele podia legar. Seu único presente. Lembre-se, escreveu ele: seu único povo, somente o seu povo, pode valorizar você e seu trabalho. Lembre-se, escreveu ele: você é judeu e pertence ao povo judaico [...].
>
> Meu povo? Quem era o meu povo? E por que ele era meu? Simplesmente porque "eu pertenço a ele"? Devo pertencer? Quero mesmo pertencer? E se eu quiser mesmo pertencer, por que tem de ser a uma nação — algo a que fui lançado sem a minha participação, escolhido por outros? E por que deveria haver uma escolha? Escolha significa rejeição, divisão, antagonismo — justamente as coisas que me fizeram sofrer e que eu considerava as mais repulsivas. Eu não podia saber se os judeus eram, sob esse aspecto, diferentes de outros "povos" [...]. Talvez todo o sofrimento venha da necessidade de se tentar saber qual sangue é mais vermelho. Talvez o mal esteja na própria comparação. Talvez a verdadeira questão seja parar de comparar, de uma vez por todas. Creio que o mal está na própria compulsão de escolher e na maldição de ser escolhido. Quando uma pessoa deseja fazer parte de algo, não pode evitar afastar outras pessoas que se recusa a admitir como semelhantes. Fazer parte não significa dividir e estabelecer dois pesos e duas medidas. Quando os padrões dividem, a moral acaba. No momento em que traçamos a linha entre nós e eles, apagamos a que divide o bem do mal.[21]

Essas foram reflexões de Bauman 44 anos depois, não necessariamente o que estava pensando no caminho para Górki. Mas foi mesmo nesse ponto da vida que ele resolveu rejeitar o conselho do pai de pertencer firmemente ao "seu povo" e levar a vida com uma filosofia diferente. "Acima de tudo, isso mostra que eu sabia e entendia muito pouco naquela época", escreveu:

> Eu acreditava que a moral iria sobrepujar o peso morto do tribalismo. E parecia não ter consciência de que, na luta contra probabilidades avassaladoras, a moral pode muito bem perder sua única fonte de força e seu único título de respeito: sua pureza ética. Quando isso acontece, não há muita escolha entre a desumanidade da vontade e a desumanidade da tribo [...]. Tudo isso eu ainda iria aprender, e da forma mais difícil e indesejável.[22]

Sabemos por cientistas que trabalham com processos mnemônicos que as pessoas escolhem as informações que desejam reter, ao mesmo tempo que descartam o resto. Não somos como computadores que salvam todos os dados — as emoções desempenham um papel importante nessa atividade, e a lembrança ocorre por um processo de seleção. O que Bauman melhor recordou desse episódio foram as emoções provocadas pelas palavras do pai. Mas o trecho citado oferece uma base preciosa para analisar o processo de construção de sua identidade, a constante tensão entre os dois aspectos de sua autoidentificação: como judeu e como polonês. O processo de Bauman foi um percurso contínuo de aceitação de sua coexistência — uma espécie de "desafio impossível" que ele assumiu durante toda a vida. Ele discordou do pai e o desobedeceu deliberadamente — uma afronta que poderia ser vista como uma típica atitude de rebeldia adolescente ou como um exemplo de agência que possibilita que jovens adultos se tornem independentes.

Mas é claro que isso não foi apenas uma revolta contra o pai. Bauman também estava assumindo uma posição particular num contexto político-histórico definido. A dificuldade do desafio foi imposta pela sua própria situação. Ser ao mesmo tempo polonês e judeu não era um problema para ele, embora fosse para as pessoas ao seu redor. Ele então tomou uma decisão. Não que ela tenha lhe chegado subitamente no trem. Foi resultado, sem dúvida, de um longo processo alimentado por suas experiências anteriores: a rejeição pela sociedade polonesa, o pertencimento à Hashomer Hatzair, a aceitação pelas escolas no exílio, a atividade na Komsomol. Nesse momento, Bauman fazia parte de um grupo nada pequeno de jovens judeus poloneses para os quais qualquer retorno à situação do pré-guerra significaria regredir a uma cidadania de segunda classe. A crença num futuro melhor determinou a resposta de Bauman ao cauteloso conselho de seu pai. Foi rejeitado.

Esse seria um de vários importantes pontos de inflexão na vida de Bauman. Ocorreu num momento de partida e no início de sua vida adulta — uma passagem simbólica entre a infância e a maioridade. Ao refletir sobre a carta de Maurycy no trem que ia de Chakhunia a Górki, uma distância de cerca de trezentos quilômetros, Bauman era um jovem em transição.

No outono de 1942, ele se matriculou no curso de física da Universidade de Górki, mas sua passagem por lá seria curta. Ele poderia permanecer por anos se fosse um cidadão russo, mas o infame Parágrafo 11 proibia estrangeiros de se estabelecerem em cidades russas como Górki. As autoridades descobriram o erro durante o segundo mês do semestre de outono. Assim que isso aconteceu, Bauman teve de sair imediatamente e estudar por correspondência.

Os poucos meses que passou lá não foram de férias. "No norte da Rússia o inverno começa mais cedo, e em meados de outubro Górki era uma cidade congelada", escreveu em seu ensaio:

> Não havia combustível e o aquecimento central ficava ligado num nível quase insuficiente para evitar que os encanamentos estourassem. Usávamos casacos o dia inteiro e não os tirávamos quando íamos nos deitar. Lembro-me da dificuldade de virar as páginas de um livro com mãos que não saíam de luvas apertadas sem lugar para os dedos [...]. Com outros dezenove estudantes, fui alocado numa cama num quarto destinado a acomodar quatro; a maioria dos alojamentos estudantis fora convertida em hospitais militares. A superlotação não nos incomodava; pelo contrário, aumentava a temperatura do quarto em um ou dois graus. O epicentro da sala era uma chaleira elétrica, que ficava sempre fervendo a menos que a eletricidade fosse cortada (o que ocorria por pelo menos oito horas todos os dias). Enquanto escrevíamos ensaios ou resolvíamos equações, aquecíamos as mãos segurando a chaleira ou um copo cheio de água quente.[23]

A situação era difícil, mas apenas uma elite muito reduzida conseguia entrar na universidade, depois de passar por um rígido processo de seleção.

Uma vez aceitos, os alunos não pagavam pelos estudos, de modo que as comodidades que obtinham nessas rigorosas circunstâncias pelo menos eram gratuitas no sistema estabelecido pela Revolução de Outubro. Tudo era grátis, mas não havia muito de coisa alguma. Restrições de energia cortavam a eletricidade por várias horas todos os dias. As condições eram duras. Quem morava na região havia muito tempo estava acostumado, mas aquele era apenas o segundo inverno de Bauman no lugar.[24] E não apenas as condições de vida eram duras — o ambiente social também era.

> Entre os alunos, eu era o mais novo outra vez. Todos os outros eram veteranos de guerra com ferimentos que os desqualificavam para prosseguir no serviço militar ou pessoas fisicamente inaptas que não podiam ser incorporadas. Eu era o único em forma e saudável — uma circunstância que poderia ter feito com que me sentisse culpado, não fosse a esperança de que ainda daria minha contribuição para o esforço de guerra. Eu não teria tempo, porém, de pensar na minha situação. Depois de dois meses estudando e congelando, a administradora da casa me chamou a seu escritório e me disse que eu não tinha o direito de viver numa cidade grande e importante como Górki e deveria voltar a Chakhunia imediatamente.[25]

Quem não obedecesse ao Parágrafo 11 corria o risco de deportação imediata, geralmente para territórios até mais gelados do que Górki. Zygmunt pegou o trem de volta para a casa dos pais, que nesse intervalo deixara de ser a mesma. Os Bauman tinham se mudado para Vakhtan, onde Zofia foi trabalhar supervisionando a alimentação de centenas de lenhadores. Vakhtan era um pequeno povoado perdido entre bosques e pântanos, dezoito quilômetros ao norte de Chakhunia. Nessa aldeia florestal, tudo era feito de madeira: casas, trilhas, até calçadas.

A nova vida de Bauman consistia em fazer cursos universitários ao mesmo tempo que trabalhava na cidadezinha na floresta. "Meu amor pela física acabou muito rápido", relembrou:

> Eu não passava mais de dez dias ou duas semanas no campus, e depois retornava apenas para fazer os exames. Nunca voltei a frequentar os cursos, não havia essa possibilidade [...]. Eu tinha livros-textos, e o que se esperava era que aprendesse as matérias e depois voltasse para os exames, que na época eram feitos oralmente.[26]

Numa nota biográfica escrita em 1955[27] para a Universidade de Varsóvia, onde trabalhava, Bauman apresentou motivos de saúde — e não o Parágrafo 11 — como responsáveis por ter saído de Górki. É provável que tenha omitido a verdadeira causa para não parecer que estava criticando esse rígido e injusto aspecto do regime soviético. Havia, contudo, alguma verdade nessa declaração: sofrendo de desnutrição na época da guerra, Bauman contraiu escorbuto.

Fontes de arquivos fornecem uma variedade de relatos sobre as atividades de Bauman durante esse período em que cursou a universidade por correspondência. Segundo um documento militar encontrado nos arquivos do Instituto da Memória Nacional (Instytut Pamięci Narodowej, IPN), do verão de 1943 até janeiro de 1944 "Bauman trabalhou como professor na Escola de Ensino Médio de Vakhtan".[28] Em nossa entrevista, ele me disse que não era um professor regular, mas trabalhava na biblioteca local. Um currículo escrito para o Partido, contudo, afirma que ele foi contratado como bibliotecário em Vakhtan "com o objetivo de se tornar professor".[29] Em seu extenso currículo de 17 de março de 1947, aparece novamente uma referência ao ensino: "Comecei a trabalhar na Lesprodtorg [firma nacional de produção de madeira] [...], depois de alguns meses assumi o posto de professor na escola de Vakhtan, onde ensinei matemática da sexta à oitava série".[30]

Em seu ensaio autobiográfico, Bauman revelou outra atividade importante que lhe tomava todo o tempo livre:

> Percebi como Vakhtan era distante de qualquer outro lugar quando fui à biblioteca local. Para minha grande surpresa, encontrei lá uma crônica completa, não censurada, da vida literária soviética desde o início da década de 1920. As sucessivas ondas de expurgos e autos de fé que mutilaram e limitaram todas as bibliotecas que eu havia visitado antes claramente a ignoraram. Parece que ninguém se preocupou com o perigo de envenenar as mentes do povo da floresta, que só se comunicava com o resto do mundo pelos comboios que transportavam madeira. Os poucos meses que passei em Vakhtan permanecem em minha memória sobretudo como um período de excitação e euforia permanentes. Em nenhum outro momento de minha vida devorei tantos livros. Eu consumia edições completas dos clássicos russos, impressos em tempos de escassez e grandes esperanças em papel-jornal, agora amarelado e corroído. Devorei a literatura soviética dos anos 1920 e início dos 1930. Estudei com atenção debates filosóficos

e históricos havia muito esquecidos sobre um país ainda suficientemente livre para discordar e contestar. Li os autores cujos nomes haviam adquirido o terrível poder de levar a pessoa que os pronunciasse em público para o mesmo tipo de inexistência a que eles próprios tinham sido relegados.[31]

Na União Soviética stalinista, todos os recursos intelectuais passavam por uma constante "limpeza". A liberdade de expressão não existia, e as autoridades impunham os temas a serem discutidos. Sendo tão isolada, a pequena biblioteca de Vakhtan havia escapado às ondas de "purificação". E Bauman teve a sorte de ter acesso irrestrito a essas obras proibidas. Elas se acrescentariam ao amplo e diversificado corpo de conhecimento que o jovem Bauman acumulara apesar da guerra e do controle soviético. Esse tipo de atividade — a leitura intensiva de autores banidos e livros proibidos — é um dos componentes mais importantes de uma educação independente e a base para se desenvolver a capacidade de pensar de forma crítica. Era algo raro, quase impossível, naquele tempo e lugar:

> As noites eram dos livros. Eu apenas os absorvia, sem digeri-los: creio que precisavam de um tempo de incubação. Mas eles de fato se incubaram. Pouco a pouco, mas de maneira inexorável, comecei a ver ao meu redor coisas que não via antes, mesmo que as tivesse encarado diretamente.[32]

As leituras de Bauman teriam um poder libertador, abrindo seus olhos para novos mundos e talvez oferecendo um contraponto à poderosa propaganda stalinista. Os livros o ajudariam a pensar de forma diferente, proporcionando-lhe uma observação mais nuançada da realidade. Entre os livros e suas experiências no pré-guerra e como refugiado, Bauman certamente via as coisas de forma diferente da maioria dos habitantes de Vakhtan. Os Bauman viviam numa aldeia de gente da floresta, cujo trabalho tinha grande importância para a União Soviética naquele momento. A madeira era um dos principais recursos do país, e as indústrias bélicas precisavam dela desesperadamente. Muitas aldeias existiam apenas para fornecer esses produtos. Não era nada raro que fossem comunidades diminutas, isoladas — às vezes lugares muito frios durante os longos meses de inverno. O trabalho era perigoso e difícil. O pai de Bauman se tornara contador da madeireira estatal, e sua mãe, gerente de aprovisionamento público da

Lesprodtorg. Zygmunt conseguiu um posto na mesma empresa, como gerente organizacional. Com um diploma de décimo ano, qualificava-se como "funcionário intelectual", na terminologia do Leste Europeu — o que lhe permitia um trabalho menos penoso do que o realizado por trabalhadores braçais:[33]

> Aquele foi um inverno severo, com temperaturas que por muitos meses nunca passavam de trinta graus negativos. Durante o dia eu trabalhava num escritório ou fazia longas caminhadas na floresta até longínquos postos avançados de lenhadores, onde colhia dados sobre o número de árvores derrubadas e o volume de troncos cortados.[34]

No Instituto de Sociologia de Varsóvia, na década de 1960, Bauman por vezes surpreendeu seus alunos ao usar exemplos da indústria madeireira nas aulas: ele sabia muito sobre lenhadores, suas ferramentas e as diferentes espécies de árvores. Os alunos não sabiam que esse conhecimento não vinha de leituras, mas de sua experiência de vida.[35] Anos depois de seu trabalho na floresta, ela continuou a influenciar a escrita de Bauman sobre desenvolvimento social e a vida de trabalhadores em condições difíceis.

Bauman passou seus últimos meses em Vakhtan trabalhando no escritório da madeireira de dia e lendo intensamente à noite. Fazia o possível para obter as últimas notícias do front e da política. Durante a guerra, os jornais — especialmente o *Pravda* — e o rádio eram as duas principais fontes de informação. Foi pelo rádio que Bauman ficou sabendo de um grupo de comunistas poloneses, como recordou em seu ensaio:

> Ouvi no rádio (havia alto-falantes em cada casa, conectados por cabo ao único aparelho sem fio da região, mantido na biblioteca) que se formou em Moscou a União dos Patriotas Poloneses [Związek Patriotów Polskich, ZPP], e que sua primeira ação foi publicar o jornal *Wolna Polska* [Polônia Livre] e a revista *Nowe Widnokręgi* [Novos Horizontes]. Imediatamente, enviei um requerimento de inscrição e um pedido de assinatura para ambas as publicações. Logo chegaram os primeiros exemplares. Lembro-me nitidamente do choque. Da intoxicação. Da explosão irracional de uma fantasia febril. Li tudo da primeira à última página, e uma vez mais. Os títulos das duas publicações fundiram-se na minha mente [e] se tornaram um só: *Polônia livre, novos horizontes*. Libertar a Polônia se tornou o meu novo ho-

> rizonte. Com a respiração acelerada, li sobre a futura dignidade de meu país. Li sobre coisas que eu já conhecia, mas pouco entendia: sobre a luta da comunidade e o ódio que advinha da pobreza e da injustiça; sobre a vida sem perspectivas e a infinita melancolia que resultavam na desconfiança e na inveja mútuas; sobre a nação que se dividia em vez de enfrentar seus verdadeiros problemas, como a falta de liberdade e de direitos democráticos. Li sobre coisas em que eu não pensava antes — sobre a Polônia do futuro, uma mãe amorosa para seus filhos sofredores, um país de liberdade e justiça. Li sobre um país dos sonhos com lugar para todos, ainda que fracos e alquebrados. Um país sem fome, miséria ou desemprego. Um país em que o sucesso de um homem não significaria a derrota de outro. Uma nova Polônia, mas ao mesmo tempo uma Polônia que pela primeira vez seria fiel a si mesma. Numa sociedade igualitária e confiante, a cultura, a literatura e a língua polonesa iriam finalmente florescer e alcançar píncaros jamais sonhados. Uma Polônia livre com novos horizontes seria o orgulho do mundo livre.
>
> Eu tive minha cota de estufas.[36]

Embora essa expressão não seja clara em outras línguas, em polonês ela se refere ao best-seller de 1924 do escritor Stefan Żeromski *Przedwiośnie* [A primavera por vir], em que o protagonista, Cezary Baryka, um nobre polonês nascido na Rússia, obtém uma educação patriótica a partir de livros e contos. As estufas são o símbolo da utopia, o país idealizado que se despedaça quando Cezary vai à Polônia pela primeira vez e percebe a enorme disparidade entre a realidade e aquilo que aprendera com o pai. No livro de Żeromski, a utopia podia ser construída por uma revolução ou pelo trabalho duro e mudança social progressivos. Isso, de fato, significava comunismo ou socialismo.

"Eu tive minha cota de estufas", escreveu Bauman. Em outras palavras, ele aceitou o sonho dos crentes e aderiu ao ideal de uma Polônia de paz e justiça. Essa "intoxicação", como Bauman a descreveu, funcionava com muita eficiência nos que eram suscetíveis, e quem poderia ser mais suscetível do que um refugiado judeu tremendo no gelo lancinante de uma floresta russa no inverno, com pouca comida e uma guerra onipresente? As ideias da União dos Patriotas Poloneses transmitidas pela revista *Novos Horizontes* e pelo jornal *Polônia Livre* apresentavam a miragem sedutora de uma Polônia livre, a fantástica promessa de um final feliz para os horrores da guerra e as injustiças que a antecederam. Bauman reverberou profundamente com o grande diapasão que soava das páginas da *Novos Horizontes*, e isso não surpreende. Na verdade, seria improvável que esse sonho não seduzisse o jovem Bauman. Muitas pessoas mais velhas e experientes o haviam abraçado. Era um sonho belo, poderoso e fascinante.

A *Novos Horizontes* era uma revista socioliterária de circulação quinzenal[37] editada pela escritora polonesa comunista Wanda Wasilewska (que também liderava a União dos Patriotas Poloneses). Junto com o *Polônia Livre*, lançado em 1º de março de 1943, era, segundo o escritor Stefan Jędrychowski,[38] uma das duas vozes da ZPP. Evidentemente, a ZPP e suas publicações apoiavam Stálin, e, depois da erupção de seu conflito com o governo no exílio, sediado em Londres, se tornou o parceiro político polonês do governo soviético e do Exército Vermelho.[39]

Em meados de fevereiro de 1943, os comunistas poloneses Wasilewska, Hilary Minc e Wiktor Grosz foram recebidos por Stálin para "discutir questões relacionadas às novas atividades da esquerda polonesa no exílio".[40] Um dos resultados desse encontro foi a publicação de revistas "para aumentar as chances dos ativistas poloneses comunistas e esquerdistas de influenciar os poloneses que viviam na Rússia de um ponto de vista tanto de propaganda quanto ideológico".[41] O primeiro número da *Novos Horizontes* publicado em Moscou[42] trazia notícias sobre o rompimento, em 25 de abril, dos laços diplomáticos entre o governo no exílio e Stálin. O número 9, que Bauman provavelmente leu na floresta de Vakhtan,[43] continha um discurso de Wasilewska.[44] A passagem a seguir ajuda a explicar como os pensamentos de Bauman foram moldados no contexto dessa "intoxicação":

> O governo no exílio de [Władysław] Sikorski [primeiro-ministro polonês] não representa a nação polonesa [...]. Acreditamos que, num futuro próximo, seremos capazes de marchar ombro a ombro com o Exército Vermelho, demonstrando nosso amor pela Polônia, nosso direito a ela, com armas na mão sob a bandeira polonesa conduzida por tropas da Polônia [...]. Lembrem-se de que vocês representam a Polônia e a nação polonesa — vocês a representam da maneira como nos exigem a grandeza e o heroísmo de nossa nação, assim como a grandeza e a importância deste momento.[45]

Durante o verão e o outono de 1943, Bauman leu ardorosamente sobre o passado, o futuro e os eventos correntes da Polônia. Leu, nas duas publicações, artigos que criticavam os programas e o sistema político do governo do pré-guerra, sobre o conflito entre o governo no exílio e as autoridades soviéticas a respeito do massacre de Katyń,[46] sobre a partida do Exército de Anders para o Oriente Médio — que os meios de comunicação soviéticos tratavam como uma traição — e outros temas relacionados à guerra, sem excluir as campanhas de terror e extermínio contra a população judaica polonesa. Bauman leu, ainda, artigos que falavam do futuro da Polônia, de sua fronteira negociada na Linha Curzon[47] e da criação de um sistema político influenciado pelos soviéticos e organizado com base em valores de esquerda.

Os jornais poloneses também traziam notícias diárias sobre as unidades militares polonesas que estavam sendo preparadas para lutar ao lado do Exército Vermelho. Os comunistas poloneses, em 8 de maio de 1943, haviam pactuado oficialmente com Stálin a organização de uma divisão polonesa. Um comunicado informava:

> O governo soviético decidiu aceitar o pedido da União dos Patriotas Poloneses na União Soviética de criar uma divisão polonesa com o nome de Tadeusz Kościuszko no território da União Soviética, que deve lutar em conjunto com o Exército Vermelho contra os invasores alemães. A formação da divisão polonesa já foi iniciada.[48]

Essa unidade militar se tornou uma espécie de substituta do Exército de Anders, que se fundiu com as Forças Armadas britânicas. Depois de viajar pela Ásia e pelo Oriente Médio, o Exército de Anders participou de operações no Norte da África e no Sul da Europa como parte das Forças Aliadas. Para manter elevado o moral da nova unidade soviético-polonesa, os dois periódicos poloneses publicaram discursos motivacionais dirigidos aos soldados. Bauman, que tinha quase dezoito anos de idade, foi influenciado pelas palavras de Wasilewska:

> Meus amados, meus queridos! Estamos indo para o front. Dentro de alguns dias começaremos a marchar na direção para a qual nossos sonhos nos conduzem — vamos para a Polônia. Nossos passos nos conduzem diretamente para esse país [...]. Soldados! [...]. Creio que a Primeira Divisão entrará em solo livre polonês, que seremos os primeiros a transmitir a nossos irmãos as palavras "Peguem suas armas!". Já posso ouvir os gritos. Posso ver as lágrimas de felicidade e alegria com que vocês serão saudados lá — no seu lar. Vocês iniciarão a construção da nova Polônia, a Mãe

> Polônia, não uma mãe adotiva, mas uma Polônia onde os homens serão respeitados, uma Polônia com que sonhamos e pela qual estamos dispostos a morrer. Hoje, os parentes e famílias que lhes dariam adeus não estão aqui conosco. Portanto, recebam de mim tudo que os seus mais queridos poderiam lhes desejar. Recebam de mim as palavras de amor da Polônia pelo soldado polonês que vai vencer.[49]

Não admira que um discurso como esse tenha inspirado o jovem Bauman. Seu tom era puramente antifascista e nacionalista, e livre da hipocrisia stalinista. Como observou Klemens Nussbaum: "O texto evitava qualquer tipo de observação que pudesse trair seu perfil comunista. Seu estilo era caracterizado por um tom bastante patriótico. Promovia-se a conciliação e a unidade nacionais a despeito das opiniões políticas".[50] A tendência a minimizar a linguagem comunista era perceptível, nessa época, na maioria dos meios de comunicação soviéticos. Włodzimierz Szer, compatriota de Bauman no exílio, observou o contexto da guerra:

> Era óbvio a olho nu que, com o avanço dos alemães, a propaganda básica do Partido mudava sua definição da natureza da guerra, que não era mais uma questão de defender o poder soviético, o comunismo ou o partido bolchevique — tais termos raramente eram ouvidos. Em vez disso, a Rússia, nossa mãe e nossa pátria, encontrava-se mortalmente ameaçada; e isso era verdade. Sublimes canções transmitidas por todas as rádios falavam sobre a guerra da sagrada nação.[51]

A batalha de Stalingrado durou cinco meses e meio, e quase todos os novos recrutas foram enviados para o combate. No princípio de fevereiro de 1943, os soviéticos finalmente venceram, transformando milhares de alemães em prisioneiros de guerra. A vitória, tanto psicológica quanto militar, foi comemorada por toda a União Soviética — era a primeira vitória importante contra o Exército alemão. "A Rússia inteira respirou aliviada", relembrou Szer.

> Hitler declarou luto nacional e Stálin fez algo realmente inteligente em seus próprios termos (e que não era bem do seu feitio): ordenou a realização de um desfile de prisioneiros de guerra na praça Vermelha, em Moscou, perto da muralha do Kremlin. Eles marcharam com seu *Feldmarschall* [marechal de campo] e seus generais, e lançaram as bandeiras de seus regimentos, brigadas e divisões

> [...] aos pés de Stálin, que recepcionou o desfile. Todos os jornais mostraram fotografias dessa incrível parada militar.[52]

Zygmunt Bauman, que cursava a universidade por correspondência, contava árvores numa pequena cidade madeireira e era um leitor apaixonado da *Novos Horizontes* e do *Polônia Livre*, também deve ter comemorado essa vitória. Ela produziu uma enorme mudança mesmo na vida de pessoas comuns, como relembrou Szer cinquenta anos depois:

> Após a vitória de Stálin, todas as mensagens diárias do front publicadas nos jornais terminavam com as palavras "Por Stálin, pela Pátria"; isso soava como "Pelo Tsar. Pela Rússia". De súbito, em muitos lugares, igrejas foram abertas sob o princípio de "Quando tiver medo, Deus estará presente". Em Czykowka, onde uma pequena igreja ortodoxa fora utilizada durante anos como depósito de fertilizantes e outros produtos, chegou uma ordem do comitê regional do Partido [Comunista] em Baranów para jogar fora os fertilizantes e limpar o prédio [...] foi trazida toda a parafernália da igreja para que as pessoas pudessem praticar sua religião. Não sei de onde vieram os objetos de culto [...] as pessoas faziam piada — ou talvez não fosse piada —, dizendo que eles haviam sido trazidos do museu do Ateísmo.[53]

Na União Soviética, em 1943, as pessoas gozaram de mais liberdade do que antes, uma vez que os esforços do regime estavam direcionados para a frente de batalha — uma frente popular, além disso, com as potências ocidentais —, visando a vitória sobre a Alemanha. Todos os homens com mais de dezoito anos haviam sido convocados pelo Exército Vermelho. Na Europa, esse momento costuma significar o começo da vida adulta, e durante a guerra, para inúmeras famílias, era uma comemoração muito triste. O 18º aniversário de Zygmunt Bauman chegou em 19 de novembro de 1943. Mesmo não sendo cidadão russo, ele foi intimado a se apresentar imediatamente. Deixar de cumprir essa obrigação era considerado deserção. E, durante a Grande Guerra Patriótica, a deserção era punida com a morte. Mas uma ideia dessas não passava pela cabeça de Bauman. Havia meses ele tentava se tornar um soldado, e, ao completar dezoito anos, estava totalmente preparado para se juntar aos militares. Sua primeira designação, contudo, não foi para servir como soldado na divisão dos Patriotas Poloneses, mas como miliciano em Moscou.

5. Guerra santa

(1943-5)

> A coragem não é a ausência do medo. A coragem é um medo que foi superado. Heróis sentem medo, mas conseguem sufocá-lo antes que ele os controle. É por isso que são heróis.
>
> JULIAN ŻUROWICZ[1]

Alistamento

Em 19 de novembro de 1943, o *Pravda* trazia a seguinte matéria na primeira página:

> Depois de uma luta feroz, tropas no front bielorrusso libertaram a cidade de Rechitsa, um grande centro de comunicações e importante baluarte da defesa alemã na margem direita da parte central do rio Dnieper. Tropas da 1ª Frente ucraniana romperam a resistência do inimigo e tomaram o controle do importante entroncamento ferroviário de Korosten, um grande bastião da defesa alemã. O povo soviético glorifica os heroicos soldados do Exército Vermelho!

Cada página do *Pravda* era dedicada à guerra — não havia outras notícias, nada sobre a vida civil. Esse era o contexto no 18º aniversário de Bauman.

Algumas semanas antes, "fui tirado de um estado meio de sonho, meio febril, por uma convocação de alistamento", escreveu Bauman em seu ensaio: "Para minha grande surpresa e consternação, eu fora mobilizado para a polícia de Moscou".[2] Bauman provavelmente esperava ser enviado à nova Divisão Kościuszko, mas não foi o que aconteceu. Na época, os comissários operavam a uma velocidade vertiginosa, enviando os candidatos a seus destinos sem examiná-los nem inspecionar suas fichas com atenção. O comissário deu ao recruta uma *komandirovka*[3] — uma carta ordenando ao portador que chegasse ao destino previsto o mais rápido possível. Assim foi.

Bauman escreveu em seu ensaio que a convocação chegou algumas semanas antes de seu aniversário, mas uma fonte de arquivo diz que ele foi mobilizado para o 7º Departamento de Controle de Tráfego em janeiro de 1944 pela comissão de Chakhunia,[4] enquanto outro documento[5] afirma que sua atividade militar começou em dezembro de 1943. No texto que escreveu para as filhas, Bauman relatou ter passado por várias semanas de treinamento, mas ele me contou que não foi nada disso: "Eles nos deram os uniformes — de segunda classe, na verdade. Depois nos colocaram na rua e pronto! Não é muito difícil aprender a fazer gestos com as mãos".[6] Mas ele provavelmente recebeu, de fato, algum treinamento militar no período de novembro-dezembro de 1943, e é possível que uma doença tenha atrasado sua viagem para Moscou.

Nenhum documento oficial explica por que Bauman foi mandado para a milícia de Moscou. Isso pode ser entendido como um favor, um esforço para proteger um membro ativo da Komsomol que havia concluído com honras o ensino médio soviético, estava matriculado no segundo ano do treinamento universitário e a caminho de se tornar um membro da intelligentsia. Muitos candidatos instruídos como Bauman não iam diretamente para o front, sendo qualificados como suboficiais e passando algumas semanas numa escola de treinamento. Após essas semanas de preparação, eles eram então enviados para o front. Mas havia outros motivos para que um jovem judeu polonês acabasse controlando o tráfego em Moscou em vez de lutar na frente de batalha. As comissões militares aplicavam vários critérios ao considerarem o recrutamento de judeus para a 1ª Divisão, segundo o historiador Klemens Nussbaum. Algumas enviavam todos os judeus para essa divisão, enquanto outras tratavam de maneira diferente os judeus vindos da região central ou oriental da Polônia, mobilizando apenas os primeiros. "Com muita frequência, porém", diz ele, "havia uma recusa total em recrutar judeus."[7]

É possível também que a designação estivesse relacionada à paranoia de Stálin e a seu medo exagerado de conspirações. "Em determinado momento, ele decidiu substituir a milícia de Moscou e teve a ideia de recrutar estrangeiros, como letões, lituanos e poloneses", disse-me Bauman. "Esses grupos não gostavam dos moscovitas, de modo que era improvável que conspirassem junto com eles. Em relação a mim, não era bem o caso — eu realmente gostava dos moscovitas —, mas era essa a premissa." Bauman passou três meses "controlando o tráfego", que era muito reduzido. "Os únicos carros nas ruas conduziam 'pessoas muito importantes'. Nossa tarefa era ficar na faixa do meio, e não se permitia sequer que olhássemos para eles! Quando esses carros passavam, virávamos a cabeça para o outro lado."[8]

O serviço na milícia ajudou a salvar a vida de Bauman, mas não o deixou feliz. Como a maioria dos jovens que moravam na União Soviética naquela época, ele desejava participar ativamente da guerra. "Eu odiava minha função", escreveu Zygmunt em seu ensaio. Algumas semanas depois, ele tentou um posto no Exército polonês:

> Consegui a permissão e, na cerimônia de transferência, fui vestido com um conjunto heterogêneo de partes antigas e surradas de uniformes usados pela geração anterior de policiais de Moscou, recebi uma porção de caviar (em substituição ao habitual meio quilo de salsichas, "temporariamente indisponível") e fui enviado em uma jornada de oitocentos quilômetros até Sumy, na Ucrânia, onde o novo Exército polonês estava se reunindo.[9]

O registro militar de um certo tenente Paszkiewicz, datado de 27 de dezembro de 1949, confirma o alistamento voluntário de Bauman: "[Bauman] deixou a milícia por vontade própria e se juntou ao 1º Exército polonês na União Soviética. Foi enviado à escola de oficiais do Exército polonês em Sumy, onde concluiu seu treinamento em 16 de junho de 1944".[10] Para conseguir sua transferência, Bauman tirou vantagem do fato de seu posto na milícia ficar a apenas algumas centenas de metros de um instituto dedicado à promoção da amizade entre poloneses e soviéticos, a União dos Patriotas Poloneses,[11] situada num local chamado Grande Ponte de Pedra. Bauman foi até lá um dia e conheceu Marian Naszkowski, que conseguiu tirá-lo da milícia e mandá-lo para a 4ª Divisão polonesa.[12]

Por que o Exército "Vermelho" e não o de Anders?

Alguns críticos anticomunistas de Bauman na Polônia o atacaram por ter se engajado nas unidades polonesas do Exército Vermelho durante a guerra, e não no chamado Exército de Anders. Essa é uma crítica absolutamente sem sentido, primeiro porque ele era muito jovem para ser aceito nessas fileiras, que, em todo caso, não costumavam aceitar judeus.

O Exército de Anders foi criado em território soviético em agosto de 1941, com base no pacto Sikorski-Majski. Esse acordo entre o governo polonês no exílio e o governo soviético permitia que cidadãos poloneses que haviam permanecido na União Soviética se juntassem à nova unidade militar recém-criada e lutassem sob comando britânico. Havia duas categorias de poloneses na Rússia à época: os que tinham sido deportados, presos, enviados para o gulag[13] etc.; e os que viviam sem restrições específicas a não ser a proibição do Parágrafo 11 de estrangeiros viverem em grandes cidades ou a cem quilômetros da fronteira. O acordo de 1941 estabeleceu o limite de 30 mil soldados, mas 77 mil recrutas e mais de 43 mil civis acabaram deixando a União Soviética.[14] Ganharam o nome do general Władysław Anders, o comandante da unidade.

Por que Bauman não se juntou ao Exército de Anders? Em primeiro lugar, porque ele só completou dezoito anos no final de 1943, quando já era muito tarde — as autoridades soviéticas proibiram o alistamento depois de abril de 1942. Bauman poderia ter mentido,[15] mas, mesmo se tentasse se alistar, seu sobrenome provavelmente o desqualificaria. Todo polonês sabia que era um nome judeu, e a maioria das comissões (compostas de oficiais poloneses) que selecionavam soldados para a unidade não aceitava judeus. Em alguns lugares, os comissários diriam que Stálin havia tomado "sob proteção" os refugiados judeus provenientes dos territórios do leste da Polônia, ocupados pelos soviéticos. Eles tinham se tornado cidadãos soviéticos; logo, pela lei polonesa, não eram mais cidadãos poloneses e não podiam ser incorporados a um exército polonês.[16]

Isso não era exatamente verdade, como observa o historiador Yisrael Gutman,[17] mas

> é certo que durante esses últimos estágios os soviéticos proibiram o recrutamento de algumas minorias, incluindo os judeus. Essa proibição não foi imposta

estritamente, mas, como estava aberta a interpretações variadas, servia aos poloneses como pretexto para fecharem as portas aos judeus.[18]

Um dos informantes de Gutman acrescentou:

Durante o exame, a maioria dos judeus recebia nota D em capacidade física e ficava isenta do serviço [...]. O Exército polonês continuou livre de judeus — *Judenrein*, como diriam os alemães. A partir de então, judeus não eram aceitos no Exército polonês; isso era permitido apenas aos poloneses.[19]

Jan Tomasz Gross, citando Simon Redlich, estimou que, dos 130 mil cidadãos poloneses que deixaram a União Soviética pelo acordo Sikorski-Majski, 8 mil eram judeus. Cerca de 30% dos emigrantes poloneses na União Soviética eram judeus nessa época, mas apenas 6% dos recrutas do Exército de Anders eram assim identificados.[20]

Se Bauman quisesse se juntar ao Exército de Anders, seu engajamento na Komsomol seria outro ponto negativo. O Exército britânico e seu aliado polonês costumavam ser antiesquerdistas, e os soldados de Anders com frequência acusavam os candidatos judeus de terem apoiado o Exército Vermelho em setembro de 1939, quando os soviéticos anexaram territórios do leste da Polônia. Na verdade, de maneira geral, os judeus não apoiaram a ocupação soviética, e os que o fizeram tinham, por vezes, bons motivos, já que o novo regime prometera abolir a discriminação étnica que eles sofriam. Em todo caso, jovens judeus com convicções comunistas que desejassem lutar contra os nazistas só tinham uma opção real, que era se juntar ao novo Exército polonês sob o controle de autoridades soviéticas.[21]

4ª Divisão de Infantaria

Bauman escreveu pouco sobre sua experiência com o Exército polonês sob o controle do Exército Vermelho, talvez pela falta de agência que sentia na época: era uma engrenagem de uma máquina de guerra e, como dezenas de milhares de outros soldados, não tinha nenhum impacto sobre ordens, decisões ou eventos. Num encontro da liderança comunista polonesa com o general Iuri Jukov, do NKVD, realizado em abril de 1943, que deu origem à força polonesa, o coronel Zygmunt Berling foi designado comandante de uma divisão que ganhou o nome do herói nacional polonês Tadeusz Kościuszko. Também foi acordado que a unidade manteria as tradições polonesas em seus uniformes e insígnias, assim como em seus hinos e emblemas de Estado.[22] A Divisão Kościuszko acabaria por se tornar o 1º Exército polonês depois de serem criadas suas divisões ampliadas e suplementares: "Em março de 1944, a força polonesa incluía três divisões de infantaria, além de unidades de tanques, artilharia e auxiliares, com um total de 40 mil pessoas".[23] A 4ª Divisão (que incluía o 6º PAL, a unidade de Bauman) foi mais tarde chamada de "a Pomerana", depois das batalhas ao longo da Muralha Pomerana de fortificações nazistas. No final da guerra, foi rebatizada como Divisão Coronel Kilinski em homenagem a um herói da Revolta de Kościuszko.

Nussbaum, antigo soldado da Divisão Kościuszko e, mais tarde, historiador israelense, descreve a complexa identidade étnica e nacional da unidade:

> Na época havia de 690 mil a 750 mil poloneses na União Soviética, dos quais 40% a 50% eram judeus. As reservas de jovens poloneses habilitados ao serviço militar haviam sido severamente reduzidas depois de 70 mil terem sido convocados pelo exército do general Anders. A grande maioria da intelligentsia polonesa tinha evacuado junto com esse exército. Os poloneses [católicos] na União Soviética eram quase exclusivamente pessoas que haviam sido deportadas e eram hostis às autoridades soviéticas e suas iniciativas [...]. A comunidade judaica era formada também, sem dúvida e em elevado grau, por pessoas oprimidas, mas muitas delas tinham ido para a União Soviética por decisão própria, fugindo dos alemães. Esses refugiados não tinham os mesmos sentimentos em relação à União Soviética nutridos por aqueles que haviam sido evacuados à força para lá.[24]

Ou, como Bauman descreveu a situação:

> Era um exército estranho, se é que de fato houve um. O Exército Vermelho havia recapturado pouco tempo antes algumas partes do território da Polônia no pré-guerra e estava ávido por ter um aliado polonês a seu lado assim que possível. Stálin deu um passo um tanto ilógico e ordenou o alistamento de camponeses locais que ele havia convertido, alguns anos antes, em cidadãos soviéticos [e

> criou] um Exército polonês. E assim o recinto da velha escola de cadetes abrigava um enxame de novos recrutas de identidade indefinida — eles próprios incertos quanto ao lugar ao qual de fato pertenciam, falando uma espécie de polonês fortemente misturado com palavras ucranianas da maneira melodiosa e lenta dos nativos da Ucrânia. No topo dessa massa, apenas levemente salpicada de alguns "poloneses verdadeiros" como eu, havia alguns suboficiais do Exército polonês cuidadosamente recolhidos nos cantos e recantos da Sibéria ou da Ásia Central, por onde se dispersaram após a libertação dos campos de prisioneiros de guerra. Acima desse nível da hierarquia só se falava russo. Oficiais de carreira poloneses haviam sido vítimas de assassinatos em massa em Katyń. Os que tiveram a sorte de escapar haviam deixado a Rússia com o Exército de Anders após o breve mas não consumado romance de Stálin com o governo polonês no exílio.[25]

Opinião semelhante foi compartilhada pelo historiador militar Jerzy Nafalski, também ex-soldado da 4ª Divisão e autor de um livro dedicado à história de sua unidade,[26] que ele qualificou como "atípica". A idade média dos soldados era 34 anos, escreveu, e eram recrutados homens acima de 42 — quase um soldado em cada cinco tinha mais de cinquenta. No outro extremo havia muitos jovens de pouquíssima idade que "de certa forma reduziam a idade do soldado 'estatístico'".[27] Zygmunt Bauman era um desses jovens que se juntaram à 4ª Divisão. Ele até cometeu uma falsificação (muito popular naqueles dias), mudando sua data de nascimento de 1925 para 1924. Como explicou num anexo ao seu currículo do Exército escrito à mão, em 3 de janeiro de 1950,[28] ele temia que de outra forma fosse considerado muito novo para ser admitido na escola de oficiais.

O campo de treinamento foi organizado em Sumy,[29] uma cidadezinha ucraniana cerca de trezentos quilômetros a leste de Kiev. Bauman chegou em abril de 1944. "Ao chegarmos, marchando em coluna até a porta do quartel, recebemos as boas-vindas de uma orquestra militar", escreveu Nafalski: "Os sons da marcha polonesa que ouvimos provocaram uma emoção inesquecível. Lágrimas rolaram. Vivenciamos algo grande e belo".[30] Esses recrutas haviam chegado após jornadas longas e árduas, atravessando enormes distâncias através da União Soviética, muitas vezes depois de terem passado por horríveis privações, prisões e/ou trabalhos forçados. Para os judeus poloneses, havia uma motivação adicional, como afirmaram muitas testemunhas — ali eles eram aceitos como poloneses, da mesma forma que seus compatriotas cristãos. Segundo Nussbaum:

> O próprio fato de ser aceito no Exército e a atribuição da condição de soldado eram vistos como benéficos pelos judeus. Sua posição social sofreu uma mudança. Até então, eles haviam pertencido a um grupo desintegrado de pessoas dispersas pelo enorme território da União Soviética, condenados à fome e à miséria, vistos como elementos suspeitos e estrangeiros. Sua aceitação pelo Exército permitiu que superassem essa existência. Eles entraram numa comunidade. Eram evidentemente sujeitos ao rigor militar, mas viviam em condições humanas e eram guiados pelos princípios humanos da coexistência.[31]

Para alguns havia um sentimento de alívio, a sensação de que tinham entrado na antessala de um lar. Como Bauman depois escreveria:

> Cheguei ao portão da escola de cadetes pré-revolucionária em Sumy exausto e descalço; a maioria de minhas roupas oficialmente concedidas estava em estado de putrefação, junto com a glória de tempos passados. A primeira coisa que ouvi foi a língua polonesa. A primeira coisa que vi foi a Águia Polonesa adornando o portão e o boné da sentinela. Senti que minhas peregrinações haviam chegado ao fim. Estava em casa.[32]

O ponto de reunião estava lotado, com levas de candidatos chegando todos os dias:

> Cerca de quinhentas pessoas chegavam diariamente ao centro de recrutamento em Sumy. O quartel era bastante espaçoso, mas não o suficiente para acomodar todos os soldados da 4ª Divisão de Infantaria. Aldeias próximas foram designadas para organizar as diferentes unidades.[33]

Segundo as memórias do ex-soldado Wacław Zakrzewski, Sumy fora severamente atingida durante a guerra, e o quartel ficava a cerca de um quilômetro da cidade.[34] A maior parte do treinamento era realizada em Sumy e em outra cidade ucraniana, Zhitomir. Entre maio e junho de 1944, foram criadas 135 unidades, com 73544 novos soldados, segundo o historiador Marcin Białas.[35] Zygmunt Bauman era um deles.

Escola de cadetes

Bauman passou três ou quatro semanas[36] treinando na escola de cadetes e se tornou suboficial. Mesmo em tempos de guerra, foi um curso notadamente acelerado, mas, como explicou Bauman:

> Havia um ditado: "O que vai fazer de você um oficial não é um diploma universitário, mas seu desejo sincero". Durante a guerra, porém, um diploma significava alguma coisa. Muito poucos de nós o tinham. Foi por isso que me aceitaram na escola de oficiais [...]. Éramos um grupo muito pequeno, menos de vinte, e vivíamos num acampamento que fizera parte de uma escola de cadetes do tempo dos tsares [...]. Só alguns de nós tinham diplomas, apenas alguns falavam polonês. A maioria dos oficiais falava russo e um pouco de polonês.[37]

Essa carência de candidatos adequados ao oficialato não era exclusividade da escola de Sumy, sendo observada também na escola polonesa localizada em Sielce, às margens do rio Oka, muito maior e um pouco mais antiga.

> Na escola, quase todos os oficiais eram russos e chamados de "pop" — que significava "encarregado dos deveres dos polacos".[38] Eram, em sua maioria, oficiais de origem polonesa que, durante a Segunda República da Polônia, tinham vivido na Rússia, na Ucrânia soviética ou na Bielorrússia. Alguns falavam polonês muito bem, com o chamado sotaque de Lwów, mas também havia aqueles que assassinavam a língua.[39]

A falta de um comando fluente em polonês era fonte de conflito. Os oficiais falantes de russo, com seu polonês confuso, eram por vezes percebidos como pertencentes a uma potência estranha.[40]

Bauman também mencionou o problema: "Para comandar as novas tropas polonesas, o Exército Vermelho ofereceu seus próprios oficiais", escreveu ele:

> Alguns deles podiam ter ancestrais poloneses e nomes que soavam poloneses; muitos poloneses se estabeleceram na Rússia após o fim do exílio na Sibéria ou por terem se envolvido nas lutas revolucionárias russas. Mas a maioria dos ofi-

ciais "emprestados" não aspirava a estabelecer qualquer tipo de conexão com a Polônia. Praticamente nenhum deles, polonês ou não, falava qualquer coisa do idioma ou se dispunha a admitir que agora servia num Exército que em nada diferia do Vermelho, exceto no modelo dos uniformes.[41]

É claro que era difícil encontrar um oficial polonês na sequência de Katyń e da partida do Exército de Anders. "O pequeno grupo de cerca de duzentos comunistas poloneses e um grupo de oficiais da reserva aproximadamente do mesmo tamanho — na maioria judeus — não conseguiam preencher todos os postos do Exército", como observou Klemens Nussbaum: "O treinamento da nova equipe, mesmo num acelerado ritmo de guerra, exigia tempo, e além disso a seleção de candidatos confiáveis à posição de oficiais ficou mais difícil devido à atitude dos poloneses".[42] O Exército recém-criado carecia de candidatos confiáveis com raízes polonesas para ocupar posições seniores. Bauman, porém, tinha muitas qualificações (fluência em polonês e russo, cultura e educação, engajamento político comunista e um passado sem máculas), sendo assim um candidato perfeito. Além disso, seu papel como líder da Komsomol mostrava confiabilidade política (Bauman ocultou todos os vestígios de sua atividade na Hashomer Hatzair). Ele tinha os antecedentes perfeitos para se tornar um "oficial político".

"Os fundadores da União dos Patriotas Poloneses, antigos comunistas e socialistas poloneses ou veteranos da Guerra Civil Espanhola, agora trajando uniformes de generais e coronéis, enfrentavam a complicada tarefa de transformar essa incrível mistura num Exército polonês", escreveu Bauman:

> O Exército estava na Rússia, comandado por oficiais comprovadamente pró-soviéticos e preparados para lutar ao lado do Exército Vermelho na frente russa. O que estava longe de ficar clara era a identidade polonesa desse Exército. E assim os generais e coronéis tentavam fisgar qualquer um que pudesse ajudá-los a injetar no Exército o espírito polonês. Qualquer um que tivesse uma boa base em cultura polonesa e algum grau de educação superior era destacado para essa tarefa. Tendo completado o primeiro ano de física e avançado bastante no segundo, e também com minha experiência de uma sólida educação polonesa, fui fisgado imediatamente após cruzar o portão.[43]

O desejo de inculcar um senso de "polonesidade" era um tema comum para qualquer um que se preocupasse em construir esse Exército polonês, cuja liderança política foi entregue à ZPP, observa Nussbaum. Havia uma necessidade de acabar com a desconfiança dos recrutas do Exército, que o viam como uma criação bolchevique, e de atraí-los para o programa da ZPP:

> Os organizadores tiveram o cuidado de garantir que os soldados entrassem em contato com uma atmosfera de polonesidade e pudessem senti-la em sua unidade [...]. Todos os feriados católicos eram celebrados, assim como as datas militares e estatais do pré-guerra. Todos os meios de influenciar os soldados eram empregados, recorrendo-se acima de tudo a seus sentimentos patrióticos e a seu fascínio pela terra natal. Quaisquer ideias, mesmo as mais superficiais, sobre mudanças políticas de caráter socialista na Polônia eram mantidas longe deles. Com efeito, fazia-se o oposto: um esforço para garantir aos soldados que não haveria na Polônia um sistema semelhante ao da União Soviética. Falava-se de uma Polônia independente, democrática e justa para todos. Proclamava-se a solidariedade nacional e a unidade de toda a nação na luta contra os alemães.[44]

Essa camuflagem crucial devia ser aplicada pelos oficiais políticos. Bauman foi selecionado para se tornar um deles.

Um oficial político no Exército de Berling

> Eu me vi em [um] grupo bizarro de pessoas — de todas as idades, com todos os tipos de história de vida, de todas as religiões e denominações políticas, de todas as tonalidades do espectro ideológico. A única coisa que as unia era a inabalável lealdade a sua identidade polonesa e o perfeito domínio da língua. Nenhum de nós tinha um treinamento militar digno de nota, o que não diferia muito dos generais e coronéis que nos haviam selecionado. Mas no espaço de três semanas seríamos treinados para ser oficiais do Exército polonês. Deveríamos servir como "subcomandantes de assuntos políticos" — um antídoto polonês contra a fidelidade dos comandantes à Rússia.[45]

O treinamento dos oficiais políticos era supervisionado pelo major Józef Urbanowicz (vice-ministro da Defesa na década de 1970). Urbanowicz era muito popular e tinha proximidade com os cadetes mais jovens. O treinamento teve início na terceira semana de maio de 1944,[46] e Bauman fez parte do primeiro grupo em Sumy. O processo foi descrito por um ex-soldado, Bolesław Dańko:

> Os instrutores usavam uniformes de oficial, que consistiam em botas de cromo (couro curtido com sais de cromo, resistentes à umidade e ao mofo), calças *galife* azuis, jaqueta, cinto com travas, mochila de campo, pistola e boné. A princípio não usavam insígnias nos ombros. Mais tarde, receberam graduações militares, principalmente a de suboficiais. Essa categoria existia no Exército polonês no pré-guerra, mas apenas no nível dos praças. Na divisão, esse soldado era considerado um primeiro oficial, o equivalente a um tenente júnior no Exército Vermelho.[47]

Depois de reclamar das condições deploráveis de seu uniforme da milícia, Bauman recebeu novas vestimentas, que correspondiam a seu novo e importante papel.[48] Como um dos poucos oficiais políticos, ele viria a se tornar subcomandante de uma pequena unidade, recebendo um treinamento de três semanas a fim de se preparar. Este

> consistiu quase que inteiramente em aulas de história e literatura polonesas — algo que apreciei muitíssimo. O que menos gostei foi da parte "militar" do treinamento, conduzida por um sargento do pré-guerra que, de todos os mistérios da arte militar, só se lembrava dos exercícios de marcha.

Todos os esforços do sargento para animar a "gentinha excessivamente intelectual" sob seu comando não conseguiram instilar um espírito de disciplina militar, acrescentou Bauman.[49]

A tarefa de Bauman era falar para os soldados, e o repertório de temas não era grande, segundo relatos de outros ex-oficiais políticos. Incluíam a derrota de setembro de 1939, a futura Polônia democrática e o governo de Londres, escreveu um deles. Os ouvintes geralmente não faziam perguntas; isso poderia levar a acusações de não serem confiáveis, e, além disso, nenhuma de suas verdadeiras perguntas poderia ser respondida. A maioria aceitava um provérbio russo que dizia que quanto menos se fala, mais longe se chega. "Se houve discussões sinceras, estas ocorreram dentro de um reduzido círculo de colegas."[50] Outro antigo soldado falou sobre sua preparação para as falas, que incluíam palestras do tenente Jerzy Putrament, subcomandante da companhia para assuntos culturais e educacionais:

> Ele discutia o cenário internacional, comentava questões atuais das frentes de batalha, explicava os perigos da futura Polônia sem especificar seu sistema ou formato territorial. Seria uma Polônia democrática regida pela justiça social. Não havia menção ao socialismo, à ideologia marxista-leninista ou a qualquer partido político importante. Devíamos lutar ao lado do Exército soviético por uma pátria [democrática]. Mas as atividades do marechal Piłsudski e o passado capitalista polonês eram fortemente criticados, assim como era notável a ausência de temas como o Pacto Mólotov-Ribbentrop e a invasão pelo Exército Vermelho dos territórios orientais da Segunda República Polonesa.[51]

Putrament, um esquerdista formado pela Universidade Stefan Batory, em Vilnius, com um passado ligado à literatura, oferecia animadas e interessantes palestras, apimentadas por relatos de sua vida no pré-guerra. "Ele me impressionava por seu conhecimento e erudição", escreveu o soldado Roman Marchwicki: "Eu gostava de suas afirmações ferinas e ríspidas, ditas com o sotaque de Vilnius. Suas atitudes muitas vezes controversas, diferentes das visões oficiais, faziam com que inspirasse confiança".[52]

Putrament talvez tenha sido o modelo do oficial que trabalhava com educação nos relatos daquele tempo. O objetivo desses oficiais era fazer seu público aceitar — e, com sorte, apoiar ativamente — o novo regime que seria implantado na Polônia quando esta fosse libertada da ocupação alemã. O oficial político era a "alma" e o "cérebro" do Exército. Ele deveria compor a espinha dorsal do futuro sistema político na Polônia.

A doutrinação precisava ser feita de maneira suave; não se podia assustar as pessoas com as perspectivas de enormes mudanças em termos sociais e econômicos. Na escola de oficiais de Sielce, Putrament falou sobre uma futura Polônia democrática e sobre justiça social.[53] "Palavras como socialismo e comunismo não eram usadas de modo algum."[54] O Exército era composto de uma população diversificada em matéria de idade, classe social e etnia, e as respostas variavam de pessoa para pessoa. Soldados judeus que haviam sofrido discriminação étnica na Polônia do pré-guerra, como observou Nussbaum, eram mais abertos aos objetivos dos organizadores. "A miragem de uma Polônia democrática difundida pela propaganda da ZPP funcionava neles com mais força e rapidez."[55]

O trabalho dos oficiais políticos era mais difícil com os soldados católicos mais velhos, os antigos operários e camponeses. Como escreveu um ex-oficial, esse período "não foi fácil em termos de trabalho político [...]. Eu falava no trem sobre reforma agrária",[56] mas

> meus ouvintes eram ou doentes completamente passivos ou soldados mais velhos, na casa dos cinquenta anos, habitantes da Silésia e de Łódź que haviam feito parte da Wehrmacht ou suboficiais do pré-guerra — ocupantes militares dos territórios do leste da Polônia. Para exagerar [...] eu acrescentava alguns fatos sobre a vida deplorável dos trabalhadores, a falta de futuro dos intelectuais [...]. Eu exagerava![57]

Nenhuma pessoa com vinte anos de idade, mesmo trajando um belo uniforme de oficial político, era exatamente confiável para um grupo de cinquentões doentes e exaustos. Eles ansiavam por voltar para casa, mas uma mudança de sistema político talvez não estivesse entre seus objetivos no meio da guerra.

Bauman se viu lançado num teatro que exigia uma mistura do sutil com o bombástico. As palestras e debates eram realizados durante o transporte militar, nos intervalos entre as atividades de campo, em meio às batalhas. Muitas vezes, em hospitais, mas também em cidades, vilas e aldeias recém-libertadas — em suma, por toda parte. Os oficiais políticos faziam seus discursos, em parte preparados, em parte espontâneos, em carrocerias e vagões de trens, em palanques clássicos ou instalações comuns, para grupos de pessoas sedentas por notícias das batalhas ou sobre o futuro político. O futuro que eles apresentavam era o fim das divisões de classe social. Embora os soldados fossem, em sua maioria, camponeses e operários, muitos oficiais políticos eram judeus poloneses que haviam conquistado a confiança dos comandantes soviéticos. "Havia mais representantes da intelligentsia entre os soldados judeus, particularmente entre os refugiados das regiões central e ocidental da Polônia", afirma Nussbaum. "Os judeus também ganharam mais confiança devido a sua atitude implacável em relação aos alemães. Deve-se presumir que essas foram as razões principais e decisivas de haver tantos judeus no corpo de oficiais."[58]

A pesquisa de Nussbaum mostrou que mais de um terço dos 1360 oficiais políticos de todas as unidades era composto de judeus poloneses — exatamente 34% da 4ª Divisão.[59] Além da função propagandística, serviam também como ligação entre os oficiais soviéticos e a soldadesca. Eles tentavam neutralizar o sentimento de alienação em relação a um corpo de oficiais predominantemente russo[60] e possibilitaram a comunicação que, com o tempo, transformou esse grupo diverso num Exército unificado. E eles acreditavam no que diziam: numa futura Polônia sem discriminação nem injustiça social. Contudo, o fato de que a maior parte da soldadesca expressava opiniões antissemitas e via as ideias comunistas e o sistema político soviético com desconfiança era um enorme desafio. Só um valor unificava todos: a Polônia.

Quando uma alma polonesa precisa de um nome polonês

O moral da tropa é um elemento crucial de qualquer Exército. Por mais estranho que fosse como formação militar, o Exército polonês precisava da polonesidade para unificar e homogeneizar o diversificado grupo que servia em suas fileiras. Isso era parte fundamental das atividades educacionais cotidianas, mas também dos eventos especiais para os recrutas. Em concertos e apresentações teatrais, as canções e espetáculos de dança deviam inspirar coragem, fé e um senso de poder na luta pela libertação da pátria. As expressões artísticas estavam imbuídas de uma força emocional que por vezes se instalava nas memórias dos soldados de modo mais vigoroso do que as experiências de batalha. "O dia de que melhor me recordo foi o da visita de um teatro do Exército", registrou Bauman em seu ensaio,

> e, da visita, lembro-me mais nitidamente de uma canção. O enorme salão de baile da escola de cadetes estava lotado com centenas de soldados; para muitos deles, aquela talvez fosse sua primeira experiência de uma apresentação ao vivo num palco. Uma garota frágil de cabelos pretos entrou em cena e começou a cantar — com uma voz fina, quase infantil, embora suave e aveludada. A canção

> era dedicada a Varsóvia. A letra falava da beleza das ruas de Varsóvia, da alegria de caminhar por elas, de respirar o ar da mais amada de todas as cidades. Eu nunca tinha ido a Varsóvia, nunca tinha ouvido falar de suas ruas. Na minha parte do país, não se tinha grande estima por Varsóvia, vista como uma cidade oriental suja e caótica, diferente da limpa, organizada, civilizada e ocidental Poznań. E no entanto eu chorei. Não consegui me conter, embora tentasse [...] com todas as minhas forças — eu estava, afinal, naquela idade em que é preciso provar uma masculinidade ainda não consolidada. Aparentemente, é possível sentir saudade do futuro. De qualquer forma, eu senti.[61]

Era um sonho poderoso, tendo como base sentimentos nacionalistas com um novo viés. Antes da Segunda Guerra Mundial, a polonesidade era reservada aos católicos poloneses. Ali, no meio da Rússia, ela estava sendo reivindicada por poloneses com raízes judaicas. O diretor da companhia que se apresentou para os soldados poloneses — Leon Pasternak — e a maioria dos atores eram judeus, assim como a maior parte daqueles que trabalhavam em instituições encarregadas de cultivar a polonesidade no Exército, como os documentaristas e jornalistas da *Novos Horizontes*, do *Polônia Livre* e do *Żołnierza Wolności* [Soldado da Liberdade]. Além disso, a liderança política do Exército era majoritariamente judaica. (Entre os sete principais membros da ZPP, somente a jornalista comunista Wanda Wasilewska não havia nascido numa família de judeus.)[62]

As autoridades comunistas, conscientes do antissemitismo generalizado entre os soldados católicos poloneses, fizeram imensos esforços para ocultar a contribuição dos judeus poloneses. Para os autores de novos artigos, a solução era usar nomes falsos, tipicamente poloneses. Na *Novos Horizontes* e no *Polônia Livre*, os jornalistas H. Minc, W. Grosz, A. Lampe, P. Hofman, S. Wierbłowski, J. Stryjkowski e R. Juryś assinavam com pseudônimos "para ocultar suas origens judaicas e dar aos leitores a impressão de que um grande número de poloneses trabalhava no jornal", escreve Nussbaum.[63] Para os oficiais, esse ocultamento exigia mais que um pseudônimo. Eles eram instruídos a mudar seus nomes e sobrenomes, não assumir sua judaicidade e declarar sua nacionalidade como polonesa. Alguns seguiram essas regras, outros se recusaram:

> Daqueles que mudaram seus nomes, alguns foram persuadidos pelos argumentos apresentados, outros por oportunismo, acreditando que isso lhes abriria o

> caminho para uma carreira militar [...]. [Entretanto,] pessoas cujos nomes foram mudados tiveram seus registros vergonhosamente marcados com a letra Ż, de modo que as autoridades soubessem disso.[64]

Essa política de mudança de nome seguia a política soviética de como lidar com a judaicidade. Jan Gross escreveu que houve dois modelos de antissemitismo: a forma clássica, praticada na Polônia do pré e do pós-guerra, e a aculturação, que foi implementada na União Soviética:

> [O] gueto era tolerado no modelo clássico do antissemitismo, que se manifestava antes de tudo no contato entre os judeus e as comunidades étnicas predominantes no Estado [...]. Na União Soviética, foi o contrário. A insularidade da autosseparação da comunidade judaica era inaceitável para os comunistas. Os judeus podiam continuar sendo cidadãos soviéticos e ter todos os direitos cabíveis, mas não se permitia que mantivessem a autonomia e a separação cultural. Portanto, o eterno dilema — como ser ao mesmo tempo judeu e cidadão de determinado Estado — continuou sem solução. No modelo clássico de discriminação não se permitia que os judeus fossem cidadãos, e no modelo soviético eles eram privados de sua judaicidade. Na prática, porém, este último modelo significava abrir o acesso a empregos, faculdades, escolas e profissões previamente inacessíveis aos judeus.[65]

No primeiro período da administração soviética, afirma Gross, os

> judeus — especialmente os jovens, que sentiam o mundo fechado de sua própria comunidade como algo que pesava sobre eles — tiveram a chance do progresso social e recobraram, por assim dizer, um senso de dignidade pessoal. Foi para eles uma experiência impressionante e inesquecível.

O sistema soviético lhes proporcionava uma chance de se distanciar das conexões tradicionais, uma vez que a sovietização rompeu os controles sociais tradicionais da comunidade judaica. "Em outras palavras", afirma Gross, "foi a expectativa da emancipação, o afastamento da judaicidade, que atraiu os jovens judeus a cooperarem com o novo sistema, e não uma afirmação de relações ou interesses comuns entre judeus e soviéticos".[66]

Bauman foi incentivado a mudar de nome:

> Um ou dois dias depois do concerto, fui chamado ao gabinete de um dos membros da equipe. Lá, fui recebido por uma mulher com uniforme de capitão. Ela fez perguntas sobre meu passado, meus pensamentos e minhas intenções. Foi uma conversa longa, tranquila e agradável. Quando achei que havia terminado e me preparava para sair, ela disse uma coisa que me fez congelar na cadeira; pensei ter entendido mal e pedi que repetisse. Mas não houvera erro. Ela me pediu para mudar meu nome. "Você sabe, seu nome não parece cem por cento polonês. Não é um nome horrível, é claro, há outros muito piores, mais estranhos e ridículos [...]. Mas, ainda assim [...]. Nós somos um Exército polonês, você sabe. E você mesmo disse que se sente polonês. Portanto, que tal um belo nome polonês?" Não me lembro de minha resposta. Fiquei desconcertado e agitado demais para conseguir controlar minhas palavras e registrá-las na memória. Mas recusei categoricamente. Não tinha vergonha de meu nome. E não sentia que minha polonesidade fosse algo como um distintivo ou um nome. Ela estava dentro de mim, bastante segura, e eu não precisava de um certificado.[67]

Bauman estava seguro de sua identidade polonesa e de sua polonesidade. Como soldado polonês gozando plenamente de seus direitos, sem a discriminação comum no Exército de Anders no período do pré-guerra, ele vivia em igualdade com seus compatriotas católicos. Para Bauman, não se tratava de política, de mudar de identidade ou construir uma carreira militar: ele só queria, como soldado, levar a liberdade a sua terra natal.

Vida de soldado

De acordo com um documento, Bauman foi designado líder de pelotão em 16 de abril de 1944 e promovido a subtenente em 26 de agosto.[68] Um documento de 27 de dezembro de 1947, assinado pelo tenente Paszkiowicz, afirma que Bauman concluiu seu treinamento militar em 6 de junho de 1944, sendo designado para o 6º Regimento de Artilharia Ligeira da 4ª Divisão. As pequenas diferenças de detalhes são típicas dos poucos erros e omissões no registro de Bauman. Entre a primavera de 1944 e a libertação em maio de 1945, sua vida "foi inteiramente parte da história da 4ª Divisão", recordou ele. Após o treinamento de campo, "fomos transportados em condições bastante confortáveis por um trem de carga (outras unidades costumavam se movimentar a pé) de Kharkov para Ołyka. Construímos um acampamento no bosque perto de Kowel, e então fomos para o front", contou-me Bauman em nossa entrevista:[69]

> Era a época do Levante de Varsóvia [...] estávamos do outro lado [do rio Vístula], em Saska Kępa, do lado direito de Varsóvia [...] [longo silêncio] [...]. Vimos como a 3ª Divisão fora quase destruída após uma incursão fracassada, e permanecemos por lá até janeiro [...] e em janeiro começou a verdadeira guerra. No início estávamos um pouco atrás do front, mas depois veio Kołobrzeg. A partir da Muralha Pomerana, foi muito diferente — estávamos na primeira linha do front.

A unidade de artilharia foi organizada ao redor da aldeia de Syrowatka, perto de Sumy, e estava sob o comando do major Edward Kumpicki.[70] Bauman uniu-se ao regimento em Ołyka, perto de Kowel, na Volínia, região hoje situada no oeste da Ucrânia. Passar por um treinamento técnico militar era fundamental para a luta, mas também para ganhar autoridade, uma vez que Bauman era muito mais jovem do que a maioria dos soldados sob seu comando. Ele fez um breve curso de artilharia, e em seguida foi convocado a uma reunião na qual foi informado de que seria nomeado subcomandante, com todos os poderes, mas sem patente:

> Para merecer uma patente, precisávamos passar por uma prova prática. Alguns de nós ficaram confusos — não era o que esperávamos. Alguém fez a pergunta que, creio, estava na boca de todos: sem uma patente, como seria possível exercer a autoridade necessária para comandar? O coronel encarregado da reunião, um veterano da Guerra Espanhola, velho comunista e intelectual de alto calibre, respondeu: "Se você não for capaz de exercer autoridade sem uma patente, ela, de qualquer forma, não será de grande ajuda". [...] Olhando em retrospecto, creio que esta última e breve lição foi mais importante do que todas as palestras e exercícios que o curso ofereceu. E talvez não só esse curso.[71]

Bauman aprendeu bem a lição, como fica evidente em vários documentos militares e entrevistas com pessoas que trabalharam com ele. Eles descreveram a "autoridade natural" como um de seus atributos mais característicos.

Indagado sobre a experiência de "ser um artilheiro", Zygmunt me respondeu com um sorriso:

> Seria um tanto egocêntrico afirmar que fui artilheiro. Eu era o subcomandante da 5ª bateria de artilharia[72] [...]. Você acha que, num regimento de artilharia, todo mundo é artilheiro? É preciso conhecer alguma coisa nessa área, e eu era um novato [...]. Felizmente, estava sob o comando de um grande comandante de unidade. Ele se chamava Lange; era descendente de poloneses siberianos [pessoas condenadas a passar vários anos na Sibéria]. Considerava-se polonês. Era um homem bastante gentil e capaz, muito inteligente, e por isso a unidade estava sempre na melhor forma. Tínhamos quatro 76 [canhões de 76 mm] e um obus [...] bons canhões fora de moda que não estão mais em uso [...] mas tínhamos Studebakers vindos dos Estados Unidos [...] o chamado auxílio de guerra — esses eram caminhões americanos.[73]

Bauman, reconhecendo que sua posição superior naquela pouca idade não resultava de conhecimento militar ou de suas habilidades como soldado, evitou bancar o herói. Ele era "apenas" o sub, com um chefe excelente e cheio de experiência que sabia como "lidar com canhões".

A citação a seguir é importante, pois nela Bauman analisa sua situação peculiar naquele momento e questiona sua identidade — seu *master status*.[74] Como os subordinados o viam naquele momento? "Eu era um jovem de dezoito anos sem patente, mas já encarregado de cinquenta almas estranhas, a maioria delas duas vezes mais velhas do que eu", escreveu Bauman para as filhas:

> O único comandante que tentava reforçar naquelas almas a ideia de que a língua pela qual deveriam se fazer audíveis era o polonês, e não o russo, o ucraniano ou alguma língua "local". A única pessoa tentando conseguir isso, com, na melhor das hipóteses, o desdém arrogante ou a irônica indiferença dos comandantes de pelotão, formalmente meus subordinados, mas na verdade sem dúvida meus superiores: militares de fato treinados e cheios de experiência. Como é que eles, meus soldados, me viam? Como um estranho, eu presumo. Mas estranho como um judeu? Ou como um polonês? Ou como mais um homem no poder — de

quem haviam aprendido a não esperar nada de bom e de quem estavam profundamente cansados —, viesse ele disfarçado de polonês, russo ou alemão? Eu não sabia então e nunca saberia. O que sabia era que, com ou sem patente, eu era um oficial polonês lutando pela causa polonesa. Na unidade de artilharia para a qual fora designado, eu era a Polônia.[75]

Bauman — um oficial polonês — também compartilhava as tarefas regulares com seus soldados. A 4ª Divisão se transferiu para Ołyka em 17 de junho. Até o final de julho de 1944 ela permaneceu lá, protegendo-se dos ataques alemães. Como fazia sempre que ficava num mesmo lugar por alguns dias, a companhia construiu casamatas usando pás, serrotes e machados, e montou guarda, como relembra Szer:

> Durante o dia os oficiais comandavam exercícios para que os soldados não ficassem entediados e fossem dormir cansados [...]. Quando possível construíamos [...] fornalhas e chaminés com tambores de carne defumada americana. Esse cozido enlatado (porco assado ou defumado) era o único sinal visível da ajuda dos Estados Unidos na infantaria; as armas e munições eram exclusivamente soviéticas. Esses tambores quadrados, com cerca de um metro ou mais de comprimento, podiam ser conectados para formar uma chaminé.[76]

Sobretudo nos primeiros meses, quando a divisão não estava diretamente envolvida nas batalhas do front, os soldados tinham mais disponibilidade para cozinhar e aproveitar as refeições. A carne enlatada, por algum tempo, era

> ótima; cremosa, saborosa e nutritiva. A melhor parte de nosso menu, que consistia principalmente em pão duro e café. Todo dia um pelotão recebia alguns pedaços de pão tão logo as condições permitiam, segundo o ritual estabelecido; as pessoas se sentavam no chão, formando um grupo compacto, e em frente a cada uma delas, cara a cara, sentava-se um garoto — frequentemente, mas nem sempre; era o *zaśpiewajło* [o cantor, em um dialeto].[77] Atrás dele, um dos líderes da equipe cortava o pão em partes iguais, mostrava o pedaço recém-cortado bem no alto para que todos pudessem vê-lo e gritava: pronto! Então o *zaśpiewajło* começava a cantar os nomes dos membros do grupo, sem nenhuma ordem específica, até que cada um recebesse a sua parte. Em meu pelotão, havia uma

distribuição absolutamente justa dos bens materiais importantes — sem possibilidade de fraude ou "exploração do homem pelo homem"; em outras divisões as regras eram as mesmas.[78]

Manter uma agenda cheia, organizando cada atividade de modo a deixar pouco tempo para assuntos particulares, era uma forma de manter o controle sobre as tropas. O ex-soldado Roman Marchwicki recordou:

> A agenda do dia incluía apenas um pouco de tempo livre depois do jantar. Na prática, porém, mesmo então nós estudávamos as regras e manuais, e por vezes tínhamos de dar conta do serviço de limpeza da unidade. Era raro poder sentar e ler algum pedaço de papel impresso para saber o que estava acontecendo no mundo ou na grande política. Eu conseguia ler de cabo a rabo as duas páginas do *Soldado da Liberdade*, mas tinha problemas com o *Polônia Livre*, publicado pela União dos Patriotas Poloneses — porque, por seu tamanho, a leitura levava muito tempo.[79]

Como não podia deixar de ser, as fontes de informação eram severamente restritas — só a imprensa comunista estava disponível.

Bauman percebeu nesse momento como era difícil para um ser humano controlar o próprio tempo quando pertencia a uma organização como uma divisão militar. "Logo cheguei à conclusão", disse-me ele,

> de que o verdadeiro privilégio não era dormir mais tarde, mas o sargento lhe dar permissão de se levantar meia hora ou uma hora antes do general, porque aí você podia tomar banho sem pressa num banheiro mais vazio. Naquele momento percebi que acordar cedo era um privilégio maior do que dormir tarde.

Levantar cedo significava ter um tempo "particular", tomado de um dia que pertencia à organização. Bauman manteve esse hábito pelo resto da vida, geralmente passando as primeiras horas do dia lendo e escrevendo.

Escrever cartas era outro domínio privado para os soldados — estritamente controlado por censores, é claro, mas Bauman e os outros sempre encontravam maneiras de informar seus amigos e parentes. Bauman com frequência escrevia aos pais sobre avanços e derrotas. Ele dizia, por exemplo,

"Meu tio já está na Polônia", em vez de "já estamos na Polônia". Não era difícil escapar da caneta do censor. Mas a "Polônia" a que o "tio" havia voltado não seria o mesmo país depois da guerra.

Novas fronteiras, nova ordem política

Jan Karski, famoso herói da Segunda Guerra Mundial, ficou conhecido por sua bravura ao entrar e escapar de campos de concentração e de extermínio nazistas para relatar a erradicação dos judeus europeus. Ele também era membro do governo polonês no exílio em Londres. Numa entrevista concedida em 1997 ao historiador Andrzej Friszke, Karski disse que

> depois [da reunião tripartite de Churchill, Roosevelt e Stálin realizada em] Teerã, percebi que as concessões territoriais seriam uma necessidade para a Polônia. O problema era apenas como isso iria ocorrer, para não complicar a situação política do governo de Londres. Eu acreditava que, de alguma forma, a independência da Polônia seria mantida. Ao mesmo tempo, não havia dúvida para mim de que a cooperação com a Rússia [soviética] seria necessária para nosso país [...] é preciso perceber — então, agora e no futuro — que o destino da Polônia não está apenas nas mãos dos poloneses. Ele também depende da natureza do regime das grandes potências e das constelações políticas internacionais [...]. [Já] em 1943, a Inglaterra e os Estados Unidos assinaram um acordo secreto, sem informar aos poloneses, pelo qual o governo soviético seria responsável pelas ações militares a leste do rio Elba, enquanto o lado oeste ficaria a cargo de Estados Unidos, Inglaterra e França.[80]

Essa distribuição dos territórios europeus colocou a Polônia sob o controle soviético. O desejo de Stálin de deslocar suas fronteiras para oeste foi realizado por um exército vencedor que libertou progressivamente os territórios poloneses da ocupação alemã. No final de julho de 1944, a 4ª Divisão recebeu a ordem de se reagrupar na região de Lublin, uma cidade importante dentro das fronteiras recém-traçadas. No início do dia 29 de julho, as unidades da divisão transitaram por Łuck, Kowel e Liuboml, cruzaram o rio Bug perto de Drohuski e entraram em Chełm, nas proximidades de Lublin. Em seu livro de 1978, Nafalski descreveu as profundas emoções dos soldados ao cruzarem a fronteira oriental da Polônia, ainda que fosse uma nova fronteira. A maioria dos soldados envolvidos na campanha via as cidades e aldeias que libertavam como partes da Polônia, e não da Ucrânia ou da Bielorrússia, o que de fato viriam a ser. Embora as emoções sem dúvida fossem fortes, existe alguma dúvida sobre quando os soldados sentiram que estavam realmente "entrando na Polônia". É provável que nem todos tenham sentido da mesma forma, considerando-se as dúvidas dos poloneses sobre a Conferência de Teerã — uma repetição pós-nazista do pacto Mólotov-Ribbentrop —, que transformou a antiga Linha Curzon na nova fronteira soviética com a Polônia.[81]

Mas na Polônia de 1978 nenhum livro tinha permissão de descrever essa ambiguidade e essa tensão. Nafalski apresenta a versão oficial:

> O estado de ânimo solene e ao mesmo tempo radiante surgiu no momento em que entraram na estrada que leva até o rio Bug. Foi algo que não pode ser expresso em palavras. Os olhos dos soldados brilhavam de alegria e emoção, e lágrimas rolavam sem que ninguém se envergonhasse disso. Eles se abraçavam e se beijavam, abençoando-se por uma chegada feliz ao país e pela possibilidade de lutar pela sua total libertação. Então o general Kiniewicz fez um discurso apaixonado aos soldados, que espontaneamente juraram lealdade ao solo polonês e garantiram que o defenderiam contra o inimigo.[82]

A 4ª Divisão entrou em Chełm no dia 7 de agosto, apenas duas semanas depois da Divisão de Infantaria Kościuszko.

Bauman relembrou o momento em que atravessou o Bug, que as autoridades declararam altamente simbólico. "Um trem militar nos levou ao outro lado da Ucrânia então plenamente reconquistada", ele escreveu às filhas:

> Desembarcamos nos bosques de Ołyka, não muito distante de Kowel, um território polonês antes da guerra agora anexado à Ucrânia soviética. Por alguns dias permanecemos no bosque e entramos na preparação final para nos juntarmos à ação de guerra. Mais tarde, à noitinha, sentei-me na tenda com o comandante de minha unidade e o do primeiro pelotão [...]. Tínhamos nossa ordem para o dia seguinte: cruzar o rio Bug para entrar no incontestável território da Polônia. Penso que nós três, embora por diferentes motivos, estávamos animados e

inquietos. O comandante de minha unidade virou-se para mim: "Amanhã estaremos na Polônia. Imagino o que você está pensando. Você gostou mesmo da Rússia? Você é um membro da Komsomol, como eu. Aposto que gostaria de voltar para a Rússia quando a guerra terminar [...]".

"Não", respondi. "Sou polonês e estou prestes a voltar para meu país."

"Mas a Polônia não seria muito parecida com a Rússia soviética? Qual é a diferença?", o comandante me pressionou.[83]

Em 21 de julho, os exércitos soviéticos, seguidos pelas principais forças do Exército polonês, entraram em Chełm e Lublin. O Exército polonês consistia então em seis divisões de infantaria, cinco brigadas de artilharia, um corpo e uma brigada de tanques, uma divisão de artilharia antiaérea, um regimento de morteiros, cinco batalhões de sapadores e outras unidades auxiliares.[84]

O grupo de Bauman — o 6º PAL (Regimento de Artilharia Ligeira) — permaneceu em Chełm cuidando do serviço da guarnição.[85] Depois de Chełm, Bauman e sua unidade se dirigiram para Lublin. "A primeira coisa que vi quando entramos em Lublin foi Majdanek [...] — um dos mais terríveis campos de concentração nazista construídos na Polônia ocupada. Os cadáveres ainda jaziam por ali aos montes, sua reciclagem iniciada, mas ainda inacabada", escreveu Bauman em 2016 numa carta ao amigo Keith Tester.[86] Foi um momento crucial para ele, uma experiência pessoal com a atrocidade dos campos de concentração que contribuiu para a poderosa mensagem contida em *Modernidade e Holocausto*, escrito décadas depois.

Chełm e Lublin eram importantes cidades polonesas em julho de 1944, pois foi nelas que o exército vitorioso começou a implementar seu novo poder político para representar o Estado polonês. Em Chełm, em 22 de julho, foi publicado um manifesto comunicando a nova orientação política, assinado por comunistas poloneses e impresso em Moscou.[87] O manifesto era endossado por membros do Comitê Polonês de Libertação Nacional (Polski Komitet Wyzwolenia Narodowego; presidente Edward Osóbka-Morawski, vice-presidentes Wanda Wasilewska e Andrzej Witos); especificava que o poder pertencia ao KRN (Krajowa Rada Narodowa, ou Conselho Nacional de Estado) e privava o governo no exílio em Londres de qualquer legitimidade. O documento invalidava a última versão da Constituição polonesa (de 1935) e afirmava que a base da lei era a Carta anterior, de 1921. Mencionava ainda a nova configuração da Polônia (que perdia alguns territórios a leste enquanto ganhava contrapartidas a oeste), assim como a reforma agrária, que prometia aos camponeses o acesso a suas próprias terras. Também assegurava o livre acesso à educação, aos cuidados de saúde e à habitação, assim como o apoio do Estado a pequenas empresas privadas e cooperativas. Lublin seria temporariamente a nova capital da Polônia, abrigando um governo provisório, o que significava uma nova ordem política no país. O governo provisório prometia eleições livres quando a guerra terminasse, transformando a Polônia numa direção compatível com a nova ordem geopolítica.

A oposição a essas mudanças foi enorme desde o princípio, com o conflito colocando o governo baseado em Londres e sua unidade militar clandestina (o Armia Krajowa, ou AK, o Exército Nacional)[88] contra a nova autoridade, apoiada pela poderosa União Soviética. O governo provisório aumentou progressivamente seu poder, sendo visto pelas unidades locais do AK como um invasor e um inimigo. A situação dentro dos territórios libertados caminhava para uma guerra civil, já que grupos clandestinos locais se recusavam a reconhecer a nova autoridade e permaneciam mobilizados, lutando pelo governo então no exílio. As novas autoridades esperavam garantir suas posições no longo prazo e legitimá-las nas eleições do pós-guerra. Para ampliar o apoio às reformas socialistas, uma campanha educativa foi empreendida pelas mesmas pessoas que haviam sido encarregadas da doutrinação dos soldados do Exército polonês — os oficiais políticos, como Bauman.

Levando a nova ideologia a todos

Os soviéticos haviam possibilitado a criação do Exército polonês, segundo relatos oficiais, "para capacitar os poloneses a participarem da guerra contra a Alemanha", afirma Nussbaum:

> Os eventos relacionados a sua criação e sua atividade posterior apontam, contudo, para o fato de que a luta contra o fascismo não era sua principal preocupação nem um objetivo em si mesmo, mas um meio de concretizar um propósito *político* definido. A União Soviética criou, armou e equipou o novo Exército, que deveria salvaguardar política e militarmente a operação de impor à Polônia um governo comunista.[89]

As discussões, conversas e debates conduzidos por oficiais políticos aconteciam por toda parte e com os mais variados tipos de pessoas. Havia duas categorias de ouvintes: a primeira, os soldados — eles precisavam saber por que tipo de Polônia estavam lutando; a segunda, as populações civis libertadas. Daniel Rudnicki descreveu como as conversas eram organizadas:

> Imediatamente após chegar à cidade [Włocławek], organizei um encontro no grande salão de um teatro onde falei um pouco sobre a origem, o caráter e a linha de combate de nosso Exército, e também sobre a atual situação nos fronts. Normalmente, [aqui] na Pomerânia, se acreditava em cada palavra sem exceção — o que não acontecia em Lublin.[90]

Segundo seu testemunho, o trabalho de propaganda era muito mais fácil nos territórios recuperados do centro e do oeste do que no leste. O principal objetivo era estimular o público civil a votar a favor do novo sistema político — que não era mais capitalista, e sim "no caminho para o comunismo". Essas conversas públicas eram cruciais, dada a permanente falta de informação e os sentimentos generalizados de insegurança nos territórios poloneses recém-libertados. Outro oficial político, Józef Hen, que mais tarde se tornaria um escritor conhecido, recordou a fome de informações e a simpatia de que foi alvo em Cracóvia depois de entrar na cidade, em janeiro de 1945, e em pequenas vilas ao longo do caminho.

> Eu falei por toda parte [...] as pessoas cercavam nosso caminhão [...] elas se aproximavam lentamente, postavam-se em torno do caminhão e diziam: "Por favor, tenente, diga alguma coisa — fale com a gente". Depois de uma apresentação do teatro de propaganda da tropa, um sujeito gritou da galeria: "Senhor tenente! O senhor é um cara legal".

Os oficiais de propaganda, na maior parte, afirmavam acreditar ardentemente no futuro melhor que preconizavam para os poloneses libertados. Como escreveu Jan Prorok,

> naquela época, nossa (e a minha) orientação política (éramos oficiais novatos vindos do arado — exilados, condenados, trabalhadores florestais e *kolkhozniks* — subitamente trazidos de volta à vida e alimentados por notícias de uma única

fonte) era muito reduzida e ingênua para que pudéssemos avaliar e entender adequadamente a verdadeira intenção de nossas autoridades militares.[91]

Ele acrescentou:

> Suas ações nos pareciam corretas e óbvias, e o objetivo primordial — criar uma Polônia livre e independente — valia os maiores sacrifícios [...]. De cadetes ou tenentes recém-promovidos, ouvíamos: "Vamos chegar à Polônia pelo caminho mais curto"; "Nosso Exército é e continuará sendo apolítico"; "Vamos construir uma Polônia livre e independente" [...]. "Terra para os camponeses" [...]. Eu, no entanto, e não apenas eu, acreditava em tudo isso [...]. Todos os desvios em relação aos clichês originalmente proclamados eram justificados pelas necessidades do momento. Afinal de contas, estávamos em guerra, e as táticas eram o mais importante; ações taticamente pensadas tanto no front quanto na retaguarda.[92]

Os oficiais políticos — fosse por conformismo estratégico ou por forte engajamento — acreditavam no trabalho de doutrinação que estavam realizando. Bauman fazia parte dessa segunda categoria. Isso não significa que ele desejasse implementar o regime stalinista em sua plenitude, mas que apoiava um programa de socialismo suave *à la polonaise* — tal como muitos membros da esquerda polonesa. Era o projeto no longo prazo. No verão de 1944, porém, o objetivo mais importante era expulsar os alemães, derrotar o fascismo e libertar todo o país o mais rápido possível.

O avanço das tropas: Tempo de espera em Varsóvia

A 4ª Divisão foi criada apenas um mês antes do fatal levante de agosto-outubro de 1944, que deixou Varsóvia quase totalmente destruída.[93] Enquanto o Exército polonês-soviético lutava nos distritos do leste de Varsóvia, o general Berling manteve sua 4ª Divisão na reserva devido a sua falta de experiência de combate. O avanço parou na margem leste do rio Vístula. Os exércitos ficaram apenas olhando enquanto pelo menos 200 mil combatentes e civis poloneses eram massacrados pelos alemães do outro lado do rio.

De acordo com Karski, Churchill, o secretário das Relações Exteriores britânico Anthony Eden e o secretário de Estado americano Cordell Hull haviam advertido os poloneses a não iniciarem nenhuma operação militar em Varsóvia sem a anuência de Moscou. "Os poloneses achavam que eram mais espertos e conheciam melhor os russos. Não ouviram os avisos", escreveu Karski:

> A tragédia foi que Churchill e Roosevelt deveriam ter dito claramente: temos um acordo secreto, concordamos que a Polônia vai ficar na zona soviética, de modo que não vamos ajudá-los — não por falta de amizade, mas por nossos compromissos [...]. Segundo esse acordo, Stálin não interviria nas atividades dos Aliados na África, na Itália ou na França. Mas Moscou era responsável por todas as operações militares na Polônia, e nada poderia ser feito sem o consentimento de Stálin [...]. Nessas condições, [o levante] foi a maior tragédia da história do país.[94]

De fato. Unidades militares improvisadas lideradas por soldados do AK com o apoio de civis (incluindo tropas de escoteiros) travaram combates de rua mortais contra enormes unidades do Exército alemão que empregavam novas tecnologias, como veículos explosivos não tripulados, lança-chamas e morteiros autopropulsionados. Soldados poloneses, imobilizados por decisão de Stálin, assistiram passivamente ao massacre da população de Varsóvia. Com exceção de algumas ações militares de reconhecimento e iniciativas espontâneas de soldados poloneses (do Exército de Berling) que atravessaram o rio para resgatar sobreviventes, todas as divisões permaneceram imobilizadas.

Em muitos livros escritos sobre esse trágico evento, os autores descrevem a tática de espera de Stálin como parte de sua estratégia de destruir a população urbana que provavelmente faria oposição ao novo regime. De acordo com Karski, o governo em Londres e seus adeptos queriam libertar Varsóvia e assumir o poder antes que o governo provisório apoiado pelo Exército Vermelho pudesse fazê-lo. Seu fracasso e a subsequente destruição do AK em Varsóvia significaram menos oposição a Stálin quando este estabeleceu seu domínio na Polônia.

Em 12 de setembro de 1944, partes da 4ª Divisão de Infantaria partiram rumo a Praga, na margem direita do Vístula, e alcançaram as margens do rio no final do mês,[95] embora a unidade não avançasse na direção de Varsóvia até 28 de setembro. Nafalski descreve a situação da perspectiva dos soldados que, naquele momento, esperavam na entrada da cidade:

> Enquanto [...] Praga [distrito de Varsóvia] retomava sua vida com grande felicidade devido à expulsão dos invasores, a principal parte da cidade, localizada à margem esquerda do Vístula, ardia em fogo. A crueldade de Hitler foi concretizada por subordinados irracionais que mais uma vez repetiram seu bárbaro triunfo: queimando obras de arte, destruindo peças de arquitetura histórica e qualquer coisa que testemunhasse a cultura e o passado da nação, assassinando centenas de pessoas. É muito provável que nunca tenha havido antes uma vontade tão forte de vencer os nazistas e vingar-se de seus crimes como ocorreu naquela época. Os soldados agarraram suas armas e esperaram impacientes pela ordem de cruzar o Vístula.[96]

A atitude passiva do Exército era muito difícil para os soldados. O comandante das forças polonesas, general Berling, ganharia a alcunha de "O General Trágico". Na verdade, em 30 de setembro, Stálin o exonerou. A razão é fonte de controvérsias: alguns historiadores sustentam a explicação dada pelo próprio Berling — a de que isso se deveu à sua atitude desobediente em relação à ordem de Stálin de não ajudar os insurgentes.

Do final de setembro até janeiro, por cerca de três meses, Bauman e seus companheiros viram a trágica e lenta morte da capital da Polônia com um sentimento de impotência e injustiça.[97] Durante esses meses, houve vários casos de soldados que atravessaram o rio por vontade própria, sendo alguns severamente castigados pelos supervisores russos, que tratavam esses casos como deserção e os puniam de acordo: com a pena de morte.[98] Os que atravessavam o rio para tentar ajudar o levante sabiam que aquilo era uma ação quase suicida. A maioria, como Bauman, apenas esperou.

A ofensiva comunista começou em 12 de janeiro, com unidades do Exército finalmente atravessando o rio após uma espera de mais de seis meses. O exército polonês-soviético, que libertou Varsóvia após cinco dias de luta, nunca vira um nível de destruição semelhante. A cidade estava totalmente devastada pelo fogo, seus cidadãos agrupados em campos de prisioneiros, alguns deles fugindo para o interior. Decerto não foi uma vitória prazerosa.

De Varsóvia a Kołobrzeg, passando pela Muralha Pomerana

A 4ª Divisão de Infantaria atravessou o Vístula na noite de 16 de janeiro no distrito de Ostrówek-Góra Kalwaria e, depois de marchar por Jeziorna, rumou para Varsóvia, já liberta. Setores da 4ª Divisão continuaram para além de Varsóvia perseguindo o inimigo, deslocando-se para Pruszków e depois Bydgoszcz, acompanhando o 47º Exército soviético. Em 28 de janeiro, as tropas já estavam em Bydgoszcz, embora o equipamento pesado fosse chegar mais tarde e a falta de petróleo causasse dificuldades no posicionamento das forças.[99]

O contato se deu numa linha estratégica de fortificação alemã conhecida como Muralha Pomerana, equipada para fins de defesa pelas forças hitleristas. As divisões de infantaria e artilharia foram fundamentais para superar as tropas alemãs, com muitos mortos e feridos de ambos os lados. Não houve tempo para que Bauman e seus colegas educadores fizessem palestras políticas — apenas para ações militares e perseguição dos soldados alemães em fuga. Divisões polonesas lutaram ao lado de unidades soviéticas no front. A batalha de Kołobrzeg foi a primeira a ocorrer no território da Polônia com a participação exclusiva do Exército polonês. Ela começou com ordem do marechal Jukov, do Exército soviético, e terminou em 18 de março.

"A marcha, interrompida por pequenas escaramuças, se estendeu até 9 de março, e de manhã nos aproximamos de Kołobrzeg", relembrou o soldado Józef Dubiński:

> Ainda era inverno: a neve chegava acima dos joelhos nos campos e estradas, com pequenas geadas à noite e degelo durante o dia [...]. Quase sempre rumávamos para o front sob o abrigo da noite. Descansamos durante o dia e ao anoitecer marchamos para Kołobrzeg.[100]

Nafalski, historiador militar e soldado da 4ª Divisão, recorda-se de Kołobrzeg como "um arsenal com todas as armas que os alemães produziram"; a guarnição de Kołobrzeg tinha cerca de 6 mil soldados — inflada, no início da luta pelo controle da cidade, por uma força composta de algo entre 10 mil e 12 mil homens, soldados da Wehrmacht que haviam fugido dos canhões soviéticos após batalhas no início de março. "Hitler estava pessoalmente interessado na defesa de Kołobrzeg e ordenou que a cidade fosse defendida 'até o último homem'. Todo soldado ou civil capaz de usar armas, independente da idade, estava subordinado ao comandante da defesa", registrou Nafalski. Himmler enviou um grande contingente de homens da SS para Kołobrzeg a fim de usar o terror para disciplinar o Exército e as populações civis.[101]

Enquanto um enorme número de unidades do Exército Vermelho sitiava a cidade, apenas soldados do Exército polonês lutaram diretamente com os alemães. A liderança polonesa do 1º Exército não foi informada do reforço das unidades alemãs, e suas tropas ficaram espantadas com a vigorosa defesa da cidade. À 3ª e à 6ª Divisões de Infantaria juntaram-se o 11º Regimento, o 9º Regimento de artilharia de morteiros e um esquadrão do regimento de artilharia de Bauman, que buscaram abrir caminho para a infantaria.[102] Bauman participou do combate desde o início até quase o fim. Alguns ecos de sua experiência podem ser encontrados no romance *Na Kołobrzeg!* [A Kołobrzeg!], que ele escreveu sob o pseudônimo de Julian Żurowicz, lançado em 1953 pela editora do Ministério da Defesa:

> Qual de vocês, companheiros do front, não experimentou esse sentimento? À sua volta há balas mortais que queimam, rugem, voam; essa é a batalha. O inimigo está bem à sua frente — logo você estará travando com ele um duelo mortal. Você sabe que o caminho adiante só pode passar pela morte do inimigo. E você sabe que seguirá esse caminho, porque é esse o caminho indicado pela sua terra natal — a terra natal que você defende, que você ama. Mas sua garganta está se fechando, como se houvesse um chumaço de algodão no seu peito, e a batida de seu coração faz uma pressão insuportável. Você não sabe a causa. Será animação? Expectativa? [...] Em todo caso, isso interfere na luta. E então você confere se está entrincheirado de maneira correta, se a munição está limpa e seca, confere e ajusta o visor. Você pensa no inimigo e em como destruí-lo. E o sentimento invasivo desaparece.[103]

Kołobrzeg foi uma das batalhas urbanas mais violentas do front oriental e uma das mais mortíferas da história do Exército polonês. "[A] frequência do fogo da artilharia durante as intensas operações da infantaria foi tão grande quanto a de qualquer outra batalha", recordou-se o sargento-mor Zbigniew Mossakowski:

> As posições das armas mudavam o tempo todo porque vínhamos seguindo as unidades de infantaria, apoiando suas operações. Estávamos o tempo todo sob o fogo da artilharia e dos morteiros inimigos. Não havia tempo para comer, nem mesmo para o menor descanso.[104]

As baixas eram numerosas e o transporte de feridos para locais seguros, extremamente perigoso. Conforme registrou Nafalski,

> os soldados inimigos, liderados pelos homens da SS, não respeitavam as leis militares internacionais nem qualquer tipo de humanitarismo — embora nossas equipes de saúde oferecessem cuidados médicos não apenas a soldados poloneses feridos, mas também a alemães. Atiradores alemães alvejavam os feridos, os paramédicos e até os vagões sanitários.[105]

Em 17 de março, penúltimo dia da batalha, Bauman foi atingido na omoplata, no lado direito. Duas semanas de luta deixariam 1266 soldados mortos e 3138 feridos.[106] A divisão de Bauman perdeu um quinto de seus componentes. Dos 5780 membros registrados em 20 de março de 1945, 257 morreram em Kołobrzeg, entre os quais 21 oficiais de carreira e setenta suboficiais. Outros 62 militares desapareceram e 716 foram feridos, incluindo sessenta oficiais de carreira e 185 suboficiais.[107]

Bauman foi um dos muitos soldados cuja carreira militar se encerrou em Kołobrzeg. O tiro que levou o deixara incapaz de mover a mão direita. Mas ele figurou entre as vítimas que tiveram sorte, sendo transportado com sucesso para o hospital militar em Stargard Szczeciński, uma cidade próxima. Lá, foi submetido a uma cirurgia — sem anestesia — num hospital dirigido por soviéticos e destinado a soldados poloneses. "Foi muito doloroso", recordou-se ele em nossa entrevista:

> Tiraram um pedaço do meu ombro. O médico se recusou a me dar uma tipoia, e até mesmo um curativo foi negado. Ele disse que meu ombro não devia ser imobilizado. Cada movimento era terrivelmente doloroso. Como se não bastasse, ele me mandou mexer o braço [...]. Havia um lago perto do hospital em Stargard, e ele me disse para pegar um barco e remar, com a ferida ainda recente.

Ao que parece, o clínico soviético sabia o que estava fazendo. "Graças a ele, recuperei as funções normais do braço, como se nada tivesse acontecido", disse Bauman: "O remédio foi amargo, mas curou. Recuperei-me rapidamente e sem efeitos colaterais. Ainda era muito jovem — um moleque que se curou rápido como um cachorro".[108] Após cinco semanas de convalescença, Bauman deixou o hospital,[109] ansioso por se reunir à sua divisão. "Foi difícil porque ninguém me dizia onde estava minha unidade", recordou-se. Ele continuou perguntando e andando, acabou conseguindo uma carona com soldados que vinham num carro e encontrou sua unidade no distrito berlinense de Köpenick, a duzentos quilômetros de Stargard.

Ele chegou a Berlim provavelmente no dia 7 de maio, com parte de sua divisão na cidade, mas a maioria ainda nos arredores.[110] "Berlim estava envolta em chamas", disse, "havia tiros por toda parte à minha volta, mas não pude conquistar a Chancelaria de Hitler ou o Reichstag." A divisão de Bauman assistiu ao fim da guerra à distância. "Em 8 de maio, por volta das nove da noite, o céu escuro de repente se iluminou com foguetes coloridos e uma cascata de luz", conta Nafalski: "As tropas soviéticas nas proximidades proclamaram a feliz notícia de que a guerra tinha terminado e o comando da Wehrmacht havia capitulado".[111]

A alegria de encontrar sua família militar e comemorar o fim do terror nazista em Berlim, o coração do Estado alemão, foi abalada pela perda do comandante imediato de Bauman. Exatamente no dia em que a guerra chegou ao fim, o coronel Kumpicki morreu, relembrou Bauman, emocionado, em 2015. Ele estava dirigindo sozinho quando uma bomba, provavelmente lançada por engano de um avião polonês ou russo, atingiu seu jipe.

A guerra acabara.

6. Oficial do Corpo de Segurança Interna

(1945-53)

Dê aos trabalhadores a propriedade, o fruto
De seu trabalho nas aldeias e
Cidades. Afaste os banqueiros, Senhor.
Pare com a multiplicação do dinheiro a partir do dinheiro,
Faça os vaidosos se armarem de humildade,
Aos humildes dê algum orgulho.
Ensine-nos que sob o Seu céu luminoso
"Não há mais nem grego nem judeu".
Tire a coroa estúpida das cabeças dos
Homens convencidos e dos presunçosos.
E coloque o crânio de um morto
Sobre a mesa de um governante rabugento.
Ataque com seu ferrolho
Quando, em nome da glória,
Um homem soberbo sacar sua arma,
Não permita que uma espada injusta
Tenha como pseudônimo a cruz de Sua
Agonia. Deixe que se faça a boa vontade, de
Nobres corações que cresceram na derrota.
Dê-nos de volta o pão dos campos poloneses,
Devolva os caixões de pinheiro polonês.
Mas acima de tudo nos dê nossas palavras, alteradas
Maliciosamente por fraudadores e traficantes,
Sua singularidade e sua confiabilidade:
Faça com que a lei sempre signifique a lei, e
Que a justiça nada mais signifique senão justiça.

JULIAN TUWIM, "Prece por uma primavera polonesa"[1]

A guerra tinha acabado?

Oficialmente, a guerra terminou com a capitulação do Terceiro Reich. Era o momento de os soldados vestirem seus trajes civis e retornarem à vida do pré-guerra. Bauman, porém, era nesse momento um militar da 4ª Divisão de Infantaria do Exército polonês. Sua unidade permaneceu na zona de ocupação do leste da Alemanha até o final de maio de 1945. No início de junho, todo o quadro da divisão, exceto as unidades de artilharia, tornou-se parte do Corpo de Segurança Interna (Korpus Bezpieczeństwa Wewnętrznego, KBW), criado pelo novo governo em 24 de maio.

O KBW foi criado para garantir a implementação segura do novo regime político, combatendo qualquer oposição ao governo provisório pró-soviético. Sua tarefa imediata era garantir a preparação e realização de um referendo, uma espécie de teste de apoio ao novo regime político, seguido de eleições um ano depois. Se encontrasse algum tipo de oposição ao novo governo, o KBW era instruído a colaborar com a polícia secreta soviética (NKVD).[2] Soldados do KBW também eram orientados a proteger espaços de propriedade do Estado, estradas e ferrovias, fábricas contendo maquinário abandonado pelos alemães em fuga: em suma, qualquer coisa considerada propriedade ou "de interesse do Estado". A transformação da 4ª Divisão em uma força do KBW foi vista como importante porque a unidade era considerada a elite militar de um Exército polonês escassamente equipado e insuficientemente treinado. O comandante da 4ª Divisão — general Bolesław Kiniewicz — tinha excelente reputação por reduzir as baixas entre seus soldados: era considerado um comandante estável e rigoroso, ideal para a delicada missão da segurança interna. A incorporação de Bauman às forças de segurança não foi automática, pois ele era um homem de artilharia, embora seu status como oficial político tornasse seu perfil bastante atraente para os recrutadores do KBW.

Os arquivos militares de Bauman contêm a história do seu "processo de alistamento" pelo KBW:

> Depois do final da guerra, em maio de 1945, o tenente-coronel Fejgin,[3] do GZPW WP [Główny Zarząd Polityczno-Wychowawczy Wojska Polskiego, ou Quartel-General da Unidade Político-Educacional do Exército Polonês], chegou ao 6º Regimento de Artilharia Ligeira e escolheu dois oficiais políticos, entre os quais

eu estava incluído, para o KBW, que era à época uma unidade recém-formada. Cheguei a Włochy, perto de Varsóvia, e fui apresentado ao KBW como um subcomandante de batalhão.[4]

Pela perspectiva dos comandantes do KBW, Bauman era um candidato quase perfeito.[5] Era um jovem oficial militar com experiência heroica no front, condecorado por bravura (e por seu ferimento) em Kołobrzeg com a Cruz de Guerra e outras distinções. Bauman era também uma sólida aposta política: muito jovem e sem um "passado negativo". Além disso, ele fora educado na União Soviética e era membro da Komsomol. O pequeno defeito nesse retrato quase perfeito era sua origem. Maurycy Bauman — pai de Zygmunt — apresentava dois elementos negativos: era burguês e sionista. Não por acidente, essa informação foi camuflada nos currículos de Bauman no pós-guerra. Por exemplo, o fato de Maurycy ter sido proprietário de uma loja antes de 1930 foi omitido na descrição de sua ocupação no período anterior à guerra, a qual se limitou à fase posterior a sua falência, quando ele era um simples contador. Pela mesma lógica, Bauman declarou sua origem de classe nesses documentos como "intelligentsia" ou "trabalho de intelligentsia", incorporando o novo vocabulário importado da União Soviética. Dessa maneira, ele encobriu quaisquer origens "burguesas". As simpatias de Maurycy pelo sionismo ficaram de fora da maioria dos documentos, mas esses "defeitos menores" não teriam sido um verdadeiro obstáculo a sua trajetória ascendente nos primeiros meses de atividades do KBW. A organização estava crescendo muito depressa e a confiabilidade política era fundamental.

KBW

Em meados de 1945, a Polônia foi sacudida por uma luta pelo poder entre dois grupos antagônicos: os adeptos do Estado Clandestino (Polskie Państwo Podziemne)[6] e os partidários, menos numerosos, do Comitê Polonês de Libertação Nacional.[7] Embora o Governo Provisório de Unidade Nacional (Tymczasowy Rząd Jedności Narodowej, TRJN)[8] tivesse ligações nominais com os líderes de ambos os grupos (Stanisław Mikołajczyk, depois de fazer parte do governo no exílio em Londres, voltou à Polônia para se tornar vice-presidente do governo de unidade nacional), ele continuou sob a forte influência do incontestável Ióssif Stálin. O sucesso militar na Segunda Guerra reforçara a posição do líder soviético no plano internacional, e, graças aos acordos de Ialta, ele recebera a aquiescência do Ocidente para afirmar sua influência sobre a parte oriental da Europa, que o Exército Vermelho tinha libertado da ocupação nazista. A Polônia tornou-se imediatamente o principal país na região que deveria "virar comunista"— um amigo necessário do poderoso império soviético. Para atingir esse objetivo em face da ausência de apoio popular e mesmo de uma oposição aberta, era necessária a criação de uma ampla rede de instituições de segurança. Em conjunto, elas possibilitaram que o poder fosse entregue às mãos do Partido Comunista. As unidades de segurança foram organizadas segundo o modelo militar soviético, incorporadas a uma complexa rede de instituições e iniciativas políticas, geralmente dependentes da visão de Stálin de uma futura Polônia. A estratégia que ele escolheu para manter o país sob sua influência foi semelhante à utilizada em outros países do Leste Europeu — governar segundo as normas soviéticas por meio de serviços secretos eficientes e poderosos: uma instituição supraestatal.

Como parte do aparelho repressivo do Estado, o KBW estava longe daquela que era a organização mais sangrenta e criminosa do sistema. Suas atividades eram de pequena escala em comparação com o odioso Departamento X da inteligência militar, a Bezpieką[9] (Departamento de Segurança).[10] Quando Bauman foi incorporado ao KBW, em maio de 1945, parece ter sido confinado a funções militares, para proteger a paz nos territórios libertados. Como outros recrutas, depois de decidir se incorporar ao KBW, ele foi para o quartel de sua unidade político-educacional em Włochy, um subúrbio de Varsóvia onde foram realizados processos de recrutamento e seleção num ritmo febril em maio e junho de 1945. Esse foi certamente um dos momentos da vida de Bauman que poderiam ser chamados de "pontos de inflexão".[11] Sua vida no front estava encerrada e agora se iniciava uma nova fase, com mais elementos desconhecidos do que habituais.

Aos vinte anos de idade, um polonês de família judia havia se tornado oficial do Exército de seu país. Era uma promoção extraordinária — impossível de atingir no Exército polonês do pré-guerra, em função do antissemitismo —, e decerto deve ter feito com que ele se sentisse reconhecido como um "verdadeiro" polonês. Um oficial do Exército polonês era a quintessência da polonesidade, o valor que ele tanto prezava. Agora ele era um verdadeiro cidadão polonês, como qualquer outro.

Algumas semanas após o fim da guerra, Bauman foi até Bydgoszcz para auxiliar no treinamento de novos recrutas do KBW. O KBW via a si mesmo como uma instituição de elite, e Bauman era encarregado da educação política dos soldados. Ele provavelmente tinha a expectativa de ensinar a ideologia marxista-leninista numa bela sala de aula diante de jovens motivados e curiosos sobre a revolução socialista. Mas mesmo objetivos simples eram difíceis de atingir em meio às condições de desespero da região. Em meados de abril, quase 20 mil pessoas tinham sido mobilizadas pelo KBW, mas dentro de duas semanas haveria uma onda de deserções motivada pelas terríveis condições de alimentação e acomodação, pela fragilidade do trabalho político-educacional e pela oposição das forças clandestinas. Unidades inteiras desertaram. Alguns se uniram às forças clandestinas, alguns voltaram para casa, outros ficaram vagando sem destino, outros ainda acabaram voltando aos quartéis. O comandante do 6º Regimento (Cracóvia) relatou em 10 de maio de 1945: "Suprimento de alimentos — muito ruim. Soldados morrem de fome, a desnutrição está causando deserção em massa. Soldados vão para casa em busca de pão, gordura, depois retornam à unidade".[12] Mesmo a situação dos oficiais não era exatamente confortável. Bauman recebia um modesto pagamento por seus serviços, como a maioria dos outros oficiais do KBW. "[O] Exército me deu um teto sobre a cabeça e pôs comida em minha boca", escreveu Włodzimierz Szer, também um oficial político:

> Eu recebia o que chamavam de ordem de custódia para alugar um quarto na casa de uma família [...] e um jantar de cantina (repugnante) ou um almoço embalado. A ajuda concedida a cada dez dias consistia em dois quilos de *rąbanka* (carne de porco — mais ossos e gordura do que carne), alguns enlatados de peixe, biscoitos secos e duzentos cigarros, ou fumo e papel de cigarro. Eu também ganhava algum dinheiro, mas ridiculamente pouco.[13]

Pode-se imaginar que Bauman tivesse dúvidas sobre sua posição, mas uma ideia o motivava fortemente a continuar em sua carreira no KBW. Mesmo então, ele se dividia entre as posturas mais idealistas dos comunistas poloneses e o modelo stalinista soviético, baseado na eficiência do terror, na suspeita geral e na luta permanente contra o "inimigo interno". Mas ele queria construir o socialismo. Num texto inédito (escrito na década de 1990), Bauman recordou:

> Eu não pretendia permanecer no Exército, queria voltar para a universidade assim que possível, mas, de uma forma ou de outra, aquilo era uma contribuição à "construção do socialismo", algo que estava no topo da minha lista de planos; a atribuição que eu havia recebido era uma extensão do serviço militar e um sinal de que eu deveria esperar um pouco para voltar à vida civil e concretizar minhas preferências pessoais.[14]

Bauman também via sua carreira no KBW como sua melhor esperança de trazer os pais de volta da União Soviética. Ele teve sorte; raros eram os judeus poloneses cujos pais haviam sobrevivido ao Holocausto. Zofia e Maurycy estavam vivos e razoavelmente bem na Rússia. Quando a guerra terminou, o maior objetivo dos judeus poloneses era reunir suas famílias, e os que conheciam o sistema soviético sabiam que isso era impossível. Nessas circunstâncias, é difícil imaginar que Bauman pudesse recusar o ingresso e a permanência no KBW. No contexto da Polônia em junho de 1945, essa era uma possibilidade apenas teórica.

Outro elemento menos óbvio dessa decisão dizia respeito ao aspecto emocional da construção de sua identidade. Assim como outros jovens soldados, Bauman recebera uma oferta considerada irrecusável. Era assim: sua terra natal precisava dele. Nesse Exército, criado com o apoio da União Soviética, a Polônia precisava de Bauman, apesar de sua origem judaica. Em seu uniforme polonês, ninguém poderia mandá-lo deixar o país ou sentar-se num espaço reservado aos cidadãos de segunda classe. Uma grande família militar apoiava seu direito de chamar a Polônia de lar. Sustentado por seu status e essa nova situação, ele fez uma visita a sua antiga casa em Poznań.

Um lar não tão doce

A visita de Bauman ao seu lar do pré-guerra foi registrada num espaço estranho: um longo relatório "altamente confidencial" de 1951 sobre seu pai,

Maurycy, que encontrei nos arquivos do Instituto da Memória Nacional. Um agente de investigação escreveu:

> O novo ocupante da rua Prusa, 17/5, chamado Przyworski, informou aos serviços de segurança que "em 1945, após a libertação, o filho do mencionado[15] — Zygmunt — veio a Poznań e, do endereço supracitado, levou consigo a mobília dos pais — por eles deixada durante a fuga [em 1939]. Zygmunt Bauman trajava o uniforme de capitão do Exército polonês e usava um carro militar. Os ocupantes da casa não sabem mais nada sobre sua atividade [da família de Bauman].[16]

Os arquivos do IPN estão cheios desses relatórios, na maioria baseados em boatos e denúncias. Algumas dessas informações são corretas, outras não, a maioria é imprecisa, e todas possuem valor questionável.[17] Mas há poucas dúvidas de que o indivíduo que recuperou a mobília em Prusa tenha sido Zygmunt Bauman. Ele ainda não era capitão (sua promoção veio em 20 de dezembro de 1946), mas a pessoa que deu a informação pode ter confundido as insígnias. Ele não poderia ser reconhecido como um oficial do KBW, pois naquela época eles não tinham nenhuma marca específica em seus uniformes — só depois[18] ganharam uma faixa especial na borda do boné militar. Diante disso, parecia não haver nada de excepcional no fato de um oficial voltar a sua casa para recuperar os bens da família. Mas no caso em questão isso foi bastante incomum.

Em primeiro lugar, Bauman teve a sorte de encontrar o prédio. Em comparação com Varsóvia e muitas outras cidades polonesas, Poznań estava em condições relativamente boas. A rua Prusa parecia intocada, assim como o restante do distrito de Jeżyce onde se situava a escola primária de Bauman e outros prédios de sua infância. Em segundo lugar, a grande maioria dos judeus poloneses que tentaram recuperar suas casas, propriedades ou mesmo modestos pertences enfrentou uma tarefa difícil — não apenas quase impossível, mas também extremamente perigosa.[19] Ser um oficial polonês protegeu Bauman nessa situação.

Bauman chegou a Poznań acompanhado por um motorista, além, provavelmente, de outros homens que o ajudaram a retirar a mobília. Se tivesse ido sozinho, a situação poderia não ser tão fácil, mesmo ele estando uniformizado. Muitos judeus poloneses que tentaram recuperar suas posses pagaram com a própria vida. Os novos proprietários, assim como criminosos antissemitas, mataram um número desconhecido de pessoas.[20] O final da guerra assistiu a uma onda de atos criminosos nos territórios libertados. Ataques e assassinatos de sobreviventes judeus foram numerosos no ambiente antissemita espalhado por todo o país.[21] Bauman, sem dúvida, estava consciente dos perigos de tentar recuperar os pertences da família, o que provavelmente explica por que foi de uniforme, acompanhado e durante o dia.

Guerra civil ou levante?

A vida dos poloneses comuns era dominada pela precariedade, a insegurança, o medo e a violência que historiadores têm se esforçado para caracterizar. Alguns chamaram isso de guerra civil (os historiadores da República Popular da Polônia[22] e alguns intelectuais mais jovens), "período com elementos de uma guerra civil"[23] ou época do "grande medo".[24] Outros o consideram incaracterizável — um período de revolução ou mesmo duas revoluções.[25] Historiadores de direita dos dias de hoje o descrevem como um período de "levante anticomunista". Mais interessante, porém, é avaliar a percepção das pessoas que viveram nesses tempos, motivo pelo qual a abordagem de Joanna Tokarska-Bakir é valiosa, por evitar visões acadêmicas anacrônicas e orientadas pela teoria. Especialista em antissemitismo polonês e autora de uma impressionante análise do pogrom de Kielce,[26] ela descreve a essência desse período nas palavras de Henryk Pawelec, comandante de um grupo clandestino que atuava nessa cidade em 1945:

> Os soviéticos chegaram, mas havia um cheiro de continuidade no ar. Nas ruas de Kielce, nas filas, nos escritórios, eu vivia esbarrando em amigos. Dizia-se que em breve haveria outra guerra. Mas, como essa guerra não aconteceu, *ficou claro que a anterior não tinha terminado.*[27]

Ao contrário do que aconteceu em outros Estados do Leste Europeu sob domínio soviético, escreveu Chęciński, "a resistência armada ao novo regime realmente levou o país à beira de uma guerra civil, mas ainda não existem dados confiáveis sobre as baixas provocadas por ambos os lados".[28] Segundo

Chęciński, 8 mil partidários do novo governo foram mortos (muitos deles, talvez 20%, judeus *inocentes*), enquanto de 80 mil a 200 mil oponentes tiveram o mesmo destino. Os grupos clandestinos caçavam os representantes do novo governo[29] e também judeus poloneses.[30] Bauman pertencia às duas categorias, o que lhe acarretava um risco duplo. Isso também justificava sua participação no KBW e seu envolvimento na construção de um sistema político que, em sua visão, traria a justiça social e o fim da discriminação étnica.

A "onda morta"[31]

Era comum ver o "problema judaico" — como era descrita a presença de judeus na Polônia desde o início do século XX — como algo que exigia uma "solução" apocalíptica semelhante à levada a cabo pelos nazistas. "Não era incomum dizerem que 'Hitler merece um monumento'", afirma Alina Cała.[32] Durante os seis anos da ocupação alemã, 90% da população judaica do pré-guerra morreu. Vários estudos mostram a participação (ativa ou passiva) de parte da sociedade polonesa nesse processo.[33] Depois da capitulação alemã, a atitude hostil em relação aos judeus não se alterou. Alina Skibińska enfatiza a "total indiferença da sociedade polonesa pelas pessoas que voltavam dos campos de concentração, a despeito de sua nacionalidade".[34]

O perigo não era somente a "total indiferença" e a falta de apoio — ou mesmo de empatia (com poucas exceções)[35] —, mas a resistência ou a agressão direta aos retornados e sobreviventes.[36] Raras foram as exclamações de alegria diante do retorno de um vizinho do pré-guerra; "Os judeus retornados eram saudados em sua chegada às cidades natais com um incrédulo 'E então, fulano, quer dizer que ainda está vivo?'".[37] Há poucas referências a sobreviventes retornados nos documentos administrativos do pós-guerra. O "problema" de recuperar antigas casas ou pertences era tratado individualmente entre vizinhos nas pequenas comunidades. As milícias não se envolviam de maneira sistemática.[38] Em geral, os novos proprietários se recusavam a devolver os pertences do pré-guerra a seus donos judeus, usando ameaças para reforçar suas decisões.[39] Havia (e ainda há) uma expressão para designar esses bens confiscados: *pożydowskie mienie* — "bens pós-judaicos".[40] A tomada dos pertences dos judeus possibilitou a uma crescente burguesia polonesa do pós-guerra se beneficiar das propriedades e bens deixados pelos judeus "desaparecidos".[41] Em alguns casos, pessoas que buscavam recuperar seus pertences de antes da guerra foram mortas — algumas porque exigiam a devolução, outras apenas por serem judias. A estratégia de muitos poloneses era expulsar os judeus que apresentavam tais exigências, o que em muitos casos significava forçá-los a emigrar.

O êxodo dos judeus começou logo após a rendição dos alemães. Estima-se que cerca de 50 mil judeus tenham sobrevivido à guerra na Polônia;[42] aproximadamente 200 mil[43] voltaram da União Soviética, entre 1 milhão de cidadãos poloneses que haviam fugido para lá.[44] Desses 200 mil, talvez 120 mil tenham deixado a Polônia em 1947.[45] Houve várias levas significativas de emigração. Embora não fosse de todo legal (Israel ainda não existia), o processo era tolerado e silenciosamente apoiado pelo governo provisório. Muitos judeus fizeram a Aliá e foram para a Palestina, enquanto outros se estabeleceram em diferentes partes do mundo. "Conscientemente ou não, uma limpeza étnica teve lugar nas províncias polonesas, iniciando-se com as deportações realizadas pelos nazistas e terminando com a expulsão de judeus da Polônia em 1968", escreve Cała.[46] Uma pequena minoria permaneceu na Polônia, alguns esperando pelo retorno de parentes que estavam na União Soviética, outros para construir uma nova sociedade, apesar do ambiente hostil, no sonho de que as duas comunidades poderiam coexistir em vez de permanecerem "separadas no espaço comum controlado pela ordem social", nas palavras de Bauman.[47]

A "onda morta" — como os intelectuais poloneses se referiam ao silencioso, mas eficiente antissemitismo dos cidadãos não judeus — e a emigração maciça dos judeus preocupavam Bauman. Ele podia se considerar polonês, mas as pessoas à sua volta o viam como judeu, e ele precisava levar isso em conta para tomar sua decisão. O KBW lhe dava segurança, uma espécie de família adotiva e o poder de agir. Ele estava entre os que pensavam que poderiam mudar o país com um novo sistema que sustentasse uma sociedade não dividida em grupos étnicos ou religiosos.

"Camarada Bauman Zygmunt"[48]

Em junho de 1945,[49] Bauman se tornou subcomandante do 5º Batalhão de Proteção Independente,[50] sediado em Bydgoszcz. Em 11 de julho, foi promovido a segundo-tenente. Era um dos 552 oficiais do KBW no outono de 1945 — havia 1551 suboficiais e 21 290 soldados[51] —, um oficial político encarregado da educação dos novatos, que no KBW era dirigida pelo Comitê Central do Partido Comunista, segundo o historiador Jerzy Depo.[52] A maioria dos dias de Bauman era dedicada ao treinamento e ao proselitismo político,[53] a apresentar a uma nova geração de soldados do KBW a doutrina marxista-leninista.[54]

Bauman ingressou no Partido no início de 1946, um ano antes de este estabelecer oficialmente unidades no KBW. O passado burguês e as simpatias sionistas de Maurycy não foram obstáculo a sua aceitação, já que Bauman não os mencionou no formulário de inscrição e em outros questionários. Em vez disso, ao se referir à sua "origem social", escreveu: "Filho de um funcionário".[55] Essa explicação era aceitável. O restante do currículo era muito forte: escola de treinamento soviética, participação na Komsomol desde a adolescência. Realmente não havia escolha quanto ao lugar em que Bauman poderia exercer sua atividade política em 1945. O partido que apoiava a União Soviética era o PPR (Partido dos Trabalhadores Poloneses), que no imediato pós-guerra lutava pelo poder com o PPS (Polska Partia Socjalistyczna, ou Partido Socialista Polonês) e o PSL (Polskie Stronnictwo Ludowe, ou Partido Camponês da Polônia) de Mikołajczyk.

Em sua entrevista de 2013 a Tomasz Kwaśniewski, Bauman disse:

> Fui para o KBW porque era um membro fiel do Partido. O Partido me mandou para lá, então lá eu estava. Não me ocorreu que eu pudesse agir de forma diferente. Não foi por escolha. Nunca foi uma escolha. Quero dizer, só pude escolher quando, na milícia de Moscou, fui à União dos Patriotas Poloneses e pedi que me arranjassem uma transferência para o 1º Exército. E então criaram o KBW a partir da 4ª Divisão — foi como uma continuação. Quando a guerra acabou, eu esperava a desmobilização, sonhava em voltar para a universidade, mas ela [a desmobilização] não veio, e não me veio à mente pedir para deixar o Exército. Além disso, eu queria construir o socialismo, e essa era uma forma de fazê-lo.[56]

Assim, não há nada de surpreendente no pedido de inscrição de Bauman, datado de 22 de janeiro de 1946. Nesse breve manuscrito, ele solicita admissão ao Partido afirmando: "Desejo lutar pela democracia popular entre as fileiras do partido das classes trabalhadoras polonesas. Prometo respeitar os estatutos e implementar o programa do PPR".[57]

Há alguma confusão quanto ao momento de sua inscrição no PPR, pois, enquanto os arquivos[58] do Partido registram "janeiro de 1946", os documentos da Segurança do Exército o descrevem como membro desde 1945, indicando que ele pode ter sido "inscrito" extraoficialmente antes de sua solicitação formal.[59] O procedimento exigia cartas de recomendação, que Bauman recebeu do major Kazimierz Faryna e do coronel Jan Szachoćko. De acordo com a carta de Faryna, que permanece no arquivo do Partido sobre Bauman, o major o conheceu em 1944, na 4ª Divisão, onde Bauman era um membro de alto escalão da unidade político-educacional. No fim da guerra, Faryna era o subcomandante de uma divisão motorizada. Ele escreveu que

> o camarada Bauman [...] tem devotado toda a sua juventude à causa do povo trabalhador. Politicamente consciente.[60] Lutou bem em batalhas no front. Soldados educados no espírito da democracia popular e por seu próprio exemplo lutando na linha de frente inspiraram soldados que os seguiram na luta com os fascistas. Agora ele educa soldados no espírito da democracia popular e do ódio aos reacionários. Eu o recomendo ao PPR.[61]

A recomendação de Szachoćko, chefe de Bauman naquele momento, descreve-o como "um destacado oficial político-educacional. Ele tem um amplo horizonte político. É seriamente respeitado por subordinados e superiores".[62]

Vale observar que Faryna e Szachoćko não parecem ser nomes "judeus". Se Bauman lhes pediu as recomendações (se teve essa escolha), pode ter conscientemente procurado uma apresentação vinda de patrocinadores "poloneses", e não de uma "rede judaica". O historiador Andrzej Werblan, ex-assessor sênior de Władysław Gomułka (líder da Polônia no pós-guerra até 1948 e depois de 1956 a 1970),[63] afirma que os comunistas poloneses sempre se preocuparam com a imagem de partido "judaico", mesmo antes da Segunda Guerra Mundial. "No KPP [Komunistyczna Partia Polski, ou Partido Comunista da Polônia] foi cunhada a expressão 'Camarada Judeu'", disse Werblan numa entrevista.

> Os [líderes do Partido] dividiram as pessoas em "Camarada Polonês" e "Camarada Judeu". Não eram preconceituosos — eram internacionalistas! Mas estavam sempre contando o número de membros de cada grupo, não por si mesmos e

> por suas opiniões, mas por causa das pessoas à sua volta. Estavam o tempo todo preocupados em serem descritos como *Żydokomuna* [comunistas judaicos].

Já em 1935 ou 1936, numa correspondência entre o Comitê Central em Moscou e comunistas de Varsóvia, um oficial russo se queixa de que o comitê do Partido em Varsóvia era composto apenas de judeus. (Uma resposta aponta que apenas cinco dos dezessete membros eram judeus.) Discussão semelhante causou preocupação no comitê de Łódź. Werblan verificou os nomes no documento soviético intitulado "Regulamento da composição nacional de quadros" e descobriu que

> os critérios usados [pelos soviéticos] para estabelecer sua judaicidade eram mais estritos que as Leis de Nuremberg.[64] Pelo menos metade dos membros do comitê nada tinha a ver com a judaicidade. Eram totalmente polonizados — seus pais já o eram [...]. Entretanto, no KPP, eles eram categorizados como judeus. Além disso, as pessoas que mantiveram essa correspondência [sobre calcular a proporção de judeus no Partido] eram elas próprias da mesma categoria — poloneses com raízes judaicas.[65]

A partir desses comentários, fica claro que os líderes comunistas temiam que os poloneses dessem as costas ao Partido porque seus líderes eram de origem judaica. Esse fato exerceu forte influência sobre estratégias e cursos de carreira. E pode explicar por que Bauman escolheu poloneses "genuínos" como padrinhos políticos.

Camarada "Semion"

Numa entrevista concedida em 2007, Bauman reconheceu ter colaborado com agências de inteligência polonesas durante três anos como agente de contraespionagem. "Todo bom cidadão deveria participar da contraespionagem", disse ele. "Foi uma coisa que mantive em segredo, pois assinei um termo que me obrigava a isso."[66] Por volta de 1990, Bauman escreveu em seu ensaio autobiográfico:

> Percebi a proposta de cooperar com a inteligência militar como convinha a um principiante; só sabia dessas coisas por romances e acreditava que ajudar a contrainteligência militar era um evidente dever patriótico [...]. Talvez este seja o único aspecto da minha história de vida sobre o qual nunca falei; assinar esse documento incluía a obrigação de manter segredo sobre ele. Eu não tinha permissão para descumprir esse dever. E não o descumpri.[67]

Os arquivos do IPN contêm uma ficha do pessoal do serviço militar interno intitulada "Semion". O Arquivo ZA-21808 contém a anotação "importância especial secreta", com uma indicação de que foi aberto ao acesso público em 4 de abril de 2008. A palavra "Semion" foi escrita à mão, seguida de outra anotação: "inf." (informante).[68] "Semion" era o pseudônimo de Bauman no serviço secreto militar. Não existe esse nome em polonês. O segredo por trás do pseudônimo só é visível quando observado através da lente da etnia. Семён, cuja pronúncia é Siemion, é um nome judeu russo, equivalente a Salomão.[69] Salomão foi um rei judeu, filho de Davi, o sábio dos sábios, o mais inteligente dos rabinos e fonte bíblica de sabedoria. Salomão é uma figura importante não apenas no Velho Testamento, mas também no Corão. Para os muçulmanos, Sulayman é o profeta e rei; o selo de Salomão é um símbolo mágico de poder na forma de um pentagrama (que também é o emblema da União Soviética). A escolha desse pseudônimo levanta algumas questões. Foi Bauman que o escolheu? Era um apelido de escola? Ele era, sem dúvida, percebido como um judeu inteligente, portanto poderia ser essa a denominação usada por seus amigos — Salomão —, um apelido de escola, talvez de uma escola soviética, ou já do primário ou do ginásio poloneses? Ou talvez esse fosse o nome dele na Hashomer Hatzair, cujos membros por vezes adotavam nomes em hebraico, sobretudo quando tinham a intenção de emigrar para a Palestina.[70] Poderia ser ainda que o pai sionista de Bauman preferisse referir-se a ele como Salomão. "Zygmunt" tem origem germânica e significa vitória e proteção. Na Polônia, o uso de apelidos era muito comum tanto nas famílias quanto na escola. Não está claro quem escolheu o pseudônimo de Bauman no serviço secreto, se os seus operadores ou o próprio Bauman.

Os documentos dos arquivos do IPN só revelam uma parte da história da carreira de "Semion",[71] mas a própria revelação de seu papel como espião de algum tipo gerou muitos sentimentos negativos em relação a Bauman depois que sua ficha foi encontrada no IPN, onde a Polônia passou a guardar os arquivos de seu serviço secreto após 1999. A divulgação desses documentos gerou uma caça às bruxas, e Bauman foi uma delas. Depois de voltar à Polônia em 1988, ele se tornou muito conhecido pelo mundo afora, mas alguns historiadores fanaticamente anticomunistas começaram a apontar suas armas para ele. Alguns documentos isolados do arquivo "Semion", lançados de forma preconceituosa e sem levar em conta o contexto, contribuíram para a construção de um retrato equivocado da cumplicidade de Bauman na construção do comunismo na Polônia, manchando sua imagem na imprensa polonesa.

Os documentos disponíveis oferecem um quadro confuso da situação de 1945 a 1948: peças faltando e um complexo labirinto de fatos e lacunas a explorar, começando pela questão da condição oficial de Bauman no serviço secreto. "Inf.", abreviatura da ficha de Bauman, significa "informante", uma das três categorias de colaboradores secretos recrutados pelas agências. As outras categorias, superiores, eram agente e residente. Embora referências aos informantes já apareçam em documentos de 1945, a definição exata dos três termos só é revelada em documentos oficiais em 1953. O informante é descrito como

> um colaborador secreto de órgãos de segurança que integra ou tem conexões com um ambiente que está sendo investigado por esses órgãos; o colaborador secreto revela pessoas que realizam atividades hostis. O informante também pode ser um colaborador secreto recrutado para uma tarefa especial — a observação de suspeitos, a proteção de objetos de importância especial [...]. Diferente do agente, o informante não tem acesso direto à organização, rede de informações, conspiração ou grupo hospedeiro, mas está num ambiente de pessoas potencialmente hostis e suspeitas. O informante observa de maneira sistemática as manifestações de atividade hostil, revela as pessoas que organizam tais atividades e pode ajudar a atingir organizações ou grupos hostis.

O documento declara que as tarefas dos informantes incluem principalmente observar e notificar a polícia secreta sobre as atividades de pessoas e comunidades específicas, "expondo pessoas que realizam atividades hostis" e evitando "a espionagem, a sabotagem e a subversão". O informante tem "a mais baixa posição na hierarquia das categorias de cooperação".[72] Chęciński afirma que essas redes de espionagem operavam sobretudo através da Bezpieką, mas estruturas semelhantes existiram em outras unidades de segurança.[73]

Não houve nada de excepcional no fato de Bauman ser recrutado em sua unidade militar. Qualquer pessoa numa unidade como a dele estava sujeita a esse tipo de proposta, quase impossível de recusar.

A admissão de Bauman ao serviço secreto militar que operava no interior do KBW ocorreu em 3 de novembro de 1945, em Bydgoszcz. Na primeira referência a sua atividade como informante, Bauman é descrito como "residente". Segundo o site do IPN, residente é

> [um] colaborador secreto, politicamente testado, que, por ordem do aparelho de segurança, gerencia outros informantes a ele designados. Devido a suas funções, o residente deve ser uma pessoa altamente confiável [...] eram escolhidos os mais confiáveis entre os empregados do UB/SB, de preferência ex-funcionários desses órgãos [...]. Os residentes davam ordens aos informantes do UB/SB vindas dos oficiais no comando e lhes remuneravam, recebendo relatórios da parte deles.[74]

Isso significaria que Bauman tinha outros informantes sob seu controle e que desempenhava um papel mais elevado na rede do que o de um simples dedo-duro.

Outro documento escrito à mão, endereçado ao capitão Szuchmostow, chefe do serviço de inteligência regional pomerano da segurança interna do Exército, descreve um esforço para recrutar Bauman como residente: "Durante nossas discussões, ele expressou o desejo de colaborar. Politicamente bem desenvolvido, modesto, bem-visto entre soldados e colegas. As discussões com ele aconteceram no gabinete ou em outros lugares, dependendo da situação". Ele pede permissão a Szuchmostow para completar o recrutamento. No meio do papel, alguém escreveu em cirílico com um lápis indelével de cor violeta:[75] "санкционирую". Esse é um termo comum em documentos e que significa "Autorizado". Essa palavra simples é carregada aqui de grande importância, colocada no meio do documento, com um lápis de cor especial, usando o russo para um efeito preciso (como é possível que acontecesse no sistema militar anterior, tsarista). Um grafólogo identificaria a escrita como provavelmente a de uma pessoa mais velha.[76] Isso significa que o poder, em última análise, estava nas mãos dos russos — documentos do serviço secreto polonês eram validados por um superior que escrevia em russo.

Como Bauman desempenhou seu papel de espião? Há algumas informações a esse respeito nos documentos em que superiores caracterizam seu trabalho e sua "atitude". Em 29 de abril de 1946, pode-se ler: "Um bom colaborador, está trabalhando em si mesmo. Ele tem um enorme senso de responsabilidade, traz uma grande quantidade de material político. Politicamente consciente".

Um ano depois, em 8 de maio de 1947, Bauman é caracterizado como informante num documento sobre seu trabalho em Szczytno (uma cidade perto de Bydgoszcz):

> Para obter material dele durante o período em que trabalhou como informante no regimento de treinamento do KBW e como instrutor de educação, foi necessário pressioná-lo constantemente. As tarefas que o mandamos fazer, ele fez. O material que ele nos passou tinha caráter político, mas, devido a sua posição, ele não nos forneceu nada de valioso. Em seu trabalho como oficial — sério. Em sua vida privada — sem vícios.

O documento é assinado por um oficial de informações, com uma pequena anotação, provavelmente de Faryna, patrono de Bauman: "Concordo com a caracterização".[77]

Exatamente dois anos depois da incorporação de Bauman, em 4 de novembro de 1947, outro elemento entra na história. Semion é mais uma vez categorizado como informante, não mais residente:

> Ele é bem treinado. Seus dados são valiosos e nos dão uma análise detalhada do trabalho sobre o aparelho político-educacional. *Por causa de suas origens semíticas, ele não pode ser empregado em investigações.* Chega às reuniões na hora marcada e respeita as regras de proteção. Na vida privada, sem vícios.[78]

A linguagem sugere que Bauman tivesse sido rebaixado, mas não há evidências disso em outros documentos, que apenas mostram suas mudanças de local de trabalho — ele vai de Bydgoszcz para Szczytno e de Szczytno para

Varsóvia, sua saída para o departamento de assuntos pessoais do KBW. Em 27 de maio de 1947, ainda é descrito como residente, e não informante.

Pode parecer que havia uma distinção fundamental entre informante e residente: entre uma pessoa que recebia ordens e uma que dava ordens. Mas "residente" não significava a mesma coisa nesse contexto? Bauman estava realizando uma espécie de serviço de dupla espionagem para instituições gêmeas — a Bezpieką e a inteligência militar. Mas de todo oficial político em sua posição era exigido que passasse qualquer informação aos superiores. As avaliações do trabalho de Bauman variam, mas a hierarquia parece ter ficado desapontada pela baixa produção de sua espionagem. Eles parecem ter gradualmente perdido a fé em Bauman, fosse no papel de espião ou de mestre em espionagem. Sob pressão, ele forneceu dados inócuos — nenhuma novidade, nenhum segredo de fato. Depois de dois anos, os documentos mostram um contínuo declínio na avaliação do valor de Bauman como espião por membros da cúpula do KBW.[79] Além disso, levando-se em consideração a evolução histórica da Polônia nessa época, podemos também decifrar nessas opiniões cada vez menos positivas a atitude geral em relação a pessoas com "origens semíticas". A nota de arquivo de novembro de 1947 torna isso bastante explícito: seu papel como agente secreto "provavelmente vai acabar [...] simplesmente [...] porque ele é judeu". O último documento assinalou como "ultrassecretas" as seguintes observações: "O compromisso do capitão Bauman Zygmunt, pseudônimo Semion, foi desfeito em sua presença em 6 de agosto de 1948, de acordo com a decisão da comissão". Era assinado pelo subcomandante do 1º Setor do quadro de informações do KBW, capitão Sławiński.[80]

É difícil dizer exatamente qual o significado do "compromisso" que foi desfeito. Em geral, os ativistas do Partido eram automaticamente informantes e podiam ser solicitados a colaborar sem um processo formal. Por que, com seu compromisso político e seu papel como militar, Bauman foi oficialmente incorporado em 1945? Teria sido isso um resultado do caos do pós-guerra e da inexperiência dos serviços? Ou teria relação com sua "origem semítica", que o impediu de ser utilizado para investigações? O que isso indica é que os judeus não eram confiáveis, o que restringia o envolvimento de Bauman em tais atividades — o fato de ele não fornecer dados valiosos é a informação fundamental sobre a qualidade de seus serviços como espião.

Será que Bauman poderia ter se recusado a colaborar com a polícia secreta?[81] O escritor Michał Komar, cujo pai, Wacław Komar, chefiou o serviço militar de inteligência até 1949, sendo depois, em 1952, preso e torturado, me disse numa entrevista que

> todo soldado do Exército de Kościuszko era certamente pressionado a colaborar com os serviços secretos. Isso é notório. Além disso, como oficial do KBW, Bauman foi, sem dúvida, "convidado" a relatar regularmente o que via e ouvia e de quem. Era uma prática rotineira, muito conhecida em todos os exércitos do mundo.[82]

O passado de Bauman na Komsomol e na milícia de Moscou o expôs a ambientes de "sedução"[83] pelos serviços secretos soviéticos. Dizer "não" teria sido um convite ao gulag, à deportação ou à prisão. Num livro intitulado *Bicia nie trzeba bylo ich uczyc* [Não foi necessário ensiná-los a espancar],[84] o ex-líder comunista Adam Humer explicou ao escritor Piotr Lipiński: "Não era necessário [fazer recrutamento para o NKVD] [...], membros do Partido e da Komsomol não eram recrutados, de modo algum. Eram automaticamente leais e iriam colaborar".[85] A lógica era óbvia: todos os membros de organizações comunistas pertenciam ao sistema e, em consequência, colaboravam com suas amplas redes secretas a fim de enfrentar a oposição e o "inimigo interno".

Em 2007, a jornalista Aida Edemariam, do *Guardian*, perguntou a Bauman: "Contraespionagem significava informar sobre pessoas que estavam lutando contra o projeto comunista?". Ele respondeu: "Isso é o que se esperaria de mim, mas não me lembro de ter feito [nada desse tipo]. Não havia nada que eu pudesse fazer. Eu passava o tempo todo sentado em meu escritório, escrevendo — e isso dificilmente poderia resultar em informações interessantes". Edemariam prosseguiu: "O senhor fez alguma coisa que possa ter tido consequências adversas?". "Não posso responder essa pergunta", respondeu Bauman. "Não creio que isso tenha acontecido. Ao mesmo tempo, eu fazia parte de um cenário mais amplo, e evidentemente tudo que se faz tem consequências."[86] Nos anos que se seguiram ao estabelecimento de um governo pró-soviético na Polônia, quem quer que fosse contratado para postos "sensíveis" (governo, escritórios, fábricas) era solicitado (com maior ou menor pressão) a colaborar com os serviços secretos, e sua carreira dependia de sua atividade como TW (*tajny współpracownik*, ou colaborador secreto). Assim era no Leste Europeu, onde as regras eram importadas da União Soviética. "Um sistema altamente elaborado e eficiente de Estado paralelo, em que todos espionam todos, sobrevive por mais tempo do que o próprio sistema estatal", disse Andrzej Werblan, que esteve no centro da liderança comunista nas décadas de 1950 e 1960. Os regimes políticos podem mudar, mas a rede da polícia secreta permanece.

Bauman foi parte desse sistema político e nada excepcional — um membro da estrutura de poder do Estado com uma biografia adequada a sua posição. Como um Salomão poderia realizar um "julgamento salomônico" nesse ambiente? Talvez colaborando com a poderosa hierarquia sem fornecer a seus superiores qualquer material de real valor. Parece ter sido o que Bauman fez. A questão importante não era a sua categoria nos documentos secretos (informante ou residente), mas como ele usava essa posição — que informações transmitia a seus superiores militares da área de segurança. A hierarquia não ficou impressionada com esse material; não se encontrou nada interessante em seus relatórios secretos. E eles parecem não ter ficado surpresos: o trabalho medíocre podia ser explicado pelas "origens semíticas" de Bauman.

Missão do KBW: Localizar o "inimigo interno"

O KBW, um órgão de segurança interna, em colaboração com outros serviços de segurança (MO, milícia; UB, Departamento de Segurança, isto é, a polícia secreta) e unidades do Exército, foi encarregado de pacificar a Polônia no pós-guerra. Em 1946, na revista *Na Straży* [Em Guarda], do KBW, o general de brigada Konrad Świetlik escreveu: "O mais extraordinário defensor da democracia polonesa, o mais amado, o mais consciente de seus soldados é e deve ser aquele que atua no serviço de segurança. Ele defende a democracia de seu inimigo mais perigoso: o inimigo interno".[87]

Quem era esse "inimigo interno"? Qualquer um que se opusesse às transformações revolucionárias. Durante esses anos e o restante do período comunista, a expressão "inimigo interno" foi com frequência invocada para descrever aqueles que ameaçavam o "progresso da revolução". Ela era usada estrategicamente, às vezes contra um bode expiatório ou como cortina de fumaça para ocultar outros problemas. O inimigo interno era mais perigoso do que o externo, pois podia estar em qualquer lugar. O inimigo interno era uma pessoa comum — ele se parecia com você e comigo! Para preservar as mudanças por ele impostas, o novo governo precisava eliminar esse obstáculo. Em 1945-7, isso tomou a forma de um combate fraterno mortal.

Partidários e adeptos do governo no exílio em Londres não desistiram após perceberem a traição cometida contra eles pelos líderes mundiais em Ialta e Potsdam: "Aqueles que eram hostis às autoridades opunham-se visceralmente às ilusões dos que haviam se alinhado à nova ordem", escreveu Krystyna Kersten em seu livro *The Establishment of Communist Rule in Poland, 1943-1948*:

> Eles viam essa nova ordem como uma ameaça a tudo que fosse polonês e aos seus mais preciosos valores. Achavam que ela levaria à sovietização da Polônia. A resistência nada mais era do que uma obrigação patriótica. Ora, seria possível dizer que um patriotismo era autêntico e o outro era falso? [...] Dos jovens que caíram dos dois lados, muitas vezes enterrados lado a lado, seria possível dizer que apenas um era um "bom polonês"? Seria possível dizer que a motivação ideológica dos que se estabeleceram no poder em nome do etos da esquerda era melhor do que a daqueles que a combateram, muitas vezes inspirados pela ideologia tradicionalmente rotulada como de direita? Ou vice-versa? [...] Isso não equivale a justificar os torturadores do Departamento de Segurança e os membros das Forças Armadas Nacionais (NSZ)* que assassinaram judeus e "vermelhos" (a palavra já estava em circulação naquela época) desarmados. Qual era a linha divisória dos métodos permissíveis "na luta pela consolidação do poder popular" ou na "luta contra o perigo vermelho" na Polônia de meados da década de 1940?[88]

Essas questões ainda são difíceis de responder dos pontos de vista teórico, moral e histórico. Entretanto, levando-se em conta a perspectiva de alguns participantes, a história é menos simétrica do que sugere esse trecho do livro de Kersten. O "momento em que a guerra se torna paz" não foi claramente definido, como sugere Kersten — pelo menos aos olhos de pessoas como Bauman. O conceito hughesiano de *master status*, que mencionei na Introdução, ajuda-nos a entender a situação de Bauman ao final da guerra e nos permite reconstruir sua perspectiva naquele momento. Para os membros de comunidades minoritárias, os assassinatos de judeus pelos opositores do novo governo forneciam uma motivação importante. Tal como outros judeus poloneses, Bauman não podia jamais desejar o retorno à Polônia do pré-guerra — isso teria sido ilógico. Além disso, as promessas do regime de igualdade de tratamento e justiça social eram atraentes o bastante para justificar seu envolvimento em atividades do pós-guerra com o objetivo de manter o controle de regiões recém-libertadas. Essa era a perspectiva de todas as pessoas de orientação esquerdista, assim como das minorias étnicas. Para os soldados do Exército polonês com experiência de batalha, juntar-se ao KBW naquele momento não era percebido com um ato de servidão à União Soviética e a Stálin (a percepção comum hoje em dia), mas como um passo necessário na construção da nova Polônia.

Apesar de seu longo período de colaboração com o Exército Vermelho soviético, os militares poloneses mantiveram certo grau de independência. Entre as diferenças mais notáveis estava a presença no corpo militar de sacerdotes católicos, que celebravam festivais cristãos assim como os ritos regulares da prática religiosa. Nos primeiros anos do KBW, uma estrutura militar da Igreja católica foi oficialmente incorporada para realizar serviços religiosos.

Outro elemento muitas vezes esquecido é a diversidade política. No final da Segunda Guerra Mundial, havia uma variedade de partidos políticos. Como foi mencionado antes, Stanisław Mikołajczyk, um político do pré-guerra e um dos principais líderes do governo no exílio, retornou à Polônia após o confronto como líder do Partido Camponês da Polônia (PSL) e vice-primeiro-ministro, embora tenha fugido para a Inglaterra e os Estados Unidos depois de fracassar numa eleição presidencial fraudulenta.

Deve-se ter em mente também que nem todos os partidos poloneses de esquerda estavam de acordo com os stalinistas, uma vez que Stálin havia prendido e matado líderes comunistas. A visão predominante na esquerda era a de que uma pluralidade de vozes levaria à implementação de uma "via polonesa para o socialismo". Bauman compartilhava essa opinião:

> Na noite anterior à travessia do rio Bug [1944], eu me abri com dois de meus colegas: o chefe de batalhão Lange e o chefe do pelotão, cujo nome era Bormotow. Disse-lhes — o que foi obviamente estúpido de minha parte — que iríamos construir o socialismo de uma forma diferente. "Como?", perguntaram eles. Eu

era tão imaturo e ingênuo que respondi: "Aqui todo mundo está gritando: Stálin, Stálin! Nós vamos decidir o que fazer [por nossa conta]".[89]

A primeira prioridade era manter a paz, que corria riscos nos primeiros meses após a rendição alemã numa nação repleta de pobreza, caos, conflitos armados e insegurança. Os historiadores do IPN afirmam que, nas províncias orientais e centrais da Polônia, quase 20 mil combatentes "pró-independência"[90] operavam em várias dezenas de unidades sectárias. Sua atividade poderia ser descrita como um "levante anticomunista": "Nas províncias do leste, as autoridades comunistas locais e suas forças foram simplesmente 'varridas da face da Terra'".[91]

Com atividades clandestinas ameaçando o país, o governo provisório reorganizou seus serviços de segurança, incluindo o KBW, em dezembro de 1945. Bauman se tornou instrutor sênior, depois subcomandante da unidade político-educacional da região pomerana para o WBW (Wojska Bezpieczeństwa Wewnętrznego, ou Exército de Segurança Interna), uma nova seção do KBW após a reorganização. Ele permaneceu nessa posição até julho de 1946; em fevereiro do ano seguinte, foi promovido a tenente.[92]

"Para mim, o exército não era uma autoridade", contou Bauman a Kwaśniewski.

> A autoridade era apenas um homem, meu chefe, o coronel Zdzisław Bibrowski. Ele me ensinava e era ao mesmo tempo muito crítico em relação ao mundo que ajudara a criar. Também estava convencido de que, mesmo com todos os defeitos desse mundo, ele era necessário para atingir seus objetivos declarados, que eram igualdade, liberdade e fraternidade. Bibrowski me impressionou. Ele era muito mais velho, com uma excelente educação [...]. Sabia do que estava falando. Tinha consciência política, muita leitura, sabia como pensar. Não havia muita gente no KBW que pensasse como ele.[93]

Nesse período, unidades do KBW no grupo de Bauman participaram de um combate contra forças clandestinas que estavam no pico de suas atividades. Em fevereiro-março de 1946, Bauman participou de batalhas em torno de Ostrołęka (ao norte de Varsóvia) como chefe de um grupo operacional. Num questionário que respondeu em 25 de outubro,[94] ele descreveu a luta como uma "operação contra 'Młot'"[95] — um líder regional de forças que o governo polonês descrevia como "bandidos", e que os anticomunistas chamavam de heróis, ou *żołnierz wyklęty* ("soldados malditos").[96]

"Młot", ou "Martelo", era o pseudônimo de Zbigniew Kulesza, filho de Mikołaj e Rozalia nascido em 11 de julho de 1919 em Długosiodło — uma aldeia setenta quilômetros a nordeste de Varsóvia.[97] Kulesza também era conhecido como "Oleśnicki" e "Grabicz" — ambos típicos nomes de famílias polonesas. A copiosa documentação sobre Kulesza produzida pelos serviços de segurança[98] fornece um retrato fascinante da atividade clandestina desse "herói"[99] — que Bauman tentou capturar — e dos eventos dos anos posteriores à derrota dos nazistas.

Kulesza fez o ensino médio, e sua ocupação é descrita como "técnico da indústria madeireira" num documento produzido pelo Departamento "C" da Milícia dos Cidadãos (Milicja Obywatelska, MO) em Olsztyn, datado de 9 de setembro de 1982. Seis anos mais velho que Bauman, "Młot" poderia ter trabalhado com ele na madeireira de Vakhtan, na Rússia, se tivesse fugido durante a guerra. Mas ele ficou na Polônia ocupada e, em 1946, Bauman e ele estavam em lados opostos das trincheiras. Segundo documentos da MO, Kulesza atuou no Exército Nacional (AK) durante a ocupação — em 1941, integrando a segurança militar sob o comando do general Władysław Sikorski, chefe das forças polonesas no Exército Aliado.

No final da guerra, Kulesza entrou para as Forças Armadas Nacionais (NSZ), fazendo uma brilhante carreira na clandestinidade. A partir de 1945, liderou a reorganização e a unificação de vários grupos anticomunistas na região central da Polônia. Como comandante do distrito de Orawa, "Młot" era tido em altíssima conta por seus superiores nacionais, e acabou recebendo a ordem de se expandir para três outros distritos da área de Mazóvia.[100] Kulesza "participou de agressões, de assassinatos" e, durante a anistia de 1947, proibiu seus subordinados de se revelarem, segundo documentos do MO.[101] Em abril de 1947, ele cedeu a liderança do distrito a seu substituto, Kozłowski Józef, pseudônimo "Las" [Floresta]. Em 22 de abril de 1947, revelou sua identidade e seu papel como clandestino a um oficial de segurança no sudoeste da Polônia. Foi preso em 30 de novembro de 1947 e condenado à prisão perpétua em maio de 1949,[102] mas acabou sendo solto, em dezembro de 1956, graças a uma anistia.[103] Em 1974, Kulesza estava trabalhando numa pequena fábrica de propriedade privada perto de Olsztyn.

Desde 1989, a percepção das figuras clandestinas do pós-guerra tem mudado, evidentemente. "Reacionários" como Kulesza foram reabilitados e se tornaram heróis; ele foi condecorado com uma medalha nacional por suas atividades militares. Mas o heroísmo de seus feitos continua sendo duvidoso, a se dar crédito aos registros dos serviços de segurança. Uma das descrições mais detalhadas veio do testemunho de Czesław Kania, um colaborador próximo de Kulesza. Kania, que usava os pseudônimos "Nałęcz" e "Witold", uniu-se à organização de "Młot" em 1944, e em junho do ano seguinte começou a atuar diretamente sob a supervisão de Kulesza. Seu testemunho é de alta qualidade, provavelmente porque suas responsabilidades incluíam escrever relatos sobre a atividade do grupo e revisar anotações sobre as cortes marciais clandestinas conduzidas por "Młot". O depoimento de Kania após ser capturado numa ação militar em junho de 1948,[104] confirmado por vários outros documentos dos arquivos do IPN sobre "Młot", indicam que a atividade clandestina de Kulesza incluía ataques a autoridades comunistas, como a ação realizada em 5 de outubro de 1945 que resultou na desativação do posto avançado de Rozogi, em Szczytno.[105] Mas também houve assassinatos de civis.

O historiador Jerzy Kijowski aponta que seus colegas de profissão do IPN tenderam, por vezes, a camuflar as atividades dos combatentes clandestinos, e dá como exemplo a questão das táticas de terror usadas contra civis em atos considerados como de responsabilidade coletiva. Analisando uma publicação do IPN assinada por Krzysztof Kacprzak, Kijowski observa que este afirmou que "no distrito XVI[106] a NZW (Narodowe Zjednoczenie Wojskowe, ou União Militar Nacional)* jamais atribuiu [...] responsabilidade coletiva a pessoas culpadas, apenas as puniu por crimes específicos". Mas isso era contestado, aponta Kijowski, por uma declaração anterior na mesma publicação a respeito dos tiros que atingiram Wacław e Józefa Cudny e suas duas jovens filhas, Krystyna e Stanisława. Os combatentes clandestinos "pouparam as

* A União Militar Nacional (NZW) foi uma organização polonesa anticomunista fundada em novembro de 1944, após o fracasso do Levante de Varsóvia. Um dos maiores e mais fortes movimentos de resistência estabelecidos na zona de ocupação soviética da Polônia em meados da década de 1940, consistia principalmente em membros das Forças Armadas Nacionais (NSZ) e do Exército Nacional (AK). (N. E.)

duas meninas", escreveu Kacprzak — mas essa era uma "curiosa interpretação de assassinato de uma família e de responsabilidade familiar coletiva".[107]

Os documentos de Kania — que, é claro, devem ser lidos com um olhar crítico — indicam que, no verão de 1945, "Młot" o mandou recrutar jovens e ampliar a rede clandestina na área sob seu comando. Ele também ordenou que os combatentes recolhessem armas, uniformes e todo tipo de equipamento militar para começar a construir poderosas unidades de combate que ajudariam a organização a ganhar poder. "Pelo mesmo motivo, também recebi uma ordem de conduzir atividades de inteligência na minha área", disse Kania a seus interrogadores:

> Fui orientado a detectar e eliminar pessoas que colaborassem com o regime existente. Isso era compatível com as ordens recebidas do comando do distrito naquela época, assinadas pelo chefe da equipe, o capitão "Łużyca". Essa ordem me dava o direito de aplicar todo tipo de penalidades a pessoas que tivessem pontos de vista democráticos, inclusive a pena de morte. Agindo como subcomandante do 2º Batalhão, cumpri as ordens de "Młot" e, com base nos relatórios da rede de informações, ordenei que fossem punidos com chicotadas alguns moradores do assentamento de Myszyniec, no distrito de Ostrołęka, acusados de esquerdismo e colaboração com as autoridades de segurança.[108]

O açoite era uma das punições mais brandas aplicadas pelo "povo da floresta". No mesmo documento, lemos que "Młot" e seus colegas também condenaram pessoas à morte. A rede clandestina realizava entrevistas secretas e preparou uma lista de indivíduos que trabalhavam com o UB e a MO ou colaboravam com elas. Depois do julgamento, eles eram executados por comandos. "Młot" também condenou à morte não comunistas — como ladrões e criminosos comuns —, disse Kania.[109] Assassinatos eram cometidos diariamente pelas organizações clandestinas. Muitos civis poloneses foram condenados por suas opiniões políticas, assim como soldados do Exército Vermelho. "Em novembro de 1946", segundo um documento do arquivo de "Młot",

> um grupo de membros da NZW sob o comando de Roman Gawczyński ("Dzierżynski"),[110] chefe do [comando de ação especial], trouxe dois caminhões à aldeia de Zdunek, perto de Myszyniec, [no] distrito de Ostrołęka, [...] rou-

bados de soldados do Exército Vermelho em Myszyniec. Esses veículos foram colocados à disposição do pessoal da NZW. Seguindo a ordem de "Młot", os dois motoristas do Exército soviético foram mortos e enterrados numa floresta perto da aldeia de Zdunek, vizinha a Myszyniec, no distrito de Ostrołęka. Os nomes dos assassinos dos soldados são desconhecidos.[111]

O relatório sobre a inquirição de Kania afirma que os partidários de "Młot" aterrorizavam não apenas comunistas e seus adeptos, mas qualquer um que de quem suspeitassem, por vezes usando técnicas de chantagem que lembravam as da máfia siciliana.[112] "Em agosto de 1946, por ordem de 'Młot'", declarou Kania,

> mandei um aviso à mãe de um oficial do Departamento de Segurança de Ostrołęka. Ela se chamava Olszewska e morava numa aldeia de Lipniki, perto de Łyse. Eu lhe disse que ela devia fazer com que o filho Henryk parasse de perseguir nossos membros. Do contrário, mataríamos os dois, tanto ela quanto o filho.[113]

Essas táticas de pressão — embora não sejam desconhecidas para outras forças clandestinas em conflitos em todo o mundo — eram bem diferentes do etos magnanimamente proclamado do soldado polonês. A Convenção de Genebra proíbe que se dê esse tratamento a parentes e outras pessoas sem envolvimento direto num conflito. Nesse confronto, porém, foram numerosas as vítimas civis. Embora ambos os lados matem civis e pessoas não envolvidas diretamente na contenda, o caráter étnico de alguns assassinatos cometidos por grupos clandestinos invalida a ideia de uma crueldade simétrica.

Estatísticas compiladas pelos serviços de segurança do distrito de Białystok mostram cinquenta mortes causadas pela NZW no conflito do pós-guerra: sete em 1945, 24 em 1946, catorze em 1947 e cinco em 1948. Esses óbitos incluem os de nove funcionários militares e da polícia de segurança interna, entre os quais um chefe de unidade, um membro do Partido Comunista da Polônia (KPP), quatro membros do PPR (incluindo dois secretários locais), quatro soldados do Exército polonês, um cidadão da União Soviética, dois empregados de gabinetes e "outros 29".[114] Esta última categoria é a mais interessante. Sabemos, a partir de documentos fornecidos por comitês judaicos e estudos históricos recentes, que os judeus constituíram o maior grupo de vítimas civis (em todos os territórios da Polônia nos anos do pós-guerra). Mas os relatórios dos serviços de segurança não contêm referências a afiliação étnica ou religiosa, como observa Andrzej Żbikowski.[115] O caráter antissemita dos crimes e da crueldade cometidos contra os sobreviventes do Holocausto foi simplesmente apagado. O incidente a seguir, relatado na confissão de Kania, descreve um provável exemplo desses crimes cometidos contra "vítimas anônimas" em 1946.

Num esconderijo na floresta no distrito de Soborki, "Młot", Kania e um terceiro líder rebelde interrogaram um comerciante de Ostrołęka. Pelo relato de Kania, "no curso do interrogatório, esse comerciante admitiu ter colaborado com os serviços do UB em Ostrołęka". Com base nessa revelação, foi condenado à morte por "Młot" e "Burza" e executado por homens sob o comando de "Las". Kania não se lembrava de quem especificamente cometera o homicídio, ou se ele próprio estivera envolvido na decisão de matar o comerciante, segundo seu testemunho. "Pegamos alguns produtos que o comerciante assassinado levava consigo — cerca de três dúzias de carretéis de linhas de costura, alguns pentes masculinos, dez espelhos, dez pentes femininos."[116] O documento não revela de que forma o comerciante foi levado a admitir sua colaboração com as forças do governo, ou que atos específicos ele teria confessado — e, de todo modo, tais confissões carecem de validade, pois tanto o novo regime quanto as forças clandestinas muitas vezes usavam a tortura para extraí-las. Tampouco se pode entender facilmente por que os combatentes capturariam um vendedor de rua que levava consigo apenas linhas de costura, espelhos e pentes — mas é muito possível que ele tivesse sido preso por ser judeu. Antes de 1939, a população de Ostrołęka era amplamente judaica, e a profissão de vendedor ambulante era uma das principais ocupações dos judeus.[117] Os soldados poloneses podem muito bem ter capturado o vendedor por presumirem que, como judeu, seria um colaborador do novo regime comunista. Isso se encaixava na convicção estereotipada que continua sendo comum na Polônia até hoje — a noção de *Żydokomuna*, ou "comunismo judaico".

Segundo o historiador Andrzej Żbikowski, o "comunismo judaico" é

> um estereótipo explorado no engajamento político, mas também um chavão segundo o qual praticamente todos os judeus eram defensores do comunismo.

> Ele se difundiu no pensamento e na linguagem de muitos poloneses a partir de meados da década de 1930. Concedia a determinados estratos da sociedade um álibi moral, além do "antissemitismo comum", para justificar sua passividade em relação ao assassinato pelos alemães de quase 3 milhões de judeus poloneses, e também motivou mais de 10 mil deles a participar de forma ativa nesse assassinato.[118]

Quantas pessoas de "outras" categorias foram executadas por "Młot" e seu bando? O antissemitismo era parte da cultura das unidades de resistência polonesas,[119] as quais, "via de regra", como mostrou Skibińska, "não admitiam a participação de judeus. Com efeito, algumas unidades do Exército Nacional (AK) e das Forças Armadas Nacionais (NSZ) chegavam ao ponto de matar judeus escondidos em florestas ou fazendas".[120] Essa havia sido a abordagem durante a ocupação alemã, e ela não mudou após a guerra:

> Formações clandestinas nacionalistas radicais, como as NSZ, são agora conhecidas por terem sido hostis aos judeus que se esconderam durante a ocupação nazista. No decorrer desse período, as NSZ mataram grande número de judeus, motivadas pelo antissemitismo.[121]

Houve vários casos em que grupos de judeus morreram durante ataques de ativistas sectários a trens e ônibus, e outros em que judeus foram mortos sob o pressuposto de serem politicamente suspeitos, revela Żbikowski. Um relatório de outubro de 1945, produzido pelo quartel-general da organização clandestina WiN (Wolność i Niezawisłość, ou Liberdade e Independência), em Białystok, declara: "Todos os judeus são colaboradores do UB e do NKVD como agentes, confidentes e informantes. Quase todas as posições administrativas do UB são ocupadas por judeus".[122] Essa falsa afirmação, com frequência repetida e ainda usada no discurso histórico, político e público, foi perfeitamente desconstruída por Joanna Tokarska-Bakir em seu livro *Pod klątwą: społeczny portret pogromu kieleckiego* [Amaldiçoados: Um retrato social do pogrom de Kielce] (2018), que mostra como eram fortes e generalizadas as convicções a respeito da participação dos judeus na liderança comunista. Tais convicções tornaram impossível distinguir se as vítimas eram alvos étnicos ou políticos. Assim como o comerciante anônimo condenado por "Młot", muitos morreram apenas por conta de estereótipos profundamente arraigados na sociedade polonesa.

Em todo caso, várias centenas de pessoas morreram no pós-guerra por serem suspeitas de pertencer ao campo "inimigo". Em 1945 e 1946, na região de Ostrołęka, "unidades da NZW liquidaram várias dezenas de informantes, agentes e funcionários do UB".[123] O novo regime tinha de reagir a esses ataques, e o KBW foi parte da reação militar. Em fevereiro de 1946, no pico da atividade de "Młot", Bauman saiu de Bydgoszcz com sua unidade e foi para Ostrołęka como chefe de um grupo operacional. Os documentos sobre as atividades de segurança do KBW não são de livre acesso, de modo que não podemos saber quais eram as atividades cotidianas de Bauman e seus soldados na floresta. Sabemos apenas que eles tentaram capturar "Młot" e fracassaram — "Młot" se entregou às autoridades mais de um ano depois.

O próprio Bauman escreveu a respeito do episódio em seu segundo ensaio autobiográfico, datado de 1990. Segundo ele, havia

> forças armadas espalhadas em torno de Białystok, por vezes provenientes de organizações clandestinas, mas sobretudo gangues de criminosos comuns [...] elas atacavam postos da milícia, paravam trens, obrigavam os passageiros a descer, tomavam seu dinheiro e com frequência os executavam no local. O objetivo de nossa expedição era prender os agressores: os soldados estavam equipados para esse fim com uma lista de endereços onde supostamente viviam os responsáveis pelos ataques [...]. Éramos comandados por um "especialista em caça de terroristas" proveniente da Rússia, mas sua expertise se revelou de pouca utilidade nas condições da Polônia.

Raramente eles chegaram a encontrar um "rebelde" nos endereços que receberam, com base em denúncias locais:

> Não faço ideia do que esse "especialista" escreveu em seu relatório sobre a expedição (restou muito pouca coisa dela na minha memória além da lembrança do frio cruel e de uma grande experiência: a estreia de *Canções proibidas*[124] num cinema de Białystok), mas eles não voltaram a me mandar para a "ação". Fui mantido à distância de quaisquer tarefas "de responsabilidade", que exigiam pessoas com nervos mais fortes e menos escrúpulos [...]. Minha função com o

"especialista" foi, a propósito, uma réplica do que eu estava fazendo com outros oficiais políticos e educacionais na 4ª Divisão.[125]

Uma vez mais, Bauman deu cobertura a comandantes russos.

A informação sobre o seu papel acompanhando o "especialista" soviético aponta para o maior desafio que enfrentavam as autoridades: a União Soviética controlava o país, que se supunha ser "independente". Mas Bauman não fornece muitas informações específicas sobre o que de fato aconteceu no campo. Talvez ainda se sentisse na obrigação de manter segredos militares? Existe um texto, porém — de ficção, na verdade —, que sugere que esses dois meses "no terreno" não foram apenas de temperaturas congelantes e boas sessões de cinema. Bauman o publicou sob o pseudônimo "Julian Żurowicz".

O KBW em ação, por Julian Żurowicz

O livro é intitulado *W Krzeczuchach znów spokój* [A paz retorna a Krzeczuchy], sendo Krzeczuchy uma aldeia imaginária com um nome fortemente polonês. Foi publicado pelo Ministério da Defesa Nacional em 1953, quando Bauman estava no processo de deixar o KBW, numa série intitulada "A Biblioteca do Soldado — Textos de Literatura Popular". Tratava-se de propaganda educativa no espírito das chamadas convenções social-realistas,[126] em que ações militares eram descritas como um serviço patriótico realizado por bons soldados a fim de promover a paz social. Nessa literatura, os soldados não eram elementos de repressão do Estado (como na literatura pós-1989), mas grupos de trabalhadores que garantiam a segurança das pessoas comuns.[127] Nossos heróis têm proximidade com a população que protegem (em Krzeczuchy, os camponeses), compartilhando com ela as origens sociais e a cultura. A história contém muitas descrições detalhadas de eventos que sugerem que Bauman fez grande uso de sua experiência pessoal em matéria de ação militar.

Na primeira frase, somos vividamente apresentados a um conflito que surge dentro de uma pequena equipe do KBW. Um dos soldados expressa dúvidas sobre seu comprometimento. É época de colheita, e ele, como filho de camponês, deseja se reunir à família para ajudar o pai, e também porque ficou sabendo por uma carta que um bando de reacionários estava ameaçando, em sua região, camponeses que haviam aceitado terras distribuídas pelo novo governo (a reforma agrária repartiu as maiores propriedades do pré-guerra, sendo os lotes transformados em terrenos coletivos ou distribuídos aos camponeses pobres).[128] Esse soldado reclama de ficar esperando "sem fazer nada" num momento em que sua família precisa dele para trabalhar e proteger as plantações. A discussão entre os colegas ficcionais do KBW retrata um problema real que Bauman enfrentou como líder do grupo: seus soldados queriam voltar para casa, mas eram obrigados a permanecer em serviço. Eles sentiam o "o chamado dos campos" e tinham saudade da família. Bauman, como oficial político, precisava convencê-los a permanecer em seus postos do KBW e servir à nova Polônia.

Apesar da mensagem propagandística, o texto de Bauman-Żurowicz é bem escrito, e o leitor logo se vê imerso na história, enredado por uma narrativa típica da ficção policial ou da literatura de ação. Um grupo de soldados está perseguindo o líder reacionário de um "grupo de bandidos" numa aldeia em que vivem algumas famílias prósperas e poderosas, enquanto todos os demais sofrem com a fome e a pobreza. A descrição das relações mostra a sensibilidade do autor à desigualdade social, e particularmente às dificuldades das mulheres. Bauman-Żurowicz apresenta a trágica situação das mulheres de famílias pobres camponesas forçadas a se casar com vizinhos ricos mais velhos. "Wrona[129] comprou-a [sua jovem esposa] da mesma forma como se compra um equipamento", escreve Bauman-Żurowicz: "Ele, um homem velho à beira da morte, que já mandara duas esposas para o outro mundo, permitiu em seus últimos dias que sua gula atingisse Krystyna — uma jovem exuberante cobiçada pelos rapazes da aldeia".[130] Krystyna é vendida para cobrir as dívidas de seu pobre pai viúvo que tem muitos filhos para sustentar; Wrona a compra por vinte metros (duas toneladas) de centeio.[131] Outro velho agricultor poderoso abusa de uma jovem que adotou quando criança e que agora trabalha para ele como criada. Essas pessoas maltratadas, impotentes, vão desempenhar um papel fundamental quando chegar a hora da justiça.

Um dos temas do livro é que as mulheres podem se emancipar indo para a cidade, fugindo ao papel tradicional de mulher de camponês. Na cidade, elas podem trabalhar em fábricas ou estudar. Além disso, têm a chance de escolher seus parceiros. No romance, o acesso ao trabalho fabril e à educação constituem importantes fatores de mudança. Os pobres também podem melhorar suas condições de vida participando da reforma agrária e aceitando lotes distribuídos pelo novo regime. Os antigos líderes da aldeia, agricultores ricos, se opõem à reforma ou a quaisquer mudanças; o filho de Wrona é um rebelde da floresta. A aldeia também tem personagens positivos, adeptos do novo regime. Dworowski,[132] um segundo-tenente da reserva do Exército de Kościuszko, torna-se um ativista local do PPR depois de voltar para casa após a guerra. Ele supervisiona a implementação da reforma agrária e trabalha por mudanças políticas na aldeia. Seu pai, um entusiasta do novo sistema, é um dos camponeses mais pobres a ganhar novas terras. Wrona e o dono da loja decidem que o jovem militante do PPR precisa morrer para que a antiga ordem possa ser mantida, e elaboram um plano para que ele seja executado por um grupo clandestino. Mas um novo componente impede o crime — a chegada dos soldados do KBW com a missão de encontrar armas da guerrilha escondidas numa fazenda.

Enquanto isso, Wrona começa a concretizar seu plano e a morte de Dworowski parece iminente. As novas autoridades são fracas, as antigas condições e relações de poder parecem ter deixado os pobres sem ação. Exceto — e essa é a guinada — pelo fato de que as mulheres vítimas de abusos, surradas por seus parceiros, intervêm. Uma delas conta aos soldados do KBW que combatentes clandestinos chegaram à aldeia para matar Dworowski e sua família. O grupo do KBW entra em ação, libertando Dworowski no momento em que este era torturado por dois homens. Eles chegam tarde demais para salvar o pai dele, que é decapitado com um machado após se recusar a ceder a uma chantagem.

Explícito como é, o romance de Bauman reflete os tempos do pós-guerra, quando a tortura, a punição coletiva de famílias e o assassinato cruel eram práticas comuns. O livro termina com um final feliz quase hollywoodiano. O esconderijo das armas do bando clandestino é encontrado, os bandidos são capturados e aprisionados — mas sem tortura. E Wrona escapa… apenas para morrer num pântano. "Ele viveu no pântano e no pântano pereceu", termina o romance.[133] O soldado pessimista do primeiro capítulo, com saudades da família e da vida rural, reconhece o valor de servir ao povo como membro do KBW. Tudo termina bem: injustiças desfeitas, luta encerrada, criminosos punidos — exceto por um elemento: um agente secreto vinculado a serviços de inteligência estrangeiros, que paga por informações em dólares americanos,[134] aconselha seus aliados a avançar para as cidades a fim de preparar ataques com o propósito de libertar a Polônia da ocupação soviética.

Essa guinada final do roteiro pode ter sido inspirada pela biografia de "Młot", que escapou da custódia do KBW e se escondeu em Wałbrzych (Waldenburg), uma cidade mineradora da Baixa Silésia, onde se suspeita que tenha prosseguido em sua atividade clandestina. Essa transposição para o romance levanta outra questão sobre essa ficção e a realidade que ela reflete: quem entre os soldados do KBW do romance representa Bauman?

Bauman seria Słucki?

Os escritores podem ocultar personalidades reais por trás de personagens da ficção — incluindo a si mesmos. Por meio de um alter ego, eles conseguem expressar sentimentos surgidos das circunstâncias por que passaram como forma de curar um trauma[135] ou revelar segredos ocultos. Tal como muitos soldados, Bauman manteve silêncio sobre os detalhes de suas ações no serviço secreto.[136] Mas ele introduziu de maneira velada alguns elementos de sua experiência nas páginas de seu romance, e há indícios de que o chefe do grupo do KBW na ficção, o segundo-tenente Słucki, possa ser, de alguma forma, uma representação dele próprio. Tal como Bauman, Słucki costuma acordar cedo: "O comandante tem o direito de dormir mais tarde e levantar mais cedo que seus soldados", brinca ele em dado momento.[137] O carisma de Słucki e sua autoridade sobre os subordinados também refletem avaliações de Bauman por seus superiores. Słucki não é um herói romântico, mas um ser humano exaurido pelo serviço militar: "Ele estava muito cansado, então afastou o sonho, cerrando as pálpebras e fumando um cigarro atrás do outro".[138]

Ao contrário de outras figuras no romance, Słucki é um personagem tridimensional, uma espécie de anti-herói que se recusa a se vangloriar de seu papel de liderança na missão: "Słucki ficava confuso com sinais de gratidão. Ordenou que se agradecesse a todos os soldados [menos ele]".[139] Esse era o ideal comunista de um líder do KBW — carismático, mas cooperativo: o herói do romance é o KBW, e não um indivíduo. O texto se ajusta bem ao gênero "romance do soldado educador", com o realismo socialista característico da época, mas contém uma ausência importante: os judeus. Não há judeus entre os soldados, os habitantes da aldeia ou os pensamentos de quem quer que seja. Esse é outro traço característico da literatura do pós-guerra emanada das agências de propaganda do PPR e do PZPR (Polska Zjednoczona Partia Robotnicza, ou Partido Operário Unificado Polonês). Mesmo nas passagens que descrevem a ocupação nazista e suas tragédias não há menção a judeu algum. E Słucki, o nome do protagonista mais claramente identificado com o autor, é um nome bastante polonês — um traço que o distancia de Bauman.

Szczytno: A missão de "consertar tudo"

Embora "Młot" continuasse livre e ativo por alguns meses, a operação contra ele estava terminando quando Bauman, recém-promovido a tenente, retornou a sua antiga função de instrutor em Bydgoszcz. Em maio de 1946, ele foi condecorado com a Cruz de Prata do Mérito. Como em todos os exércitos, essas condecorações eram importantes para promoções e a construção de uma carreira na Polônia do pós-guerra. Mas, nesse caso em particular, era apenas uma forma limitada de promoção. Se fosse mesmo considerado um combatente eficiente, Bauman seria enviado de volta ao combate, a melhor forma de avançar na carreira militar. Em vez disso, ele foi devolvido ao setor de inteligência — como professor. A brevidade de sua experiência de campo indica o valor que os militares atribuíam a suas habilidades marciais. Essa não era a força de Bauman. Seus pontos fortes eram o ensino e a preparação política de uma nova geração de soldados. E em junho a hierarquia resolveu transferi-lo novamente.

"Em julho de 1946", escreveu Bauman em seu currículo oficial de 1947, "fui transferido para o posto de instrutor em política da Escola Militar de Inteligência localizada em Szczytno."[140] Um documento redigido em 10 de julho de 1946 reflete a visão de seus superiores do KBW. Observando suas várias honrarias (a Cruz de Prata do Mérito; as medalhas do Báltico, Oder e Nysa, e também a da Liberdade e Vitória; honrarias oferecidas pelos russos pela libertação de Varsóvia e Berlim, bem como pela vitória contra a Alemanha; e a Insígnia de Grunwald),[141] ele fornece um relato brilhante do desempenho e caráter de Bauman:

> Nesse período de trabalho como especialista político-educacional sênior no WBW [uma unidade do KBW] na Pomerânia, Bauman Zygmunt mostrou-se um oficial

> talentoso, bem treinado e disciplinado. Trabalhou consideravelmente para aumentar seu conhecimento. Mostrou grande preocupação por seus soldados. Foi um dos melhores instrutores e organizadores. Graças a sua iniciativa honesta e saudável, contribuiu muito para melhorar a condição do trabalho na área da educação política em nossas unidades. O tenente Bauman possui uma volumosa quantidade de informações, é ideologicamente seguro e se posiciona com firmeza nas fileiras dos combatentes ativos pelo povo da Polônia. Sua moral é de alto nível. É um bom candidato para se tornar subcomandante do WBW para a unidade político-educacional ou comandante de batalhão.[142]

O documento é assinado pelo major Faryna,[143] vice-diretor da escola do WBW local.

Um relatório de uma comissão em visita a Szczytno nessa época indica a gravidade dos problemas que Bauman e a hierarquia do KBW/WBW enfrentavam na cidade em meados de 1946. "A condição econômica do regimento é ruim", afirma o documento. "Há caos e desordem em toda a área de logística." O regimento não tinha batatas e estava subnutrido. A farinha fornecida por um moinho situado em Olsztyn, uma cidade próxima, era imprestável, produzindo um pão que "parece barro e provoca frequentes problemas gástricos. Devido à falta de fogões, algumas companhias recebem comida crua e devem, elas próprias, prepará-la". O relatório continua:

> Os alojamentos nos quartéis não são apropriados, com uma total ausência de camas, mesas, bancos e outros equipamentos. Cerca de 50% das janelas estão quebradas. Pias e privadas são inúteis devido à falta de água. O sistema municipal fornece água durante apenas duas horas por dia [...] as instalações elétricas estão destruídas, há absoluta falta de lâmpadas.

Devido a essa infraestrutura abominável, os soldados ficavam sem banho, vestiam as mesmas roupas por dias seguidos e tinham piolhos, e o hospital estava superlotado devido à sarna. Os soldados costumavam dormir no chão e não havia remédios. O documento acusa um certo "coronel Sawicki" de ter jogado fora "cinquenta quilos do poderoso inseticida DDT" a fim de abrir espaço para abrigar um veículo para oficiais.[144]

Esse documento não deixa dúvidas de que as condições de vida e o serviço militar em Szczytno eram terríveis. Outra parte do documento relata os passos de Bauman após sua chegada:

> No que se refere ao trabalho político, ele só começou com a chegada do tenente Bauman — o instrutor de doutrina e disciplina. Até então, o tenente Kujszczyk não fazia absolutamente nada: não mostrava iniciativa e não fez uma simples reunião ou palestra. Enquanto isso o tenente Bauman, no próprio dia em que chegou, realizou uma reunião com oficiais político-educacionais, pediu que fizessem esboços de palestras e deu continuidade ao trabalho político no dia seguinte. Depois, Bauman criou e organizou provisoriamente o departamento político e palestras.[145]

Bauman permaneceu em Szczytno por dois semestres. O relatório diz que seu trabalho fez aumentar a disciplina e a organização no acampamento e melhorou suas relações com os habitantes locais, um problema em várias bases do KBW, como revelou Joanna Tokarska-Bakir. Em 1946, um relatório do KBW afirmou que, "apesar das assembleias, dos encontros, do 'jornal de parede' e 'outros tipos de trabalho de agitação', a população ainda tinha uma conexão fraca com o KBW". O autor do relatório esperava melhorar essas relações organizando um concerto gratuito e uma festa com dança. Em outro relatório, o tenente Minkiewicz, do Conselho Político-Educacional do KBW, observa que trezentas pessoas foram presas em Białystok sob suspeita de terem contato com grupos clandestinos. Os oficiais do KBW eram aparentemente bons em matéria de espancamento, e, como resultado, a população começou a ter medo do Exército. "Logo que se escuta o barulho de um motor, os homens fogem para a floresta", escreveu Minkiewicz.[146] Havia também acusações de que soldados do KBW estariam "estuprando mulheres alemãs e assassinando famílias judias no litoral".[147]

Em suma, a população não tinha entusiasmo pelo KBW e de fato temia a agência. Bauman tentou melhorar as coisas; como instrutor educacional, procurou convencer e ensinar os soldados a proteger a população local em vez de atacá-la. Não há nenhuma evidência de que ele, diferente de outros membros do KBW, tenha sido responsável por qualquer tipo de conduta negativa em relação às populações civis.

Enfim, não há nada nos documentos disponíveis que indique que Zygmunt Bauman fosse um criminoso comunista. Ele foi um ativista, apoiou a ideologia comunista durante o período que passou no KBW e trabalhou como ideólogo do partido na doutrinação de jovens recrutas. Esse perfil era muito comum em jovens judeus poloneses que faziam parte da intelligentsia e tinham experiências de vida como as dele. Bauman era um oficial político da mesma forma que muitas outras pessoas com bom grau de instrução.

Em 20 de dezembro de 1946, Bauman foi promovido a capitão,[148] presumivelmente devido à qualidade de seu desempenho como agitador político e educador de soldados. Mas Szczytno e sua escola de oficiais não eram, de fato, um bom local para se construir uma carreira brilhante. Nem um lugar onde um jovem oficial poderia ter uma vida cultural inspiradora e prazerosa. Em maio de 1947, Bauman tornou-se subcomandante da seção de propaganda do ZPW KBW (Zarząd Polityczno-Wojskowy KBW, ou Conselho Político-Militar do KBW). Foi um novo estágio em sua vida — com a mudança para a capital do país, para uma posição de relevância intelectual — e certamente o início de uma vida "normal" no pós-guerra, em que uma pessoa poderia construir uma família e ter acesso à educação superior. Uma nova vida renascida das ruínas — era esse o destino da cidade de Varsóvia, e também o de Bauman.

7. Um homem numa sociedade socialista

Varsóvia (1947-53)

> Toda ação humana tem dois aspectos. Um aspecto é o mundo dos valores [...] que permite que as pessoas classifiquem, definam, ordenem suas experiências derivadas de contatos com a situação e com outras pessoas, escolham objetivos que possam ser realizados, recusem uma medida e assumam outra etc. O outro lado dessa questão é a situação externa, que é essencialmente algum tipo de sistema de pressão, uma necessidade a que não se pode escapar, um arranjo de necessidades que estabelecem os limites à nossa liberdade de escolha ou tomada de ação. O formato objetivo de uma situação significa que algumas propostas ideológicas, algumas metas, alguns valores se revelam como sonhos, sonhos irreais cuja aceitação só pode causar um grande sofrimento interno, enquanto outros, que de outra forma seriam menos valiosos, simplesmente se impõem sob o princípio da biotécnica, da arte de viver, do que é possível — a arte de fazer o que é real, que pode levar ao alcance de objetivos menos elevados, porém mais seguros.
>
> ZYGMUNT BAUMAN, "Man in a Socialist Society"[1]

Varsóvia no final da década de 1940

"A Polônia era um país muito atrasado antes da guerra, o que foi exacerbado pela ocupação", disse Bauman numa entrevista em 2007 a Aida Edemariam (publicada no *Guardian*):

> Num país empobrecido você espera haver privação, humilhação, indignidade humana e assim por diante, todo um complexo de problemas sociais e culturais a enfrentar. Se você observasse o espectro político da Polônia naquela época, o Partido Comunista prometia a melhor solução. Seu programa político era o mais

> adequado às questões que a Polônia enfrentava. E eu era totalmente dedicado. As ideias comunistas eram apenas uma continuação do Iluminismo.[2]

Varsóvia era um lugar vibrante no verão de 1947, uma cidade em reconstrução. Desde o inverno de 1945, quando Stálin e Bierut decidiram mantê-la como capital da Polônia, a Agência para a Reconstrução da Capital havia se concentrado em reconstruir 90% da Cidade Velha destruída pelos nazistas, assim como outras partes que estavam em ruínas.[3] "Nossos passeios favoritos de domingo eram para a Cidade Velha, para ver como a estavam reconstruindo", disse Bauman numa entrevista em 2013:

> Foi impressionante ver a Polônia erguer-se dos escombros [...]. Em 1945, quando retornei do front, eram escombros. [A reconstrução] consistia em mover tijolos de um lado para outro. E então, subitamente, essas coisas [novos prédios] se ergueram no céu. Foi uma experiência chocante e muito prazerosa.[4]

O que Bauman descreveu não foi um milagre urbanístico. Pessoas vinham de todas as partes da Polônia para participar desse projeto gigantesco e politicamente importante, que visava fazer a cidade retornar à vida o mais breve possível, e ao mesmo tempo apagar os sinais da guerra. Grandes grupos de voluntários ajudaram a reanimar Varsóvia, e o país inteiro acompanhou o processo de reconstrução. "Lembro-me de como a estrada Leste-Oeste foi construída e aberta. Que alegria foi isso, como dançamos", disse Bauman: "E então veio a casa onde hoje fica a 'Empik'.[5] Você sabe, na esquina das ruas Jerozolimskie e Nowy Świat. Lá havia um enorme cartaz: 'Nós construímos esta casa em catorze dias!'".[6] A reconstrução de Varsóvia ocorreu com rapidez suficiente para que instituições que haviam operado em outras cidades (principalmente Łódź) desde a libertação fossem restabelecidas — como a Universidade de Varsóvia. Seus professores foram pouco a pouco retornando para a capital, e, um por um, seus departamentos abriram as portas. Bauman tinha voltado para Varsóvia a fim de encontrar os pais, que retornaram por volta de junho de 1946, no pico do processo de repatriação ao longo do qual 1 milhão de poloneses deixaram a União Soviética.[7] Embora não haja nenhum registro documental de sua reunião com os pais após dois anos e meio de separação, pode-se imaginar a alegria que eles devem ter sentido. Os Bauman tiveram a sorte de voltar a ser uma família depois da guerra e do Holocausto. Os parentes de Maurycy haviam emigrado anos antes do conflito, e, da família de Zofia, um irmão e três irmãs tinham sido mortos e apenas uma irmã sobrevivera. Últimas remanescentes da família Cohn, elas herdaram alguns bens, mas essa herança parece ter causado problemas no seu relacionamento.

"Na primavera de 1946, meus pais voltaram à Polônia", escreveu Bauman em 24 de outubro de 1949 em seu currículo do Partido:

> A única irmã sobrevivente de minha mãe, Leokadia Szymańska, de Włocławek, que era dona de uma serraria e de casas para alugar, convenceu minha mãe a aceitar a herança das irmãs assassinadas — metade de uma casa em Włocławek e a quarta parte de uma outra em Siemianowice. Em 1948, minha mãe vendeu a participação que tinha nas duas casas e rompeu com a irmã. A quantia que recebeu pela casa de Włocławek — 75 mil złotych poloneses — foi doada à Casa Comum.

A Casa Comum do Partido (Wspólny Dom) era o prédio que simbolizava a fusão do PPR com o PPS, um longo processo de seleção que resultou no desligamento de 110 mil membros "duvidosos" de ambos os partidos de esquerda. Depois dessa "limpeza", a reunificação final ocorreu em dezembro de 1948, com a maior parte do poder permanecendo nas mãos do PPR sob a liderança de Gomułka.[8] Fazer uma doação à Casa Comum significava um forte compromisso com a ideologia comunista; doar uma herança de família não deixava dúvidas sobre o engajamento político de uma pessoa. A doação de Zofia Bauman foi substancial e significativa no período do pós-guerra, quando as pessoas não tinham nada e quaisquer recursos eram usados para reconstruir e comprar casas, mobília e outros bens. Em outro documento, Bauman descreveu Leokadia como uma "burguesa" — uma acusação pesada naquele tempo. As irmãs situavam-se em lados opostos do espectro político. Além disso, suas experiências de guerra foram diferentes. Leokadia passou a guerra sob a ocupação alemã usando um nome falso (Szymańska), enquanto Zofia, o marido e o filho fugiram para a União Soviética. Vender a herança da família teria sido um tema sensível em todo caso, mas doá-la à Casa Comum do Partido provavelmente teria sido considerado uma traição por Leokadia (se ela tivesse tomado conhecimento disso). Para Zofia, significava um profundo engajamento político, que Bauman enfatizou em vários de seus currículos — talvez para contrabalançar os antecedentes sionistas do pai. Bauman, como todas as pessoas que possuíam um emprego na Polônia do pós-guerra, era obrigado a descrever a orientação política dos pais como parte de questionários padronizados (de dez a doze páginas ou mais, dependendo do ano e da finalidade) que exigiam informações detalhadas sobre a vida da pessoa e de seus parentes mais próximos, mesmo que vivessem no exterior. Os empregadores — sobretudo organizações estatais — procuravam saber tudo sobre os cidadãos poloneses.

"Meus pais moram comigo em Varsóvia", registrou Bauman no questionário de 1949:

> Meu pai trabalha como contador na "Solidarność" [Solidariedade, uma cooperativa]. Minha mãe é auditora das cafeterias WSS [uma cadeia nacional de restaurantes modestos]. A partir de setembro de 1947, ela foi membro do PPR. Após a unificação, tornou-se membro do PZPR.[9]

Compartilhar a casa com o filho possibilitou que os pais de Bauman permanecessem em Varsóvia, onde as moradias eram escassas e as leis de residência muito estritas. O Estado com frequência requisitava quartos de apartamentos grandes, e não era raro que uma família inteira fosse alocada num único cômodo. Bauman, como oficial do quadro do KBW em Varsóvia, dispunha de um apartamento funcional. Seus pais, que trabalhavam em profissões sem tanta força social, provavelmente não teriam acesso a uma moradia própria. Seu endereço, na rua Sandomierska, 14, apartamento 19, ficava próximo da rua Rakowiecka, uma zona de prédios militares e estatais que tinha uma entrada separada sob guarda militar.[10]

"O apartamento consistia em dois quartos pequenos, cozinha e banheiro",[11] escreveu Janina Bauman, esposa de Zygmunt, duas décadas mais tarde:

> Era bem iluminado, perfeitamente limpo e arrumado, decorado com vasos de plantas e réplicas de grandes pinturas russas do século XIX. Era um contraste tão grande com nosso acanhado quartinho [em que ela morou com a mãe depois de 1945] que eu me sentia como se estivesse entrando num mundo luxuoso ao qual não pertencia.[12]

Zygmunt Bauman era certamente um privilegiado por ter esse apartamento em Mokotów, um distrito agradável e arborizado no centro de Varsóvia. Seu trabalho lhe garantia um bom lugar para viver e um bom salário, em troca de fidelidade política e forte envolvimento na missão "político-educacional" do KBW.

Uma vida comum num local de trabalho específico: A carreira de Bauman no KBW

A Polônia em 1947 ainda não estava pacificada, e o Conselho Político-Educacional do KBW, onde Bauman trabalhava, era um lugar de ação. As primeiras eleições parlamentares do pós-guerra foram realizadas em 19 de janeiro, como exigido pelo Acordo de Potsdam, de 1945, sob a chancela de Stálin, Churchill e Truman. As eleições deveriam garantir a administração democrática da Polônia e estabilizar o país ao permitir uma representação adequada da sociedade em suas estruturas de poder. Bierut e sua facção (o PPR), surpresos com os resultados negativos do referendo que organizaram em 1946,[13] fraudaram os resultados para manter o poder em suas mãos. As eleições parlamentares ocorreram em circunstâncias semelhantes. A fraude eleitoral garantiu a vitória ao PPR, mas a liderança do Partido ainda considerava a situação instável. A atividade de doutrinação e propaganda era fundamental, na visão do Partido, para melhorar a opinião pública em relação ao novo regime. Bauman foi um elemento ativo e criativo do sistema. Uma de suas tarefas mais importantes, que ele realizava com frequência, era escrever textos políticos visando a doutrinação comunista. Produzir esse tipo de literatura exigia bom conhecimento histórico e qualificação em literatura marxista, com o domínio de "clássicos" como a obra de Lênin. Longas horas eram dedicadas à preparação de todos os tipos de discursos, alguns posteriormente apresentados por ele mesmo, alguns por outros. Décadas depois, Bauman descreveria esse trabalho como entediante e não significativo de fato. "Na verdade, meu trabalho lá era muito maçante", revelou a Edemariam, que acrescentou: "Ele escrevia panfletos políticos para soldados".[14]

Bauman também era encarregado de organizar o treinamento e a educação política destinada a promover a "ampliação da consciência socialista/

comunista".[15] Um documento do arquivo do KBW ilustra parte de suas atividades diárias como organizador do treinamento de oficiais políticos. Ele se refere a um "Programa de Curso de Agitação para o regimento", assinado e provavelmente escrito por Bauman, que, naquela época, era encarregado de organizar a seção educacional do KBW sob o comando do coronel Bibrowski (mencionado por Bauman como seu chefe e homem de confiança no KBW).[16] A agenda detalhada do programa, datada de 16 de fevereiro de 1950, é decerto enfastiante, mas explica os temas que os futuros agitadores deveriam dominar.[17] O dia começava às oito e meia da manhã com uma análise da imprensa, seguida de uma introdução de quinze minutos pelo capitão Komorowski e depois uma hora de palestra, também a cargo de Komorowski, intitulada "Agitadores do Exército soviético: Nosso padrão". Das dez às onze, o capitão Trzaska apresentava "As tarefas de um agitador", e em seguida vinha uma "aula prática" de três horas que envolvia "uma troca de experiências". Uma hora de almoço era seguida por outra palestra de uma hora intitulada "A luta pela vigilância". Às três da tarde, o tenente Kulczyk apresentava "As tarefas do agitador na luta pela vigilância e manutenção de segredos militares". As horas finais da jornada de trabalho eram despendidas em "Jogos educativos e aulas práticas". O jantar era às sete da noite, seguido de um filme.

A agenda do dia seguinte era igualmente cheia, começando com uma análise da imprensa às 7h45 e uma demonstração do uso de armas que durava uma hora. A seguir o capitão Trzaska fazia uma apresentação de uma hora sobre "estabelecer um exemplo pessoal como a base do trabalho de um agitador". Depois Bauman fazia uma apresentação de três horas, "A imprensa no trabalho do agitador". Após o almoço, uma palestra-demonstração de uma hora sobre "Como ler um livro", a cargo do tenente Kalisiewicz, era seguida de uma palestra do capitão Trzaska, "O papel do agitador na publicação de um jornal de parede". O dia terminava com uma palestra de Bauman, das quatro às cinco da tarde, sobre "O papel do agitador no treinamento político e militante de soldados e a luta por um nível maior de disciplina". A noite incluía uma peça de teatro (sem título indicado). O último dia começava novamente com uma análise da imprensa de quinze minutos, seguida de duas horas de palestras sobre produções cooperativas. Então o segundo-tenente Cabaj ensinava a dez soldados canções militares, enquanto outros treinavam no estande de tiro com Kulczyk. Depois do almoço, Bauman palestrava sobre agitadores na luta interna — provavelmente se referindo ao conflito político com o "inimigo interno", um tema quente em todos os encontros políticos e militares da época. A palestra final tratava do Plano de Seis Anos — o projeto de desenvolvimento econômico da Polônia — e das formas de atingir esses objetivos. Às seis da tarde, a conferência terminava. O programa tinha a assinatura do "Cap. KBW Bauman, chefe do 2º Setor".

A sessão de treinamento era típica das organizações militares da época e um bom exemplo do trabalho de Bauman. Ele pensava, escrevia, falava, organizava e supervisionava a ideologia, e então a discutia com outros. Não era o jogo estratégico de um oportunista ou conformista. Como enfatizou várias vezes em entrevistas posteriores, Bauman acreditava na "causa".

Acreditando num futuro melhor

"Eu tive de pensar [bem cedo na vida] sobre relações sociais", disse Bauman em sua entrevista de 2013 com Kwaśniewski:

> Sobre [...] pais se jogando no rio Warta ou colegas de escola chutando ou esganando outros. Quando entrei no Exército, comecei a ter sérias conversas sobre isso. E não por iniciativa própria [...] [mas de] pessoas mais sensatas e experientes que já estavam envolvidas antes da guerra. E não apenas no comunismo. O 1º Exército, num certo sentido, foi construído mais sobre uma base nacionalista [do que comunista]. De modo que eu ouvia os dois lados: a direita e a esquerda. Elas me chamaram a atenção para o mapa político e social da Polônia. Não se ensinava isso na escola, de modo que eu não fazia ideia de que havia uma esquerda, uma direita, nacionalismo, chauvinismo, Sanacja ou Endecja. Ou de que antes da guerra havia 8 milhões de desempregados no país [...]. Ora, imagine agora que você tivesse dezoito anos de novo. É claro que você pensa em garotas, mas, no seu tempo livre, em que mais você pensa? Exatamente: sobre como é o mundo e como você poderia torná-lo diferente. Então eu ouvi isso tudo e associei com as minhas próprias experiências de infância, e cheguei à conclusão, da mesma forma que muitos jovens daquela época, de que quando se comparava todas as opções políticas da Polônia, os comunistas tinham a melhor. Bem, por favor, veja como eu me sentia. Eles chegavam para nós e diziam: "Nós vamos dar terras aos

> camponeses". E eu sabia do sofrimento dos camponeses por não terem terras. Fábricas para os operários. Maravilhoso, meu pai não vai precisar se rebaixar. Todos serão iguais. A educação será gratuita. Ótimo! A educação era um assunto importante para mim. Havia também vários lemas contra a discriminação e a humilhação. Esta última, em especial, tornou-se um conceito muito importante na minha vida, e continua sendo.[18]

Discriminação nunca mais. Humilhação nunca mais. Essas eram promessas poderosas, e havia elementos no sistema do pós-guerra que ajudaram a manter a ilusão de que pudessem ser implementadas. Zygmunt "tinha uma fé inabalável", escreveu Janina Bauman no *roman à clef* baseado em sua vida com ele:

> Ainda firme e claro em seu raciocínio, Konrad [Zygmunt] explicou que não haveria espaço para o antissemitismo ou qualquer outra forma de ódio racial sob o comunismo — o mais justo dos sistemas sociais, que garantiria a igualdade total entre os seres humanos, sem distinção de língua, raça ou credo. Nós, particularmente, tínhamos muita sorte, enfatizava ele, por termos nascido no momento e no lugar certos para nos tornarmos combatentes ativos por essa causa tão nobre. A maior de todas as transformações históricas estava acontecendo diante de nossos olhos, aqui e agora. Permanecer como testemunha inerte seria desperdiçar uma oportunidade única. Fugir seria uma traição. Eu ouvia embevecida. Aqui estava a voz de um comunista honesto; seus argumentos pareciam sólidos e ele realmente acreditava no que estava dizendo.[19]

Muitos poloneses mais jovens, especialmente os que faziam parte de grupos que haviam sofrido discriminação antes da guerra, acreditavam na mudança. "Ao seduzir os judeus com a igualdade de direitos, a versão polonesa do comunismo, desde o início, não teve uma atitude clara em relação a eles", escreveu Joanna Tokarska-Bakir. Por um lado,

> o antissemitismo era considerado um produto decadente da luta de classes, que desapareceria com o avanço da revolução. Aqueles que sentiam que ele não estava sendo erradicado com rapidez suficiente, incluindo os judeus, costumavam ser acusados de sionismo, o que era interpretado como um nacionalismo "inade-

> quado". Sem outra saída, eles de fato se tornavam sionistas. [Por outro lado], ao mesmo tempo, as autoridades comunistas desde o início mostravam obediência ao nacionalismo "pertinente" — um nacionalismo que poderia ser cooptado para legitimar o comunismo, tal como articulado nas palavras de Jakub Berman numa reunião do Comitê Central do PPR realizada em 10 de outubro de 1947: "É nossa grande façanha como comunistas podermos criar um partido nacional profundamente enraizado na sociedade polonesa, em diferentes camadas da nação, na classe trabalhadora, no campesinato, em parte da intelligentsia. Esse é nosso maior tesouro, que devemos preservar. Voltar ao círculo encantado do KPP [os comunistas poloneses do pré-guerra, que propagavam o ideal internacionalista] seria um imenso desastre".[20]

As promessas formuladas pelos comunistas nos anos do pós-guerra parecem hoje um projeto utópico. É difícil aceitar a perspectiva dessas pessoas, profundamente imersas na construção de um novo sistema. "Os utópicos, quando estão construindo sua utopia, imaginam tudo, inclusive detalhes como ruas, casas e a agenda do dia", afirmou Kwaśniewski em sua entrevista com Bauman. "Você se lembra de detalhes em particular com os quais se preocupava?" Bauman respondeu: "Eu não interpreto o que estava fazendo como uma utopia. Era uma realidade".[21]

Para Bauman, a realidade significava pertencer ao Partido e atuar nele. Ativista do PPR desde 1945, em dezembro de 1948 ele foi aceito no PZPR com o número de identificação 0660454, tendo seus documentos emitidos pelo Comitê da Unidade Militar 1719.[22] Em 28 de dezembro, ele foi submetido a um processo de verificação. De acordo com o relatório da comissão datado de 15 de janeiro de 1948, "um júri composto pelo major Jan Fuks, o major Władysław Minkiewicz e o major Kazimierz Sitarek descobriu" que

> [Bauman] liderou o trabalho do Partido na escola em Szczytno, onde ampliou o efetivo da unidade de doze para sessenta membros, trinta dos quais ele mesmo recrutou. Mas ele foi ineficiente na vigilância política do recrutamento, aceitando membros que [mais tarde] foram excluídos do Partido [no final de 1947]. É uma pessoa dedicada e diligente. Um bom orador. Sem vícios. Conduta moral sem falhas. Seu trabalho é benéfico para o Partido.

Esse documento foi importante para a trajetória de Bauman na interseção das carreiras do Partido e profissional que constituía a *nomenklatura*: "Uma das ferramentas básicas que garantem que apenas pessoas ideologicamente confiáveis, altamente qualificadas e que atuem pelos interesses sociais, políticos e culturais do país sejam chamadas para ocupar posições gerenciais".[23]

Essa interdependência era uma característica dos militares do pós-guerra, sobretudo oficiais políticos como Bauman. Seu brilhante progresso na carreira indica que a propaganda e a educação política eram áreas que ele dominava com brio. Em julho de 1947, Bauman iniciou seu novo trabalho como instrutor no conselho da seção político-educacional do Departamento de Treinamento Político do KBW. Apenas alguns meses depois, tornou-se chefe do primeiro departamento e, passados dez meses, em 20 de dezembro, assumiu a liderança de dois departamentos (o primeiro e o segundo) do conselho. Em 10 de julho de 1949, foi novamente promovido, agora a chefe do Departamento de Propaganda e Agitação, e em maio de 1952 chegou ao posto de major, tornando-se chefe do Departamento II do conselho político. Bauman manteve essa posição por menos de um ano, até ser dispensado pelos militares em 16 de março de 1953.[24]

Aluno da Academia de Ciências Políticas: 1947-50

Em paralelo à sua intensa atividade no KBW, em 1947 Bauman iniciou seus estudos na Academia de Ciências Políticas (Akademia Nauk Politycznych, ANP) em Varsóvia. A ANP, inaugurada em 1939 como instituição privada, não funcionou até 1945, e foi nacionalizada em novembro de 1946. A academia tinha quatro faculdades: Administração, Diplomacia, Jornalismo e Ciências Sociais, na qual Bauman se matriculou. O departamento de ciências sociais incluía as seguintes especialidades: sociologia, economia política, doutrinas sociais, estatística e demografia, história moderna, história socioeconômica, política social e legislação social. O reitor da ANP era um demógrafo-estatístico de renome internacional, Edward Szturm de Sztrem. Szturm fora educado na Rússia tsarista e na França, e desde a juventude era um ativista social. Embora pudesse ter se instalado facilmente no Ocidente, ele estava entusiasmado com a ideia de construir um Estado socialista e decidiu voltar para o lar depois da guerra. Em 3 de junho de 1947, solicitou ao ministro da Educação permissão para criar uma cadeira de sociologia (que os intelectuais soviéticos viam com desconfiança, julgando-a uma ciência "burguesa"), com o seguinte raciocínio:

> A sociologia como teoria da sociedade e ciência social constitui uma disciplina básica para o estudo de vários temas sociais. A necessidade de ensinar e conduzir pesquisas nesse campo é motivada pelo fato de esta ser uma ciência básica, devendo os alunos aprender seus métodos para enfrentar os problemas mais difíceis no estudo da sociedade. A ausência da sociologia na Faculdade de Ciências Sociais criaria um vácuo fundamental em nossos estudos.[25]

Graças a essa solicitação urgente, Bauman pôde estudar sociologia na ANP. O curso oferecia uma ampla variedade de matérias (em sua maioria, obrigatórias), e o corpo docente incluía personalidades renomadas do mundo político e intelectual polonês.[26] Em seu primeiro ano, segundo o programa, Bauman estudou "Problemas selecionados de filosofia", "Materialismo dialético" e "Materialismo histórico" (as duas últimas disciplinas formam a base da teoria marxista) com o professor Adam Schaff. Schaff era um filósofo marxista que estudara em Paris e Moscou, e também o ideólogo oficial do Partido Operário Unificado Polonês (PZPR). Esse marxista ortodoxo, que viria a ser o primeiro mentor intelectual de Bauman, era muito conhecido na Polônia. Outra figura importante era o professor Manfred Lachs, famoso jurista e especialista em direito internacional que em 1966 foi eleito juiz do Tribunal Internacional de Haia e presidiu a Corte de 1973 a 1976.[27] Com Lachs, Bauman cursou uma matéria intitulada "A enciclopédia do direito". Ele também fez dois cursos com o professor Biskupski: "Conhecimento do Estado e da lei" e "Direito do Estado polonês". Além disso, frequentou "Geografia econômica geral" (com Maria Kiełczewska) e "História: A economia das formações pré-capitalistas" e "História dos séculos XIX e XX" (com Juliusz Bardach). Com Żanna Kormanowa, defensora fanática do stalinismo e muito temida pelos historiadores poloneses, estudou "História das doutrinas e movimentos sociais".

Como se pode ver, os principais temas estudados eram estreitamente ligados à nova orientação política. Mas havia também matérias menos sensíveis do ponto de vista político, tais como aulas de metodologia de pesquisa sobre estatística, lógica e "técnicas do trabalho intelectual".[28] O segundo ano era dedicado principalmente à economia, com cursos sobre finanças públicas, história e política social, assim como "Economia capitalista" e "Direito econômico", que preparavam os alunos para o novo sistema econômico e, em particular, o planejamento central socialista. O terceiro ano exigia que os alunos escolhessem uma especialidade: as opções eram organização e gestão, administração pública ou atividades extraescolares (não estava explícito se isso se referia a natureza, esporte, música ou arte). Bauman preferiu a primeira opção e frequentou cursos que incluíam estatística, "Economia da democracia popular e do socialismo", "Técnicas e organizações do trabalho" e, finalmente, "Sociologia", a cargo de Eugeniusz Modliński (um professor de direito trabalhista especializado em benefícios sociais).

No final da década de 1940, a sociologia não era institucionalizada como disciplina, e era difícil encontrar professores para lecioná-la até em Varsóvia, mesmo para um reitor com uma ampla rede de contatos como era o caso de Szturm de Sztrem. Mas o corpo docente da ANP era muito bem selecionado. Alguns professores eram astros de fama internacional, e outros se tornariam bastante conhecidos. Havia também profissionais de renome, políticos ativos ou líderes do Partido. Muitos haviam estudado e trabalhado no exterior e tinham familiaridade com culturas trabalhistas de outros países. Esse conhecimento tácito, discretamente difundido, criava em alguns alunos uma profunda sede por conhecimento e um desejo de incluir uma dimensão internacional em suas carreiras.

A ANP era um lugar que instilava a internacionalização. Como escreveu Lachs em 1985:

> Quando quase quarenta anos atrás [...] comecei a lecionar na rua Wawelska [ANP] [...] não imaginei as dificuldades que teria pela frente durante dias, semanas e anos. Todas as gerações foram testemunhas e participantes de nossa turbulenta história, mas muitas pessoas haviam perdido seu rumo [...]. Em 1945, tínhamos a impressão de que nossos problemas podiam ser resolvidos sem dificuldade. Não seria assim.

Lachs prosseguiu:

> Antes situada na periferia do grande mundo, uma província empurrada para as sombras, a Polônia enfim começou a conquistar seu lugar de direito na Europa. Era raro encontrar uma nação com maior interesse por temas internacionais do que a Polônia, fosse entre estudantes, jornalistas ou poetas [...]. Esse vínculo com temas internacionais [...] resulta da experiência histórica, porque nossas vidas, mais do que em muitas outras nações, estão conectadas com eventos na arena internacional.[29]

Desde que ingressou no ensino superior, Bauman adquiriu a habilidade de observar o amplo contexto internacional para analisar processos históricos e transformações sociais além das fronteiras de um único Estado ou continente. Nesse estágio de sua vida, a educação também o envolveu profundamente na mudança social.

Todos os instrutores da ANP tinham proximidade com o partido de esquerda (socialista e comunista), mais do que ocorria na universidade, onde ainda se preservava um modesto pluralismo. A ANP estava preparando a futura elite socialista: líderes políticos, diplomatas, jornalistas e administradores estatais de alto nível. Alguns dos professores, entre os quais o reitor, poderiam ter desfrutado de vidas confortáveis na Europa Ocidental, mas preferiram a volta ao lar para reconstruir a Polônia. Estavam animados com a ideia (talvez utópica, pela perspectiva de hoje) de criar uma nova sociedade sem discriminações. Pensavam estar fazendo história.

"Por quarenta anos eu me vi próximo dos maiores eventos históricos", disse Lachs na comemoração de seu septuagésimo aniversário: "A história não contornou minha vida. Pelo contrário, a história a enriqueceu, o que foi possibilitado pela República Popular da Polônia. Foi a República Popular da Polônia que me tornou visível na multidão, visível tanto dentro quanto fora de meu país".[30]

Essa abordagem inflamada e engajada deve certamente ter atraído jovens. Para os estudantes, Bauman incluído, o corpo docente não eram só os professores, mas autoridades morais e políticas a serem seguidas. A ANP era diferente da universidade não apenas pelo perfil de seus docentes, mas também na organização de seu grupo estudantil. "Todas as aulas e seminários começavam no final da tarde porque a maioria dos alunos precisava trabalhar durante o dia para ganhar a vida", escreveu Janina Bauman.

> Milhares de pessoas frequentavam as três faculdades, a maioria tentando compensar os anos perdidos em função da guerra. Muitos ainda estavam no Exército e usavam uniformes militares. Os amplos salões onde se realizavam as aulas e as grandes salas onde aconteciam os seminários estavam sempre lotados.[31]

A ideia inicial de Zygmunt era estudar física e matemática, seus temas em Górki antes do alistamento militar. Mas quando ele apresentou a documentação soviética na Universidade de Varsóvia, a administração declarou que ele precisaria passar por um novo exame de admissão. Para um atarefado oficial militar, era mais conveniente estudar sociologia do que física e matemática. Esses domínios acadêmicos exigiam atenção em tempo integral, o que era incompatível com as árduas tarefas de Bauman no KBW. Cursos noturnos e de fim de semana eram as únicas opções para ele. Além disso, como sua mulher, Janina, mencionou, ele começou o ano acadêmico atrasado, e não era um frequentador assíduo: "Levava algum tempo até eu tornar a vê-lo. Ele parecia perder aulas com muita frequência, talvez ocupado demais para comparecer a todas".[32] (O texto em polonês[33] do livro de Janina contém um palavreado mais preciso: "Ele parecia ocupado demais com seu trabalho no Exército".)[34]

Apesar das dificuldades organizacionais, Bauman se mostrou um excelente estudante. "O seminário começou. O professor se movimentou em torno da mesa, mexeu em seus papéis e deu uma aula fascinante sobre um novo e extraordinário romance. Depois convidou a plateia a discutir o livro", escreveu Janina Bauman. O livro a ser discutido era *Samson*, de Kazimierz Brandys.

> Logo eu o vi [Bauman] levantar a mão. Ele ficou de pé e avançou até o púlpito. Encarando a plateia, começou a falar. Escutei fascinada. Seu relato do romance foi meticuloso, original e impressionante, repleto de observações espirituosas. Os alunos ouviram absortos, por vezes caindo na gargalhada. Obviamente satisfeito, o professor acenou com a cabeça em sinal de aprovação.[35]

Bauman impressionou outras pessoas além de sua futura esposa. Suas habilidades oratórias foram um grande trunfo por toda a sua vida e em diferentes carreiras, como agitador, pedagogo, oficial militar, professor universitário e intelectual. Essa habilidade excepcional já era visível em seus tempos de estudante. Com 22 anos de idade, suas experiências de guerra e sua carreira militar lhe proporcionavam perspectivas diferentes das de outros alunos. A guerra havia impedido a maior parte da geração mais jovem de estudar na área de sua escolha,[36] mas não havia muitos tão bem treinados para falar apaixonadamente sobre o futuro da Polônia, para mostrar uma visão de justiça social baseada no passado discriminatório do país. *Samson*, de Brandys, é a história de vida de um judeu perseguido na Polônia do pré-guerra que luta e morre no combate aos nazistas — um tema que Bauman dominava. Dada a sua juventude e o seu carisma, não surpreende que, nessa instituição para futuras elites polonesas, ele tenha encontrado o amor de sua vida.

Janina Lewinson

Janina nasceu em Varsóvia no dia 18 de agosto de 1926 — seis meses depois de Bauman, e num ambiente social muito diferente do dele. A família Lewinson, na Polônia do entreguerras, incluía uma série de médicos eminentes.[37] Janina foi a primeira filha de Alina Fryszman e Szymon Lewinson, e "cresceu numa família feliz", como revelaria mais tarde:[38]

> Meu pai era um médico-cirurgião que tratava de rins e bexigas. O pai de minha mãe, vovô Aleksander, também era médico, com uma fama bem estabelecida em Varsóvia antes de eu nascer. Meu avô paterno, que se chamava Maks, tinha uma loja de instrumentos musicais na parte mais elegante da cidade, até que foi à falência. Lembro-me dele como um velho modesto com muito tempo disponível e sentimentos calorosos em relação a mim. De algum modo eu sabia que ele e vovó Viera eram pobres e dependiam de meu pai, enquanto os outros avós, que moravam na rua Border, eram ricos. Eram ricos não só porque vovô Aleksander era um médico-cirurgião talentoso, mas também porque a família de vovó Eva era bem de vida. A família dela era o *crème de la crème* da sociedade; meu bisavô atuara por dois anos como líder do Conselho Judaico e procurador da cidade de Varsóvia. Havia um monte de tios, tias e primos de ambos os lados da família, na maioria médicos; outros eram advogados, engenheiros ou coisas do tipo. Com exceção de meu bisavô, que morreu antes de eu nascer, ninguém em minha grande família falava iídiche, usava barba, quipá ou a tradicional ga-

bardine judaica. Ninguém era religioso. Éramos todos poloneses, nascidos em solo polonês, criados segundo as tradições polonesas, permeados pelo espírito da história e da literatura polonesas. Mas ao mesmo tempo judeus, e conscientes disso em cada minuto de nossas vidas.[39]

Quando criança, nada faltou a Janina:

Em nosso amplo apartamento na rua Sienna,[40] que abrigava também a clínica cirúrgica particular de meu pai, eu vivia com meus pais, Zofia [a irmã mais nova], uma empregada e uma cozinheira. Sempre havia ali uma babá ou uma governanta, e mais tarde também uma professora de francês.[41]

A mãe de Janina falava quatro idiomas (o domínio perfeito do alemão salvou suas vidas várias vezes durante a Segunda Guerra Mundial), e Janina aprendeu francês — a língua das elites polonesas — desde a mais tenra infância. Em seus primeiros anos, ela recebeu ensino domiciliar com professores particulares e governantas. Então,

em setembro de 1937, aos onze anos de idade, fui finalmente matriculada numa escola. Fui para o sexto estágio, que eram os últimos anos do ensino fundamental numa escola particular. A "Nossa Escola", como era chamada, tinha uma diretora judia e todos os professores eram judeus, assim como os alunos. Mas não poderia ser definida como uma escola judaica, visto que, com exceção das aulas sobre a história dos judeus, tudo era estritamente polonês, observando-se até os feriados cristãos.[42]

A escola se destinava especificamente a crianças judias: uma instituição que, além de uma boa educação, oferecia às crianças e a seus pais uma preciosa proteção contra o tratamento antissemita generalizado fora dela. Janina não sofreu a mesma discriminação e os maus-tratos pelos quais Zygmunt passou na escola primária. Foi privilegiada, porque os pais tinham dinheiro e viviam em Varsóvia (onde 368 392 pessoas, ou 29,1% dos habitantes, eram judeus),[43] onde havia uma boa escola secular judaica. Mas esse escudo protetor acabaria sendo derrubado:

> Fora decidido desde o meu nascimento que eu seguiria os passos de meu pai e meu avô e me tornaria médica [...]. Havia, porém, um grande obstáculo a esse devaneio familiar. Naquela época, era difícil para qualquer pessoa estudar medicina na Universidade de Varsóvia — para jovens judeus, isso era quase impossível [...]. Na prática, a única forma de um judeu entrar na universidade era obter um bom certificado de uma escola pública de nível médio. Mas havia um outro obstáculo à espreita: havia fortes restrições ao número de judeus que as escolas públicas secundárias podiam admitir. Era preciso ser um aluno realmente brilhante e passar com as maiores notas nos exames de qualificação para ser aceito. Meu pai, obcecado pela ideia de eu me tornar médica, resolveu me dar essa chance. Assim, em junho de 1938, fiz os exames oficiais, talvez os mais difíceis da minha vida, desejando ser reprovada e assim escapar ao calvário que previa. Por estranho que pareça, consegui passar com as notas mais altas e fui admitida numa escola pública de nível médio para meninas da cidade [...]. Chegou setembro [...] e lá estava eu na nova escola, a qual já temia e odiava antecipadamente. Foi ainda pior do que eu havia previsto. Eu era a única menina judia — não só na minha classe, mas em todo o ginásio (os quatro primeiros anos da escola secundária).[44]

Zygmunt e Janina passaram nos exames para ginásios públicos no mesmo ano, 1938, e, graças a suas excelentes notas, foram matriculados nessas seletas instituições. Ela foi admitida no Hoffmanowa, em Varsóvia, ele no Berger, em Poznań. Bauman teve mais sorte que Janina — não era o único judeu da turma. Em consequência, tinha amigos, enquanto ela era sozinha. Ambos, contudo, estavam numa situação semelhante no que dizia respeito às notas — os professores costumavam lhes dar notas mais baixas do que mereciam simplesmente por não serem católicos poloneses. Apesar de ser a melhor da turma em literatura polonesa, Janina tirou nota quatro em vez de cinco. "Eu não conseguia nem consigo explicar esse estranho incidente", escreveu ela meio século depois:

> Além de ser judia, creio que ia contra os sentimentos nacionalistas admitir que a língua e a literatura polonesas pudessem ser mais bem dominadas por uma criança judia do que por outras 43 com puro sangue polonês nas veias [...]. Pela primeira vez na vida, eu me senti vítima de uma verdadeira injustiça vinda de uma pessoa que eu respeitava.[45]

Os professores, que em princípio deveriam ser autoridades morais para jovens estudantes, espelhavam as injustiças étnicas e sociais praticadas fora da escola.[46] O antissemitismo também vinha de seus pares, às vezes de maneira mais dolorosa do que as injustiças sofridas nas mãos dos adultos. Na escola para meninas, as formas de agressão não eram as mesmas praticadas por meninos. Janina não apanhava, como ocorria com Zygmunt; sofria outro tipo de hostilidade. Isolamento, zombarias e ofensas verbais eram as ferramentas de perseguição utilizadas por suas colegas de escola. Lewinson foi posta de lado como uma estranha, embora a regra do banco do gueto não fosse aplicada no Ginásio Hoffmanowa (devido à ausência quase total de estudantes judias). O isolamento que sofria também era motivado pelas diferenças de classe social, como ela percebeu mais tarde:

> Posso ver agora que ser judia era apenas um dos motivos para o meu distanciamento. Eu pertencia a uma família de profissionais bem-sucedidos, enquanto a maioria de minhas 43 colegas de turma eram filhas de operários ou artesãos, algumas delas muito pobres. A escola pública de ensino médio, com suas mensalidades baratas, era para elas, não para mim. Assim, eu era duplamente estranha nessa escola, e em meu coração ainda trago algum ressentimento em relação a meus pais por terem me mandado para lá.[47]

Os Lewinson, tal como os pais de Bauman, decidiram que, apesar das leis racistas e segregacionistas, seus filhos teriam a melhor educação pública possível na Polônia. Suas estratégias foram semelhantes, apesar das diferenças de classe. Janina vivia no luxo no centro de Varsóvia (rua Sienna, depois Graniczna), passava as férias de verão no casarão da família em Konstancin (um subúrbio burguês) e tinha empregadas, enquanto os Bauman alugavam um modesto apartamento de três quartos em Poznań.

Eles de fato tiveram algumas experiências parecidas. A primeira foi o encontro precoce com o fenômeno da falência e suas consequências. Esse foi um problema mais sério para os Bauman, que levou Maurycy a uma tentativa de suicídio e ao desemprego, enquanto os avós de Janina, após suas dificuldades, contaram com o apoio financeiro do filho. Além disso, ambos foram forçados a deixar seus lares felizes e calorosos para serem expostos como estranhos ao antissemitismo na escola. Suas experiências divergiram durante a Segunda

Guerra Mundial, quando seguiram os dois diferentes caminhos disponíveis aos judeus poloneses. Enquanto os Bauman fugiram para a União Soviética, os Lewinson foram expostos aos horrores do Holocausto, e sobreviveram. A experiência da família de Janina foi uma inspiração fundamental para uma das principais obras de Bauman, *Modernidade e Holocausto* (1989),[48] como ele reconheceu em entrevistas. Janina não descreveu a Bauman sua experiência de guerra assim que se conheceram, relembrando-a muitas décadas mais tarde em sua primeira autobiografia, um excepcional relato da vida cotidiana em Varsóvia de uma família condenada a morrer no Holocausto.

Desde o primeiro dia da guerra, a família Lewinson teve de se separar. O pai de Janina, Szymon, foi convocado pelo Exército polonês como médico e oficial da reserva, tendo sido enviado à fronteira leste do país. Foi permitido que levasse a família, mas a mãe de Janina declinou, porque sua própria mãe tinha uma doença terminal. Com o Pacto Mólotov-Ribbentrop, assinado em 17 de setembro de 1939, o Exército Vermelho anexou os territórios do leste da Polônia. O pai de Janina, seu tio e milhares de outros oficiais poloneses foram presos e depois assassinados no massacre de Katyń.[49] A família não teria notícias dele por vários anos, durante os quais alimentou a esperança de que estivesse vivo em algum lugar da União Soviética.

Janina, a mãe e a irmã mais nova, Zofia, permaneceram em Varsóvia durante a ocupação, sobrevivendo graças a uma série de eventos marcados pela sorte. Elas sobreviveram ao bombardeio da cidade em 1939 na casa dos avós de Janina — sua própria casa fora completamente destruída, e o apartamento da família na rua Graniczna havia sido requisitado pelo motorista de seu avô. Graças a sua condição de *Volksdeutsche*,[50] esse homem, que por muito tempo trabalhara para os Lewinson, tinha o direito de lhes tomar a moradia. A família, incluindo a avó de Janina, em estado terminal, foi posta na rua no outono de 1940 e se mudou para o gueto, onde permaneceu por dois anos. Durante os primeiros meses passados lá, Janina e Zofia matricularam-se em escolas clandestinas e a família sobreviveu graças à venda de seus bens por "Tia Mania" (Maria Bułat),[51] que fora babá de sua mãe e se tornara parte da família. Como cristã, Maria era proibida de viver sob o mesmo teto que os Lewinson, mas sua residência fora do gueto[52] lhe dava uma oportunidade de ajudar Alina e as filhas. Maria se tornou o anjo da guarda da família e um fator indispensável para sua sobrevivência. Suas ações salvaram as vidas delas muitas vezes; depois de vender as joias, porcelanas e pinturas dos Lewinson, ela vendeu seus próprios bens para lhes dar sustento. Os tios também desempenharam um papel fundamental na proteção de Alina e suas filhas contra as ações mortais de destruição do gueto, encontrando um esconderijo para elas do lado ariano.[53]

Era raro que uma família, independente do tamanho, sobrevivesse incólume ao gueto de Varsóvia. Em geral, os pais que tinham essa sorte colocavam os filhos sob o abrigo de famílias católicas.[54] No entanto, exceto por curtos períodos, Alina e as filhas continuaram juntas durante a guerra. As separações se deveram principalmente à falta de saúde de Janina. Ela contraiu tuberculose no gueto, e muitas vezes durante a guerra (e depois) sofreu fortes crises com febre alta e perda da consciência. Ainda que tivessem bons esconderijos, elas foram obrigadas a mudar de abrigo em várias ocasiões. Essas mudanças eram extremamente perigosas, embora a família tivesse uma excelente identidade falsa com um nome bem polonês, Lubowicka.[55]

Ao contrário de muitas pessoas que sobreviveram do lado ariano,[56] Alina e as filhas infelizmente estampavam "os sinais visíveis de uma origem mediterrânea". Quando saíam de seus esconderijos, precisavam encobrir o tempo todo sua "aparência judaica" — o cabelo preto cacheado, os olhos escuros e os narizes aduncos característicos do "tipo judeu". Alina usava um chapéu de viúva escuro, enquanto Zofia fingia estar ferida, com a cabeça enfaixada. Janina, porém, andava sem disfarces, com a ideia de que pelo menos uma delas teria de parecer normal para não atrair atenção indevida. Apesar de não terem uma "boa aparência", elas passaram por milhares de situações milagrosas e de alguma forma sobreviveram.

A vida da família em esconderijos terminou em 1º de agosto de 1944, quando o Exército Nacional (AK), em combinação com o governo no exílio em Londres, deu início ao Levante de Varsóvia para libertar a cidade da ocupação alemã antes da chegada do Exército Vermelho. Enquanto Bauman, do outro lado do rio Vístula, aguardava as ordens de Stálin para se juntar à batalha, que nunca chegaram, sua futura esposa, com a mãe e a irmã, escondia-se em cavernas convertidas em abrigos clandestinos. Elas passaram dias e noites sem água, comida, luz ou ar fresco, péssimas condições para quem sofria de tuberculose. Janina teve uma terrível crise de febre, e só os esforços heroicos da mãe permitiram que sobrevivesse.

Elas poderiam ter morrido inúmeras vezes entre 1939 e o fim da guerra — por balas e bombas, tuberculose, tifo e febre tifoide, ou assassinato nas mãos da Gestapo ou de católicos poloneses que às vezes traíam judeus.[57] Em mais de uma ocasião, foram chantageadas, mas escaparam pagando e fugindo antes que os nazistas as alcançassem.[58] Sua sobrevivência, no entanto, deve-se também ao apoio de poloneses não judeus que arriscaram suas vidas para ajudá-las. Depois da capitulação que se seguiu ao fracassado Levante de Varsóvia, a família foi levada a Pruszków, onde passou pela seleção final alemã (os nazistas enviaram mais de 150 mil pessoas para campos de concentração ou de trabalhos forçados). Elas foram selecionadas para a Alemanha, mas, graças à astúcia da mãe de Janina, conseguiram escapar da deportação. Foram enviadas então para o interior e pararam em Zielonki, uma pequena aldeia perto de Cracóvia, no sul da Polônia, onde foram abrigadas por camponeses amistosos de outubro de 1944 até abril de 1945. Após crises de tuberculose e desnutrição, Janina voltou a Varsóvia com a mãe e a irmã assim que acabou a guerra.

A sobrevivência da família foi um milagre. Sua situação, porém, era muito difícil numa cidade devastada que apenas começava a retornar à vida. Elas aguardaram o retorno de Szymon com uma esperança cada vez menor, já que havia muitas indicações de que ele estivesse morto. Um ano se passara desde a libertação quando, por acaso, Janina viu um jornal alemão espalhado sobre um piso recém-limpo e encontrou o nome do pai numa suposta lista de vítimas do massacre de Katyń. Durante anos, embustes políticos cercaram essa tragédia, um massacre de milhares de prisioneiros que violava todas as convenções internacionais. Quem teria dado a ordem, Hitler ou Stálin? Para Janina e sua família, não havia dúvidas: o Exército Vermelho, que as tinha salvado e libertado os judeus, não podia ser responsável pelo cruel assassinato. Em documentos do pós-guerra, nos espaços para respostas sobre o pai da esposa, Zygmunt Bauman escreveria: "Assassinado pelos nazistas" ou "Morto no Holocausto". Isso era compatível com a versão oficial das autoridades polonesas no pós-guerra, mas, na verdade, Szymon Lewinson foi um dos 25 mil oficiais mortos pelos soviéticos na primavera de 1940. Szymon e seu irmão Józef, também morto em Katyń, foram heróis poloneses.

Enquanto aguardava o improvável retorno do marido, Alina Lewinson trabalhou como tradutora. Ela conseguiu um quartinho minúsculo na rua

Poznańska, 38, no centro de Varsóvia, pequeno demais para abrigar três mulheres.[59] Depois de se manter unida por tantos anos durante os piores tempos, a família teve que se separar. Zofia, com quinze anos, foi acolhida num orfanato para judeus em Śródborów (um subúrbio a oeste de Varsóvia), onde frequentava um bom ginásio e tinha condições de vida aceitáveis. Janina matriculou-se numa escola noturna — a Escola Wyspiański de Ensino Médio — para completar seus estudos e se preparar para o exame que lhe daria direito ao diploma. Tal como a maioria dos sobreviventes do Holocausto, ela desenvolveu uma forte identidade judaica.

"Eu pertenço aos judeus", escreveu em seu diário em dezembro de 1944:

> Não por nascimento ou por compartilhar sua fé — nunca o fiz. Pertenço aos judeus porque sofri como um deles. O sofrimento é o que me fez judia. Pertenço ao povo que foi assassinado ou que ainda luta para escapar da morte. Se alguns sobreviverem à guerra, e eu mesma sobreviver, vou me unir a eles. Nossa experiência comum desse calvário vai fazer com que nos juntemos. Vamos construir um lar, um lugar nosso, um lugar para todos os judeus sem teto, em que possamos viver em paz e dignidade, respeitados por outras nações e, em troca, respeitando seus direitos. É nisso que acredito e é esse o lugar a que pertenço.[60]

Não surpreende que, na primavera de 1946, Janina tenha se unido a um grupo organizado pelo partido sionista Ihud cujo foco era preparar jovens judeus para emigrar. Janina era uma grande entusiasta da ideia de iniciar uma nova vida na Palestina e resolveu deixar a Polônia assim que pudesse — antes mesmo de fazer o exame que lhe daria o diploma do segundo grau. Sua mãe não se surpreendeu com a notícia, tampouco sua irmã adolescente, que havia se juntado a uma organização sionista clandestina e se preparava para a Berihá (fuga).[61] A maioria dos sobreviventes judeus resolveu sair da Polônia, e muitos decidiram se juntar a um kibutz antes de emigrar. A preparação de Janina consistiu em cursos intensivos de hebraico e algum treinamento ocupacional — havia a expectativa de que os emigrados estivessem preparados para realizar trabalhos físicos pesados. Pouco antes da partida do grupo, porém, Janina ficou doente e passou semanas em casa. Ela se recuperou justo a tempo de passar nos exames para o diploma. Não houve tempo para comemorações, contudo, em função de seus graves problemas de saúde, e ela passou vários meses num sanatório judeu perto de Varsóvia.

Enquanto Janina estava lá, em 4 de julho de 1946, os habitantes da cidade de Kielce, com o apoio de alguns moradores pertencentes à milícia local, ao Exército polonês e a unidades do KBW, atacaram o prédio da organização judaica. O lugar abrigava quase cem pessoas, na maioria sobreviventes do Holocausto, muitas das quais haviam sido libertadas de campos de concentração ou de extermínio, outras que tinham voltado da União Soviética. Os sobreviventes estavam em trânsito — vários deles se preparando para a emigração. Um grupo de linchamento tomado de um ódio cego aos judeus atacou o prédio,[62] matando e ferindo pessoas de todas as idades — homens e mulheres, até grávidas e crianças. O pogrom deixou cerca de quarenta mortos e mais de quarenta feridos. Em outras cidades polonesas, houve episódios antissemitas semelhantes, embora nenhum tenha sido tão mortal. Os pogroms e o apoio da população polonesa a seus perpetradores mostraram ao partido no governo que o antissemitismo continuava generalizado na Polônia. O pogrom e a reação a ele chocaram os sobreviventes judeus,[63] levando alguns, ainda indecisos sobre o futuro, a decidir partir. Historiadores estimam que, entre julho e setembro de 1946, na sequência do pogrom de Kielce, cerca de 95 mil judeus tenham deixado a Polônia, "a uma taxa que chegou à média de setecentos por dia".[64]

No sanatório judeu em que Janina pouco a pouco se recuperava, todos falavam em partir. Com o diploma do ensino médio na mão, Janina começou a planejar seu futuro, mas as opções eram limitadas por conta de sua saúde. Médicos aconselharam-na a evitar a grande cidade, de modo que ela resolveu aceitar um emprego como tutora de crianças no orfanato judeu em que Zofia vivia, e lá trabalhou de novembro de 1946 até abril de 1947. Além da experiência profissional, o orfanato proporcionou a Janina uma educação política, uma vez que seus chefes oportunisticamente apoiavam o novo governo. Além disso, ela testemunhou uma série de falsificações após as eleições parlamentares de janeiro de 1947. A fraudulenta atividade política de seus chefes, a pressão para conformar-se ao novo poder, que ela via como corrupto, e o conflito sobre o sionismo entre alguns empregados levaram Janina a sair. Na primavera, ela voltou para a casa da mãe em Varsóvia e encontrou um emprego como datilógrafa no Comitê Central dos Judeus Poloneses. O trabalho não era satisfatório, e Janina resolveu estudar jornalismo, sendo admitida na Academia de Ciências Políticas — a ANP. Ela também se afiliou ao Gordonia, outro movimento judeu que preparava jovens para a vida na Palestina. Diferente dos grupos ligados ao Ihud, o Gordonia, que era socialista, orientou seus membros a concluir os estudos antes de emigrar, pois o novo país precisaria de especialistas e profissionais. Janina adiou seus planos de partida para depois da graduação.

Madame Janina Bauman

Na primavera de 1948, como aluna do primeiro ano de jornalismo, Janina Lewinson conheceu seu futuro marido nos bancos escolares. Foi para ambos amor à primeira vista, um verdadeiro *coup de foudre*. Em sua autobiografia, Janina recorda o momento em que conheceu "um oficial alto e bonito portando a insígnia de capitão do Exército polonês [...]. Eu nunca tinha visto olhos como aqueles — um par de ameixas maduras e brilhantes repleto da alegria de viver".[65] O início romântico de seus 61 anos de vida em comum foi adiado pelo fato de Janina ter sofrido outra crise de saúde, mas, apesar disso, os dois resolveram se casar apenas nove dias depois do primeiro encontro. "Embora fôssemos muito impacientes, tivemos de esperar cinco meses até podermos nos casar", escreveu Janina:

> Konrad [Zygmunt] solicitou às autoridades militares permissão para se casar comigo. Em resposta, ordenaram-lhe que apresentasse vários documentos provando que eu era uma pessoa adequada para esposar um oficial. Queriam saber tudo sobre meus antecedentes sociais e minhas crenças políticas. Eu precisava provar que gozava de boa saúde, ou seja, que nunca tivera uma doença venérea. Eles queriam um certificado do conselho local afirmando de maneira inequívoca que eu era "moralmente impecável" — que não era uma ladra ou prostituta [...]. O certificado de saúde foi obtido facilmente. Ninguém estava interessado na minha tuberculose, de modo que Tio Leo, um velho comunista muito respeitado pelo establishment por seu trabalho no passado, forneceu-me [um] certificado assinado por dois oficiais de alta patente que por acaso eram amigos dele. Ambos declararam que, apesar de minhas origens abastadas, eu era uma cidadã leal à

República Popular da Polônia e altamente confiável. Meus envolvimentos políticos foram felizmente ignorados nas duas declarações: não ocorreu ao Tio Leo que eu tivesse qualquer tipo de visão política.[66]

Embora as afinidades políticas de Janina fossem ignoradas nessas declarações, seu marido se sentia obrigado a informar a seus superiores sobre elas: "Em 1947, minha esposa conviveu num ambiente sionista e teve simpatia pela organização 'Gordonia' [...] não foi um membro. [...] Parece que ela agora se livrou das influências sionistas, [...] na verdade, provavelmente superficiais",[67] escreveu ele num questionário em 1950. Bauman não mencionou o envolvimento anterior de Janina com o Ihud nem seus projetos de emigração, informações que poderiam prejudicar seus planos de casamento caso fossem lidas por pessoas poderosas. Leon Plocker,[68] tio de Janina — um comunista do pré-guerra e diretor da clínica central do Ministério da Segurança Pública —, pediu a seus amigos que fizessem uma "avaliação moral" da sobrinha, e esses atestados de boa cidadania foram fornecidos por Henryk Toruńczyk[69] e Leon Rubinsztejn,[70] oficiais de segurança seniores que tinham participado como comunistas da Guerra Civil Espanhola.[71]

A afirmação de Toruńczyk de que conhecia Janina Lewinson "pessoalmente" era provavelmente falsa, já que ela escreveu em seu livro que não conhecia "os amigos de Tio Leo". Mas nem as assinaturas desses oficiais de segurança seniores eram suficientes para garantir o casamento. Um conselho local precisava fornecer um certificado de "respeitabilidade moral" da candidata. Esses procedimentos também eram cobrados das esposas de oficiais poloneses antes da guerra: a única diferença era a forma burocrática, típica do sistema soviético, enquanto na Polônia do pré-guerra esse processo de coleta de informação era informal e mais discreto.[72] O objetivo oficial era o mesmo em ambos os casos: determinar se a mulher era digna de esposar um oficial — o que, nesse contexto, significava que ela não iria colaborar com serviços secretos inimigos, uma vez que seu marido-oficial poderia lhe dar acesso a informações militares secretas, pondo em risco a "segurança do Estado". A afinidade de Janina Lewinson com o sionismo criava uma certa vulnerabilidade — para a instituição, em teoria, mas sobretudo para Janina e Zygmunt.

"Um sonho de pertencimento"

Janina e Zygmunt tinham um sonho, mas não o mesmo. Desde seu primeiro encontro, o problema da simpatia sionista fora um tema pessoal importante. A posição dela era típica da maioria dos judeus poloneses. "Como posso fazer parte de uma nação que não me aceita?"[73] Essa era uma questão fundamental para os judeus — eles podiam ser "integrados", "assimilados", mas será que a população local os aceitava?

Bauman era otimista em relação ao futuro da Polônia. Seu sonho de pertencimento era diferente. Ele estava em sintonia com os comunistas judeus que, ao lado dos membros do Bund, se opunham fortemente a abandonar a Polônia.[74] "[Zygmunt] não apenas jamais considerou viver na Palestina, mas na verdade desaprovava com veemência meu envolvimento", escreveu Janina em *A Dream of Belonging*:

> O sionismo, afirmava ele, como qualquer outro nacionalismo, era incompatível com suas vigorosas crenças comunistas. Nós dois sabíamos muito bem a que horrores o nacionalismo podia levar, e não havia motivo para acreditar que os judeus eram o povo escolhido ou que seu nacionalismo fosse mais justificado e menos perigoso que o de outros povos [...]. Os judeus não são uma nação. Eles estão no mundo inteiro, falam milhares de línguas, são uma parte orgânica dos países em que nasceram e foram criados.[75]

Acontece que, embora Bauman nunca tivesse mencionado uma filiação a organizações judaicas, isso não era exatamente verdade. Na versão em polonês do livro de Janina, ficamos sabendo que a família Bauman foi registrada no Comitê Judaico de Varsóvia.[76] Esse pequeno detalhe veio à tona como parte da história de seu primeiro e frustrado encontro. Janina, que estava doente demais para ir ao teatro com Zygmunt, queria informá-lo disso e pediu que a mãe lhe entregasse um bilhete. Só que ela ignorava não apenas o endereço dele, mas também seu primeiro nome (ela o chamava de "Meu Capitão")! Felizmente, Alina conseguiu descobrir o nome e o endereço de Bauman no livro de registros do Comitê Judaico de Varsóvia. Como Zygmunt, aparentemente distante de qualquer comunidade judaica, aparecia naquela lista? Talvez ele tivesse inscrito a família, ou isso tivesse sido feito por seu pai, Maurycy, ou sua mãe, Zofia. A lista era fundamental para localizar sobreviventes do Holocausto ou conhecer o destino daqueles que haviam perecido, de modo que Bauman pode ter colocado os nomes nela por esse motivo. Ou talvez a família sentisse algum tipo de afinidade com a comunidade judaica de Varsóvia.

Qualquer que tenha sido o caso, a perspectiva de Zygmunt sobre o Estado judeu e o projeto de emigração fez com que Janina cortasse as relações com o grupo Gordonia. Como o sonho de Zygmunt era construir uma nova Polônia livre de qualquer tipo de discriminação, Janina se adaptou a ele. Eles ajudariam a construir uma nova Polônia juntos. A emigração não fazia mais parte dos sonhos dela. Ambos se concentraram em seus estudos e no casamento.

A vida sob o stalinismo

O jovem casal passou nos exames finais de seu primeiro ano com distinção. Zygmunt tirou as maiores notas possíveis em todas as quatro disciplinas, segundo Janina, enquanto ela teve notas Bom e Muito Bom.[77] Eles estabeleceram o dia 18 de agosto de 1948 como a data do casamento — exatamente quando Janina comemoraria seu 22º aniversário. Durante os meses de férias, Janina se encontrou várias vezes com Zofia para aprender "as artes de cozinhar e cuidar da casa". Enquanto preparava pratos, ela ouvia histórias da família, a maioria sobre a infância de Zygmunt. Foi um bom início no que dizia respeito a estabelecer uma relação com os sogros, já que o novo casal compartilharia com eles, após o casamento, o pequeno apartamento de Zygmunt. O quarto que Janina e Zygmunt ocupavam ficava na passagem entre o aposento dos pais dele e o banheiro, o que restringia a privacidade, mas era típico das condições de vida em Varsóvia três anos depois da guerra. Os moradores da cidade se consideravam sortudos por encontrarem mesmo um *pied-à-terre* acanhado como aquele (a carência de apartamentos continuaria por décadas).

Os Bauman planejaram passar a lua de mel em Szklarska Poręba — uma cidade turística situada nas montanhas do sudoeste da Polônia —, e conseguiram um quarto numa casa de férias pertencente ao KBW. Mas a história interferiu em sua vida privada. Em maio de 1948, Stálin havia declarado o marechal Tito, da Iugoslávia, um traidor. Durante o verão, a Tchecoslováquia foi atacada devido à falta de "fidelidade" de sua liderança aos soviéticos. A criação e o reconhecimento oficial de Israel estimularam uma fobia antissemita em Stálin, que suspeitava que todos os judeus soviéticos e comunistas apoiavam o Estado judeu. A União Soviética deu início a uma campanha contra "o cosmopolitismo e as influências ocidentais", e todas essas tensões eram perceptíveis nos Estados-satélites. Na Polônia, o conflito irrompeu no plenário do Comitê Central do PPR, onde Władysław Gomułka foi acusado de "desvios nacionalistas de direita". Expurgos em massa tiveram início, e a situação se tornou insustentável. Bauman, como oficial do KBW e membro do Partido, foi convocado, e suas férias, canceladas. Janina pegou sozinha o trem para as montanhas. Bauman chegou no meio da lua de mel, porém foi mais uma vez convocado a voltar para sua unidade. Janina não foi informada das razões de sua ausência, presumidamente porque Bauman foi ordenado a manter segredo. Os oficiais políticos de sua geração não compartilhavam muita coisa de sua vida profissional com os familiares.[78]

O período inicial da vida de casados de Bauman e Janina foi ofuscado pela política. Primeiro houve a lua de mel quase arruinada. Depois, Bolesław Bierut se tornou o primeiro-secretário do Comitê Central do Partido dos Trabalhadores Poloneses (PPR), que se fundiu em dezembro de 1948 com o Partido Socialista Polonês (PPS), muito mais fraco, para dar origem ao Partido Operário Unificado Polonês (PZPR).[79] Ficou evidente nesse momento que a via polonesa para o comunismo iria passar por um governo ao estilo soviético. As mudanças ocorreram passo a passo. Bauman se envolveu ativamente nesse processo, já que o KBW era uma das principais instituições de segurança do Estado. Sua atividade como chefe da educação política foi bem avaliada pela hierarquia e ele progrediu rápido.[80] Segundo sua esposa, Bauman passava muitas horas no trabalho e chegava em casa tarde da noite (na Polônia, as jornadas de trabalho costumavam terminar às três ou quatro da tarde). Além disso, ele prosseguiu em seus estudos na ANP e atuava no Partido.

Janina resolveu não ficar em casa à espera de seu atarefado marido. Arranjou um emprego na sede da Film Polski, órgão estatal de produção e distribuição de filmes na Polônia. Apesar das mudanças políticas e de várias ondas de expurgos na instituição (o cinema era uma ferramenta de propaganda cuja produção era estritamente controlada), Janina conseguiu trabalhar lá até 1968, chegando a consultora sênior do Conselho Supremo de Cinematografia no Ministério da Cultura e das Artes. Começou como secretária no departamento de programas com um salário na faixa 11 — sendo a faixa 13 a mais baixa. Era muito pouco dinheiro, mas em três dias de serviço foi promovida a diretora de programas júnior, com salário na faixa 9.[81] Janina era apaixonada por cinema, nunca perdia um filme novo e escrevia muito bem, de modo que a instituição parecia um lugar perfeito para ela.

Seu trabalho era elaborar relatórios sobre filmes ocidentais que, depois de um processo de seleção, a Film Polski iria comprar. Ela assistia a até quatro filmes por dia — neorrealismo italiano, comédias e dramas franceses, produções britânicas. "Eu estava muito feliz nesse estágio inicial da minha carreira no cinema", escreveu ela: "Minha única tristeza era que Konrad [Zygmunt], mais entusiasta do cinema do que eu, não podia se sentar a meu lado na doce escuridão da sala de projeções e compartilhar meu prazer".[82] No auge do período stalinista na Polônia, ela tinha contato com as mais novas produções do cinema ocidental, sem censura. A Cortina de Ferro não lhe cobriu os olhos. Era uma pessoa privilegiada. Essa ascensão reflete a confiança que seus superiores devem ter tido em seu trabalho e em sua "atitude moral". O fato de ter como marido um oficial político do KBW e um Tio Leo cuidando de figurões no Ministério da Segurança Pública também deve ter ajudado. Essa rede compensou sua falta de experiência e a ausência de um envolvimento anterior com o comunismo. Infelizmente, da perspectiva de Janina, ela teria de trocar esse trabalho pelo de gerente de publicidade (maior salário, menor satisfação). No início da década de 1950, mudou de cargo outra vez, após a licença-maternidade, tornando-se tradutora de artigos da imprensa em francês e em russo sobre filmes recentes. Janina aliava com eficiência o emprego e os estudos na ANP graças a um arranjo que lhe permitia sair do trabalho mais cedo que os demais para assistir às aulas no final da tarde. Ela era, provavelmente, tão ocupada quanto o marido.

"Agora acho difícil ver como", escreveu ela mais tarde,

> com uma vida tão cheia e ocupada, Konrad e eu conseguíamos encontrar tempo para aproveitar juntos. Mas a verdade é que conseguíamos. Tínhamos um monte de amigos, sobretudo colegas de Konrad e suas esposas, que estavam sempre prontos para sair, organizar ou participar de uma festa. Amávamos dançar; corríamos para ver toda peça nova nos teatros de Varsóvia — novos teatros eram

abertos o tempo todo — e adorávamos concertos. Konrad era um grande fã de futebol, de modo que era raro perdermos um jogo internacional. Mais que qualquer outra coisa, porém, éramos apaixonados por filmes, e eu ficava muito feliz quando passava a noite inteira no cinema depois de ter visto três ou quatro filmes durante o dia [...]. Enquanto trabalhávamos, estudávamos e dançávamos, a mão de ferro de Stálin ia apertando nossos pescoços, com a ajuda do nosso trabalho duro e nosso entusiasmo juvenil.[83]

O entusiasmo juvenil e o desejo de pertencimento levaram Janina a aderir a uma organização comunista, o braço acadêmico da ZMP (Związek Młodzieży Polskiej, ou União da Juventude Polonesa). Sua tarefa como ativista estava relacionada a suas habilidades profissionais — ela resenhava novos filmes para as publicações da ZMP, principalmente produções soviéticas. Em função dessa atividade, começou a se concentrar nas mensagens políticas dos filmes a que assistia e avaliava, deixando de lado o significado artístico. Essa mudança de percepção foi uma adaptação ao regime stalinista, o qual se tornou cada vez mais invasivo.

Enquanto isso, Zofia arranjou um emprego como gerente da Cooperativa de Alimentos de Varsóvia (Warszawska Spółdzielnia Spożywców), e a família contratou uma empregada que dormia num catre na cozinha. A posição de Zofia era particularmente preciosa para a família porque lhe permitia uma alimentação saudável e ao mesmo tempo evitava as longas filas nas lojas de alimentos enfrentadas pela maioria dos outros poloneses. Ter uma boa alimentação foi fundamental para que Janina se recuperasse da tuberculose. A fragilidade de sua saúde era fonte de preocupação, sobretudo para seus parentes médicos, e mais ainda quando ela declarou que estava grávida. Curiosamente, a versão em inglês de seu livro contém mais detalhes sobre esse assunto do que sua tradução polonesa. Ela examina a falta de planejamento familiar na Polônia do pós-guerra, mas também a alegre reação de Zygmunt, incluindo uma lembrança romântica que o descreve dançando na rua (na Polônia, uma grave transgressão) depois de saírem de um concerto dominical da Filarmônica de Varsóvia.[84]

A primeira filha do casal, Anna, nasceu em 16 de novembro de 1949 no hospital militar de Varsóvia. O nascimento teria desviado a atenção dos Bauman do espetáculo que então envolvia a sociedade polonesa — a comemoração do septuagésimo aniversário de Stálin.

Como a sociedade polonesa amava Stálin

O escritor Michał Komar, em seu livro *Zaraz wybuchnie* [Isso não demora a explodir] (2015), caracteriza adequadamente o culto a Stálin na Polônia em seu relato das comemorações do aniversário do tirano soviético:

> Ióssif Stálin nasceu em 20 de dezembro de 1879 e, portanto, seu septuagésimo aniversário foi em 1949. Seguindo os passos de outros partidos comunistas e operários, tendo à frente o Partido Comunista Universal (Bolchevique), o Comitê Central do PZPR criou um Comitê de Comemoração do Septuagésimo Ano para o aniversário de Ióssif Stálin.

A amplitude e os efeitos dessa comemoração, assim como o entusiasmo que a acompanhou e os presentes criados para Stálin, "ultrapassaram a imaginação dos organizadores". Surpreendido por seu sucesso, o comitê resolveu realizar uma *Exposição dos presentes da sociedade polonesa ao generalíssimo Stálin* no Museu Nacional. Ela incluía generosos regalos do governo, de ministros, de metalúrgicos e mineradores, de camponeses independentes e membros de cooperativas, e também de montanheses. Eles vinham de Kurpie e da Silésia, de escolas para jovens de todo o país, de estudantes, advogados e médicos: "Havia duzentos baús, onze carroças, e mais [...]. Não apenas a quantidade é surpreendente, mas também a variedade de maneiras que a alma humana utiliza em suas tentativas, sempre incompletas e deformadas, de expressar o amor".[85] Havia objetos estranhamente cafonas e incríveis, alguns até comestíveis, tais como o bolo de chocolate da fábrica Wedel,[86] "feito pelos melhores da fábrica, com um metro de diâmetro e 25 centímetros de altura", relatou o jornal polonês *Życie Warszawy* [Vida de Varsóvia]:

> O bolo é decorado com rosas vermelhas congeladas e tem no topo uma figura feita de chocolate representando uma operária [...]. Ela tem nas mãos um pequeno bolo com os dizeres "Presente da equipe da fábrica Wedel em Varsóvia", embaixo de outra mensagem: "Ao genial camarada Ióssif Stálin". "Eu fiz esse bolo com tanta habilidade", disse seu criador, "que daqui a seis meses ele vai estar tão gostoso como hoje."[87]

Também houve outros presentes inusitados e politicamente significativos, como um globo azul com "24 luzes vermelhas que estabelecem os limites entre dois mundos: o mundo do socialismo, da democracia e da paz e o mundo da escravidão capitalista, do desemprego e da histeria belicosa", segundo o jornal *Trybuna Ludu*. Havia cartões de reitores de universidades polonesas e de cientistas independentes ("Posso ver claramente como deve andar um cientista. Esse é o caminho iluminado pelos raios de Seu gênio [de Stálin] — o caminho para o socialismo", e "em lugar da atual ciência burguesa, que proclama uma abordagem apolítica e um objetivismo, e é essencialmente hostil ao povo e ao progresso, uma nova ciência se levanta"). Quanto ao chapéu de pele de dois metros de altura — "não houve uma só palavra sobre ele nos jornais, embora fosse difícil não percebê-lo".[88] Esse gigantesco chapéu foi criado numa cooperativa em Legnica que teve Chaim Fogelman entre seus fundadores.[89] Membro do Bund, ele não gostava particularmente de Stálin, mas, tendo sido acusado por trabalhadores invejosos de levar restos de pele de seu local de trabalho, resolveu compensar essa acusação tecendo o maior chapéu de pele do mundo para o líder: "O chapéu era incomum, incomparável em tamanho, chocante em sua enormidade, feito sob medida não para um ser humano, mas para um gigante".[90]

A entrega de presentes foi motivada pelo conformismo, pelo oportunismo e pelo medo, mas também pelo desejo de escapar fantasiosamente de uma situação difícil — e, talvez, pelo humor. O efeito ridículo da totalidade dos objetos dedicados a Stálin refletia o sentimento kafkiano daquele período. Uma manifestação em apoio ao ditador poderia salvar a vida de alguém (como no caso de Chaim Fogelman). Às vezes a realidade excedia até mesmo as histórias de Kafka.[91]

O regime, porém, não era engraçado. Pessoas eram facilmente acusadas, e a desconfiança sempre presente criava um clima de medo para todos. As autoridades prendiam suspeitos ou opositores políticos sem investigação. Esse foi o caso de Gomułka, preso em 1951 e libertado, sem julgamento, três anos depois. Centenas de cidadãos comuns eram capturados, falsamente acusados e torturados.[92] Para manter o controle da população, um sistema ditatorial precisa de vítimas. Quando percebiam que era infrutífero tentar modificar a política, muitas pessoas seguiam suas lideranças sem convicção, uma estratégia protetora ou oportunista que o historiador e político Andrzej Werblan, contemporâneo de Bauman, descreveu como sendo a lógica da realpolitik: você faz o que considera possível num determinado contexto geopolítico. Outros acreditavam no sistema e o serviam ingenuamente — ou nem tanto.

"Éramos muitas vezes idealistas em relação aos outros porque tínhamos um senso de nós mesmos como missionários", disse Marian Turski, sobrevivente de Auschwitz, jornalista e comunista no pós-guerra.[93]

> O missionário pensa "Eu sou o portador da verdade", e há um senso de superioridade em relação aos que carecem dela, e a relação com outros portadores da verdade é a de um companheiro [...] talvez seja uma impressão superficial, mas é como eu resumo minha impressão daqueles anos [...]. "Somos uma minoria, somos indivíduos. Mas conhecemos a verdade. Espalhamos a verdade. Somos os portadores da verdade e queremos convencer [a maioria que não acredita] de acordo com a lógica: não é perigoso me expor [como comunista, marginal], já que, em função de minha condição de minoria, já estou exposto [ao antissemitismo]. Vou convencer outras pessoas de que é de seu próprio interesse, elas são ignorantes e precisam ser convencidas. Eu atuo para elas, para o seu bem-estar."
>
> Ao mesmo tempo [...] eu via arrogância, carreirismo [...]. Do Partido que inicialmente tinha 10 mil, 50 mil membros, e de repente, 3 milhões — prova de que aquilo era besteira. Não percebemos na época que os filhos da puta mais importantes [pessoas em posição de liderança] eram, antes de tudo, corruptos, pois sabiam como nos chantagear. Eles estavam construindo carreiras, mas só conseguimos ver isso mais tarde. Apesar disso, no começo, eu diria que havia um espírito evangelista [...] éramos um produto do século XIX. Tínhamos essa atitude composta de três elementos: um pouco de nacionalismo, um pouco de conexão com o campesinato e um pouco de sacrifício em nossas vidas privadas [...]. Precisamos fazer os sacrifícios e realizar o trabalho missionário enquanto outros [da mesma organização] constroem carreiras e conseguem melhores carros e belos apartamentos. Com o tempo, você se adapta a isso e se torna mais ou menos corrupto.[94]

A corrupção tem muitas encarnações. Uma delas era delatar um colega, amigos ou mesmo um parente (pais temiam que os filhos, estimulados a falar sobre eles na escola, pudessem dizer alguma coisa que lhes causasse uma punição). O treinamento e o estímulo a denunciar eram disseminados.[95]

Janina descreveu como seu chefe a convenceu a delatar colegas de trabalho usando o modelo do "Diário de um agitador". Tratava-se de uma espécie de diário político, apresentado a Janina como um "caderno de anotações de um repórter", mas era na verdade apenas uma forma de denunciar pessoas. Janina foi atraída a redigi-lo por sua própria autoimagem como escritora, e também por ver uma oportunidade de ingressar no Partido apresentando uma prova de seu envolvimento na "causa". Como resultado de seu "relatório", sua colega mais próxima, Jacqueline, perdeu a condição de membro do grupo da juventude comunista polonesa e também o emprego.[96] A reação de Bauman a esse evento nos dá um insight de como as pessoas podiam apoiar um sistema tão obviamente equivocado e abusivo:

> Fui abandonada à própria sorte com uma insuportável carga de culpa e vergonha. Konrad [Zygmunt] era a única pessoa a quem eu podia recorrer. Ele ficou profundamente abalado quando contei a história. Mergulhou em pensamentos inquietantes. Ficou arrasado por causa de Jacqueline, mas, é claro, por minha causa também. Disse que tinha sido um deplorável equívoco eu ter contado a Barski [a pessoa que pediu a Janina para escrever o relatório] o que sabia sobre meus colegas. Barski não era, estava claro, um homem em quem se pudesse confiar [...]. Infelizmente [...], [Zygmunt] explicou, as fileiras do Partido estavam cheias de indivíduos não confiáveis, de alpinistas sociais implacavelmente ambiciosos e de membros ideologicamente imaturos. No entanto, apesar dessa debilidade transitória, dos graves equívocos muitas vezes cometidos em seu nome, o Partido era o mais poderoso agente da justiça social e deveríamos confiar nele. Não se pode fazer uma omelete, disse ele, sem quebrar os ovos. Não se pode fazer uma revolução sem ferir algum inocente por acidente. A Revolução Soviética produzira muitas vítimas e houvera muitos erros. Baixas também podiam ocorrer em nossa revolução polonesa, bem menos sangrenta [...]. Era doloroso, mas tínhamos de suportar essas coisas se quiséssemos lutar por um mundo melhor.[97]

A edição polonesa de seu livro inclui outra interessante observação de Bauman: "Essa é a doença do estágio transitório".[98]

Essa era uma abordagem típica de muitos comunistas do pós-guerra. Em nossa entrevista, Turski disse que seu ambiente social era afetado pelo "grande mito" de que a República espanhola havia perdido a Guerra Civil por causa de uma

> quinta-coluna [...].[99] Há uma diferença muito simples entre as pessoas que apoiavam o regime [ditadura] comunista e as que eram contra ele. As que o apoiavam acreditavam que era melhor colocar nove inocentes na cadeia para um pegar um culpado, um traidor, um criminoso. Os opositores acreditavam (e na primeira metade da Segunda Guerra Mundial eu fiz parte desse grupo) que era melhor deixar o culpado em liberdade do que prender nove inocentes.

Andando pelo gueto de Łódź em 1943, depois de uma vitória soviética sobre as forças de Hitler, o mentor de Turski lhe disse:

> "Está vendo por que Moscou não desistiu? Porque eles não tinham uma quinta-coluna. Porque houve expurgos. Por isso eles escaparam ao destino de Madri." [...] As pessoas perguntam: Como é possível que as pessoas acreditassem no comunismo? Bem [...] isso era algo que eu conseguia condenar nos missionários no Peru, no México, quando forçaram pessoas a se converter. Eu fiz exatamente o mesmo que esses missionários fizeram.

Os Bauman eram como Turski e muitos outros, idealistas, e, tal como os missionários, acreditavam que poderiam trazer "a verdade e a felicidade" para pessoas ignorantes. A dinâmica política acabou gerando dúvidas e enfraquecendo suas convicções sobre a "verdade". Mas isso foi depois.

A calmaria antes da tempestade...

Apesar das tensões políticas devido à Guerra da Coreia, algumas mudanças positivas ocorreram na família Bauman após o verão de 1950. Eles se mudaram para um apartamento maior no mesmo prédio (com três quartos, o que significava que o casal não precisaria mais viver entre os pais e o banheiro). Isso provavelmente resultou do nascimento de sua bebê e da promoção de Bauman, que fez dele, aos 25 anos, um dos mais jovens majores do Exército polonês. Tendo uma melhor condição financeira, os Bauman decidiram contratar uma babá para a filha — a srta. Waczkowska foi encarregada das tarefas domésticas e de cuidar da criança. Esse arranjo permitiu que os pais de Anna trabalhassem e também atuassem no Partido. Zygmunt concluiu seu primeiro nível de estudos, alcançando o grau de bacharel com notas Bom e Muito Bom, e Janina, que levou mais tempo por causa do nascimento de Anna, graduou-se um ano depois.

Bauman decidiu prosseguir nos estudos e matriculou-se por dois anos na Escola do Partido (Szkoła Partyjna PZPR), que preparava especificamente suas futuras elites. Janina Bauman se envolveu no trabalho político e, em 1951, tornou-se membro do Partido. Seu trabalho e sua intensa atividade política, que envolviam coletar dinheiro ou fazer doutrinação no interior do país, eram fontes de contentamento. Ela própria se sentia uma participante do processo de construção de uma "nova Polônia", especialmente depois de ser promovida, em outubro de 1950, para o Departamento de Crônicas Documentárias, uma das áreas mais importantes para a propaganda. As crônicas eram filmes curtos, produzidos uma ou duas vezes por semana, exibidos antes de cada longa-metragem nos cinemas poloneses. Dada a popularidade do cinema nessa era pré-televisão, tais filmes tinham enorme impacto sobre a população. Janina Bauman era encarregada de traduzir novos textos do francês e do russo, um trabalho que adorava, enquanto cultivava a esperança de ser promovida à posição de assistente de direção.

Mas no final do verão de 1951, num momento em que os Bauman estavam indo bem (embora a situação econômica da Polônia fosse terrível, com as lojas começando a ficar vazias de produtos e alimentos), uma pequena tradução quase custou a Janina o emprego e a condição de membro do Partido. Ajudando uma amiga a traduzir um discurso de Stálin num documentário,[100] uma datilógrafa que trabalhava com Janina assim transcreveu as palavras de Stálin a seu colega Wilhelm Pieck, da Alemanha Oriental: "Eu lhe desejo muito sucesso no *vergonhoso* caminho que você vem seguindo há um ano".[101] Em vez de "*chwalebny*" — "glorioso", em polonês —, ela escreveu "*haniebny*" ("vergonhoso"). Embora pareçam muito diferentes na escrita, as duas palavras, quando pronunciadas rapidamente, podem ser confundidas com facilidade. As duas mulheres estavam cansadas, sob pressão, e não revisaram o texto ao final do trabalho. Ele então foi enviado a um nível editorial mais elevado, onde o erro também passou despercebido, aparentemente por causa das pressões de prazo. Só quando o filme foi apresentado ao público um produtor russo descobriu a terrível palavra. Janina e sua assistente foram acusadas de sabotagem política. O diretor da Film Polski, Stanisław Albrecht, foi imediatamente convocado pelo Departamento de Segurança (UB). Em 27 de setembro de 1951, depois de discussões com agentes da UB, Albrecht enviou um ofício a Rita Radkiewicz (supervisora direta de Janina):

> Em relação aos erros cometidos no diálogo do filme *Alemanha democrática*, ordeno que a cidadã Janina Bauman, editora da WFD [Produção de Filmes Documentários], seja imediatamente dispensada e colocada à disposição do RH da Film Polski [...]. A execução desse ato deve ser relatada a mim no prazo de 24 horas a contar do recebimento deste documento.[102]

Janina Bauman teve sorte; foi, em termos práticos, rebaixada, uma punição excepcionalmente complacente dadas as circunstâncias. Radkiewicz sem dúvida foi informada por telefone sobre o que havia acontecido e convenceu Albrecht de que aquilo fora apenas um erro de datilografia, não um exemplo de deslealdade política da parte de Janina. Rita Radkiewicz era muito poderosa; seu marido, Stanisław Radkiewicz, era apenas o ministro da Segurança Pública. Foi uma sorte para Janina que Radkiewicz, sua chefe durante anos, gostasse dela e lhe tivesse confiança. A secretária que trabalhava com Janina não teve tanta sorte: foi sumariamente demitida, da mesma forma que os membros da equipe encarregados da supervisão dos diálogos.

Janina foi transferida para o serviço de filmes educativos, o que representava uma espécie de punição. No período stalinista, um erro aparentemente inofensivo como esse poderia resultar numa acusação de sabotagem e levar à prisão. Para Janina, o único vestígio do incidente em seus registros foi uma nota de seus superiores para os serviços secretos. Após alguns meses de um serviço desinteressante, ela substituiu um colega que estava de saída como editora no departamento de roteiros:

> As pessoas responsáveis pelo desenvolvimento do novo cinema polonês ainda tinham que condicionar a mente — ainda que nem sempre o coração — para seguir os mandamentos do realismo socialista. Trabalhando no departamento de roteiros no mais baixo degrau da escada ideológica, eu me tornei uma delas.

> Em 1952 eu não percebia que nós, os editores, estávamos funcionando como uma espécie de censores. Fazíamos nosso trabalho com muito boa vontade e profunda convicção. Muitas vezes desaprovávamos vigorosamente as decisões tomadas pelos censores profissionais que viam filmes como se fossem editoriais de jornais e os cortavam como bem entendiam, recusando-se a aceitar que também eram obras de arte. Mas nós, até certo ponto, também estávamos envolvidos no mesmo jogo.[103]

Autores e diretores não tinham escolha a não ser aceitar o jogo da censura. Por vezes filmes eram rejeitados de cara, como no caso do famoso *O homem de mármore*, de Wajda, que só foi produzido vinte anos depois.[104] No melhor dos casos, negociações entre autor e censor resultavam numa fita ao mesmo tempo artisticamente boa e politicamente correta. Józef Hen, um dos mais populares romancistas e roteiristas poloneses da segunda metade do século XX, recordou-se de Janina Bauman como amigável, profissional, simpática e solidária com os autores.[105] Apesar do percalço, sua carreira estava bem encaminhada. Zygmunt, porém, começou a ter problemas no trabalho.

Na primavera de 1952, a condição judaica de Bauman começou a se mostrar um empecilho à sua carreira militar, mesmo que oficialmente ele estivesse avançando. No dia 1º de maio, ele se tornou chefe do Conselho Político da 2ª Seção do KBW. Seis semanas antes, porém, em 22 de março, seu superior direto, o coronel Bibrowski, e o coronel Muś, chefe do KBW, assinaram o seguinte parecer:

> Avaliação da atitude política:
> Totalmente devotado à ideia do socialismo. Tem um conhecimento político muito amplo e uma intensa preparação teórica. Apesar de sua origem pequeno-burguesa, não experimenta flutuações ideológicas e apresenta temas políticos de maneira aguda e incisiva, mesmo quando se trata de assuntos pessoais e familiares.
>
> Avaliação das habilidades ocupacionais:
> Ao desempenhar suas tarefas, apresenta qualificações excepcionalmente relevantes. Muito inteligente, organizador perfeito, cheio de iniciativas tanto no planejamento quanto na execução de instruções de seus superiores. Rápido, pontual e

atento no trabalho. Tem um amplo horizonte mental, a capacidade de observar, analisar e concluir; algumas vezes, porém, exagera ao tirar conclusões (o que é, sem dúvida, uma espécie de autodefesa em relação à consciência de suas origens). Paixão pelo serviço militar, disciplinado e exigente.

Valores morais e pessoais:
Honesto em sua vida pessoal. Defensor vigoroso de suas posições, mas pronto a aceitar críticas [...]. Caráter um pouco brando.

Conclusão:
A despeito de suas qualificações ideológicas e mentais excepcionalmente elevadas, suas origens e seu pai — que mora com ele e demonstra o desejo de ir para a Palestina — limitam suas perspectivas no KBW. Suas origens, quando combinadas com seu alto nível educacional e suas rápidas promoções, têm resultado em alguma reserva entre certos oficiais (entre os quais antigos membros do Partido). Assim, no longo prazo, seria necessário capacitá-lo para uma carreira científica.

Assinado: Coronel Z. Bibrowski, chefe do Conselho Político, [e] coronel W. Muś, chefe do KBW.

No canto superior direito do documento, alguém escreveu a lápis: "Candidato IKKN, documento no arquivo, candidato MBP — dois anos de escola ZW".[106]

A anotação provavelmente representa a solução prática que tinha sido escolhida para Bauman — o IKKN (Instytut Kształcenia Kadr Naukowych, ou Instituto para a Educação de Quadros Científicos) era uma escola em que as elites do Partido atingiam o doutorado. A ZW (Żandarmeria Wojskowa, ou Gendarmaria Militar) era um órgão do Ministério da Segurança Pública em que Bauman poderia lecionar. A surpreendente incoerência entre as excelentes opiniões sobre ele e as decepcionantes conclusões só faz sentido quando examinada pelas lentes da etnia. Devemos lembrar que os eventos de 1952 no bloco soviético ocorreram na esteira do caso Slansky, o julgamento de fachada de treze oficiais comunistas da Tchecoslováquia, onze dos quais, incluindo Rudolf Slansky, eram judeus. Era provável que colegas de Bauman, membros mais antigos do Partido, tivessem inveja de sua rápida ascensão na carreira e desconfiassem dele por sua origem judaica.

Uma vez mais, o antissemitismo teve um papel determinante na vida de Bauman. Embora fosse um major do Exército polonês, além de professor e líder carismático, ele era percebido primeiramente como judeu, e não como um oficial polonês. Apesar de pertencer ao centro de uma formação militar de elite, seu *master status* — o modo como as pessoas à sua volta o percebiam — era apenas o de um "judeu". Apesar de toda a conversa do Partido sobre liberdade e não discriminação de grupos étnicos ou raciais, as portas para futuras promoções tinham sido fechadas.[107]

A carreira de Bauman no Exército polonês havia terminado, mas isso não significava uma saída imediata. Na República Popular da Polônia, as pessoas não eram simplesmente dispensadas. Havia uma espécie de acordo, sobretudo para aqueles em posições elevadas, pelo qual todos tinham direito a um salário e a um teto. Na primavera de 1952, a decisão foi colocar Bauman "delicadamente" na trilha "científica".

Entre o Exército e a universidade

A transição de um mundo social para outro era conduzida pelo Partido, o elemento comum aos dois universos. Seguindo as orientações estabelecidas no documento citado anteriormente, Bauman candidatou-se ao IKKN. O instituto fora criado por Adam Schaff[108] — que já conhecia Bauman desde a Academia de Ciências Políticas (ANP) — e abriu as portas em 1950. A escola era organizada segundo o modelo de tutorado do Instituto dos Professores Vermelhos de Moscou, que se baseava nas estruturas das universidades de Cambridge e Oxford. Cada aluno tinha seu próprio tutor, com o qual se reunia semanalmente.[109] Em 15 de abril de 1952, Bauman escreveu uma carta solicitando a matrícula como *aspirantura* (equivalente a aluno de doutorado):

> Tenho há muito tempo uma paixão pelo trabalho científico. Nunca consegui realizar meu desejo de me dedicar a esse trabalho em função de minha carreira militar profissional. Tenho agora a garantia de minha cadeia de comando no Exército de que eles encaram favoravelmente meu interesse em entrar para o IKKN e irão me dispensar do serviço militar.[110]

Como vimos, o Exército de fato apoiava esse plano. Após concluir seus cursos na ANP, em 1950, Bauman prosseguira em seus estudos na Escola do Partido, que não chegava a ser uma universidade, mas um instituto de treinamento centrado na teoria marxista-leninista. Há poucos vestígios de sua passagem por essa escola além de uma citação elogiosa do coronel Bibrowski num arquivo de 1950.[111] O IKKN era um bom passo seguinte para um funcionário do Partido. Adam Schaff queria criar uma escola de elite e estabelecera procedimentos de ingresso muito rígidos. A competição era forte, incluindo diplomados por universidades de dedicação exclusiva e alunos com publicações e diplomas prestigiosos debaixo do braço; o IKKN era uma escola para candidatos ao doutorado, e não ao mestrado. Bauman nunca havia estudado em tempo integral durante o pós-guerra. A ANP e a Escola do Partido não eram universidades de verdade, mas instituições que reproduziam a *nomenklatura*. Esse fato fica claro num documento elaborado por um autor, aparentemente um professor, após um exame oral que não o deixou muito impressionado:

> Da conversa com o camarada Bauman, inferi que ele dominava a história dos movimentos dos trabalhadores poloneses e internacionais de maneira bastante abrangente. Ele também possui conhecimento básico no campo do materialismo dialético e histórico. Com respeito à especialização que escolheu (Teoria do Estado e do Direito), tem uma orientação mais fraca. Diplomar-se pela Academia de Ciências Políticas (ANP) não garante um conhecimento detalhado de nenhum campo do direito. Creio, contudo, que deveríamos ter interesse pela candidatura do camarada Bauman para o Departamento de Teoria do Estado e do Direito. [Assinatura ilegível] Datado de 20 de maio de 1952.[112]

Embora não haja nenhuma evidência de aceitação ou rejeição nos arquivos de Bauman, ele acabou não ingressando no IKKN e, em vez disso, entrou para a Universidade de Varsóvia, realizando estudos à distância. Diferentes elementos podem ter contribuído para isso. Teria sido impossível para Bauman trabalhar e estudar no IKKN ao mesmo tempo. As aulas aconteciam durante a semana da manhã ao final da tarde em um prédio, e o almoço era servido numa cantina local. Os alunos recebiam uma boa remuneração, mas se exigia dedicação exclusiva aos estudos. Bauman fora promovido em maio e não conseguiria assumir o novo posto se estivesse envolvido em estudos em tempo integral.

Ao mesmo tempo, como relatou sua esposa, Bauman estava ficando desiludido com o Exército depois da saída de um respeitado colega, um coronel que fora rebaixado devido à sua origem judaica.[113] Seu supervisor direto, Bibrowski, deixou o cargo em junho de 1952, passando dois anos na Coreia como parte da equipe polonesa da Comissão de Supervisão das Nações Neutras.[114] Teria a falta de proteção dos superiores impedido Bauman de estudar no IKKN? É possível que sua única possibilidade de estudar fosse no ensino universitário (noturno) à distância?

A primeira indicação de que o Ministério da Segurança Pública encaminhou Bauman para a Universidade de Varsóvia é uma carta expressa do diretor do Departamento da Universidade no Ministério da Educação Superior ao decano do Departamento de Filosofia e Sociologia, datada de 10 de outubro de 1952. Ela declara que o ministério tinha concordado em aceitar Bauman para um mestrado em filosofia.[115] Um dia antes, Bauman recebera uma carta um tanto hostil do decano do Departamento de Filosofia e Sociologia observando que as aulas já haviam começado fazia uma semana e perguntando se ele "gostaria de informar imediatamente ao departamento se [ele] havia abandonado seus estudos? Caso contrário, solicita-se que venha à universidade de imediato".[116] Bauman, ao que parece, aceitou, pois no dia 18 de outubro de 1952 assinou um juramento estudantil.[117]

Por alguns meses, Bauman trabalhou no KBW durante o dia e estudou à noite. Mas sua vida dupla não durou muito. Em dezembro de 1952, irrompeu em Moscou o Complô dos Médicos,[118] e uma campanha antissemita envolveu a União Soviética e seus aliados. As falsas acusações contra um grupo de médicos predominantemente judeus facilitou um expurgo étnico por todo o Leste Europeu. Ele não poupou a Polônia ou o KBW, em que Bauman foi um dos muitos alvos.

"Num dia de janeiro de 1953", escreveu Janina Bauman,

> [Zygmunt] e eu passamos uma noite emocionante num vistoso baile de oficiais realizado no quartel [...]. Vinte e quatro horas depois [...] [Zygmunt] foi convocado por seu novo chefe e imediatamente desligado do Exército. Foi um choque terrível, algo totalmente inesperado [...]. A razão dada para sua súbita demissão foi que o pai dele havia mantido contatos suspeitos com o Ocidente: ele havia sido, disseram, um visitante regular da embaixada de Israel. Em agonia [...]

> [Zygmunt] foi diretamente encontrar o pai. O velho não negou: fora duas vezes à embaixada de Israel para pedir informações sobre emigração. Em estado de frenético desespero [...] [Zygmunt] o acusou de ser dissimulado e de conspirar às suas costas.[119]

O apartamento dos Bauman, devemos lembrar, ficava no meio da zona militar, um lugar arriscado para um possível espião — ou, pelo menos, foi como as autoridades apresentaram o caso.

De repente, os Bauman estavam numa situação terrível. Zygmunt perdeu o emprego e se separou dos pais, que saíram de casa sem dizer uma palavra dias depois de ele ter atacado Maurycy, que se mudou com Zofia para um apartamento em cima do restaurante que ela administrava (o Bazyliszek, no Mercado da Cidade Velha). Bauman passou a semana seguinte em casa, mergulhado na leitura e nos estudos. Ele tingiu seus uniformes de uma cor escura e removeu deles as insígnias e condecorações. Com isso, transformou seus trajes militares em civis (prática que não era incomum naquela época, dada a escassez de tecidos e roupas novas). Outras consequências se seguiram. O apartamento ensolarado, com três quartos, foi parcialmente ocupado por um jovem oficial e sua família. O Exército mandou os Bauman para um pequeno apartamento, escuro e sem banheiro, num anexo dos terrenos do quartel. A situação era clara: Bauman fora ejetado do sistema. Não era mais cem por cento polonês. Ele ainda tinha o Partido, embora o incidente com o pai também pudesse ter prejudicado essa relação.

Foi provavelmente por isso que, no fim de janeiro de 1953, ele tomou o que deve ter sido uma angustiante decisão e escreveu a seguinte declaração, que foi acrescentada à sua ficha no Partido:

> Pelas seguintes razões:
> — O sionismo, que sempre foi uma rede de espionagem burguesa, transformada num bando comum de espiões e sabotadores americanos;
> — Meus esforços de longa data para mudar as afinidades sionistas de meu pai, Maurycy Bauman, não deram resultado;
> — A ligação com a Polônia não pode ser conciliada com atitudes oportunistas em relação ao sionismo, ainda que essa visão seja compartilhada por meu próprio pai;

— Declaro solenemente ao Partido que estou rompendo todos os contatos com meu pai.

Assinado: Bauman, 30/01/1953[120]

Uma vida havia chegado ao fim e o futuro não estava totalmente garantido. Bauman estava apenas começando seus estudos universitários, e as condições materiais da família eram ruins. Ele recebeu seu último pagamento do Exército em março de 1953, e o salário de Janina cobria apenas as necessidades básicas. Mas, por outro lado, ele agora era livre: um missionário expulso de sua Igreja, descartado pelo sistema que ajudara a construir.

8. Um jovem acadêmico

(1953-7)

> Nos tempos de estudante, Bauman vinha para a universidade usando o antigo uniforme do KBW, incluindo as botas e uma pistola. Certa vez, durante uma aula, a pistola escapou de seu cinto e caiu no chão, bem na frente do professor Kotarbiński. "Nós não brincamos com essas coisas aqui", reagiu o professor. "Por favor, leve isso embora."
>
> Anedota contada na Faculdade de Filosofia e Sociologia da Universidade de Varsóvia[1]

Universidade de Varsóvia: Faculdade de Filosofia e Sociologia

O Departamento de Filosofia era um espaço vibrante em janeiro de 1953.[2] Ele havia sido separado do Departamento de Humanidades em 1952; desde a guerra, a filosofia se tornara um campo intensamente político, pois o novo sistema precisava desenvolver uma disciplina intelectual, além de praticantes, para estruturar seus movimentos.[3] O marxismo tornou-se aos poucos a "disciplina científica" predominante — com efeito, a única doutrina aceita — para pôr em prática as ciências sociais. A universidade, talvez mais que qualquer outra instituição, assistiu a uma rápida transição da perspectiva marxiana como resultado da luta entre o establishment do pré-guerra, gravemente enfraquecido, e as novas elites, proponentes da ideologia marxista.

A sociologia foi exposta a essas mudanças muito em razão de seu potencial político. Como ciência social, o campo fora institucionalizado mais cedo na Polônia do que em outros países do Leste Europeu. A primeira cadeira de sociologia foi criada em 1919 para Leon Petrażycki[4] no Departamento de Direito e Ciências Políticas da Universidade de Varsóvia. A segunda foi aberta em 1921 para Ludwik Krzywicki;[5] outros professores que tiveram cadeiras no Departamento de Humanidades incluíram Stefan Czarnowski,[6] em história cultural (depois de 1930), e Stanisław Bystroń,[7] em sociologia (1934). O interesse pela nova disciplina não se restringia a Varsóvia. Foram criados departamentos em Poznań, em 1921, por Florian Znaniecki,[8] depois que voltou de Chicago, e em Cracóvia, por Stanisław Bystroń, em 1930. Todos os professores que inauguraram a disciplina na Polônia haviam estudado sociologia no exterior e trouxeram para o país uma diversidade de conhecimentos, representando suas várias abordagens intelectuais e metodológicas. Essa diversidade era uma característica particular do ambiente acadêmico polonês, em que diferentes escolas eram representadas, reproduzidas e combinadas: a francesa, a alemã e a austríaca, assim como a americana. A sociologia polonesa não era um espaço periférico que ficava olhando para o centro querendo copiá-lo. Todos os intelectuais mencionados desenvolveram suas próprias abordagens e conceitos originais. Mas a institucionalização da disciplina não foi tão avançada quanto nos Estados Unidos, onde o primeiro departamento de sociologia e história foi criado em 1889, na Universidade do Kansas.[9] Na Universidade de Varsóvia, apenas alguns poucos indivíduos se graduaram em filosofia com especialização em ciências sociais ou sociologia no período do pré-guerra. Durante o conflito, não houve um ensino oficial ou regular da matéria, embora alguns cursos clandestinos fossem ministrados em Varsóvia.[10]

Em 1947, o Departamento de Sociologia[11] abriu duas turmas de estudantes, tendo como professores Stanisław Ossowski e Maria Ossowska,[12] Nina Assorodobraj,[13] Stefan Bystroń e Stefan Nowakowski. "O futuro da sociologia parecia ser de muito sucesso. A demanda por turmas dessa disciplina era bastante grande."[14] Mas o novo regime considerava a sociologia uma ciência "burguesa" que não poderia existir como uma disciplina distinta, então ela continuou a fazer parte do currículo do novo Departamento de Humanidades até se separar mais tarde como Departamento de Filosofia e Sociologia. No final da década de 1940, a faculdade abrigava diversas perspectivas intelectuais e políticas. Os alunos da chamada Escola de Filosofia de Lwów-Varsóvia[15] (dirigida por Maria Ossowska e Stanisław Ossowski) constituíam um dos campos, e os marxistas (liderados por Nina Assorodobraj) o outro. Por um breve período, como em outros ambientes universitários, a coexistência das duas correntes foi tolerada, com diferentes alunos aderindo a uma ou outra. Mas a dinâmica do poder passou a depender dos ventos políticos que sopravam do Partido e do governo.

Em 1951, os Ossowski, embora conhecidos por seu engajamento socialista, foram rotulados como representantes da ciência burguesa e banidos do ensino. Esse destino não foi exclusivo da sociologia — os professores de filosofia Tadeusz Kotarbiński,[16] que havia retornado de Łódź para Varsóvia, e Władysław Tatarkiewicz[17] passaram pela mesma experiência. Um grupo de professores era pago para não ensinar (eles foram oficialmente designados para a pesquisa). A demissão de Tatarkiewicz ocorreu na sequência da publicação da "Carta dos 7" (assinada pelo sociólogo e jornalista Henryk Holland, Leszek Kołakowski e Bronisław Baczko — ambos comunistas engajados e depois "revisionistas" —, Henryk Jarosz, Arnold Słucki, Anna Śladkowska e Irena Rybczyńska). A carta acusava Tatarkiewicz de privilegiar a ciência "objetiva-burguesa" em vez do envolvimento marxista (Kołakowski leu a carta diante de Tatarkiewicz durante um seminário). Esse evento, entre outros, mostrou o poder dos estudantes politicamente engajados na construção do comunismo — eles podiam fazer com que professores eminentes e bem estabelecidos fossem despedidos. O conflito nos seminários era o reflexo de uma luta geral polonesa entre os sistemas do pré-guerra e do pós-guerra, e também entre velhas e novas abordagens intelectuais. A política do Ministério da Educação era de afastar gradualmente professores que não apoiavam o Partido, colocando intelectuais e ativistas marxistas em posições elevadas. No início da década de 1950, não havia mais espaço no ambiente universitário para a diversidade política e acadêmica. Em vez de ensinarem na universidade, os professores demitidos foram contratados pela nova instituição de pesquisa, a Academia Polonesa de Ciências (Polska Akademia Nauk, ou PAN).

A PAN foi criada em 30 de outubro de 1951. Bauman foi contratado logo após a formatura, permaneceu ali até ser expulso, em 1968, e retornou após o colapso do sistema do pós-guerra, em 1989. Pretendia-se que fosse uma instituição fundamental para o trabalho de pesquisa, e era rigidamente controlada por autoridades do Partido. Alguns professores da Universidade de Varsóvia a escolheram como seu local de trabalho exclusivo; outros continuaram lecionando enquanto realizavam pesquisas lá. A admissão melhorava seu status social, já que a PAN gozava de prestígio, e aumentava seus modestos rendimentos.[18]

O mapa do mundo universitário era estritamente determinado pela política. Os líderes eram escolhidos por canais políticos e se impunha uma total obediência ao Partido. A estrutura institucional para a educação superior e as carreiras nessa área foram alteradas em 1951 por reformas que copiaram literalmente o sistema soviético. O aluno de doutoramento tornava-se um "Candidato das Ciências", e o título de "doutorado" substituiu o que até então era chamado de *habilitação*. O papel do ministro da Educação Superior foi ampliado: ele escolhia as lideranças administrativas e o corpo docente, assim como a distribuição de posições na hierarquia.[19] A autonomia de que a universidade e seus departamentos gozavam antes foi severamente limitada.

As mudanças foram sentidas de forma particularmente aguda no Departamento de Humanidades da Universidade de Varsóvia. Em 1952, as autoridades substituíram as cátedras sociológicas antes dissolvidas pelas de história da filosofia e do pensamento social (Nina Assorodobraj) e materialismo histórico (Julian Hochfeld).[20] O Instituto de Filosofia foi confiado a Adam Schaff,[21] com quem Bauman havia tido aulas na ANP. A mudança estava em curso quando Bauman começou o seu mestrado: os professores do "pré-guerra" estavam se tornando o campo mais fraco.[22]

O mestrado durante o stalinismo

Bauman e seus colegas tinham aulas ministradas em sua maioria por intelectuais marxistas, como Czesław Nowiński (materialismo dialético), Julian Hochfeld (materialismo histórico), Adam Schaff (metodologia da história do marxismo) e Nina Assorodobraj (história da filosofia). Havia também aulas de psicologia com Tadeusz Tomaszewski e de ciências naturais e biologia com Włodzimierz Michajłow. E línguas: russo (apenas um semestre — já era fluente) e inglês. Tadeusz Kotarbiński, membro da Escola de Filosofia de Lwów-Varsóvia, foi o único professor com que Bauman estudou que não era marxista. Não teve aulas com Stanisław Ossowski ou Maria Ossowska, que só voltaram a lecionar em 1956, quando já era professor associado.[23] Mais tarde, ele descreveu Hochfeld e Ossowski como seus mentores;[24] Hochfeld era seu mentor direto, na clássica relação mestre-aluno; o vínculo com Ossowski era indireto, por meio de leituras, palestras e discussões. Com efeito, colegas refutaram a afirmação de Bauman de que fora aluno de Ossowski.

Isso não passava de "uma invenção completamente absurda, mas ele a repetiu muitas vezes e com certeza acredita nela", disse o professor Jerzy

Szacki. "Não se trata de uma distorção da verdade, mas de um resultado da seletividade da memória." Porém a afirmação de Bauman não era de todo infundada, como explica a professora Barbara Szacka, esposa de Szacki. Bauman estava na mesma faculdade que Ossowski, frequentava suas aulas e se sentia profundamente influenciado por ele. É fácil, porém, entender por que a identificação de Bauman com Ossowski irritava as pessoas. Szacki observa: "Ser um aluno de Ossowski significava pertencer a um grupo especial [...] fechado [...] uma relação especial [...] era um seminário [...] ao qual não pertencíamos".[25]

Os alunos do seminário de Ossowski — seus discípulos no sentido clássico do termo — eram um grupo de elite que mantinha distância dos outros. A afiliação a um mestre carrega consigo o poder simbólico de se pertencer a uma escola, com suas tradições, e todo o peso de uma herança intelectual — um autêntico lugar de origem, algo como ter um ancestral famoso. Essa privilegiada relação mestre-discípulo é um elemento-chave nas carreiras intelectuais e tem um papel importante na seleção e formação de redes de apoio, fornecendo um arcabouço para a transferência de conhecimento e a criação de condições adequadas para que ele se estabeleça.[26] É um lugar seguro em que ideias podem ser discutidas e questionadas, onde se forjam novas percepções e se considera que as pessoas tenham um elevado nível de desempenho ao ganhar acesso àquele mestre. "Um seminário [...] ao qual não pertencíamos" significa que Bauman e Szacki não faziam parte da elite.[27] Não ainda, no caso de Bauman.[28]

Ser mais velho que os colegas representou um desafio para Bauman nessa fase de sua vida estudantil. Seu futuro amigo, o sociólogo Jerzy Wiatr,[29] e outros estudantes mais jovens eram novatos da faculdade de ciências sociais quando começaram a estudar filosofia no ano acadêmico de 1952-3. "Bauman usava um uniforme, pois ainda estava na ativa quando começou a frequentar as aulas", lembrou Wiatr numa entrevista em 2017:

> A princípio nossas relações eram distantes, como se poderia esperar de um grande grupo de colegas de estudo — naquele ano éramos cerca de cem, organizados em diferentes grupos [...]. Wesołowski [um sociólogo de ponta] era do mesmo grupo de Bauman, eu era de outro. Porém [...] logo nos tornamos muito próximos — vai parecer engraçado, mas, num certo sentido, isso aconteceu graças à morte de Stálin.

Na primavera de 1953, Bauman e Wiatr foram solicitados a escrever um artigo acadêmico para uma grande assembleia universitária dedicada às últimas realizações de Stálin. O artigo, seu primeiro trabalho conjunto, foi publicado num suplemento da revista *Po Prostu* [Simplesmente],[30] e Bauman pediu que Wiatr o lesse. "Sua relação comigo era um pouco como a de um irmão mais velho. Nossa diferença de seis anos de idade era enorme", disse Wiatr. "Zygmunt já era um homem adulto com uma posição etc., e quando nos conhecemos eu era quase um adolescente. Mas logo nos tornamos muito próximos."[31]

Wiatr fala aqui de aspectos importantes. O primeiro é o caráter transitório daqueles primeiros meses que Bauman passou na Universidade de Varsóvia. Sua transição de oficial para estudante foi rápida, possivelmente em virtude de sua brutal exclusão do Exército. O segundo aspecto é a peculiaridade de Bauman como estudante. Ele era um estranho para a maioria em função de sua idade, experiências, posição e nível de envolvimento. Provavelmente foi Adam Schaff quem propôs que Bauman e Wiatr escrevessem um artigo e o apresentassem na cerimônia em comemoração de Stálin. Isso teria sido uma grande distinção para um aluno de primeiro ano do mestrado, mas Schaff sabia do envolvimento de Bauman com o stalinismo na ANP e no KBW. Schaff, que na época dirigia o Instituto de Filosofia, podia confiar que Bauman atenderia às expectativas políticas. Afinal, escrever textos de propaganda era sua especialidade,[32] e deixar a leitura a cargo de um aluno mais jovem, Wiatr, acrescentaria outra voz bastante "autêntica" da juventude polonesa expressando sua admiração pelo líder soviético (Wiatr provinha da intelligentsia de Varsóvia). Outro elemento importante que Wiatr menciona é sua percepção do elemento étnico na amizade entre os dois:

> Eu digo logo — um aspecto pode ser muito importante, que é o fato de eu não ter raízes judaicas. Zygmunt, quando entrou nesse círculo, havia tido principalmente — ou talvez apenas — colegas do Exército, também de origem judaica. Num certo sentido, fui o primeiro não judeu a ter um vínculo tão estreito com ele. Na verdade, essa é uma reflexão que só me vem à mente agora, porque na época éramos de uma geração muito especial — a intelligentsia de esquerda, no período imediatamente posterior à guerra, era, num certo sentido, cega à diversidade étnica.[33]

É verdade que Wiatr foi um dos primeiros amigos não judeus de Bauman. Mas não é tão claro que a intelligentsia de esquerda fosse cega às diferenças étnicas. Em nossa entrevista, Wiatr desafiou a tese do implacável antissemitismo polonês. Mas também contou ter percebido, pouco antes do casamento, que sua primeira esposa havia mudado de nome para ocultar sua origem judaica durante a Ocupação. "A origem não tinha importância alguma para as pessoas", disse Wiatr. Mas, se era assim, por que sua esposa — e tantos outros judeus — não retomaram seus nomes de família quando a Polônia foi libertada?[34] Se Wiatr estava certo, isso significaria que a universidade do pós-guerra era uma comunidade cosmopolita em que todos eram livres para enfatizar suas origens. Mas talvez Wiatr tenha atribuído um significado diferente à palavra "cego". Ele talvez tenha pretendido dizer que as pessoas não queriam ver as etnias e pretendiam fugir do velho problema da sociedade polonesa — a relação entre poloneses e judeus. Esse problema existiu antes, durante e depois do conflito, mas no pós-guerra os judeus tinham se tornado "invisíveis".

Essa cegueira e essa invisibilidade correspondem à apresentação que Bauman fazia de si mesmo. Ele era muito discreto quanto a sua origem familiar: "Zygmunt nunca mostrou sua judaicidade", disse Wiatr. "Não é que a estivesse escondendo — ele não mudou de nome —, mas nunca expunha suas origens judaicas." Como exemplo, Wiatr observa que, durante a Crise de Suez, em 1956,[35] "Zygmunt não mostrou nem uma sombra de simpatia por Israel. Naquela época não havia um clima de antissemitismo aqui". Fosse por um acordo tácito ou por um acerto implícito, ninguém falava de judaicidade nem de antissemitismo. Era um tema invisível. Bauman perdeu o emprego e foi expulso da carreira militar porque seu pai havia visitado a embaixada de Israel. Ele sabia que ser judeu poderia ser "um problema" — e arriscado. No entanto, de alguma forma, presumiu-se que isso não era um problema para Bauman, ainda que sua carreira militar tivesse sido interrompida com base na suposição de que ele, sendo judeu, não merecia confiança.

Apesar das dificuldades na vida profissional e pessoal — a exclusão do Exército, o declínio em matéria de rendimentos e moradia, a separação dos pais —, Bauman saiu-se bem nos primeiros anos no instituto. Segundo o seu *carnet* (boletim) de estudante, com a relação dos cursos frequentados, professores e notas, ele teve as melhores avaliações nos exames finais tanto do primeiro ano (em biologia, lógica, materialismo dialético, psicologia e história da filosofia) quanto do segundo (história da filosofia polonesa e filosofia marxista). As duas últimas matérias foram ministradas por seu orientador de mestrado, Schaff, o mais eminente ideólogo marxista da Polônia na época. Formado em Moscou, Schaff voltou para a Polônia em 1946 como um stalinista fervoroso. Ele criou o IKKN[36] e em 1953 dirigiu o Instituto de Filosofia da universidade. Uma combinação de influência acadêmica com forte envolvimento político fez de Schaff um homem poderoso. Ele era cercado de comunistas dedicados, incluindo seu brilhante assistente Leszek Kołakowski.

Leszek Kołakowski: Mais jovem em termos de idade, mais velho em termos de status

Três anos mais novo do que Bauman, Kołakowski estava numa posição mais elevada na escala acadêmica e era mais visível no mundo universitário do pós-guerra. Um *enfant terrible* do comunismo polonês, Kołakowski viria a ser um dos mais famosos intelectuais poloneses do século XX. Ele conheceu Bauman na universidade em 1953, quando ambos eram adeptos de Stálin. Ambos se tornariam revisionistas e amigos, banidos da Polônia em 1968 — a bem da verdade, eles saíram da Polônia em condições diferentes. Kołakowski foi convidado a ser professor visitante na Universidade McGill, no Canadá, enquanto Bauman e sua família foram banidos num expurgo antissemita. Ele foi expulso da universidade, sua mulher foi demitida e o Estado cassou sua cidadania polonesa, forçando-o a deixar o país e se tornar um apátrida.

No exterior, os dois intelectuais mantiveram uma complexa relação nas décadas seguintes, já que suas visões políticas evoluíram em direções diferentes. Kołakowski, como a grande maioria dos intelectuais poloneses (inclusive os ex-stalinistas), tornou-se um liberal anticomunista, convertido ao catolicismo, intensamente focado na libertação da Polônia e nos valores conservadores vistos como os mais promissores para essa finalidade: identidade, tradicionalismo, conservadorismo nacionalista. Bauman, por sua vez, foi um caso excepcional, porque continuou sendo socialista, desenvolvendo reflexões universalistas sobre a sociedade. Kołakowski estabeleceu-se no Reino Unido como professor de Oxford (e professor em tempo parcial da Universidade de

Chicago) e especialista em marxismo; mais tarde, concentrou-se na filosofia da religião. A instituição era uma das mais prestigiosas do Reino Unido. Bauman, que também se estabeleceu na Grã-Bretanha, aceitou um cargo na Universidade de Leeds, mas recusou ofertas para se especializar em marxismo ou Leste Europeu. Preferiu desenvolver suas próprias reflexões teóricas, que ultrapassaram os limites da academia. Em termos de reputação fora do âmbito acadêmico, Kołakowski foi celebrado sobretudo nos países pós-soviéticos. Seus escritos (principalmente ensaios jornalísticos) foram usados como base ideológica para mudanças políticas na Polônia — em particular, sua saída do sistema socialista. Kołakowski foi admirado por líderes e políticos pós-1989 por sua guinada de 180 graus do comunismo para o catolicismo, uma transformação pela qual Bauman jamais passou. Mas a permanente influência de Bauman, especialmente fora da academia, excede em muito a de Kołakowski. O pai da *Modernidade líquida* ganhou atenção no plano internacional por suas reflexões sobre a dinâmica social, tornando-se a inspiração ideológica para movimentos globais como o Occupy.

Nas décadas de 1950 e 1960, contudo, seus caminhos se cruzaram na Universidade de Varsóvia, embora o ingresso de um e de outro na instituição tenha se dado por caminhos diferentes. Bauman entrou pela porta dos fundos (por ordem do ministro da Educação Superior como parte de sua exclusão do Exército), enquanto Kołakowski entrou pela porta da frente. A trajetória acadêmica de Kołakowski foi exemplar para os filhos da intelligentsia polonesa.[37] Depois de obter o diploma do ensino médio, ele foi direto para a universidade. Logo após a guerra, quando morava em Łódź, Kołakowski envolveu-se com grande entusiasmo e energia em duas atividades. Atuou politicamente numa organização radical, a ZWM "Życie" (Związek Niezależnej Młodzieży Socjalistycznej, ou União da Juventude Socialista Independente "Vida") — o braço acadêmico do PPR —[38] e, ao mesmo tempo, era um aluno brilhante. O filósofo Marian Przełęcki recorda: "Eu o conheci no primeiro curso que tivemos com Ossowska. Ele era o mais jovem entre nós, com apenas dezoito anos de idade, mas se destacou de imediato".[39] Em 1946, Kołakowski conheceu Schaff (recém-graduado em Moscou), que havia obtido a cadeira de doutrinas sociais contemporâneas na Universidade de Łódź. O jovem estudante frequentava o seminário de Schaff e eles atuavam juntos politicamente como parte da "intelligentsia executiva" que dominava o PPR-Łódź.[40] Naquela época, Kołakowski já tinha o que Bourdieu chamaria de *habitus* de membro da elite intelectual: "Eloquente, conhecedor da literatura, falante de algumas línguas estrangeiras".[41] O jornalista Tomasz Potkaj ressaltou que "as discussões aconteciam nas enfumaçadas instalações da ZWM 'Życie', na rua Piotrkowska, 48, no seminário de Stefan Żółkiewski (um eminente ideólogo marxista e editor-chefe da revista *Kuźnica* [Siderurgia]) e também nos apartamentos de Ossowski e Kotarbiński, durante bebedeiras que iam noite adentro".[42] "As discussões eram extremamente rigorosas, mas os marxistas não tinham predominância absoluta, embora fossem sem dúvida mais visíveis", segundo Przełęcki (entrevistado por Potkaj). Kołakowski era o principal orador e ideólogo da juventude comunizante, "cheio de humor, irônico, literário", como Woroszylski o descreveu. "Como outros membros da ZWM 'Życie', ele levava uma pistola na cintura."[43]

A Universidade de Varsóvia, incluindo seu Departamento de Filosofia, foi reativada em Łódź logo após a guerra, quando a capital ainda estava em ruínas. Lá, como na maior parte da Polônia, o ambiente estava longe de ser pacífico, especialmente para comunistas. Membros de organizações políticas como a ZWM "Życie" precisavam se proteger. Combinando atividade política com estudos, Kołakowski dedicava seu tempo à leitura, à escrita e à discussão de opiniões filosóficas e políticas. Sua carreira acadêmica foi brilhante, e ele teve uma rápida ascensão. Em 1949, seguindo os passos de Schaff,[44] foi para Varsóvia e assumiu a posição de assistente júnior da cadeira de materialismo dialético e histórico. Em 1949, ele escreveu sua dissertação de mestrado sobre o convencionalismo, sob a orientação de Janina Kotarbińska.[45] No ano seguinte, colaborou com Schaff na criação do IKKN, conhecido como "a Escola dos Janízaros"[46] — um caldo de cultura para o novo quadro científico marxista. Kołakowski começou a elaborar sua tese de doutorado sob a orientação de Tadeusz Kroński,[47] mas, depois de reclamar da forma como ele ensinava (segundo Schaff), passou a ser orientado por Schaff.[48] Tanto no IKKN quanto no Departamento de Filosofia da universidade, Kołakowski foi assistente de Schaff. Para um professor atarefado como Schaff, esse trabalho incluía supervisionar e orientar alunos de mestrado e até mesmo dar aulas. Bauman matriculou-se no seminário de mestrado com Schaff e com toda certeza conheceu Kołakowski durante esse período. Embora estivesse academicamente atrás do colega, Bauman logo reduziu a distância. Mas nunca chegou ao status profissional de Kołakowski na Polônia; só este se tornou um "professor comum". Depois de ser excluído do KBW, Bauman mergulhou de cabeça na carreira acadêmica. Não tinha opção.

Rápida ascensão numa carreira acadêmica

A saída de Bauman do Exército foi formalizada em 27 de março de 1953.[49] Como era um princípio na Polônia socialista que nenhum adulto saudável poderia ficar sem emprego, a situação foi rapidamente resolvida. O ministro da Educação Superior impôs o ingresso de Bauman na universidade — procedimento que os poloneses descrevem como "trazer uma pasta" (*przyniesiony w teczce*). O requerimento em que Bauman solicitava a posição de assistente em materialismo dialético e histórico[50] contém um anexo escrito à mão que esclarece o contexto. Alguém anotou: "A candidatura do cidadão Bauman já foi aprovada pela Comissão de Qualificação. Segundo a declaração do Instituto de Filosofia, a posição [*etat*] em tempo integral deve ser destinada a cursos à distância na Faculdade de Direito, por decisão do ministro". Em outra anotação à mão sem assinatura, alguém escreveu: "O diretor do Instituto [de Filosofia] apoia firmemente essa solicitação [...]. [Bauman] ficará sob a supervisão científica do prof. Marek Fritzhand".[51]

O Exército tomava conta de seus ex-soldados, sobretudo oficiais de órgãos notórios como o KBW, e combinou com o ministro da Educação Superior para que fosse encontrado um lugar onde Bauman pudesse ser colocado. Desde 1948, o ministério havia aumentado a presença de membros do PZPR nas estruturas universitárias,[52] e Bauman era um bom candidato a reforçar a presença do Partido em círculos acadêmicos politicamente relevantes. Um ano antes, uma nova lei de reforma de inspiração soviética (Schaff foi um de seus principais proponentes) havia imposto a doutrina marxista-leninista a todos os departamentos e carreiras científicas. Mas não havia um número suficiente de professores qualificados para atender às necessidades desses cursos.[53] Bauman, como ex-instrutor do KBW, era um candidato perfeito para a posição. Como professor de marxismo-leninismo e membro ativo do Partido, ele era bem qualificado para a carreira acadêmica. Além de sua expressiva biografia, a candidatura de Bauman era sustentada por Schaff, sem o apoio do qual ele nunca conseguiria ser contratado. A unidade a que ele se integrou, dirigida por Hochfeld, ficou sob o controle do próprio Schaff, que, graças a seu poderoso status, podia "arranjar uma posição" para quem necessitasse, mesmo que fosse um indivíduo "suspeito" como Bauman.

Bauman foi contratado em 15 de fevereiro de 1953,[54] no início do segundo semestre, tendo sido "liberado de suas funções" num alto nível do KBW. Tal designação permitia que Schaff garantisse que ele não era persona non grata e pudesse ser contratado. No currículo que escreveu na expectativa da contratação, Bauman afirmou: "Não fui punido, fui liberado sem qualquer explicação a respeito de meu trabalho e de minha atitude política".[55] Schaff podia presumir as razões para a dispensa de Bauman. Ele sem dúvida estava ciente do clima antissemita no Partido e nos serviços de inteligência, sendo ele próprio um judeu.[56] Em 1953, porém, a campanha de discriminação étnica ainda não havia chegado à Universidade de Varsóvia.

O início da carreira acadêmica de Bauman teve um ritmo muito acelerado, para compensar o tempo perdido servindo o Exército. Em janeiro de 1954, seis meses antes de concluir o mestrado, Bauman foi promovido a professor adjunto no departamento de Hochfeld.[57] (Em 29 de dezembro, é possível que ele tenha assistido à defesa pública da tese de doutorado de Kołakowski, que atraiu grande parte do Departamento de Filosofia.)[58] Seis meses depois, em 25 de junho de 1954, Bauman defendeu sua dissertação de mestrado, intitulada *Abordagem metodológica e histórica da Escola de Baden e sua influência na historiografia polonesa*.[59] A banca foi composta por Jan Legowicz,[60] Julian Hochfeld e Adam Schaff, e duas questões lhe foram apresentadas. A primeira: por que a Escola de Baden era considerada idealista? A segunda dizia respeito ao significado prático da crítica do idiografismo (o estudo de fatos e processos científicos específicos). Suas respostas receberam a nota máxima (5/5).[61] Em vários documentos posteriores ao exame (como opiniões de Schaff ou Hochfeld), encontramos, da mesma forma, avaliações altamente positivas: "Excelente dissertação de mestrado, muito acima das expectativas para esse nível de trabalho. Ele [Bauman] provou que está apto para um trabalho [carreira] acadêmico".[62] Essas excelentes opiniões resultaram do trabalho duro de Bauman e do entusiasmo com que se inseriu em seu novo ambiente universitário. A única coisa que não havia mudado em sua vida era o seu compromisso com o Partido.

Enquanto estudava, ele obteve uma posição como secretário do comitê universitário do Partido, onde conduzia o processo de recrutamento e era encarregado de avaliar novos candidatos à universidade.[63] Era uma posição poderosa, e Bauman despertou temores em muitos à sua volta. "Zygmunt era um membro muito rígido do Partido", relembrou Barbara Szacka. A chefe dela, Nina Assorodobraj, havia sugerido que Szacka entrasse para o Partido, mas "eu sabia que isso era impossível [...]. Posso dizer que Bauman 'me salvou' de ingressar no Partido depois que o vi interrogar um candidato". A inquirição do candidato, um membro do Departamento de Inglês, foi brutal:

> "O que o seu pai fazia? Por quê?" [...] Eu estava sentada na plateia e não conseguia imaginar como poderia passar pelo mesmo processo! Condenar as opiniões de meu pai e renunciar a ele?! Meu pai morreu em Katyń; ele era um Legionário [um oficial sob o comando de Piłsudski] e tinha visões no pré-guerra que jamais escondi. Mas eu não podia me imaginar passando por essa tortura [...]. Zygmunt era realmente terrível [...]. Depois ele mudou.[64]

Embora possa ter sido um stalinista em seu trabalho para o Partido, as mudanças radicais na vida pessoal e profissional de Bauman o afetaram profundamente, segundo Janina Bauman. Ele

> se matava no trabalho, dedicando-lhe todos os seus dias e noites. Não era mais a mesma pessoa. O jovem entusiasmado e radiante se tornou um homem fatigado. O rancor que sentia pelo pai foi se transformando numa dor profunda e numa amarga angústia quanto ao destino de seus genitores.[65]

Aos poucos, Bauman fez as pazes com os pais, um processo que ficou mais fácil em 1954, depois de completar sua dissertação de mestrado. "Ele então havia mudado muito", escreveu Janina.

> Desde que deixou o Exército, ele parecia ver as coisas com mais clareza. Embora ainda fosse um socialista sincero — o que, no fundo do coração, continuou sendo —, ele agora começava a ver que nem tudo estava certo nesse mundo em que vivia. Tornou-se cada vez mais consciente das contradições entre palavras e atos [...]. Não era mais um adorador cego da linha do Partido.[66]

Dúvidas começaram a deteriorar a fé de Bauman. Elas foram fomentadas em função de sua intimidade com a seção de Materialismo Histórico e a honestidade intelectual de seu líder, Julian Hochfeld. Como Bauman enfatizou repetidas vezes, Hochfeld teve um papel crucial tanto em sua formação intelectual quanto em sua socialização profissional dentro do mundo universitário na década de 1950. Hochfeld foi um orientador e um amigo que protegeu seu discípulo até o fim (ele teve morte súbita em 1966). Em 1964, Bauman afirmaria que suas visões teóricas haviam sido formadas sob a orientação de Hochfeld, "e que sua presente forma se devia em grande medida à inspiração e à crítica, ao amplo horizonte intelectual e à eterna inquietação criativa" do mestre.[67] O relacionamento dos dois ia além do convívio tradicional entre professor e aluno. Hochfeld criou condições favoráveis para proteger o delicado desenvolvimento de um pensamento crítico e independente em Bauman. (Schaff, por outro lado, foi apenas, e por um breve período, seu supervisor intelectual, e não um amigo: eles nunca desenvolveram uma verdadeira relação de mestre e discípulo.) Hochfeld era dedicado a seus alunos, um intelectual de mente aberta que, durante os piores anos do stalinismo, expressava livremente suas dúvidas e críticas sobre o regime comunista dentro de seu reduzido círculo de confiança. "Eu me interessei por Bauman porque tinha curiosidade em relação a qualquer um que fizesse parte do círculo de Hochfeld", afirmou Andrzej Werblan, um *apparatchik* comunista naqueles anos.

Julian Hochfeld: Um homem numa arapuca

Antes de formar seu "círculo" na Universidade de Varsóvia, Hochfeld teve uma vida fascinante.[68] Ele nasceu no ano de 1911 em Rzeszów (à época, parte do Império Austríaco), numa família de judeus poloneses. Seu pai era advogado e vice-prefeito da cidade. Hochfeld estudou direito e administração na Universidade Jaguelônica em Cracóvia, onde, aos dezoito anos de idade, já estava envolvido em política — primeiro na União da Juventude Socialista Independente, braço acadêmico juvenil do Partido Comunista, e depois no Partido Socialista Polonês. Foi coeditor do *Płomienie* [Chamas], periódico dos jovens socialistas, e depois da graduação passou um ano em Paris na École

Libre des Sciences Politiques,[69] onde testemunhou o sucesso da Front Populaire (Frente Popular), que o convenceu de que socialistas e comunistas precisavam cooperar. De volta à Polônia, tornou-se editor do *Dziennik Popularny* [Diário Popular], que era lido por esquerdistas críticos do governo de direita e antissemita de seu país.[70] Em 1937, Hochfeld concluiu o doutorado em economia política e estatística em Cracóvia.[71] Com as portas da academia fechadas para ele por conta da origem judaica, uniu-se ao movimento para implementar projetos cooperativos de habitação em Varsóvia. Nos primeiros dias da Segunda Guerra Mundial, se engajou como voluntário e foi capturado, passando dois meses numa prisão militar alemã, tendo depois fugido para a Ucrânia. Quando Hitler atacou a União Soviética, em 1941, Hochfeld fugiu para o leste e se juntou ao Exército de Anders. Por cerca de seis meses, foi um delegado do governo no exílio em Londres em Dushanbe, no Tadjiquistão. Quando os exilados poloneses romperam oficialmente suas relações com a União Soviética, em 1943, os soviéticos o prenderam por semanas, e depois ele partiu com o Exército de Anders, atravessando o Oriente Médio até chegar a Londres em setembro de 1944.[72]

Hochfeld era um socialista no governo no exílio (e bem integrado aos círculos socialistas britânicos). Embora pudesse ter se estabelecido com facilidade e conforto no Reino Unido,[73] voltou para a Polônia em agosto de 1945 e foi nomeado para o Conselho Nacional do Estado por dois períodos consecutivos, além de ter sido membro do Parlamento. Ao mesmo tempo, integrou o Comitê Central Executivo do Partido Socialista e apoiou vigorosamente a ideia do realismo socialista (nesse contexto, uma corrente política, e não artística). Numa reunião com estudantes socialistas, Hochfeld "disse abertamente que a Polônia havia 'perdido a guerra'",[74] escreveu Wiatr.[75] Ele não alimentava ilusões sobre o sistema stalinista, que conhecia por experiência própria na União Soviética e em uma de suas prisões. Mas voltou para casa, renunciando a uma vida mais fácil:

> Ele escolheu outro caminho, cheio de riscos, porque julgava ter um dever em relação à Polônia. Provavelmente contava com o fato de que a "via polonesa para o socialismo", da qual era um dos mais importantes teóricos, poderia ser implementada apesar da dominação soviética. Ela seria uma variante não soviética, mais democrática e humanista do sistema socialista.[76]

Essa variante humanista foi apresentada num manifesto publicado em 1946 por Jan Strzelecki, que foi editor do *Chamas* alguns anos depois de Hochfeld. Ele afirmava que o humanismo socialista levava em consideração aspectos individuais dos processos sociológicos, e não apenas a determinação de classe, mas Schaff interpretou o texto como revisionista e atacou Strzelecki. Hochfeld defendeu Strzelecki, porém a visão deste não era aceita pelos adeptos do stalinismo.[77]

Outra discussão importante sobre o marxismo teve lugar em 1947-8 nas páginas da revista *Myśl Współczesna* [Pensamento Contemporâneo], em que Ossowski e Schaff apresentaram diferentes visões dessa teoria.[78] Ossowski, um socialista, representava a avaliação tipicamente ocidental, não comunista, de Marx, enquanto Schaff defendia a visão comunista ortodoxa. A contribuição de Hochfeld a esse debate foi original; para ele, disse o sociólogo Maciej Gdula,

> o marxismo pertencia ao tecido da ciência moderna, o que significava aceitar a natureza material do mundo e a exploração da interdependência entre fenômenos e causalidades. Os marxistas se concentram em investigar a transformação das forças produtivas e o lado material dos processos sociais. [...] Com base na pesquisa empírica, [essa abordagem] complementa criticamente as descobertas da outra perspectiva de um caráter mais "idealista".[79]

Definir o marxismo dessa forma abria espaço para o diálogo com outras abordagens, não marxistas. Hochfeld praticou e popularizou o "marxismo aberto",[80] originalmente uma ideia de Kazimierz Kelles-Krauz,[81] que se colocava em oposição ao dogma marxista. "Hochfeld entendia o marxismo como uma criação mental contendo teorias com vários graus de generalidade", escreveu seu biógrafo, Mirosław Chałubiński. Por sua própria natureza, acreditava Hochfeld, o marxismo precisava estar aberto a análises de um mundo em transformação e a teorias sociais não marxistas.[82] Essa ideia favorece uma cultura democrática e pluralista, já que "a unificação ideológica, típica de sistemas monocráticos, é, praticamente sem exceção, a negação da democracia e do pluralismo".[83]

Essa visão era inaceitável para Schaff e outros intelectuais stalinistas. A atitude rígida dos comunistas reforçava as dúvidas dos socialistas sobre os planos de reunificar os dois partidos. Hochfeld se opunha à fusão do Partido Socialista com o PPR, argumentando que o pluralismo fortalecia a democracia. Ele apoiava a hegemonia dos comunistas, "mas o pluralismo era importante para ele", escreveu Andrzej Werblan.[84] O orientador de Bauman era um socialista de rara procedência. Como advogado e ativista político, tinha um conhecimento a partir de dentro que podia ligar a um arcabouço teórico acadêmico do Estado, do governo e dos partidos políticos em contextos nacionais e internacionais. Nos anos iniciais do pós-guerra, ele acreditava que o sistema seria autoritário, porém suave; sabia que a democracia era impossível sob o domínio soviético.[85] Essa abordagem, representando uma espécie de terceira via, era uma posição importante, mas com frequência ignorada num ambiente político geralmente apresentado como um retrato em preto e branco de stalinistas contra agitadores apoiados por Londres. A posição de Hochfeld influenciou o trabalho de Bauman e seus pensamentos sobre como sobreviver sem abrir mão da honestidade intelectual numa época de propaganda e censura onipresentes. Hochfeld o ensinou a navegar com cautela num ambiente tempestuoso. "Hochfeld, para fazer algo sensato, mesmo que limitado, estava pronto a se comprometer", relatou Bauman à escritora Magdalena Grochowska.[86]

No final, a realpolitik acabou levando Hochfeld a se unir, sem entusiasmo, ao PZPR, mas suas polêmicas anteriores com Schaff lhe haviam custado a posição política no Partido recém-unificado e o relegado a uma carreira científica, tal como ocorreria com Bauman alguns anos mais tarde. Ele foi desviado para a atividade acadêmica depois de uma entrevista pessoal com ninguém menos que Jakub Berman, a "mão direita de Stálin" e proeminente líder comunista, no início de setembro de 1948.[87] Convencido de que precisava manter sua atividade política apesar da atmosfera crescentemente stalinista, Hochfeld se uniu ao agressivo campo de Schaff e, na reunião plenária do Comitê Central do PZPR em novembro de 1949, "submeteu-se a uma humilhante autocrítica e — ao menos indiretamente — aderiu à condenação da linha sustentada por Władysław Gomułka", escreveu Wiatr. Num artigo publicado na revista *Myśl Filozoficzna* [Pensamento Filosófico], da qual era o subeditor-chefe, Hochfeld atacou "severa e injustamente" obras de Józef Chałasiński e Stanisław Ossowski. Para avaliar essa ação em retrospecto, é preciso recordar a escala da pressão exercida naquela época, que incluía ameaças físicas.[88] Mirosław Chałubiński comparou a persuasão de Hochfeld a ações semelhantes, como os ataques de Kołakowski à Escola de Lwów-Varsóvia (Kołakowski e Baczko atacando seu professor Tatarkiewicz), ou a vingança de Chałasiński contra seu professor Florian Znaniecki.[89] Essa era uma prática intelectual da época: atacar o mentor intelectual de alguém e então ser atacado por outros alunos. O próprio Chałasiński, em novembro de 1947, virou a casaca e começou a louvar Stálin. Foi promovido e se tornou reitor da Universidade de Łódź, substituindo Kotarbiński, que fora demitido. Em 1949, Chałasiński sentou-se perto de Stálin em seu camarote num teatro, para comemorar o septuagésimo aniversário do ditador.[90]

Esse era o clima intelectual do stalinismo, em que as pessoas viviam com medo de perder o emprego e a carreira, e mesmo a própria vida. O passo seguinte na sovietização de Hochfeld ocorreu em 1951, durante o I Congresso da Ciência Polonesa, em que ele declarou que "sociologia e marxismo eram duas linhas distintas de desenvolvimento da cognição, e só a segunda era progressista".[91]

Em seu ensaio não ficcional intitulado *Mente cativa* (1953), Czesław Miłosz apresenta um zoológico de tipos intelectuais seduzidos pela "nova igreja". Para eles, a fé num futuro comum sob o regime comunista perdoava todos os aspectos negativos do sistema que apoiavam. De posse da máxima Verdade, eles ficavam cegos a suas anomalias e crimes. Turski compara esse tipo de intelectual à figura de um missionário.[92] Maria Hirszowicz, em seu livro dedicado aos intelectuais traídos pelo stalinismo, descreve dois tipos principais que apoiaram o sistema: os verdadeiros crentes (as "mentes cativas" de Miłosz) e as pessoas da organização. Os primeiros eram atraídos pelos ideais comunistas e os defendiam; os últimos eram fiéis às instituições.[93] Hochfeld não pode ser facilmente classificado em nenhuma dessas categorias; era uma espécie de inconformista,[94] buscando manter seus valores socialistas num ambiente extremamente hostil — ao contrário daqueles à margem do sistema que de fato não se enquadravam (como Strzelecki) e de opositores permanentes (como Jan Józef Lipski). Ele fazia um jogo estratégico e um papel duplo, como funcionário do Partido e professor. No primeiro domínio, demonstrava um apoio ferrenho ao marxismo. Isso lhe dava acesso à academia, onde podia desempenhar um papel mais cético e crítico.

Schaff e o Partido recompensaram Hochfeld por endossar abertamente o stalinismo. Em 1951, ele se tornou professor de marxismo dialético na Universidade de Varsóvia, e um ano depois foi criada uma cátedra para ele, substituindo uma das cátedras de sociologia que haviam ficado órfãs com a demissão de seus professores não marxistas. Enquanto isso, Hochfeld construía seu próprio círculo acadêmico, uma nova geração de alunos que se tornariam pensadores independentes e que, embora tivessem crescido num sistema ditatorial, seriam capazes de criticá-lo e tentar mudá-lo. Esse processo obedecia ao princípio do humanismo socialista, tal como Hochfeld o percebia, criando assim uma nova escola marxista. Ele era um professor carismático cercado de assistentes e alunos, entre os quais Zygmunt Bauman.

O "círculo de Hochfeld"

O primeiro assistente de Hochfeld foi Jan Strzelecki, que, apesar de seu curtíssimo período de trabalho (foi demitido no final de 1952), influenciou significativamente a equipe. "De um ponto de vista formal, [ele] não tinha poder, mas, em termos de meritocracia, era o segundo depois de Deus", disse Wiatr.[95] Numa época em que todo mundo seguia a ditadura comunista, fosse por oportunismo ou por medo, Strzelecki permaneceu fiel a seus valores. Sua atitude era uma espécie de bússola moral para o restante da equipe de Hochfeld — uma vida emblemática do humanismo socialista que ele defendia.

Seis anos mais velho que Bauman, Strzelecki se matriculou na Faculdade de Direito da Universidade de Varsóvia em 1937. Em paralelo, iniciou sua atividade política, sobretudo publicando textos antifascistas em periódicos social-democratas. Durante a Segunda Guerra Mundial, aproximou-se dos líderes do futuro Partido Socialista Polonês, e a partir de 1942 foi um dos coeditores, ao lado de Lipiński, de *Chamas*. Strzelecki também atuava em grupos clandestinos de esquerda, apoiando militantes do Bund (o Partido Socialista Judaico) e ajudando judeus a fugirem do gueto.[96] Além disso, ele continuou em seus estudos na universidade clandestina, sendo aluno de Kotarbiński, Suchodolski e dos Ossowski. Quando teve início o Levante de Varsóvia, Strzelecki participou de batalhas de rua e foi ferido, conseguindo se esconder no sul da Polônia até o fim da guerra. Em 1945, retornou à restaurada Universidade de Varsóvia em Łódź e decidiu estudar sociologia. Tornou-se assistente de Stanisław Ossowski, seu orientador, e um ano depois foi com ele para Varsóvia, onde, em 1949, defendeu sua dissertação em sociologia do conhecimento, baseada na obra de Karl Mannheim.[97] Em 1946, Strzelecki passou algumas semanas na cadeia, acusado de pertencer à organização anticomunista Liberdade e Independência. Apesar de ter sido absolvido, as autoridades o viam com suspeita. Quando Ossowski terminou seu período como catedrático, Strzelecki perdeu o emprego de assistente e Hochfeld lhe ofereceu apoio financeiro — ao que parece, do próprio bolso, fingindo que era uma bolsa de estudos. Isso permitiu que a família de Strzelecki sobrevivesse.[98] Hochfeld e Strzelecki eram colegas próximos desde 1946, quando, ainda jovens alunos, entraram para o Conselho Supremo do Partido Socialista. Como muitos membros do Partido nessa época, Hochfeld e Strzelecki expressavam sua distância do stalinismo e do comunismo. Strzelecki, com o apoio de Hochfeld, popularizou a ideia de humanismo socialista.[99] Schaff criticou vigorosamente a "atitude revisionista" de ambos na imprensa.

Tanto Hochfeld quanto Strzelecki acreditavam ser inútil opor-se abertamente ao comunismo, vendo a difícil situação da Polônia como resultado, em parte, de sua história, sua geografia e sua realidade social.[100] Mas enquanto Hochfeld aproximou-se do PPR em função de seu realismo, Strzelecki permaneceu fiel a sua crença humanista.[101] Desde o início, o ambiente estabelecido pelos dois possibilitou estudos, projetos e debates que ultrapassavam os temas e arcabouços oficiais. Os membros da equipe de Hochfeld, incluindo Bauman e Wiatr, que chegaram à posição de assistentes quando ainda eram alunos, se beneficiaram dessas condições privilegiadas. O ambiente protegido também se estendia aos alunos de mestrado de Schaff — uma circunstância peculiar, visto que este era um marxista ortodoxo, líder do processo de stalinização da universidade e estritamente oposto ao humanismo socialista. Diferente do seminário ortodoxo de Schaff, o de Hochfeld era um espaço de relativa liberdade. Mas nem todos os alunos que estudavam nesse departamento podiam frequentá-lo. Apenas Wiatr e Wesołowski estavam matriculados; Bauman, Aleksandra Jasińska[102] e Albin Kania eram oficialmente orientados por Schaff e frequentavam seus seminários — Bauman como aluno da Universidade de Varsóvia; Jasińska e Kania, seu futuro marido, como alunos do IKKN. Outra importante participante da equipe era Maria Hirszowicz. Após sua graduação em diferentes instituições, eles se tornaram membros ativos do círculo de Hochfeld.

Todos os alunos de mestrado que trabalhavam na unidade de Hochfeld se formaram em 1954.[103] Eles se dividiram em dois grupos: Bauman e Jasińska tiveram como tema os clássicos da sociologia, enquanto Wiatr e Wesołowski utilizaram metodologias sociológicas tradicionais em seu estudo sobre "memórias dos trabalhadores" no período do entreguerras. A única tese a utilizar uma abordagem estritamente marxista foi a de Albin Kania.[104]

Embora seus temas fossem diversificados, a "escola" compartilhava, como recordaria Wiatr,

> temas de pesquisa comuns, um sistema de valores coletivo, um tipo semelhante de comprometimento político, e também, num grau bastante significativo, um mestre que não só era um guia em nosso trabalho científico, mas uma grande autoridade e um grande amigo.[105]

O relacionamento orquestrado por Hochfeld, baseado na confiança e na manutenção de sólidos laços mestre-discípulo, possibilitou que fossem realizados trabalhos sociológicos "proibidos". Os alunos de Hochfeld usavam métodos quantitativos e uma especialidade do pré-guerra — a pesquisa biográfica a partir de diários pessoais — para examinar as memórias dos trabalhadores. Isso era incomum numa época em que qualquer intelectual do pré-guerra era considerado decadente e indesejável. Hochfeld também mantinha outro elemento "burguês" — o contato direto com os objetos da pesquisa (operários da fábrica de automóveis de Żerań). Isso possibilitou que seu grupo realizasse pesquisas de campo sobre a transformação da "consciência da classe trabalhadora".[106]

"Eram tempos ruins para a ciência", recordou Wiatr,

> mas mesmo nesses anos difíceis Hochfeld conseguiu dar a seu ensino um padrão distante do ortodoxo. Lembro-me de uma aula de seu seminário baseada no livro de Franz Borkenau,[107] que ele tinha em sua biblioteca e me emprestou. Era provavelmente o único seminário universitário a leste do Elba em que o trabalho de socialistas ocidentais proeminentes era discutido de um modo factual e desprovido de rancor ideológico.[108]

Hochfeld praticava, e ensinava, a arte de "latir com focinheira":[109] "A linguagem intelectual de Hochfeld era amplamente livre do jargão ideológico, enquanto seus artigos eram tomados de agressão política e ortodoxia stalinista-leninista".[110] Seus discípulos aprenderam a navegar num ambiente hostil compartilhando uma comitiva intelectual estimulante. Membros da equipe permutavam e liam os rascunhos uns dos outros e colaboravam em ensaios[111] num espaço universitário atipicamente livre.

"Isso foi algo singular", disse Bauman numa entrevista. "Nunca mais aconteceu em minha vida [...] apenas uma equipe de pessoas discutindo entre si, sendo cada trabalho objeto de interesse de todos. Ali, ninguém estava só, ninguém atuava isolado. Nunca mais vi isso em lugar algum."[112] De fato, tal organização do trabalho, baseada no compartilhamento de conhecimento, ocorre com mais frequência em grupos de pesquisa de ciências biológicas do que em ciências sociais ou humanidades. Esse ambiente incomum estimulava o trabalho duro, e provavelmente também ajudou a amenizar os onipresentes temores da época.[113] Pelos padrões do lugar e do momento, o círculo de Hochfeld fez um trabalho espetacular: eles liam publicações ocidentais, discutiam teorias não marxistas e usavam metodologias de pesquisa ao "estilo antigo" (não marxistas). Os alunos aprenderam a realizar um trabalho sociológico decente sob o pior regime político imaginável, muito antes do início do "degelo", em outubro de 1956.[114]

Quando Strzelecki foi demitido da Universidade de Varsóvia (pela segunda vez, no final de 1953), Bauman assumiu seu lugar como o número dois da equipe, depois de Hochfeld. Isso se deveu a sua idade e condição social: era ligeiramente mais velho que os outros, com exceção de Maria Bielińska-Hirszowicz, e era também um homem de família e ex-oficial. Ele era visto como um dos "adultos" do grupo, com tarefas a cumprir. Em julho de 1953, Bauman passou um mês em Sopot (uma cidade na costa do Báltico, perto de Gdańsk) como "chefe" de um acampamento de verão criado por Schaff para alunos de humanidades e ciências sociais. A ideia era transmitir ensinamentos aos estudantes sobre ideologia e clássicos da filosofia num ambiente de veraneio (esses acampamentos eram organizados pela Universidade de Varsóvia em atraentes destinos de férias). Não era uma "doutrinação estúpida", relembra Barbara Szacka: "As aulas eram de bom nível [...] nada maçantes. Obviamente, eram ideológicas, já que predominavam a filosofia dialética e o materialismo histórico". Bauman estava lá como "guardião organizacional", disse ela. Embora ligado a Hochfeld, não era considerado um estranho e era associado ao "poder duro" das estruturas partidárias da universidade.[115] Ele pode ter parecido desagradável ou arrogante no verão de 1953, mas o acampamento se destinava a alunos solteiros em busca de diversão. Bauman estava longe da esposa, Janina, e da filha, Anna, e às voltas com dificuldades financeiras (principal motivo pelo qual havia aceitado o trabalho no acampamento).

Hochfeld também fez de Bauman o responsável pela contabilidade e por tarefas organizacionais no departamento. Wiatr recorda um dia em que Hochfeld se mostrou insatisfeito com a forma como Bauman havia tratado de algum assunto financeiro e disse:

> "Já tive minha cota desse comportamento nas lojas da Nalewki" [a rua comercial dos judeus em Varsóvia no pré-guerra conhecida por seus "lojistas fedorentos"]. Zygmunt ficou chateado! Hochfeld olhou para ele e perguntou: "Zygmunt, você acha que eu sou antissemita?". E todos nós caímos na gargalhada — era assim em nosso grupo. Estávamos tão vacinados contra o antissemitismo que Hochfeld podia fazer um comentário assim sobre as lojas da Nalewki.

Essa história ilustra vários aspectos importantes. O uso do humor e de estereótipos étnicos, que podia ser ofensivo, não tinha esse caráter quando vinha da boca de Hochfeld. Em vez disso, refletia um tipo de estilo judeu-polonês, autossatírico e ácido, que Hochfeld utilizava para pôr fim a uma tensão no grupo. A reação dos outros membros (risos) indica um ambiente descontraído e um estilo não hierárquico de relacionamento que eram raros naquela época e na universidade. As relações feudais entre mestres e discípulos eram o modelo predominante na Polônia. O estilo amistoso do grupo de Hochfeld também devia se dever à convicção dos alunos de que estavam fazendo um trabalho interessante e talvez perigoso. No auge do stalinismo, Hochfeld estava virando o modelo intelectual imposto de cabeça para baixo, observa Wiatr. Ele dava um seminário voltado à crítica da social-democracia, mas a forma como o fazia não era aniquilante. Ele orientava os estudantes a lerem livros ocidentais em sua versão original, tal como haviam sido escritos por autores "revisionistas" ("revisionista" significava tudo aquilo que desafiava o marxismo ortodoxo). No ano acadêmico de 1952-3, isso era simplesmente impensável na União Soviética ou em qualquer outro lugar da Polônia.[116] Ao exigir que seus alunos e colaboradores lessem autores "revisionistas", Hochfeld estava preparando o terreno para um movimento com esse viés. "Discussões diárias com amigos e colegas da universidade ajudaram a abrir a mente" de Bauman, Janina escreveu mais tarde. "Seguiram-se seus primeiros ensaios críticos. Ele não era mais um adorador cego da linha do Partido."[117]

Quando Bauman terminou o mestrado sob a orientação de Schaff, foi transferido oficialmente para Hochfeld e começou sua pesquisa de doutorado sobre a concepção de socialismo do Partido Trabalhista. O tema era próximo dos interesses de Hochfeld e distante da ortodoxia marxista. Era um espaço de relativa liberdade.[118] A carreira acadêmica de Bauman teve um bom início. "Hochfeld era o cabeça", diz Wiatr, mas Bauman, seu protegido, "era o verdadeiro chefe, pois Hochfeld estava sempre ocupado."[119] Bauman tinha capacidade e energia para realizar diversas tarefas ao mesmo tempo.

A vida de um jovem acadêmico

O salário de professor assistente não podia substituir o de um major do KBW na Polônia socialista. Acadêmicos eram "trabalhadores do Estado" de baixa renda,[120] Varsóvia era um lugar caro e escasso em moradias, e os acadêmicos eram incentivados a assumir vários empregos a fim de juntar um salário razoável. A partir de janeiro de 1953, e por todo o restante de sua vida na Polônia, Bauman teve o costume de acumular empregos.

Segundo documentos dos arquivos da Universidade de Varsóvia, o reitor havia nomeado "o cidadão Bauman Zygmunt" para a posição de "trabalhador científico assistente", com salário de faixa 7, de 15 de fevereiro de 1953 a 15 de fevereiro de 1955.[121] Outro documento descrevia suas obrigações: 36 horas por semana, dentre as quais dezoito horas de ensino, seis horas para organizar e programar estudos e doze horas de pesquisa e preparação de ensino.[122] A posição foi confirmada após dois meses de teste, e ele foi enfim contratado por período indefinido.[123] O mesmo arquivo contém uma carta a respeito do salário de Bauman, junto com um subsídio para sua filha Anna. Outro documento, datado da primavera de 1953, menciona que Bauman não tem outros empregos. Em novembro de 1953, contudo, Bauman se tornou editor da revista *Pensamento Filosófico*, publicada pelo Departamento de Filosofia. Os dois empregos proporcionavam um salário modesto, embora notas e antiguidade fossem prêmios na universidade.

Foi um período difícil para a família. "Lembro-me de dias em que não havia nada para comer à noite", escreveu Janina.

> Às vezes por falta de dinheiro, às vezes porque as filas nas lojas eram grandes demais; às vezes porque simplesmente não havia comida para comprar [...]. [Zygmunt] fazia de tudo para ajudar, mas agora estudava em tempo integral e estava preocupado em se formar o mais rápido possível.[124]

Bauman "dedicava a maior parte do tempo aos estudos. À noite, na mesa da cozinha, espremido entre o sofá e o guarda-roupa, ele escrevia sua dissertação de mestrado a um ritmo veloz".[125] O apartamento do casal era muito pequeno e insalubre; Janina precisava ficar em casa com Anna sempre que ela adoecia, o que era frequente. Eles não tinham dinheiro para contratar alguém para cuidar da menina. A versão polonesa do livro de Janina Bauman contém um relato sobre os trabalhos extras que Bauman fazia para tentar melhorar sua condição financeira: "Ele escreveu um pequeno conto para um concurso de rádio e obteve o segundo prêmio. Depois 'produziu' uma pequena história policial, da qual gostei muito, mas infelizmente não encontrou editora".[126] Em minha pesquisa, não descobri nenhum romance policial inédito dessa época, mas houve dois romances militares que Bauman assinou como Julian Żurowicz, ambos publicados em 1953 por uma editora militar.[127] O relato de Janina, porém, não diz nada sobre esses romances, talvez porque esses produtos do realismo socialista fossem desprezados, ou mesmo considerados criminosos, na Polônia do início do século XXI. Ou talvez Bauman não se orgulhasse mais deles.

A morte de Stálin em 9 de março de 1953 trouxe alguma esperança quanto a futuras mudanças. Aos poucos e de maneira perceptível, o medo onipresente começou a arrefecer na sociedade. Na casa de Bauman também havia essa necessidade de construir uma "vida normal". Em junho de 1954, ele defendeu sua dissertação de mestrado, e em 14 de julho foi designado para integrar a Comissão de Qualificação, o órgão que tomava decisões de carreira sobre pesquisadores no Departamento de Filosofia.[128] Em outubro de 1954, Bauman foi nomeado para um segundo posto, simultâneo, em tempo integral, como pesquisador associado da seção de Materialismo Histórico e Dialético da Academia Polonesa de Ciências (PAN).[129] Esse emprego foi de grande ajuda para o orçamento familiar. Em 21 de dezembro de 1954, a Comissão de Qualificação deu a Bauman o título de professor assistente de pesquisa (*adiunkt naukowy*), válido a partir de 1º de janeiro de 1955. Isso aumentou seu salário na universidade de 920 para 1300 złotych por mês. Em 1955, o novo salário de Bauman era cerca de 30% superior à média na Polônia. Além disso, somando-se às posições que detinha na universidade e na Academia Polonesa de Ciências, Bauman recebeu uma terceira oferta, muito interessante, seis meses depois. A Diretoria do Comitê Central da Escola do Partido o nomeou, com autorização da liderança do PZPR, para chefiar seu Departamento de Materialismo Histórico e Dialético.[130] Seus três salários totalizavam agora cerca de 3 mil złotych.

A partir desse acúmulo de empregos, podemos deduzir que Hochfeld foi um protetor e patrocinador muito poderoso de Bauman, ajudando-o a obter boas posições e uma renda decente. "Tudo caminhava de maneira tranquila",[131] escreveu Janina sobre esse período. O ano de 1955 foi bom para a família Bauman, que conseguiu enfim deixar o alojamento do Exército em Mokotów. Em setembro, eles se mudaram para Bielany, na zona norte de Varsóvia. Hochfeld provavelmente ajudou Zygmunt a encontrar o apartamento, localizado num novo quarteirão da rua Aleja Zjednoczenia, 1/222, que já mostrava sinais da má qualidade de sua construção, realizada no pós-guerra. O imóvel era composto de dois quartos pequenos no andar térreo com janelas que davam para o norte e de uma minúscula cozinha (sem janelas). Era frio e escuro, características desagradáveis num país com longos e sombrios meses de outono e inverno, em que o acesso à luz e ao sol é muito importante. Também ficava longe do centro da cidade, o que significava muitas horas de viagem tanto para Zygmunt quanto para Janina em transportes públicos que funcionavam mal. Entretanto, pela primeira vez em anos, eles tinham uma casa "civil", sem guardas militares no portão de entrada nem uma elevada cerca de proteção.

A mudança para Bielany foi provavelmente facilitada pela administração,[132] porque Janina agora estava grávida de gêmeas, o que significava uma considerável mudança na situação da família. Ter três filhos era incomum; a maioria dos casais da intelligentsia nessa época tinha apenas um filho, em função das carreiras profissionais das mulheres e dos apartamentos pequenos. Um provedor era insuficiente, e famílias grandes haviam deixado de ser comuns no país. Três crianças numa casa com pai e mãe trabalhando significava um enorme desafio logístico. Os Bauman, contudo, o aceitaram.

O final de 1955 foi um período muito intenso. Zygmunt, aos trinta anos,[133] estava preparando sua tese de doutorado, e era agora pai de três filhas numa cidade que carecia de muitos artigos básicos. Nessa época, a maioria das mulheres passava várias horas por semana em longas filas à espera de produtos. Bauman compartilhava essa tarefa com a esposa; não era um "pai tradicional". Meio século antes da guinada para a participação paterna nas tarefas domésticas e no cuidado das crianças, Zygmunt assumiu funções tradicionalmente realizadas por mulheres. O trabalho doméstico não era uma atividade totalmente nova para ele, que já estivera envolvido na criação de Anna. Entretanto, depois do nascimento das gêmeas e da doença de Janina, ele foi obrigado, por algum tempo, a realizar todas as tarefas maternas. Bauman conseguia limpar a casa, cozinhar e realizar seu trabalho universitário.

Esse período difícil revela um aspecto geralmente muito bem escondido da personalidade de Bauman. Em situações de emergência, seu senso de responsabilidade e grande resistência física lhe permitiam enfrentar a privação de sono, a desorganização e as refeições irregulares e de má qualidade. Outra característica importante se revelou na sequência do nascimento das gêmeas, que ocorreu numa luxuosa clínica particular. Cara e muito bem-conceituada, ela tinha como proprietário um velho obstetra. Os Bauman não tinham condições de ser atendidos ali, mas o dono era um velho amigo do avô de Janina, e assim eles não tiveram de pagar. As meninas, Irena e Lydia, nasceram em 16 de dezembro de 1955. As recém-nascidas eram saudáveis, mas Janina estava muito doente. Seus médicos tentaram curá-la com antibióticos, que na época ainda eram uma novidade e muito caros, e acessíveis apenas com uma autorização especial que Bauman levou horas na fila do Ministério da Saúde para obter. Depois disso, ele passou outras longas horas na fila da farmácia, onde pagou uma fortuna pelos remédios. Essas despesas arruinaram seu orçamento, e os antibióticos se mostraram ineficazes para tratar os problemas de saúde de Janina,[134] que continuaram piorando. Depois de seis semanas no hospital, Zygmunt resolveu levá-la para casa, junto com as gêmeas. Bauman "agora tomava conta de tudo em nossa vida", escreveu Janina. "Já sendo provedor, cozinheiro, babá, faxineiro e lavadeiro, agora se tornava meu médico."[135] Sob a supervisão de um médico local, Bauman seguiu as prescrições com a "rigidez de um antigo soldado".[136] Lentamente, Janina recuperou-se, mas por meses Zygmunt se dedicou quase exclusivamente à família. "Era [...] [Zygmunt] quem ficava acordado à noite para alimentar nossas bebês", escreveu Janina.

> Inclinado sobre o berço, ele segurava uma mamadeira de leite em cada mão, esperando pacientemente até que se esvaziassem. Mais tarde, ele muitas vezes acordava para trocar as fraldas das meninas, enquanto eu permanecia na cama, sem conseguir dormir, mas incapaz de me movimentar. As meninas eram um trabalho duro [...]. O inverno foi rigoroso, com dias muito curtos. Nas manhãs geladas e escuras [...] [Zygmunt] inclinava-se sobre a banheira e lavava dezenas de fraldas. Não havia como secá-las em nosso apartamento pequeno e gelado, de modo que elas precisavam ser penduradas no quintal do prédio [...]. Depois ele a levava [Anna, a filha mais velha] para a creche e ia buscá-la oito horas depois. Nesse meio-tempo, lecionava, supervisionava os alunos, trabalhava no doutorado e debatia em reuniões políticas. Também fazia todas as compras, enfrentando filas intermináveis.[137]

É difícil imaginar como Bauman conseguia conciliar todas essas tarefas. Ele era professor em tempo integral e aluno de doutorado em fase de conclusão de tese. Além de seus deveres pessoais, precisava lidar com um ambiente efervescente e agitado na universidade. A sociedade polonesa estava, pouco a pouco, despertando.[138] Mas ninguém poderia ter previsto que o fim do inverno traria mudanças tão grandes.

O "degelo"

Apesar da percepção comum de que o degelo começou com um discurso de Khruschóv, em 1956, no XX Congresso do Partido Comunista, e com os distúrbios de Poznań em junho do mesmo ano, os sinais de desestalinização já eram visíveis na Polônia muito antes disso.[139] O historiador Andrzej Werblan, um observador atuante na dinâmica política, acredita que o processo de degelo tenha surgido originalmente a partir de tensões intrapartidárias. Havia dois grupos no Partido, mais tarde chamados de "puławianos" e "natolinianos" (a partir de seus locais de encontro em Varsóvia: a rua Puławska e o distrito de Natolin). Os natolinianos apoiavam a política de Bierut e eram leais aos líderes soviéticos, enquanto os puławianos buscavam ter mais independência em relação a Moscou e menos controle do Partido sobre a vida individual e profissional. Os puławianos eram sobretudo comunistas mais velhos, céticos em relação às políticas stalinistas e soviéticas. Alguns tinham lutado na Guerra Civil Espanhola e conheciam tipos de comunismo diferentes do modelo stalinista; não eram crentes e não se surpreenderam com a chamada "revelação de Światło".

O tenente-coronel Józef Światło fugiu para Berlim Ocidental e de lá para os Estados Unidos no final de 1953, revelando publicamente aspectos ocultos do sistema comunista: o terror policial, a tortura de prisioneiros políticos, o "estilo de vida burguês" da elite comunista, a influência moscovita e as amplas redes de informantes. Antes de sua fuga, ele fora subchefe do Departamento X da polícia secreta e era conhecido como supervisor da tortura de prisioneiros políticos. As revelações de Światło foram divulgadas na Polônia pela Rádio Europa Livre a partir de setembro de 1954. Embora fosse proibido escutar essa rádio, todas as pessoas de alto nível em Varsóvia ouviram e comentaram as declarações. A equipe de Hochfeld, informada por fontes do Partido, debateu a notícia, que era impossível de ignorar, mesmo que alguns a descartassem como propaganda ocidental. Os eventos que se seguiram à transmissão mostraram que a estrutura de poder estava começando a ruir.[140] O Ministério da Segurança Pública foi dissolvido em dezembro de 1954, e alguns de seus líderes foram presos e levados a julgamentos (inclusive o coronel Fejgin, um dos superiores de Bauman no KBW) nos quais se revelaram práticas criminosas cometidas em nome do Estado. Władysław Gomułka, que fora o líder de fato da Polônia até 1948, quando foi destituído e preso, foi libertado em 13 de dezembro de 1954. Houve uma discussão mais aberta dessas ações por toda a Polônia, mas o "afrouxamento das rédeas" foi retardado por Bierut, que permaneceu fiel à lenda stalinista até que o discurso de Khruschóv a liquidou definitivamente. Esse foi o evento da guinada, que não poderia mais ser atribuído a motivações imperialistas ou contrarrevolucionárias dos reformistas.

Bauman não deve ter conseguido dormir muito em 1956, e não apenas por conta de seus exaustivos deveres como pai.[141] Numa gélida noite de fevereiro, Khruschóv fez seu supostamente secreto discurso de quatro horas condenando os crimes de Stálin: os expurgos, o gulag, o uso da tortura e outros atos de terror. Apoiando seus argumentos nos textos clássicos de Marx,

Engels e principalmente Lênin, Khruschóv mostrou como Stálin havia distorcido um sistema que, em princípio, não se caracterizava pela ditadura e pelo totalitarismo. Em suma, Khruschóv sustentou que o comunismo ainda era a melhor política, mas Stálin era um demônio que havia abusado do poder, criando e alimentando um condenável culto à personalidade. Fora escancarada a caixa de Pandora.

Enquanto 1436 delegados do Partido foram convidados a ouvir o discurso, não se mediram esforços para restringir seu conhecimento (o texto só foi publicado na União Soviética em 1989!). Traduções foram enviadas a países do bloco soviético por meio de telegramas classificados como ultrassecretos. Khruschóv ficou preocupado com a reação de apoiadores ativos de seu predecessor,[142] pois o discurso e as revelações das medidas de desestalinização[143] criaram um terremoto que ameaçava destruir, da noite para o dia, décadas de stalinismo. Ocorre que as medidas de desestalinização e o discurso foram discutidos por todos aqueles que tinham ouvido a transmissão ou lido suas traduções, e também por quem apenas captou alguns trechos ou uma ideia geral através de boatos. A intensidade dos debates foi imensa.

Bierut permaneceu em Moscou após o discurso, embora não haja consenso entre os historiadores sobre se isso se deu por problemas de saúde ou por sua lealdade a Stálin.[144] Na Polônia, onde a linha dura já havia sido atingida pelas revelações de Światło, a agitação crescia dia a dia, à medida que vazavam notícias incompletas e não confirmadas. Bierut mantinha contato com a Polônia por telefone e com uma preocupação crescente, e a situação piorou com um plenário informal do Comitê Central, nos dias 3 e 4 de março, no qual o membro do Parlamento e secretário do Comitê Central do Partido Jerzy Morawski fez um relato sobre o discurso de Khruschóv.

> Ele mencionou a afirmação de Khruschóv, numa recepção para delegados estrangeiros, de que a luta contra o "culto do indivíduo" não estava de maneira alguma concluída, mas continuaria até que todos os remanescentes fossem erradicados da vida social, incluindo a ciência e a educação, a arte e a literatura. O professor Schaff apresentou então um relatório sobre reações ideológicas.[145]

No Instituto de Ciências Sociais do PZPR, onde Bauman dirigia a seção de pesquisa social, assim como em outros espaços acadêmicos, Schaff organizou debates para tentar impedir que as coisas saíssem de controle. Membros da equipe de Hochfeld participavam dessas discussões acaloradas. A noção de liberdade para a ciência e a educação e a abolição do culto stalinista à personalidade eram belas promessas. O Partido e os círculos intelectuais de Varsóvia fervilhavam com intensas discussões.

Em 12 de março, dezesseis dias após o famoso discurso de Khruschóv, Bierut "subitamente" morreu em Moscou.[146] Na Polônia, boatos e anedotas ácidas atribuíam sua morte a um envenenamento ou suicídio, embora nenhuma evidência disso tenha jamais aparecido. Ele foi enterrado em Varsóvia em 16 de março, e o próprio Khruschóv fez parte da guarda de honra. "O retorno de seu falecido líder num caixão aberto foi um choque para muitos poloneses."[147] Bierut não era popular na Polônia, mas governou com o apoio de Stálin por oito anos. "Apesar da fachada pública de solenidade e tristeza, a polícia secreta reportou muitos casos de vandalismo e atividades contra o Estado", segundo um relato.[148] O círculo de Hochfeld tinha sentimentos conflitantes, pois, embora Bierut representasse a face mais dura do stalinismo, ele também era pai de Aleksandra Jasińska-Kania, uma boa amiga do grupo.[149]

Existem diversos relatos de como leitores poloneses tiveram acesso ao "relatório secreto", que logo vazou. As diferentes histórias nos ajudam a entender os processos sociais particulares dessa época. Segundo o historiador Anthony Kemp-Welch, uma cópia original do Relatório Khruschóv foi entregue a Bierut no XX Congresso e levada para Varsóvia por membros da delegação que retornaram à Polônia. A cópia de Bierut foi disponibilizada a leitores selecionados da cúpula do Comitê Central; Schaff certamente teve acesso a ela. Bauman não deve ter posto as mãos no relatório de imediato — talvez, devido a sua fluência em russo, pudesse ter tido acesso, se tivesse conquistado a confiança de Schaff em uma carreira no Partido no ano anterior. Mas isso não ocorreu, e ele não fazia parte do círculo interno do regime.

Bauman provavelmente leu uma versão em polonês que logo se tornou disponível. Designada como "exclusivamente para uso interno do Partido" e planejada como uma edição limitada de 3 mil exemplares, 15 mil cópias do texto em polonês foram impressas, e da Polônia foram distribuídas pelo mundo. Stefan Staszewski, secretário do Partido em Varsóvia, forneceu cópias a correspondentes dos jornais *Le Monde*, *Herald Tribune* e *New York Times*. Como qualquer produto com alta demanda, o discurso foi lançado no mercado negro a um preço elevado — quinhentos złotych,[150] 40% do salário de Bauman na universidade. Bauman, porém, da mesma forma que outros membros de alto escalão do Partido na universidade, o conseguiu de graça. O objetivo dessa distribuição relativamente ampla foi envolver o Partido na discussão sobre o documento, uma vez que vários membros afirmavam que ele era falso, parte de um complô contrarrevolucionário.[151]

Werblan aponta que Khruschóv levou seu discurso a Varsóvia quando chegou para o funeral de Bierut, e que ele foi logo traduzido e publicado em polonês.[152] Tinha como título "Sobre o culto à personalidade e suas consequências". Bauman o teria obtido no início de março. Curiosamente, quando entrevistado sobre o assunto, ele disse "quando ouvi", o que sugere que pode ter ouvido sobre o discurso na Rádio Europa Livre, que era proibida. Ou talvez ele tenha apenas se expressado mal. Em todo caso, o que descobriu foi profundamente perturbador.

"A reviravolta, para mim, aconteceu de verdade em 1956, quando ouvi o discurso de Khruschóv", disse Bauman numa entrevista em 2013 ao jornalista Tomasz Kwaśniewski:

> Foi quando começou a vivissecção das minhas próprias entranhas. Comecei a cavucar, analisar, se tinha realmente ajudado a iniciar a construção de um novo homem ou participado da criação de um sistema homicida [...]. [A] decepção veio do fato de eu ter descoberto coisas que estavam atrás da cortina. Não digo que estivessem escondidas, mas encobertas, pois muita gente sabia o que estava acontecendo.
>
> — Que havia assassinatos? [perguntou o jornalista]
>
> — Que era um sistema homicida. Que centena de milhares, e até milhões, de pessoas haviam sido destruídas no curso da revolução.
>
> — Então o senhor sabia?
>
> — Eu tinha conhecimento dos julgamentos de Moscou, mas não percebi que essa praga havia sido conscientemente organizada na Ucrânia.[153] Eu não acreditava nos crimes dos réus nos julgamentos de Moscou, e especialmente que processos semelhantes tivessem ocorrido na Romênia, na Tchecoslováquia ou na Hungria. Porque eram coisas completamente absurdas. A prisão de Gomułka também era suspeita. O que é mesmo estranho, e mal consigo acreditar [...] é que eu sabia menos ainda sobre o que a polícia secreta tinha feito na Polônia.

> Mas, no Exército, tais práticas eram impossíveis. Não era um tabu discutir essas coisas — ninguém tinha nada para dizer a respeito. Era impensável. Talvez porque não fizéssemos parte desse ambiente. [...] Ninguém à minha volta tinha medo porque alguém da família havia desaparecido.

É importante lembrar que as unidades do KBW eram autônomas em relação ao Ministério da Segurança Interna. As notícias sobre o que havia acontecido lá viriam depois da fuga de Światło, quando foi dissolvido o Departamento X, e em seguida todo o Ministério, em 1954. Nessa época, Bauman já estava fora do Exército havia um ano. Tal como muitos poloneses que acreditavam no novo sistema, ele teve dificuldade em aceitar o conteúdo do discurso secreto: "Mesmo após a fala de Khruschóv, e ainda que eu soubesse que houvera assassinatos no Kremlin, eu não sabia que eles também tinham sido praticados mais perto de casa", afirmou a Kwaśniewski, e acrescentou:

> Que um membro do Partido — eu ainda era um membro do Partido — pudesse admitir que esses homicídios haviam acontecido era algo grande demais. Se isso tivesse vindo da Voz da América,[154] eu provavelmente não teria prestado atenção. Estou lhe contando honestamente como foi.[155]

Para outros, o discurso de Khruschóv não foi uma revelação total. "Para mim, foi a libertação de um fardo horroroso", recordou Wiatr. Ele tinha vivido na Polônia durante a Ocupação e havia lido sobre Katyń em jornais clandestinos.[156] Seu sogro fora um militante comunista no pré-guerra e lhe contara sobre o massacre, por Stálin, da liderança do Partido polonês.

> Não precisei esperar que Khruschóv me dissesse. Talvez eu ignorasse a escala. Descobrir que as vítimas podiam ser contadas aos milhões — isso me surpreenderia. Porque eu via o que estava no alto da montanha — não o que estava debaixo d'água. Mas [...] Zygmunt não sabia e era tudo novidade, e isso foi um tremendo golpe em sua fé. [...] Para Zygmunt, essa ideologia comunista era [...] uma nova fé. Isso é perfeitamente compreensível [considerando os diferentes antecedentes dos dois]. [...] Conversamos por um longo tempo, mas havia uma grande diferença entre nós: eu estava eufórico e Zygmunt estava acabado. Bem, talvez não estivesse arrasado, mas isso foi muito duro para ele [...] ele logo se reergueu, porém.[157]

Esse trecho ilustra as diferentes reações ao discurso de Khruschóv entre os "crentes" e os "realistas políticos". Havia membros ativos do Partido nas duas categorias, e ambas permaneceram nele após o discurso. Em sua entrevista com Kwaśniewski, Bauman afirmou:

> Minha primeira reação foi: maldição, os infames chegaram às posições administrativas, vamos removê-los e substituí-los por outros. Uma reação humana normal. Quando outubro chegou e Gomułka discursou no comício, houve uma excitação em nível nacional de que algo novo estava começando. Havia filas ao longo da via férrea quando ele pegou o trem para Moscou para conversar sobre relações recíprocas. Eu estava convencido, como muitos outros, de que eles iriam pôr um fim aos erros e distorções. De que os assassinos seriam depostos e pessoas normais, honestas, entrariam, e tudo ficaria bem. E então Gomułka começou a se portar de tal maneira que não era mais possível duvidar de que ele também incorreria em erros e distorções [...]. E isso prolongou meu processo de abandonar o Partido [...]. Eu me sentei ali e tive a esperança de que seria possível exercer alguma influência. De fora do Partido, eu sabia, isso era impossível, pois o Partido é surdo a vozes [de fora].

Esse foi um período intenso política e intelectualmente, tanto dentro das fileiras do Partido quanto nas universidades e círculos intelectuais, onde, depois do final 1955, se intensificaram as críticas à situação política. No fim desse ano, um grupo de jovens intelectuais criou o Clube do Círculo Torto,[158] que a historiadora Krystyna Kersten descreve como um enclave de livres-pensadores. O grupo incluía filósofos, historiadores, sociólogos e artistas, e em 1956 eles decidiram abrir uma seção para estudar a opinião pública. Tratava-se de um clube de debates — crítico do regime — repleto de estudantes de sociologia. "Revisionistas" eram convidados com frequência para apresentar seus estudos recentes (ver o próximo capítulo). Vozes radicais se expressaram na revista *Simplesmente*[159] — que então tinha o subtítulo *Revista dos Estudantes e da Jovem Intelligentsia*. Bauman publicou textos no periódico, assim como outros "revisionistas": Bronisław Baczko, Marek Fritzhand (chefe do departamento de Bauman), Leszek Kołakowski.[160] No início de 1956, a universidade inteira discutiu o Plano Quinquenal, sobretudo a parte relacionada à educação superior. Em 22 de abril de 1956, a *Simplesmente* publicou uma "Carta aos acadêmicos e membros do Parlamento" solicitando mudanças fundamentais nos programas de estudo, o afrouxamento de disciplinas formais e atualizações no ensino marxista-leninista exigido. Dois dias depois, o professor Julian Hochfeld, falando na qualidade de membro do Parlamento polonês, fez uma crítica à educação superior no país. Três dias depois, como parte de uma reestruturação, foi nomeado um novo ministro da Educação Superior. O governo anunciou algumas reformas para melhorar a qualidade do ensino e as condições de trabalho dos acadêmicos na universidade, com eleições comunitárias de reitores e decanos.

Uma longa história de defesa do doutorado

Em meio a toda essa agitação, Bauman passou com tranquilidade pelo seu processo de doutoramento. Na Polônia, os estágios finais dessa jornada consistiam num longo percurso que incluía uma defesa inicial (*otwarcie przewodu*), vários exames e uma defesa pública da tese. Depois, uma comissão especial nomeada pelo ministro decidia se o candidato deveria ser aprovado e receber o título.[161] Bauman iniciou o processo com uma carta, datada de 15 de março de 1955, ao Conselho Departamental, acompanhada de um documento assinado por Hochfeld afirmando que a tese de seu orientando estaria pronta para avaliação em meados de 1956. A "atividade social" de Bauman, "seu trabalho de ensino e pesquisa", escreveu Hochfeld, "são muito bem conhecidos no departamento para que eu seja solicitado a mencionar qualquer outra coisa aqui".[162]

Em novembro de 1955, Bauman recebeu seus diplomas de línguas estrangeiras em inglês e russo com as notas mais altas possíveis. No mês seguinte, na véspera do nascimento das gêmeas, passou no exame obrigatório de materialismo dialético e histórico. O diretor da banca foi o professor Jan Legowicz, e seus membros incluíam Fritzhand e Hochfeld. Bauman foi solicitado a discutir dois temas. O primeiro dizia respeito a Engels e sua afirmação: "Quanto mais implacavelmente a ciência avança, mais ela se encontra em harmonia com os interesses e as aspirações do trabalhador".[163] O segundo era sobre as "dificuldades contemporâneas na construção da economia, da política e da cultura na República Popular da Polônia em vista das controvérsias básicas entre o leninismo e o oportunismo na edificação do socialismo e no caminho que a ele conduz".[164] Bauman obteve a nota máxima na primeira questão e uma nota pouco menor na segunda, possivelmente porque sua interpretação política da situação no momento não correspondeu às expectativas de todos os membros da banca. A etapa seguinte envolveu uma prova de história da filosofia, realizada no dia 8 de maio, com uma banca composta por Tadeusz Kroński e Leszek Kołakowski. Bauman precisou discorrer sobre as reações à filosofia na Idade Média e à sociologia positivista na segunda metade do século XIX. Ele recebeu a nota máxima.

O teste final era a defesa pública de sua tese de doutorado, *Doktryna polityczna brytyjskiej Partii Pracy* [A doutrina política do Partido Trabalhista britânico]. A tese de quinhentas páginas era uma análise sociológica das "fontes do oportunismo dentro do movimento dos trabalhadores britânicos, a investigação das visões sociológicas do socialismo britânico e a discussão das visões políticas do Partido Trabalhista".[165]

Os responsáveis pela avaliação da defesa de 16 de maio foram Adam Schaff e Karol Lapter. Este último tem uma biografia interessante. Historiador e militante comunista, Lapter interrompeu seus estudos durante a Segunda Guerra Mundial, período no qual trabalhou como operário no Reino Unido e escreveu alguns artigos para jornais comunistas britânicos. Nessa época, provavelmente conheceu Hochfeld, e ambos decidiram voltar para Varsóvia depois da guerra. Em 1956, Lapter era professor no Instituto de Ciências Sociais do PZPR; mais tarde, foi catedrático de história contemporânea na Faculdade de Ciências Sociais do Comitê Central do PZPR, criada por Schaff. Lapter foi muito positivo sobre o trabalho de Bauman. Em seu relatório manuscrito de 41 páginas, ele afirmou que a tese tinha mais qualidade do que o estudo de Dvorkin (autor soviético muito conhecido) dedicado ao mesmo tema.

Schaff, o outro avaliador, produziu uma análise de seis páginas na qual expressava dúvidas sobre se a tese era de fato uma peça de filosofia. Mas enfatizou a qualidade do trabalho de Bauman em termos de originalidade, domínio da literatura, pensamento independente e contribuição para "o avanço da ciência". A defesa pública de Bauman ocorreu em 20 de junho, ao meio-dia, no salão de conferências do Departamento de Filosofia, no Palácio Potocki. O conselho votou por unanimidade (onze a zero) pela atribuição do título de doutor a Bauman. O relatório foi assinado, entre outros, por Kotarbiński, Assorodobraj, Nowakowski, Legowicz, Schaff, Fritzhand, Hochfeld e Kołakowski.[166]

Os Bauman organizaram uma festa para comemorar a conquista. Mas o clima geral da época não era propício a comemorações. Seis dias após a defesa de Bauman, em 28 de junho, irromperam em Poznań os primeiros distúrbios do pós-guerra em solo polonês. Operários da prestigiosa fábrica Cegielski (de produção de trens) saíram às ruas, e muitos habitantes da cidade se juntaram a eles. Tropas da milícia e do Exército foram chamadas para sufocar a manifestação, o que resultou na morte de mais de cinquenta pessoas. Foi um evento chocante, e um sentimento de insegurança predominava no país num momento em que as negociações pela nova liderança colocavam os revisionistas puławianos contra os linhas-duras natolinianos. Os dois grupos tentavam seduzir o popular Gomułka. Ele e seu pequeno círculo haviam caído nas graças dos puławianos, velhos comunistas que não eram ligados a Moscou e desejavam mais liberdade individual e menos controle da polícia secreta, mas não a pluralidade de partidos políticos. Em 1956, o país não estava em posição de considerar um sistema pluralista.

Enquanto isso, a etapa final do processo de doutoramento de Bauman — a aprovação do Ministério da Educação Superior — se arrastou por meses. No dia 14 de julho, seu departamento enviou ao ministério um dossiê contendo toda a documentação. Mas o diploma só foi validado pela comissão universitária em 24 de junho de 1957,[167] devido, em parte, à demorada avaliação externa a cargo do historiador Bronisław Krauze. Ele foi solicitado a apresentá-la em julho, e novamente três meses depois, e mais uma vez em 5 de novembro.[168] Por fim, em 21 de novembro, Krauze assinou seu documento de 51 páginas, que foi, em termos gerais, positivo. A assinatura final de Fritzhand[169] confirmou as opiniões anteriores. Esses atrasos na avaliação eram frequentes na academia polonesa, mas a política teve o seu papel, enquanto o ministro se esforçava para realizar as reformas prometidas. Não havia muita coisa que Bauman pudesse fazer a respeito, mas a ausência da qualificação teve um grande impacto sobre o seu salário, algo importante para um pai de três filhas. Para o Bauman aluno de doutorado, foi um longo ano de múltiplos exames. Para o Bauman membro do Partido, foi um ano de surpresa e despertar. Para o Bauman cidadão, foi um ano de luta e esperança.

Outubro de 1956, quando as universidades iniciavam o seu ano acadêmico, foi um mês quente. O clima de revolução e mudança era perceptível. Bauman "não passava mais muito tempo em casa: estava apaixonadamente envolvido na luta política, que se tornava mais intensa a cada dia", escreveu Janina.[170] Em 16 de outubro, o Partido se reuniu e, sem pedir a permissão de Moscou, demitiu o ministro da Defesa, o marechal Konstantin Rokossovski, um cidadão soviético. Em resposta, Khruschóv pegou um voo para Varsóvia três dias depois a fim de reimplantar o controle soviético, mas, contra a sua vontade, em 21 de outubro, Gomułka foi eleito líder do Partido. Duas divisões do Exército soviético, com tanques, foram enviadas a Varsóvia, e o Exército polonês — incluindo a unidade de Bauman, o KBW — foi convocado a se preparar para um eventual conflito militar *com* a União Soviética. Em 24 de outubro, Gomułka fez um famoso e desafiador discurso no pátio de desfiles próximo ao Palácio da Cultura e Ciência (o enorme "presente" de Stálin à nação polonesa). "Perdido em meio a centenas e milhares de pessoas, compartilhei o entusiasmo da multidão", relembrou Janina.

> Metade da população de Varsóvia parecia ter ido às ruas por vontade própria a fim de saudar o seu líder, de volta após oito anos de perseguição e aprisionamento. Parecia que, pela primeira vez, a nação estava unida; comunistas, não comunistas e anticomunistas; operários, agricultores, intelectuais — todo mundo.[171]

Embora o apoio à liderança de Gomułka e a oposição aos soviéticos fossem grandes, a ameaça de uma intervenção militar da União Soviética era palpável. Militantes revisionistas — inclusive Bauman — dormiam fora de casa para evitar uma possível prisão.[172] No final, em troca da concordância da Polônia em permanecer na aliança militar soviética, Khruschóv aceitou a escolha de Gomułka e ordenou o regresso do Exército Vermelho.[173] Varsóvia permaneceu intacta, diferente da Hungria, onde a intervenção soviética desencadeou uma luta feroz. No final de outubro de 1956, o futuro da Polônia parecia mais luminoso, inclusive na academia. Reitores e decanos recém-eleitos assumiram suas posições em 1º de dezembro; dos onze funcionários eleitos, apenas três eram membros do Partido.[174]

Havia sido, apesar das dificuldades, um ano feliz para a família Bauman. Aos domingos, os avós visitavam o apartamento em Bielany, levando tudo que pudessem para ajudar a jovem família. Mais para o meio do ano, a irmã mais velha de Zygmunt, Tova, teve permissão para visitar a Polônia pela primeira vez em dezessete anos — parte de um degelo na atitude do regime em relação a visitantes "estrangeiros". Ela passou três semanas em Varsóvia naquele verão, um encontro que ajudou todos a esquecerem um pouco a situação política instável e as dificuldades da vida cotidiana, com sua permanente escassez, comida de baixa qualidade e crise habitacional.

Esses momentos de felicidade familiar acabaram em dezembro, quando Zofia, mãe de Zygmunt, faleceu após uma doença prolongada. Depois de seu funeral, Maurycy foi imediatamente à embaixada de Israel e pediu um visto de emigração. Ele deixou a Polônia em fevereiro de 1957, realizando seu sonho sionista ao se juntar à filha Tova em Guivat-Brener, um dos maiores kibutzim israelenses. A partida de Maurycy foi uma das primeiras na chamada "Aliá de Gomułka" — a segunda onda de emigração judaica no pós-guerra,[175] em que 50 mil judeus deixaram a Polônia. Vários elementos contribuíram para esses eventos: um afrouxamento geral do controle do Estado, incluindo certa abertura das fronteiras, ao mesmo tempo que a crítica ao stalinismo se transformou, em alguns meses, numa expressão do antissemitismo. O fato de alguns líderes stalinistas (uma minoria) terem origens judaicas alimentou o velho estereótipo sobre o vínculo entre comunismo e judeus.[176]

A irmã e o cunhado de Janina, junto com a filha, partiram no mesmo ano para Israel. Mas Zygmunt e Janina, apesar de seus estreitos laços familiares, sentiam-se poloneses e acreditavam no trabalho que faziam na Polônia. E tiveram sucesso. "Ter a oportunidade de viver um bom momento num bom lugar" é um ditado popular entre cientistas com carreiras de prestígio. Zygmunt havia concluído o doutorado num momento em que não apenas sua equipe,[177] mas todo o círculo da sociologia polonesa vivia uma efervescência.

A reabilitação da sociologia na Universidade de Varsóvia

A sociologia na Polônia pós-1956[178] se beneficiou da decisão de Gomułka de permitir uma relativa liberdade de ideias na academia.[179] A *Przegląd Socjologiczny* [Revista de Sociologia], que estava fechada, voltou a circular, e outras publicações, como *Kultura i Społeczeństwo* [Cultura e Sociedade] e *Studia Polityczno-Socjologiczne* [Estudos Sociopolíticos], de Hochfeld, foram lançadas. Além disso, foram criadas duas novas instituições sociológicas na Academia Polonesa de Ciências: o Instituto de Filosofia e Sociologia e a seção de Sociologia e História da Cultura. A Universidade de Varsóvia recontratou professores afastados e lhes ofereceu novos cargos. Em 1957, foram criadas cinco cátedras de sociologia no Departamento de Filosofia da universidade: Stanisław Ossowski, de volta, assumiu a cátedra de sociologia; Stefan Nowakowski, a de sociografia; Maria Ossowska, a de história e moral; Nina Assorodobraj, a de demografia social. Julian Hochfeld transformou sua própria cátedra, que era de dialética e materialismo histórico, em sociologia das relações políticas.[180] Talvez não surpreenda o fato de nenhuma delas ter conexão direta com a teoria marxista.

Na Universidade de Varsóvia, "na segunda metade da década de 1950 e início da de 1960", disse Bauman em 2013,

> assistiu-se a uma transformação em escala global. A nossa universidade era a única onde era possível estudar absolutamente todos os ramos da sociologia. Eles eram apresentados em aulas, e este pobre aluno foi exposto a um mundo sociológico cheio de contradições internas, que não ficava nem a leste nem a oeste de Varsóvia. O que mais se destacava era uma completa tolerância a tudo [...]. Claro que havia teorias, dizia-se que uma era certa, a outra errada, mas a regra era que tínhamos de saber tudo [...]. Em Varsóvia, aprendemos sobre tendências em Paris antes dos próprios parisienses, pois estes se dividiam em claques. Para o professor Stefan Żółkiewski, tudo que vinha de Paris era grande — quando saía um livro na França, ele imediatamente fazia uma palestra em Varsóvia para transmitir seu conteúdo.[181]

Essa abertura para o mundo era um dos elementos mais importantes do ambiente intelectual de Varsóvia — uma abertura não apenas à sociologia francesa, mas também às escolas americana, alemã e, obviamente, soviética, não apenas na sociologia, mas também em outras disciplinas. Os livros eram objetos raros e quase inacessíveis, porém se alunos e acadêmicos não podiam ler os livros, pelo menos liam suas resenhas. Bauman tinha acesso privilegiado a publicações devido a seus cargos de membro do departamento de Hochfeld, pesquisador de doutorado e da PAN e chefe da seção de Estudos Sociais da Escola de Educação Superior do Partido. A mais secreta biblioteca de livros "ocidentais" era acessível a Bauman como membro do Comitê de Ciência do

Comitê Central do PZPR. O partido e as bibliotecas acadêmicas permitiram que ele tivesse contato com as últimas notícias do mundo intelectual externo. Alguns desses livros e artigos eram raros, outros proibidos — o que, é claro, aumentava enormemente a atração que exerciam. Diz-se que Schaff tinha acesso a todos os livros proibidos na Polônia — os que encomendava para saber o que estava sendo publicado e os que eram enviados a Ossowski (e depois Kołakowski) e confiscados pelo censor. Esses livros eram fontes de pensamento independente e ideias "revisionistas".

Publicando artigos "revisionistas"

As novas publicações tornaram-se menos controladas, e surgiram algumas novas revistas — como a *Nauka Polska* [Ciência Polonesa], que trazia artigos dedicados a estudos sociológicos realizados na França, nos Estados Unidos e no Reino Unido.[182] O degelo também incluía a intelectualidade "burguesa" da Polônia. Na primavera de 1956, foi publicado um conjunto da obra de Stefan Czarnowski — um conhecido sociólogo polonês do pré-guerra. Schaff percebeu isso como um sinal de mudança, e, pela primeira vez desde a Segunda Guerra Mundial, uma grande delegação polonesa participou do III Congresso da Associação Internacional de Sociologia, realizado no mês de agosto em Amsterdam. No discurso que lá proferiu, Adam Schaff enfatizou que a sociologia polonesa, embora sobretudo marxista, não havia abandonado a intelectualidade burguesa.[183]

A corrente de eventos positivos não foi, contudo, ininterrupta. Em 15 de outubro, Schaff publicou um panfleto retratando a atitude revisionista que havia apresentado em Amsterdam e exigindo fidelidade ao marxismo ortodoxo: "Será que a criação da seção de sociologia significa a revisão da sociologia do entreguerras e o fim do período de 'coexistência' dessa disciplina com o marxismo?", perguntou.[184] Ele apresentou questões sobre os objetivos da pesquisa sociológica empírica e o significado da presença polonesa ativa na comunidade sociológica internacional (dois sociólogos poloneses, Ossowski e Szczepański, haviam ingressado em comitês da Associação Internacional de Sociologia). Dois dias depois, o governo fez de Schaff o diretor de um novo Instituto de Filosofia e Sociologia da Academia Polonesa de Ciências. Algumas das sete seções do instituto eram dirigidas por sociólogos "burgueses". Mas, ao mesmo tempo, Schaff publicara um texto conservador sustentando que o marxismo era a única abordagem científica, mesmo nas ciências sociais.

Logo surgiram reações críticas a Schaff — de Bauman e seus colegas. Foi um ato de coragem, considerando-se que Schaff era não apenas o principal cientista social da Polônia, mas o primeiro orientador de Bauman, um homem de quem sua carreira, em certa medida, dependia. Bauman e seus colegas do círculo de Hochfeld — Maria Hirszowicz, Włodzimierz Wesołowski e Jerzy Wiatr — publicaram, em 11 de novembro, sua primeira resposta crítica ao texto, numa revista não acadêmica, *Nowa Kultura* [Nova Cultura].[185] O marxismo devia coexistir, sustentavam os autores, com outros métodos e teorias sociológicos indispensáveis ao estudo empírico da sociedade. O tom da crítica era vigoroso:

> A publicação [de Schaff] deixa um profundo sentimento de remorso, decepção e desconsolo [...]. Até dizermos claramente que durante o período stalinista não estávamos praticando ciência, mas uma ideologia cuja principal função era suprimir as ciências sociais, não conseguiremos chegar a um ponto de partida para uma reforma confiável e imparcial.[186]

Wiatr descreveu esse texto como "uma polêmica formal com o livro de Schaff, mas na verdade um programa para libertar a sociologia desses controles sociológicos".[187]

Duas semanas depois, Bauman escreveu sozinho outra crítica ao texto de Schaff, com um título pesado, "Contra a abordagem monopolista nas ciências". Ela mostrava claramente a oposição de Bauman a Schaff e às posições marxistas ortodoxas.

"Deixe que todas as flores floresçam", escreveu Bauman:

> As condições ótimas para o desenvolvimento da filosofia científica e da sociologia só podem surgir quando nos centros de formação de filósofos e sociólogos, assim como nas universidades, houver vários tipos de filosofia e sociologia representando diferentes escolas científicas [...]. Que as disputas científicas sejam resolvidas por métodos científicos. Que os privilégios administrativos desapareçam na ciência. Queremos que a filosofia do movimento comunista se torne uma

filosofia científica. Que seja libertada de seus próprios privilégios extracientíficos, que são, na verdade, pesos amarrados a seus pés.[188]

Ao publicar esse texto, Bauman marcou sua posição como revisionista,[189] uma posição que jamais abandonaria. Ele observava e analisava, utilizando ferramentas sociológicas não exclusivamente elaboradas por intelectuais soviéticos. Nos anos seguintes, ele se tornaria um dos intelectuais poloneses responsáveis pela introdução de obras ocidentais na sociologia do Leste Europeu. Essa era a sua "especialidade" e, aos olhos dos serviços secretos que estavam o tempo todo avaliando e criticando o seu trabalho, seu "principal defeito" (ver o capítulo seguinte).

Embora Kołakowski seja o autor revisionista mais conhecido da Polônia de meados do século XX, as contribuições de Bauman a essa literatura são pouco reconhecidas.[190] Em janeiro de 1957, Wiatr e Bauman publicaram um artigo na revista *Pensamento Filosófico* sobre o espírito de outubro de 1956 intitulado "Marxismo e sociologia contemporânea". Os autores convidaram seus leitores a examinar abordagens não marxistas da sociologia, afirmando que essa discussão e essa controvérsia eram essenciais para a atividade acadêmica e não poderiam ser abordadas apenas como confrontos políticos.[191] O artigo teve um impacto importante no ambiente sociológico do Leste Europeu. A revista soviética *Voprosi Filosofii* [Questões Filosóficas] condenou duramente os autores por sua atitude revisionista. A revista oficial do Partido na Bulgária, *Nowe Wreme* [Novos Tempos], também criticou Bauman e Wiatr. Este defendeu seu argumento como "um programa para a libertação da sociologia não do marxismo, mas do dogmatismo", como afirmou em 2013. Foi um argumento que Hochfeld chamou de "marxismo aberto. Um sociólogo búlgaro publicou uma resenha na *Novos Tempos* em que usou a expressão 'wiatristas e baumanianos'. Nós assinamos Wiatr/Bauman porque Zygmunt insistiu que, se respeitássemos apenas a ordem alfabética, eu sempre estaria atrás dele", brincou Wiatr. O sociólogo búlgaro incluiu Kołakowski no campo wiatrista/baumaniano, embora ele já tivesse uma posição mais proeminente nos círculos revisionistas.[192] Logo depois de publicar esse artigo em parceria com Bauman, Wiatr mudou de ideia e se juntou ao campo antirrevisionista. Mas o artigo de 1957 permaneceu como um manifesto revisionista ao lado de textos de Kołakowski, Lukács, Djilas e Lefebvre.[193]

Bauman escreveu outros artigos que só poderiam ter sido publicados nesse curto período de "liberdade", entre os quais

> "O potrzebie socjologii partii" [Sobre a necessidade de uma sociologia do Partido], que saiu na revista *Estudos Filosóficos*, "Traktat o biurokracji" [Tratado sobre a burocracia] e "Notatki poza czasem" [Notas além do tempo], publicados num panfleto intitulado *Twórczość* [Criatividade], "Sobre a democracia intrapartidária" e outros textos divulgados na revista *Simplesmente* — todos eles publicados de forma mais ou menos truncada pela censura e, poucos meses após a publicação, novamente considerados não censurados.[194]

Bauman publicou esses textos numa época em que a maioria dos intelectuais continuava a se autocensurar devido a um apurado senso de precaução. Ele tinha resolvido ignorar a advertência de Edward Lipiński: "Antes de tudo, não pense". Bauman cita o amigo, dizendo: "Se não consegue parar de pensar,[195] então não fale! E se não conseguir parar de falar, não escreva! Se não conseguir parar de escrever, nunca, nunca publique! Em circunstância alguma". Lipiński, um grande intelectual e mestre na arte de morder a língua, não publicou uma única palavra durante o período stalinista.[196]

No entanto, a liberdade de realizar pesquisas empíricas progrediu de maneira significativa após outubro de 1956. Antes, o planejamento socialista não tinha nenhuma necessidade de verificar a realidade, sob a lógica de que o Partido sabia tudo e planejava tudo, e a sociedade precisava apenas seguir o plano (durante cinco ou seis anos). Com o degelo, uma abordagem crítica passou a ser possível. Além disso, os acadêmicos não eram mais impedidos de ler e escrever sobre a literatura sociológica ocidental — agora, pela primeira vez, podiam ir direto à fonte, inclusive participar de conferências e obter bolsas de estudo no exterior, nos Estados Unidos, na França, no Reino Unido e no Canadá, com o apoio de organizações como a Fundação Ford e o British Council. Bauman, com sua tese de doutorado recém-defendida sobre o Partido Trabalhista britânico e seu excelente currículo, ganhou uma bolsa de estudos de um ano na prestigiosa London School of Economics (LSE), abrindo uma janela para uma nova fase de sua vida.

9. Anos de esperança

(1957-67)

Abrindo portas para o Ocidente

Bauman teve a sorte de defender o doutorado em 1956, ano que testemunhou um aumento espetacular na possibilidade de acadêmicos poloneses viajarem para o exterior. Registros da Academia Polonesa de Ciências mostram 39 viagens de seus membros para fora do país em 1955, número que chegou a 349 em 1956 e 549 em 1959.[1] De 1956 a 1967, Bauman fez viagens frequentes de duração variada. Em 1956, foi a Moscou por alguns dias para observar o sistema soviético de educação superior. Depois, viajou para fazer um pós-doutorado por quase um ano, e na década seguinte esteve bastante no exterior, convidado a dar aulas, fazer conferências e participar de congressos, com estadas mais longas como professor visitante. Tornou-se um acadêmico com mobilidade internacional.

O processo de "democratização" de 1957 abriu as portas para que fundações estrangeiras financiassem atividades acadêmicas e artísticas. As instituições reagiram com entusiasmo, como se vê no relatório da Fundação Ford de 1957:

> Outro evento na Europa que favorece os objetivos do programa da Fundação — particularmente o de aprofundar as relações democráticas entre o Leste Europeu e o Ocidente — foi a mudança na Polônia, que abriu novas oportunidades de fortalecer o contato mútuo. A Fundação reservou 500 mil dólares para o intercâmbio de professores, estudantes e especialistas profissionais entre a Polônia e os Estados Unidos e a Europa Ocidental.[2]

A bolsa de pós-doutorado de Bauman no Reino Unido, em 1957, foi a primeira concedida pela Fundação Ford na Polônia depois da guerra, e uma das três únicas para sociologia naquele ano.[3]

Não era simples para um acadêmico viajar para o exterior partindo da Polônia, mesmo nesse período de afrouxamento das restrições. As autoridades estabeleceram barreiras complicadas e demoradas para exercer controle sobre potenciais viajantes.[4] A preparação para essas viagens envolvia um percurso de muitas etapas através de várias instituições, começando pela universidade ou instituto de pesquisa e passando pelos ministérios da Educação Superior e das Relações Exteriores e pelo serviço de passaportes do Ministério do Interior. Essa gincana burocrática envolvia a reunião de documentos acadêmicos (diplomas, convites, certificações de habilidades em idiomas, cartas de recomendação), contratos com a universidade e a instituição financiadora e uma permissão de saída com um certificado assegurando que a carga de ensino daquela pessoa seria assumida por outra em sua ausência. Acadêmicos do sexo masculino precisavam apresentar um certificado de conclusão do serviço militar (na Polônia, os homens tinham de se alistar nas forças militares por dois anos, com exceção dos portadores de diplomas de curso superior, que eram alistados por dois a seis meses). Por fim, era exigida a aprovação do Partido antes da viagem. Também era necessário obter um atestado de confiabilidade política, fornecido por superiores. A primeira etapa desse longo processo de compilação de documentos eram a carta-convite e de compromisso da instituição anfitriã. Quando todos esses documentos eram aceitos pela universidade, a pasta era enviada ao Ministério da Educação Superior. Era necessária a aprovação dos comitês do Partido na universidade e no nível central: o Comitê do Partido para a Ciência mantinha uma relação de pessoas autorizadas a fazer viagens profissionais. Uma vez reunida, essa densa pasta era enviada ao Primeiro Departamento (de informações) do Ministério do Interior para aprovação. Naquele tempo, um passaporte era um documento precioso que os cidadãos poloneses não guardavam em casa. Cientistas podiam viajar com uma ou duas categorias de passaporte: o profissional (*służbowy*, que pertencia à instituição acadêmica) ou o particular, usado para o turismo e às vezes para estadias acadêmicas mais curtas — o procedimento para obtê-lo era muito mais simples. Os passaportes eram guardados em seções específicas e liberados para o cidadão apenas quando houvesse um convite de viagem ou trabalho no exterior. Depois do retorno à Polônia, o passaporte era devolvido à autoridade responsável. Funcionários do Ministério do Interior aproveitavam os contatos com os acadêmicos na partida e no retorno para buscar estabelecer um pacto de colaboração com os serviços de inteligência.[5] Pediam a eles para fazer anotações durante sua estada no exterior e, uma vez em casa, preparar e apresentar um relatório final.[6] Em cada nível dessa jornada burocrática, o candidato era testado e retestado. O processo costumava levar meses, e muitas pessoas perderam suas conferências ou outros convites devido à lentidão dos procedimentos. Era quase impossível atender a todas as exigências da universidade e das autoridades, relembrou o historiador Patryk Pleskot, e não era incomum que acadêmicos recorressem a atalhos.

Dos três sociólogos que ganharam bolsas de estudos da Fundação Ford em 1957, Bauman foi para o Reino Unido, e Witold Zakrzewski e Stefan Nowakowski para os Estados Unidos.[7] Zakrzewski e Nowakowski eram mais velhos que Bauman, e ambos já haviam conquistado seus títulos de habilitação. Curiosamente, os três contemplados possuíam conexões com Hochfeld. Zakrzewski tinha revisado a tese de doutorado de Hirszowicz (também orientanda de Hochfeld), e Nowakowski trabalhava em seu departamento. Esses relacionamentos indicam a posição de poder que Hochfeld ocupava no ambiente sociológico naquele momento. Ele estava abrindo o caminho para a aceitação da sociologia "burguesa" americana através de sua avaliação positiva da metodologia estadunidense, tal como apresentada no livro de Lazarsfeld intitulado *The Language of Social Research*.[8] A administração devia vê-lo como um marxista progressista, porém confiável — uma encarnação das mudanças ocorridas na área sociológica em outubro de 1956. Não surpreende que Bauman estivesse entre os candidatos pioneiros, considerando-se o status internacional de seu orientador. Hochfeld tinha contatos com muitos acadêmicos no exterior, sobretudo em Londres, onde atuara durante a Segunda Guerra Mundial, e em Paris, onde estudara no final da década de 1930. Ele tivera uma carreira internacional, e seus discípulos caminhavam na mesma direção. O tema de Bauman era o Partido Trabalhista e ele falava inglês,[9] de modo que não foi difícil escolher o Reino Unido.

Quando abriu sua intelectualidade a influências ocidentais, a Polônia também convidou alguns professores do Ocidente para dar aulas no país. Em 1957, como diretor recém-nomeado do Instituto Polonês de Relações Exteriores, Hochfeld recebeu vários acadêmicos de fora. Um dos primeiros foi C. Wright Mills (Universidade Columbia), cujo livro *A elite do poder* teve uma seção de noventa páginas publicada pelo instituto.[10] Essa publicação tornou a obra de Mills acessível ao público polonês e foi o ponto de partida para uma colaboração intelectual. Hochfeld também escreveu prefácios para os livros de Mills quando eles foram traduzidos para o polonês, embora esses textos infelizmente não tenham sido publicados, uma vez que Hochfeld passou a ser censurado depois de 1957.

Mills e Hochfeld desenvolveram uma forte amizade baseada no compartilhamento de atitudes políticas (como socialistas críticos e engajados), mas também em sua condição de "outsiders" em seus respectivos ambientes acadêmicos.[11] Bauman deve ter assistido às palestras de Mills realizadas em Varsóvia em julho de 1957; eles mantiveram uma correspondência que sugere um intenso intercâmbio intelectual e, apesar de raros encontros face a face, uma amizade.[12] Ralph Miliband, da London School of Economics, foi a Varsóvia com Mills e mais tarde se tornou um amigo próximo de Bauman.[13]

Esses visitantes do Ocidente — socialistas, sociólogos e acadêmicos engajados — mostravam curiosidade quanto à implementação de ideias socialistas pelo Estado, e, sem exagero, podemos dizer que seu contato com intelectuais poloneses foi inspirador para sua atividade política. Mills e Miliband eram membros fundamentais de uma "Nova Esquerda" que estava nascendo em seus respectivos países. Seu movimento tinha raízes no desencanto com o comunismo soviético que se seguiu ao discurso secreto de Khruschóv e ao esmagamento da Revolução Húngara.[14] A velha esquerda ocidental havia se dividido entre os que continuavam apoiando Moscou e os que esperavam criar uma nova esquerda livre das armadilhas da burocracia e do autoritarismo. A amizade íntima entre Miliband e Mills começou por essa época, e a visita à Polônia foi muito importante para os dois, como Miliband mencionou em seu obituário de Mills, em 1962. "Adam Schaff", escreveu ele, "como o filósofo da Polônia oficial, e Leszek Kołakowski, como o mais sagaz dos jovens 'revisionistas' poloneses, nos mostraram duas partes de uma equação para a qual nenhum dos dois tinha uma resposta completa, nem podia ter."[15] No continuum do marxismo intelectual polonês de Miliband — tendo de um lado Kołakowski, o revisionista carismático, e do outro Schaff, cujo estilo de *apparatchik* soviético correspondia à imagem exótica de um comunista do Leste —, Hochfeld ficava em algum ponto na metade do caminho.

Mills e Miliband, que estavam profundamente envolvidos na construção do movimento da Nova Esquerda, queriam aprender com os erros da Polônia como um projeto de Estado socialista em ação. Acadêmicos de ambos os lados discutiram o "marxismo aberto" com Hochfeld e membros de seu círculo. O filósofo e socialista polonês Kazimierz Kelles-Krauz havia criado a expressão, popularizada por Hochfeld depois da Segunda Guerra Mundial. Essa escola de pensamento propunha um tipo de marxismo não ortodoxo, não stalinista; sua "abertura" consistia na implementação de um método antipositivista (dialético) e na inclusão da história nos conceitos marxistas originais. Na Polônia, essa corrente não determinista era chamada de "marxismo com face humana" ou "marxismo humanista". Os pais da Nova Esquerda em visita à Polônia estavam muito interessados nessa visão. Eles também devem ter conversado sobre o degelo de outubro de 1956 e as mudanças que se seguiram a ele, assim como outras que eram esperadas (ou pelas quais se ansiava). Os membros do círculo de Hochfeld, assim como Mills e Miliband, eram críticos do socialismo polonês e apaixonados pela ideia de mudar o mundo para melhor. Embora pertencessem a dois mundos diferentes, os participantes desses intercâmbios intelectuais tinham muito em comum na condição de intelectuais engajados.

Charles Wright Mills era uma figura exuberante,[16] um crítico e analista não convencional do capitalismo que não pertencia a nenhuma seita marxista. Um radical que apoiava ideias socialistas, era praticante da sociologia pública e estava presente na mídia, tentando aperfeiçoar o sistema existente por meio de seu trabalho acadêmico e de seu engajamento intelectual. Seu sonho era uma sociedade melhor. Um ano antes de visitar a Polônia, Mills fora promovido a professor titular e passara um ano sabático na Dinamarca com uma bolsa da Fulbright, o que lhe possibilitou viajar pela Europa. Numa conversa em 1957, foi apresentado a Miliband, membro do grêmio estudantil da London School of Economics.

Miliband era um ano mais velho que Bauman, tendo nascido em 1924, e eles compartilhavam alguns elementos biográficos. "Ele pertencia a uma geração de socialistas formada pela Revolução Russa e pela Segunda Guerra Mundial, uma geração que dominou a política de esquerda por quase um século",[17] escreveu Tariq Ali sobre Miliband em 2015. Tal como Bauman, Miliband foi, durante a primeira parte da vida, um cidadão polonês. Nasceu em Bruxelas de pais judeus poloneses que haviam emigrado para a Bélgica.[18] Seu pai era membro do Bund,[19] de modo que as ideias socialistas faziam parte de seu ambiente familiar. A língua falada em sua casa era o iídiche, e, tal como Bauman, ele havia se juntado à Hashomer Hatzair um ano antes da Segunda Guerra Mundial. Miliband escapou à ocupação nazista, junto com o pai, emigrando para o Reino Unido. Enquanto estudava lá, sofreu com o antissemitismo mas conseguiu se matricular na LSE, onde trabalhou próximo a seu orientador, o historiador e socialista Harold Laski (que estudou parcialmente em Viena e Berlim). Assim como Bauman, Miliband serviu o Exército durante a Segunda Guerra Mundial, combatendo os nazistas como suboficial da seção belga da Marinha Real, trabalhando no setor de inteligência e apoiando os desembarques aliados na Normandia e em Toulon. Em 1946, voltou à universidade, e um ano depois matriculou-se num programa de doutorado, escrevendo uma tese sobre a Revolução Francesa. Paralelamente a sua pesquisa, lecionou na Faculdade Roosevelt, em Chicago, e depois na LSE, defendendo sua tese no mesmo ano que Bauman — 1956. Todos esses pontos comuns prepararam o caminho para a longa amizade que desenvolveram anos depois, quando Bauman se integrou ao corpo docente da Universidade de Leeds.

O tema da pesquisa de Bauman, o Partido Trabalhista britânico, fez da LSE uma excelente anfitriã, e o orientador que aceitou supervisionar o seu trabalho, Robert Trelford McKenzie, era o maior especialista no tema. Nascido em 1917, McKenzie, que era canadense, havia publicado em 1955 um livro intitulado *British Political Parties: The Distribution of Power Within the Conservative and Labour Parties*.

A possibilidade de passar um ano no exterior foi complicada pela situação da família; as gêmeas tinham apenas um ano e meio de idade. Mas Bauman e a mulher reconheciam que aquela era uma oportunidade rara. "Dizer não seria loucura", relembrou Janina:

> Mas aceitar também parecia loucura: significava um ano longe de casa. Nem ele nem eu podíamos imaginar como conseguiríamos sobreviver por tanto tempo um sem o outro, e como eu conseguiria carregar sozinha o que já era um fardo pesado para os dois. Havia pouco tempo para debates. Dentro de uma semana a decisão foi tomada: [Zygmunt] iria para Londres.[20]

E assim teve início a gincana burocrática, que ele no entanto conseguiu vencer sem grandes impedimentos. Bauman ainda fazia parte da reserva do Exército, e sua atuação na inteligência polonesa deve ter gerado preocupações sobre sua temporada no exterior por um longo período, exposto aos serviços ocidentais de inteligência. Ele sem dúvida foi instruído sobre como se comportar e, presumivelmente, conseguir informações quando estivesse por lá. O regime estava interessado sobretudo em espionar seus próprios cidadãos que viviam no exterior, como apontou Igor Czernecki em seu artigo sobre os poloneses laureados pela Fundação Ford.[21] Depois da Segunda Guerra Mundial, Londres tornou-se o centro da oposição política ao regime comunista polonês, continuando a abrigar um governo polonês no exílio. No entanto, embora estivesse numa situação ideal para estabelecer contatos com a diáspora polonesa no Reino Unido, não descobri evidências de que Bauman tenha relatado o que quer que fosse para os serviços de inteligência durante sua permanência em Londres. No texto de Janina, o tempo que Bauman passou em Londres é retratado como um período solitário de intensa atividade acadêmica.

Pesquisador visitante na London School of Economics

Bauman viajou para Londres em outubro de 1957. A mãe de Janina, que se preparava para se juntar à filha Zofia em Israel, atrasou sua partida e se mudou para o pequeno apartamento dos Bauman a fim de ajudar Janina. Na lembrança dos Bauman, a separação durou um ano,[22] mas documentos da Fundação Ford fazem referência a nove meses.[23] A remuneração de Bauman, administrada pelo British Council,[24] era modesta — cerca de trinta libras por mês, recordaria ele mais tarde.[25] "Eu precisava economizar muito", disse. "Evidentemente, a libra valia mais do que hoje, mas era difícil viver com essa quantia."[26] A vida de um pós-doutorando com uma bolsa de pesquisa não costuma ser fácil. A falta de dinheiro, a solidão e a pressão das expectativas de monitores, colegas e, acima de tudo, de si próprio — a riqueza de oportunidades de aprender e avançar, completar e enriquecer seu conhecimento — fariam dessa uma experiência única.[27]

A primeira reação de Bauman ao chegar a Londres foi de decepção com o seu grau de domínio da língua nativa. "O inglês dele, que na Polônia era considerado bom, em Londres lhe causou problemas intermináveis", relatou Janina.[28] Essa era uma queixa bastante comum, que, em todo caso, exigia um período de adaptação. A separação da família e as duras condições de vida foram menos fáceis. "As primeiras e poucas cartas de [...] [Zygmunt] foram sombrias", escreveu Janina. "Ele estava terrivelmente só. Tinha encontrado um lugar para morar — um quarto de porão, frio, escuro e úmido. Custava onze libras por mês, para um subsídio de 38,50. Ele vivia à base de queijo e de bolinhos que ele próprio cozinhava, na tentativa de poupar dinheiro."[29]

"Eu era extremamente pobre", Bauman contou a Kwaśniewski na entrevista de 2010 publicada na *Gazeta Wyborcza*. Ele não tinha condições de comprar um bacon normal, mas descobriu que os açougueiros britânicos usavam sobras de bacon para alimentar os cachorros, e conseguia comprá-las por um quarto do preço. "Era um bacon igual a qualquer outro, tinha o mesmo gosto, era igualmente nutritivo, de modo que eu vivi por dez meses comendo isso. Misturava com macarrão."[30] Numa situação dessas, o trabalho fornece a energia que impulsiona os jovens acadêmicos. Eles se sentem com sorte por fazerem parte de uma universidade de prestígio. Bauman passou a maior parte daquele ano na biblioteca.

A biblioteca da London School of Economics não se parecia com nenhuma biblioteca de Varsóvia, onde a Segunda Guerra Mundial havia causado enormes danos e a dura condição econômica após 1945 não permitia a reposição de livros perdidos. Devido à situação política, um enorme volume de obras consideradas "burguesas" ou contrarrevolucionárias estava em falta. A biblioteca da LSE, por sua vez, era imensa, e seus arquivos continham volumes sobre a história do movimento trabalhista. Igualmente importantes e insubstituíveis, contudo, eram os professores e colegas que, por meio de "conversas científicas", ajudaram a orientar seu trabalho. Bauman iniciou sua amizade com Ralph Miliband e assistiu a aulas de Oakeshotte, Glass, Titmuss e Ginsberg,[31] avançando incrivelmente. De fato, estava "no lugar e no momento certos".

Sua vida era compatível com o adágio contemporâneo e popular entre os pós-doutorandos: "comer/dormir/pós-doutorado". Todo o seu tempo era concentrado no estudo, sem filhos para cuidar, refeições para preparar, trabalhos de limpeza, horários de ensino, preparação de aulas ou correção de provas, sem reuniões do Partido nem funções administrativas. Bauman sempre conseguiu lidar com poucas horas de sono, e no ano que passou em Londres pôde dedicar à pesquisa dezoito horas por dia. Seu horário de aulas era leve. Segundo um documento da escola de graduação da LSE datado de 14 de julho de 1958, Bauman estudou classes sociais, movimentos sociais e elite social, e "tentou produzir uma análise sociológica do movimento trabalhista britânico".[32] Esse programa acadêmico seria o sonho de qualquer intelectual envolvido num grande projeto de pesquisa, em que as condições de trabalho constituem um importante fator de sucesso.[33] Assim, não surpreende que ele tenha informado que sua pesquisa estava "indo rápido e extremamente bem".[34]

Depois de um mês, Bauman conseguiu arranjar um quarto melhor e mais barato, alugando um sótão de uma família da classe trabalhadora. "Papel de parede brilhante e florido; um teto inclinado bem baixo sobre uma cama antiga", como Janina o descreveu. "Uma janela pequenina com vista para um pequeno jardim de fundos; duas poltronas bastante usadas de frente para um aquecedor a gás com moldura de madeira [...]. O único senão é o frio congelante, a menos que se acenda o aquecedor."[35] No final de novembro, Bauman escreveu que tinha poupado o suficiente para que ela fosse visitá-lo. A chegada da esposa em março proporcionou um substituto romântico para a lua de mel interrompida, onze anos antes, pelos deveres militares de Zygmunt. Janina ficou feliz, mas um pouco chocada com a aparência dele quando se encontraram: "Ele estava usando um anoraque novo de plástico e trazia um buquê de tulipas. Eu caí em lágrimas, porque ele parecia tão magro e frágil: tinha passado fome para pagar pela minha viagem".[36] Mais de meio século depois, Bauman relembrou essa visita:

> Então Jasia [diminutivo de Janina] desembarcou na estação da [rua] Liverpool e, depois da Varsóvia cinzenta daqueles dias, ficou deslumbrada com as cores do mundo. Precisava comprar meias, mas, como viemos a constatar, foi incapaz de fazê-lo. Em Varsóvia, quando procurava meias, ela perguntava: vocês têm este tamanho? Se tivessem, pedia dois pares. Não pensava em cores ou padrões. Mas aqui havia um grande balcão com dezenas ou até centenas de variedades de meias. Como escolher?[37]

Assim era para visitantes que chegavam pela primeira vez ao Ocidente vindos "de trás da Cortina de Ferro": "Tudo à nossa volta parecia fervilhante, colorido e abundante".[38]

O casal preencheu seu tempo com atividades: visitando museus, assistindo a filmes e concertos, visitando pubs e boates, passeando por Londres de ônibus, a pé ou de metrô (Janina comparou o metrô de Londres a "Orfeu no inferno").[39] Eles também foram a festas que varavam a noite na casa de um colega da LSE. Todas essas experiências eram completamente diferentes da vida que conheciam em Varsóvia. Como não podia deixar de ser, o mês passou depressa. Ao voltar para casa, em meados de abril, Janina escreveu que poderia ter levado de volta para a Polônia não somente Zygmunt, mas "algumas outras coisas: uma máquina de lavar, uma loja self-service, a National Gallery, a liberdade de expressão, a confiança [...] sim, a confiança — nesse país eles não o veem como um ladrão ou um bandido a menos que você aja como um. Vai ser difícil viver sem isso em nossa terra".[40]

Essa era uma descrição muito suscinta dos elementos que faltavam na vida polonesa: liberdade de expressão e confiança. Os dez anos seguintes da vida dos Bauman na Polônia se desenrolaram ao longo desse eixo duplo de desconfiança e censura. Suas vidas estavam num fluxo contínuo sobre o que era possível dizer ou publicar sem consequências extremas. E havia um questionamento constante: em quem se podia confiar?

Habilitação e docência

Bauman deixou Londres no verão de 1958, depois de concluir sua bolsa de pesquisa. McKenzie, seu orientador, escreveu em sua carta ao British Council que trabalhar com Bauman tinha sido "uma das experiências acadêmicas mais compensadoras [...] apesar de sua rígida formação marxista".[41] Enquanto os acadêmicos de Londres o viam como um marxista inflexível, em seu próprio país Bauman já era considerado membro do "clube dos revisionistas". Depois de seu artigo de novembro de 1956 criticando a visão de Schaff do intelectual marxista, ninguém duvidava de que Bauman era muito mais aberto e flexível a outras correntes e abordagens sociológicas do que a maioria de seus colegas. Seu trabalho na Inglaterra viria a ser a base de sua habilitação, que veio apenas três anos depois de ele ter concluído o doutorado — uma ascensão excepcionalmente rápida na academia, sobretudo se considerarmos as outras atividades de Bauman como acadêmico, professor e editor de revista.

Segundo a lei polonesa, a habilitação verificava as diferentes capacidades do acadêmico como intelectual independente — ou seja, como um acadêmico qualificado a realizar uma pesquisa original e orientar doutorandos ao mesmo tempo. Nas ciências humanas e sociais, um livro publicado[42] constituía a base para o exame do candidato. Há algumas semelhanças com a defesa do doutorado em grande parte da Europa Ocidental, no Reino Unido e nos Estados Unidos, como a seleção pelo Conselho Departamental de uma banca para a defesa e outros procedimentos administrativos. Um exame de habilitação na década de 1960 consistia em três partes: a defesa do conteúdo do livro, uma aula pública e perguntas na sequência da aula. Após o voto do Conselho Departamental, a decisão final era tomada por outro conselho, a serviço do Ministério da Educação Superior (uma particularidade polonesa). Esse longo procedimento era objeto de muitas queixas na comunidade acadêmica,[43] e as regras mudavam com frequência. Quando estava perto de prestar seu exame de habilitação, Bauman foi forçado a fazer uma pausa enquanto novas regras eram elaboradas. Em 15 de março de 1959, Hochfeld anunciou numa carta sua intenção de dar início ao processo de habilitação de Bauman.[44] Desempenhando um duplo papel como mentor do examinado e catedrático do departamento, Hochfeld observou que seu *protégé* havia concluído seu livro sobre o Partido Trabalhista menos de um ano após voltar de Londres. Em outro documento, ele recomendava que Bauman fosse nomeado "docente" com a "posição de docente" no ano acadêmico de 1959-60. Ter o título de docente não era o mesmo que assumir essa posição, embora ambos exigissem a habilitação.

Klasa, ruch, elita. Studium socjologiczne dziejów angielskiego ruchu robotniczego [Classe, massa, elite: Um estudo sociológico da história do movimento operário inglês] foi publicado em 1960 pela PWN (Państwowe Wydawnictwo Naukowe — Edições Acadêmicas Polonesas). O Conselho Departamental escolheu três relatores para avaliar o mérito científico do trabalho: Hochfeld e Edward Lipiński, da Universidade de Varsóvia, e Konstanty Grzybowski, da Universidade Jaguelônica. Em 31 de maio de 1960, 33 membros do conselho ouviram as opiniões dos relatores. Apesar de algumas críticas, todos os três consideraram o trabalho criativo, metodologicamente consistente, cientificamente importante e embasado num amplo volume de documentação. Dezenove membros do conselho votaram e todos aceitaram o livro como digno do título, possibilitando que Bauman passasse para a etapa seguinte. Além disso, dezoito dos dezenove votantes dispensaram a necessidade da palestra tradicional. Em seu relatório ao ministro da Educação Superior, o conselho observou que Bauman havia publicado 47 títulos: dez dissertações, 21 resenhas e dezesseis artigos e panfletos importantes. Era um número impressionante, ainda mais considerando o curto período em que foram produzidos. O grupo concluiu: "O candidato tem todo o direito de atingir o nível de docente".[45]

O passo seguinte nesse processo era a aprovação do ministro, que Bauman obteve em agosto, e também a confirmação da decisão pelo Conselho de Educação Superior (Rada Główna Szkolnictwa Wyższego). O professor Jan Szczepański, um dos avaliadores, que estava de partida para o exterior, enviou uma carta a autoridades ministeriais confirmando que Bauman era sem dúvida um "funcionário científico" (*pracownik naukowy*) independente e maduro.[46]

Quatro dias antes de completar 35 anos, em 15 de novembro de 1960, Bauman obteve a confirmação de seu título científico, e um documento ministerial assinado quatro dias mais tarde após um selo positivo nesse demorado procedimento. Mas ele não estava totalmente concluído. Para se tornar um docente de fato, Bauman precisou superar mais alguns obstáculos, como apresentar uma lista de suas publicações,[47] que demonstrava o notável ritmo de sua atividade intelectual. Só em 1960, além de seu livro, Bauman publicou três artigos na revista *Studia Filozoficzne* [Estudos Filosóficos]: "Robotnik: z dziejów stereotypu" [Trabalhador: Uma história do estereótipo], "Wartościowanie w naukach społecznych" [A avaliação nas ciências sociais] e "Socjologiczna wyobraźnia a socjologiczna rzeczywistość" [Imaginação sociológica e realidade sociológica] (uma crítica positiva de *A imaginação sociológica*, de Mills).[48] Seus trabalhos não acadêmicos incluíam um livreto, *Kariera: cztery szkice socjologiczne* [Carreira: Quatro esboços sociológicos];[49] um artigo, "Ciência e ideologia"; "Dez esboços sobre a sociologia do cotidiano"; e doze verbetes para o *Popularny słownik języka polskiego* [Dicionário popular da língua polonesa]. A relação inclui 33 resenhas de livros e uma lista de cursos que ele ministrou sobre materialismo dialético e histórico (1953-5), filosofia marxista (1956-7) e sociologia dos partidos políticos (1959-60), assim como palestras sobre metodologia sociológica, sociologia das relações políticas e sociologia do movimento trabalhista.[50] Em 25 de fevereiro de 1961, Bauman foi nomeado catedrático de sociologia e relações políticas no departamento de Hochfeld.

Tornando-se um "professor extraordinário"

O passo seguinte na carreira acadêmica de Bauman na década de 1960 foi obter mais dois títulos científicos: o de "professor extraordinário" e o de "professor regular". O acesso a esses níveis exigia grandes realizações na área científica, mas Bauman tinha um registro impressionante; ele realizou simultaneamente o trabalho de três acadêmicos. Na verdade, ele fez isso enquanto atuava em três instituições diferentes. A Universidade de Varsóvia lhe deu uma forte base institucional; era a principal universidade polonesa em muitas áreas, com um forte Departamento de Filosofia, cujo famoso histórico (a Escola de Lwów-Varsóvia) a tornava o ambiente perfeito para atividades didáticas e de pesquisa. Ele era também o editor da revista *Estudos Sociológicos* e membro da unidade de pesquisa da Academia Polonesa de Ciências. Sua terceira instituição era a Escola Superior de Pesquisa Social, ligada ao Partido. Embora politizada, a posição lhe proporcionava um vislumbre sobre alguns projetos de pesquisa realizados no interior do Partido e credenciais para orientar alunos de doutorado. Bauman conseguiu conciliar esses três empregos, demonstrando uma notável habilidade em controle do tempo e disciplina de trabalho.

Em 1958, depois de voltar de Londres, a Escola do Partido o nomeou para o cargo de diretor de sua seção de pesquisa social. Em um currículo,[51] Bauman registrou ter realizado na escola vários estudos sobre problemas da vida no Partido. Ele esperava que essa posição o capacitasse a realizar pesquisas sobre as elites do PZPR e a juventude do Partido. Mas a liderança do Partido não tolerou por muito tempo essa ênfase hochfeldiana nos estudos empíricos. No socialismo, os processos sociais eram planejados e pré-organizados. Não havia necessidade de estudar o mecanismo social porque ele era construído a partir de um modelo marxista. Embora o degelo de 1956 tenha acendido a esperança de uma mudança de abordagem no campo acadêmico, com o tempo isso se mostrou efêmero. No III Congresso do Partido, em março de 1959, o líder Władysław Gomułka, festejado três anos antes como um símbolo da mudança, declarou que o triunfo do marxismo-leninismo era o objetivo das políticas culturais. As aulas de filosofia, sociologia e economia deveriam ser conduzidas somente no espírito do marxismo. A mensagem era clara: nada de sociologia burguesa, nada de pesquisa empírica, nada de análise crítica. Apesar do discurso, contudo, havia desacordo nas fileiras do

Partido sobre o desenvolvimento das ciências sociais, e Bauman estava entre os que tentaram manter viva a orientação de 1956 por meio de seus textos e de seu engajamento no Partido.

"Bauman era um de nossos principais sociólogos", afirmou Andrzej Werblan em nossa entrevista, e com "nossos" ele se referia ao Partido, onde chefiava o Departamento de Ciência do Comitê Central e se encontrava regularmente com Bauman, líder de um grupo de sociólogos que assessorou o Comitê Central depois de 1960. Ter no Partido uma importante posição de especialista deu a Bauman a esperança, ou ilusão, de poder ajudar a reformar o sistema. Tal como Hochfeld, ele tentou tornar o sistema socialista mais "humano", e também mais aberto a outras correntes de pensamento. Sendo um intelectual de confiança do Partido, ele também usufruía de privilégios, como o acesso a "livros burgueses proibidos" e a possibilidade de viajar para o exterior.

No final de 1958, contudo, tornou-se claro que o Partido não permitiria que ele publicasse seus estudos sociológicos sobre a organização, cuja principal descoberta era que as pessoas aderiam a ele sobretudo por interesse próprio. A ideologia marxista, descobriu Bauman, era uma cobertura superficial para objetivos práticos, como possibilitar o acesso a posições de liderança, melhores salários e outros benefícios materiais. Depois de lutar sem sucesso para publicar seus resultados, Bauman deixou a Escola do Partido em 1964.[52]

Ensinando e orientando estudantes

As atividades de Bauman como professor e orientador são hoje obscuras. Ele lecionou em Varsóvia mais de cinquenta anos atrás, e, quando foi demitido, seu nome foi apagado e as pessoas deixaram de falar sobre ele, como era a norma nos países socialistas. Embora a memória institucional de Bauman seja modesta,[53] alguns de seus alunos deram testemunhos. Barbara Toruńczyk, ativista de oposição muito conhecida, historiadora da literatura e criadora da revista *Zeszyty Literackie* [Cadernos Literários], relembrou:

> Bauman era um grande conferencista, brilhante. Ele ficava sentado no púlpito do Salão Ossowski, vestido de preto, magro e elegante, parecendo um pouco de-

moníaco contra o pano de fundo de cortinas de veludo vermelhas, que estavam sempre fechadas. Seus gestos eram ao mesmo tempo elegantes e cheios de vida.[54]

Outro aluno afirmou que Bauman falava tão rápido, e usava expressões tão difíceis, que a turma não conseguia acompanhá-lo. Depois de alguns minutos de um discurso acelerado, com um pânico crescente na sala de aula, Bauman parava e perguntava se eles haviam entendido. Alguns corajosos arriscavam um "não muito bem", e então ele ria e começava de novo, de forma clara e acessível. A linguagem sociológica que Bauman usava era difícil de acompanhar. Um aluno contou a seu contato no serviço secreto que Bauman "tem um conhecimento significativo e está familiarizado com a literatura mundial, e talvez por isso dê aulas incompreensíveis (terminologia complicada, tendência a teorizar sobre todos os temas e a todo momento), que fazem seus alunos se queixarem" (relatório de "Henryk", datado de 13 de maio de 1964).[55]

O eminente historiador Jan Tomasz Gross,[56] da Universidade de Princeton, guarda memórias menos favoráveis: "Fiz uma prova com Bauman e tirei um 3+.[57] [...] Naquela época, ele era um sociólogo marxista, muito orientado pela teoria marxista da sociedade, mortalmente enfadonho, e era necessário passar na sua avaliação". Talvez a questão fosse a matéria que estava sendo ensinada, mas há outras opiniões, mais positivas. Vários relatórios da polícia secreta[58] indicam que, como professor, Bauman estava "na moda" em meados da década de 1960 — era não apenas muito popular entre os estudantes de sociologia e filosofia, mas também atraía alunos de outras faculdades. Um deles foi Irena Gruzinska-Gross, historiadora da literatura na Universidade Columbia, que, antes de ser expulsa da Polônia em 1968 (no expurgo étnico que também atingiu Bauman), estudava filologia francesa. Mas esse campo havia deixado de fasciná-la, e às vezes ela assistia a aulas de Kołakowski ou Bauman. Dos dois, Kołakowski era o mais carismático, disse: "As pessoas acorriam em massa às aulas de Kołakowski; Bauman também era popular, mas nem tanto".

Além de dar aulas, Bauman orientava muitos jovens alunos, segundo seus colegas Barbara e Jerzy Szacki. Eles se recordam de alunos de mestrado e doutorado à sua volta, querendo fazer parte de seu círculo. Em 30 de junho de 1965, a lista de doutorandos sob a supervisão de Bauman na Universidade de Varsóvia e na Escola Superior de Pesquisa Social[59] incluía doze alunos, oito dos quais defenderam suas teses, enquanto três estavam a caminho e um tinha concluído suas avaliações. Era um elenco admirável, já que Bauman só teve permissão para orientar doutorandos após obter sua habilitação (em 1960). Os temas também impressionam pela amplitude e diversidade: vão desde estudos sobre as atividades de camponeses, grupos de interesse, governança e opinião pública a fenômenos mais amplos como a ideologia do tempo livre, os aspectos sociais da industrialização, o fascismo alemão, a teoria marxista da alienação e a sociologia americana contemporânea.[60] Este último foi apresentado por Aleksandra Jasińska-Kania, colega e amiga do círculo de Hochfeld. O documento com a lista dos alunos de Bauman[61] inclui observações escritas a lápis sobre a condição dos que obtiveram o título. A maior parte dos oito detinha posições em universidades.

Pesquisa empírica e publicações

Estudos empíricos em ciências sociais não eram realizados pela maioria dos acadêmicos do Leste Europeu fora da Polônia, e o círculo de Hochfeld era um dos poucos espaços em que eles podiam ser feitos sem restrições. A pesquisa de Bauman tinha como foco o ideal de uma vida de sucesso entre a juventude polonesa, assim como a "evolução dos tipos de carreira". Em 30 de junho, Bauman redigiu um currículo científico como parte da preparação para ser promovido a professor extraordinário:

> Entre 1959 e 1963, realizei estudos sobre os determinantes sociológicos do conhecimento social e a estrutura das teorias sociológicas, o que resultou no manual acadêmico *Zarys socjologii. Zagadnienia i pojęcia* [Um esboço da sociologia: Temas e conceitos]. Ele foi mais tarde ampliado e publicado com o título *Zarys marksistowskiej teorii społeczeństwa* [Esboço de uma teoria marxista da sociedade]. Outro resultado de meus estudos foi uma coletânea de teses da área da metassociologia, publicada sob o título *Wizje ludzkiego świata. Studia nad społeczną genezą i funkcją socjologii* [Visões do mundo humano: Estudos sobre a gênese da sociedade e a função da sociologia]. Desde 1963, tenho me concentrado na teoria e na sociologia da cultura. O primeiro resultado dessa nova orientação será o livro *Kultura i Społeczeństwo. Preliminaria* [Cultura e sociedade: Uma introdução],

> que está sendo preparado para impressão e inclui introduções teóricas, estudos sobre a introdução da diferenciação das estruturas sociais e sobre os problemas sociológicos da passagem para a civilização industrial.[62]

Bauman mencionou, nesse documento, apenas seus principais trabalhos concluídos, mas muitos outros projetos atraíam sua atenção, observou seu ex-colega Jerzy Szacki:

> Zygmunt era atraído por novidades, pode-se dizer que se atirava sobre tudo que era novo [...] o que estivesse ficando na moda [...]. Lange[63] escreveu um tratado sobre cibernética[64] — Bauman escreveu sobre cibernética. Então veio o estruturalismo francês — Lévi-Strauss escreveu um livro e dois anos depois Bauman lançou uma obra sobre o mesmo tema. E a pós-modernidade, é claro. Era o que ele estava procurando.[65]

Antes de mergulhar na pós-modernidade, os interesses principais de Bauman eram: 1) a sociologia das relações políticas; 2) questões metodológicas e a sociologia da sociologia; 3) a sociologia da cultura.[66] A lista aparece num documento de fevereiro de 1966 que encaminhava o pedido de promoção de Bauman a professor extraordinário da Universidade de Varsóvia. Assinado pelo reitor Stanisław Turski,[67] o documento afirma que, desde 1961, Bauman havia publicado 32 trabalhos, consistindo em dezesseis resenhas de livros e dezesseis livros ou artigos mais longos. Esses trabalhos incluíam as monografias *Z zagadnień współczesnej socjologii amerykańskiej* [Reflexões sobre a sociologia americana contemporânea] (1961), *Systemy partyjne współczesnego kapitalizmu* [O sistema partidário no capitalismo contemporâneo] (1962, em coautoria com Szymon Chodak, Juliusz Strojnowski e Jakub Banaszkiewicz) e *Visões do mundo humano: Estudos sobre a gênese da sociedade e a função da sociologia* (1964). Esta última foi logo traduzida para o italiano, o húngaro, o tcheco e o russo. Outras coletâneas foram *Trabalhadores: Problemas da desalienação no trabalho* (Bauman foi o organizador e escreveu a introdução) e *Cultura e sociedade* (então no prelo). Além disso, ele havia escrito vinte artigos, dois manuais (traduzidos em tcheco, italiano, sérvio e húngaro), cinco grandes textos de divulgação da sociologia e seis peças jornalísticas. "As amplas e diversificadas realizações de Bauman são o testemunho de suas excelentes qualificações metodológicas, de seus amplos interesses, de sua alta cultura científica e de sua profunda compreensão dos problemas contemporâneos", escreveu Turski: "Zygmunt Bauman ocupa uma das principais posições na sociologia polonesa contemporânea".[68]

Ele também detinha uma posição de chefia em seu grupo profissional, a Associação Polonesa de Sociologia (Polskie Towarzystwo Socjologiczne), que fora criada em dezembro de 1957, quando estava em Londres. Fora ainda um dos membros fundadores, um ano antes, da seção de sociologia da Associação Polonesa de Filosofia, que se transformou na Associação de Sociologia, legitimando o campo como disciplina independente. A partir de 1959, foi membro do conselho e em 1965 organizou o III Congresso dos Sociólogos Poloneses.

Quanto a seu papel em publicações profissionais, Bauman foi editor da revista *Pensamento Filosófico* de 1953 até seu fechamento, em 1957, e fez parte da revista *Studia Socjologiczno-Polityczne* [Estudos Político-Sociológicos]. Esse periódico, criado por Hochfeld em 1957, continuou sendo publicado até 1968. Mas o papel mais importante de Bauman no campo editorial foi na revista *Estudos Sociológicos* (criada em 1961), da qual se tornou editor-chefe em março de 1962.[69] Era um trabalho remunerado, já que a revista pertencia à Academia Polonesa de Ciências, à qual Bauman era afiliado.

Viagens internacionais

É possível reconstituir ano a ano as viagens internacionais de Bauman recorrendo aos registros de suas instituições acadêmicas — e sobretudo ao serviço de passaportes e aos serviços de inteligência, que consideravam suas viagens um tanto suspeitas.[70] Não era fácil sair da Polônia nessa época, e toda viagem era estritamente monitorada. Visitas a "países amigos", claro, eram muito mais fáceis do que viagens ao Ocidente, mesmo para acadêmicos de alto nível. As numerosas viagens de Bauman são ainda mais notáveis nesse contexto.

Depois de sua curta visita à União Soviética em 1956, ele foi duas vezes ao Reino Unido em 1957, primeiro para participar de um seminário da Unesco em Londres e depois para uma bolsa de pesquisa da Fundação Ford. Bauman participou do Congresso da Associação Internacional de Sociologia, realizado em Stresa em setembro de 1959, e em 1961 foi quatro vezes ao exterior: para uma reunião de editores de revistas filosóficas do bloco soviético na República Democrática Alemã (em maio), uma conferência de sociologia na Tchecoslováquia (em agosto), uma missão voltada à "construção da cooperação em estudos de processos sociais"[71] na União Soviética (outubro) e, por fim (também em outubro), para uma conferência da Unesco sobre juventude e tecnologia realizada na Alemanha Ocidental. O discurso que apresentou nesse último encontro, "Ferramentas para análise: Orientações, valores, sonhos", indica seu não conformismo e sua criatividade. Enquanto a maioria dos acadêmicos se restringia a um vocabulário profissional, Bauman usava palavras comuns para elucidar conceitos sociológicos. "Sonhos" são uma força propulsora para muitos processos e ações coletivos e individuais — mas difíceis de estudar.

Em 1962, a Academia Polonesa de Ciências o enviou a outro encontro de editores de revistas filosóficas na Alemanha Oriental, e ele participou de um seminário sobre cultura polonesa contemporânea realizado na Itália — acompanhado por Janina, segundo uma nota encontrada nos arquivos da polícia secreta.[72] Em 1962, Bauman e outros intelectuais protestaram contra a decisão do Estado de cancelar a permissão para que dois sociólogos — Andrzej Malewski e Stefan Nowak — participassem do Congresso da Associação Internacional de Sociologia, a ser realizado nos Estados Unidos.[73] O próprio Bauman declinou do convite para participar do congresso — oficialmente em protesto contra a Guerra do Vietnã. O motivo não oficial era prestar solidariedade a outros membros da delegação polonesa, que não concordavam com a decisão do governo. Os serviços de inteligência não eram cegos a essa dupla linguagem; registros do serviço secreto afirmam claramente a motivação de Bauman. Entretanto, ao apresentar uma evasiva, ele evitou confusões e não foi proibido de fazer outras viagens. Por algum tempo…

Em 1963, Bauman participou de uma conferência da Unesco que reuniu especialistas nos aspectos sociais da industrialização em Chipre. No ano seguinte, ele — com Janina — foi à Tchecoslováquia para uma conferência científica graças a sua afiliação à universidade, com uma bolsa oferecida pelo Ministério da Educação Superior. Mais tarde, em julho de 1964, foi enviado aos Estados Unidos para um seminário internacional dedicado aos aspectos sociológicos do planejamento e participou do VI Congresso Internacional da Associação de Ciência Política na Suíça. Os editores de revistas filosóficas tiveram um novo encontro em 1965, na Bulgária, e em seguida a Universidade de Praga o convidou para uma visita.

Mas as viagens tranquilas estavam perto de acabar. O primeiro sinal disso veio em 1965, quando ele recebeu um convite da Universidade de Manchester para atuar como professor visitante. Mais tarde, Janina escreveria que Bauman teve a permissão para fazer viagens internacionais suspensa nessa época, mas que não houve uma proibição formal. Com efeito, a suspensão de seu direito de viajar se deu aos poucos: "A permissão de viagem e o passaporte muitas vezes chegavam apenas um dia antes da data da partida", escreveu ela.[74] Os arquivos do IPN mencionam apenas uma recusa formal a uma viagem de trabalho.[75] Ela aparentemente ocorreu em 1965, quando Bauman estava designado para participar de uma mesa-redonda na Alemanha Ocidental sobre problemas da administração europeia. Segundo documentos oficiais, o Ministério da Educação Superior aprovou a viagem, mas uma comissão do Ministério das Relações Exteriores que tratava de viagens internacionais recusou a solicitação e não emitiu um passaporte oficial.

Isso sinalizou que Bauman não estava mais na categoria de "pessoa confiável" e coincidiu com uma desaceleração de seu processo de admissão nos escalões mais elevados da academia. Embora documentos oficiais mencionem apenas uma recusa, outros projetos de viagem também foram afetados, de acordo com a memória de Janina, e foi só depois de um ano que Bauman obteve permissão para viajar a Manchester a fim de conduzir um programa na qualidade de professor visitante,[76] ainda que atrasos da Secretaria do Trabalho britânica também tenham contribuído.[77]

Bauman foi para Manchester no início de 1966, e, depois de quatro meses por lá e de visitas aos departamentos de antropologia em Oxford e na LSE, seguiu para Paris, onde encontrou Janina. Juntos, eles passaram alguns dias viajando pela Europa, misturando turismo com atividades profissionais na Iugoslávia e na Tchecoslováquia. Após retornarem à Polônia em meados do verão de 1966, Bauman apresentou, durante um mês, palestras de verão na Universidade de Syracuse, no estado de Nova York.[78] No início de setembro, ele participou do VI Congresso da Associação Internacional de Sociologia, realizado em Evian, e, em novembro, de uma conferência de sociólogos na Tchecoslováquia. No total, Bauman passou mais de meio ano fora da Polônia.

Janina também viajou para o exterior profissionalmente — embora menos que Zygmunt. Sua viagem mais importante ocorreu em 1961, quando o Ministério da Cultura a indicou para compor a delegação polonesa ao Festival de Cinema de Locarno, um reconhecimento a seu trabalho e a suas habilidades linguísticas. O francês e o alemão fluentes de Janina, somados ao domínio que Bauman tinha do inglês, acrescentavam uma considerável amplitude a suas viagens turísticas.

Depois do auge de viagens ao exterior em 1966, o ano seguinte foi mais "calmo". Em 1967,[79] ele se reuniu — pela última vez — com editores de revistas filosóficas na Iugoslávia e participou de uma conferência de sociologia na Tchecoslováquia.

Correspondência com colegas no exterior

Bauman logo se tornou uma figura reconhecida no exterior. Seus dons oratórios eram tão fortes que poucos percebiam que o inglês — sua terceira língua estrangeira — não era seu idioma nativo. Bauman foi convidado a participar de mesas-redondas, grupos de trabalho e comissões de especialistas, e como expert nas áreas que dominava. Era um dos acadêmicos do Leste Europeu mais convidados para ir ao exterior, fato que se reflete em sua correspondência.[80] O volume dessas cartas é impressionante, considerando-se que foram enviadas num período da Guerra Fria em que contatos pessoais com o Ocidente eram submetidos a uma rigorosa supervisão. Quando Bauman foi expulso da Polônia, em 1968, censores examinaram as cartas antes que elas fossem enviadas a Israel, junto com os outros bens que a família tivera a permissão de levar.

Muitas dessas cartas foram escritas com letra miúda em papel quase transparente — de difícil leitura para censores que se esforçavam para não deixar vestígios óbvios de sua inspeção. O exame físico das cartas remanescentes indica que elas foram abertas de maneira apressada. Cada envelope foi rasgado com impaciência, como se o destinatário não pudesse esperar nem mais um minuto para ler seu conteúdo. Isso reflete o caráter de Bauman: curioso, impaciente e sempre com pressa. Alguns envelopes não têm selos, presumivelmente porque Anna, filha de Bauman, os retirou. Esse era um hobby popular num país em que selos de outros lugares eram uma pequenina janela para um mundo mais amplo, inacessível à maioria. Bauman trocava cartas com acadêmicos escrevendo em inglês, polonês, francês e alemão (e também provavelmente em russo). A maioria dizia respeito a conferências e encontros, publicações, livros e traduções; outras misturam conteúdo profissional e pessoal. Muitas incluem saudações a Janina, palavras calorosas e respeitosas, e não apenas frases cordiais. Aqueles que a conheceram pessoalmente sabiam como ela era importante para Bauman.

Há cartas de acadêmicos famosos e bastante conhecidos:[81] C. Wright Mills (Universidade Columbia), Robert McKenzie (LSE), Robert Merton (Columbia), Alvin W. Gouldner (Universidade de Washington), Amitai Etzioni (Columbia), Andrew Pearse (sociólogo britânico que trabalhava no Chile), Peter A. Savage (Indiana), Roger Giraud (ISA, Genebra), Norman Birnbaum (Estrasburgo, Universidade Georgetown), Rudolf Schlesinger (Universidade de Glasgow), Reinhard Bendix (Berkeley), Rey C. Maeridia (Brandeis), Seymour M. Lipset (Harvard), S. Friedman (Unesco, Paris), Roberto Bonchio (editor na Itália), Shlomo Avineri (Universidade Hebraica), Peter M. Worsley (Universidade de Manchester), Max Gluckman (Universidade de Manchester), Maurice Godelier (EHESS/Escola de Estudos Avançados em Ciências Sociais, Paris), George Lavau (Universidade de Paris e Sciences PO), Neil Joseph Smelser (Berkeley) e muitos outros.[82]

Os maiores feitos da academia, e da sociologia em particular, eram território masculino na década de 1960, mas há uma carta de uma mulher. Em 1968, Bauman recebeu uma entusiástica confirmação da publicação da tradução de seu artigo "Semiotics and the Function of Culture" na revista francesa *Recherches Semiotiques*, assinada pela assistente editorial Julia Kristeva.[83]

A correspondência[84] revela Bauman como um colega carismático atuante na vida internacional de seu ambiente profissional — um amigo simpático com o dom de inspirar discussões interessantes e engraçadas. Seu irônico senso de humor aparece num desenho preservado em um catálogo distribuído na Conferência de Minnowbrook,[85] realizada em julho de 1964. O retrato de Bauman dá uma ideia de seu senso de humor e de suas habilidades de escrita (ver caderno de fotos).

A correspondência mostra que Bauman era cético quanto ao valor de grandes conferências. Diz a carta de um amigo: "Eu sei que você vê as conferências como 'feiras de vaidades'". Mas suas viagens lhe forneceram uma enorme e rara oportunidade de se encontrar e conversar com colegas, e também o ajudaram a estabelecer sua reputação internacional. Durante a última década vivida na Polônia, Bauman viajou com tanta frequência que, enfim, no início de 1968, a Academia Polonesa de Ciências solicitou que lhe fosse concedido o passaporte profissional válido para uso na Europa e fora dela. Não era apenas uma questão de conveniência (esse passaporte era mantido em casa pelo portador, o que evitava muita burocracia), mas um grande sinal de apoio a Bauman naqueles tempos turbulentos. A solicitação, no entanto, saiu tarde demais para ser útil. Antes que se tomasse qualquer decisão sobre aceitá-la, Bauman se tornou persona non grata.

Viagens com a família para o exterior (1959-67)

Além das viagens profissionais, Bauman obteve permissão para fazer viagens frequentes com a esposa e a família durante sua última década na Polônia. Em 1959, ele viajou com Janina e sua filha mais velha, Anna, para Israel, com um visto concedido em função da grave doença de seu pai, Maurycy. O superior de Bauman no Comitê Central do Partido apoiou a viagem com uma carta expressando sua confiança nele. Lydia e Irena — as gêmeas com três anos de idade — permaneceram na Polônia: uma decisão estratégica, já que uma solicitação de viagem para a família inteira provavelmente seria recusada como um ardil para a emigração.

Essa primeira visita a Israel deve ter sido difícil para Bauman por uma série de razões. É provável que tenha havido sentimentos conflituosos de pertencimento e não pertencimento que muitos judeus poloneses experimentavam quando se dirigiam à Terra Santa, sobretudo quando parentes próximos haviam se estabelecido lá. Maurycy deixara a Polônia no início de 1957 e morava num kibutz perto de sua filha Tova e da família dela. A mãe de Janina e sua irmã e família também haviam se estabelecido lá. Apesar das diferenças políticas e da preocupação com a saúde cada vez pior de Maurycy, a alegria do encontro foi intensa. Ambos sabiam que seria a última vez que estariam juntos — Maurycy morreria no ano seguinte. "Creio que meu pai reviveu indiretamente em mim suas esperanças", escreveu Bauman muitos anos depois. "Eu seria tudo aquilo que ele sonhara ser, mas não foi. Trinta anos depois, ele morreria serenamente num kibutz distante, enfim em paz com sua vida: debaixo do travesseiro encontraram meu primeiro livro — um presente que ele havia recebido dois dias antes."[86]

O livro, *Socjalizm brytyjski. Źrodła. Filozofia. Doktryna polityczna* [Socialismo britânico. Fontes. Filosofia. Doutrina política], havia sido publicado pela PWN, a melhor editora acadêmica polonesa. Esse foi o legado da paixão de seu pai pelos livros, o fruto de seu respeito pelo conhecimento e do amor que tinha pelo aprendizado, transmitido ao filho a despeito da guerra e do exílio. Bauman personificou os sonhos do pai, embora faltasse a parte do envolvimento sionista e ele tivesse rejeitado até mesmo o judaísmo "moderno" praticado por Maurycy.[87] Mas a natureza do engajamento intelectual de Bauman não era tão estranha ao judaísmo, que impõe a seus membros a *tikkun olam* — a missão de consertar o mundo.

Janina[88] e Zygmunt voltariam seis anos depois para visitar a família em Israel, e Zygmunt teve seus livros publicados em hebraico. Eles fizeram outras viagens como casal ou com a família pela Europa — nunca todos juntos (as autoridades raramente permitiam que uma família inteira viajasse junta). A maior e mais romântica (sem as filhas) foi seu reencontro em 1966 — depois da estada de Bauman em Manchester — em Paris. Janina fora oficialmente convidada por Anna Hochfeld,[89] esposa de Julian. O casal vivia em Paris desde 1962, onde ele trabalhava como vice-diretor do Departamento de Ciências Sociais da Unesco. Essa seria a última vez que Bauman veria Hochfeld, que morreu subitamente de um ataque cardíaco seis semanas depois. Bauman tinha grande afeição e apreço por Hochfeld, e, numa dedicatória póstuma, agradeceu a ele por lhe proporcionar seu treinamento teórico em sociologia marxista e pelos "amplos horizontes intelectuais e constante ansiedade criativa".[90]

As últimas cartas trocadas entre os dois, datadas do período em que Bauman estava em Manchester, retratam um relacionamento quase familiar, com Hochfeld informando o ex-aluno de doutorado sobre seus graves problemas de saúde, que o impediam de trabalhar. Na última carta, Hochfeld parece dedicado a resolver algum tipo de conflito profissional (aparentemente relacionado a pessoas, não ideias), referindo-se a um "equívoco" provocado por "emoções que esmagam a razão", o que atribuiu a sua abalada condição física. Da clássica relação mestre-discípulo, Hochfeld e Bauman tinham passado a uma amizade não hierárquica. A carta também discutia um empréstimo de valor impreciso, o tipo de arranjo financeiro que um polonês morando no exterior podia oferecer a um amigo que ainda vivia na terra natal (devemos lembrar que toda posse e toda transação em moeda estrangeira eram rigidamente controladas e em parte proibidas na Polônia).

Hochfeld diz que estava feliz com a visita dos Bauman e havia reservado um quarto para eles no Hotel Mars, na avenida la Bourdonnais, 117, um estabelecimento tranquilo localizado no Sétimo Arrondissement, próximo à Unesco. A carta continha uma descrição detalhada do lugar: um pequeno quarto com banheiro e "cama de casal num hotel pequeno, limpo e barato (36-40 francos por noite)".[91] O orientador mencionava a necessidade de dar gorjetas de pelo menos 10% para os "servos" (*służbie*).[92] Hochfeld foi receber Zygmunt no aeroporto de Le Bourget em 25 de maio, e Zygmunt recebeu Janina no mesmo aeroporto quando ela chegou de Varsóvia. Eles passaram uma semana em Paris na companhia dos Hochfeld, comemorando a amizade, Paris e a liberdade.

"Aqueles dias de primavera em Paris brilham em minha memória como uma luz que ofusca todas as misérias de momentos anteriores e posteriores", escreveu Janina: "Éramos jovens, éramos livres, estávamos juntos. Paris oferecia toda a sua beleza como uma enorme mesa repleta de iguarias para os famintos. Um dia emocionante transformava-se imperceptivelmente numa noite inebriante, e então era dia de novo".[93]

Depois da semana em Paris, Janina e Zygmunt fizeram um tour pela Europa em seu novo carro, um Ford Cortina que Bauman havia comprado com suas economias e seu salário de professor visitante. Eles atravessaram a França ao longo do Loire e da Riviera Francesa. Na Itália, visitaram belas cidades renascentistas, assim como lugares românticos como Verona (a cidade de Romeu e Julieta) e Veneza. Suas viagens prosseguiram pela Iugoslávia, Áustria e Tchecoslováquia. No ano seguinte (1967), eles voltaram à Áustria, onde conseguiram, em segredo, se encontrar em Viena com a parte da família que vivia em Israel. A família se correspondeu em código para evitar que seus passaportes fossem recusados pelas autoridades, e os parentes tanto de Janina quanto de Zygmunt tiveram um feliz encontro na capital austríaca. Mas uma das filhas precisou, como sempre, permanecer na Polônia, refém de um Estado poderoso que desejava garantias de que seus pais iriam voltar.[94] Se a família quisesse permanecer unida, precisava passar as férias na Polônia. As filhas, que tinham mais tempo de férias, também eram enviadas a acampamentos em Śródborów, uma cidadezinha perto de Varsóvia na qual a TSKŻ (Towarzystwo Społeczno Kulturowe Żydów, ou Associação de Cultura Judaica) organizava atividades para a comunidade judaica. Essa era uma forma de enviar as crianças — que, diferente de muitos católicos poloneses, não tinham avós morando em zonas rurais — ao interior do país. Também era um modo de poupar as filhas mais novas da perseguição antissemita que Anna tinha vivenciado, de maneira sádica, ao ir para um acampamento com crianças polonesas não judias.

Um pouco de sol antes da tempestade

No início da década de 1960, a situação da família melhorou significativamente. Zygmunt foi habilitado e nomeado docente, o que aumentou seu salário na universidade, com rendimentos adicionais provenientes da Escola do Partido e da Academia Polonesa de Ciências. Em 1962, quando Hochfeld, seu chefe na Universidade de Varsóvia, foi para Paris, Bauman assumiu oficialmente suas tarefas administrativas. Tornou-se catedrático em exercício de sociologia geral e catedrático pleno em abril de 1964, uma fonte adicional de renda. Além disso, naquela época, publicar (mesmo textos e livros sociológicos) era uma boa forma de ganhar dinheiro. Bauman "era bem avaliado como autor e as editoras estavam muito interessadas em lhe encomendar novos trabalhos", escreveu sua esposa: "Como os autores eram pagos pelo volume de produção, e de maneira generosa, o salário logo se tornou apenas uma pequena parte de seus rendimentos".[95] Esses recursos eram complementados pelo salário de Janina à medida que ela ascendia na hierarquia do instituto de cinema, ganhando um poder crescente como selecionadora de roteiros. Embora nunca tivesse a última palavra, sua decisão podia matar um roteiro, e sem a sua anuência era impossível fazer um filme.[96]

Os Bauman se mudaram para um apartamento maior, no terceiro andar da rua Nowotki, 21b, em Śródmieście, um agradável distrito no centro de Varsóvia, perto da universidade e do trabalho de Janina, com boas escolas e a reputação de ser o "bairro da intelligentsia". Seu apartamento ensolarado tinha três quartos pequenos e um ligeiramente maior, além de duas grandes varandas. Ao sair do afastado distrito de Bielany, eles acabaram perdendo a creche, e depois da busca infrutífera por uma nova empregada, resolveram organizar a vida sem ajuda externa. Zygmunt, relatou Janina, "ainda se encarregava da casa, fazendo compras e cozinhando sempre que podia, mas todas nós tentávamos ajudar".[97] Ele tinha um horário flexível e, entre as horas de ensino, podia fazer compras, enquanto Janina tinha uma agenda de trabalho mais rígida.[98] O compartilhamento de tarefas era comum em jovens famílias da intelligentsia polonesa — um fator de progresso social relacionado à mudança política e à situação econômica de pobreza (eram necessários dois salários para sobreviver — ou pelo menos tinha sido assim no início da carreira de Bauman). O sistema socialista lhes permitia manter dois empregos em tempo integral, apesar de terem três filhas: os jardins de infância eram instituições populares e acessíveis, e as filhas de Bauman foram apenas algumas das muitas crianças polonesas que cresceram neles. Mas Bauman ia além do normal para os homens em certas atividades domésticas, como costurar os colarinhos e os emblemas dos uniformes escolares das meninas. Era um profissional muito ocupado, mas, ao mesmo tempo, um pai pronto a fazer o que fosse necessário para que a vida da família transcorresse de maneira tranquila.

Diferente das típicas famílias polonesas do início da década de 1960, eles compraram uma TV, um importante sinal de prosperidade. Antes de adquirirem o Ford Cortina, em 1966, Bauman tinha um carro de segunda mão produzido na Polônia, um Syrena. O carro mostrava a posição de Bauman nas fileiras dos membros privilegiados do Partido: os verdadeiramente poderosos tinham carros grandes, como um Warszawa ou um Wołga russo. O Syrena de Bauman era um produto polonês famoso por suas deficiências. Quando faziam passeios para fora da cidade num domingo, os Bauman nunca tinham certeza sobre até onde iriam chegar. O carro era caprichoso e falhava com frequência.

Os Bauman também encontravam tempo para seus amigos da intelligentsia de Varsóvia, promovendo festas para eles em sua casa, chamadas *domówka*. Suas famílias estavam em Israel; os amigos eram muito importantes. Havia tensões relacionadas à política e, especificamente, ao engajamento profissional de Bauman — tensões que ocasionaram problemas de saúde. Estes não são mencionados na versão em inglês do livro de Janina, mas na edição polonesa ela escreve:

> Não me lembro de quando, exatamente, os problemas de saúde de Zygmunt começaram. Eles iriam atormentá-lo e se intensificariam até o fim de sua permanência na Polônia. Às vezes ele sentia dores no coração, às vezes no estômago, ou nos dentes, ou na coluna. Nenhuma dessas indisposições era de fato uma doença, e, vistas em retrospecto, fica claro que eram causadas por uma permanente tensão nervosa. Ele tinha responsabilidades demais e muitos problemas com as autoridades do Partido.
>
> O Partido esperava que seus sociólogos marxistas justificassem cada passo que davam. A equipe de Bauman não se preocupava em fazer isso, e ele se viu atuando como mediador com o Partido, muitas vezes defendendo os sociólogos das críticas das autoridades: "Cada vez mais, essas funções colocaram Zygmunt em disputas e conflitos acirrados com o Partido, causando sua neurose — e meu pânico".[99]

Ainda assim, os Bauman eram felizes. "Nós nunca pensamos que tudo terminaria assim: com traições e rupturas", recordou Janina: "Vivíamos uma vida plena e feliz e tínhamos um forte senso de pertencimento".[100] Curiosamente, na versão polonesa de seu livro, a primeira frase é mais detalhada: "No início da década de 1960, nunca imaginamos que logo teríamos de romper com tudo que constituía nosso lar, nossa língua, nossos amigos"[101] — a pequena lista do que é mais importante na vida de uma pessoa. Os Bauman não percebiam como sua prosperidade e felicidade eram frágeis. Uma máquina que seguia cada um de seus passos, documentando em que medida eles eram "estranhos" àquilo que o sistema esperava de seus cidadãos, havia sido posta em funcionamento. Eles eram espionados como se fossem maus cidadãos, inimigos que precisavam ser controlados e afastados de modo a não causar problemas para o sistema político. Aos poucos, foram inseridos na categoria de "inimigos públicos". E por dois motivos: as atividades políticas e acadêmicas de Bauman e sua origem étnica.

Os pais de Bauman, Zofia Cohn e Maurycy Bauman.

Caricatura antissemita mostrando um mapa da Polônia com a proporção da minoria judaica, *c.* 1938.

(Ao lado) A casa de Bauman em Poznań (fotografia de Agata Szczypińska).

TAXI

Zygmunt Bauman com a mãe (e seu cachorro), *c.* 1938.

ZMP (União da Juventude Polonesa), com Bauman na primeira fila, o segundo a partir da direita, cheio de medalhas no peito, final da década de 1940.

Janina e Zygmunt Bauman antes de seu casamento, *c.* 1948.

Janina Bauman, *c.* 1946.

Zygmunt e Janina com amigos, *c.* 1948-9.

Janina e Zygmunt com o pai e a irmã de Bauman em Givat Brenner, Israel, *c.* 1959 (não muito antes da morte de Maurycy Bauman).

(No verso) Bauman, com colegas na primavera de 1960, provavelmente comemorando sua habilitação.

EGRI

Bauman e colegas, década de 1960.

Charge desenhada por Bauman durante uma conferência realizada em Nova York, 1964.

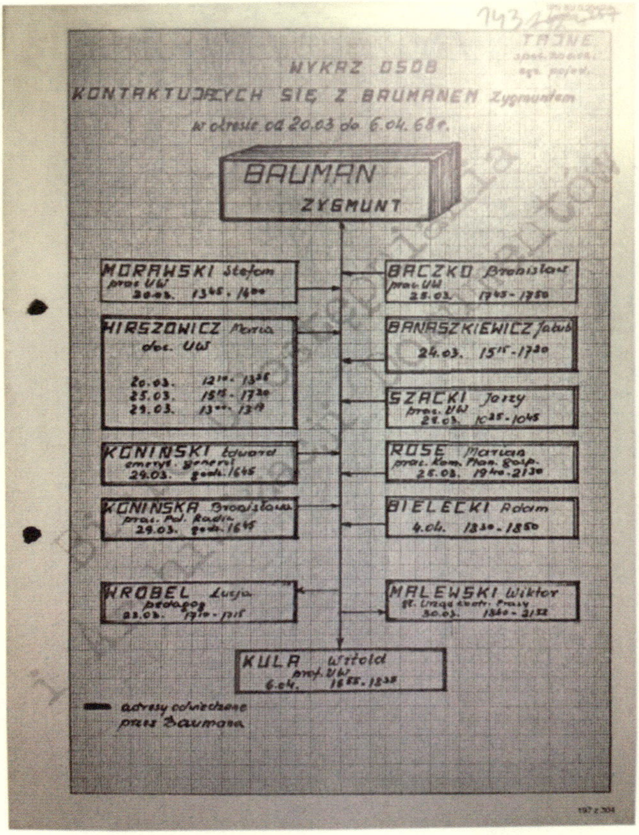

Diagrama e cronologia de indivíduos que Bauman conheceu em março e abril de 1968, preparado pelos serviços de segurança.

Zygmunt Bauman, fotografado pelo serviço secreto polonês.

Homenageado pelo Exército russo pela vitória sobre Berlim — 2 de maio de 1945, n. 066 894 — medalha com data de 11 de junho de 1946.

Homenageado pelo Exército polonês com a Ordem da Cru de Grunwald, n. 044 354 — com data de 8 julho de 1946.

Cruz do Mérito Polonesa (Prateada), n. 12 896/4252, com data de 24 de maio de 1946, concedida pelo Comitê Supremo do Conselho Nacional de Estado.

Homenageado pelo Exército russo "pela libertação de Varsóvia" em 17 de janeiro de 1945 — medalha n. 093 927, com data de 14 de fevereiro de 1946.

Homenageado pelo Exército polonês — medalha por Varsóvia 1939-45, n. 001 608, co data de 1º de fevereiro de 195

Homenageado pelo Exército polonês "por Oder, Nysa e o Báltico", medalha n. 25 846 — por atos heroicos e coragem no combate às forças de ocupação — com data de 2 de junho de 1946.

Medalha da Vitória e da Liberdade concedida pelo Ministério da Segurança Pública, 9 de maio de 1946, n. 3620.

Cruz de Valor n. 5568, com data de 19 de maio de 1945, recebida do chefe das Forças Militares polonesas, 1º Exército.

Medalha comemorativa dos dez anos da República Popular da Polônia, n. 529 022 — com data de 22 de julho de 1955 —, recebida do Conselho Nacional de Estado.

Medalha de bronze recebida do presidente da Polônia — "Forças Armadas a serviço da pátria".

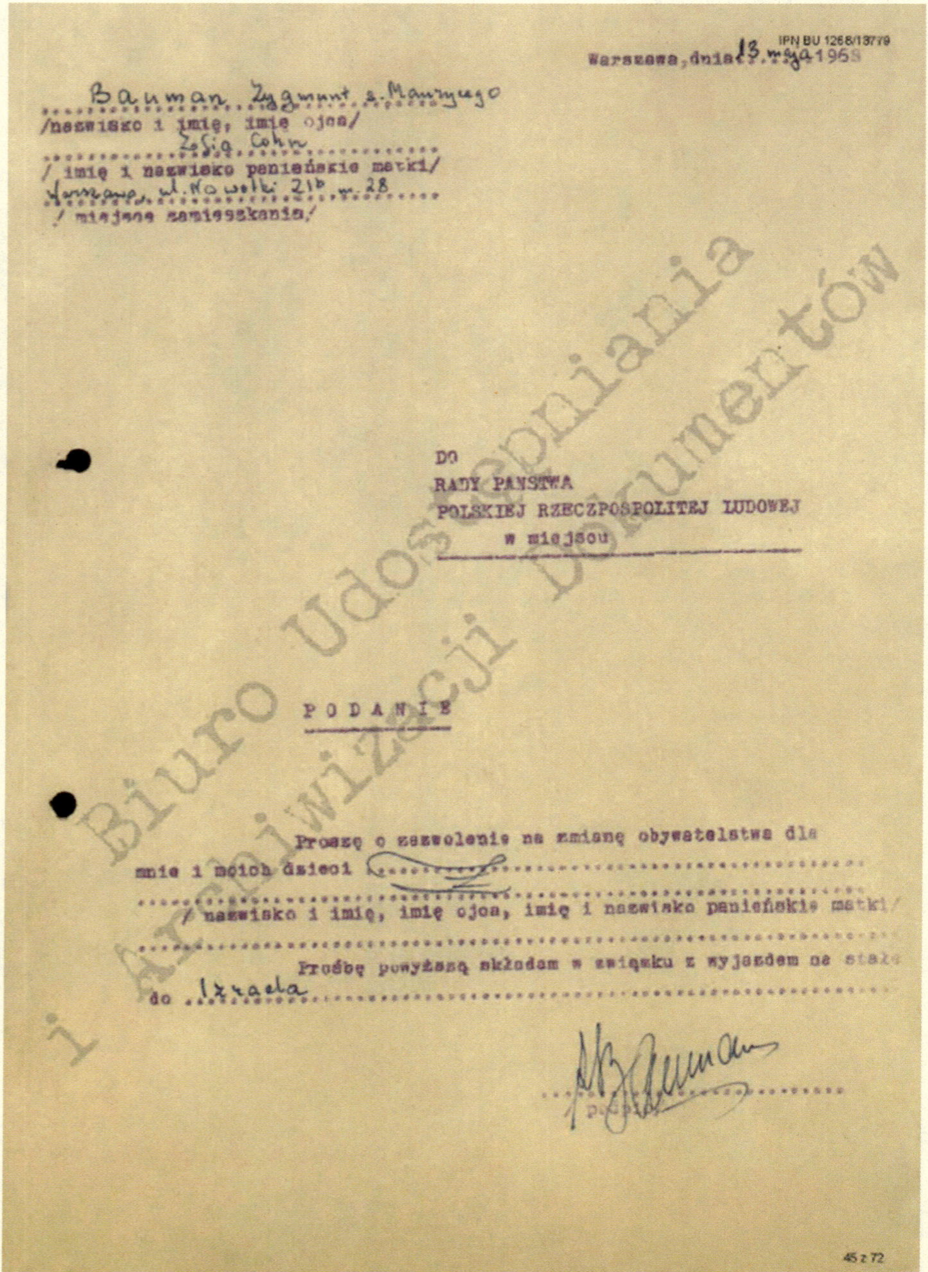
IPN BU 1268/13779

Warszawa, dnia 13 maja 1968

Bauman Zygmunt s. Maurycego
/nazwisko i imię, imię ojca/
Zofia Cohn
/ imię i nazwisko panieńskie matki/
Warszawa, ul. Nowolki 21b m. 28
/ miejsce zamieszkania/

DO
RADY PAŃSTWA
POLSKIEJ RZECZPOSPOLITEJ LUDOWEJ
w miejscu

P O D A N I E

Proszę o zezwolenie na zmianę obywatelstwa dla mnie i moich dzieci
/ nazwisko i imię, imię ojca, imię i nazwisko panieńskie matki/

Prośbę powyższą składam w związku z wyjazdem na stałe do Izraela

Z. Bauman
podpis

45 z 72

Solicitação de mudança de cidadania para Zygmunt Bauman e suas filhas, preenchida pelo próprio Bauman (1968).

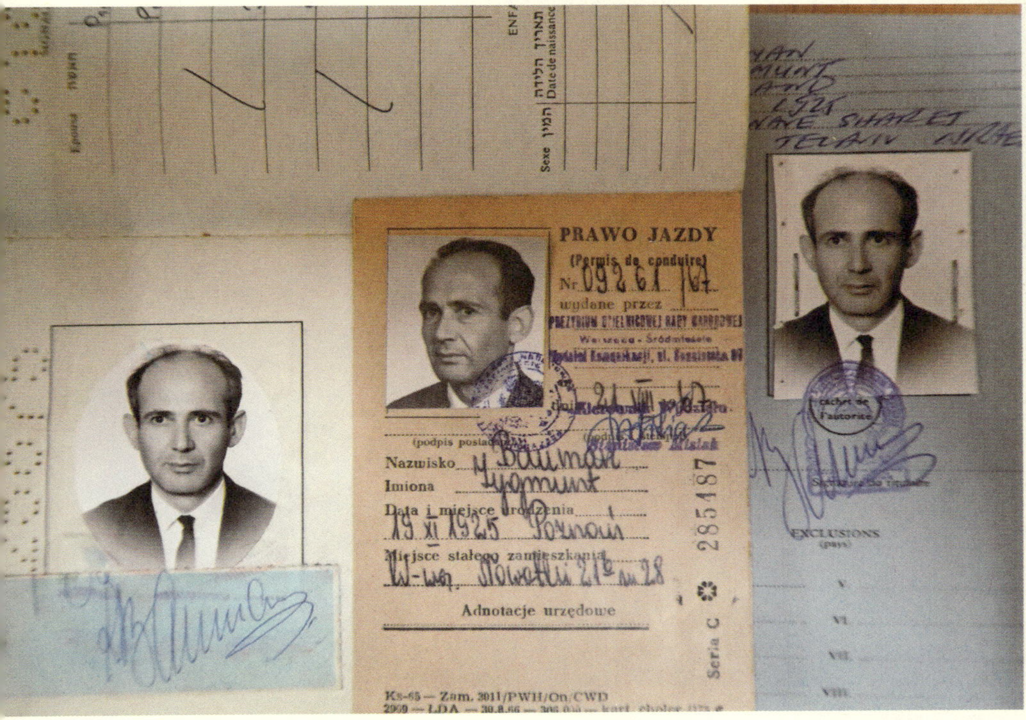

Passaporte e licenças de motorista polonesa e israelense de Bauman.

Bauman em Israel, *c.* 1968.

Janina e Zygmunt Bauman, final da década de 1990/ início dos anos 2000.

(Ao lado) Bauman em sua casa em Leeds, com alguns dos livros que escreveu em várias línguas, por volta da década de 2010.

(No verso) Bauman falando num amplo salão de conferências em Florença, Itália, em outubro de 2016.

Retrato de Bauman pintado por sua filha Lydia.

Bauman falando no Collegium Civitas em Varsóvia, *c*. 2011-2.

Bauman com Korolewicz e alunos no Collegium Civitas em Varsóvia, *c.* 2011-2.

Zygmunt Bauman e Aleksandra Jasińska-Kania, fotografados na Itália.

Professor Piotr C. Kowalski (amigo de Bauman) esculpindo um monumento em gelo em comemoração de seu 93º aniversário — em frente à casa de Bauman em seus tempos de criança, agora um jardim de infância.

10. Um romance frustrado com a polícia de segurança

> A Faculdade de Filosofia da Universidade de Varsóvia [...] era um verdadeiro nicho de revisionismo e desobediência em geral; a mera prática da sociologia como fonte de conhecimento sobre o estado da sociedade (da qual o governo exigia o monopólio) era potencialmente um ato contra o Estado, e aqueles culpados de praticá-la eram naturalmente suspeitos [...]. Éramos todos alvos de constante vigilância, oficial ou "não oficial", pela estrutura de poder e seus órgãos. Os arquivos do Departamento de Segurança continham imensos volumes que não paravam de crescer e hoje se tornaram [...] um tesouro da memória nacional.
>
> ZYGMUNT BAUMAN[1]

"ANTY-ROMANS Z BEZPIEKĄ", a expressão usada por Bauman como título de uma seção de seu diário nos anos do pós-guerra, poderia ser traduzida como "um romance frustrado com a polícia de segurança". Na Polônia do pós-guerra, as polícias secretas eram instrumentos de terror para controlar a população. Com o apoio de várias outras organizações de Estado criminosas, elas encorajavam pessoas de todos os grupos sociais a espionar e denunciar umas às outras. Eram muitos os meios pelos quais a Bezpieką conseguia obter informações: retribuição financeira, chantagem, difamação, ameaças diretas. As técnicas específicas de coleta de dados mediante o emprego de "informantes" e a ubiquidade de seus serviços fizeram da Bezpieką um Estado dentro do Estado. Em 1945, Bauman era um instrumento nas mãos da todo-poderosa organização de contrainteligência militar (todos os oficiais do KBW eram automaticamente obrigados a colaborar com os serviços secretos; ver capítulo 6). Como acadêmico, ele estava do outro lado da barricada — um alvo de espionagem, uma "presa sendo caçada", como Bauman se descreve em seu ensaio. E, evidentemente, ele não estava só.

O Departamento de Filosofia, encarregado de inocular a ideologia marxista, era ao mesmo tempo um nicho do revisionismo em função da educação de seus membros, que alimentava o pensamento crítico. O grupo de Bauman era composto de idealistas marxistas que tentavam aperfeiçoar um sistema que consideravam distorcido pelas estruturas de poder existentes. Ao lado de outros intelectuais, sobretudo sociólogos e filósofos, Bauman ficou sob o microscópio dos órgãos de segurança. As atividades dos acadêmicos eram terreno fértil para a espionagem, e os serviços de inteligência obtiveram enormes volumes de documentos. De forma perversa, esse rico arquivo, reunido para servir como instrumento de repressão, com suas resmas de informações contaminadas supostamente verdadeiras, semiverdadeiras e inteiramente inventadas, tornou-se, a partir de 1989, uma fonte da "memória nacional"[2] — e nem sempre com resultados positivos ou precisos.

Bauman no espelho da casa de diversões

A metáfora do espelho distorcido parece adequada para interpretar os documentos produzidos pelos serviços secretos poloneses na década de 1960. Várias categorias de dados foram criadas: anotações secretas, notas de serviço, denúncias (espontâneas e forçadas), trabalhos sociológicos especializados e compilações de boatos, anotações de aulas, ensaios e depoimentos, variando em tamanho de duas frases num pedaço de papel a longos relatórios. Os textos eram genéricos ou detalhados, originais ou copiados, e geralmente assinados por um codinome — mas às vezes com o nome e a posição verdadeiros do agente de segurança que havia escrito o relatório ou conversado com o informante. Eles raramente continham anotações referentes ao órgão ou indivíduo que havia ordenado a missão de espionagem, ou a seu objetivo ("rozpracowanie Pana X" — vigilância operacional sobre o sr. X). A análise desses documentos constitui um desafio.[3] Embora sejam de qualidade irregular, os arquivos dos serviços de segurança são uma fonte de dados incrivelmente rica, fundamental para entender como um intelectual e professor acadêmico podia se tornar um inimigo do Estado. Eles são essenciais para se entender como a Bezpieką transformou Bauman num revisionista, num "sociólogo pró-americano, pró-ocidental" — e finalmente num "sionista", acusado de atrair jovens seguidores para a contrarrevolução.

Este capítulo baseia-se principalmente em documentos produzidos por funcionários de vários departamentos e seções do Ministério da Segurança Interna.[4] Mas o ponto de partida para contar a história do "romance frustrado com a Bezpieką" é do próprio Bauman, que escreveu:

> Considerando-se a enorme autoridade de Leszek Kołakowski ou a inestimável energia de Krzysztof Pomian, minha contribuição pessoal em fomentar o espírito rebelde do corpo docente era, falando com delicadeza, secundária: limitava-se a pregar visões heréticas em palestras e aulas, recusar-me a participar de delegações internacionais quando um ou mais colegas tinham seus passaportes negados e defender um estudante quando acusado pelo reitor de "atividades anti-Estado".[5]

A Bezpieką estava preocupada com atividades anti-Estado que envolviam alunos de Bauman, mas especialmente com o próprio Bauman, e trabalhou duro para justificar sua convicção de que ele era culpado disso. Um documento, um cartão datado de 17 de dezembro de 1968, indica que Bauman vinha sendo mantido sob vigilância desde 1959. Na categoria "natureza do caso", escrito à mão em letras maiúsculas, lê-se "SYJONIZM" [sionismo]. O objeto é um "ex-cidadão polonês de nacionalidade judaica, (ex) professor do Departamento de Filosofia da Universidade de Varsóvia — liderança do ativismo antissocialista de posição revisionista".[6] Muitos anos antes da campanha antissemita iniciada em 1967, Bauman já estava no radar. O documento contém informações sobre a seção de inteligência D III W IV (Departamento III, Seção IV). De acordo com o inventário dos arquivos do IPN, esse departamento do Ministério do Interior tratava da luta contra atividades "anti-Estado" e "antissocialistas". Criado pelo decreto ministerial n. 00238, de 29 de novembro de 1956, ele permaneceu com esse nome até 1989. Outro departamento que investigava a vida de Bauman era o Departamento IV, especializado no ambiente escolar: "O Departamento IV [era encarregado de] combater elementos revisionistas e liberais e proteger ambientes científicos, criativos, culturais e juvenis do desvio e da penetração".[7]

Os documentos disponíveis indicam que as autoridades espionaram Bauman intensamente no final de 1962. Uma nota introdutória, datada de 5 de outubro,[8] apresenta suas informações básicas, e um documento de 23 de outubro com o selo "secreto" contém os nomes, profissões e locais de trabalho de seus pais e esposa, além de informações sobre a emigração de Maurycy em 1957, o endereço de sua irmã Tova em Israel e a afirmação de que "Bauman viaja frequentemente ao exterior", seguida dos nomes dos países que ele visitou, o tempo de permanência em cada um deles e a instituição que o enviou. Essas são as páginas iniciais do relatório da Bezpieką. Outros registros mostram as ações de Bauman "contra o Estado", confirmando seu valor como suspeito.

A primeira transgressão específica se refere ao boicote ao Congresso da Associação Internacional de Sociologia, realizado em Washington em 1962. Uma nota de 19 de novembro resume um artigo da revista *Kultura* [Cultura], uma publicação mensal[9] voltada para imigrantes e intelectuais poloneses críticos ao governo comunista estabelecidos em Paris. O artigo, assim como o comentário do funcionário da Bezpieką que o avaliou, trata das repercussões da recusa das autoridades a fornecer passaportes aos sociólogos Andrzej Malewski e Stefan Nowak para que participassem da conferência, o que fez Stanisław Ossowski, vice-presidente da Associação Internacional de Sociologia, desistir de ir ao encontro. Segundo o funcionário, entre os outros que se uniram ao boicote de Ossowski estava "Zygmunt Bauman — um proeminente jovem sociólogo de orientação marxista, que também estava envolvido no conflito com a censura do Partido".[10]

Os agentes dos serviços secretos liam a *Cultura* com a mesma atenção dos membros da oposição política e da intelligentsia; a distribuição da revista era proibida, mas seus artigos eram frequentemente reproduzidos pela Rádio Europa Livre e pela Voz da América. Menções positivas em algum desses veículos eram provas de deslealdade ao regime, e a participação de Bauman no boicote confirmava as suspeitas sobre suas afinidades revisionistas. De certa forma, isso era óbvio. As palestras públicas e muito populares que ele dava fora da universidade eram claramente críticas ao sistema e aconteciam numa livraria no centro de Varsóvia onde autores com frequência apresentavam seus livros e ideias.[11] Uma nota encontrada nos arquivos do IPN, assinada por certo T. Chlebicki, afirma que Bauman fez uma palestra no local em 23 de novembro intitulada "Sociologia e sociedade", à qual compareceram cerca de cem pessoas: "O público era muito diversificado, com alguns jovens, provavelmente estudantes [universitários], uma dúzia de mulheres mais velhas, dois ou três coronéis [seis a sete palavras ilegíveis — riscadas pelo autor]". Bem escrita, com quatro páginas, a nota prossegue relatando o conteúdo da palestra, incluindo introdução, estrutura, principais temas, conceitos e sistematizações, sem observações ou comentários pessoais. O debate que se seguiu à fala é caracterizado como "antigoverno/Partido". Respondendo a uma pergunta sobre o desenvolvimento da sociologia na Polônia, Bauman teria dito que, antes de 1956, ela apresentava "um monte de anormalidades que são comumente conhecidas. Ele não se negou o prazer e disse que o conflito entre o Poder Popular [*Władza Ludowa*] e as massas naqueles anos provocou a suspensão das pesquisas sociológicas".[12] A última frase é caracterizada pelas opiniões subjetivas do agente de segurança, o que indica que Bauman já era rotulado como "revisionista", provavelmente por conta de suas publicações de 1956-7 e de sua adesão ao círculo de Julian Hochfeld.

A estreita afiliação ideológica e institucional com seu orientador, que trabalhava incessantemente para popularizar o marxismo aberto, bastava para caracterizá-lo como revisionista. Hochfeld também era membro do Clube do Círculo Torto (ver capítulo anterior), uma plataforma intelectual para o livre intercâmbio de ideias. Em 1962, o clube foi declarado anti-Estado e revisionista e foi fechado, mas novos clubes se espalharam, permitindo que marxistas mais jovens pudessem discutir suas ideias sobre como aperfeiçoar o sistema.

Os clubes de debate e seus líderes carismáticos: O DNA da oposição polonesa[13]

Dois grupos[14] tiveram papel fundamental no desenvolvimento de posições críticas em relação ao governo, e Bauman foi um dos mais importantes oradores convidados. Foram eles o Klub Poszukiwaczy Sprzeczności (Clube de Investigadores de Contradições) e o Klub Dyskusyjny (Clube de Debates, ou de Debates Políticos, da Juventude Universitária). O primeiro Clube de Investigadores de Contradições foi criado em março de 1962 por Adam Michnik e seus amigos Jan Tomasz Gross, Włodzimierz Kofman e Aleksander Perski.[15] Na época, os três eram alunos do ensino médio.[16] Curiosamente, seu clube havia sido batizado pelo sociólogo Stanisław Manturzewski, membro do extinto Clube do Círculo Torto que estudava a juventude de Varsóvia.[17] Para obter o apoio das autoridades (permissão para reuniões, designação de um local de encontros, verbas para um acampamento de inverno), o clube era supervisionado pela União da Juventude Socialista e afiliado ao Departamento de Filosofia da Universidade de Varsóvia. Michnik, então com dezesseis anos, pediu apoio e proteção a Adam Schaff, conhecido por seu marxismo ortodoxo. "Schaff não tinha ideia do que estava fazendo", Michnik me contou em entrevista.[18] "Ele pensou: 'Comunistas e marxistas tão comprometidos, por que não?'. Bem, ele estava certo num determinado sentido, pois não sabia onde iríamos parar." Nenhum deles sabia. Schaff também pode ter desejado manter o controle sobre esse grupo efervescente. Alguns de seus membros eram filhos de amigos e vizinhos, filhos e filhas de comunistas, alguns dos quais funcionários de alto nível e *apparatchiks* do Partido.[19] Seus pais muitas vezes tinham sido ativistas, intelectuais e profissionais do Bund e do PPS antes da guerra. Eles eram a geração dos filhos da intelligentsia de esquerda. Suas crenças e cultura eram com frequência compatíveis com as dos pais, que de modo geral compartilhavam suas convicções sobre justiça social e liberdade.[20]

Para essa geração de alunos nascidos depois da Segunda Guerra Mundial, outubro de 1956 foi uma janela aberta, e eles valorizavam sua lenda. Esperavam criar uma sociedade melhor, sempre dentro do arcabouço do socialismo, de modo muito semelhante ao que tinha feito o Clube do Círculo Torto, como observa o historiador Andrzej Friszke. Proeminentes intelectuais poloneses (Kołakowski, Baczko, Brus, Minc, Walicki) foram convidados por esses alunos de ensino médio a dar palestras. Bauman foi o primeiro, e iniciou as atividades do clube com uma palestra intitulada "O que é a sociedade?". Jan Józef Lipski[21] o tinha recomendado a Michnik, que, sem conhecê-lo, foi ao gabinete de Bauman na universidade para convidá-lo a falar. "Ele era um grande orador", relembrou Michnik:

> Mesmo para adolescentes, ele fez uma grande palestra. Foi claro e convincente. Ele respondia às perguntas e era, ao mesmo tempo, muito persuasivo. Foi mais direto do que a maioria dos professores. Ele nos tratou como pares, o que, considerando-se que éramos garotos, foi algo singular. Ele não disse abertamente "O comunismo é ruim", mas respondeu às perguntas como um sociólogo. Acho

que essa relação com os jovens se tornou muito importante para ele. Ele era um excelente professor, um grande interlocutor, um homem excepcional e incrivelmente gentil.[22]

No ambiente de torpor generalizado do início de 1960,[23] esse grupo trouxe alguma animação e esperança de mudança. Os membros e participantes mais ativos do clube nos debates foram mais tarde chamados de *Komandosi* (Grupo de Comandos) — nome provavelmente atribuído a eles por um funcionário da Bezpieką, que observou pequenos grupos que apareciam subitamente em palestras públicas e faziam perguntas provocativas, por vezes com muita franqueza.[24] Os *Komandosi* eram encrenqueiros "profissionais", mestres em controvérsia política, sempre trazendo temas sensíveis, debates difíceis e perguntas diretas. O termo "Comandos", contudo, sugere uma ação armada que estava longe do escopo do grupo. A postura de desafio intelectual dos *Komandosi* tinha origem no capital cultural herdado dos familiares, numa excelente educação, na seriedade dos estudos e na ampla leitura de uma literatura adequada. Eles não tinham medo de falar em público, estando acostumados a discussões políticas em que expressavam livremente opiniões críticas, e cultivavam um espírito questionador. Em muitos aspectos, esses jovens da elite de Varsóvia eram semelhantes à juventude da Europa Ocidental — mais precisamente, à *jeunesse* parisiense.[25] Eles liam Camus, existencialistas como Sartre, Simone de Beauvoir e o antropólogo Lévi-Strauss — autores da moda. O francês era uma língua muito popular, e alguns *Komandosi* liam livros franceses no original. Quando não estavam discutindo política e literatura, ouviam jazz e saíam com pequenos círculos de amigos, tal como acontecia na Europa Ocidental. Alguns, filhos de pais privilegiados, viajavam para países do Ocidente. O Clube de Investigadores de Contradições mantinha laços com jovens socialistas ou comunistas da Europa Ocidental que visitavam a Polônia. Eles estavam familiarizados com ideias dissidentes, trotskistas, e liam *A nova classe* de Milovan Djilas. Não surpreende, portanto, que os serviços de segurança tenham começado a se interessar por suas atividades, "no mais tardar em março de 1963".[26]

Em julho, do pódio de um encontro no Comitê Central, Gomułka condenou o Clube de Investigadores de Contradições,[27] chamando seus membros de "revisionistas inexperientes".[28] O clube foi fechado e os jovens que dele participavam continuaram suas atividades em pequenos grupos, a partir de casa. As razões oficiais[29] para o fechamento incluíam a escolha "inadequada" de oradores e a "má origem" de alguns de seus membros, que vinham da Walterowcy,[30] um braço da Associação Polonesa de Escoteiros criado por Jacek Kuroń (nascido em Lwów em 1934). O nome era uma homenagem a Karol Świerczewski — "Walter" —, um general polonês morto em batalha contra a resistência ucraniana em 1947.[31] Kuroń impôs um modelo educacional específico em seu trabalho de escotismo, adotando a atividade em equipe com o propósito de "melhorar o mundo", "cuidar dos mais fracos", "trabalhar pelo futuro da sociedade" e "aperfeiçoar o sistema existente".

"Para nós e para Jacek [Kuroń], a ideia de comunismo era a de uma luta para ajudar pessoas pobres e discriminadas", afirmou a historiadora Marta Petrusewicz, membro de seu grupo.[32] Kuroń era inspirado por Anton Makarenko,[33] um pedagogo e escritor soviético que havia trabalhado com crianças delinquentes no início da década de 1930. Seus princípios eram revolucionários: liberdade de expressão, consideração pelos valores humanísticos e respeito pelo indivíduo, independentemente da idade. Outra fonte de inspiração para Kuroń era Janusz Korczak[34] (seu nome de nascença era Henryk Goldszmit), pediatra polonês, ativista pelos direitos das crianças e pioneiro da pedagogia moderna, que morreu no campo de extermínio de Treblinka, em 1942, com as crianças que havia protegido num orfanato do gueto de Varsóvia.

Kuroń implementou o modelo de autogoverno da "República das Crianças" que Korczak estabeleceu em seu orfanato. Jovens membros participavam de cada decisão e eram tratados como adultos (apesar de serem adolescentes). Os princípios de Korczak combinavam com a abordagem da Hashomer Hatzair (Korczak tinha criado um braço dessa organização judaica socialista em Viena em 1899). Kuroń assumiu as ideias de Korczak e as expandiu para além da comunidade judaica.

As longas discussões, as negociações e a participação no processo de tomada de decisões transformaram os alunos de Kuroń em jovens cidadãos críticos e politicamente conscientes. Kuroń foi afastado de suas atividades no escotismo exatamente quando seu amigo Karol Modzelewski (nascido em Moscou e também ex-membro do Clube do Círculo Torto) retornou de um programa de intercâmbio acadêmico em Veneza, onde havia tomado parte de inflamados debates estudantis sobre reformas educacionais e outros temas políticos que animavam a Itália. Essa experiência ofereceu a Modzelewski sua primeira amostra de liberdade,[35] e ele e Kuroń lançaram, em outubro de 1962, o Clube de Debates Políticos. Modzelewski era um clássico intelectual, erudito e preciso em sua argumentação, enquanto Kuroń era um ativista passional, de uma vigorosa energia. O primeiro era um pensador, o segundo um executor,[36] mas ambos eram líderes carismáticos.[37] Na época, Modzelewski era aluno de doutorado na Faculdade de História, e Kuroń fazia mestrado na mesma disciplina. Embora ambos pertencessem à União da Juventude Socialista (Związek Młodzieży Socjalistycznej, ZMS) e ao PZPR, Modzelewski teve a ideia de colocar a atividade política de ambos sob a proteção da ZMS e das autoridades do Partido na universidade.[38]

O clube tinha encontros em que especialistas eram convidados a apresentar uma base teórica e científica para uma discussão crítica de temas escolhidos. A ideia era que os acadêmicos estimulassem e desenvolvessem ferramentas e argumentos. "Foi criada no clube uma crítica radical da realidade — política e econômica — da República Popular da Polônia", afirma Friszke.[39] O Clube de Debates Políticos visava reanimar a discussão das promessas feitas por Gomułka em 1956, mas logo abandonadas: ampliar a liberdade e a democracia, melhorar a vida dos trabalhadores e diminuir a burocracia do Estado. Os encontros ocorriam uma vez por mês, numa quinta-feira, como acontecia com o Clube do Círculo Torto. O primeiro deles teve lugar em 25 de outubro de 1962, com Bohdan Jankowski[40] falando sobre conflitos político-morais na Polônia contemporânea. Em 22 de novembro, o professor Włodzimierz Brus[41] deu uma palestra intitulada "Os problemas de nossa economia". No terceiro encontro, em 13 de dezembro,[42] o orador convidado foi Zygmunt Bauman, e o tema, a democracia socialista e a burocracia.[43] "Ele era um sociólogo muito conhecido e gozava da simpatia dos jovens", diz Modzelewski:[44]

> Foi ideia minha organizar um encontro dedicado à burocracia política na Polônia. Eu ainda não apoiava um conceito clássico marxista como esse, mas achei que seria necessário pegar o touro pelos chifres e discuti-lo. Kuroń e eu víamos o clube como um lugar para estimular o pensamento intelectual e político na universidade, daí a ideia de chamar Bauman, pois sabíamos que ele atrairia os jovens. O clube foi aberto, não havia sócios e [eu pensei que] sua palestra seria uma introdução muito boa ao debate.

As discussões que se seguiram às falas foram dinâmicas e muito críticas à estrutura de poder. Kuroń e Michnik eram indivíduos suspeitos, de modo que agentes de segurança estavam sempre presentes. "Não tomo isso como um fato, mas tenho certeza de que eles [a Bezpieką] escreveram coisas negativas sobre Bauman e o clube", disse Modzelewski: "Evidentemente, acreditavam que Bauman era um revisionista e que o clube era um perigoso centro de trabalho hostil".[45] Modzelewski estava certo. Graças ao registro da fala de Bauman nos arquivos do IPN, podemos reconstituir o evento:

> Recebido por Styś [nome do agente], Varsóvia, 14 de dezembro de 1962. Secreto. Em 14 de dezembro de 1962, assisti a um debate no Clube Político (no hall do Clube dos Estudantes da Universidade de Varsóvia). O tema do debate de ontem foi o sistema socialista. A palestra foi feita pelo docente Bauman, da Faculdade de Sociologia. Também presentes estavam o professor Brus [que deu uma palestra um mês antes] e Stefan Jędrychowski [membro do politburo do PZPR, ex-ministro, economista e político]. Nenhum deles falou coisa alguma.
>
> Em sua palestra, o docente Bauman começou pela discussão do tema da democracia oferecendo diversas definições do termo; ele indicou que, em sua opinião, a melhor definição de democracia foi dada por Marx e depois por Engels e Lênin. Daí ele começou a falar sobre o próprio aparato administrativo e suas conexões com as teorias que constituem a base do sistema socialista. Citando palavras de Lênin, o docente Bauman disse que a existência desse aparato é necessária não apenas no período inicial, quando o sistema acabou de ser implementado, mas também depois, quando já não existem quaisquer contradições. Segundo Bauman, o problema não é a existência do aparato, mas outra coisa: [é necessário] garantir que o Partido no governo (porque representa os interesses de toda a sociedade) não mergulhe na alienação; [nesse caso] eles se tornariam uma camada social ou até uma classe num sistema sem classes. Depois ele discutiu a questão do igualitarismo, que todos os membros da sociedade devem ter as mesmas oportunidades e o direito a um começo igual. Enfatizou que um sistema realmente bom só pode ser um sistema em que todos possam satisfazer suas necessidades. Assim, levantou-se a questão do chamado *homo economicus*. O docente Bauman protestou com veemência contra a percepção segundo a qual todas as ações das pessoas que têm poder resultam de seu desejo de satisfazer

suas necessidades materiais. De acordo com ele, o prestígio e muitas outras razões são igualmente importantes. Quanto ao aparato burocrático em si — é claro que é necessário, enfatizou ele com veemência, considerando a necessidade de controle do Partido e de controle social. Ele ilustrou isso com exemplos da União Soviética e da Polônia.

Então os participantes tomaram a palavra.

1. Um aluno levantou a questão da composição pessoal do aparato administrativo. Se uma pessoa não segue as regras do jogo, está claro que seu lugar será assumido por alguém que preencha as condições.
2. Outro aluno [desenvolveu] o tema da centralização e descentralização do aparato administrativo. Segundo ele, a descentralização é melhor porque não permite a alienação da burocracia.
3. O sr. Kuroń se opôs firmemente a esse aparato, porque isso leva à criação de uma classe burocrática.
4. Karol Modzelewski [enfatizou] a necessidade da existência do aparato, mas também de controles para evitar distorções — um segundo 1956. Em princípio, porém, ele concordou com o que disse Bauman.
5. Um estudante [levantou o problema do] emprego de profissionais no aparato administrativo, mas também a cooperação com ideólogos, com o direito de controlar aqueles que são profissionais.
6. O problema do culto ao indivíduo [foi evocado por] um cavalheiro mais velho que não concordava com o docente Bauman, embora sua discordância fosse apenas sobre a questão formal. Ele se descreveu como o maior esquerdista daquele salão.
7. Kuczyński — um aluno do terceiro ano de estudos acadêmicos — [fez] duas perguntas: 1) sobre a atitude do aparato administrativo diante das aparentes contradições (visões etc.) do socialismo; 2) se a alienação burocrática tem relação com a centralização (ele defende a descentralização) ou com alguma coisa especificamente perigosa para o sistema.
8. Algumas outras vozes quiseram saber se já existe uma classe (ou camada) burocrática na Polônia, se há garantias de que o stalinismo não possa voltar (na Polônia) e se os poloneses talvez não sejam remotamente controlados.

[...] O docente Bauman [...] pediu aos participantes que tentassem falar de maneira mais concreta, a fim de facilitar a chegada às conclusões corretas.

Da "Kicki" [famosa casa de estudantes em Praga], estavam do meu lado: Kuczyński; Lucyna Cholewa; Jerzy Kwiecień — economia política; Bohdan Knichowiecki — 3º ano de filologia polonesa (ZMS); Lesek — 3º ano de estudos poloneses (representando a ZMS); Julka Brun — estudos poloneses (filosofia); e Halina Flis — 3º ano de estudos poloneses. O pessoal da "Kicki" disse que aquilo era extremamente interessante, riram do escritor, aplaudiram Bauman, o segundo orador, Kuroń e Modzelewski, [mas] a primeira voz — um idiota completo. [Assinado] "Amatorka".

Comentários [do agente do serviço de segurança]: Na informação, "Amatorka" relata o curso dos debates no clube da ZMS. Ela acrescentou que a discussão em si não foi muito interessante. Os participantes com frequência fugiam do assunto ou tratavam o tema de maneira muito superficial, sem uma argumentação mais ampla. Houve até mesmo uma voz, que falou antes de Karol Modzelewski e depois de Kuroń, que fez o salão cair na gargalhada com suas afirmações. Essa pessoa [aluno] limitou-se a afirmar que a situação financeiramente desvantajosa de um grupo de pessoas pode causar uma insatisfação com o sistema político, e, como exemplo, citou os escritores, que, segundo ele, são as pessoas mais mal pagas atualmente na Polônia. Ele também perguntou se os poloneses não seriam remotamente controlados por Moscou [...] T. W. [colaboradora secreta — "Amatorka"] também enfatizou que Kuczyński, um estudante de economia política [supervisionado pelo professor Brus], gravou o evento numa fita magnética, tal como havia feito nos anteriores. Ela não fez nenhum outro comentário. O encontro com T. W. em conexão com a decisão de excluí-la da rede foi o último, e não marquei outro compromisso. [Assinado pelo] Agente operacional sênior da III Divisão da Milícia dos Cidadãos, Comando de Varsóvia, tenente C. Styś.[46]

Esse documento revela o nível dos detalhes apurados pelos serviços de segurança em seu esforço de controle. Na Polônia da época, qualquer questionamento de uma política do governo era um ato de coragem, pois os opositores podiam ser incluídos na lista negra ou presos por qualquer fala ou ato considerado suspeito. Bauman e os alunos podem ter identificado Stefan Jędrychowski — economista, membro do Partido e da elite política — como um monitor oficial. Os animados debates mostram o ambiente de destemida oposição entre a juventude, uma espécie de teste decisivo para um grupo que o regime não podia controlar por completo. A Bezpieką estava certa em suspeitar de tais encontros, pois eles foram o berço do movimento dissidente polonês.[47]

O Clube de Debates Políticos existiu oficialmente por um ano, até sua dissolução, quando então seus membros se organizaram em grupos menores e realizaram sua atividade na clandestinidade — sempre na presença da Bezpieką,[48] pois, quando um suspeito atraía a atenção dos serviços de segurança, sua atividade passava a ficar sob constante vigilância. Foi o caso de Kuroń e Modzelewski, e também de Bauman. Suas aparições públicas eram monitoradas, assim como suas atividades acadêmicas — publicações, conferências e ensino — e relacionamentos profissionais e pessoais.

As avaliações profissionais realizadas pela Bezpieką

Zygmunt Bauman foi um autor muito produtivo desde o início de sua carreira universitária. De 1960 a 1962, ele publicou diversos artigos, seis monografias e um manual.[49] Este último trabalho atraiu uma atenção especial dos serviços de segurança; seu arquivo contém três avaliações distintas dos conteúdos do livro, presumivelmente feitas por três autores, todos eles sociólogos (dois usaram pseudônimos) em estágios avançados de suas carreiras. As avaliações revelam a forma como Bauman era percebido pelos sociólogos que seguiam a linha do Partido, que o caracterizaram como um revisionista. Os textos que escreveram mostram a doutrinação e a linguagem específica herdada do período stalinista.[50] A primeira dessas avaliações, de 6 de setembro de 1963 e assinada com o pseudônimo de Adam Piotrowski, era uma espécie de meta-avaliação, incluindo opiniões de outros especialistas:

> Do lado científico, diz-se que esse é o primeiro livro didático de sociologia polonês desde 1945 organizado por problemas e não historicamente [...]. Diz-se também que foi escrito a partir de uma posição marxista. Evidentemente, tal definição é enfatizada por todos aqueles que apresentam o livro e seu autor como um ideólogo fiel do marxismo, e é importante acrescentar que o marxismo não é algo uniforme, que existem diferentes escolas e direções [...]. Em conversas sobre o livro, em círculos que apoiam seu autor, ouve-se dizer, acima de tudo, que

> [Bauman] representa o chamado "marxismo aberto", [que não é] limitado pelo dogmatismo, seja na escolha do tema ou na forma de resolver problemas, e que não hesita em usar produções científicas valiosas, especialmente estrangeiras, especialmente americanas. E aqui parece estar a característica essencial desse livro — o autor, embora mantendo certos princípios do marxismo, recheia-os de conteúdo ideológico americano. Isso é reconhecido por todos os analistas.
>
> [...] O autor do livro vem do círculo constituído pela equipe acadêmica do professor Hochfeld [e revela] [...] a falta de compromisso ideológico do lado do socialismo. O livro, que dizem ter sido escrito a partir de uma posição marxista, tem apenas aspectos externos de um marxista, enquanto seu conteúdo é quase totalmente esterilizado de tendências marxistas [...]. Há uma enorme influência da literatura ocidental, em especial da americana, na qual o autor baseia sua análise.[51]

A segunda análise é mais detalhada e inteligível, apoiando-se numa abordagem quantitativa para mostrar a ausência quase total de pensadores marxistas e esquadrinhando o uso, por Bauman, de superlativos para descrever autores "burgueses". O tom irônico dessa análise se concentra no "marxismo aberto":

> Principalmente [...] a "americanização" pode ser vista na sociologia; [esse fenômeno] é representado pela escola de Hochfeld (Julian Hochfeld, Zygmunt Bauman, Jerzy Wiatr, Maria Hirszowicz, Włodzimierz Wesołowski, Szymon Chodak). Nos últimos anos, [essa escola] tem monopolizado o direito de expressão em nome da sociologia marxista. Consideremos isso a partir do exemplo do livro didático de Bauman, *Um esboço da sociologia: Temas e conceitos* [...]. Manual elaborado a partir de palestras universitárias realizadas pelo autor em 1961-2, esse trabalho já é amplamente usado como livro didático em outras universidades (e mesmo em redes de treinamento do Partido) [...]. Uma rápida análise do livro do ponto de vista dos autores citados por Bauman [...] levanta sérias dúvidas. O índice de autores mostra que V. Lênin é mencionado seis vezes no texto, enquanto S. Ossowski aparece dez vezes (nenhuma delas criticamente). O francês Maurice Duverger, um publicista-sociólogo burguês, é mencionado sete vezes, e o sociólogo burguês americano Talcott Parsons, treze vezes. Nos livros recomendados para cada capítulo não há um único da autoria de Lênin nem algum

que tenha sido escrito por marxistas contemporâneos (com exceção da "escola de Hochfeld"). Entre os livros recomendados para leitura complementar, os que predominam são da literatura burguesa americana, autores poloneses burgueses não marxistas e sociólogos liberais como Chałasiński, Ossowski e Szczepański. Um retrato semelhante emerge de várias centenas de elementos da literatura mencionada. Bauman não invoca uma única posição da literatura filosófica e sociológica soviética nem uma única posição de marxistas contemporâneos de fora da Polônia. Para ser preciso, a grande Enciclopédia Soviética é citada uma vez. Os historiadores soviéticos Maszkin e Sergeiev são mencionados, mas em temas referentes à Antiguidade [...]. [O] autor refere-se a sociólogos burgueses. Ele os descreve, por exemplo, como "o destacado sociólogo sueco", "o famoso sociólogo americano", "o famoso sociólogo da Alemanha Ocidental" [...] (referências ao autor sueco Myrdal, assim como a Goser, Dahrendorf, Warner, Von Wiese, Glaser, Lazarsfeld, Parsons) [...]. Ossowski é apresentado não apenas como sociólgo, mas também como uma autoridade em teoria da ciência. Ao descrever o "esplendor" de termos bastante banais no campo da filosofia, Bauman se sustenta na autoridade de Włodzimierz Tatarkiewicz [...]. Marx, Engels e Lênin não são mencionados uma única vez. Por outro lado, metodólogos e sociólogos burgueses da Polônia são citados quase integralmente: Ajdukiewicz, Kotarbiński, Ossowski, Znaniecki, Goszkowski, bem como representantes da ciência burguesa americana. Como modelo de aplicação do método histórico-comparativo, ele se refere ao livro do professor Ossowski sobre estrutura de classes [...]. Os capítulos restantes têm pouca relação com o marxismo [...]. Bauman descreve grupos sociais como "o conjunto de pessoas que estão conectadas por um vínculo psíquico" (p. 236). E como esse capítulo discute a sociologia da família, a nação, os grupos revolucionários de militantes fascistas, o vínculo espiritual se torna seu fundamento — dessa maneira, temos toda uma apresentação de sociologia subjetiva [...] a moral da classe é caracterizada pela crítica excessiva da burguesia. Esse é um exemplo de como o autor, a partir de uma posição supostamente marxista, mostra "total submissão a teorias reacionárias" [...].

O caráter do livro de Bauman é típico das considerações teóricas da sociologia polonesa nos últimos anos.[52]

O terceiro analista, num texto de 17 de outubro de 1963, concentra-se apenas na transgressão do "marxismo aberto":

> Pode-se dizer de maneira totalmente escrupulosa que o livro de Bauman é uma expressão especial de marxismo "aberto", buscando a concordância e uma linguagem comum com o Ocidente não apenas no campo científico, mas também em qualquer outro campo, em outras palavras, estabelecendo uma ponte entre o comunismo e o capitalismo fundamentada nos princípios básicos da metodologia marxista.[53]

Sim, Bauman estava estabelecendo uma ponte. De maneira irônica, um autor polonês do século XXI sustentou uma opinião totalmente contrária, argumentando que Bauman se opôs a "sucumbir à moda americana" porque isso "impedia a construção da sociologia marxista na Polônia".[54] Sułek se referia aqui ao livro *Reflexões sobre a sociologia americana contemporânea*, de 1961. Trata-se de uma avaliação muito rasa, incapaz de esclarecer que Bauman se referia aos métodos quantitativos e às técnicas de pesquisa americanos, e não a toda a sociologia do país. Isso também fica claro no excelente ensaio de Bauman intitulado "Wariacje na tematy socjologiczne" [Variações sociológicas], também publicado em 1962.[55] Nele, Bauman criticava sociólogos poloneses por copiarem cegamente métodos americanos[56] (Lazarsfeld) sem levar em conta o contexto e os limites metodológicos específicos de suas pesquisas. Além disso, essas supostas contradições na atitude de Bauman em relação à socióloga americana devem considerar um importante fator frequentemente esquecido por acadêmicos contemporâneos: a censura.

Todos os textos de Bauman publicados na Polônia antes de 1968 passaram pelo controle do censor, e assim as decisões terminológicas não eram totalmente de acordo com a sua vontade. Algumas frases (isso é muito claro em seu artigo "Variações sociológicas") foram provavelmente acrescentadas apenas para tornar o texto publicável. Essa época está cheia de histórias sobre relações peculiares entre autores e censores — as negociações, as estratégias de alteração de texto, o uso do duplo sentido, métodos para passar ao leitor informações "politicamente incorretas" etc. Isso é fundamental ao se examinar publicações de países como a Polônia antes de 1968 (e até 1989, quando foi abolida a censura). Pessoas que atuavam na esfera pública viviam fazendo malabarismos com as palavras, determinando o que poderia ser aceitável. Era um jogo dinâmico com altas apostas.

O ambiente infiltrado

Enquanto o Departamento de Filosofia era considerado um covil de cobras revisionistas, todo mundo sabia que ele também estava repleto de "agentes" da Bezpieką e de pessoas que apresentavam relatórios de maneira regular ou ocasional. Acadêmicos e alunos estavam conscientes de que suas opiniões podiam ser preservadas em arquivos pessoais graças a esses informantes. Sabendo disso, as declarações que davam podiam ter duplo sentido. Por exemplo, um informante que acompanhava Bauman observou: "Tenho falado sobre a detenção de um grupo de jovens trabalhadores da ciência a várias pessoas, inclusive Bauman. Infelizmente, essa conversa não rendeu muito, pois Bauman se referiu ao assunto de forma desrespeitosa e levou a conversa por outro caminho".[57] A sugestão aqui é de que Bauman sabia que o informante estava relatando sobre ele e tentou evitar dizer qualquer coisa que pudesse ser usada contra ele. As pessoas sabiam que eram observadas.

Os testemunhos secretos apresentam por vezes um retrato contraditório de Bauman. Isso pode ter sido intencional, uma vez que várias opiniões davam aos serviços de inteligência material em que podiam se basear depois para formular acusações. O seguinte trecho de um memorando de 25 de outubro de 1963 da fonte "K" retrata Bauman como esperto e manipulador:

> "K" considera [Bauman] um jogador inteligente e talentoso [...]. Como especialista em grupos sociais, Bauman gosta de participar de jogos pessoais e é capaz de reverter certas situações em seu favor. Segundo "K", Bauman é um tipo conformista, sua posição se ajusta "ao público".[58]

Outros informes sobre Bauman o apresentam como tudo, menos flexível, conformista e estratégico, a exemplo deste relatório "secreto" recebido por "Rapało" em Varsóvia no dia 13 de maio de 1964:

> Eu o conheço muito pouco, não o conheci na universidade. Eu tinha uma impressão muito positiva dele a partir de cerca de uma dezena de reuniões sociais — um homem absolutamente "sem pose", modesto e engraçado. Ao mesmo tempo, ele é muito corajoso e não hesita em aparecer com posições novas ou impopulares. Sua personalidade é sem dúvida especial. Ele é com grande probabilidade

> (depois de Kłoskowska) o sociólogo mais talentoso da geração intermediária, e invariavelmente dedicado [...]. É muito popular, embora algumas pessoas, dentre as quais o camarada Schaff, o vejam com reservas (uma vez, por exemplo, Schaff disse, em tom jocoso: "Camarada Bauman, você sempre tem de criticar e discordar de alguma coisa"). Mas ninguém nega que ele é honesto [...]. Seu círculo de amizades é muito amplo, ele é querido pelos alunos. Sei por amigos que ele mantém relações próximas com Janusz Kuczyński, Ryszard Turski e K. Pomian (todos eles antigos membros da revista *Simplesmente*)[59] [...]. Ele tem um grupo de amigos e não recusa um copo [de vodca] de vez em quando. Sem dúvida, um grande indivíduo e individualista. Eu gostaria de enfatizar, contudo, que o conheço muito pouco [...]. "Henryk"

Em 26 de outubro de 1964, Henryk relatou uma longa visita dos sociólogos poloneses Hirszowicz, Bauman e Gostkowski à Tchecoslováquia:

> O docente Otahar Nahodil [...] conversou duas vezes com Bauman, e ficou parecendo que este, ao avaliar a sociologia polonesa, é guiado por suas próprias preferências e aversões. Além disso ele representa tendências revisionistas no sentido de separar o materialismo histórico da sociologia. O docente Pomajźlik [...] discordou de Bauman em sua visão da sociologia soviética e de suas opiniões sobre a relação entre teoria e prática (o papel dos sociólogos na vida social). Por fim, o docente Kadlecowa [...] ficou com a impressão de que Bauman só vê a existência da sociologia ocidental [europeia e] americana, sendo a tarefa da sociologia em países comunistas limitada à "tradução" da sociologia burguesa para a linguagem das noções socialistas. Em outras palavras, em certo sentido ele restringe a sociologia marxista a conceitos desenvolvidos em outros lugares. Evidentemente, essas foram as impressões colhidas nas conversas, os entrevistados foram muito cuidadosos e "justos" [em relação a Bauman], com a exceção de Nahodil, que tem algum ressentimento em relação a ele. Por quê? [Assinado:] Henryk.[60]

O informante Henryk enfatizou honestamente as limitações dos dados coletados: os entrevistados haviam sido reservados e politicamente corretos. Estava-se no final de 1964. O regime da Tchecoslováquia era forte e o discurso, moderado.

Os relatórios mais interessantes provavelmente são aqueles que foram escritos por testemunhas das interações de pequenos grupos, em que o debate é apaixonado e os participantes perdem o autocontrole e dizem o que pensam de verdade. Um dos temas mais importantes da discussão sobre política polonesa era a alta dos preços. No mercado sob controle do Estado, essa era uma decisão altamente política e temida pelo regime, porque preços mais altos atingiam famílias de baixa renda e criavam o risco de estimular levantes de trabalhadores. Os arquivos de Bauman contêm denúncias dessa reação ao aumento dos preços. Um memorando do capitão "Lesław", de 25 de novembro de 1967, afirma:

> Depois das reuniões do Partido na Universidade de Varsóvia cujo tema foi a decisão de aumentar os preços nos armazéns, Bauman, num grupo de três pessoas, disse que "esses aumentos vão aprofundar a divisão existente na sociedade entre os que comem presunto e os que comem salsicha de sangue".[61]

O amargo senso de humor de Bauman, frequentemente observado por seus amigos, oferecia uma ilustração concisa da ilusão de uma sociedade sem classes e do abismo entre ideologia e prática. No mundo acadêmico, o hiato era entre a chamada liberdade acadêmica e a censura política. Isso provocava ardentes discussões, debates e mesmo conflitos na universidade.

A repressão

Em julho de 1963, as autoridades ordenaram a dissolução de todos os clubes universitários de debates, e os "revisionistas inexperientes" passaram para a clandestinidade. Discussões abertas foram proibidas, mas a perda da liberdade de expressão gerou fortes sentimentos dentro e fora da universidade. Uma das primeiras reações foi a "Carta dos 34", iniciativa de Antoni Słonimski. O documento, de 14 de março de 1964 e endereçado ao primeiro-ministro Józef Cyrankiewicz, foi assinado por 34 intelectuais (na maior parte escritores, mas também professores de filosofia). Na carta com duas frases, os signatários protestaram contra a censura e a falta de liberdade de expressão. Modzelewski organizou imediatamente uma manifestação de apoio no campus, o que levou a uma dura reação da unidade do Partido na universidade e de seu braço juvenil. Modzelewski foi expulso do Partido, e, a partir daquele momento, suas atividades e as de seus amigos se tornaram ilegais.[62] Embora a "Carta de 34" ganhasse o importante apoio de intelectuais britânicos e italianos, assim como de alguns professores da Universidade Harvard, as autoridades polonesas tentaram esmagar o movimento prendendo e abrindo uma ação judicial contra um de seus membros, para dar um exemplo.[63] Mas, como advertência à intelligentsia de Varsóvia, isso não funcionou.

A partir de março de 1964, um grupo de jovens alunos liderados por Modzelewski e Kuroń elaborou uma carta muito mais longa, de 124 páginas, conhecida como "Carta Aberta ao Partido",[64] que lançou uma plataforma política independente.[65] A carta definia a elite do Partido-Estado como uma burocracia política.[66] Embora planejada para ser debatida num grupo clandestino de dez pessoas,[67] algumas partes da "obra em progresso" caíram nas mãos da Bezpieką. Kuroń foi alertado sobre o vazamento e suspeitou que houvesse infiltrados no grupo, de modo que ele e Modzelewski resolveram limitar o manifesto às partes que eles próprios haviam escrito[68] e publicá-lo com suas assinaturas. Mas, em 14 de novembro, antes que pudessem produzir cópias do texto, eles foram presos, e os dois únicos manuscritos foram confiscados (Modzelewski tinha um deles;[69] o outro foi encontrado na casa de Kuroń).[70] Kuroń e Modzelewski se recusaram a compartir a responsabilidade pelo texto com outros membros do grupo e foram acusados pelas autoridades de atividade "anti-Estado", mas, após alguns dias de investigação, o Ministério do Interior decidiu encerrar o processo — provavelmente, para evitar a publicidade negativa, mas o motivo oficial foi que o manifesto nunca fora distribuído. Kuroń e Modzelewski foram então definitivamente excluídos tanto do Partido quanto da universidade,[71] a fim de "purificar" as duas instituições com o afastamento de "elementos" revisionistas (e trotskistas).

Uma "ação educativa" oficial teve lugar na universidade para explicar por que essa "Carta Aberta" — que ninguém tinha lido — era perigosa e por que seus autores deviam ser punidos. A propaganda oficial não foi muito eficiente; os autores foram apresentados numa visão positiva ao Departamento de Matemática e Física, enquanto no Departamento de Economia Política de Brus o caso como um todo foi minimizado. Maria Ossowska louvou os autores e afirmou que os debates sobre a carta nada mais eram que "uma tentativa de intimidar a comunidade científica".[72] Zygmunt Bauman se concentrou em defender seu vulnerável assistente Bernard Tejkowski, afirmando não haver provas diretas de sua contribuição no manifesto. Além disso, Bauman e seus colegas acreditavam que a Bezpieką havia tido uma reação exagerada ao pronunciamento de Kuroń e Modzelewski.

"A ideia de escrever essa carta não foi sensata", disse Bauman em 2013: "Não foi uma boa ideia eles se exporem daquela maneira. Mas eu me opus totalmente às punições; descobri que a reação do Partido revelava fraqueza". Quando citei as palavras de Bauman a Modzelewski, ele riu: "Ele está absolutamente certo. Eu fui estúpido. Mas éramos jovens e ingênuos e queríamos mudar o mundo".

Eles eram idealistas e não desistiram. Modzelewski, dono de uma memória fotográfica, reconstituiu o manifesto linha por linha, e ele e Kuroń acrescentaram uma curta resposta às ações de propaganda do Partido. Entregaram catorze cópias datilografadas ao Partido e à liderança da ZMS na universidade em 17 de março de 1965. Outra cópia foi destinada ao "Ocidente" (Rádio Europa Livre e outras fontes internacionais de notícias).[73] A carta chegou imediatamente às mãos de Gomułka, primeiro-secretário do Partido, e também a outros líderes, e em 19 de março Kuroń e Modzelewski foram presos e acusados de "distribuição de falsas informações que prejudicam os interesses do Estado polonês".[74] A prisão provocou uma onda de protestos na universidade envolvendo alunos e professores, inclusive Bauman. Ele estava numa situação muito delicada, já que era suspeito de ter inspirado partes da carta. Um memorando secreto de 21 de abril encontrado nos arquivos do IPN diz o seguinte a respeito de Bauman:

> Em conexão com o caso de Modzelewski e outros, Bauman se envolveu em defesa de seu assistente Bernard Tejkowski. Tejkowski escreveu uma dissertação de mestrado sobre a burocracia sob a orientação de Bauman. O trabalho contém pensamentos que podem ser encontrados nos textos do grupo de Modzelewski. Ele [Bauman] tentou provar, contrariando os fatos, que Tejkowski nada tinha a ver com o documento preparado pelos grupos de Modzelewski, que ele não sabia de sua existência até ela ser revelada [...]. [Bauman] se opôs tenazmente à proposta de transferir Tejkowski para outra área científica e privá-lo da possibilidade de influenciar estudantes. Ele ignorava totalmente a natureza do envolvimento

de Tejkowski no caso. Em conexão com a dispensa de Tejkowski da função científica do PAN, Bauman apoiou privadamente o grupo de Modzelewski, fazendo uma avaliação negativa das ações das autoridades de segurança nesse caso.[75]

Em 5 de junho, uma comissão disciplinar demitiu Tejkowski.[76] Bauman não conseguiu proteger seu assistente,[77] que, segundo as anotações da Bezpieką, havia negado qualquer influência de seu professor no manifesto. Num trecho de uma nota de 15 de junho de uma fonte identificada como "Marcin", lê-se que Tejkowski teria contado a um colega que não era verdade que ele tivesse prejudicado Bauman. A nota afirma:

> Ele [Tejkowski] estava sendo demitido da universidade por causa de suas próprias opiniões, não por associação com o professor, disse ele. Além disso, afirma-se que ele teria dito que Bauman ameaça sua própria posição na universidade com suas opiniões sobre as autoridades. Ademais, Tejkowski [...] acrescenta que Bauman é desonesto/enganoso [...] por meio de contatos informais, ele recebe informações dos bastidores, inclusive de funcionários de alto nível da Academia Polonesa de Ciências.[78]

São acusações graves, mas a declaração de Tejkowski é contraditória, possivelmente refletindo sua personalidade complexa. Bernard (Bolesław) Tejkowski foi convidado a integrar o grupo da "Carta Aberta" por seu papel de liderança nos eventos de outubro de 1956 em Cracóvia, segundo Modzelewski, que afirma que, em 1964, Tejkowski seguia a linha da Confederação da Polônia Independente, um movimento nacionalista anticomunista, o que o colocou em conflito com Kuroń:

> Só mais tarde é que Tejkowski foi tomado por uma obsessão antissemita que o aproximou (politicamente, e não por uma colaboração real com os serviços de segurança) da Bezpieką de Moczar, e que, por fim, na Polônia livre [pós-1989], sob o nome de Bolesław, se tornou o líder dos skinheads nacionalistas.[79]

O próprio Bauman achava que Tejkowski trabalhava para a Bezpieką, e que havia se tornado seu assistente como parte de um plano desse órgão para investigá-lo — um cavalo de troia:

Um dia Benek Tejkowski apareceu em minha aula, envolto no halo de um [...] ex-líder espiritual da revolta dos estudantes cracovianos de outubro de 1956 e prisioneiro da polícia secreta. Deveria ter chamado nossa atenção o fato de esse rebelde provinciano perseguido pelos serviços de inteligência ter alugado um apartamento no centro de Varsóvia, na rua Hoża. Ali, de maneira impune, ele abriu um salão que atraía a nata dos estudantes de humanidades da capital com pensamento independente [...]. Nós recebemos o herói de braços abertos. Eu consegui para ele a posição de assistente e concordei em orientar sua dissertação de mestrado sobre teoria e prática da burocracia. Tejkowski se revelou um homem diabolicamente (uso esse termo de propósito!) esperto, inteligente e muito esforçado; a dissertação foi escrita num ritmo acelerado e se mostrou excepcional em cada palavra. Entretanto, antes que eu obtivesse uma cópia para avaliação, o original foi parar [...] no "Comitê de Controle do Partido", dando início a uma série de processos criminais conduzidos pela sra. Gomułkowa [esposa do líder do Partido polonês]. Tudo terminou com uma repreensão, uma advertência.[80]

Tejkowski não foi a única causa de problemas de Bauman com a Bezpieką. Segundo as fontes do IPN, outros informantes relataram seu suposto papel na elaboração da "Carta Aberta". Quando Kuroń e Modzelewski estavam na cadeia, em celas separadas, os serviços de segurança enviaram um colaborador secreto — *tajny współpracownik celny* — que relatou que, em 5 de junho,

J. Kuroń, falando sobre a "Carta Aberta", disse, entre outras coisas, que enquanto trabalhava no texto, consultou várias vezes um docente do Departamento de Sociologia da Universidade de Varsóvia, seu bom amigo Zygmunt Bauman, que o ajudou a elaborar dados sobre o mercado de trabalho e as dificuldades que ele previa na implementação do plano quinquenal.[81]

Um discurso de Bauman para jovens sociólogos também foi relatado:

Bauman é o supervisor do círculo de alunos de sociologia e [...] administra a redação de artigos de jovens sociólogos. Falando na Conferência Nacional de Jovens Sociólogos em fevereiro deste ano, Bauman disse [...] que o problema básico que deve ser considerado agora é como o modelo econômico deforma e distorce consciências. Como a discussão dizia respeito ao modelo econômico polonês e a tese de Bauman foi formulada de maneira negativa, suas implicações foram bastante ambíguas.[82]

O retrato que surgia de Bauman era claro o bastante: ele se opunha às autoridades, ao mesmo tempo que apoiava e influenciava jovens encrenqueiros. Bauman tinha ajudado Modzelewski e Kuroń de outra maneira quando eles estavam presos, segundo o informante "Winter", que era orientador e supervisor de mestrado de Janina Bauman (a dissertação dela era sobre filmes infantis), assim como diretor do projeto de pesquisa. Janina confiava no antigo chefe, como se nota nesta denúncia de 11 de abril de 1968:

> Em 23 de março, um sábado, convidei Janina Bauman, a esposa de Zygmunt B., para vir a minha casa [...]. Perguntei a ela sobre o caso Kuroń e Modzelewski. Quando a indaguei sobre o motivo de seu marido ser alvo de acusações da parte das maiores autoridades do Estado, ela respondeu que provavelmente se tratava de devolver sua carteira do Partido. Além disso, quando Kuroń e Modzelewski foram presos, a mulher de um deles se viu numa difícil situação financeira. As autoridades universitárias descobriram então que um aluno estava angariando fundos para apoiar as famílias dos dois presos e tentaram expulsá-lo. Mas Bauman interveio em sua defesa, dizendo que havia alguma honestidade humana em apoiar os presos e suas famílias.[83]

Isso aconteceu em 1965, quando Bauman ainda não era professor titular, de modo que foi necessária alguma coragem para assumir esse tipo de posição. A maior parte daqueles que defenderam os estudantes rebeldes já possuíam esse cargo. Na hierarquia da universidade, indivíduos em posições mais frágeis tinham problemas ao enfrentar o poder oficial. Bauman não estava em posição de poder — na verdade, sua situação já era delicada. Ele sabia que estava sendo espionado e que suas viagens profissionais ao exterior tinham se tornado problemáticas (atrasos na entrega do passaporte obrigaram-no a cancelar viagens à Itália, à França e até à Tchecoslováquia).[84] Em meados da década de 1960, os sonhos de reformar o Partido a partir de dentro estavam esmorecendo. Em 1964, Bauman parou de trabalhar no Instituto de Ciências Sociais do Partido (WSNS) devido à impossibilidade de realizar pesquisas livremente, segundo Jerzy Szacki. Seus estudos sobre a juventude do Partido, o engajamento de novos membros e as elites partidárias não foram aceitos pela liderança.

Os arquivos da Universidade de Varsóvia contêm um documento de 22 de outubro de 1964 confirmando que Bauman tinha apenas o emprego na universidade,[85] embora continuasse sendo o editor-chefe da revista *Estudos Sociológicos*, publicada pela Academia Polonesa de Ciências. Sua lista de problemas era extensa e sua carreira estava desacelerando, sem dúvida em função de sua natureza incontrolável e do rótulo de "reacionário".

Promoção em circunstâncias lamentáveis

Bauman iniciou com coragem o processo de se tornar um "professor extraordinário" em 29 de junho de 1965. Suas realizações eram impressionantes e sua lista de publicações, muito longa. Ele havia lançado cinco livros desde sua última promoção, em 1961: *Um esboço da sociologia: Temas e conceitos* (1962); *Socjologia na co dzień* [Sociologia do cotidiano] (1962); *Idee, ideały, ideologie* [Ideias, ideais, ideologias] (1963); *Esboço de uma teoria marxista da sociedade* (1964); e, finalmente, um livro que exerceu forte impacto sobre muitos leitores,[86] *Visões do mundo humano: Estudos sobre a gênese da sociedade e a função da sociologia* (1964). Bauman também era um orientador muito eficiente, com uma ampla lista de alunos de doutorado.[87]

Os analistas encarregados de sua promoção eram quase todos entusiastas. Jan Szczepański registrou que suas realizações eram inacreditáveis, considerando-o o sociólogo mais extraordinário de sua geração. Julian Hochfeld descreveu a produção científica de Bauman como impressionante, tanto em termos qualitativos quanto quantitativos, da mesma forma que Paweł Rybicki. Nina Assorodobraj, Stefan Nowakowski e Adam Schaff acrescentaram avaliações positivas, embora menos engajadas. Só uma opinião foi lacônica e breve. Maria Ossowska escreveu que sua nomeação era "plenamente merecida [...]. Ele se caracteriza por um raro empenho e dedicação às ciências [sociais]".[88] A atitude diligente que ela descreve pode sugerir uma falta de "talento" ou "imaginação acadêmica", mas, em meio à constelação de pareceres, sua avaliação[89] um tanto fria não teve muito peso.

O passo seguinte era o voto do Conselho Departamental sobre a admissibilidade de Bauman ao magistério. O conselho se reuniu em 5 de outubro e aprovou sua promoção por unanimidade (17/17). Um mês depois, Bauman declarou que limitaria seu local de trabalho à Universidade de Varsóvia (ele já havia deixado o Instituto de Ciências Sociais do Partido). Entretanto, segundo seu colega Szacki, a saída de Bauman do instituto do PZPR não foi, realmente, uma decisão estratégica. Houve um embate, ou pelo menos uma discussão acalorada, relembra Szacki, a respeito da pesquisa que Bauman planejava realizar sobre as elites do Partido. A pesquisa tinha o espírito dos estudos de Hochfeld, mas era vista de maneira crítica:

> A ideia era que fosse uma pesquisa por questionário, mas em algum momento ela foi interrompida. Não sei em que etapa: ao analisarem o questionário ou mesmo depois, mas tenho a impressão de que não foi considerada uma boa ideia [ou seja, era um tema perigoso].

Embora a expectativa fosse de muito sucesso para Bauman, sua estrela política havia embaçado. Ele não era mais o jovem acadêmico marxista com enorme potencial e impressionante produtividade, talento e envolvimento no ensino, mas, em vez disso, um acadêmico desobediente, incontrolável, independente. Seu apoio a Kuroń, Modzelewski e sua "Carta Aberta" o tinham colocado na categoria de inconfiável. Para sustentar sua frágil situação, Bauman escreveu uma carta a Andrzej Werblan, diretor do Departamento de Ciência do Comitê Central. Eles se conheciam de encontros de especialistas do Partido, recordou Werblan.[90] Na carta de 24 de dezembro de 1965,[91] Bauman propôs a criação de um "ambiente de referência" composto de sociólogos do Partido e de uma nova revista sociológica que, em vez de usar exemplos e modelos teóricos de revistas científicas americanas, seria um produto polonês de alto nível proveniente de profissionais locais. Haveria também uma conferência e outros eventos. Bauman tentou atrair a atenção de Werblan para sociólogos marxistas (sem citar nomes), dizendo que, surpreendentemente, as autoridades eram mais lenientes com sociólogos não marxistas do que marxistas. Ele estava falando indiretamente sobre si mesmo e sobre o grupo de Hochfeld, que tinha perdido o apoio oficial, e enfatizou a necessidade de opiniões críticas e meritocráticas. Bauman também tentou convencer Werblan diretamente de sua fidelidade ao Partido e de sua disposição em ser sua principal voz no ambiente sociológico. É evidente que Bauman estava lutando para recuperar seu lugar, enquanto afirmava que reformas eram necessárias, que os estudos sociológicos eram indispensáveis e que a crítica vinda de dentro deveria ser levada em consideração. Ele estava sugerindo com muita esperança que o Partido aceitasse a corrente do "marxismo aberto".

Para participar do jogo acadêmico, ele precisava de uma promoção. Em 12 de janeiro de 1966, o conselho de administração da universidade (num documento assinado pelo professor Stefan Morawski) apresentou uma proposta com o apoio dos professores Assorodobraj, Leśnodorski e Kołakowski pedindo sua promoção. Dos membros do conselho, dezenove votaram a favor, um contra, e houve uma abstenção. Um mês depois, a proposta foi enviada ao ministro da Educação Superior, e lá a carroça enguiçou. Uma nota do ministério de 1º de março, dirigida ao "amigo Tomaszewski" (o historiador Jerzy Tomaszewski), pedia uma opinião sobre *Esboço de uma teoria marxista da sociedade*, de Bauman, um dos livros apresentados como base para sua promoção, sugerindo que o texto era "muito semelhante ao trabalho de Hochfeld".[92] Tomaszewski respondeu sem rodeios: "Bauman merece plenamente ser promovido. Conheço seu livro *Visões do mundo humano*, e só esse trabalho já basta para sua promoção a professor extraordinário".[93]

Estava claro que havia uma grande tensão entre a comunidade universitária e as autoridades do Partido e do Estado no tocante à promoção de Bauman. O ministério buscava ter mais controle sobre a universidade, e para isso promoveu uma série de reorganizações recebidas com forte oposição dos corpos docentes (ver próxima seção). Uma vez que a obtenção da cátedra envolvia as duas instituições, qualquer conflito entre elas acabava atrasando tudo. Além disso, a candidatura de Bauman era problemática para além de seu vínculo com o "marxismo aberto" e de sua sustentação do revisionismo. E assim sua promoção ficou travada no ministério em 1966. O longo período sem resposta alguma foi explicado por um problema não relacionado — a "criação de uma nova cátedra". Bauman vinha atuando como chefe da cátedra geral de sociologia[94] desde 1964, quando Hochfeld foi para Paris a fim de servir na Unesco, numa posição prevista para terminar em setembro de 1966. A universidade esperava que ele assumisse uma recém-criada cátedra de sociologia da cultura quando obtivesse a posição de professor titular. Nesse período, Bauman publicou *Cultura e sociedade: Uma introdução*.

O plano não se concretizou devido à morte de Hochfeld em julho de 1966, poucas semanas depois de os Bauman o terem visitado em Paris. Sua morte chocou a comunidade sociológica, e alguns chegaram a suspeitar que as forças de segurança o tivessem envenenado (Szymon Chodak, discípulo de Hochfeld, levantou essa questão numa carta a Bauman).[95] Mas as cartas de Hochfeld a Bauman (em Manchester, naquela época) indicam que ele já estava muito doente e se queixava de problemas de saúde.

Com a morte de Hochfeld, Bauman perdeu não apenas um mentor e amigo, mas também um protetor. Ainda que sua posição na Polônia tivesse se enfraquecido por conta das acusações de "revisionismo" com que as autoridades carimbaram seu marxismo aberto, ele mantinha relações com pessoas próximas ao topo e poderia ter, por meio delas, impulsionado a promoção de Bauman. Agora ele estava desprotegido, e isso teve consequências lamentáveis.

Em 3 de outubro, o ministro da Educação Superior escreveu ao reitor da universidade anunciando que a cátedra de sociologia da cultura iria para o professor Józef Chałasiński em vez de Bauman, que continuaria sendo catedrático interino de sociologia geral. A decisão do ministério pode ser explicada pelas circunstâncias políticas. O Departamento de Filosofia se tornara uma fonte de irritação política em 1966, quando a universidade virou um centro de dissensão. Num período de crescente revolta, Bauman não era mais visto como um candidato confiável.

A luta por autonomia e liberdade acadêmica

Desde a divulgação da "Carta Aberta" de Kuroń e Modzelewski, a situação na universidade se tornara explosiva; o julgamento de ambos mobilizou vozes dissidentes e o apoio da comunidade universitária, o que, por sua vez, provocou uma reação das autoridades. Como chefe do Departamento de Ciência e Educação do Comitê Central, Werblan tinha a seu encargo a manutenção da ordem na universidade — uma posição difícil. O Partido queria punir os desordeiros políticos e seus apoiadores; os integrantes do corpo docente e alguns alunos afiliados ao Partido acalentavam a ideia de autonomia acadêmica e liberdade de dissidência interna e discussão aberta. O Ministério do Interior e os serviços de segurança utilizaram unidades centrais e regionais do Partido para pressionar seus membros universitários e a hierarquia da instituição a suspender Adam Michnik, além dos alunos que haviam apoiado Kuroń e Michnik durante seu julgamento. Este último também foi punido por distribuir a "Carta Aberta", considerada um "texto anti-Estado".[96] A suspensão temporária não era suficiente, percebiam as autoridades, pois atividades contra a ordem (debates, cartas, petições, protestos) continuavam. O Estado então ordenou uma nova onda de mudanças que limitava a autonomia profissional e institucional da universidade (1965). Posições-chave foram ocupadas por indivíduos que seguiam a linha do Partido.[97] No entanto, embora as reformas levassem ao aumento da rigidez departamental, medidas disciplinares individuais, como a suspensão de direitos de alunos e sua expulsão de organizações estudantis e do Partido, não foram realmente eficazes. As tensões aumentaram, e um grande número de alunos e membros do corpo docente continuou a se reunir para debater temas sensíveis.

O décimo aniversário do "Degelo de Outubro" proporcionou uma oportunidade para que se fizessem avaliações negativas do presente. Gomułka, que assumira o poder em 1956 prometendo mais liberdade, não mantivera o compromisso, e intelectuais mais uma vez lutavam contra a censura, o cerceamento de liberdades e a redução da autonomia. Um evento importante aconteceu em 21 de outubro no Departamento de História. Michnik, com o apoio da União da Juventude Socialista, convidou Leszek Kołakowski para dar uma palestra intitulada "O desenvolvimento da cultura polonesa na última década". Outro participante fundamental foi o historiador e filósofo Krzysztof Pomian (um auxiliar de Brus). Pela primeira vez, Kołakowski criticou publicamente o regime com muita autoridade e clareza. Pomian defendeu a autonomia das organizações juvenis e o envolvimento da juventude na tomada de decisões. O salão de conferências estava lotado, com mais de cem pessoas reagindo apaixonadamente às observações. Michnik e Jan Józef Lipski prepararam uma resolução para pedir a libertação de Kuroń e Modzelewski. A discussão foi turbulenta porque, evidentemente, apoiadores do Partido também estavam presentes, e as consequências desse "ambiente revolucionário" foram imediatas. Uma semana depois, Kołakowski foi excluído do Partido, embora não tenha sido demitido da universidade. A mesma sanção foi aplicada a Pomian um mês depois. Michnik também estava sendo afastado da universidade. As autoridades queriam mostrar que não iriam mais tolerar atividades antigoverno, antipartido ou antissistema. Porém, as medidas disciplinares provocaram uma grande e violenta reação.[98] A expulsão de Michnik desencadeou três campanhas de coleta de assinaturas em apoio à revogação da ação. Włodzimierz Holsztyński, um jovem professor de doutorado em matemática, começou a circular uma petição entre os docentes de seu departamento.[99] Holsztyński diria mais tarde que havia agido sozinho, sem o apoio de nenhum grupo político, e que nem mesmo seu colega Jan Lityński,[100] matemático e membro do *Komandosi*, tinha conhecimento da ação.[101] À época, matemáticos e físicos que assinaram a petição estavam agindo mais por convicção na defesa da autonomia universitária e de estudantes injustiçados do que no espírito de um compromisso político contra o regime que envolvia estudantes e docentes de humanidades.

"A situação dos professores de humanidades era fundamentalmente diferente da de outros acadêmicos", disse Holsztyński. "Eles viviam numa contradição cotidiana com o sistema comunista; os outros não tratavam de questões morais e políticas todos os dias."[102] Além disso, os cientistas tinham menos receio de assinar petições desse tipo porque a maioria estava menos consciente das possíveis consequências desse apoio. Holsztyński e seus amigos conseguiram 128 assinaturas, a maioria de "cientistas de exatas" do corpo docente. Todos os que assinaram o documento sabiam do risco de serem demitidos, proibidos de viajar para o exterior (para alguns, uma condição sine qua non para o avanço na carreira como pesquisadores) ou sofrerem atrasos em suas promoções. Para os que tinham famílias, como Holsztyński, isso significava, como provedor, expor seus familiares a consequências potencialmente graves.

Enquanto isso, os estudantes corriam o risco de exclusão de suas organizações juvenis e suspensão ou expulsão da universidade. Para os alunos homens, as consequências eram brutais, já que havia a ameaça de dois anos de serviço militar obrigatório assim que deixassem as fileiras universitárias. Apesar desse risco, uma segunda petição foi assinada por 1037 estudantes. Uma terceira carta, defendendo as ações de Michnik durante a palestra de Kołakowski, foi assinada por outras 137 pessoas. Considerando-se as consequências desses atos, a proporção de apoiadores ativos (cerca de 11% dos então 12 mil alunos da Universidade de Varsóvia) foi bem alta. A reação das autoridades, não surpreendentemente, foi intensificar o controle da comunidade universitária por meio de espionagem, procedimentos ameaçadores e ações disciplinares punitivas organizadas pelo Partido e pela parcela da hierarquia universitária que seguia suas ordens. A universidade se tornou um local de trabalho difícil para qualquer um que fosse rotulado como "revisionista". Bauman estava nessa categoria, ainda que não estivesse em posto de liderança na oposição. Ele foi cuidadoso, esperando por uma promoção que, assim imaginava, lhe daria mais independência e segurança. Ia com frequência ao exterior, mas ainda participava de debates, ações e disputas no campus. No Departamento de Filosofia, alguns devolveram suas carteiras do Partido em sinal de protesto. Bauman, não. Ainda não.

Havia, porém, muitos temas para discutir. Gomułka lutava para manter o controle do Partido contra Mieczysław Moczar, cuja facção fora derrotada em 1956, mas aos poucos se recuperara e em 1967 ameaçava a linha de Gomułka. Moczar e seus apoiadores foram assumindo posições de poder no Ministério do Interior, empregando uma estratégia bem-sucedida baseada em fazer o jogo do antissemitismo.[103] O Ministério do Interior era uma instituição muito poderosa, um Estado dentro do Estado que colocou o esquema de Moczar numa posição estratégica. Como Werblan me contou, o papel mais importante no Estado polonês era desempenhado não pelo governo, mas pelo serviço secreto. Regimes e ideologias mudavam; o serviço secreto sobrevivia a tudo isso. Os eventos que tiveram lugar no final da década de 1960 parecem confirmar essa teoria. Na primavera de 1967, um grande aumento nos preços dos produtos básicos ordenado pelo governo gerou descontentamento por todo o país. A situação geral era instável, e o menor dos eventos tinha o potencial de disparar uma conflagração. A centelha que provocou a mudança foi um conflito militar que despertou os temores de uma Terceira Guerra Mundial. Não foi uma guerra na Europa, mas no Oriente Médio.

Tornando-se um judeu... novamente

Em 1967, a chamada Guerra dos Seis Dias inflamou a sociedade polonesa. O país inteiro ouviu pelo rádio (inclusive pela Rádio Europa Livre e pela Voz da América, ambas proibidas) as notícias sobre o conflito militar árabe-israelense.[104] A maior parte do público apoiava Israel, mas as autoridades seguiam a linha de Moscou e defendiam o Egito. Podemos imaginar o impacto desse conflito sobre poloneses que tinham família e amigos vivendo em Israel, como era o caso dos Bauman. Alguns dias antes do desencadeamento dos combates, a mãe de Janina voltou para Varsóvia a fim de visitar a filha e as netas pela primeira vez desde que havia emigrado. "Foi um momento feliz para todos nós", escreveu Janina,

> até que a notícia de uma séria crise no Oriente Médio de repente abalou nossa paz de espírito. Desprovida de toda alegria, mamãe parou de ver pessoas e permaneceu com o ouvido grudado no rádio [...]. No dia seguinte ao rompimento das relações diplomáticas entre o governo polonês e Israel, minha mãe nos implorou que a levássemos à embaixada de Israel. Sentia-se perdida e queria saber se deveria sair da Polônia imediatamente ou se poderia permanecer até que seu visto expirasse. Assim, muito apreensivos e irritados, [Zygmunt] e eu a levamos de carro à embaixada naquela manhã de domingo. Embora fosse um dia de trabalho normal, o prédio parecia abandonado. Vagamos por algum tempo entre uma sala vazia e outra, até que, num escritório bagunçado, por fim encontramos alguns funcionários empacotando coisas com extrema diligência.[105]

Esse evento relembrado por Janina se tornaria a peça-chave na construção de um processo contra Bauman por sionismo. Seu contato com a embaixada de Israel em Varsóvia foi interpretado como uma traição ao Estado polonês, como ocorreu com todos os poloneses que visitaram a embaixada naquela época. Uma nota do arquivo de Bauman na Bezpieką de 14 de junho relata: "De acordo com informações transmitidas pelo Departamento II do Ministério do Interior, o dr. Zygmunt Bauman, chefe da cátedra de sociologia geral do Departamento de Filosofia da Universidade de Varsóvia [...] visitou a embaixada de Israel em 11 de junho deste ano".[106]

Um mês depois, esse evento foi descrito como "nota informativa" da seguinte maneira:

> Secreto — O dr. Bauman Zygmunt é conhecido na Universidade de Varsóvia por sua atitude negativa em relação ao Partido e ao governo da Polônia. Suas opiniões revisionistas são bem conhecidas, assim como sua defesa de Kuroń e

> Modzelewski. Durante o conflito no Oriente Médio, ele mostrou uma atitude pró-Israel em suas discussões com estudantes. Participou de uma festa organizada pela embaixada de Israel, comemorando sua vitória. Em 12 de junho de 1967, ele foi visto saindo da embaixada com a esposa. As informações sobre suas atitudes pró-israelenses vêm de uma fonte não oficial — falta de testemunhas. Bauman Zygmunt não pediu permissão para viajar para Israel.[107]

Não está claro se a incorreta mudança da data da visita de Bauman — de 11 para 12 de junho — foi acidental ou parte de um esforço para concluir que ele havia participado de uma "festa da vitória" na embaixada no dia 12. Os documentos não mencionam a mãe de Janina, que, obviamente, como cidadã israelense, precisava visitar sua embaixada, sobretudo numa época de crise militar. Além da reciclada referência às ligações de Bauman com círculos críticos no campus, há novas informações importantes no segundo documento, de 17 de julho de 1967. No canto direito, registra-se "Bauman Zygmunt, filho de Maurycy e Zofia Cohn, nascido em 19 de novembro de 1925 em Poznań, membro do PZPR, *nacionalidade judaica*".[108] A mensagem é clara: em junho de 1967, Bauman tinha se tornado novamente um judeu, como havia sido antes de 1939, durante a Segunda República Polonesa.[109] O retorno de políticas nacionalistas e antissemitas foi um enorme retrocesso, ainda mais notável para um sistema ostensivamente baseado na igualdade e na eliminação de políticas racistas. Essa nova rotulagem foi um elemento crucial na construção da imagem de Bauman como inimigo do Estado.

Com certeza, o grupo de Moczar já tinha começado a empregar o antissemitismo antes da guerra árabe-israelense. Andrzej Friszke observa que, nos documentos preparados pelo Ministério do Interior, os indivíduos eram identificados como de "nacionalidade e cidadania polonesas" no caso daqueles de origem ariana, enquanto os judeus eram relacionados como "apresenta sua nacionalidade como polonesa" ou até de "nacionalidade dada como polonesa, na verdade judaica". Mesmo em maio de 1967, "a terminologia que se tornaria comum em março de 1968 já era empregada".[110]

No final da década de 1960, Moczar e sua claque seduziram a população com uma explosiva mistura ideológica, unindo a estrutura totalitária do Estado com uma ideologia nacionalista e antissemita, prometendo afastar judeus de posições de liderança e substituí-los por uma geração mais jovem de "verdadeiros poloneses". Essa era uma promessa atraente para aqueles em busca de promoções e alcançou todas as camadas da sociedade. Depois da Guerra dos Seis Dias, a "atmosfera de desconfiança e preconceito rapidamente se adensou à nossa volta", escreveu Janina Bauman:

> Em 19 de junho, falando no Congresso dos Sindicatos, Gomułka tornou clara sua própria atitude, chamando os judeus poloneses de "cidadãos de duas terras natais" e comparando-os aos agentes nazistas na Polônia do pré-guerra. De súbito nos sentimos incapazes de respirar. Externamente, contudo, não houve grandes mudanças em nossa vida diária.[111]

Moczar não estava só ao empregar a retórica do "nós e eles". A comparação com a "quinta-coluna" foi suficientemente grosseira para que o termo fosse removido quando o discurso de Gomułka apareceu no jornal.[112] Mas os que ouviram o discurso ao vivo no rádio ficaram chocados e passaram a informação adiante. Ele também foi lido e analisado por estações de rádio ocidentais. Toda a Polônia ficou sabendo disso.

Gomułka era o responsável por mover a manivela antissemita que provocou um novo processo de discriminação. Os Bauman não foram obrigados a assinar uma declaração condenando o Estado de Israel por agressão ao Egito, e depois de sua viagem à Áustria no verão de 1967 voltaram ao trabalho como de costume — exceto pelo fato de a espionagem ter se intensificado. Como "sionista", Bauman foi integrado pelas autoridades aos *kwestionariusz ewidencyjny*, uma categoria para inimigos do Estado.[113] Um dia, quando os Bauman estavam no trabalho, sua filha mais nova permitiu que agentes disfarçados de encanadores entrassem na casa, e eles grampearam o telefone da família. Quando as garotas descreveram aos pais o comportamento incomum dos encanadores, que trabalharam principalmente numa sacada e não sob a pia, enquanto outro especialista chegou para consertar um telefone que estava funcionando perfeitamente, eles não tiveram dúvidas sobre o que estava acontecendo.[114]

O ano acadêmico de 1967-8 começou sob grande tensão. Embora a comunidade universitária não fosse forte o bastante para se opor à administração,[115] o Partido e a direção não conseguiam exercer um controle total sobre a Universidade de Varsóvia. Kuroń e Modzelewski foram soltos (Kuroń em maio e Modzelewski em agosto de 1967) e prosseguiram em sua atividade política, com grande apoio dos mais jovens, para os quais eram lendas e heróis, capazes de passar meses na prisão por suas crenças. Dois grupos importantes estavam sob investigação permanente: os provenientes da elite, com origem nos *Komandosi* de Varsóvia e liderados por Michnik, e uma facção mais de classe média — jovens provincianos que moravam no alojamento da universidade cujo líder era Józef Dajczgewand. Reuniões com debates acalorados estavam mais na moda do que nunca. Elas ocorriam em casas particulares, que as pessoas chamavam de salões,[116] e havia também, como nos anos anteriores, grandes eventos organizados na universidade. Em mais de cem círculos informais de caráter autodidata, jovens discutiam e analisavam os temas quentes do momento. A Bezpieką tinha de dar duro para acompanhar toda a atividade anti-Estado. Qualquer momento e lugar podia ser um espaço para discussões críticas — inclusive festas de aniversário.

Anna, uma das filhas de Bauman, que era caloura no Departamento de Física, comemorou seu aniversário de dezoito anos no apartamento da família no dia 18 de novembro, um sábado. Por volta das onze da noite, quando a festa acabou, agentes da milícia que estavam na rua, em frente à porta, prenderam doze convidados sob acusação de vandalismo. Observando da sacada a ação da polícia, Anna chamou o pai, que pulou no seu Ford Cortina e seguiu a viatura policial. Os jovens foram levados para a delegacia central de Varsóvia a fim de serem interrogados. Bauman ligou para alguns pais, que vieram na mesma hora e, devido às posições elevadas que ocupavam no Partido, conseguiram libertar os filhos.[117] Alguns meses mais tarde, suas posições não seriam o suficiente.

Uma guinada ocorreu alguns dias depois, em 22 de novembro, na Universidade de Varsóvia, onde teve lugar uma ampla e desafiadora reunião pública. O secretário pessoal de Gomułka foi convidado e fez um discurso tedioso e politicamente correto sobre a amizade entre a Polônia e a União Soviética. A discussão que se desencadeou logo em seguida foi a base para muitas ações judiciais e causou sérios problemas para todos os participantes ativos. Os oradores, ou pelo menos alguns deles, evitaram as sofisticadas evasivas intelectuais de eventos anteriores e atacaram abertamente a União Soviética. Essas transgressões foram com certeza registradas pelos espiões na categoria de atividades anti-Estado. Em 13 de dezembro, duzentas pessoas se reuniram para um debate acalorado após a palestra do docente Marian Dobrosielski intitulada "Liberais e marxistas". Nesse encontro, os *Komandosi* não fizeram perguntas — levantaram-se e declararam que se opunham aos princípios e ao estilo de governo do regime, e ridicularizaram sua propaganda e ideologia.[118] Seu radicalismo significava uma guerra aberta e a proximidade de um conflito com o Partido.

As festividades de final de ano não foram animadas dessa vez. Janina percebeu que, depois de muitos anos em que os Bauman não haviam precisado se preocupar com quem era judeu entre seus amigos, de repente essa categoria passara a ser importante. Discussões desagradáveis com pessoas próximas contribuíram para que eles percebessem, uma vez mais, uma linha divisória vindo à tona na sociedade polonesa. A comunidade judaica, que no pré-guerra havia se dividido entre comunistas e sionistas, de repente, sem levar em conta os desejos de seus membros como indivíduos, passou a ser designada unicamente como sionista. Nas reuniões realizadas em sua casa, os amigos mais antigos dos Bauman começaram a dizer que, se fossem um pouco mais jovens, sairiam da Polônia e começariam uma nova vida em outro lugar. Um casal disse que tinha sorte por não ter filhos, e que, portanto, apesar da situação desfavorável, permaneceria na Polônia. Os Bauman eram diferentes: mais jovens, poliglotas, com posições profissionais internacionais e filhas adolescentes. Sem falar nada, eles se entendiam entre si.[119] O relato de Janina sobre esse tema crucial é claro, embora nenhuma decisão tivesse sido tomada até então. Havia apenas um sentimento... o sentimento de que não eram mais bem-vindos em sua própria terra.

Como escreveu Janina num poema encontrado posteriormente nos arquivos da Bezpieką:

Eu sei.
Eu sei: vocês não me querem, portanto irei embora.
Não vou fingir na sua frente.
Eu já entendo e sei o que vou fazer.
Entre vocês, não irei mais abrir caminho.
[...]
Vou seguir com a minha vida e eles me seguirão como víboras,
Arrastando seus atos vis.
Nunca tirarei da minha testa
O estigma de uma grande culpa não correspondida.[120]

11. O ano de 1968

Os Bauman passaram o Ano-Novo com amigos num jantar festivo que começou tarde. Das dez pessoas presentes, quatro eram judias. O clima era de desânimo.

"Pouco antes da meia-noite, nosso anfitrião ligou a TV para assistirmos a um programa humorístico", relembrou Bauman em 1988:

> Aguardávamos ansiosamente por isso: os programas na véspera do Ano-Novo eram sempre bons, escritos e estrelados pelos melhores humoristas e comediantes. Eles eram irreverentes e muitas vezes ousados, como se a face rígida e sem graça do censor estivesse olhando para o outro lado naquela noite especial. Dessa vez, porém, a telinha exalou puro ódio. Um fantoche pendurado pelo nariz escalava um enorme globo, os braços abertos, as garras segurando avidamente a superfície. Pequenas figuras penduradas pelo nariz espalhadas pelo globo empurravam ou puxavam a maior para cima, cada vez mais. Ao mesmo tempo, uma voz desconhecida cantava a canção de Dayan [o secretário da Defesa de Israel Moshe Dayan] agradecendo a seus "cunhados de todos os países do mundo" pela ajuda e apoio. Nosso anfitrião foi até o aparelho e o desligou bruscamente, mas era tarde demais. Quatro de nós, apoiadores de Dayan pendurados pelo nariz, ficamos sentados em choque, profundamente abalados.[1]

Essa noite marcou a fundo a vida de muita gente. Descrições desse programa podem ser encontradas por toda parte: em entrevistas, biografias, memórias e discussões de quem saiu da Polônia em 1968 e depois. Nesse momento, a força do antissemitismo e seu apoio oficial ficaram claros. Agora era óbvio que as pessoas caracterizadas como sionistas haviam se tornado indesejáveis na Polônia e que sionista era apenas sinônimo de judeu — o estigma que era um pecado original para os nacionalistas poloneses.

No início de 1968, Janina e Zygmunt entregaram suas carteiras do Partido, um ato de grande interesse para a Bezpieką. De uma nota de 5 de janeiro de 1968:

> 1) Em 04/01/1968 uma reunião do Partido dedicada à discussão das atitudes de seus membros foi realizada no Departamento de Filosofia. Foram entregues novas carteiras de identificação e o docente Henryk Jankowski informou aos presentes que no dia 3 de janeiro — quarta-feira — o dr. Zygmunt Bauman o procurara como membro da liderança executiva do departamento e declarara ter se demitido do Partido. Como prova, devolveu sua carteira. Jankowski disse-me ter pedido ao dr. Bauman para explicar o motivo, e o dr. Bauman disse, segundo Jankowski, que se recusava a fazer uma declaração que pudesse ser usada por fontes hostis como a Rádio Europa Livre. 2) O executivo do Departamento de Filosofia quis conversar com Bauman sobre sua atitude, mas ele disse que o caso estava encerrado e se recusou a dar explicações complementares. 3) Os participantes do encontro receberam essa informação com grande prazer. Um sorriso podia ser visto nos lábios da maioria. Mais tarde, no decorrer das discussões, camaradas expressaram abertamente sua satisfação. [Assinatura ilegível][2]

Como relata o informante, alguns membros do departamento de Bauman devem ter ficado felizes com essa notícia. Bauman estava em processo de se tornar professor titular. Ele era bem-sucedido e popular entre os alunos, conhecido no exterior, intelectualmente brilhante, um revisionista ativo com uma personalidade forte — e, acima de tudo, independente. Seu sucesso e progresso na carreira despertavam muita inveja, e ele possuía inimigos entre os colegas. Todos tinham assistido ao programa humorístico na véspera de Ano-Novo (havia naquela época apenas um canal de televisão) e sabiam exatamente por que Bauman abandonara o Partido. Eles conheciam o sistema e concluíram corretamente que a carreira de Bauman, se não tivesse acabado, estava bastante prejudicada. Ele não se tornaria professor titular, e alguns deviam estar satisfeitos com a ideia de que essas dificuldades se traduziriam em seu próprio sucesso.

A Bezpieką não ficou satisfeita com a explicação de Bauman. Pediram a "Kazik" — presumivelmente um membro do corpo docente — que obtivesse mais informações.[3] Outro documento, um "trecho da denúncia de 'M-55'", datado de 15 de março, mostra como o caso foi tratado. O rótulo de "judeu" é usado de maneira clara:

> Durante o presente processo de renovação das carteiras de identificação do Partido, os funcionários científicos de nacionalidade judaica, professor Brus e dr. Bauman, devolveram seus documentos sem dar nenhuma explicação para isso. Bauman disse: "Não apresento justificativa porque ela poderia ser usada por círculos reacionários".[4]

Os arquivos da Bezpieką também contêm o relato de Janina sobre a devolução da carteira a partir de uma conversa com seu mentor — que, sem que ela soubesse, era também o informante de codinome "Winter":

> Cada um deles [Janina e Zygmunt] o fez por motivos ligeiramente diferentes. Ela a devolveu porque não haviam tido uma reunião sequer em cinco anos no Conselho Nacional de Cinematografia, a censura era maluca e ela viu pessoas magoadas. Tinha medo de que no final gente de fora do Partido lhe perguntasse o que estava acontecendo e ela não soubesse como se defender. Era preciso fazer uma escolha — continuar sendo membro do Partido ou ser honesta como ser humano. Ela preferiu ser honesta e por isso devolveu a carteira do Partido. O marido fez o mesmo em solidariedade a Kołakowski, cuja carteira havia sido confiscada. Essa não foi a única razão. Naquele momento, todos os professores que se viam como pessoas honestas devolveram suas carteiras do Partido. Inclusive Morawski, Baczko[5] e outros.[6]

Devolver a carteira do Partido era visto como um ato de coragem e profundo desacordo com a organização — e, em consequência, com o Estado. Esse ato de desespero era tão excepcional que era mantido em segredo. Membros do Partido não falavam sobre o assunto. Foi apenas dois meses depois, numa reunião da liderança do Partido na universidade, que Zbigniew Chrupek relatou a demissão voluntária de Włodzimierz Brus[7] e Zygmunt Bauman.

Bauman disse em entrevistas que decidiu deixar o Partido no final de 1967.

> Em 6 de janeiro[8] de 1968, devolvi a Dzidek Jankowski [Henryk] minha carteira de membro do Partido [...] [ele hesita]. Eu ainda não havia decidido sair da Polônia [...]. Eu não esperava. [...] Para ser honesto, fui estúpido [...] foi uma decisão importante deixar o Partido, mas eu não esperava o que aconteceu depois.[9]

Depois de sua intervenção na delegacia de polícia após a festa de aniversário da filha, Bauman pôde sentir que ainda pertencia ao círculo privilegiado. Qualquer decisão sobre emigração é complicada, seja ela forçada ou voluntária, e é difícil para as pessoas dizerem o que motiva uma decisão dessas ou quando ela é feita. Anna Bauman, porém, relembrou que, logo após voltar de uma festa de Ano-Novo fora de Varsóvia, seus pais a chamaram e declararam que haviam resolvido deixar a Polônia. Anna ficou chocada. A decisão foi mantida em segredo pela família.

Para Barbara e Jerzy Szacki, colegas de departamento, não era evidente antes de março de 1968 que os Bauman deixariam a Polônia. Talvez Zygmunt estivesse tentando encontrar uma solução temporária, como uma posição de professor visitante, que lhe permitisse sair até que a tormenta passasse. Em todo caso, os Bauman viveram um dia de cada vez no início de 1968. Os ventos da tempestade estavam se formando à sua volta.

O revolucionário poder dos símbolos

Dziady [Os antepassados] é uma peça de Adam Mickiewicz, poeta romântico do século XIX e autor de muitos dramas patrióticos que inspiraram as esperanças dos poloneses de que seu país fosse libertado da ocupação estrangeira. O Teatro Nacional havia agendado uma montagem dela em novembro de 1967 como parte das comemorações do aniversário da Revolução Soviética. Embora aparentemente relacionada à luta contra o tsar da Rússia, grande parte do público a viu como um ato de resistência à colonização soviética, o que a tornou muito popular entre os jovens.[10] Sob a direção de Kazimierz Dejmek, o conhecido ator Gustaw Holoubek interpretou o papel de Gustaw/Konrad,[11] num grande desempenho que fez com que a peça fosse aclamada como possivelmente o melhor espetáculo já visto na Polônia do pós-guerra. As autoridades perceberam que ela havia se tornado um ato de protesto político para os estudantes, e no dia 18 de janeiro resolveram encerrá-la depois de apenas mais duas apresentações. A última delas foi realizada em 30 de janeiro e atraiu um grande público, incluindo muitos artistas e intelectuais. O Teatro Nacional, que normalmente acolhia novecentas pessoas sentadas, estava lotado de jovens, dezenas dos quais (pelo menos 115, segundo a Bezpieką)[12] se infiltraram sem bilhetes. Os Bauman também assistiram a esse lendário espetáculo final[13] — eles frequentavam teatros e salas de concertos graças à posição de Janina na indústria cinematográfica[14] e à sua paixão por artes dramáticas e música clássica. Mas assistir a *Os antepassados* era acima de tudo uma manifestação política. Janina Bauman relembrou:

> O teatro ressoava com o imenso clamor dos aplausos e protestos [...]. Na grande praça em frente ao edifício, um grupo de estudantes protestando com faixas contra a proibição da peça aguardava pacificamente o fim da apresentação. Nas ruas escuras atrás deles, carros da polícia também aguardavam.[15]

Esse momento assinalou o início de uma repressão em massa. Quem participou dos protestos foi punido, com um saldo de 35 estudantes presos e outros multados por atividade anti-Estado. A propaganda oficial pôs a culpa dos tumultos numa suposta conspiração antissocialista preparada pelos *Komandosi* e seus mentores mais velhos: alunos de doutorado e docentes revisionistas como Kołakowski e Bauman. A maioria dos presos eram aparentemente judeus, o que ajudou as autoridades a construir a teoria de uma conspiração sionista. No dia seguinte, Adam Michnik, que havia organizado a manifestação com seu amigo Henryk Szlajfer, contactou Bernard Margueritte, correspondente do jornal francês *Le Monde*, que publicou um artigo sobre o movimento estudantil em Varsóvia.[16] Michnik e Szlajfer também contaram a Margueritte que Bauman e Brus haviam devolvido suas carteiras do Partido.[17] No dia 2 de fevereiro, o *Le Monde* publicou um artigo sobre esses eventos que mencionava a saída de Bauman e Brus[18] do Partido.[19] Brus e Bauman eram acadêmicos muito conhecidos no exterior. Michnik e Szlajfer sabiam que os meios de comunicação clandestinos dariam a notícia ao público polonês pela Voz da América e pela Rádio Europa Livre. Eles encontraram uma forma de contornar a censura e a propaganda local para divulgar suas posições sem distorção nem manipulação. O artigo do *Le Monde* também relatava uma petição ao Parlamento solicitando a volta de *Os antepassados* ao palco. A petição do grupo dos *Komandosi* declarava: "Nós, a juventude de Varsóvia, estamos protestando contra a decisão de proibir a apresentação de *Os antepassados*, de Adam Mickiewicz, no Teatro Nacional. Estamos protestando contra a política de aniquilar as tradições progressistas da nação polonesa". Em duas semanas, a petição foi assinada por 3145 pessoas em Varsóvia (e 1098 em Breslávia),[20] incluindo docentes e alunos de todos os departamentos. Em resposta, a universidade começou a suspender e expulsar os alunos.

Kuroń e Modzelewski escreveram e distribuíram clandestinamente um texto intitulado "O significado político da petição sobre *Os antepassados*". O objetivo era esclarecer um protesto que autoridades e organizações pró-governamentais tentavam apresentar como uma provocação manipulada por "sionistas e imperialistas".[21] Enquanto isso, a mídia noticiosa e alguns panfletos de propaganda distribuídos no campus abusavam de expressões antissemitas, seguindo os piores exemplos do movimento Endecja no pré-guerra.[22] Uma peça com versos antissemitas afirmava:[23]

O bardo nacional virou um clochard[24]
Vocês sabem por quê?
Michniks e Szlajfers
Gritaram para o mundo.
Alguém sabiamente comentou
Sobre uma quinta-coluna,[25] *recentemente,*
Mas os poloneses, cegos aos fatos,
Procuram a orientação de judeus,
Como sempre — estupidamente.

Vamos lá, irmão, pegue uma arma
Todos têm uma ao alcance
Pegue um judeu pelos cachos
E o expulse da nossa terra.
Excelente conselho!
Eles cospem em você, Polônia,
Mas você ainda lhes faz favores.
E você! Estudante! Bebendo cerveja,
Esperando o aplauso.[26]

Esse tipo de poema apareceu nas paredes do campus. Os *Komandosi* responderam com os textos "Estranhos poetas", de Karpiński,[27] e "Contra o fascismo", de Modzelewski.[28] Uma "guerra de panfletos" inflamou a comunidade universitária durante todo o mês de fevereiro.[29] Através da distribuição de panfletos ilegais, alunos e docentes eram informados sobre planos e ações, e a onda de protestos pôde incorporar outros círculos da "intelligentsia criativa". Em 29 de fevereiro,[30] quase quatrocentos autores foram a um encontro na seção de Varsóvia da União dos Escritores Poloneses, no qual pediram a retirada da proibição de *Os antepassados* e criticaram as políticas culturais do governo.[31] No dia seguinte, uma carta assinada por 23 professores foi enviada ao primeiro-ministro Cyrankiewicz exigindo respeito à Constituição e manifestando preocupação com a crescente redução da liberdade de expressão. Bauman não assinou a carta, ao contrário de Kołakowski, Brus, Baczko e outros. Por quê? Uma explicação é que, como os Bauman tinham decidido sair da Polônia, precisavam ser cuidadosos. Qualquer ação contra as autoridades poderia ser um obstáculo à obtenção de documentos de emigração. De todo modo, a carta deixava claro que parte do professorado havia se unido a estudantes e escritores no círculo da oposição.

Não houve resposta oficial às cartas de protesto. Em vez disso, o ministro da Educação Superior, Henryk Jabłoński, escreveu uma missiva ao reitor ordenando a expulsão de Michnik e Szlajfer.[32] Essa ordem, claramente ilegal, pois violava a autonomia universitária, foi, não obstante, executada no dia 4 de março, com Jabłoński respondendo, em última instância, à pressão do ministro do Interior. Desde meados de fevereiro, os *Komandosi* vinham tentando planejar uma grande manifestação, embora Kołakowski, Modzelewski e outros achassem que seria um equívoco. As expulsões de Michnik e Szlajfer foram o pretexto imediato para a enorme ação de 8 de março. Um dia antes, o vice-diretor do Departamento de Filosofia, Jerzy Szacki, e outros diretores reuniram-se com o reitor a fim de pedir permissão para o protesto. Ao mesmo tempo, os Bauman realizavam uma reunião informal em seu apartamento.

"Lembro-me de que foi um momento dramático", recordou Barbara Szacka. Ela e os Bauman esperaram naquela noite, junto com Kołakowski e outros, pela chegada de seu marido: "Quando ele finalmente chegou, disse que a permissão não fora concedida [...]. Leszek, com amargura, afirmou: 'Vocês vão ver sangue nas ruas'". Kołakowski morava na praça Bankowy e, a caminho do apartamento dos Bauman na rua Nowotki, tinha passado pelo prédio da central de polícia e visto metralhadoras apontadas para as ruas.[33] Planos para o evento foram discretamente compartilhados pelo campus e na

Universidade Politécnica, junto com centenas de panfletos exigindo ação e trazendo o slogan "Repressão! A autonomia da universidade em perigo!".[34]

O protesto de 8 de março

Em todos os países do bloco oriental, o Dia Internacional da Mulher era comemorado em 8 de março.[35] Nesse dia, as mulheres recebiam flores e doces nos escritórios, escolas e outros locais de trabalho. Era um dia normalmente tranquilo, mas não foi o caso dessa vez, no campus, em 1968. Jerzy Eisler escreveu em seu livro *Marzec 1968* [Março de 1968] que, por motivos estratégicos, os responsáveis pelo planejamento da manifestação deram os papéis de liderança a mulheres, imaginando ser menos provável que elas fossem presas ou agredidas pela milícia. Havia muitas mulheres entre os *Komandosi*, e desde o início elas tinham desempenhado funções importantes nos eventos. Mas a ideia de que o sexo feminino protegeria a manifestação se revelou equivocada. O que ocorreu foi um combate de rua desigual entre unidades armadas da milícia e estudantes desarmados, acompanhados de alguns membros do corpo docente.

Fazia muito frio e a neve cobria o solo. Naquela manhã, olhando pela janela de seu escritório no Ministério da Cultura, perto do portão da universidade em frente ao Palácio Presidencial, Janina Bauman viu a chegada de caminhões e dezenas de ônibus com a palavra "Excursão" escrita no local de destino. "Caminhões enormes cobertos por toldos movimentavam-se do norte para o sul da cidade", escreveu ela.

> Os toldos estavam ligeiramente erguidos na parte de trás para que o ar pudesse entrar, e vi que os caminhões estavam abarrotados de homens vestidos em trajes civis. Uma súbita onda de recordações da época da guerra trouxe de volta os tempos em que caminhões como esses, cheios de nazistas armados, se deslocavam pelas ruas de Varsóvia caçando suas vítimas.[36]

Ao meio-dia, estudantes e docentes lotaram o pátio central da universidade, em frente à biblioteca principal. As várias centenas de pessoas que lá estavam, incluindo agentes e observadores da polícia secreta, ouviram a declaração recitada por Irena Lasota e Mirosław Sawicki.[37] O encontro, tal como planejado, foi breve, e os participantes preparavam-se para ir embora quando, de repente, grupos de homens de meia-idade vestidos com casacos e chapéus e carregando cassetetes pretos saíram dos ônibus e marcharam para o campus.[38] Eram provavelmente membros da Ormo (Ochotnicza Rezerwa Milicja Obywatelskiej, ou Reserva Voluntária da Milícia dos Cidadãos), embora algumas fontes os descrevam como "trabalhadores" ou "ativistas sociopolíticos".[39] Alguns estavam bêbados. Os estudantes ficaram apreensivos.

Os "excursionistas" formaram um cordão, impedindo que qualquer um deixasse a praça; seus movimentos eram gritantemente semelhantes aos dos soldados, e a associação com a Segunda Guerra Mundial logo veio à mente. Alguns começaram a gritar "Gestapo!", e outros protestos se seguiram: "Gestapo! Liberdade! Democracia! Nada de pão sem liberdade! Abaixo a proibição a *Os antepassados*! Acabem com a censura! Fora, agentes!". Estudantes foram levados até os ônibus para terem sua identidade verificada, o que permitiu às autoridades compilar uma longa lista de participantes. Alguns intrusos começaram a agredir alunos e a luta começou, mas então, de repente, veio uma ordem para que todos se sentassem, e assim fizeram os estudantes. O pró-reitor Rybicki apareceu em sua varanda e se dirigiu à multidão. Agradeceu os "excursionistas" por sua intervenção e deu aos estudantes quinze minutos para se dispersarem. Em vez disso, uma delegação de alunos conclamou Rybicki a exigir que as forças de segurança saíssem do campus e que as unidades da milícia que esperavam do lado de fora do portão fossem embora. Eles também exigiram liberdade para um grupo de estudantes que já tinham sido presos e que fosse revogada a expulsão de Michnik e Szlajfer.

As contendas e confrontos continuaram. Os homens de chapéu agrediram dois membros do corpo docente, mas depois que a situação esfriou alguns alunos foram para casa e os homens deixaram o campus. Por volta das duas da tarde, enquanto uma grande multidão esperava perto do portão, Rybicki disse à delegação de estudantes que a milícia estava indo embora. Mas de repente cerca de quatrocentos membros da Ormo correram para o campus. Enquanto estudantes cantavam o hino nacional polonês e a *Internacional* (hino comunista), a milícia atacou a massa, agredindo e tentando prender qualquer um que tentasse escapar. Não havia lugares suficientes para se esconder, pois muitos prédios do campus estavam fechados e um gradeado de madeira cercava a praça. Era um campo de caça ideal para os agentes da Ormo, armados com pesados cassetetes. Em grupo, eles cercavam estudantes e docentes isolados, os jogavam no chão e os espancavam impiedosamente. Então uma nova onda de milicianos invadiu o campus para reforçar a unidade de voluntários, em trajes de combate e armados com porretes, e os homens que estavam nos ônibus voltaram. A milícia começou a usar cassetetes e gás, e a maioria dos manifestantes não teve chance de escapar. Alguns alunos feridos, na maior parte mulheres,[40] esperavam, dentro prédio principal, que a violência acabasse. Mesmo lá, contudo, eles não estavam a salvo, pois a milícia entrou no edifício e tentou pegar quem conseguisse encontrar.

Bauman, com seus alunos e alguns colegas, escapou ao ataque refugiando-se no prédio do Departamento de Filosofia (do outro lado do portão principal do campus), na alameda Krakowskie Przedmieście. Quando estavam lá dentro, um grupo de alunos da Politécnica, também fugindo da milícia, tentou entrar. Szacka relembrou:

> Foi uma situação terrível, pois eles [a milícia] tinham jogado gás lacrimogêneo no porão. Impedimos que nossos alunos fugissem porque era perigoso lá fora. E então uma grande procissão da Universidade Politécnica entrou no campus, e, embora a universidade estivesse fechada pela manifestação, um grande grupo liderado pelo professor Leśnodorski [...] abriu a porta [do Departamento de Filosofia] para deixar entrar [os alunos da Politécnica] e depois a fechou [para manter a milícia do lado de fora].

A rua estava cheia de fumaça.[41]

> Lembro-me de que os estudantes perguntaram se estavam a salvo, e eu só pude dizer que seríamos os primeiros [a enfrentar a milícia]. Nessa mesma hora os agentes da milícia ou das forças de segurança derrubaram a porta, e eu me lembro da figura de Bauman diante deles. Eles gritaram: "Quem é você?", e ele respondeu [...] "Sou um docente da Universidade de Varsóvia!" [...] e eles recuaram! Isso causou uma impressão muito forte. Lembro-me de sua figura; era um homem muito bonito [...] alto, magro [...]. Nunca vou me esquecer desse dia horrível.

Se havia uma coisa que Bauman tinha aprendido durante sua vida militar era como impor sua autoridade. Com sua voz e linguagem corporal, ele dominou os membros da milícia, que, como se estivessem sob um feitiço, deixaram o prédio e saíram para atormentar estudantes menos afortunados.

A batalha envolveu o campus e os arredores por cerca de duas horas. Manifestantes, aos gritos, buscaram refúgio em lojas e igrejas, nas quais os agentes da Ormo e da milícia entraram para pegá-los e prendê-los. O combate desigual espalhou-se para as ruas vizinhas, onde rapazes cheios de ódio e milicianos agrediram mulheres jovens. "Eles batiam principalmente nas meninas, sobretudo nas morenas", recordou um estudante: "Bem, pensei, finalmente chegou o 'Dia das Mulheres'! Mas [...] por que as morenas? Só mais tarde compreendi. Vi alguns soldados da milícia arrastando uma garota e lembro que a turba bateu nela".[42] O cabelo escuro correspondia ao estereótipo físico dos judeus na Polônia. Mulheres polonesas, segundo o estereótipo, eram louras de olhos azuis. A testemunha aponta o populismo racial que estava por trás da resposta do Estado ao protesto estudantil.

A luta se espalhou por outras partes de Varsóvia à medida que jovens fugindo da universidade foram perseguidos até a Politécnica por forças da milícia. Espancamentos ocorreram em torno do alojamento do campus, e a violência continuou até por volta das oito da noite. Foram cenas reminiscentes da Ocupação que os habitantes de Varsóvia não haviam vivenciado desde a libertação, em janeiro de 1945. Dessa vez, as forças que atacavam os estudantes universitários não eram estrangeiras.

Não houve relatos de mortes durante a violência, mas pelo menos trinta feridos foram registrados.[43] As vítimas foram interrogadas pela polícia. Mas esse não foi o fim da rebelião.

Uma universidade dividida

Os eventos de 8 de março provocaram uma importante cisão na comunidade universitária, como observou Czesław Bobrowski, diretor do Departamento de Economia, que foi agredido durante os distúrbios. De um lado estavam alunos e docentes indignados com a violação de seu "santuário de liberdade"; de outro, administradores seniores liderados pelo reitor, que se recusaram desde o início a se envolver na questão que deflagrara o protesto.[44] Um grupo de dezessete professores, todos eles membros do Partido, enviou uma carta ao ministro da Educação Superior solicitando a constituição de uma comissão especial para investigar as ocorrências. (Bauman não assinou a carta — não era mais um membro do Partido.) O ministro Henryk Jabłoński se recusou a aceitar a carta e rejeitou quaisquer negociações. Enquanto isso, os estudantes continuaram a defender suas reivindicações e prosseguiram em suas atividades, que acabaram se espalhando para outras cidades, entre as quais Cracóvia, Lublin, Katowice, Łódź, Breslávia, Gdańsk e Poznań. A resposta do governo ao crescente movimento dos estudantes foi a estratégia de "dividir para conquistar". Ao mesmo tempo que enviava suas forças de segurança e aliados desordeiros para bater nos universitários, células do Partido empreenderam ações de propaganda em fábricas e outros locais de trabalho para garantir que os estudantes fossem considerados culpados pelos problemas. O movimento estudantil, cada vez mais ousado, precisava ser impedido de construir coalizões com os trabalhadores.

Em 11 de março, estudantes de Varsóvia reuniram-se no Auditorium Maximum, um prédio da universidade de estilo neoclássico construído na década de 1930. Eles apresentaram uma nova série de reivindicações, incluindo mudanças na cobertura de seu movimento pela imprensa e a condenação da violação agressiva da autonomia universitária pelas forças de segurança. Naquela tarde, o corpo docente do Departamento de Filosofia elaborou uma declaração semelhante num encontro de que Bauman pode ter participado. Ao mesmo tempo que condenaram a violência que atingira sua instituição, os professores expressaram sua indignação com uma imprensa que "deliberadamente distorce os fatos e desinforma a sociedade. Alguns de seus órgãos estão tentando espalhar sentimentos antissemitas e apartar a classe trabalhadora do ambiente acadêmico".[45]

Enquanto estudantes e docentes se reuniam nos prédios da universidade, as forças de segurança e a turba organizada pelo governo aumentavam a violência do lado de fora, com lutas ocorrendo no entorno do campus e até perto da sede do Comitê Central durante a tarde e o início da noite. A milícia usava gás lacrimogêneo e jatos de água para dispersar a manifestação de 1550 pessoas (alunos das diversas faculdades e universidades de Varsóvia, além de outras pessoas).[46] Os manifestantes queimavam jornais para protestar contra expressões antissemitas e contra a propaganda que difamava os estudantes. Os jornais tinham publicado os nomes dos líderes do movimento, junto com as profissões de seus pais, observando que eles não eram apenas filhos do privilégio, mas também judeus. Os artigos mencionavam que alguns estudantes eram sócios do Clube Babel, que organizava debates e reuniões dançantes para a juventude de Varsóvia e tinha relações com a TSKŻ, a Associação de Cultura Judaica. O tom dos jornais era desdenhoso e repulsivo. "Esses judeuzinhos"[47] foram declarados responsáveis pelos distúrbios de 8 de março.[48] Historiadores contemporâneos têm tentado imaginar por que o governo decidiu aumentar sua violência contra a universidade. Muito provavelmente, o estímulo às ações das forças de segurança veio de Moczar, que queria mostrar a Gomułka, líder do Partido, que ele próprio e o ministro do Interior controlavam a sociedade e Gomułka não tinha lugar na liderança do Estado.[49]

Em 12 de março, os professores Stefan Morawski e Jerzy Szacki, do Departamento de Filosofia, elaboraram uma resolução com o aval da unidade local do Partido. "A mais importante tarefa hoje é restaurar a paz nas universidades", dizia o texto. "Mas isso será impossível sem levar em conta a legitimidade das reivindicações dos estudantes." O enorme apoio do corpo docente às demandas dos alunos incluiu uma declaração da Associação Polonesa de Psicologia, à qual Bauman pertencia, que declarou em 15 de março:

> Como sociólogos, sabemos que um movimento social de docentes e alunos de tão ampla escala não poderia surgir apenas como resultado das atividades de agitadores ou mesmo de grupos de políticos frustrados agindo por trás deles, mas tem uma base social e causas profundas nas mudanças estruturais que estão ocorrendo em nossa sociedade. Medidas administrativas de caráter coercitivo não podem resolver permanentemente os problemas sociais e políticos relacionados às ações mais recentes da juventude acadêmica. Essas são questões que dizem respeito à democracia socialista e aos princípios de nossa Constituição.

A crise de março, em outras palavras, era um resultado da ausência de democracia.[50]

Tudo isso contrastava completamente com a versão oficial dos eventos divulgada pelas ferramentas de propaganda política, que tinha como foco um grupo em especial. "A mídia repetia os mesmos nomes reiteradas vezes", escreveu Janina,

> e não demorou muito para que outros nomes fossem acrescentados à lista negra: eminentes escritores e professores que seriam responsáveis por educar esses jovens vândalos. No quarto dia [...] o nome [de Zygmunt] apareceu, junto com os de muitos de seus amigos, em todos os jornais diários, sendo cruelmente divulgados pelo rádio e pela televisão.[51]

"Bauman" era um nome perfeitamente judeu, ao contrário de Kołakowski ou Morawski. Assim, Bauman era o candidato perfeito para fazer o papel de conspirador global. Seu nome confirmava a grande teoria. Não era preciso haver provas para confirmar uma crença e, por meio dela, marcar um ponto político.

"O discurso de ódio"

No dia 18 de março, um protesto de trabalhadores chegou às portas da universidade e o reitor fechou o prédio do Departamento de Filosofia para evitar a entrada da turba. No dia seguinte, Gomułka tinha um discurso agendado na seção de Varsóvia do Partido, e toda a Polônia se preparava para assistir. Estudantes mataram aula e foram para casa mais cedo para acompanhar o pronunciamento. Os Bauman se reuniram em torno da TV com sua amiga Basia.[52] O discurso foi feito à tarde; enquanto se preparavam para ouvi-lo, eles recordaram o discurso de Gomułka doze anos antes, que tantas esperanças de um futuro melhor havia provocado. Dessa vez, eles não ousavam esperar muita coisa.

Diferente do discurso de outubro de 1956, a apresentação de Gomułka em março de 1968 pareceu interminável. Ela foi feita no imenso teatro do Palácio da Cultura e Ciência, o prédio mais alto de Varsóvia e um presente de Stálin ao povo polonês que não tinha sido muito valorizado. As 3 mil pessoas presentes na plateia incluíam uma ampla claque instruída a aplaudir ou gritar em momentos estratégicos. As reações do público cuidadosamente escolhido foram orquestradas por especialistas em propaganda do Ministério do Interior — a turma de Moczar. Mas dizer que as reações às palavras de Gomułka foram inteiramente roteirizadas seria um equívoco. O público só estava em parte sob controle. Os repetidos aplausos e as arrebatadas manifestações de indignação foram sinceros. Em certo sentido, essa era a "voz do povo", um povo cujos sentimentos antissemitas haviam sido reprimidos, mas que agora abriam caminho para o plano de expulsar os "sionistas" da Polônia. Pois tinham sido esses sionistas os responsáveis pelos distúrbios, e eles precisavam ser punidos. Essa foi a mensagem do discurso:

> Prezados e respeitados camaradas! Nos últimos dez anos, importantes eventos ocorreram no país. Grande parte da juventude estudantil de Varsóvia, assim como de outros centros acadêmicos do país, tem sido enganada e conduzida pelo caminho errado por forças hostis ao socialismo. Essas forças têm disseminado entre os estudantes a semente conflituosa da anarquia.[53]

O público reagiu com entusiasmo, com pessoas gritando "Wiesław! Wiesław!" — codinome de Gomułka em seus anos de clandestinidade. Ele prosseguiu com uma história detalhada da atividade anti-Estado dos intelectuais, oferecendo exemplos e dando nomes de escritores[54] e acadêmicos envolvidos numa conspiração liderada por forças ocidentais imperialistas. Após 45 minutos de discurso, Gomułka passou a falar dos estudantes, descrevendo um encontro realizado no dia 3 de março no apartamento de Jacek Kuroń — "um grupo de mais ou menos uma dezena de pessoas, na maioria estudantes de origem judaica, conhecidos por discursos e visões revisionistas" — onde foi "tramada" a manifestação de 8 de março. Ali estava ela, evidente para que o mundo a visse — a "origem judaica". O público ouviu em silêncio enquanto Gomułka transmitia a versão do regime sobre os fatos.

Em certo momento, ele hesitou ao descrever a resolução lida por Irena Lasota. Depois de afirmar que ela fora lida mais tarde por dois "*outros* estudantes", ele acrescentou em voz baixa e agoniada: "Quero dizer... da Polônia... quero dizer, poloneses".[55] Essas palavras não aparecem na transcrição do discurso de mais de duas horas publicada no *Trybuna Ludu* [Tribuna do Povo], o jornal oficial do Partido. Por quê? Porque os "outros" não poderiam ser culpados — sendo poloneses, não poderiam ter participado da conspiração. Os "distúrbios" estudantis podiam ser explicados de maneira muito simples — qualquer polonês envolvido nessa atividade anti-Estado era manipulado, perdido e ingênuo. Os "judeus", por outro lado, eram culpados, participavam de uma conspiração e mereciam ser punidos. Esse foi o mote do discurso. Essa "verdade" emergia a cada frase, as peças de um quebra-cabeça se juntando para formar um retrato claro. A história da Polônia, suas guerras, lutas por independência e justiça social, assim como sua amizade com a União Soviética, foram mencionadas para evidenciar o papel histórico do Partido, enquanto do outro lado estavam as forças antissoviéticas, a mídia inimiga e os círculos de emigração poloneses — e, evidentemente, os "sionistas". Todos os elementos da teoria da conspiração foram evocados.

Para leitores cuidadosos da imprensa oficial como os Bauman, não havia nada de novo no discurso; Gomułka apenas mantivera e reforçara a versão apresentada nos meios de comunicação nas últimas semanas. Mas, agora que Gomułka os havia abandonado, os Bauman e outros como eles não tinham mais motivos para nutrir esperanças. O discurso abalou suas modestas expectativas, mas era o que a maioria dos poloneses esperava. A atitude do público no teatro do Palácio da Cultura e Ciência foi significativa. À medida que o discurso de Gomułka continuava, e seu tom se tornava cada vez mais agressivo, o público se entusiasmava, com aplausos mais prolongados e mais fortes — por vezes ele precisou pedir que se acalmassem. Não era apenas a reação de uma claque aplaudindo — era uma reação real, espontânea: era a vox populi. Quando Gomułka prometeu punir os "culpados" pela ação da turba, recebeu uma longa ovação de pé.

"Sabemos que algumas [pessoas], na verdade um pequeno número, empregadas sobretudo nas muitas faculdades de ciências humanas da Universidade de Varsóvia, um grupo de pesquisadores, têm uma reponsabilidade especial pelos eventos recentes", disse ele, mais para o final do discurso. Quando os gritos de indignação do público vieram num crescendo, interrompendo várias vezes sua fala, Gomułka acrescentou:

> Esses acadêmicos, como os professores Brus, Baczko, Morawski, Kołakowski, Bauman e vários outros ainda não mencionados, vêm lutando há anos contra as políticas do Partido a partir de uma posição revisionista. De maneira consciente e deliberada, eles implantaram visões políticas hostis nas mentes da juventude — foram os instigadores espirituais dessas ações turbulentas. Sob a pressão desse grupo, o Conselho da Faculdade de Filosofia da Universidade de Varsóvia, em sua resolução de 12 de março, não hesitou em dizer que "o movimento da juventude universitária, criado fora do âmbito de organizações oficiais, tem sido por

> quatro dias um genuíno movimento de massas, unindo a esmagadora maioria dos alunos da Universidade de Varsóvia". É evidente para nós, é óbvio para nós [...] Camaradas, se acalmem [...] camaradas [...] [gritos de indignação] É óbvio para nós [...] que esse grupo de políticos com títulos acadêmicos tem tentado legalizar a atividade antissocialista em nosso país e colocar os interesses de seu grupo acima do bem da ciência e da juventude estudantil polonesas. Trata-se, na verdade, de um pequeno grupo de funcionários de pesquisa e ensino em instituições de educação superior.[56]

Nesse ponto a família parou de ouvir. As duas meninas mais novas "olharam com medo para o pai. Basia [amiga de Bauman] tomou as duas nos braços e, com lágrimas nos olhos, disse: 'Não escutem isso, meninas! É tudo mentira!'".[57]

"Eu não podia imaginar que eles fossem lavar publicamente a roupa suja do Partido dessa forma", disse Bauman em 2013. "Eu não podia imaginar que, sempre que abrisse um jornal, ou ligasse a televisão, o assunto seria 'Bauman — o porco'. Esse tipo de campanha era uma novidade."[58] Além disso, ele não esperava ser citado como instigador da manifestação de 8 de março, já que, como a maior parte do corpo docente, havia se oposto a ela. E, evidentemente, a resolução do Departamento de Filosofia atacada por Gomułka fora assinada por todos os membros do conselho, não apenas pelos que ele havia mencionado,[59] e outros departamentos acadêmicos haviam produzido declarações semelhantes. Mas, a despeito de toda a incoerência do discurso, sua mensagem era clara: aqui estão nossos inimigos, um punhado de agitadores espalhando ideias revisionistas que devem ser expurgados. Entre os cinco, apenas Kołakowski era "polonês", segundo os padrões que as autoridades começaram a aplicar em 1967. Os outros não eram poloneses, mas "judeus". E a pessoa que melhor correspondia a esse estereótipo era Bauman — seu nome de família era o que parecia mais judaico, e ele era jovem, popular, tinha conexões internacionais e mais parentes em Israel do que na Polônia. Ele ilustrava o tipo ideal "cosmopolita", "sionista", "judeu". Ninguém reparava no fato de cosmopolita e sionista serem termos contraditórios. Ninguém estava buscando uma explicação lógica — tudo de que precisavam era do bode expiatório adequado para concentrar a ira das pessoas ressentidas que ouviram o pronunciamento de Gomułka.

Perto do fim do discurso, o antissemitismo do público cresceu ainda mais, por vezes fazendo Gomułka parecer desconfortável, embora continuasse sua campanha difamatória contra os alunos e docentes judeus.[60] Quando ele atacou "esse grupo de políticos com títulos acadêmicos [...] de origem ou nacionalidade judaica", as pessoas começaram a gritar "Vão para Israel!" e "Saiam daqui!".[61] "Será que existem na Polônia judeus nacionalistas que apoiam a ideologia sionista?", perguntou ele, e o público gritou: "Sim!". O sionismo em si não era um perigo para o socialismo polonês, disse Gomułka, mas

> isso não quer dizer que não haja um problema na Polônia que eu chamaria de autodeterminação de alguns judeus — cidadãos de nosso país [...]. No último mês de junho, durante a agressão israelense aos Estados árabes, um certo número de judeus, de várias maneiras, apresentou sua disposição de ir para Israel a fim de participar da guerra. Não há dúvida de que essa categoria de cidadãos judeus poloneses tem uma conexão emocional e espiritual não com a Polônia, mas com o Estado de Israel. São definitivamente nacionalistas judeus. Podemos culpá-los por isso? [...] Suponho que, mais cedo ou mais tarde, essa categoria de judeus vá deixar nosso país.

Com o público irrompendo gritos enfurecidos de "Fora! Vão para Israel! Saiam daqui!", Gomułka revelou aonde tudo aquilo chegaria: "Uma vez, abrimos todas as nossas fronteiras para os que não queriam ser cidadãos deste país e decidiram partir para Israel. Também hoje, para os que consideram que Israel é sua terra natal, estamos prontos a emitir passaportes de emigração".[62] Alguém na plateia gritou: "Agora mesmo! Hoje!".[63]

"A plateia se transformou numa turba raivosa", escreveu Janina na edição inglesa de seu livro.[64] Na versão em polonês, ela diz que o teatro do Palácio da Cultura e Ciência "cheirava a um pogrom":[65] "Em nossa sala acolhedora, em nosso lar pacato, subitamente nos sentimos num perigo mortal. A turba enraivecida logo deixaria o teatro e se espalharia pelas ruas."[66]

O medo de um pogrom era mais uma vez real. As dramáticas experiências de Janina durante a guerra lhe voltaram de imediato. Zygmunt também deve ter se lembrado de como a mãe, em Poznań, reforçara a porta de casa para se proteger dos criminosos antissemitas que atacavam diariamente. Partes das duas famílias tinham fugido — após o pogrom de Kielce, em 1946, e em reação aos ventos antissemitas de 1956. Os Bauman não eram estranhos ao ódio racial e ao poder mortal das multidões. Como Zofia tinha feito trinta anos antes na rua Prusa, Zygmunt, Janina e as meninas se trancaram em seu apartamento, bloqueando a porta da frente com um pesado baú. Também "procuraram ferramentas afiadas, por precaução".[67]

O medo não se restringia àqueles que Gomułka havia identificado pelo nome. Barbara, amiga de Bauman, foi imediatamente para casa, temendo pelo marido, que era colega de Zygmunt e também podia ser considerado "sionista". "Eu o escondi durante a guerra e precisei mais uma vez escondê-lo. Depois de 25 anos!", exclamou ela.[68] Muitos sobreviventes do Holocausto tiveram medo de sair de casa depois do discurso de 19 de março. Alguns judeus traumatizados passaram dias escondidos em armários, como haviam feito para escapar das incursões da Gestapo e de seus colaboradores poloneses.[69] Mas não houve um pogrom — ou, pelo menos, um pogrom tradicional.

O pogrom de Estado

Gomułka havia assumido pessoalmente a iniciativa e prometia atingir o mesmo objetivo de qualquer pogrom — afugentar os judeus. Ele usava o termo "sionista", mas o efeito era o mesmo. Assim como Hitler havia definido quem era ou não judeu, o próprio Gomułka definiu o rótulo de "sionista", como observou o historiador January Grzędziński.[70] Havia outras semelhanças com o passado. A Bezpieką, uma instituição do Estado, definia os judeus por seu perfil étnico, seguindo o manual antropológico nazista.[71] Práticas organizacionais implementadas pelo Estado a fim de preparar o caminho para as expulsões de 1968 se assemelharam à estratégia implementada na Áustria, em 1938, por Adolf Eichmann, como observou o psicólogo e ativista de 1968 Aleksander Perski (2013).[72] Finalmente, como fizera o Endecja antes da Segunda Guerra Mundial, o regime de Gomułka estigmatizou "sionistas" e "judeus". Ambos se tornaram antônimos do patriota polonês (que era católico e não "cosmopolita").[73] Essa abordagem foi compartilhada por comunistas e alguns parceiros não ideológicos: católicos, entre outros.[74] "Sem dúvida, graças a março de 1968, o Partido consolidou um vínculo com a nação. Por um curto período, mas funcionou", disse Bauman em 2013. "Acima de tudo, isso se deveu aos slogans antissemitas, às reservas adormecidas do antissemitismo popular capazes de mobilizar pessoas para o lado do Partido."[75]

Essa mobilização era possível, em parte, porque a visão da partida apressada dos "sionistas" despertava sonhos de se apropriar de apartamentos, empregos, móveis e outros objetos e vantagens deixados pelo povo banido. A promessa de Gomułka de que "os que são sionistas vão sair" foi, com efeito, a declaração de uma nova espécie de pogrom,[76] com a diferença de que em 1968 ele não começou pela base,[77] mas a partir do mais alto escalão. Os que tinham proximidade com Gomułka sustentariam mais tarde que ele não percebeu quão "produtivo" seria seu discurso de ódio. Gomułka desejava reforçar seu poder, recuperando-o das ruas, controladas pela infantaria de Moczar. Mas, uma vez tendo encontrado e declarado os "culpados" no "complô judaico", o próximo passo lógico era a expulsão. É assim que funcionam os pogroms — eles se desenvolvem a partir de um processo social que canaliza o ressentimento e os ódios de uma sociedade.[78]

Nos pogroms históricos, os judeus eram espancados, roubados, perseguidos, mortos ou expulsos de suas casas, locais de trabalho, escolas e templos por grupos incitados pelo ódio racial. A abordagem de Gomułka foi usar os aparelhos do Estado para elaborar as leis, medidas e regras necessárias para expropriações e expulsões em massa aparentemente legítimas. O pogrom de Estado era muito mais eficiente do que os pogroms "tradicionais", executados por massas mobilizadas, de maneira cega, destrutiva e descontrolada.[79] No pogrom de Estado, uma organização altamente sofisticada controlava não apenas quem deveria ser expulso (e quem não), mas também quando e como as expulsões ocorreriam. Havia uma grande dose de precisão.

O Estado também decidia quem iria preencher os espaços e apartamentos vazios e quem ficaria com os bens deixados pelos judeus que partiam. Recursos raros, subitamente disponíveis, eram distribuídos de forma organizada como presentes inesperados para aqueles que mais os mereciam. Dessa forma, os responsáveis pela execução do pogrom também se beneficiavam dele. E o Estado não pagava nada por isso, pois os custos administrativos eram cobertos por aqueles que estavam sendo expulsos.

Este último elemento é simbólico e, poderíamos dizer, pós-moderno, em função de seu caráter grotesco. As próprias vítimas estavam "iniciando" todo o processo ao solicitar sua partida e renunciar a sua cidadania. Essa era a primeira medida que possibilitava a entrada no processo emigratório, a obtenção dos documentos de viagem e outras providências necessárias. As autoridades haviam tomado uma decisão muito sagaz, que pode ser enquadrada na definição hughesiana de "trabalho sujo".[80] Com seu discurso, Gomułka deu início a um processo cujo objetivo era purificar a sociedade polonesa, atendendo aos desejos de uma seção do Partido. Ao fazê-lo, evitou a necessidade de pogroms individuais. As autoridades fizeram o trabalho sujo de maneira institucional, num pogrom meticuloso implementado pelo Estado e seus servidores, com o aplauso — ou submissão tácita, o que vale dizer permissão — da maior parte dos cidadãos. No teatro do Palácio da Cultura e Ciência, o público gritou: "Agora mesmo! Hoje!" — indicando que desejava assistir à partida dos judeus quanto antes. Os Bauman entenderam a mensagem. Mas foram necessários três meses até que pudessem partir.

"Agora mesmo!" em 96 dias...

A partir de 11 de março, as instituições polonesas receberam listas com os nomes de seus funcionários judeus, e no final do mês teve início a "liberação" das vagas de trabalho "ocupadas por sionistas". Os documentos eram tão detalhadamente racialistas que algumas pessoas descobriram pela primeira vez, a partir das listas, que eram de fato "judias".[81] As demissões eram rápidas e simples, com o apoio do Partido e do Estado. O antissemitismo se tornou a política oficial da Polônia.[82] Milhares perderam seus empregos.

Às vezes, como foi o caso de Janina, o processo começava com uma transferência.[83] Ela foi demitida de sua posição de assessora sênior do Conselho Nacional de Cinematografia e transferida para outro departamento, onde recebia tarefas abaixo de seu nível de competência e logo ficou claro que, na verdade, nada tinha a fazer. Pediram-lhe que tirasse férias imediatamente, mas ela se recusou, dizendo que planejava fazer isso apenas em agosto. Ela usou isso como uma tática para não facilitar sua demissão, mas, por fim, em 1º de abril, Janina foi despedida após dezoito anos de trabalho na mesma instituição.

Um dia depois da inesquecível noite de 19 de março, Zygmunt foi trabalhar na universidade como se nada tivesse acontecido. Mas, no dia seguinte, os funcionários do campus entraram em greve e Bauman ficou em casa, como observou a Bezpieką, que o seguia sem trégua.[84] Muitos intelectuais permaneceram em casa naquela semana. Estavam apavorados. Não era seguro andar sozinho pelas ruas. Janina se juntou a Zygmunt em suas caminhadas do trabalho para casa, assim como alguns de seus alunos, para reforçar a segurança.

No sábado, porém, a greve tinha terminado; no domingo, numa reunião do comitê estudantil com a presença de Leon Sfard, futuro marido de Anna Bauman, alguns expressaram a esperança de novas negociações e de um retorno à normalidade. Não seria assim. Em 25 de março, uma segunda-feira, os jornais e a rádio transmitiram uma ordem de Jabłoński, o ministro da Educação Superior. Cinco acadêmicos do Departamento de Filosofia — Baczko, Kołakowski, Morawski, Bauman e Hirszowicz-Bielińska —, assim como o professor Brus, do Departamento de Economia, foram demitidos. Bauman estava em casa quando a notícia chegou. "Por uma transmissão de rádio fiquei sabendo que havia sido demitido de meu posto e expulso da universidade, e que fora eu o organizador das manifestações estudantis anti-Estado", disse-me ele.[85]

A notícia se espalhou rapidamente por toda Varsóvia.[86] Poucos esperavam medidas tão rígidas, pois, mesmo na época da repressão stalinista, ainda que proibidos de dar aulas, os professores da universidade tiveram permissão para assumir outras posições e realizar suas pesquisas. Nunca antes um ministro havia ordenado a demissão de um professor. Todos ficaram chocados com esse abuso do poder e desrespeito à liberdade acadêmica. Mas foi só o início das decisões autoritárias.

Estudantes planejaram um novo protesto em 28 de março para exigir o retorno de seus professores e colegas. Apesar da prisão de quinze organizadores, o encontro aconteceu e os estudantes apresentaram uma declaração: "Não há escola de sociologia polonesa sem Bauman e Hirszowicz-Bielińska; não há escola de filosofia polonesa sem Baczko, Kołakowski e Morawski; não há economia política marxista sem Brus".[87] Em resposta, o reitor Turski expulsou mais uma leva de 34 alunos, enquanto outros onze apenas perderam seus direitos como estudantes. Nos últimos dias de março, circulou a informação de que alguns departamentos seriam fechados — as faculdades de economia, filosofia, psicologia e educação, assim como partes da faculdade de matemática e física. O campus fervilhava. Agora as autoridades estavam de fato em guerra, com os alunos e com o corpo docente. Como relatou o agente "Janusz" da Bezpieką:

> Da equipe acadêmica demitida da Universidade de Varsóvia, Z. Bauman e S. Morawski ainda estão ativos. Em 1º de abril, Z. Bauman e alguns outros funcionários de seu departamento se reuniram no restaurante Crocodile, onde elaboraram uma resolução. S. Morawski vem para a faculdade como se ainda trabalhasse aqui. O intento de Bauman e Morawski é reduzir a repressão sobre a Faculdade de Filosofia [e] evitar seu fechamento. Morawski e Bauman realizam muitos debates, durante os quais convencem os interlocutores a serem solidários. A. Zabłudowski, E. Mokrzycki e Skarbiński já pediram demissão.

Bauman e Morawski, em 2 de abril, convocaram uma reunião de todos os funcionários da Faculdade de Filosofia na qual alguns acadêmicos planejavam assinar publicamente uma resolução protestando contra ações que atingiram o corpo docente. O reitor não deu permissão para o encontro.[88]

O fechamento dos departamentos atingidos fez com que 1166 estudantes perdessem suas vagas na Universidade de Varsóvia.[89] Os homens sofreram a ameaça de incorporação ao Exército (alguns foram incorporados imediatamente). Esse foi o fim da "Marcha dos Estudantes" — alguns historiadores preferem chamá-la de Marcha da Juventude, já que contou com o envolvimento de outros jovens.[90] A Polônia socialista tinha sérios problemas econômicos: preços em alta, lojas vazias, falta de produtos básicos e de moradia. As demandas dos estudantes por liberdade de expressão e autonomia faziam parte de uma longa lista de problemas que o poder autoritário e burocrático decidiu abafar. Culpar os estudantes, sobretudo os de origem judaica, era uma parte da cortina de fumaça que buscava ocultar essas questões socioeconômicas muito mais abrangentes.

A interpretação de Bauman dos eventos de março de 1968 reflete, de certa forma, as descrições da política latino-americana após a Segunda Guerra Mundial, quando golpes de Estado, por muitas décadas, foram uma maneira comum de substituir o alto escalão da hierarquia militar em alguns países.[91] Bauman apresentou sua análise diversas vezes, inclusive num artigo de 1968 muito conhecido, publicado na revista *Cultura* com o título "O frustracji i kuglarzach" [Sobre frustração e malabaristas]. Durante nossa conversa em 2013, Bauman concluiu com a mesma ponderação feita 45 anos antes:

> 1968 foi, entre outras coisas, um evento importante por permitir que novas pessoas obtivessem promoções [...]. O novo sistema, criado durante a reconstrução do pós-guerra, havia ficado sobrecarregado. A diferença de idade entre o general e o tenente era de dez a quinze anos. Ora [as pessoas pensavam], meu Deus, será que terei de esperar oitenta ou sessenta anos até que ele morra ou se aposente? Era uma questão de canais de promoção obstruídos. Se um homem é removido, vinte pessoas podem ser promovidas imediatamente — a disponibilização desse emprego abre espaço àquele que é promovido, e isso, por sua vez, libera outro espaço, e assim por diante. Foi, entre outras coisas, uma operação de mobilidade social muito ampla. Um monte de gente ganhou posições na universidade porque um monte de gente saiu. Que tipo de impacto isso teve na sociedade? [...] Como isso influenciou a cultura? Eu não sei — nesse ajuste de uma nova tripulação para esse novo navio, a mudança de personagens deve ter tido algum impacto. O ambiente [deve ter mudado] porque não se costuma trocar uma tripulação inteira de uma vez só. Geralmente é um processo lento, de modo que as pessoas têm tempo de se adaptar e perceber que alguma coisa mudou. Foi chocante.[92]

Historiadores estimam que mais de 13 mil pessoas tenham deixado a Polônia em consequência dos eventos de 1968,[93] muitas delas ocupantes de posições de alto escalão. Como é comum nesse tipo de engenharia social, a remoção teve como foco um grupo específico. Nessa parte da Europa, o alvo mais fácil para mobilizar o ódio popular era o judeu. A propaganda funcionou perfeitamente, reunindo velhos e novos preconceitos.[94] Textos antissemitas saíam na imprensa diariamente, e tanto nas ruas quanto nas instituições e locais de trabalho, um clima de crescente hostilidade tornou a vida normal muito difícil para as pessoas estigmatizadas. Um número cada vez maior delas resolvia deixar seu país natal à medida que este as expulsava. Os Bauman estavam na primeira leva da debandada.

Em abril, "Jasia perdeu seu emprego, eu perdi o meu e Anka foi suspensa"[95] do Departamento de Física, recordou Bauman. As garotas começaram a ter problemas na escola: "Minhas gêmeas chegaram em casa chorando, porque as crianças são cruéis, você sabe". A escola perto da casa deles era muito boa:

> Os professores eram impecáveis, mas as crianças eram muito cruéis. Bem, minhas filhas voltavam da escola com lágrimas nos olhos [...]. Tudo coincidiu.

> Ganhei três meses de salário quando fui dispensado. De modo que tive meu salário por três meses e depois estávamos desempregados [...] sem economias... era muito desanimador.

Muito desanimador e uma situação bastante difícil, em que os pais são incapazes de proteger os filhos. As escolas refletem a sociedade como um todo, e o clima antissemita que algumas crianças viviam em casa se infundiu nas instituições de ensino, ou pelo menos em algumas delas. Na verdade, as escolas refletiam a reação binária à campanha racista do Estado. Por um lado, havia aquelas em que o ambiente agressivo onipresente era intensificado com discursos de ódio e comportamento maldoso, e por outro, aquelas em que as vítimas eram protegidas. Janina Bauman relatou os dois tipos de reação ao discurso de Gomułka. Na escola da rua Stawki — a escola pública frequentada por Irena e Lydia —, havia crianças agressivas que repetiam os slogans antissemitas e até tentavam bater nas meninas, que tinham treze anos de idade; e havia também um grupo que tentava protegê-las. Como disse Bauman, os professores eram impecáveis, o que não era o caso de todas as escolas em 1968, e em nada lembrava sua experiência em Poznań no pré-guerra.[96] Crianças rotuladas como judias passavam por muitas situações dolorosas. Enquanto Bauman se mostrou muito reservado na discussão desse tema, todos os seus amigos se lembram das experiências difíceis de suas filhas, e do sofrimento que isso lhe causou.

Para os que emigraram em 1968, o abuso racial sofrido pelos filhos foi muitas vezes a gota d'água que os fez deixar a Polônia. Muitos dos adultos, se não a maioria, eram sobreviventes do Holocausto, e embora a transmissão do trauma não fosse tão bem compreendida em 1968, os efeitos psicológicos eram significativos.[97] Quando os pais não viam como proteger sua prole, a emigração passava a ser a única opção, uma estratégia de sobrevivência que foi uma parte considerável da migração forçada.

Anna, como já foi dito, soube da decisão de seus pais de emigrar em 1º de janeiro, depois de voltar de uma festa de Ano-Novo com seus amigos em Kazimierz. Sua reação foi muito emotiva: "Ela caiu em lágrimas", escreveu Janina.

> Ela tinha dezoito anos e estava no primeiro ano da universidade. Não quis ouvir e ficou horas trancada em seu quarto. No início da noite, se acalmou um pouco

> e começou a falar. Disse que amava a Polônia e não conseguia se imaginar morando em outro lugar. Insistiu que isso também valia para nós: nunca seríamos felizes em outro lugar. Sabíamos que ela estava certa. Mas não havia outro jeito, e foi o que lhe dissemos.[98]

Os Bauman iniciaram seu processo de partida em 23 de abril. Os certificados necessários seguiam uma estrutura de pirâmide, e para obter um documento numa instituição, vários documentos de outros órgãos se revelavam indispensáveis. A família solicitou sua permissão final de viagem em 13 de maio, apresentando cinco documentos conseguidos à custa de longas esperas nas filas de órgãos públicos durante a maior parte das três semanas anteriores. Diferente da maioria dos emigrantes, que saíram de trem pela famosa estação de Gdański,[99] os Bauman decidiram usar o Ford Cortina de Zygmunt. Como cada indivíduo apátrida podia levar apenas cinco dólares, foi necessário solicitar uma permissão especial para levar uma quantidade maior de moeda estrangeira. Bauman precisou de um documento da Associação de Veículos Poloneses (Polski Związek Motorowy) confirmando que estava capacitado a dirigir em estradas internacionais. Também precisou declarar que tinha 1100 xelins austríacos e o seguro do carro. O próprio Estado estabelecia a taxa de câmbio, que nada tinha em comum com a taxa estabelecida internacionalmente — um exemplo clássico dos mecanismos de poder utilizados pelo Estado, tema de algumas obras posteriores de Bauman.

O passo seguinte era obter um visto. O Estado polonês só aceitava partidas para Israel, mas havia cortado relações diplomáticas com Tel Aviv no ano anterior, de forma que era a embaixada da Holanda que prestava o serviço consular para o país. O visto número 3645/ne68 foi emitido em 29 de abril sem taxas — uma agradável surpresa. Como oficial militar profissional, Bauman podia esperar problemas para conseguir a permissão de emigrar, mas em 8 de maio recebeu um certificado declarando que o Exército não precisava de seus serviços. Com o processo avançando rápido, ele, como os pais de outras famílias que logo se tornariam apátridas, solicitou a um artesão que produzisse baús especiais para acomodar seus pertences. Empacotar e despachar os bens de famílias expulsas era um negócio em alta na primavera de 1968. Havia regras contra a exportação de certos tipos de mobília, assim como um limite de peso e tamanho para o volume de pertences que podia ser levado. O especialista contratado por Bauman sabia exatamente como preparar tudo para a fiscalização da alfândega. Cada documento acompanhando as caixas requeria cinco cópias e precisava ser extremamente detalhado — incluindo o título de cada livro transportado. Os Bauman tinham muitos livros, embora não pudessem levar todos em função das limitações da bagagem. Tal como ocorria com muitos outros membros da intelligentsia que estavam saindo da Polônia, um cuidadoso processo de inspeção era exigido. Muitos amigos, alunos e parentes herdaram bens preciosos que não podiam ser levados para fora do país. Era um bom momento para ser comerciante, uma vez que muitos "bens de judeus" estavam subitamente disponíveis no mercado. Havia uma ressonância desse termo tanto na linguagem comum quanto na jurídica, em referência às propriedades deixadas por judeus assassinados ou emigrados durante a guerra. Mas em 1968 ninguém falava abertamente sobre a forma amarga que a expressão "bens de judeus" assumira a partir de então — de fato, ela não constituiu nenhum impedimento àqueles que se beneficiavam do comércio desses pertences.

Famílias que logo se tornariam apátridas empacotaram os vestígios materiais de suas vidas acumulados nos últimos 23 anos. Não era possível embarcar todos os bens, de modo que Janina chamou um amigo não judeu que salvara sua família as escondendo durante a ocupação nazista e o encarregou de distribuir o que não levariam para pessoas necessitadas. Discretamente, o amigo se livrou da mobília dos Bauman e de alguns livros; uns poucos objetos foram vendidos e algumas coisas novas foram compradas —assim procederam muitos dos *émigrés* de março de 1968.

O artesão contratado por Zygmunt tinha na verdade dois empregos: como dono de um negócio e informante da Bezpieką sob o codinome "Stolarski" ("stolar" em polonês significa "carpinteiro", de modo que não era difícil imaginar a identidade desse informante). Em excelente posição para compartilhar detalhes íntimos de muitas famílias que deixavam Varsóvia para sempre, Stolarski relatou, entre os muitos informes que fez à polícia secreta:

> Em 10 de maio, às dez horas da manhã, cheguei ao apartamento do professor Bauman na rua Nowotki, 21b, ap. 28, tel 31-65-07, atendendo a um pedido dele por telefone. O professor Bauman contou-me que tinha preparado documentos para sua mudança para Israel, e que antes de entregá-los [ao serviço de passaportes] queria conversar comigo sobre a confecção de baús para os seus pertences.

> Ele deseja levar alguns móveis e um monte de livros. Ele possui um carro e, se obtiver permissão para partir, pretende usá-lo para deixar o país com a família. Ele espera obtê-la, porque não está envolvido em nenhum segredo de Estado. Ele já fechou negócio comigo, pois teme que sua data de partida possa chegar logo. Disse-me que há falsas histórias circulando sobre ele, e que segundo uma delas teria chegado à universidade dizendo: "Góis, mãos ao alto!". E que numa aula frequentada por apenas três não judeus teria dito "a aula vai ser dada na língua judaica", acrescentando que ele nem mesmo fala essa língua.[100]

Esse relato merece uma desconstrução. Se "Stolarski" estava falando a verdade, talvez Bauman, suspeitando que o artífice fosse um agente da Bezpieką, tivesse contado essa história sabendo que ela seria repassada aos serviços de inteligência. Isso seria uma espécie de jogo com a onipresente Bezpieką. Ou talvez Bauman estivesse reagindo a uma fofoca verdadeira, algo que o irritara, já que nunca se comportara dessa maneira com os alunos. Um elemento da história, no entanto, sem dúvida era real: Bauman não tinha o domínio da "língua judaica" para dar uma aula em iídiche, que era usado esporadicamente em algumas famílias, em geral por pais quando não queriam que os filhos entendessem o que estavam falando.[101] Essa era a situação dos judeus poloneses naquela época; os que haviam sobrevivido ao Holocausto e seus filhos nascidos no pós-guerra costumavam desconhecer até mesmo os rudimentos da "língua judaica". Ela era, na melhor das hipóteses, uma espécie de argot, ou dialeto do passado.[102]

Essa circunstância linguística criou situações irônicas, como um episódio relembrado por outro emigrante de 1968, o matemático e poeta polonês-americano Włodzimierz Holsztyński:

> Contei a Borsuk [o eminente matemático Karol Borsuk] sobre minha decisão de emigrar [...]. Ele imediatamente reagiu: "Como é possível? Você é polonês!". Retruquei, embora sem convicção: "Sou judeu". "Mas você fala polonês?", perguntou Borsuk. "Sim", respondi. Borsuk então perguntou: "Você fala iídiche ou hebraico?". Eu disse: "Não".

Não falando iídiche nem hebraico, os Bauman eram como a maioria dos poloneses "que logo se tornariam apátridas". Esse era o cerne do drama de todo esse grupo perseguido: eles eram pressionados pelo Estado — por seu próprio Estado — a solicitar a revogação de sua cidadania, e com isso a Polônia — sua terra natal, seu lar linguístico e cultural — deixava de ser seu espaço de identidade, seu universo de referências culturais, sua zona de segurança. Eles se tornariam pessoas sem teto no sentido amplo e profundo da identidade, privados do direito a qualquer cidadania... apátridas.

O procedimento para se tornar apátrida era fácil, rápido e caro:[103] uma mina de ouro para um Estado polonês em dificuldades financeiras. Cidadãos poloneses precisavam encaminhar uma petição ao Conselho de Estado para mudar sua cidadania. Sob a lei internacional, sua situação era ilegal. As pessoas só costumam renunciar à sua cidadania quando estão se candidatando a outra (quando se casam com um estrangeiro ou pretendem emigrar, por exemplo) e as leis de um dos Estados ou de ambos proíbem a dupla cidadania. No caso do pogrom de Estado de 1968, a Polônia forçou seus cidadãos a se tornarem apátridas. Não havia nenhuma garantia de que eles se tornariam israelenses; na verdade, nem todos chegaram a ir para Israel. A chantagem do Estado consistia no seguinte: se você quer sair, nós revogamos sua cidadania. E agora vá!

Bauman apresentou sua solicitação em 13 de maio, num documento de uma página com duas frases: "Peço permissão para mudar minha cidadania e a de minhas filhas. A solicitação a seguir é motivada pela nossa partida definitiva para Israel".[104] Ele acrescentou seu nome e seu endereço em Varsóvia, a palavra "Israel" e sua assinatura. Essa suposta "formalidade" tinha sérias consequências, pois, ao fazer a solicitação, Bauman teve seu nome registrado na lista de pessoas "indesejadas" na Polônia. Para ele, tão ligado à sua identidade polonesa e em luta permanente para ser visto como polonês, esse documento era uma prova de fracasso. Assim como viver em Jeżyce, o bairro da classe média de Poznań, não o livrara do banco do gueto antes da guerra, ser um sociólogo e docente universitário polonês não foi capaz de evitar seu destino de judeu polonês em 1968.

Como a maioria dos judeus poloneses, em 1968 ele não tinha nenhuma chance.[105] Com esse documento, sua luta para ser um polonês entre outros poloneses estava perdida. Bauman precisava agir em prol das filhas mais novas; a decisão de se tornar apátrida era melhor para elas, pois assim poderiam escapar de uma nova onda de discriminação e não teriam de percorrer o mesmo caminho que ele havia trilhado.

O final do jogo da emigração dependia de outros tratamentos abusivos e ofensivos por parte do Estado. As famílias eram envolvidas numa série de requisições, carimbos, pagamentos e procedimentos administrativos. Cada vestígio de sua atividade precisava ser apagado para sempre. O Estado exigia certificados de seus locais de trabalho, das bibliotecas de que haviam retirado livros e de qualquer instituição que tivesse lhes emprestado dinheiro. Zygmunt e Janina precisaram obter declarações no setor de impostos certificando que não tinham dívidas.

Para piorar as coisas, as famílias precisavam pagar antecipado suas contas de serviço e telefone, assim como os aluguéis — geralmente por seis meses, muito mais tempo do que a maioria das famílias judaicas ainda permaneceriam na Polônia. E também precisavam pagar para cancelar esses serviços e preencher documentos no departamento de habitação. Como a maioria dos poloneses, os Bauman não eram proprietários do apartamento onde viviam. Ele pertencia a uma cooperativa que fazia a gestão dos aluguéis e de outros contratos administrativos. Para conseguir o documento que certificava a entrega do apartamento, eles precisavam adiantar vários meses de aluguel e de serviços à cooperativa. Os administradores, nesse meio-tempo, assinaram um contrato com os futuros inquilinos, que com frequência visitavam o apartamento dos Bauman para dar uma olhada, tirar medidas e planejar a decoração. Era outro ato de violência simbólica contra a intimidade da família — embora, de certa forma, compreensível. Dada a penúria das habitações da capital, o aconchegante lar dos Bauman, com quatro quartos, localizado na área central de Varsóvia, era um prêmio atraente. O Estado podia tomar qualquer coisa que tivesse "dado".

Houve apenas uma área em que os Bauman conseguiram não ser roubados pelo Estado que os estava expulsando: o pagamento das escolas das filhas. Nessa época, muitas famílias judaicas foram forçadas a pagar enormes somas para "retribuir" a educação que seus filhos haviam recebido em instituições de ensino superior — quantias que poucas famílias podiam custear,[106] e que os Bauman também não conseguiriam cobrir. Felizmente, Anna era muito jovem e não havia se formado em física pela universidade.

Como já foi dito, aqueles que estavam deixando a Polônia só podiam levar consigo cinco dólares, e as autoridades exigiam todos os documentos relativos a seus extratos bancários. Os que tinham dinheiro trataram de gastá-lo, embora não fosse fácil encontrar artigos de valor nas lojas de Varsóvia em 1968. Além disso, todos os objetos relacionados para a alfândega nos documentos de saída precisavam ter provas de uso — nada de coisas novas! E era ilegal usar fundos do exterior para pagar pela vasta documentação administrativa exigida para a partida. A ideia era que os judeus tinham de sair do país desprovidos de recursos econômicos.[107] Há muitos relatos de pessoas que compraram tapetes de lã e os sujaram deliberadamente. Outros compraram eletrodomésticos sem saber que as tomadas no exterior eram diferentes das usadas na Polônia. Outro objeto atraente era o samovar — parecia um produto fácil de vender, de modo que quase todas as famílias judaicas que estavam indo embora compraram um.

O maior obstáculo era o serviço de passaportes. Zygmunt e Janina haviam preenchido o documento costumeiro de viagem todas as vezes que saíram do país, mas agora precisavam de um "documento só de ida" — outro que não se ajustava aos padrões jurídicos internacionais. Em 17 de maio, os Bauman levaram uma pasta repleta de documentos para começar a obter os selos, franquias e permissões exigidos pelo serviço de passaportes. Um relatório final desse órgão ilustra o modo como a situação da família foi apresentada em linguagem administrativa:

> Requerimento — 17 de maio de 1968 — Cidadão Bauman Zygmunt, 43 anos, Lydia, 13, Irena, 13, Anna, 19, Janina, 42; solicitando documentos para uma viagem a Israel, finalidade: residência permanente.
> Justificativa: nacionalidade judaica, doutor. — Atualmente, não trabalha. Até pouco tempo, trabalhava na Universidade de Varsóvia como catedrático de sociologia geral. Sua esposa, mestre em filosofia — não trabalha. Até pouco tempo, trabalhava no Ministério da Cultura e das Artes [...] como assessora. A filha era aluna do primeiro ano da Faculdade de Física da Universidade de Varsóvia — em 7 de maio abandonou os estudos. Não têm família na Polônia. A mãe e a irmã dele estão em Israel desde 1957. Uma promessa de visto e taxas de viagem [encontram-se] no arquivo anexo. Eles vão viajar para a Áustria em seu próprio carro. Ele esteve fora do país em anos anteriores, a negócios e a passeio.

Uma nota posterior, emitida em 1º de junho, relata que o vice-ministro Świtała dera permissão para a partida dos Bauman. Uma observação escrita à mão com lápis vermelho diz: "Muito urgente!". A taxa cobrada pelo passaporte foi de 5 mil zlotych.[108]

Deve ter sido chocante ver a anotação de "nacionalidade judaica" nesses formulários, já que essa categoria de nacionalidade (*narodowość*) como algo distinto de cidadania (*obywatelstwo*) havia desaparecido dos documentos oficiais poloneses vinte anos antes. Isso era um retorno à cultura administrativa da época da guerra, quando minorias (bielorrussos, ucranianos, judeus etc.) eram discriminadas nesses documentos. Nenhum dos cinco membros da família de Bauman tinha cidadania "judaica" porque isso não existia.[109] Eles tampouco tinham nacionalidade israelense: eram poloneses — agora, poloneses apátridas. Os documentos finais pareciam corroborar a imagem de Zygmunt e Janina divulgada pela propaganda; eram "desempregados" ou "não trabalhavam" — como se fosse por vontade própria. Anna "abandonara" a universidade, como se fosse desleixada. A visão de que "não tinham família na Polônia, apenas parentes próximos em Israel" sustentava o disfarce de que estavam saindo do país para se juntar a suas famílias, não porque estavam sendo expulsos. Mesmo nesse conciso documento administrativo a propagada teve seu impacto. Surpreendentemente, considerando-se as resmas de documentos compiladas pelos serviços secretos ao longo dos anos, a descrição da situação da família continha um erro importante: a mãe e a irmã que estavam em Israel eram as de Janina, não de Zygmunt. A nota de rodapé referente ao endosso de Świtała[110] mostra que o caso tinha chegado aos escalões mais elevados, pois Świtała era o segundo homem do Ministério do Interior, abaixo do ministro Mieczysław Moczar, o líder do antissemitismo oficial polonês. É possível que, em última instância, o próprio Moczar tenha assinado o documento que permitiu a partida da família Bauman.[111]

Essa assinatura final não seria conseguida com facilidade. Tendo em vista o discurso de ódio da propaganda, que descrevia Zygmunt como um notório inimigo público, os Bauman temeram ser mantidos na Polônia ou que se permitisse a Janina emigrar com as filhas, enquanto Zygmunt seria forçado a permanecer no país ou até mesmo preso. Nem todos que queriam emigrar obtinham a autorização. Como observou Agata Fijuth-Dudek, as autoridades relutavam em permitir a emigração de qualquer um que tivesse amplo conhecimento do funcionamento do Estado.[112] Fica claro que a Bezpieką não achava que Bauman se enquadrava nessa categoria.

A permissão para sair do país chegou às mãos dos Bauman no dia 7 de junho. Deram-lhes 33 dias para enviar seus pertences a seu destino. Graças a "Stolarski", eles já estavam empacotados (cerca de 2 mil livros ocupavam a maior parte do espaço), mas precisavam passar pelo controle alfandegário na estação de Gdański, e Bauman permaneceu duas semanas lá vendo os funcionários examinarem cada item de seus caixotes — cada livro, pasta e fotografia pessoal — à procura de manuscritos e anotações supostamente anti-Estado. No dia 21 de junho, uma sexta-feira, Zygmunt enviou todos os seus pertences para um endereço da família em Israel. Dado o ritmo em que correu todo o processo, podemos presumir que as autoridades desejassem que ele saísse da Polônia quanto antes. "Aconteceu muito depressa", disse ele mais tarde. "Fiquei impressionado com o fato de nossos documentos terem sido preparados com rapidez e estarem esperando por nós."[113]

Durante essas semanas e meses finais, a Bezpieką acompanhou de perto cada membro da família. Os Bauman tentaram entrar numa espécie de jogo em que o objetivo era despistar os agentes por algum tempo e evitar serem seguidos. Mas não era algo muito agradável. Com o distanciamento típico que costumava assumir ao contar histórias pessoais, Bauman lembrou:

> Eu era espionado o tempo todo, e isso também era muito triste porque [...] não sei quanto o contribuinte polonês pagava em impostos por uma espionagem absolutamente inútil — inútil porque as pessoas sabiam que eu não tinha uma organização clandestina. Elas sabiam disso. Esse rastreamento era apenas uma provocação, uma intimidação para me fazer ir embora.

Os Bauman não eram uma exceção — a maioria dos membros do corpo docente dos departamentos extintos tinha seu "anjo da guarda" pessoal. Por vezes, isso levava a situações absurdas, como Bauman relembrou em 2013:

> Estávamos num encontro de despedida de amigos, dezenas dos quais muito próximos, e da janela podíamos ver a praça em frente à nossa casa na rua Nowotki — e todos os bancos estavam ocupados por agentes da Bezpieką. Cada convidado tinha trazido seu agente.

Uma dupla festa de despedida, de certa forma — um grupo no apartamento dos Bauman; o outro, em silêncio, na praça em frente. Isso foi em 21 de junho, sexta-feira.

"Naquela noite mais pessoas do que nunca vieram nos visitar. Mesmo o apartamento vazio não dava conta de abrigar a multidão", relembrou Janina em seu livro:

> Num calor maravilhoso, nossas visitas se sentaram no chão entre vasos de flores, encostadas nas paredes nuas marcadas por pálidos quadrados e retângulos onde antes havia quadros. Mesmo sabendo que estavam sendo ouvidas, que cada palavra era gravada, elas conversaram durante horas sobre o seu próprio e incerto futuro.

Eles comeram cerejas e beberam vodca. Entre esses amigos mais próximos estavam alguns que logo seguiriam o rumo dos Bauman e outros que nunca viriam a emigrar. Havia quem tivesse ido até lá para abraçar os Bauman abertamente, numa expressão de apoio às vítimas e de discordância em relação à política do Estado e àqueles que a seguiam cegamente. A propaganda classificava essas pessoas — se não fossem judias — como estando na "zona de judaização".[114]

Bauman recebeu muitas visitas de pessoas desse tipo. Uma delas foi a professora Ossowska, que não era uma colega próxima no departamento, mas desejava demonstrar sua solidariedade e ferrenha oposição à discriminação antissemita. Houve outras demonstrações de lealdade inesperadas, como um telefonema de um colega dos tempos de guerra. Mas também houve insultos, inclusive calúnias raciais que puseram fim na mesma hora a longas amizades. Se os insultos de pessoas anônimas ou desconhecidas doíam, o impacto era ainda maior quando vinham de velhos amigos. Alguns colegas, e até amigos, evitavam os Bauman. O último mês da família no país foi uma montanha-russa de emoções. O adeus à vida na Polônia avançava em meio aos exaustivos preparativos para a partida. O perfume de um novo tempo estava no ar...

Pela última vez, os Bauman fizeram um jogo de gato e rato com a Bezpieką, dizendo a todos que iriam embora na segunda-feira de manhã, mas saindo cedo no domingo, logo após a saída do último visitante. As malas haviam sido colocadas no carro no dia anterior, e a manobra parece ter enganado seus "anjos da guarda", que perderam sua inesperada partida. No primeiro dia eles percorreram cerca de quatrocentos quilômetros em direção ao sudoeste, cansados mas concentrados em sua nova e desconhecida aventura. As gêmeas estavam animadas com a viagem, mas Anna queria ficar, à espera de seu amigo Leon. Ela chorou por sua "vida interrompida"[115] e pelo futuro namorado que temia não ver outra vez. Bauman a convenceu a acompanhar a família. "Eu sabia que [Leon] logo seria liberado", relembraria mais tarde. "Não tinham nada contra ele. E eu sabia que, quando conseguisse sair, não teria escolha a não ser nos seguir."[116] Era de vital importância para Zygmunt e Janina que a família se mantivesse unida. Eles haviam aprendido essa lição na Segunda Guerra Mundial.

Em 23 de junho, um domingo, por volta das onze da manhã, eles chegaram à fronteira, num posto que lhes fora determinado pelos serviços de segurança:

> SECRETO — Ao diretor de Controle de Tráfego na Fronteira — Favor fazer uma detalhada verificação pessoal, bagagem e carro, do cidadão Bauman Zygmunt [dados pessoais], que recebeu um documento de viagem para uma visita permanente a Israel válido até 30 de junho de 1968. Bauman vai em definitivo para Israel com a família, [lista de pessoas], a supramencionada família vai embora de carro pela GPK-Cieszyn. [Assinado:] Subcomandante da MO do Serviço de para a capital.[117]

Os Bauman passariam horas na fronteira enquanto o carro e a bagagem eram meticulosamente revistados. Eles também foram obrigados a se submeter a uma revista corporal, até mesmo as crianças, recebendo enfim a permissão de partida. Talvez a Bezpieką estivesse à procura de ouro ou moedas ocidentais, ou apenas deixando uma lembrança dramática de seu país natal. Anna e Lydia, contudo, não se lembraram de nada traumático nesse controle. Na verdade, não se lembraram de coisa alguma dessa etapa. Teria o agente encarregado ignorado a ordem? As autoridades em Varsóvia receberam por telegrama um relatório final do posto de fronteira em Cieszyn:

> Em cumprimento ao telegrama n. 2069 de 6 de junho de 1968 [acrescentado à mão: 23 de junho de 1968 às onze horas], informo que foi realizado um detalhado

controle pessoal dos indivíduos relacionados em seu telegrama, assim como de sua bagagem e seu veículo de transporte [...] as pessoas revistadas não estavam escondendo nada — o resultado da revista foi negativo. [Assinatura — comandante do posto de inspeção.]

Como Zygmunt Bauman deve ter se sentido nesse momento? Teria se lembrado de novembro de 1939, da turbulenta fuga com seus pais? Das negociações com o agente de fronteira soviético? Tobie Nathan, psiquiatra e especialista em trauma de refugiados, afirma que estes são piores quando originados na infância.[118] Mas o sofrimento que um refugiado vivenciou no início da vida pode ser curado com o tempo, em circunstâncias positivas. Era pior quando a vítima era expulsa uma segunda vez. O trauma antigo era revivido para atormentá-la junto com o novo. Da primeira vez, Bauman era uma criança. Agora, era o chefe de uma família que estava sendo expulsa. Não havia bombas caindo, não havia cadáveres, mas os motivos da fuga eram os mesmos. Eles estavam sendo punidos por sua judaicidade. Estavam partindo para sempre.[119]

Agora não pertenciam a lugar algum.[120]

12. Terra Santa
(*1968-71*)

Em meus sonhos eu nunca o conheci, mas agora compreendo
O único lugar neste planeta que sempre foi meu.
Posso agora responder: onde fica minha terra natal?
Eu não tinha nenhuma até este momento, agora tenho a Palestina.

JANINA BAUMAN[1]

"A grande viagem da família"

Filha de treze anos de Zygmunt e Janina, Lydia Bauman escolheu esse título para o caderno de dezoito páginas que manteve consigo, descrevendo a viagem de três semanas da família de Varsóvia a Haifa.[2] Ela o escreveu em polonês com a perspicácia de uma "observadora nata". Com seu olhar sociológico não instruído, ela descreve os elementos cruciais de cada dia, fornecendo a "descrição densa" tão valorizada pelos etnógrafos.[3] A elaboração do diário de Lydia foi inspirada pela mãe, que desde a infância mantinha um diário em que escrevia quase todos os dias, e que mais tarde se tornaria a base de seus livros.[4] Janina sabia como era importante escrever, especialmente em períodos difíceis da vida. Escrever permitia a uma pessoa refletir sobre seus sentimentos, organizar de alguma maneira suas emoções e registrar o que era importante em determinado período.

Esse momento em particular assinalava o fim da vida dos Bauman num país sem esperança de retorno ao lar — um desarraigamento da família. Lydia fez anotações em todos os dias da viagem, a partir de 23 de junho, domingo, às duas e quinze da manhã, quando eles saíram furtivamente de seu apartamento em Varsóvia, fugindo dos onipresentes espiões. Enquanto a parte polonesa da jornada está impregnada de tristeza[5] e alguma apreensão (perto da fronteira com a Tchecoslováquia eles encontraram uma coluna militar soviética que se dirigia à Polônia), depois de deixarem a terra natal que subitamente os havia rejeitado, o ambiente se torna mais entusiástico. Lydia escreveu em seu diário: "A partir daí, foi tudo muito agradável. Viajamos por estradas bonitas e vazias e admiramos a Tchecoslováquia, parando algumas vezes em cidadezinhas". Zygmunt chegou a dizer: "É muito bom ser apátrida — finalmente podemos viajar juntos!". Esse era o típico humor de Bauman, parte de sua estratégia de vida: transformar situações graves ou tristes em observações surpreendentes. Depois do "desagradável"[6] cruzamento da fronteira, eles começaram a parte empolgante da "grande viagem da família".

Zygmunt era o único que sabia dirigir. No final do primeiro e longo dia dirigindo, eles pararam no Grand Hotel em Brno. Bauman se sentia à vontade na Tchecoslováquia, país em que tinha dado palestras, em que seus livros eram traduzidos e no qual ele era, de modo geral, profundamente respeitado, tendo ajudado a apresentar a sociologia ocidental a acadêmicos que careciam da tradição histórica de seus colegas da Polônia. Além disso, quando ele foi demitido da Universidade de Varsóvia, em março, a Universidade Carolina de Praga imediatamente lhe ofereceu uma cátedra.[7] Os Bauman se sentiram melhor na Tchecoslováquia. Embora ainda não tivessem chegado ao "Ocidente Livre", o clima de liberdade predominava por toda parte nesses dias tranquilos da Primavera de Praga. No dia seguinte, uma segunda-feira, a família gastou o restante de suas coroas comprando calças para as filhas adolescentes — uma forma agradável de esquecer suas circunstâncias. Embora a fronteira com a Áustria sinalizasse a Cortina de Ferro, a travessia foi breve e agradável. Segundo o diário de Lydia, foram apenas cinco minutos para passar pela alfândega e mais uma hora para chegar a Viena, onde foram diretamente para a agência de imigração judaica, a Sochnut.[8] Essa era uma etapa muito importante do processo de imigração; nesse ponto, a família tinha de decidir para onde iria.

Embora seus documentos de viagem dissessem que eles estavam indo para Israel, a maioria dos judeus que deixaram a Polônia em 1968 não se estabeleceu no Estado judaico;[9] os Bauman estavam entre os que o fizeram, inicialmente. Na versão polonesa de seu livro, Janina Bauman explicou essa escolha:

> Havia tantas outras possibilidades [...]. Podíamos ter escolhido a Inglaterra, a Austrália, o Canadá ou permanecido em Viena — convites e ofertas de emprego chegavam de toda parte. Mas nós escolhemos Israel. Não por amor ao país. Zygmunt nunca defendera as ideias sionistas, e meu anseio juvenil havia murchado fazia muito tempo. Foi provavelmente um senso de dever que fez a diferença. O Estado judaico nos possibilitou viajar e pagar a viagem, de modo que era necessário ir para lá, pelo menos por algum tempo. Nós iríamos trabalhar e pagar a dívida. E, acima de tudo, lá — e apenas lá — eu tinha um pequeno lar: minha mãe e minha irmã, a irmã de Zygmunt num kibutz e milhares de pessoas que falavam polonês.[10]

Israel, então, era o único lar possível para os Bauman. Seu senso de dever de retribuir o Estado de Israel pelo que investira neles relembra as ações de Maurycy Bauman, que, em setembro de 1939, tentou desesperadamente pagar pelos bilhetes que possibilitaram a fuga de sua família de Poznań.

Do escritório da Sochnut em Viena, os Bauman viajaram por 35 quilômetros até o castelo de Schönau, onde havia um acampamento de trânsito[11] no meio de um belo e antigo parque, uma espécie de hotel de férias em que judeus esperando para fazer a Aliá aguardavam por seus documentos e pelo próximo voo fretado para Israel. Os Bauman passaram lá duas semanas. Segundo o relato de Lydia, a agenda deles era apertada.

Os problemas na Polônia e a expulsão de Bauman da Universidade de Varsóvia foram amplamente noticiados no exterior,[12] e sua decisão de emigrar não surpreendeu os colegas com que ele e a esposa se encontraram em suas viagens. Em seu primeiro dia em Viena, Bauman conheceu o professor Ernst Florian Winter, um diplomata e cientista político que o convidou a dar palestras e promover debates com estudantes e docentes — uma atuação muito breve como professor visitante. Depois de um encontro com alunos em 25 de junho, terça-feira, Bauman deu uma palestra na sexta. Lydia relatou que o pai ficou feliz que sua primeira palestra tivesse corrido bem. Para Bauman e outros acadêmicos no exílio, os convites de universidades estrangeiras proporcionavam um senso de solidariedade acadêmica num tempo difícil pela condição de apátridas e pelas dificuldades econômicas.[13] Tendo participado de conferências e publicações e atuado como professor visitante no exterior, Bauman tinha a vantagem de ser um dos mais conhecidos cientistas sociais poloneses no mundo acadêmico ocidental. A oferta de apresentar suas palestras em Viena era compatível com as práticas universitárias quando um colega acadêmico bem reputado passava pela cidade.

Os serviços secretos poloneses evidentemente estavam de olho na família. Um relatório do arquivo afirma: "Bauman está em Viena, onde deu algumas palestras e fez uma declaração cujo ponto principal foi: eu me sentia polonês, eu me sinto polonês e sempre vou me sentir polonês. Creio que voltarei, quando as condições políticas na Polônia mudarem".[14] A declaração de Bauman parece premonitória, mas em 1968 era pura fantasia.

Apesar de sua situação complexa, a família passou algum tempo fazendo passeios turísticos pela cidade e desfrutando do Prater, o mais antigo parque temático europeu. Como uma família comum de classe média em férias, eles comiam salsicha e tomavam sorvete, e brincavam — como Lydia zelosamente registrou — na Casa da Diversão, no Mundo das Fadas, no Disco Voador e no Barril de Risadas. Os pais iam ao cinema e as garotas gastavam seus últimos xelins com as panquecas do Prater. Pela primeira vez na vida, a família passava férias junta no "mundo livre".

Das páginas do diário de Lydia, pode-se quase sentir que foi um momento relaxante, mas Bauman não era um turista nem um emigrante anônimo. Assim que chegaram, ele foi contactado pela mídia ocidental. Como observou Lydia em seu diário no dia 26 de junho, quarta-feira, "meus pais foram para Viena com o editor da [rádio] Europa Livre. Não sabemos por quê, pois eles não são muito de contar exatamente o que estão fazendo".[15] Mas seu próprio conhecimento do encontro era incomum — esse tipo de informação era mantido em segredo no bloco soviético. Na Polônia, a Rádio Europa Livre era sinônimo de CIA: uma instituição subversiva, de "propaganda ocidental". Ao aceitarem o convite para uma entrevista, os Bauman haviam se colocado, definitiva e oficialmente, no campo da oposição. A participação de Bauman na transmissão foi um prolongamento de sua luta por mais liberdade na Polônia. Muitos dos que deixaram o país fizeram o mesmo — de maneira oficial, quando tinham decidido emigrar; tentando ocultar sua identidade, se pretendiam voltar. Diante dos microfones da rádio, do outro lado da Cortina de Ferro, Bauman apresentou sua análise da "revolta" de março e outros eventos políticos.[16]

Em Viena, sua vida se dividiu em duas: a Polônia e a "nova vida" — uma dupla presença.[17] Se tivesse recusado a entrevista à Rádio Europa Livre, Bauman estaria cortando seus vínculos com o passado polonês, decisão tomada por muitos emigrados de março de 1968.[18] Mas ele conduziu sua vida pós-1968 por dois caminhos paralelos: ao mesmo tempo que se tornava atuante em novos lugares, manteve fortes laços com a Polônia.

Os Bauman começaram a preparar seu futuro em Israel enquanto estavam em Viena. Passaram parte do tempo no castelo de Schönau aprendendo hebraico e assistindo a filmes sobre Israel; Bauman tinha começado o estudo intensivo de hebraico quando a família ainda estava em Varsóvia, no início de 1968, relembra Anna Sfard: "Ele tinha um bloquinho de anotações com palavras em hebraico e o levava a toda parte. Estava sempre aprendendo novas palavras. Até enquanto esperava nos sinais fechados quando conduzia, ele aproveitava todo o tempo que tinha".[19] A família também participava de atividades culturais oferecidas pela organização anfitriã. Anna se lembrou da música judaica que ouvia no prédio, incluindo uma canção muito popular de Noemi Shemer cantada por Shuli Nathan, "Yerushalayim shel Zahav" [Jerusalém do Ouro].[20] Essa melodia romântica e nostálgica preparava emocionalmente os novos cidadãos israelenses para o encontro com a nova terra natal. O jantar do Shabat nas noites de sexta-feira era o ponto alto da semana, preparando os emigrantes poloneses para uma vida em que rituais tradicionais desempenhavam um papel importante. Lydia descreveu com bom humor a refeição como "peixe, chalá, pão sem manteiga, sopa feita do cadáver de um galo — mergulhados num caldo com almôndegas (*kluski*), carne cozida e arroz com molho de tomate; vinho doce e compota". O distanciamento da família em relação ao lado religioso do jantar do Shabat se expressa na descrição sarcástica que Lydia faz da sopa ("cadáver de um galo"), assim como em sua observação sobre a parte "artística" do evento: "Os jovens entoavam canções de acampamento de verão e o rabino ficava feliz, pensando que eram hinos religiosos". As filhas de Bauman tinham frequentado acampamentos de jovens organizados por associações judaicas na Polônia (Anna, um acampamento dirigido pela TSKŻ; as gêmeas em Śródborów, num acampamento com atividades culturais judaicas). Além disso, Anna tinha visitado sua família em Israel no final da década de 1950, mas seus encontros com as tradições dos judeus eram inteiramente seculares, o que pode ser visto no texto escrito por Lydia. Eles constituíam uma família da intelligentsia polonesa de esquerda cuja ligação com a cultura judaica era de uma natureza claramente laica.

No primeiro domingo da estada da família em Schönau, o embaixador israelense chegou e conversou com os Bauman, e o que quer que tenha dito os deixou com uma disposição mais positiva. Além disso, durante sua estada nos arredores de Viena, Anna recebeu a boa notícia de que Leon Sfard tinha saído da cadeia. Permaneceu a incerteza, contudo, sobre se ele e seus pais conseguiriam sair da Polônia.

Enquanto esperavam por seus documentos, os Bauman criaram uma rotina diária. Eram fregueses fiéis de um café-bar próximo, administrado por uma mulher mais velha que as meninas chamavam de *babcia* (vovó), que preparava bebidas e petiscos para elas. O elemento mais interessante dessas visitas diárias ao bar da Babcia, contudo, não era a comida, mas o jukebox. Graças à pormenorizada descrição de Lydia, ficamos sabendo que Zygmunt e Janina ouviam a música de *Doutor Jivago*, o filme de David Lean, um sucesso de 1965.[21] Estavam aproveitando sua estada em Schönau — quase umas verdadeiras férias. Na Polônia, no final da década de 1950 e ao longo dos anos 1960, os Bauman trabalhavam duro, eram pessoas profissionalmente ativas e socialmente ocupadas. Chegavam em casa tarde e com frequência recebiam amigos. Zygmunt em especial ia muitas vezes ao exterior a trabalho (em 1966, passou menos que metade do ano na Polônia). Eles não eram típicos pais poloneses que dedicavam tempo aos filhos. Assim, o verão de 1968 foi uma situação excepcional. Sua vida agitada de repente chegara ao fim, e agora eles tinham todo o tempo para passar uns com os outros. Isso nunca tinha acontecido.

Depois de duas semanas na Áustria, os documentos ficaram prontos e a família levou seus pertences para o carro e seguiu para a Itália. Eles permaneceram numa pequena aldeia da costa adriática por quatro dias, aproveitando o lugar e relaxando na praia. Depois de uma breve passagem por Veneza (à qual, dois anos antes, Janina e Zygmunt haviam feito uma visita romântica), eles pegaram um navio para Israel.

Durante a viagem de dois dias, que incluiu uma breve parada no porto grego de Pireus, Zygmunt, Janina e Anna estudaram muito hebraico, enquanto as gêmeas nadavam na piscina do navio e participavam de jogos. Eles chegaram a Haifa na manhã de 15 de julho. Anna recorda-se desse momento tocante, com o belo panorama de Haifa — a terra prometida — embalado pela canção de Shuli Nathan, que o capitão do navio tocou na chegada: "*Yerushalayim shel Zahav Veshel nechoshet veshel or, Halo lechol shirayich ani kinor*".[22]

Lágrimas rolaram dos olhos de muitos imigrantes.

Aliá forçada: "Estrangeiros entre estrangeiros"[23]

Aliá, ou *Aliyah*, significa "ascender" em hebraico. Isso é o que fazem os judeus da diáspora quando resolvem viver no país no qual não serão mais membros de uma minoria. O grupo de judeus poloneses passou a ser chamado de "emigrados de março" após os eventos daquele mês de 1968 que motivaram sua partida. Os Bauman estavam entre os primeiros do grupo e entre seus membros mais conhecidos. Emigrantes poloneses anteriores no período do pós-guerra tinham chegado em grandes levas, ou individualmente, por vontade própria.[24] A Aliá seria um "retorno", não uma fuga. Mas a imigração de 1968 foi uma fuga,[25] e assim seus membros, em algum momento da chegada, perceberam que até mesmo em Israel pertenciam a uma categoria distinta — "estrangeiros entre estrangeiros", como Elżbieta Kossewska os descreveu.[26] "Os que vieram para Israel [...] com toda a ambivalência dos sentimentos de identidade, a falta de uma identificação inequívoca antes da transformação de poloneses em judeus nascidos na Polônia, permaneceram num vácuo, totalmente suspensos", escreveu Kossewska:

> O problema da identidade, da afiliação nacional, depois de afastada a identidade polonesa, tornou-se o problema fundamental dos emigrantes de março; essa questão determinou, em primeiro lugar, todo o processo de sua preparação e depois de suas decisões sobre permanecer no Estado judaico ou deixá-lo.[27]

O processo de adaptação — ou melhor, de "absorção", conforme o termo usado em Israel — foi mais difícil para aqueles que fizeram a Aliá em 1968 por conta de dois estereótipos relacionados a sua origem geográfica. Os pioneiros da Aliá e seus filhos não viam mais os judeus asquenazes de modo positivo. Antes da criação de Israel (1947), eles tinham sido heróis construindo o novo país, mas a Segunda Guerra Mundial fez deles "a população que veio do território da Shoá". Włodzimierz Goldkorn[28] escreveu sobre o choque que vivenciou ao chegar em 1968:

> "Cordeiros para o abate" — era assim que os israelenses muitas vezes descreviam minhas avós, meus tios, minhas tias e meus primos. Alguns eram até mais diretos: "sabão" era como alguns dos sabras[29] — as pessoas nascidas em Israel — descreviam aqueles de nós que vinham de áreas onde haviam funcionado campos de extermínio; foi a primeira coisa que aprendi quando cheguei a Tel Aviv.[30]

Os emigrantes de março de 1968 iriam encontrar muitos israelenses com uma visão estereotipada deles como sujeitos passivos, judeus da diáspora falantes do iídiche,[31] espectadores e vítimas da modernidade, um perfeito contraste com o Novo Cidadão Israelense, que falava hebraico, era corajoso e trabalhava duro em seu kibutz para transformar o deserto num jardim rico em nutrientes. As realizações dos sabras haviam contribuído para a prosperidade de Israel e para a fabulosa vitória sobre os árabes na Guerra dos Seis Dias, em 1967. Os judeus da diáspora, especialmente os que "vieram quando já estava tudo pronto", eram com frequência vistos como cidadãos de segunda categoria. "Por que só agora?", perguntavam aos recém-chegados.

Os imigrantes de 1968, como os Bauman, esperavam finalmente fazer parte de uma maioria. Mas não foram acolhidos dessa forma. Mesmo emigrados poloneses mais antigos não lhes deram as boas-vindas. Um deles se lembra de lhe terem perguntado: "De onde exatamente você está vindo? Não sobraram judeus na Polônia depois que saímos!".[32] Havia também outras fontes de alienação. Goldkorn se recorda de ficar chocado com a pobreza dos territórios anexados, que ele visitou no primeiro mês após sua chegada como parte do programa de integração. Ele teve de concordar com a tia, que logo após sua chegada o avisou: "Esqueça a Europa, isto aqui é a Ásia".[33]

Os Bauman: *Olim Hadaszim*

"Esqueça a Europa" era um conselho bom, mas difícil de seguir, apesar do tratamento excepcionalmente bom que eles receberam — coisa rara entre a maioria dos que emigram para novas terras. Todos eram chamados de *olim*

— em hebraico, uma pessoa "em ascensão" —, e o Estado israelense oferecia a todo novo olim (*olim hadaszim*) não somente a cidadania, mas moradia, assistência médica, educação gratuita, inclusive universitária, empréstimos e boas hipotecas — tudo que era materialmente necessário para começar uma vida nova. Tal como a maioria dos outros emigrados de março, os Bauman foram tão bem instalados quanto possível para se adaptar da melhor forma à sociedade israelense.

Logo após sua chegada, foi-lhes oferecido um apartamento perto do aeroporto de Tel Aviv, que eles recusaram por ficar muito longe do campus. Então eles partiram para o kibutz Givat Brenner, onde morava Tova, a irmã de Bauman. As noites eram passadas em discussões com Tova, e os dias com a mãe de Janina e a irmã Zofia e sua família em Tel Aviv. Depois da primeira noite, os Bauman resolveram deixar as filhas mais novas com a tia Tova no kibutz. Parecia uma boa maneira de estimular sua imersão na sociedade israelense, e funcionou. No ambiente seguro e receptivo do kibutz, Tova parou de falar polonês com as meninas em menos de duas semanas, e depois de três meses as gêmeas estavam falando bem o hebraico, com o auxílio das aulas intensivas ministradas por um professor russo que não falava polonês. Ela matriculou Lydia e Irena numa espécie de curso duplo de línguas, em que elas traduziam tudo do polonês para o hebraico através do russo, o que era menos difícil do que pode parecer, pois as meninas tinham estudado russo por dois anos na Polônia. A adaptação ao ambiente adolescente da sociedade foi igualmente rápida para elas, que gostaram muito dos novos ares.

Infelizmente, seus pais não as acompanharam nessa rápida adaptação. Após sua estada no kibutz, o casal Bauman deixou lá as filhas e continuou seu caminho rumo à Cidade Sagrada, sendo dirigidos ao Centro de Adaptação de Jerusalém. Nos prédios modestos construídos para os recém-chegados, cada família tinha um pequeno apartamento com quartos minúsculos que seria o seu lar por alguns meses: "Nesse centro de adaptação estava a nata da intelligentsia polonesa", contou-me Goldkorn. A vida intelectual ali era de fato efervescente, com a constante chegada de novas famílias. As pessoas se ajudavam e mantinham relações quase familiares, já que todas estavam vivenciando a mesma situação.[34]

O maior obstáculo para os recém-chegados era a necessidade de ter um bom domínio do hebraico. Os Bauman logo se envolveram em aulas intensivas do idioma — *ulpan* — em Jerusalém, "começando [...] por escrever da direita para a esquerda os estranhos caracteres hebraicos".[35] Para aprender rapidamente a língua, era necessária uma abordagem específica, pois os que não frequentavam cursos intensivos podiam passar a maior parte do tempo falando polonês, a língua franca do centro de adaptação. Zygmunt, que gostava de fazer tudo com a maior rapidez possível, abandonou o curso do grupo depois de concluir que seu progresso no domínio do hebraico era muito lento, e passava a maior parte do tempo concentrado no aprendizado da língua. Um mês depois de chegar a Israel e obter uma posição como professor na Universidade de Tel Aviv, a família recebeu duas ofertas de apartamentos em áreas menos distantes da instituição. Bauman escolheu o mais barato e deixou Janina e Anna no centro de adaptação, onde elas permaneceram até outubro.

Bauman passou o mês de setembro morando sozinho em Tel Aviv, preparando-se para o trabalho na universidade, que começou em outubro. Ele planejava dar aulas em hebraico, o que era um enorme desafio. Suas cercanias apresentavam um grande contraste em comparação com o centro em Jerusalém, um local de discussões apaixonadas sobre a Polônia e o mundo político, principalmente em polonês. As pessoas estavam apreensivas com a situação no mundo: o ano de 1968 foi particularmente rico em eventos — com a Guerra do Vietnã e as revoltas estudantis por toda a Europa, os Estados Unidos e outros continentes. E então, em agosto, o Exército soviético invadiu a Tchecoslováquia, dando fim à Primavera de Praga. A revolução estava no ar, assim como os temores da eclosão de uma Terceira Guerra Mundial. Os Bauman organizaram sua vida social nesse ambiente. Tornaram-se amigos de Samuel Sandler, um emigrado que dava aulas de literatura polonesa, e de sua esposa, com quem mantiveram uma frequente correspondência depois que os Sandler partiram para os Estados Unidos.[36]

Apesar do enorme investimento de Bauman em seu novo ambiente de trabalho, ele continuou, no plano privado, e também no profissional, concentrando-se na Polônia. Perto do final de 1968, escreveu uma análise sociológica sobre os eventos de março para a revista *Cultura*,[37] publicada por exilados residentes em Paris, entre outros textos em polonês.[38] Embora sua terra natal o tivesse rejeitado, Bauman manteve seu interesse pelos assuntos poloneses. Isso não era incomum entre os emigrantes de 1968, que tendiam a uma versão extrema da vida dupla que muitos imigrantes compartilhavam em sua relutância em abandonar laços e interesses relacionados à terra de origem. Como relembrou Bronka Karst, cujo pai, Roman Karst, era professor de literatura e havia emigrado para os Estados Unidos:[39]

> Era um paradoxo na vida de meu pai que, embora tivesse sofrido ao ser expulso da Polônia, não podia viver sem ela. Todos os dias, ele se encontrava com Jan Kott. Todos os dias — todos os dias! — eles saíam juntos para caminhar, tomar café e conversar sobre teoria da literatura e assuntos da Polônia.[40]

Os interesses de Bauman iam além da Polônia, é claro, estendendo-se ao tema mais geral de como criar um marxismo mais humano. Como outros membros da diáspora de março de 1968, Bauman continuou a lutar pelo que considerava "um futuro melhor e mais justo".[41] Alguns emigrantes de 1968 eram politicamente ativos. Muitas vezes, os mais velhos tinham exercido posições de colarinho-branco na Polônia como intelectuais, artistas, profissionais e administradores, ou mesmo militares.[42] Pertenciam à sociedade polonesa e depois da guerra haviam se envolvido na implementação de um novo sistema social. Viam-se como poloneses, mas tinham consciência de suas raízes judaicas.[43] E muitos se viam como cosmopolitas, pertencentes a um universo cultural europeu, sem uma sólida autoidentificação nacionalista.

Em 1968, Israel tinha apenas vinte anos de idade e vivia um período de construção nacional e reforço político de sua identidade e de seu poder como nação. Faltava ao país receptividade à complexa identidade dos poloneses de 1968. Depois da espetacular vitória na Guerra dos Seis Dias, políticos israelenses em posições de liderança buscavam consolidar a identidade nacional com base numa superioridade comum em relação à população árabe. A convicção de superioridade e o apoio sem reservas a um governo militarista eram o laço comum que oferecia a sensação de segurança ao mesmo tempo que dava legitimidade às políticas governamentais. "Acho que a percepção geral nessa época era de que as nacionalidades israelense e judaica eram exclusivas, e que não era possível dividir a identificação de alguém entre duas nacionalidades, dois países, duas entidades, duas religiões e assim por diante", afirmou o sociólogo israelense Uri Ram numa entrevista em maio de 2017. "Existe um conceito de judaicidade que não cruza fronteiras — e a opinião pública desejava manter essas divisas bem fechadas. Assim, quem quer que apresentasse uma dupla identidade era suspeito de não ser fiel à nação."[44]

Qualquer um que tivesse ocupado uma posição de alto nível na Polônia antes de emigrar era imediatamente suspeito. "Se alguém tivesse trabalhado para o regime [na Polônia], havia alguma hostilidade, pois a perspectiva era a seguinte: esse é um judeu, e o bloco soviético é antissemita", disse Ram. "Qualquer um que tivesse tido algo a ver com o regime era suspeito de infidelidade ao judaísmo ou aos interesses judaicos."[45] Isso deve ter incluído Bauman, com seu passado de oficial político do KBW, membro do Partido e ex-especialista do Comitê Central. Mas qualquer tendência entre os israelenses de enxergá-lo através dessa lente foi, em certa medida, neutralizada por uma entrevista que ele deu ao jornal *Maariv*. A entrevista teve um impacto importante em Israel e na Polônia (ver próximo capítulo), influenciando fortemente sua imagem, embora apresentando um retrato de todo inverídico. Ela foi realizada em polonês e publicada em hebraico, mas, segundo Anna Sfard, ele poderia muito bem estar falando a língua dos maias: "O jornalista não traduziu o que ele disse — ele inventou!". Sfard acredita que Bauman enviou uma queixa ao *Maariv* depois de perceber o que fora publicado lendo a tradução no *Kurier i Nowiny* [Correio e Notícias], um jornal de Israel escrito em polonês.[46]

Mas era tarde demais para corrigir a "notícia".[47] A mensagem já fora transmitida — uma mensagem que deve ter agradado aos leitores israelenses do *Maariv*, mas Bauman na verdade era responsável por apenas uma parte dela; o artigo continha uma mistura de informações mentirosas e verdadeiras. Por exemplo, ele descrevia Bauman nos eventos de 1968 como "professor judeu e líder dos protestos". Havia, porém, outras informações mais compatíveis com a opinião de Bauman de que o legado dos judeus para o mundo era basicamente cultural. Segundo o *Maariv*, ele teria dito:

> Creio que a tarefa histórica dos judeus não é construir um Estado próprio. Toda nação é capaz de realizar uma tarefa como essa. A tarefa da nação judaica é enriquecer a cultura mundial. Esse é um papel para grupos em posição de minoria nacional em todos os países. Dos pontos de vista psicológico e sociológico, esse é um fenômeno positivo. Por essa razão, minha primeira visita a Israel realmente não me afetou [...]. Então veio a vitória de Israel. De repente me senti feliz com ela.[48]

A primeira parte dessa citação se alinha com aquilo que Bauman escreveria vinte anos depois para as filhas: que os judeus tinham uma missão cultural global a cumprir. O entusiasmo de Bauman com a vitória de 1967 foi confirmado por sua filha Anna, assim como por relatórios secretos da Bezpieką. Mas isso não foi exclusivo dele: muitos moradores não judeus de Varsóvia ficaram satisfeitos com a restrita vitória israelense. O que o jornalista do *Maariv* não mencionou foi que, imediatamente após a guerra de 1967, Bauman ficou irritado com Israel por não se envolver em outras ações de pacificação com seus vizinhos. O artigo também se refere à identidade cosmopolita de Bauman, mas não a seu senso de identidade polonesa. Como observa Ram, "uma vez em Israel, você não é considerado um judeu polonês, mas um judeu israelense. Se não se identifica dessa maneira, isso é um problema". As afirmações de Bauman, tal como citadas pelo *Maariv*, indicam que ele ocupava uma posição intermediária, a caminho da conversão do cosmopolitismo para o sionismo. Bauman foi apresentado como um sionista recém-convertido. Tudo o que disse foi alterado para convencer os leitores do jornal de sua forte identidade israelense. Em suma, o *Maariv* havia imposto um novo *master status* sobre ele.

Israel tinha algumas expectativas em relação aos emigrantes, como disse Leon Rozenbaum, que participou da leva de emigrados de 1968:

> Eis finalmente a sua terra natal. E você precisa ser israelense e aceitar as coisas como elas são [...]. Nossos hábitos poloneses eram uma fonte de escândalos nos centros de adaptação [...] eles não gostavam das festas de Ano-Novo e ao mesmo tempo inseriam em nossas cabeças diversos valores judaicos que, para a maioria de nós, eram totalmente novos. Fomos bem recebidos por este país, de braços abertos, e de repente ele começou a nos estrangular com esses mesmos braços. Foi uma espécie de batismo que nos imergia no novo mundo, desligando-nos da Polônia, ao mesmo tempo que nos pressionava para nos transformar em israelenses o mais rápido possível.[49]

O autor do artigo publicado no *Maariv* desligou Bauman da Polônia ao apresentá-lo como um professor judeu que personificava a luta polonesa por libertação, uma espécie de super-herói, tremendamente popular e muito conhecido:

> Os estudantes poloneses veem nele o símbolo de suas aspirações liberais na luta contra o regime comunista de seu país. [...] Seu prestígio cresceu entre estudantes e intelectuais. O que não podia ser dito na rua ou escrito nos jornais Bauman dizia em suas aulas de sociologia. Um homem verdadeiramente liberal e cosmopolita, ele recebeu uma enxurrada de convites de países do Oriente e do Ocidente [...]. Os estudantes assumiam seus lugares no salão horas antes de cada uma de suas palestras. Foi uma grande experiência para eles. O auditório não conseguia acomodar todo o público [...]. O professor judeu se tornou para eles um símbolo claro de desejos que não poderiam expressar abertamente.[50]

Ele era o herói que havia iniciado uma revolução polonesa. Além disso, o Bauman apresentado no artigo transmitia uma visão idealizada e ingênua dos trabalhadores da Polônia. O jornalista apresentou sua própria visão dos eventos em vez de citar as palavras de Bauman.[51]

Esse artigo constituiu uma apresentação complicada à comunidade acadêmica. Bauman já era bem conhecido internacionalmente como um especialista em sociologia política e sociologia da cultura, fato que podia gerar alguma inveja entre colegas no pequeno país que era Israel no final da década de 1960. Além disso, seu passado antigovernamental independente indicava que ele não era um conformista, nem um acadêmico focado na carreira que respeitasse a hierarquia. Era um intelectual independente cujo trabalho era moldado pelo pensamento crítico, e essas características não são fáceis de administrar. A academia israelense ainda não era aberta a ponto de dar boas-vindas a Bauman.

"Il n'y a qu'un soleil sur terre": Há apenas um sol sobre a terra[52]

> A sociologia israelense surgiu como disciplina acadêmica no início da década de 1950. Formou-se no pico do prolongado domínio trabalhista — durante o qual foi alcançada a condição de Estado — e estava visivelmente comprometida com a agenda política desse movimento. Sua orientação funcionalista de construção nacional era compatível com as preocupações do establishment dominante do novo Estado: a consolidação de um Estado-nação forte e unificado. Essa orientação foi o "paradigma" predominante no campo sociológico por mais de duas décadas.[53]

Essa breve introdução às primeiras décadas da sociologia israelense fornece a moldura do novo ambiente profissional de Bauman. Quase tudo ali era diferente do que ele conhecia de Varsóvia. A sociologia israelense era uma jovem disciplina ensinada em novas universidades de um novo Estado. A intelectualidade tinha como foco uma abordagem estritamente funcionalista, bastante oposta à pluralidade de métodos e teorias que caracterizava a sociologia de Varsóvia. Várias correntes europeias influenciaram a sociologia polonesa, por meio de uma variedade de professores que haviam estudado na França, na Alemanha, na Áustria e no Reino Unido, com uma modesta contribuição dos Estados Unidos. Embora alguns sociólogos israelenses tivessem estudado na Europa, sua disciplina era dominada pelo funcionalismo americano.[54]

Outra diferença entre as sociologias polonesa e israelense estava nos laços entre a comunidade acadêmica e os partidos políticos e o governo. Diferentemente das declarações oficiais, esses laços estavam longe de ser uniformes e pacíficos na Polônia, onde a linha do Partido era seguida apenas em parte pelos acadêmicos. Com efeito, uma parcela importante da oposição às políticas governamentais vinha do ambiente universitário. Em Israel, os sociólogos apoiavam com vigor o movimento trabalhista.

A relação com o marxismo era outra diferença importante. Na Polônia, ele já era uma das correntes acadêmicas antes da Segunda Guerra Mundial, e, no pós-guerra, foi imposto com variados graus de sucesso e de métodos. Em Israel, o marxismo não teve realmente espaço até o final da década de 1970, segundo Ram.[55] Antes disso, uma espécie de espírito liberal conservador dominava o pensamento sociológico no campus: "uma espécie de teoria da modernização, a teoria americana da modernização, o funcionalismo estrutural e tudo isso — sob a liderança de Shmuel Eisenstadt", disse ele.

O extraordinário controle de Eisenstadt sobre o ambiente sociológico na Universidade Hebraica seria importante na carreira de Bauman. Na Polônia, havia escolas, tradições, grupos, redes e *apparatchiks* acadêmicos — uma verdadeira diversidade sem um único guru. Bauman havia tido uma relação colaborativa e amistosa com Hochfeld, seu supervisor científico e administrativo direto durante anos. E embora, do ponto de vista organizacional, a Universidade de Varsóvia fosse altamente hierárquica, o chefe de Bauman era um pensador crítico e independente que controlava suas próprias publicações e agenda de ensino enquanto negociava com a censura política geral do Estado. Ser obediente a outro sociólogo por motivos estratégicos, hierárquicos ou de carreira não fazia parte do repertório de Bauman. Ele acabou pagando um preço por isso, ao não conseguir ir além da docência (ver capítulo 10), mas isso também ocorreu porque a morte de Hochfeld removeu um poderoso escudo que o defendia das autoridades, e sua atividade política e críticas públicas ao Estado levaram ao fracasso de sua carreira profissional. (Em dezembro de 1968, o Ministério da Educação Superior informou à universidade que a promoção de Bauman à condição de professor fora interrompida em função de sua emigração para Israel.)[56]

Em Israel, o ambiente sociológico era pequeno e organizado como um sistema feudal dirigido por um "mandarim"[57] — Eisenstadt. Shmuel Eisenstadt compartilhava algumas características com Zygmunt Bauman. Dois anos mais velho que o colega, ele havia nascido em Varsóvia, mas emigrara para Israel aos doze anos, acompanhando a mãe. De início, Bauman frequentara escolas em que se falava polonês, e depois aprendeu russo e bielorrusso, incluindo a escrita cirílica, enquanto Eisenstadt inicialmente falava iídiche e, depois da emigração, passou a dominar o hebraico. Apesar desses desafios e da mobilidade geográfica, ambos concluíram a escola secundária no tempo devido (Bauman aos dezessete anos, Eisenstadt aos dezoito). Depois de concluir o ensino médio, em 1940, Eisenstadt trocou Tel Aviv por Jerusalém, onde se matriculou na Universidade Hebraica. A partir desse momento, estudou sob a orientação de Martin Buber. Esse filósofo nascido em Lwów (em 1878), ex-professor honorário da Universidade de Frankfurt, deixou a Alemanha e emigrou para Israel em 1938, quando o governo hitlerista proibiu os judeus de ensinarem. Buber tinha sido um sionista dedicado desde a juventude. Em Israel, ensinou antropologia e sociologia na Universidade Hebraica, tendo Eisenstadt como um de seus primeiros alunos de doutorado e assistente de departamento. Eisenstadt descreveu seu orientador como "um universalista de amplo alcance, com uma ênfase muito intensa nas coisas comparativas, e era nesse sentido que ele era muito próximo, embora diferente, de Max Weber", que Eisenstadt considerava a segunda maior influência sobre seu pensamento.[58]

Tal como Hochfeld, Buber era um intelectual socialista e politicamente engajado; foi um dos criadores do Bund, um partido de orientação socialista. Desde a juventude, Buber havia defendido a coexistência com a parte árabe da sociedade israelense num Estado binacional, e era um membro da liderança da organização pacifista judaica Brit-Shalom. Eisenstadt, seu aluno mais brilhante, não compartilhava a visão do orientador sobre um Estado binacional. Uri Ram observou: "Em seus trabalhos iniciais (cf. 1948, 1952), Eisenstadt conseguiu analisar o processo de construção nacional israelense quase sem mencionar a questão árabe, enquanto no livro de 1967 esse tema aparece apenas como um problema de 'minoria'".[59] Por contraste, Bauman estava convencido da necessidade de uma coexistência pacífica entre israelenses e árabes, com base na igualdade de direitos.[60]

As experiências desses dois homens também afetaram seu relacionamento. Ao contrário da maioria dos jovens nascidos na Europa da década de 1920, Eisenstadt atravessou a Segunda Guerra Mundial como estudante, obtendo seu doutorado em 1947 aos 25 anos; mas ele também se envolveu em atividades das forças militares israelenses.[61] Bauman era seis anos mais velho quando obteve seu diploma em função dos anos passados na guerra e no KBW.[62] Ambos fizeram seus trabalhos de pós-doutorado na mesma instituição, a London School of Economics. Eisenstadt passou por lá em 1947-8, juntamente com intelectuais de renome como os sociólogos Edward Shils, Morris Ginsberg e Thomas Henry Marshall, e os antropólogos do seminário de Malinowski, Raymond Firth, Edward Evans-Pritchard, Meyer Fortes e Edmund Leach.[63] Retornando a Israel em 1948, iniciou sua pesquisa e foi contratado pela universidade em que havia se formado. Em 1959, obteve o título de professor titular aos 36 anos, algo extremamente precoce numa carreira acadêmica. Eisenstadt era um profissional com bom desempenho e administrador de alto nível (foi chefe de departamento por dezoito anos e também decano). Além disso, o sistema israelense, no qual não havia a necessidade de habilitação, tornava o avanço na carreira mais simples e rápido.

O trabalho de Eisenstadt era visível no exterior;[64] ele foi o principal sociólogo de sua época e autor da maioria dos estudos sociológicos de seu país até o final da década de 1970. Participava de conferências internacionais, publicava em inglês e foi convidado a dar aulas nos Estados Unidos, onde se tornou um colaborador próximo de Talcott Parsons. Escreveu seu primeiro livro importante sobre a imigração israelense na tradição da Escola de Chicago (ele usava a terminologia de Robert Park, como "cenários ecológicos", e empregava a abordagem de Thomas Henry Marshall de estudar "atitudes"), e depois implementou a abordagem parsoniana na maioria de suas obras.

Esse pano de fundo era muito diferente da formação sociológica de Bauman. Em 1961, Bauman publicou (em polonês) um trabalho de sociologia intitulado "Variações sociológicas" em que criticava veementemente a "inclinação pela sociologia convencional americana", em especial Lazarsfeld. Embora a orientação antiamericana fosse obrigatória durante a Guerra Fria, e uma resposta às críticas que os sociólogos *apparatchiks* faziam a Bauman, o texto não foi escrito para agradar aos políticos (ver capítulos 9 e 10). Já no início da década de 1960, a "sociologia humanista" de Bauman era incompatível com uma abordagem estritamente funcionalista estrutural. Bauman nunca teve entusiasmo por Parsons, como Peter Beilharz observou em seu livro mais recente:

> Essa era uma tradição a que Bauman era alérgico, chamando-a de durksonianismo. É possível que o ataque de Bauman a Durkheim e Parsons tenha se tornado um obstáculo para ele. Como ele depois me disse, Parsons era o verdadeiro pensador e defensor da modernidade sólida. Marx e Weber, Freud e Simmel eram fundamentais para Bauman, não Durkheim.[65]

Numa entrevista em 2010, Bauman explicou essa incompatibilidade com Eisenstadt da seguinte maneira:

> Creio que diferíamos em nossa compreensão do papel da sociologia, de sua finalidade, dos motivos de nossas ações. A sociologia foi criada 150 ou duzentos anos atrás para servir a uma sociedade administrada por motivos de organização funcional. Você já ouviu falar de Talcott Parsons? Os sociólogos hoje com frequência o esquecem.[66]

Os dois tinham compreensões muito diferentes da sociedade, e objetivos igualmente diferentes. Um almejava formular uma ciência independente e crítica; o outro se dedicou a criar uma ferramenta para o gerenciamento de uma sociedade em que a administração é uma instituição de governo. Bauman já havia tido lições amargas em sua experiência com *apparatchiks* do Partido que não permitiram que ele conduzisse suas pesquisas de forma livre e crítica. Por outro lado, Eisenstadt apoiou e, com seu trabalho, legitimou o Partido Trabalhista:

O sucesso de Eisenstadt se deveu nem tanto a circunstâncias interacadêmicas, mas ao elo que ele formou entre a academia e o establishment no governo, assim como à afinidade entre a perspectiva sociológica que ele promovia e a agenda política dessa elite. Eisenstadt e seus colegas se consideravam mais servidores civis do que intelectuais independentes. Sua vocação não era a busca do conhecimento em si mesmo, muito menos uma compreensão crítica da sociedade, mas a provisão de apoio profissional e de aconselhamento para várias agências estatais e nacionais, cujos objetivos e políticas gerais estavam plenamente identificados com os deles próprios.[67]

Bauman tinha feito a sua parte no que dizia respeito a ser um servidor, orientando o Partido e compartilhando suas ideias de engenharia social.

No entanto, a despeito das diferenças filosóficas e metodológicas entre Bauman e Eisenstadt, parece que o principal fator da "incompatibilidade" entre os dois era a personalidade. Um entrevistado que conheceu os dois sociólogos observou:

Eu não deveria dizer isto, mas Bauman é o total oposto de Eisenstadt. Eisenstadt desejava colocar tudo nas sombras, enquanto Bauman desejava abrir as coisas e tinha novas ideias para desenvolver e cultivar. Ora, Eisenstadt era um sociólogo de renome internacional,[68] não posso negá-lo — eu até diria que, de certa perspectiva, ele era um gênio, tinha um aparato mental fabuloso, incrível, mas [...] era preguiçoso [...]. Gostava de terceirizar o trabalho. Assim, ele tinha uma ideia e colocava pessoas não para fazer o trabalho de campo, mas para ler para ele, escrever teses, e ele pegava essas teses e as reunia em livro [...]. Era uma relação de muita exploração, e não era possível concluir uma tese de doutorado com Eisenstadt em menos de sete anos.[69]

Os alunos dos "mandarins" acadêmicos muitas vezes se queixavam de sua "indolência", mas esse é um termo que requer uma explicação contextual. Acadêmicos com muitos projetos de pesquisa envolvendo um grande número de colaboradores dividem o trabalho de acordo com as tarefas a serem realizadas. Estas incluem coletar dados, elaborar análises, escrever relatórios, artigos e livros, realizar trabalhos administrativos e, por fim, divulgar a pesquisa dentro e fora do campo. A administração e organização do apoio financeiro à pesquisa é uma categoria distinta. Eisenstadt obteve o apoio financeiro e institucional para sua pesquisa, elaborou os projetos e construiu seu arcabouço teórico. Não surpreende que não conseguisse realizar sozinho todas essas diferentes tarefas.

Eisenstadt era um operador, um tipo particular de empreendedor de pesquisas. Era um chefe atarefado, com um monte de projetos sob sua direção envolvendo estudantes, ex-alunos, colegas subordinados (ele era o chefe do departamento) e outros tipos de colaboradores. Bauman, por sua vez, trabalhava sozinho, e seu projeto final costumava ser um livro que ele próprio havia escrito. Era um estilo sociológico diferente dos grandes estudos quantitativos. Bauman sempre teve alunos, mas, segundo fontes, seu estilo de orientação era colaborativo e não de exploração. Em suma, muito diferente do padrão adotado pelos "mandarins", que tinham uma espécie de corte imperial. Bauman era um acadêmico independente e criativo, que se esforçava no trabalho. Poderia ser descrito como um workaholic (acordava às quatro, quatro e meia da manhã) e um escritor compulsivo, mas isso não era atípico nos ambientes acadêmicos. A exploração do trabalho alheio não estava em seu repertório, e não era fácil para ele submeter seu trabalho intelectual ao controle de outra pessoa.

Inevitavelmente, houve tensões que tornaram impossível a colaboração entre os dois. A posição de Bauman era mais fraca do que a de Eisenstadt, diretor do Departamento de Sociologia da mais prestigiosa instituição israelense. Bauman era professor em duas instituições, a Universidade de Tel Aviv e a Universidade de Haifa, que estavam apenas começando a construir suas reputações. Aceitar uma posição na Universidade Hebraica significaria se submeter ao "grande homem" que dirigia o departamento havia mais de duas décadas, "dominando a disciplina e sufocando o desenvolvimento de tendências críticas ou alternativas autônomas na sociologia israelense", como afirmou Ram:

> Nenhuma dissensão intelectual era possível enquanto seu grupo pequeno e fechado dominasse a sociologia acadêmica em Israel. Enquanto Eisenstadt e o departamento que ele havia criado detivessem o único prisma pelo qual os sociólogos eram avaliados e o trabalho sociológico era reconhecido no país, nenhuma perspectiva alternativa poderia emergir, muito menos prosperar, no discurso sociológico israelense.[70]

Em 1968, as ciências sociais israelenses tinham como foco os Estados Unidos. "As raízes da intelectualidade israelense vinham da Europa e do Leste Europeu, mas, depois da guerra e da guinada comunista contra Israel, eles se viraram para o Ocidente", afirma Ram. "Havia pessoas do Mapam, o partido trabalhista, havia círculos comunistas e antissionistas radicais, mas nenhum deles interveio nas universidades. Os cientistas sociais eram totalmente ocidentalizados". Como Bauman tinha vindo do bloco oriental, "acho que as pessoas não levaram a sério sua metodologia, sua teoria, sua abordagem, sua perspectiva. Creio que tendiam a relacioná-las a algo muito anacrônico, a uma formação totalitária e ao marxismo".[71] Por essa perspectiva da sociologia convencional israelense no final da década de 1960, Bauman era um estranho. Precisava encontrar um lugar fora de uma instituição convencional como a Universidade Hebraica de Jerusalém. Assim o fez.

Um estranho numa instituição estranha

Em outubro de 1968, Bauman foi nomeado professor *ordinarius* do Departamento de Sociologia e Antropologia Social da Universidade de Tel Aviv e professor *ordinarius* convidado da Universidade de Haifa, no norte de Israel. Haifa fica a cerca de uma hora de carro da capital, mas o apartamento de Bauman ficava próximo do campus de Tel Aviv, na parte nordeste da cidade, o que era conveniente para o deslocamento. Ele ia para Haifa duas ou três vezes por semana e gostava muito da universidade lá. Ela era nova e frequentada por alunos israelenses e árabes, o que correspondia à crença de Bauman na coexistência pacífica de diferentes comunidades em bases igualitárias. Na entrevista que concedeu em 2010 à socióloga Shalva Weil, ele disse:

> Não creio que houvesse uma comunidade sociológica em Israel. Trabalhei tanto na Universidade de Tel Aviv quanto na Universidade de Haifa (não na Universidade Hebraica de Jerusalém) [...] e não havia conexão de espécie alguma. (Haifa, vale a pena mencionar, tinha um departamento de sociologia pioneiro, muito recente, com gente dos kibutzim, vários alunos árabes e muito cosmopolita.) Mas havia pouca comunicação, se é que alguma, entre os sociólogos das diferentes universidades.[72]

De início, a debilidade do ambiente sociológico israelense pode ter favorecido Bauman, dando-lhe mais liberdade. O antropólogo Emanuel Marx, melhor amigo de Bauman durante o período israelense e seu colega de departamento em Tel Aviv, disse que Bauman só começou a lecionar em hebraico em seu segundo ano: "Foi simplesmente inacreditável", relembrou Marx em nossa entrevista. "No primeiro ano ele começou lecionando em inglês; as pessoas não o entendiam. Quando começou a lecionar em hebraico, as pessoas começaram a compreendê-lo. Ele até inventava palavras em hebraico, e fazia isso muito bem."[73]

De acordo com Anna Sfard, Bauman deu cursos em hebraico ainda em seu primeiro ano (isso parece contradizer a versão de Marx, mas talvez Bauman usasse incialmente uma mistura das duas línguas). Para preparar suas aulas, diz Sfard, ele escrevia palavras em hebraico no alfabeto romano de modo a não tropeçar quando as pronunciasse.[74] Isso exigia um esforço enorme, e era raro que um professor tentasse fazer algo tão desafiador do ponto de vista linguístico. O hebraico é uma língua difícil de aprender mesmo para quem, como Bauman, tenha sido exposto a fragmentos do idioma quando criança. Ele tinha aprendido alguns rudimentos da língua em seus tempos de ativismo na Hashomer Hatzair e quando se preparava para o bar mitsvá,[75] em Poznań, mas isso, é claro, não o habilitava a usar o hebraico moderno no ensino de sociologia de nível universitário. E no entanto ele o falava bem, a ponto de surpreender seus alunos, segundo o antropólogo Chaim Hazan, aluno do curso de Teoria Sociológica ministrado por Bauman na Universidade de Tel Aviv no início da década de 1970:

> Tendo dominado suficientemente o hebraico para dar aulas articuladas e impecáveis, Bauman cativou um seleto grupo de estudantes não apenas como o intelectual clássico que era, mas principalmente, e apenas para os ouvidos dos conhecedores, como um singular artista de ideias, "um diretor de uma peça de pensamentos", como dizia ele. Nesse sentido, ele reformulou as regras estabelecidas nos manuais convencionais e atualizou as perspectivas ortodoxas sobre o ordenamento social [...]. A estética brilhante de seus textos só era ultrapassada pela amplitude e profundidade de seu pensamento. Bauman era de fato um orientador para a vida.[76]

Dado o domínio do ensino que trouxe da Polônia, talvez não surpreenda que Bauman pudesse estabelecer um forte relacionamento com seus alunos israelenses. Mas esse não foi particularmente o caso com seus colegas, sobretudo na comparação de suas relações com o grupo de Hochfeld. Como observa Hazan: "Infelizmente, seu intercâmbio com os colegas de departamento estava destinado ao fracasso devido à evidente incompatibilidade em termos de intelectualidade, originalidade e abordagem global do conhecimento".[77] Bauman ficou isolado, exceto por uns poucos colegas, dentre os quais Emanuel Marx. Depois de ficarem sabendo que Bauman fora nomeado para a Universidade de Tel Aviv, Marx e o colega Jonathan Sapiro leram seu livro *Sociologia do cotidiano*, que fora traduzido para o hebraico. "Concluímos que é um belo livro e uma obra muito inspiradora", disse Marx numa entrevista.[78]

Para Marx, Bauman era um "Simmel moderno".[79] Eles gostavam da companhia um do outro e passavam horas conversando sobre tudo: "Beduínos [campo de pesquisa de Marx], política e o Holocausto", disse Marx. No início da década de 1970, ainda havia muito a discutir sobre esse tema. Marx tinha escapado aos horrores da Alemanha nazista no último minuto, e Bauman escapara ao pior fugindo para a União Soviética. Somente Janina fora uma testemunha ocular, e parece que esse foi o momento em que os Bauman começaram a discutir esse assunto trágico que anos depois se tornaria sua área comum de expressão profissional. Emanuel Marx continuou sendo um amigo por toda a vida, um relacionamento que, em seus níveis de confiança e intensidade, se assemelhava aos laços que os Bauman haviam mantido em seus anos finais em Varsóvia quando moravam na rua Nowotki. Durante o período que Bauman e a família passaram em Israel, ele não conseguiu criar uma grande equipe de colaboradores e amigos. Sentia falta de uma comunidade sociológica em que pudesse trocar e forjar ideias, refinar argumentos, discutir os livros mais recentes e preparar conferências desafiadoras. Para todas essas atividades, tinha de buscar discussões com colegas no exterior. Ele manteve uma intensa correspondência com outros sociólogos, e seu arquivo contém centenas de cartas, algumas com várias páginas, em que Bauman discute e analisa temas sociológicos e filosóficos. Nesse período, ele sustentou sua "mobilidade acadêmica" participando de eventos de caráter intelectual realizados no exterior.

Seria de imaginar que Bauman não precisasse mais enfrentar uma imensa rede burocrática para participar de conferências agora que estava livre dos entraves do bloco soviético. Mas o passaporte israelense não o levaria a todos os lugares. Em 1970, o Congresso da Associação Internacional de Sociologia foi realizado em Varna, na Bulgária, e Bauman foi convidado a participar como membro do painel pela seção de sociologia política. Era um importante reconhecimento de seu trabalho e seu lugar na rede. Mas as autoridades búlgaras se recusaram a lhe conceder um visto. O governo polonês as havia alertado sobre suas atividades "antissocialistas" e "atitude sionista", e isso era o bastante. Esse grau de colaboração entre Estados do bloco oriental não era comum; muitas famílias separadas pela emigração forçada se encontraram com parentes na Bulgária, na Hungria e mesmo na Alemanha Oriental sem nenhum problema. Mas, como revelam seus arquivos na polícia secreta, Bauman continuava sendo um inimigo público aos olhos da Bezpieką, que acompanhava de perto suas atividades e as de sua família — e não apenas quando ele saiu do país. As autoridades tinham espiões em Israel encarregados de vigiá-lo, uma prova de sua crença de que Bauman era um personagem importante e perigoso para o regime polonês. Esses arquivos sobre Bauman (agora que era um "estrangeiro", não mais na categoria de cidadão polonês) relatam seus encontros com outros poloneses no exílio, suas viagens a Paris e suas "tentativas de organizar uma oposição", incluindo uma suposta proposta de criar um grupo de emigrantes para atuar como um "comando diversionista". Da leitura desses documentos, uma pessoa poderia ficar inclinada a pensar que Bauman passava todo o seu tempo tratando de "assuntos poloneses".

Um deles, de 27 de agosto de 1970, classificado como "secreto — especial importância" e intitulado "Extraído de informação [...] enviada pelo Departamento I do Ministério da Segurança Interna", menciona:

> Foram registradas tentativas da Rádio Europa Livre de organizar um grupo político diversionista composto de antigos membros do KPP [Partido Comunista da Polônia] e do PZPR/Bauman, Jedlicki, Muszkat/Janusz Kowalewski/sob a chefia de Adam Ciołkosz; o objetivo do grupo seria inspirar ataques ao país [Polônia] e analisar a situação no PZPR e no movimento dos trabalhadores.[80]

Bauman produziu alguns artigos sobre os eventos de 1968, mas não gastava todo o seu tempo com assuntos da Polônia. Ele atuava em seu novo ambiente, tentando organizar uma nova vida.

"Não basta sair, você precisa chegar": A nova vida da família Bauman

A frase acima, o lema de um importante jornal israelense em língua polonesa, *Od Nowa* [Restauração],[81] dirigia-se a imigrantes de orientação esquerdista que enfrentavam problemas para se adaptar ao novo país.[82] Ele nem sempre agradava aos emigrantes. "Israel era um verdadeiro país soviético naquela época, tal era a submissão às regras", afirma Włodek Goldkorn. "Não havia um único jornal que criticasse o governo." Para muitos dos que haviam fugido da Polônia comunista, isso era inaceitável. Os Bauman pertenciam a esse grupo — pessoas que se recusavam a substituir o nacionalismo polonês (a origem de sua expulsão da Polônia) pelo nacionalismo israelense (cuja expectativa era que eles apagassem sua origem polonesa). Muitas vezes, aqueles que "ainda não chegaram a Israel" decidiam sair do país para a América do Norte ou a Europa Ocidental. O número de *Yeridim*[83] entre os emigrados de março era muito grande, e as autoridades israelenses preocupavam-se com o custo desse grupo "perdido" para o novo Estado.[84] Após três anos em Israel, os Bauman partiram para o Reino Unido. Há alguns relatos contraditórios de como isso ocorreu. Janina escreveu em seu livro que estava claro desde o princípio que Israel não seria seu lar definitivo. Em nossa entrevista, porém, Anna disse que os pais queriam permanecer com o restante da família no país, e esse desejo de se estabelecer de maneira definitiva é sem dúvida sugerido por decisões de Bauman sobre a organização da vida familiar nos primeiros meses em Israel. Fazer as gêmeas de treze anos passarem um ano num kibutz parece uma estratégia para facilitar sua imersão na sociedade israelense, considerando-se que a família Bauman sempre permanecera junta na Polônia. Agora, pela primeira vez, ela estava espalhada em três cidades: Tel Aviv, Jerusalém e Givat Brenner — embora, é verdade, nenhum de seus membros estivesse a mais de uma hora de carro dos outros.

Enquanto as irmãs mais novas permaneceram no kibutz, perto de Tel Aviv, Anna começou o semestre de outono de 1968 no Departamento de Matemática da Universidade Hebraica em Jerusalém. "Ambiciosa como o pai, sempre ávida por aprender e atingir a perfeição em qualquer coisa que fizesse", como escreveu Janina,[85] Anna repetiu seu primeiro ano interrompido de estudos, matriculando-se em física e matemática antes de se concentrar nesta última. As aulas eram em hebraico, que ela aprendeu bem depressa. Anna vivia num pequeno quarto alugado e trabalhava muito. Em janeiro de 1969, Leon Sfard chegou a Israel com a família. Para eles, a saída foi um longo e difícil processo, já que, como todos os homens poloneses, Leon precisava de uma permissão especial para deixar o país sem ter de prestar primeiro o serviço militar. No verão de 1970, Anna e Leon se casaram.[86]

Pela primeira vez em dezenove anos, Janina e Zygmunt estavam sozinhos sem as filhas. Em outubro de 1968, Janina se juntou a Zygmunt em seu apartamento perto do campus de Tel Aviv. Era uma *shikun* (habitação pública) — um apartamento ensolarado na Neve Shearet, 56/23, um conjunto habitacional em Ramat Aviv conhecido como "Gomułkowo", em referência ao nome do líder cuja abertura de fronteiras em 1956 havia levado à debandada de tantos judeus poloneses. As condições de vida por lá eram agradáveis. "Era um apartamento simpático", recordou Emanuel Marx — mas que não se podia confundir com o ambiente da rua Nowoki. Na Polônia, o apartamento dos Bauman era uma "casa aberta" — cheio de pessoas chegando e saindo, amigos passando por lá sem avisar para longos debates políticos e inflamadas partidas de bridge, com jovens passando para ver Anna e as gêmeas. Embora parte da mobília tivesse sido levada da Polônia para Israel, os dois apartamentos só se pareciam nessa superficialidade.

Quando seus numerosos pertences chegaram da Polônia, os Bauman perceberam que algumas caixas importantes estavam faltando e uma mala excepcionalmente leve... vazia, na verdade. Era onde estava o manuscrito do último livro que Bauman escrevera na Polônia, *Szkice z teorii kultury* [Esboços de uma teoria da cultura]. Pouco antes de ele ser impresso na Polônia, as autoridades haviam cancelado a publicação, e agora tinham confiscado o manuscrito. Também estavam faltando algumas anotações feitas à mão, esboços de palestras *e* volumes dedicados a Zygmunt por seus autores com amor, amizade e gratidão. Estas últimas perdas foram de natureza sentimental, mas o manuscrito do livro foi um grande prejuízo.[87] Tudo isso, porém, não se comparava ao confisco dos diários de Janina.

Desde a infância, mesmo nas condições mais extremas de vida na guerra e no gueto, Janina havia mantido um diário, no qual escreveu sobre as atrocidades da guerra e sobre seus sonhos e reflexões. Milagrosamente, durante fugas e permanências em esconderijos, em meio a bombardeios, incêndios e deslocamentos súbitos, ela havia conseguido preservá-lo com sucesso, e continuou a escrevê-lo depois da guerra. Como estudante de jornalismo, ao longo de sua vida de casada, em meio ao trabalho e aos cuidados com as filhas, ela continuou a escrever sobre sua vida. Ela não sabia que, depois da guerra, sua mãe, Alina, havia copiado algumas páginas do diário. Graças a essas páginas, Janina conseguiu mais tarde reconstituir sua história durante a guerra, enquanto, em 1968, o diário original foi requisitado pelos serviços de segurança, que qualificaram suas páginas íntimas e extremamente preciosas como revelações "perigosas". Só podemos imaginar os sentimentos que Janina e Zygmunt experimentaram quando ficaram sabendo que os diários tinham desaparecido. Em 1972, Bauman escreveu ao primeiro-ministro Jabłoński (seu antigo "camarada") solicitando as páginas confiscadas,[88] mas não obteve resposta. Anos mais tarde, na década de 1990, repetiu a solicitação, esperando que talvez a mudança do sistema político pudesse ajudá-lo a recuperar os pertences privados de sua família, mas foi em vão. Eu encontrei os diários de Janina Bauman quando pesquisava os arquivos do IPN, em 2015. Imediatamente informei Zygmunt sobre a descoberta, mas somente em 2018 as cópias dos diários de Janina, assim como outros documentos privados, foram recuperadas por Anna Sfard.[89]

As autoridades polonesas violaram a privacidade das pessoas que exilaram apropriando-se de seus pertences mais preciosos; o pogrom patrocinado pelo Estado tentou controlar a memória dos indivíduos banidos. Essas injustiças foram cometidas em nome da segurança do Estado, e ninguém, após o colapso do regime comunista polonês, foi acusado dessa violência contra as histórias de vida das famílias atingidas. A violência perpetrada contra esses indivíduos prossegue mesmo cinquenta anos depois.[90]

Quando começou a lecionar, em outubro de 1968, Bauman também iniciou um projeto de pesquisa intitulado "Foco cultural e densidade semiótica",[91] cujo objetivo era tornar a Universidade de Tel Aviv um dos poucos centros de semiótica da cultura no mundo. Bauman continuou tentando conseguir que seus livros anteriores fossem traduzidos, incluindo uma versão sérvio-croata de *Esboço de uma teoria marxista da sociedade* e traduções para o francês de *Esboço de uma teoria marxista da sociedade*, *Cultura e sociedade* e *Visões do mundo humano*.[92]

Bauman não escreveu muito durante o período que passou em Israel, observa Anna Sfard. É provável que o ritmo mais lento e — para Bauman —

menos culturalmente inspirador da vida israelense tenha tido um impacto sobre sua produção. Como Stanisław Obirek observou numa entrevista, no início da década de 1970 Tel Aviv era uma cidade "profundamente provinciana" em comparação com Varsóvia, que, embora sem liberdade política, era intensamente ativa do ponto de vista intelectual. O "ambiente cultural" e o meio universitário em Tel Aviv eram muito exíguos para oferecer condições a um novo pensamento e à aspiração de uma carreira internacional.[93] Bauman não estava feliz como acadêmico e não estava realizando muito como sociólogo.

Mas as coisas eram bem diferentes para Janina. Ela gostava de Israel — em primeiro lugar porque, lá, conseguira se reunir com a família. Ela tinha uma relação próxima com a irmã, Zofia, e com a mãe, Alina Lewinson, em parte devido à trágica experiência por que haviam passado no gueto. Janina conseguiu um emprego como jornalista no principal jornal israelense, o *Maariv*. No ano acadêmico seguinte, a família estava novamente reunida, com a exceção de Anna, que permaneceu com Leon em Jerusalém. Lydia e Irena voltaram para a casa dos pais e foram matriculadas numa escola de ensino médio em Tel Aviv. Em termos de qualidade, Zygmunt e Janina a consideravam inferior àquelas que as meninas haviam frequentado em Varsóvia, onde receberam uma rigorosa educação europeia. Mas as gêmeas estavam felizes e aproveitavam a vida na cidade ao lado de outros jovens. No ano seguinte, elas foram transferidas para uma escola dirigida pela Alliance Française, onde o nível educacional era mais elevado. A escola ajudou em parte a resolver as dúvidas de seus pais sobre a educação das meninas em Israel, mas outros eventos interferiram em seu objetivo de fazer do país um lar permanente.

Assim que Bauman conseguiu se comunicar em hebraico, encontrou tempo para a atividade política. Uma entrevista realizada pelo jornalista Tomasz Kwaśniewski[94] indica que seu envolvimento com o Partido na Polônia o deixara desiludido com a política. Ele continuava sendo socialista, ou mesmo comunista, e Israel, com sua política pluralista, lhe oferecia novas opções para participar do debate. As ideias da Nova Esquerda o interessavam desde o Degelo de Outubro de 1956, quando a visita de C. Wright Mills e Ralph Miliband a Varsóvia, além do "marxismo aberto" de Hochfeld, plantara as sementes de um esquerdismo distante do marxismo ortodoxo. A presença de Bauman na London School of Economics em 1957 veio na época da criação da revista *New Reasoner* (depois intitulada *New Left Review*) por E. P. Thompson e John

Saville, que declararam seu distanciamento em relação à União Soviética e condenaram todas as práticas imperialistas e ditatoriais. Na época, sendo um pós-doutorando, Bauman não podia simpatizar abertamente com os ideólogos da Nova Esquerda em sua condenação da intervenção soviética na Hungria. Mas muitas vezes se encontrava com integrantes da Nova Esquerda ao participar de conferências de sociologia no exterior, e tinha muita familiaridade com as ideias de Mills e Miliband, assim como as de Theodor Adorno, Herbert Marcuse, Seymour Martin Lipset, E. P. Thompson e Peter Worsley.

A Guerra dos Seis Dias provocou tensões dentro da Nova Esquerda (nos Estados Unidos e em outros países) em função da crítica pesada de alguns de seus membros às ambições sionistas do Estado israelense.[95] A recusa do governo a negociar a devolução dos territórios anexados era um tema sensível para Bauman, que ficava incomodado toda vez que se levantava esse assunto. De acordo com as fontes disponíveis,[96] durante as eleições de 1969 Bauman apoiou o Maki,[97] um pequeno partido que se identificava como comunista e binacional e acreditava na coexistência pacífica de árabes e judeus, com base na igualdade de direitos. Essa visão do futuro era cada vez menos popular entre os cidadãos do jovem Estado, à medida que enfrentavam uma série de conflitos militares com seus vizinhos árabes. A construção do nacionalismo israelense era a ideologia poderosa que consolidava recém-chegados culturalmente diversos no país, ajudando-os a se fundir numa sociedade forte e unificada. Não havia muito espaço político para a visão de uma coexistência pacífica de dois grupos que pareciam tão diferentes e até opostos. Em outubro de 1969, dois anos após sua vitória espetacular sobre os vizinhos árabes, os cidadãos israelenses votaram para formar a nova composição do Knesset, o Parlamento. A coalizão de partidos de esquerda obteve quase 50% das cadeiras, o que, com 81% da população votando, foi o melhor resultado obtido pela coalizão na história israelense. O Maki, contudo, era um partido de nicho, e obteve apenas 1% dos votos, o que provavelmente foi uma grande decepção para Bauman.

Graças a suas habilidades como agitador e connoisseur político, Bauman podia inspirar a Nova Esquerda israelense com palestras explicando essa corrente política. A falta de popularidade do movimento em Israel enfatiza o quanto Bauman de fato acreditava nessas ideias, não as expressando por oportunismo. Se fosse movido por isso, teria se filiado ao Alinhamento, o grupo mais poderoso de Israel, nascido da aliança do Partido Trabalhista[98] com o Mapam. Sua líder era Golda Meir, a primeira mulher a se tornar primeira-ministra do país e uma das raras a ocupar a posição de chefe de Estado em todo mundo àquela época.

Bauman era um utópico tanto em seu ativismo político quanto em sua escrita. Ao apoiar o Maki em reuniões de campanha com imigrantes russos e poloneses, foi provavelmente visto como um fracassado, deslumbrado por uma visão utópica. Mas Bauman pressionava de maneira consistente por uma atitude de comprometimento comunista, sobretudo pela criação de um envolvimento árabe-israelense. Essa atitude não era frequente entre os poloneses que viviam em Israel. "Ele nos disse para votar neles [o Maki]", lembrou um colega. "Fiquei chocado com a sugestão [...]. Acho que no último momento Bauman mudou de ideia e votou em outro partido." Pode ser que, como especialista em análise política, Bauman tenha percebido que o voto no Maki era um voto perdido e que o sociólogo pragmático tenha se imposto sobre o ativista utópico.

O principal tema na eleição de 1969 para os Bauman e muitas outras pessoas que viviam em Israel era como manter a paz nessa parte instável do mundo. Nahum Goldmann, presidente fundador do Congresso Mundial Judaico, foi um líder importante dos esforços de paz no Oriente Médio. Ele apoiava a ideia da coexistência pacífica entre judeus e árabes como condição indispensável para a sobrevivência de Israel e pretendia renovar as comunicações entre o país e os Estados vizinhos que tinham sido interrompidas pela Guerra dos Seis Dias. No início de 1970, Goldmann foi convidado pelo líder do Egito, Gamal Abdel Nasser, para discutir as relações futuras, mas em 6 de abril Golda Meir se revelou contrária às negociações, um golpe nas expectativas de paz.[99] Num jantar com amigos, Bauman comentou: "Devemos admitir que Israel não deseja a paz".[100] Ele não manteve essa opinião no âmbito privado, expressando-a alguns meses depois numa entrevista ao jornal *Haaretz*. A matéria foi intitulada "Israel deve se preparar para a paz".[101]

"Meus temores", disse Bauman muitos anos depois,

> diziam respeito ao caráter corrosivo, venenoso, da ocupação, sua influência descentralizada sobre os escrúpulos éticos e morais dos ocupantes. Eu temia que a nova geração estivesse crescendo sob a crença de que o estado de guerra e emer-

gência militar fosse [...] uma solução normal, natural e possivelmente a única. Minha apreensão era gerada pelo Estado, que aprende a encobrir seus numerosos e inevitavelmente crescentes problemas sociais e a lavar as mãos em relação a eles, estimulando e exacerbando a percepção de ameaças externas, e assim perdendo a capacidade de enfrentá-los. Dentro do bastião sitiado, é um crime e uma traição insistir nas diferenças [...]. *Summa summarum*, eu tinha medo da crescente ignorância de Israel sobre como viver num estado de paz, da crescente desconfiança da população quanto à possibilidade de viver sem guerra e do temor da elite em relação a uma paz em que ela não conseguiria continuar governando.[102]

"Piquenique no vulcão"[103]

Em meados de 1970, os Bauman resolveram sair de Israel tão logo fosse possível. O elemento-chave nessa decisão foi o fato de que em breve suas duas filhas adolescentes deixariam o ensino médio, o que significava que seriam incorporadas ao Exército israelense. Essa era uma questão problemática para muitos dos novos cidadãos de Israel. Houve outros fatores que também pesaram na sua decisão, como observa Emanuel Marx:

> [Bauman] tinha interesse em permanecer, mas com o tempo mudou de ideia. Passou a querer ir embora, a ser parte de uma grande civilização. A esposa tinha um emprego que se conectava com seu trabalho anterior; estava feliz por ter encontrado um lugar para se estabelecer, mas ele tinha decidido que a família precisava partir.[104]

Marx enfatizou o lado profissional da decisão de deixar Israel, dizendo que o país era muito pequeno para as ambições profissionais de Bauman. "Creio que ele não queria ficar em Leeds, que desejava ir para lugares realmente grandes", disse Marx.

"Oxford? Cambridge?", perguntei eu.

"Não", respondeu Marx.

> Estados Unidos! Não estou certo disso, mas foi o que ouvi. Se ele tivesse tido a sorte de ir para lá, poderia ter se tornado um sociólogo famoso, mas muito

> diferente. Acho que ele sentiria falta da profundidade. Teria escrito muito menos. E não teria escrito absolutamente nada sobre o Holocausto. Acredito que o fato de ter sido sugado por Leeds foi a maior sorte que teve na vida.

Os Bauman se tornaram *Yeridim* em 23 de junho de 1971, três anos depois de deixarem a Polônia. O percurso completo de mudança da família para Leeds levou mais de um ano; o processo de contratação na academia é longo. No verão de 1970, Bauman foi para Camberra, na Austrália, junto com a família, para um trabalho de três meses como professor visitante, com a oferta de uma posição permanente. A proposta era tentadora, mas "Janina recusou porque era muito longe", disse Bauman em várias entrevistas. O país ficava muito distante de Israel, onde estava claro que Anna permaneceria ao menos por algum tempo. Os Estados Unidos pareciam mais próximos — naquela época, contudo, seria difícil se mudar para lá em definitivo. Colegas poloneses de Bauman no período anterior a 1968 dizem que havia algum tipo de oferta da Universidade de Chicago. Muitos acadêmicos poloneses tinham escapado ao regime de Gomułka indo para os Estados Unidos ou para o Canadá, mesmo aqueles que primeiro aportaram em Israel. Samuel Sandler, amigo de Bauman e professor de literatura, trocou Tel Aviv pela Universidade de Chicago em 1969. Cinco anos antes, o próprio Bauman tinha se candidatado a uma bolsa de longa duração no Centro de Estudos Avançados em Ciências Comportamentais da Universidade Stanford, mas não a conseguiu. Seu envolvimento anterior com a unidade do KBW e com o Partido Comunista não teria sido avaliado de maneira positiva pelas autoridades norte-americanas e pode ter impedido a concessão de um visto de longo prazo. Władek Poznański, que prestou serviço militar no KBW num nível mais baixo, descreveu suas próprias dificuldades em obter um visto americano:

> O interrogatório para obter o visto americano era complicado. Eles me chamaram em três ocasiões! (e outros apenas uma) [...]. Os americanos me perguntaram várias vezes o que eu tinha feito no Corpo de Segurança Interna, no Exército, se eu estava em serviço obrigatório, o que eles tinham me ensinado. Para eles, o KBW representava subversão e espionagem — e havia de fato unidades subversivas, mas não em nosso regimento, até onde eu sabia. De modo que eu podia lhes contar a verdade. A única coisa que não mencionei foi que no Exército me disseram para eu me filiar ao Partido.[105]

Poznański era mais jovem que Bauman e tinha sido apenas um simples soldado; os americanos sabiam que Bauman fora um major do KBW e se envolvera em atividades do Partido na condição de especialista do Comitê Central. Pode-se presumir que sua única opção seria colaborar com os serviços secretos americanos, se lhe pedissem isso — ou mudar totalmente suas opiniões políticas e seu campo de especialização. Mas ele se recusava a desempenhar o papel de especialista anticomunista no ambiente da ciência política:

> Depois de sair da Polônia, recebi uma enxurrada de convites de todo tipo de instituição "sovietológica" para publicar textos em suas revistas [...]. Recusei-os. Não tinha a intenção de passar a segunda metade da minha vida às custas da primeira (na época, a impressão era que eu podia viver feliz e tranquilo para sempre com base em meu "passado de dissidente"). Eu queria continuar sendo o que era, um sociólogo, e me estabelecer outra vez nesse papel em um novo ambiente era para mim uma questão de honestidade pessoal e de autorrespeito. Acima de tudo, se eu tivesse sucumbido a essas ofertas tentadoras e reciclado minha vida como "sovietólogo", certamente me descobriria deslocado entre os anfitriões (e muito em breve seria visto dessa maneira por eles), da mesma forma como me sentira (e fora considerado) deslocado "no socialismo real existente". Ser "anticomunista" certamente não bastava para que nos sentíssemos confortáveis em nossa convivência.[106]

Ao rejeitar essas ofertas, Bauman se viu como um peixe fora d'água. Não fazendo mais parte do "socialismo real existente" na Polônia ou do nacionalismo polonês, também estava deslocado em Israel, onde "o simples fato de ser judeu era visto como o maior valor de seus cidadãos".[107] Embora Janina tivesse um forte vínculo com a família, marido e mulher se sentiam fora do lugar no país e mais uma vez procuraram um novo lar.

"Nossa história era diferente", escreveu Janina.

> Não podíamos ficar lá para sempre. Não éramos mais jovens, nosso passado era muito carregado, nossa experiência, muito amarga. Era tarde demais para voltarmos a lutar e não pretendíamos nos conformar. Assim, após três anos de uma vida confortável, resolvemos recomeçar e nos estabelecer na Inglaterra.[108]

Anna permaneceu em Israel e as duas filhas mais novas foram para a Inglaterra. Quase cinquenta anos depois, numa discussão privada em Leeds sobre a crise migratória na Europa e a tolerância dos britânicos, que permitiam que as mulheres muçulmanas frequentassem a universidade usando véu (ao contrário dos franceses, que proibiam o "uso de símbolos religiosos visíveis em espaços públicos"), Irena Bauman concluiu: "Então papai estava certo! O melhor lugar para um imigrante é o Reino Unido! Ele sempre disse isso!".

13. Um professor britânico

Começando do zero: Lawnswood Gardens, 1 — Leeds

Aos 46 anos, Bauman mais uma vez começou a construir um lar do zero. Ele e Janina não sabiam se aquela seria sua última mudança. Eles chegaram a Leeds em 1º de julho de 1971, após uma semana de viagem — primeiro de navio, depois em seu velho Ford Cortina, que quebrou no caminho. Após os consertos necessários, chegaram a sua primeira e última residência nas Ilhas Britânicas: Lawnswood Gardens, 1 — Leeds.

Eles tinham comprado a casa quando ainda estavam em Israel; escolheram-na pela proximidade da escola que Lydia e Irena iriam frequentar. Ficava numa área agradável na região norte da cidade, mais moderna, num parque do outro lado de uma nova seção do campus universitário. Perto dali havia outro belo parque com um cemitério, perfeito para caminhadas. A pequena casa era uma das muitas residências no estilo arquitetônico de Yorkshire — as construções eram semelhantes em tamanho e estilo, mas com algumas diferenças que davam ao lugar um ar mais pitoresco do que em outros subúrbios.

Os Bauman encontraram sua nova residência após uma consulta ao bom amigo Leszek Kołakowski, que acabara de se mudar para o Reino Unido e lhes escrevera uma longa carta em dezembro de 1970 respondendo à pergunta: "Como comprar uma casa na Inglaterra?".[1] Kołakowski, o novo proprietário de uma casa em Oxford, escreveu:

> Uma casa do tamanho que vocês precisam (creio que com três quartos), com um sistema de calefação satisfatório (sobre cuja importância não vou me estender aqui), custa de 6 mil libras até o infinito [...]. Quanto conseguirão emprestado depende de seus rendimentos (o máximo é dois anos de salário do mutuário) e da idade da casa (as mais antigas custam menos. Se você quiser comprar a abadia

> de Westminster, receio que terá de pagar à vista; o mesmo vale para a catedral de Coventry etc.). Para casas novas (todo mundo se queixa delas — parecem ter a mesma quantidade de defeitos das casas na Polônia, e é preciso passar meses negociando para consertar janelas que nunca fecham e outros dispositivos que não funcionam etc.), é possível conseguir até 95% da hipoteca [...]. A esse valor você deve acrescentar impostos municipais, pagos a cada seis meses, e inúmeras outras taxas que acompanham a aquisição (advogados, a cidade, o Estado, a humanidade etc. — em nosso caso, foram duzentas libras porque somos ex-milionários). Em resumo, é difícil começar sem um mínimo de mil libras. *C'est la vie.*[2]

A cáustica mas bem-humorada carta também expressava a alegria pelo fato de os Bauman estarem se juntando ao grupo britânico dos acadêmicos de Varsóvia expulsos a pontapés. Amigos esperavam sobretudo em Londres, disse Kołakowski, mencionando Maria Hirszowicz e o marido, o historiador Łukasz. Maria, parte do grupo de Hochfeld, era colaboradora de Bauman e amiga íntima de Janina. Kołakowski dizia ainda que ele e a família haviam decidido que a casa em Oxford seria sua última residência. Em outra carta do mesmo período, Kołakowski informou o valor exato que desembolsara pela casa, pedindo que Bauman o mantivesse em segredo — um forte indício dos laços que uniam os dois homens naquela época. Seguindo o conselho de Kołakowski, Bauman resolveu comprar uma casa "antiga" — mas não a abadia de Westminster.

A casa fora construída na década de 1950, e os Bauman eram a segunda família a morar nela. Era uma casa inglesa tradicional, com espaço para uma família de classe média: um lar modesto e funcional, aconchegante e caloroso — um lugar perfeito para a vida em família, com respeito à privacidade. A construção era como as casas vizinhas: tijolos vermelhos cobertos em parte por reboco branco. A porta principal dava diretamente para a sala de estar; atrás dela ficavam uma pequena cozinha e uma ampla sala de jantar. No primeiro andar havia quatro quartos e um pequeno espaço onde Zygmunt montou seu primeiro escritório. Era muito parecido com a cela de um monge, contendo apenas o estritamente necessário. O escritório de Janina era o oposto: o cômodo mais amplo da casa, com uma bela mesa e muita luz. A casa toda captava a luz do dia por janelas com charmosos vitrais.[3] Esse "ambiente muito britânico" se tornou o novo lugar na terra para a família Bauman.

"No começo eu vivia num vácuo, sem raízes em lugar algum, sem uma âncora que me prendesse. Foi uma época ruim para nós quatro", escreveu Janina sobre os primeiros anos.[4] Ela estava encarregada do trabalho doméstico, que nunca fora uma fonte de prazer ou satisfação. Antes de 1968, ela tinha uma vida de responsabilidades na área da produção de filmes, era uma mulher profissionalmente realizada que contava com forte apoio e legitimidade institucional. Ser dona de casa era algo difícil de aceitar, mas ela se dedicava à família, tentando fazer o melhor possível para tornar a casa um lugar acolhedor para o laborioso marido e as filhas. Esforçou-se para aprender a cozinhar, e com o tempo acabou conseguindo, embora não superasse as habilidades de Zygmunt, provavelmente herdadas, mas com certeza muito bem cultivadas. Embora não fosse seu estilo de vida favorito, Janina decidiu se concentrar nas filhas, e descobriu que esse período inicial no Reino Unido as tornou mais próximas.

As gêmeas de dezesseis anos precisavam de seu apoio. Não estavam felizes em se mudar para seguir o pai: "Elas foram tiradas da escola em que haviam acabado de se instalar, colocadas num navio e trazidas para um país estrangeiro, onde tiveram de começar tudo de novo".[5] Esse tipo de mudança, sobretudo quando ocorre diversas vezes, é difícil para crianças, ainda mais adolescentes, que estão começando a estabelecer fortes laços emocionais com seus pares.[6] Irena e Lydia tinham mais uma vez de aprender uma nova língua (haviam tido algumas aulas particulares de inglês em Varsóvia, num nível rudimentar), com novas matérias, um sistema educacional diferente, novas regras de trabalho e novos estilos de ensino, escrita e avaliação. Tudo era novo.

O mais difícil deve ter sido a enorme pressão dos exames finais obrigatórios na Inglaterra para os adolescentes de dezesseis anos. Ao acolher estudantes lançados de súbito em uma nova língua e cultura, os diretores de escola costumavam tentar fazê-los começar na série anterior a fim de lhes proporcionar um período de adaptação. Mas Bauman, que tinha passado por diferentes sistemas escolares sem nenhum efeito nocivo durante a juventude, acreditava que fazer as gêmeas recuarem um ano constituiria uma punição, de modo que negociou com o diretor da escola em Leeds e o convenceu a deixá-las começar sem repetir o ano. Prometeu que elas se sairiam bem, o que de fato aconteceu. Assim como o seu dedicado pai, as garotas se esforçaram para passar nos exames e terminaram entre os primeiros da turma. Mas esses esforços cobraram um preço, deixando as meninas tão exaustas que acabaram tendo problemas de saúde. Ainda assim, a pressão e o intenso foco na educação compensaram, pois elas conseguiram se integrar a tempo de ter uma vida agradável na escola, sendo totalmente "absorvidas" pelo ambiente inglês.[7] Para Zygmunt, a transição levou mais tempo, embora sua relação com a Universidade de Leeds tenha começado antes da mudança para a Inglaterra.

As boas-vindas à Universidade de Leeds

Numa entrevista com Simon Tabet, Bauman explicou que o convite para Leeds foi "milagroso".

> Até hoje não faço ideia de quem fez a recomendação: ele ou ela jamais se revelou. Existe um costume britânico para quando se anuncia uma cátedra ou um cargo de professor: escreve-se para representantes da profissão no país pedindo sugestões. Quem pode ou deve ser abordado? Era uma disputa pela cátedra, mas nunca me candidatei. Um dia, simplesmente recebi um telegrama que dizia: "O senhor teria interesse em dar aulas na Universidade de Leeds?". E eu respondi por telegrama: "Sim". E assim foi.[8]

Bauman chegou a Leeds para reuniões com o corpo docente na primeira semana de janeiro de 1971. Sua posição de professor de sociologia fora confirmada vários meses antes. Em 21 de setembro, a universidade publicou uma nota nos jornais locais:

> O novo professor de sociologia da Universidade de Leeds é o eminente sociólogo polonês/israelense Zygmunt Bauman. Sua nomeação vai acontecer em abril de 1971, quando sucederá ao professor Eugene Grebenik, que ocupou a posição desde 1954.

O anúncio falava do passado de Bauman na Universidade de Varsóvia e de sua demissão, resultado da "crescente onda de antissemitismo na Polônia". Dava detalhes sobre as posições que Bauman havia ocupado antes, descrevia seus principais interesses de pesquisa como sendo "a sociologia da política, a aplicação da teoria dos sistemas e da teoria da informação e da semiótica na análise sociocultural" e destacava seu interesse de longa data pela Inglaterra, a começar por sua tese sobre o socialismo britânico.[9]

Esse breve comunicado oficial deixa claro que a universidade estava orgulhosa com a nomeação de Bauman.[10] Enquanto mostrava o lado internacional de sua carreira como um trunfo, também o ancorava em Leeds ao mencionar seu interesse pelo Reino Unido. Seu "britanismo" é forte nos títulos e temas de seus estudos. Esse "selo institucional britânico" serviria para legitimar a nomeação de Bauman e tranquilizar os céticos quanto à escolha de um "estrangeiro" para a posição. Evidentemente, não havia nada de novo na contratação de estrangeiros por parte das universidades. A partir da década de 1930, muitos fugitivos da Alemanha nazista haviam ingressado na academia britânica, e o Departamento de Estudos Sociais de Leeds tinha um passado de muita diversidade.

A Universidade de Leeds não era uma instituição de prestígio, mas um lugar que preparava profissionais para a indústria e a administração locais. Durante a década de 1960, no entanto, ela se tornara "um importante centro de pesquisa e pensamento sociológicos".[11] Seu Departamento de Estudos Sociais tinha "um grande embasamento teórico, histórico, comparativo e orientado para o mundo (ou seja, não era metodologicamente nacionalista, concentrado na Grã-Bretanha, ou análogo ao papel de 'servidor civil')", como explicou Jack Palmer.[12] Essa orientação cosmopolita fora introduzida por Fernando Henriques (antropólogo social nascido na Jamaica em 1916 que se tornou, provavelmente, o primeiro negro a chefiar um departamento no Reino Unido) e prosseguira com John Rex (ativista antiapartheid e especialista em países não industrializados nascido na África do Sul em 1925). Na década de 1970, porém, o departamento começara a perder um pouco de seu glamour, e havia um desejo de trazer mais diversidade, não só em termos de foco em culturas não europeias, mas também diversidade política. Como intelectual marxista do Leste Europeu, Bauman era um candidato perfeito.

Um de seus alunos, Max Farrar, recorda:

> Nós, estudantes revoltados, ficamos muito satisfeitos quando, em 1970, o antecessor de Bauman, um estatístico, pediu demissão. Criamos uma comissão

para nomear um professor da nossa escolha e escrevemos para Erich Fromm, Colin McCabe e Laurie Taylor solicitando que se candidatassem à vaga. Sem que soubéssemos, lorde Boyle, o novo vice-reitor da Universidade de Leeds, havia manifestado seu desânimo diante da total ausência de marxistas em seu departamento de ciência social. (Naquela época os conservadores respeitavam a educação liberal.) Ralph Miliband foi escolhido para ser professor de política e Zygmunt Bauman se tornou professor de sociologia.[13]

Com efeito, Miliband desempenhou um papel fundamental na "importação" de Bauman para Leeds;[14] ele havia saído de Londres e queria construir em Leeds um forte ambiente esquerdista. Outro acadêmico que teve um papel importante para a nomeação foi Peter Worsley,[15] antropólogo da Universidade de Manchester. Worsley tinha convidado Bauman para exercer o cargo de professor visitante em Manchester em 1966, depois de conhecê-lo no Congresso da Associação Internacional de Sociologia em Stresa, na Itália, em 1959. Como Worsley observou em suas memórias:

> Pela primeira vez conhecemos russos e alemães orientais, mas a delegação que causou o maior impacto foi a da Polônia, país com uma longa tradição de excelência nas ciências sociais, e onde novas manifestações de pensamento independente emergiam mais uma vez. Fiquei particularmente impressionado com Zygmunt Bauman, e mais tarde pude intermediar sua vinda para o Reino Unido, depois que ele foi expulso da Polônia, na fase do antissemitismo, mas com permissão de ir para Israel.[16]

Bauman trouxe "sangue fresco do continente" para animar um conturbado departamento de estudos, segundo Max Farrar:

> Em 1971, no meu terceiro ano de graduação no moribundo Departamento de Sociologia da Universidade de Leeds, ele [Bauman] entrou na sala e começou a falar rápido em seu inglês com sotaque polaco. Pensei: "Finalmente temos um professor que é um sociólogo de verdade". Fiquei intrigado por sua decisão de vir para a Inglaterra. O antissemitismo o havia tirado da Polônia e o levara para o exílio em Israel em 1964 [sic], mas ele rejeitou o país. Ele podia ser descrito como um migrante, e portanto um forasteiro.[17]

Zygmunt estava familiarizado com a sociologia britânica quando chegou a Leeds. No livro de Halsey sobre a história da sociologia, ele assim reconstruiu sua percepção do universo acadêmico britânico:

> Chegando à Grã-Bretanha no início da década de 1970, fiquei chocado com a composição demográfica da sociologia britânica: alguns homens idosos (e um número bem menor de mulheres idosas) que na maioria dos casos vagavam por departamentos de sociologia que haviam proliferado recentemente a partir de seções com diferentes nomes e competências — separados por um enorme abismo dos professores, na maioria dos casos recrutados entre ex-alunos recentes dos novíssimos cursos de sociologia pós-Robbins, e todos aparentemente nascidos quase na mesma época [...]. Era provavelmente a relativa novidade da disciplina [...] que fazia o público britânico ficar inquieto e desconfiado — outra coisa estranha do ponto de vista da minha formação continental [...]. [A] sociologia era malvista, era a fórmula telenovelística de uma ovelha negra da família, de modo que parecia natural para uma mente perceptiva como a de Bradbury presumir que o "homem da história", cínico e encrenqueiro, devia ter sido um sociólogo. Uma vez mais, fiquei chocado: como era notavelmente prestigiosa, em comparação, a posição pública da sociologia na França, na Alemanha ou mesmo em minha Polônia natal, onde ela havia se estabelecido na visão pública de mundo na onda do crescente otimismo e autoconfiança do final do século XIX. Parece que o público britânico não esperava muito dessa disciplina recém-criada [...]. Uma vez mais, um profundo contraste com a consideração de que o conhecimento sociológico gozava na Europa. Lá, a sociologia era, por consenso, o repositório de uma sabedoria importante: uma espécie de consultoria não governamental cujos profissionais eram aqueles a quem se devia consultar sobre o itinerário e a quem se devia pedir conselhos quanto aos novos passos a serem tomados em cada cruzamento. Na Grã-Bretanha, não percebi muito interesse pela opinião dos sociólogos. Dificilmente era ela inquirida pela mídia responsável por estabelecer as normas (com exceção, talvez, de uns poucos periódicos fora do padrão, mais notadamente a *New Society* — mas mesmo ali a sociologia vivia fora de sua administração pública original e de sua encarnação como política social), e em tempos de crise ou de "pânico moral" eles eram os "especialistas" com menor tendência a serem requisitados [...]. Da arena pública, a sociologia estava ausente. Ou então servia como o limite externo do que era relevante e digno de atenção

[...]. Fiquei profundamente impressionado com a efervescência intelectual que se fazia notar em uma série de encontros sociológicos (embora realizados em pequenas capelas aqui e ali e não nas majestosas igrejas de lugares como Leicester, Durham, Warwick ou o Goldsmiths College), com estudantes que desafiavam e pressionavam seus professores a se concentrar na tarefa de iluminar as condições sociais em rápida transformação e de entender experiências de vida desconhecidas, com a sensibilidade ética da maioria dos debates, ainda que estritamente profissionais, e o zelo por vezes quase missionário de seus participantes, com a abertura (muitas vezes excessiva) e a curiosidade (por vezes injustificável e crédula) em relação a novas ideias, e com o imenso volume de autorreflexão e autoanálise no desenvolvimento de um conhecimento social adequado das novas realidades sociais. Havia um sentimento generalizado e estimulante de "recuperar" o tempo perdido e de um novo começo — não contaminado pelo longo registro de becos sem saída, de frustrações e promessas não cumpridas que esfriavam o fervor e restringiam as ambições dos sociólogos continentais.[18]

Surpreendentemente, Bauman omitiu a presença de acadêmicos "estrangeiros" — sobretudo dos que haviam fugido da Alemanha nazista e levado para o Reino Unido a tradição "continental".[19] Ele comparou o ambiente sociológico britânico aos que ele já conhecia — Polônia e Europa Ocidental. Depois da Universidade de Varsóvia, onde a sociologia era uma disciplina da moda, em que a principal oposição política nascia dentro de seus próprios departamentos e os sociólogos eram intelectuais públicos importantes (ainda que se transformassem em bodes expiatórios de um regime autoritário e perdessem seus empregos), Bauman foi para o Reino Unido, onde a disciplina era relativamente recente e não considerada tão importante, e o status do sociólogo era baixo. Assim, ele estava interessado em instituições de segunda categoria em função de sua dinâmica original, inovadora e tolerante. Enquanto seus colegas preferiram lugares de maior prestígio (Kołakowski e Brus, Oxford; Sendler, Universidade de Chicago; Baczko, Universidade de Genebra, depois de Clermont-Ferrand), Zygmunt se estabeleceu na Universidade de Leeds. "Quando Bauman chegou aqui [a Leeds], ninguém acreditava que fosse ficar", afirma Keith Tester. "Leeds [...] naquela época era uma cidade industrial muito sem graça [...] ninguém ia para lá por escolha."[20] Mais uma vez, as escolhas de Bauman foram inusitadas.

Logo depois de chegar, ele apresentou sua proposta para o futuro desenvolvimento do Departamento de Estudos Sociais. Ele buscava reforçar a posição da sociologia com a criação de uma escola de pensamento social. Essa proposta suscitou algumas preocupações entre os futuros colegas. Amostras de suas reações podem ser percebidas numa carta de 7 de janeiro de 1971, enviada por Alan Dawe para Bauman em Tel Aviv:

> Sou um dos que vibraram em silêncio ao ouvir sua concepção de como deveria ser o departamento. A criação de uma escola de sociologia identificável e distinta é algo para o qual eu gostaria muito de dar qualquer contribuição que me seja possível. O segundo ponto decorre desse, e ecoa algo que Dennis Warwick disse em uma das reuniões. Ele apontou que, embora isso tenha ficado menos discernível ultimamente, existe uma tradição de Leeds.[21]

De acordo com Jack Palmer, a tradição de Leeds era "cosmopolita", mais globalista e historicamente comparativa em seu escopo. Em Leeds, John Rex havia ensinado "módulos que tinham como foco a sociologia de 'um só mundo' no sentido de antecipar a noção de globalização — com efeito, Roland Robertson, o primeiro a definir o termo tal como conhecemos hoje, trabalhava em Leeds nessa época".[22] Como mencionou Dawe em sua carta para Bauman, em continuidade a Weber e criticando o determinismo marxista, Rex propôs a teoria do conflito, mais complexa. Seus alunos — Bob Towler e o próprio Dawe — seguiram o mentor em diferentes trilhas, mas seus alunos eram identificados no Reino Unido como "estudantes formados em Leeds". Embora por "várias razões [...] as coisas aqui tenham se estagnado nos últimos anos", Dawe oferecia a Bauman sua ajuda, sugerindo que alguns de seus colegas "estão apenas esperando, ávidos por retomar a tarefa de criar novamente uma tradição de Leeds".[23]

Um professor do Leste Europeu encarregado de reconstruir e criar uma tradição sociológica em Leeds. Era um enorme desafio:

> Depois da chegada do professor Bauman [...], o currículo de sociologia passou por significativas reformas, mas a importância da comparação internacional (e na verdade histórica) continuou sendo fundamental para a imaginação sociológica estimulada nos estudantes da época.[24]

Max Farrar relembra esse início:

> De sua parte, Zygmunt ficou pasmo ao descobrir que ninguém no departamento ensinava sociologia fenomenológica. Ele então pediu a um jovem professor que lesse Alfred Schütz e contasse aos alunos de terceiro ano tudo sobre a nova sociologia que estava surgindo. Eu já gostava de Weber e Sartre, de modo que li Schütz e gostei do pouco que consegui entender. Isso nos revela que Zygmunt nunca se ateve a uma rotina sociológica em particular: ele respeitava o amplo campo da sociologia. Assim, os membros de nosso grupo que se tornaram alunos de doutorado no departamento dele em 1972 eram de todos os ramos teóricos da árvore sociológica. Um deles era dos socialistas internacionais. Outro levantava a bandeira de Althusser. Um terceiro repetia o adágio "Os marxistas mudaram o mundo; o problema é entendê-lo". Este se trancou na biblioteca onde passou o resto de sua carreira. Zygmunt, por outro lado, parecia desejar que as centenas de brotos florescessem.[25]

Com suas ideias e uma vitalidade inesgotável, Bauman tinha algumas das características importantes de um chefe de departamento.

Chefe de departamento em Leeds

No início de maio de 1971, quando ainda estava em Tel Aviv, Bauman recebeu uma carta de J. V. Loach:

> Caro professor Bauman, sinto ter de lhe contar que o professor Hanson teve um colapso e faleceu na Câmara dos Comuns na semana em que participava de uma reunião de um Comitê Restrito sobre Indústrias Nacionalizadas. Embora ele já sofresse de problemas de saúde, foi um grande choque para todos nós. O vice-reitor me pediu para lhe dizer que ficaríamos gratos se o senhor pudesse assumir a chefia do Departamento de Estudos Sociais, mas solicitou ao sr. Kirk que se encarregue dessa tarefa até o seu retorno a Leeds.[26]

Bauman muitas vezes mencionava o impacto do acaso sobre as biografias: o poderoso papel de um elemento incontrolável que pode de uma hora para outra mudar significativamente uma trajetória. Um exemplo desse tipo de ponto de inflexão na vida de Bauman foi este: a morte do antigo chefe do departamento, que levou à sua nomeação. Embora fosse um excelente cientista, pesquisador e professor, Bauman nunca havia conduzido a administração de um grande quadro de professores universitários. Além disso, ignorava o contexto e a cultura do departamento, um ambiente político, científico e econômico inteiramente desconhecido. Os primeiros anos não foram fáceis.

Há diferenças importantes entre as edições inglesa e polonesa do livro de Janina no que se refere ao bem-estar de Zygmunt durante os primeiros anos de sua vida em Leeds. Seus colegas britânicos puderam ler na versão em inglês que Bauman,

> como provedor, sofreu mais, suportando a maior parte do fardo. Só aos poucos, muito aos poucos, aprendeu a lidar com o novo papel e o novo ambiente. Mas pelo menos ele de fato pertencia a um lugar desde o início, sendo vinculado ao departamento e definido como seu chefe.[27]

A versão polonesa é muito menos otimista:

> Foi difícil para todos nós. Principalmente para Zygmunt. Funcionários do corpo docente com muitos anos de casa encaravam com relutância o novo chefe, um estrangeiro, um estranho vindo do Leste, de um mundo com uma ideologia e uma cultura exóticas. Ele despertou um sentimento de suspeita, talvez até de apreensão. Falava com um sotaque estranho, sabia o que eles não sabiam e ignorava tudo sobre os assuntos cotidianos da vida na Inglaterra. Ele não disfarçava. Sentia-se um estranho. Era um estranho. E nunca deixou de sê-lo, muito embora, com o passar dos anos, tenha ganhado cada vez mais respeito, confiança e simpatia.[28]

O fato de que Bauman "se sentia um estranho e nunca deixou de sê-lo" talvez surpreenda alguns de seus colegas britânicos, que tinham a impressão de que ele parecia em casa em Leeds. Mas a ambivalência é um sentimento comum entre imigrantes. Os Bauman haviam vivido quarenta anos numa outra cultura e teriam permanecido em Varsóvia se pudessem escolher. "Ser um forasteiro" significa uma disputa constante entre a condição de ser de dentro e ser de fora, um jogo dinâmico permanente. Embora parecesse estar em casa, Bauman nunca escondeu sua singularidade. Como contou a Włodek Goldkorn:

> Depois de escapar do comunismo, não me juntei aos anticomunistas, embora tenha recebido muitas ofertas tentadoras. Eu não estava buscando na hospitalidade do nacionalismo israelense uma compensação por ter sido expulso pelo nacionalismo polonês. Na Inglaterra, por consentimento mútuo e para satisfação recíproca, não finjo ser um inglês nem eles me consideram como tal. Talvez por isso a minha singularidade não incomode nem a mim nem a eles.[29]

Em outras palavras, apesar das diferenças e dos obstáculos, havia um consentimento mútuo sobre o papel que o imigrante desempenhava e sobre seu lugar na sociedade. Uma vez que seus anfitriões lhes ofereciam condições de vida semelhantes às dos nativos, talvez fosse correto que eles não tivessem de se tornar ingleses. É raro encontrar em qualquer lugar da Europa continental um chefe de departamento originário de outro país, muito menos um convidado a ocupar essa prestigiosa posição tendo apenas acabado de chegar (e não só devido à falta de domínio da língua). No que diz respeito a isso, a Grã-Bretanha é um país altamente singular, e a Universidade de Leeds, em particular, era um lugar excepcional em sua diversidade, cosmopolitismo e abertura a acadêmicos vindos de fora da Europa Ocidental. Ainda assim, podemos imaginar o incrível desafio enfrentado por Bauman ao aceitar a chefia do departamento.

"Quando vim para Leeds", ele me contou em 2013,

> não era absolutamente uma universidade ruim, embora eu tenha sido seu primeiro professor de sociologia. Antes era diferente, o administrador da cátedra era um demógrafo, não um sociólogo, mas em geral havia uma mistura de ciências sociais. Para minha surpresa, e fiquei pasmo ao descobrir isso, grande parte do que eu havia trazido de Varsóvia em minha cabeça que se relacionava à sociologia era absolutamente *terra incognita* para os funcionários do departamento, e era a primeira vez que eles ouviam alguém falar sobre isso. Seu conhecimento era muito pouco. [Seu trabalho de campo, sua pesquisa, sua leitura eram feitos] principalmente na Inglaterra e em inglês, porque os ingleses, como se sabe, não

> têm muita leitura em línguas estrangeiras. Varsóvia era singular [...]. Possuía uma atmosfera excepcionalmente favorável — de modo que, quando alguém tinha um talento, este assumia formas e cores, porque havia tantos fertilizantes intelectuais possíveis que todo mundo encontrava algum. Nossa equipe era única — a organização do trabalho era única, nunca mais vi nada parecido na vida [...]. Em Varsóvia éramos pessoas que discutiam e apresentavam seus trabalhos umas às outras; cada projeto interessava a todos os outros membros. Lá, ninguém estava realmente só, não trabalhávamos em isolamento. Nunca vi isso em nenhum outro lugar [...] nem mesmo em Leeds, durante os vinte anos em que fui chefe de departamento. O professor da sala ao lado não sabia sobre o que o vizinho estava escrevendo, o que pensava etc. Todos trabalhavam na solidão. É claro que havia seminários, e isso era bom, porque de tempos em tempos alguém expressava alguma coisa [...] mas nesses seminários o orador era em geral um convidado de fora. Pessoas de dentro se encontravam no café para conversar sobre garotas e não sei mais o quê, mas muito pouco sobre o trabalho. Não havia um pensamento de equipe. Onde quer que eu estivesse, era assim.[30]

O trabalho solitário e a falta de um pensamento de equipe — ou de momentos para "falar de ciência", como dizem os cientistas no laboratório[31] — provavelmente estão entre as queixas mais frequentes de pesquisadores isolados. Compartilhar novas ideias e observações é algo que ajuda muito a avançar no trabalho cognitivo. É por isso que os gestores de atividades científicas de algumas instituições convidam ou até exigem que os pesquisadores tomem café juntos regularmente para terem momentos para "falar de ciência". Muitas vezes, disse Bauman, ele era convidado a passar alguns meses em centros de pesquisas com a orientação de "ir e ficar, pensar, ver, fazer o que você quiser", mas, embora houvesse gente de diversos lugares do mundo nesses centros, o contato entre elas era mínimo. A exceção foi em Camberra, na Universidade Nacional da Austrália, onde ele foi professor visitante em duas ocasiões, 1970 e 1982: "Lá, isso era uma imposição — éramos obrigados a nos encontrar para o café às dez da manhã. Tínhamos um encontro de meia hora, e era sempre muito bom".[32]

Isso era quase o oposto de seu trabalho em Leeds: "Os dez primeiros anos na Inglaterra foram muito difíceis", ele me disse.

> Existe um sistema pelo qual eles não promovem pessoas de dentro da universidade; se há uma vaga para professor, ela é anunciada no país inteiro [...]. Quando cheguei, havia um professor no departamento, e até o fim da vida ele o chefiou. Era como um condenado [ao trabalho administrativo]. Isso é estúpido, porque ele pode ser muito bom como professor, pensador e instrutor, mas aqui ele tem de ser um gestor. Por que misturar as duas coisas? Era um mistério para mim. Eu realmente detesto o trabalho administrativo, por isso me sentia muito mal. A chegada de alguém de fora é sempre um choque — um choque traumático. Você não sabe nada sobre a pessoa. É um estranho, totalmente desconhecido. Que tipo de ser humano ele é? Gosta de carne de boi ou de carneiro? Gosta de participar de comissões ou prefere falar com os estudantes? É uma pessoa perversa, invejosa ou prestativa? Ninguém sabe. E eu era um estranho elevado à terceira potência — não apenas vinha de outra universidade, mas era de outro país, de outra cultura e falava outra língua.

"E de outro sistema de educação superior", acrescentei.

> Sim! [...] Em meus primeiros dez anos aqui, eu tinha de garantir às pessoas o tempo todo que quando dizia garfo não queria dizer colher [...] porque elas sempre imaginavam: "O que será que ele realmente quis dizer com isso? Quais são os pensamentos ocultos por trás?". Mas dez anos bastaram para eles concluírem que eu era uma criatura normal.[33]

Dez anos é o tempo que pesquisadores estrangeiros dizem ser necessário para serem aceitos pelo ambiente local como "um de nós".[34] Bauman, porém, não era o "acadêmico emigrante" típico, já que se tornara chefe do departamento logo depois de chegar a Leeds. Essa posição exige um enorme volume de trabalho administrativo que a maior parte das pessoas na academia não aprecia e com frequência trata como "trabalho sujo".[35] Bauman não tinha interesse em funções administrativas e não ficava feliz por ter de gastar seu tempo em comissões e encontros, mas sabia como tornar essas tarefas necessárias um pouco mais interessantes, como se recordam alguns colegas. Havia as tradicionais tensões entre o chefe do departamento e a equipe administrativa, embora ninguém se lembre de nada específico. Talvez Bauman fosse rigoroso demais em seu apego às regras, uma característica tipicamente atribuída aos nascidos em Poznań. Ou talvez sua falta de experiência como estudante britânico possa ter causado tensões. Na Universidade de Varsóvia, a sociologia estivera na moda, e seus alunos eram da elite local. Numa universidade pública britânica que não fosse Oxford ou Cambridge, os hábitos de estudo eram diferentes. Alguns colaboradores se lembram de ouvir o boato de que ele não era um chefe muito dócil. Por outro lado, contudo, ele era lembrado por organizar reuniões muito breves (como sempre, tentava fazer tudo depressa). Acima de tudo, seu "grande truque" administrativo era o humor. Ele dominava a arte do "comentário espirituoso", acalmando as situações e conflitos mais problemáticos ao contar "histórias engraçadas". O corpo docente passou a antever as "piadas polonesas" de Bauman, com frequência repetidas no campus.[36] Elas eram parte de seu carisma e de sua aura como professor. Algumas foram relembradas por anos após a última reunião que ele organizou como chefe de departamento, em 1991.

As chamadas "piadas polonesas" eram na verdade piadas de judeus, tesouros da cultura asquenaze populares na Polônia do pós-guerra. Bauman tinha algumas pequenas coletâneas de piadas de judeus e frequentemente sacava uma delas, muitas vezes com o duplo objetivo de inspirar o riso e o pensamento. Um conhecimento profundo se ocultava nessas histórias, como a particular advertência aos que estavam sobrecarregados de trabalho: "Pegue uma cabra. Tome conta dela todos os dias. Depois de dois meses, deixe que ela vá embora. Aí você vai ter muito tempo livre e não vai mais se queixar do excesso de trabalho". Essa é uma "versão suave" da clássica história judaica sobre o conselho do rabino ao pai estressado com uma casa cheia de crianças.

Esses breves momentos de descontração eram fundamentais para aliviar um pouco do estresse acumulado durante longos dias. Bauman trabalhou duro a vida inteira, encarnando o estereótipo polonês dos naturais de Poznań: pessoas sérias, organizadas e responsáveis.[37] Bauman era o tipo weberiano ideal desse estereótipo.[38]

Seu gabinete ficava no campus central. Durante os anos que passou em Leeds, ele manteve a mesma rotina:

> Chego sempre às seis da manhã [...] por dois motivos. Primeiro, quando venho às seis da manhã levo dez minutos, mas quando saio de casa às sete ou às sete e meia, levo uma hora. Em segundo lugar, era o único momento na universidade

> em que eu podia escrever alguma coisa, pensar alguma coisa antes de os clientes, estudantes e colegas chegarem com uma série de questões.[39]

Como ele havia aprendido no Exército, levantar cedo lhe dava um tempo para si, uma dimensão de liberdade e agência. Na universidade, o tempo do chefe do departamento pertence à instituição. Chegar cedo acrescentava alguma coisa ao seu trabalho pessoal. Um de seus alunos de doutorado, Terry Wassal, recordou que, "depois de uma festa no departamento, Richard, Ian, Aidan, Steve Malloy e eu estávamos tomando um último drinque antes de amanhecer, às cinco e meia da manhã, quando Zygmunt Bauman chegou para iniciar sua jornada de trabalho".[40] Esse hábito era um excelente exemplo para os alunos. Wassal se lembrou das aulas de Bauman às nove da manhã:

> Esse parecia ser seu horário preferido, sem dúvida, em função de seu hábito de chegar ao departamento nas primeiras horas da manhã [...]. Ele costumava entrar às nove em ponto e começar a dar sua aula imediatamente, sem concessões a quem chegasse mais tarde. Mas o teatro estava sempre lotado. Ninguém queria perdê-la. Lá atrás, nas décadas de 1970 e 1980, esse não era o comportamento normal de um estudante![41]

As aulas de Bauman podiam parecer um pouco confusas, porque ele gostava de estabelecer uma conexão entre elas e as grandes notícias do dia (saindo de casa cedo, tinha tempo para ler as manchetes ou ouvir rádio em seu deslocamento até a universidade). Ele se alternava entre ficar de pé e sentado à sua mesa, tendo nas mãos um pedaço de papel com alguns pontos principais. As aulas eram empolgantes — desde a juventude, Bauman se especializara em falar para grandes grupos sem predisposição a se interessar pelo que ele dizia.[42] Ele ensinava sem impor sua maneira de fazer as coisas e tentava fazer as pessoas acreditarem em si mesmas. Nem todos gostavam de seu estilo ou do conteúdo de suas aulas, mas os alunos concordavam que ele era um professor carismático.

Infelizmente, a avaliação do trabalho acadêmico de Bauman em Leeds foi negativa devido à sobrecarga de deveres administrativos:

> Aqui em Leeds, quando eu era chefe do departamento [...] perdi meu tempo durante vinte anos. Não tinha tempo para pensar ou escrever [...] [com] as questões da administração, das comissões e de todas essas coisas depois das quais nada continua [...]. É realmente algo que consome o seu tempo e o deixa exausto. Quando eu chegava em casa, às sete ou oito horas da noite, não conseguia fazer nada. Nada.

Alguns acadêmicos ficam felizes com o prestígio e o poder emanados da posição de chefe de departamento. Para Bauman, era algo que consumia o seu tempo. Depois de se aposentar, ele criticou o sistema abertamente:

> É uma terrível perda de tempo para bolsas e tudo o mais. Esses trabalhos não significam nada. [Bauman se referia a tarefas que consumiam tempo, como solicitações de bolsas e outros trabalhos administrativos.] Nada resulta disso, exceto a homenagem feita a alguma força poderosa, que é completamente desnecessária. Uma força cujo único propósito é confirmar sua indispensabilidade.

Apesar da sobrecarga administrativa, Zygmunt conseguiu encontrar algum tempo para seu trabalho sociológico. Sua atividade editorial se reduziu em comparação com o período polonês, mas o ensino lhe permitia conduzir discussões sociológicas e trocar ideias, sobretudo com alunos de doutorado.

Orientando alunos de doutorado: Bauman e Tester

Em nossa entrevista de 2013, Bauman criticou duramente o sistema de educação da academia:[43]

> O sistema universitário é cheio de contradições internas, e isso não conduz de forma alguma à criatividade. Pelo contrário! O sistema existe para se reproduzir e afastar qualquer possibilidade de desvio. As universidades são o último vestígio das corporações de ofício da Idade Média. Nesse sistema, o aluno deve passar por um exame para mostrar que não fará nada diferente daquilo que lhe foi ensinado por seu mestre — os mestres fazem parte da comissão. É por isso que eu sempre sofri um dilema ao orientar alunos de doutorado. Porque eu

tenho essa ideia estúpida de que a ciência existe para romper os cânones e não para petrificá-los. Eu queria inspirar algum espírito criativo em meus alunos de doutorado, mas sabia muito bem que, se o fizesse, poderia colocá-los numa situação perigosa. Isso porque, depois de passarem pelo exame da comissão de doutorado e serem submetidos a uma banca — a chamada avaliação por pares —, cada membro da banca terá expectativas completamente diferentes,[44] mas uma coisa em comum: eles darão aos candidatos a nota mais baixa possível. Assim, ao pedir a um aluno de doutorado para ser criativo, eu estaria agindo contra o seu interesse. Por isso, cheguei a uma fórmula mais ou menos assim: ouça e não pense de forma diferente nem invente muito. Mostre que leu tudo que deveria ler, cite um grande número de fontes e se mantenha próximo à metodologia da moda. Escreva sua tese de doutorado, defenda-a e depois... jogue fora! E escreva um livro sobre o que você realmente aprendeu durante o curso de doutorado. São duas coisas separadas: uma boa tese de doutorado não mostra um apanhado de ideias criativas... um livro é diferente. Você está lendo e fica espantado — eureca! Essa é a contradição interna da universidade. E esse sistema de avaliação por pares possibilita que o editor evite tomar uma decisão e oculte sua responsabilidade por trás dos avaliadores. Opinião consensual?[45] O que é isso? [...] O que chamamos de "opinião consensual" é na verdade colocar tudo no mesmo nível medíocre.[46]

A estratégia de Bauman em Leeds foi semelhante à de Hochfeld em Varsóvia, no sentido de que ambas tinham como compromisso adaptar o seu público — na Polônia, a questão era política, enquanto na Grã-Bretanha o problema estava relacionado a convenções no sentido beckeriano. Em seu livro *Art Worlds* (1982), Howard Becker analisou os processos dinâmicos e mutáveis da elaboração de convenções, que nunca são totalmente revogados, mas apenas alterados de maneira a evitar que a comunicação se torne ineficaz, levando à rejeição do trabalho artístico. Para fazer uma "inovação", o artista deve respeitar a maior parte das regras, subvertendo apenas algumas.[47] O exercício da adaptabilidade no contexto fechado de expectativas precisas demais é difícil para muitos jovens habilitados ao trabalho acadêmico. Estar preso numa arapuca entre o sistema conservador, quase feudal, e a expectativa de ser criativo (sem nenhuma definição exata desse termo) exige estratégias complexas. O orientador é uma pessoa-chave nesse longo desafio.

Bauman orientou muitos alunos de doutorado, dentre os quais os sociólogos Roy Boyne, Richard Kilminster e Alan Warde, Doug McEachern, Alex Gordon, Peter Green, Mark Davis, que fundou o Instituto Bauman, e Max Farrar, que deixou a academia para se envolver no trabalho social e na política. Na década de 1970, os alunos de doutorado eram orientados por um professor. Bauman organizou um seminário para todos os seus doutorandos. Ele orientava projetos que não se relacionavam de maneira direta com o seu trabalho, mas os alunos ficavam impressionados com sua erudição e refinamento acadêmico — gostavam de seu ecletismo e da liberdade que lhes proporcionava. Todos podiam encontrar uma forma de elaborar seu próprio projeto de maneira independente. Alguns se especializaram em pós-modernidade, outros não. Para uns, era um curso de doutorado de três anos e um diploma; para outros, significava adentrar o caminho rumo a uma forma radical de ciência social.

A relação entre orientador e orientando é delicada, com expectativas elevadas de ambos os lados. Enquanto a maioria das relações profissionais é determinada pelo arcabouço institucional e evolui nesse contexto, por vezes a relação orientador/orientando ultrapassa os limites da colaboração institucional, perdura por mais tempo do que o dedicado ao projeto e se transforma em amizade. Esse tipo de mutação ocorre raramente; entretanto, se projetos profissionais forem conduzidos depois da pesquisa de doutorado, essa espécie de relação pode influenciar as carreiras de ambos os envolvidos. Defini esse processo como acoplamento de carreira.[48] A relação Bauman-Tester é um exemplo disso.

Keith Tester foi um dos mais brilhantes alunos de doutorado de Bauman. Originário de uma família inglesa da classe trabalhadora, ele escreveu sua tese sobre os direitos dos animais e publicou seu "livro-tese" — *Animals and Society* — em 1992. Tester manteve uma relação próxima com seu orientador depois do doutorado, tornando-se seu amigo e colaborador. Ele não foi uma criação de Bauman; tinha fortes engajamentos existenciais (pelos direitos dos animais) e expressivos antecedentes acadêmicos antes de conhecê-lo. Mas a relação dos dois não se encaixa no modelo de três etapas do acoplamento de carreira: combinação, fusão e colaboração simbólica.

"Estive com Bauman pela primeira vez em setembro de 1985, quando fui a Leeds para realizar meus estudos de doutorado", disse Tester.

> As pessoas muitas vezes me perguntam se fui para Leeds por causa de Bauman. A resposta é não [...]. Eu não poderia ir para Leeds por causa de Bauman porque naquela época não sabia quem ele era. Então, por que quis ir para Leeds? Porque nunca tinha estado lá. Essa é a única razão [...]. Eu fui aluno de doutorado de Bauman de setembro de 1985 até junho de 1989, e Jeff Marshal era o meu outro supervisor.[49]

Tester não escolheu Bauman — foi um acaso. Durante o período de preparação para o doutorado, Bauman tinha uma relação desprendida com seus alunos, buscando testar seu potencial:

> Ser orientado por Zygmunt foi uma experiência muito singular [...]. Quando fui fazer meu doutorado, para muitas pessoas isso significava escrever uma tese. Com Zygmunt foi totalmente diferente [...]. Na primeira vez em que estive com ele [Bauman perguntou]: "Você pegou seu cartão da biblioteca?". E depois: "Você costuma fazer pesquisas lá?". Era uma pequena declaração típica dele. Depois fez outra, no corredor: "Se você não tocar seu trompete, ninguém mais vai tocar para você!". E simplesmente foi embora [...]. E, por fim, o pior conselho que se pode dar a um doutorando: "Não se articule com ninguém — se você for bom, eles é que vão se articular com você!". Se você deseja ser um acadêmico, esse é um conselho desastroso.

Nessa última frase, vemos um eco daquilo que Bauman definiu em nossa entrevista de 2013 como a contradição interna do mundo universitário (como um mundo social no sentido beckeriano).[50] O conselho era genérico e relacionado ao comportamento do aluno de doutorado: trabalho intenso na biblioteca, trabalho real em vez de articulação. Seu estilo de orientação era indireto e quase informal.

> Quando ele me orientou [...] eu me encontrava muito pouco com ele, e as conversas eram sempre assim: "A que filmes você tem assistido? Qual foi o último romance que leu? Você já leu Conrad? Não???? Então precisa fazer isso! Vá ler Conrad!". Ele raramente perguntava o que eu estava produzindo, e os únicos textos de sociologia que exigiu que eu lesse foram alguns ensaios de Simmel e Elias: *O processo civilizador*. Ele nunca disse: "Você precisa ler outros [autores

> de sociologia] [...]. Só esses dois: Simmel e Elias". [...] Não creio que ele tivesse entusiasmo por Elias. [...] Em retrospecto, acho que estava me testando [...] para ver aonde eu iria [...]. Acho que isso tinha a ver com o projeto que eu estava realizando naquele momento, sobre a sensibilidade do monismo, e Elias era um dos possíveis caminhos a seguir. Acho que ele o usou como um teste para ver por onde eu iria.[51]

Tester estava certo. A avaliação do potencial de um discípulo é a tarefa mais importante na etapa inicial de um acoplamento de carreira. Ele também ficou impressionado com o estilo controlador da orientação de Zygmunt, representado pela frase "Então *precisa* fazer isso!" — pronunciada num tom que não admitia réplica e era a quintessência do estilo de Bauman. Seu conselho ultrapassava o assunto estudado para alcançar a cultura geral, a literatura e o cinema, ao mesmo tempo que proporcionava um elevado grau de liberdade — ou mesmo a falta de aconselhamento — no tocante à literatura sociológica. O foco não era a disciplina da sociologia per se, mas a formação de um modo de pensamento específico, criativo e crítico: a "imaginação sociológica" de Mills. Esse era um desafio muito mais difícil do que simplesmente formar um bom profissional de sociologia. Bauman adorava desafios.

As relações de ensino e orientação são singulares (o mesmo professor mantém diferentes vínculos com cada aluno) e dinâmicas. Ambas as partes precisam atender às expectativas uma da outra num delicado processo interativo pelo qual Bauman e Tester passaram com sucesso. Bauman gostava de bons ouvintes. Qualquer um que esperasse por um "diálogo clássico" tinha de ser paciente, ou a relação não daria certo.[52] Tester era um excelente ouvinte que sabia quando podia ou não falar. Ele atribuía o estilo de orientação de Bauman (tão diferente de outros professores britânicos) à sua personalidade. Na verdade, porém, Bauman trouxera esse modelo da relação mestre-discípulo da Polônia — ele mesmo já o tinha vivenciado durante seus estudos de doutorado (ver capítulo 8). Nesse modelo, o orientador tinha uma enorme autoridade, mas o aluno era livre para escolher o seu tema.[53] Os poderes de controle do orientador se moldavam segundo uma espécie de responsabilidade pelo bem-estar do aluno, e algumas vezes se estendiam para além do terreno profissional.[54] O estudante tinha uma vida fora da universidade, e o progresso na especialidade escolhida também dependia de suas condições de existência. Na Polônia do pós-guerra (e em outros países do bloco do Leste Europeu), o problema eram as condições de vida e as deficiências nutricionais (os alunos recebiam subsídios financeiros, mas o acesso aos alimentos era muitas vezes complicado). Alguns orientadores cuidavam dessas necessidades básicas, tentando ajudar seus alunos em tempos difíceis — Hochfeld foi um exemplo disso.[55] No Reino Unido, o respeito à privacidade imperava na maioria das relações entre orientadores e alunos, e esses laços eram distantes e estritamente profissionais. Assim, Tester ficou surpreso com o grau de atenção que Bauman lhe dedicou quando ele teve uma emergência de família:

> Quando eu estava começando meu doutorado, no fim de setembro de 1985, nossa relação era bem distante [...] foi o que eu achei. No final de 1986, meu pai teve um ataque cardíaco — ele não morreu, mas por duas semanas ficou em tratamento intensivo e nós achávamos que isso fosse acontecer, mas depois ele melhorou. Quando voltei a Leeds, Zygmunt foi me ver e imediatamente perguntou: "Como está seu pai? Como você está?".

Tester ficou sensibilizado com essa atenção, impressionado que Bauman tivesse tido conhecimento das condições de seu pai. Isso lhe mostrou que Zygmunt se preocupava com ele, e daí em diante a relação mudou. A maior guinada, contudo, foi quando ele obteve seu diploma de doutorado: "As primeiras palavras dele não foram 'parabéns', mas 'Agora é que o trabalho realmente começa'".

Isso deu início à etapa seguinte do acoplamento de carreira, definida como fusão. Quando mestre e discípulo têm confiança e compreensão mútuas, são capazes de trabalhar no mais alto nível — a "fusão" refletindo uma cooperação sinergética estimulada pela paixão e satisfação de estarem "em sintonia", ou simplesmente serem entendidos sem maiores explicações. Bauman tinha esse tipo de relação com Tester, embora eles não se encontrassem diariamente e às vezes passassem meses sem se ver. Os interesses intelectuais de Tester (animais, pânico moral, compaixão) não tinham relação alguma com o trabalho de Bauman. Ele era um intelectual independente que, como parte de seu trabalho, lidava com a sabedoria acadêmica do mestre.

> Depois de obter meu doutorado nossa relação mudou [...]. Era: "Venha a minha casa! Há uma coisa que quero lhe mostrar". E isso se tornou comum: "Venha aqui jantar". Espontaneamente [...]. Isso acontecia quatro ou cinco vezes por ano [...]. Nossa relação ficou mais estreita quando perdeu seu aspecto formal, o que faz sentido. Ficamos em contato muito próximo naqueles anos, e aquelas conversas realmente me estimularam.

Quando resolveram escrever um livro juntos, "Bauman lançou a ideia em 1999 e em dois anos estava feito", disse Tester. Eles se conheciam bem o bastante para trabalhar com rapidez e eficiência.

É uma característica do período de fusão que as vidas profissionais e particulares se entrelacem. Apesar da diferença de idade e da relação antes formal, Tester e Bauman se tornaram amigos e colaboradores íntimos. Sua relação passou de uma transmissão unilateral de conhecimento para um intercâmbio. Para Bauman, Tester era o ouvinte perfeito, levantando questões pertinentes que o público teria sobre seu trabalho. Era um ambiente seguro para Bauman expor seus pensamentos — em contraste com as muitas entrevistas concedidas a jornalistas, que tinham menos tempo e espaço para ele e careciam do vocabulário específico, do conhecimento sociológico e da imaginação cultivada pelas humanidades, elementos que Tester possuía em abundância. As conversas eram agradáveis, reconfortantes e inspiradoras. Ele era discípulo de Bauman, seu filho espiritual.

Com o tempo, a relação passou para o terceiro estágio (o da cooperação simbólica), quando Tester resolveu por conta própria escrever sobre a obra de Bauman:

> Comecei então a trabalhar num livro sobre sua obra. Isso se tornou uma das coisas mais importantes para mim, e nessa época nossa relação continuou sendo muito amistosa; mas ele nunca, jamais, discutiu esse livro comigo [*Social Thought of Zygmunt Bauman* foi publicado em 2004]. A única pergunta que ele me fez foi a respeito da capa [...]. Mas, não sei por quê, de alguma forma, eu sabia que ele tinha gostado. Ele ficou muito contente com o livro.

Nessa terceira fase, a natureza de sua relação mudou. Tester abandonou a trilha clássica da academia. Os valores transmitidos por Bauman e incorporados por ele (que combinavam com sua personalidade e sua educação familiar) tornaram impossível avançar num ambiente em que a escrita e a atividade intelectual só podiam se desenvolver como uma segunda ocupação, depois do ensino e do trabalho administrativo. A conclusão de Tester sobre Bauman como orientador não deixa dúvidas sobre o caráter não convencional dos padrões transmitidos por Zygmunt a alguns de seus alunos:

> É uma espécie de formação de caráter e uma espécie de visão segundo a qual a tese de doutorado é apenas um veículo, sem importância em si mesmo [...]. Ele [Bauman] não estava realmente interessado nisso [...] o que era ótimo. O que o interessava era incutir um senso de vocação. A questão da carreira não tinha importância.

Bauman era um não conformista e se concentrava no que era importante para ele — a atividade intelectual e a formação acadêmica como um todo. Rápido, concentrado e fervoroso, rejeitava secamente os que não passavam em seus testes. "Essa abordagem era muito do tipo 'pegar ou largar'", disse Tester:

> Eu imaginava que se você largasse seria uma coisa muito brutal [...]. Se você não se desenvolvesse como um intelectual, ele [Bauman] perderia o interesse em você — eu imaginava [...]. Nossa relação se transformou numa coisa mais profunda depois do doutorado, de modo que este foi para mim uma espécie de comprovação: "Sim, eu posso me ver como um intelectual". E ele via dessa maneira: "Sim, você é um intelectual [...]. Comece a trabalhar [...] agora vamos conversar sobre coisas interessantes".

Eles conversavam muito sobre seus filmes e diretores de cinema favoritos. A paixão e o conhecimento profundo que misturam o lazer responsável[56] com o trabalho profissional transformavam suas conversas amistosas sobre "filmes imperdíveis" em análises culturais e discussões críticas. Quando Tester teve problemas de saúde, Bauman lhe enviou uma coleção com todos os filmes do diretor sueco Ingmar Bergman. Era "você precisa ver esses filmes", porém mais do que isso. Bauman mostrava suas emoções de duas maneiras, segundo sua filha Anna: alimentando pessoas ou lhes dando presentes. As caixas de filmes eram um aviso de Bauman: "Estou preocupado com você".

Houve outra remessa com as obras de Buñuel. Tester escreveu um livro sobre o diretor de cinema francês Éric Rohmer, e Bauman era fascinado pelo diretor austríaco Michael Haneke. Eles discutiam novidades e clássicos — filmes, livros, política e família. Linda, a esposa de Tester, e sua filha Maddy eram convidadas regularmente, junto com outros convivas — faziam parte do círculo de confiança de Bauman.

Bauman designou Tester para ser o seu biógrafo e eles conversaram quase até o fim, trocando cartas com perguntas e respostas sobre a vida de Bauman. Tester sabia fazer boas perguntas e discutir temas delicados. Eles concordavam implicitamente sobre os assuntos que poderiam ser discutidos e aqueles que deveriam ser omitidos — com a proximidade que permite que colaboradores próximos trabalhem com uma compreensão tácita e profunda.

Tester nunca disse a Bauman que não pretendia escrever sua biografia. Tomou essa decisão, disse-me, porque não era fluente em polonês. A história polonesa era complexa e conflituosa demais para apreender e compreender. As mensagens culturais eram muito pesadas e inacessíveis; o quadro inteiro, muito confuso. Zygmunt era seu amigo, mentor e pai espiritual, mas, apesar dessa singular proximidade, Keith me confessou no fim de nossa entrevista: "Eu não acho que conhecia Zygmunt — não creio que houvesse um 'Zygmunt a ser conhecido'".

Tester certamente conhecia Bauman melhor do que a maioria das pessoas que afirmavam conhecê-lo. Mas ele percebeu segredos e um tipo de impenetrabilidade em Bauman, e os respeitou desistindo de escrever sua biografia.

Zygmunt Bauman faleceu em janeiro de 2017. Tester morreu inesperadamente dois anos depois.

14. Um intelectual no trabalho

> Todos nós sabemos que a produção de conhecimento não é uma questão de imaculada conceição, ainda que nas conversas do dia a dia sejamos seduzidos pela ideia de gênio romântico.
>
> PETER BEILHARZ[1]

A escrita como ofício[2]

Aprendendo o ofício

Bauman começou a escrever aos onze anos de idade, em 1936. Oitenta anos depois, numa carta endereçada a Keith Tester, ele disse:

> Havia coisas que eu queria compartilhar com outras pessoas, e as palavras eram apenas instrumentos, perceptíveis somente quando ficavam no meu caminho e negligenciadas uma vez encerrada a tarefa de botá-las no papel. A primeira carta que enviei (e que foi publicada) a um suplemento juvenil do diário *Nasz Przegląd* [Nossa Revista] foi aos onze anos de idade — e pela única razão de ter acabado de ler a história do orientalista francês Jean-François Champollion, que havia conseguido, depois de mais de cem anos, decifrar o mistério de hieróglifos egípcios que não eram lidos há milênios. Fiquei tremendamente impressionado e estimulado a compartilhar essa história com o mundo.

Nos anos seguintes, durante a guerra, no Exército e como oficial político, Bauman foi encarregado de discursos e "palestras", compartilhando ideias e promessas revolucionárias de um futuro melhor e igualitário. Tarefas similares — escrever panfletos e discursos políticos — lhe foram atribuídas nos anos do pós-guerra, quando chefiava a seção de treinamento de oficiais do

KBW, nos quais deveria incutir uma "consciência política". Na interseção entre a carreira militar e o ingresso na universidade, Bauman publicou duas obras de ficção sob o pseudônimo de "Julian Żurowicz" (ver capítulo 8). Junto com a carta que escreveu ao jornal aos onze anos, esses são provavelmente os únicos textos que ele publicou antes dos estudos sociológicos.

Em 2013, no início do meu encontro com Bauman,[3] ele apresentou seu trabalho com duas declarações básicas: 1) "Não sou como as pessoas que você estuda, que trabalham em equipe. Sou um velho lobo e trabalho sozinho";[4] "Só faço o que chamam de reciclagem — o processamento secundário de pensamentos de outras pessoas".

Essas duas frases eram sua "autoapresentação" e continham duas mensagens. A primeira era codificada: "Não sou um caso interessante para você"; sendo verdadeira, isso significava que eu devia excluí-lo de minha "amostra", já que meu trabalho era sobre colaboração. A mensagem era que eu devia parar na porta (da casa dele).

Apesar disso, eu entrei, porque a análise preliminar de sua carreira continha sérias evidências de que ele não estava apenas "trabalhando sozinho", mas envolvido em várias colaborações, visíveis e ocultas, que eu descobriria mais tarde.

A segunda frase era uma forma elegante de ganhar a simpatia de um visitante ao reduzir a distância entre os dois. Ele provavelmente me via como uma pesquisadora de campo/etnógrafa que fazia pesquisa "original",[5] enquanto ele "apenas" reciclava ideias. Era uma espécie de sedução intelectual e retórica coloquial que criava um ambiente descontraído e agradável, oferecendo uma base imediata para uma discussão amigável. Definitivamente, Bauman era um anfitrião encantador. Mas não era verdade que ele nunca houvesse realizado pesquisas originais. Na Polônia, produzira levantamentos sobre a juventude do Partido, por exemplo — e, além disso, era um excelente observador, qualidade perceptível em seus textos e nas fotografias que tirou no período em que se apaixonou por esse hobby, na década de 1980. Os que caminhavam com Bauman pelas ruas tiveram uma noção profunda dessas habilidades perceptivas. "Era uma experiência e tanto caminhar com ele pelas ruas de Leeds, porque ele tinha uma forma diferente de ver as coisas", disse Irena, sua filha. "Ele enxergava a pobreza antes de tudo." Seu repertório de habilidades incluía a capacidade de observar o ambiente e captar o que maioria dos transeuntes jamais veria. É exatamente isso que procuram os pesquisadores experimentais, e, desde o trabalho pioneiro de Ludwik Fleck (publicado em 1935),[6] sociólogos têm reconhecido essa capacidade como o cerne do "talento" científico — a capacidade de detectar o que outros ignoram e efetivamente explicar não apenas que o fenômeno existe, mas que é importante.

Era disso que tratavam os textos de Bauman. Era essa a sua "história para compartilhar com o mundo", como escreveu. Em uma de suas cartas a Tester, Bauman referiu-se à abordagem da escrita de Orwell:

> Orwell aponta a "percepção da beleza [...][7] nas palavras e em sua disposição correta" como um dos quatro principais motivos de sua escrita. Eu estaria mentindo se dissesse isso sobre mim mesmo. Na verdade, eu já tinha vários textos acadêmicos publicados quando, por um imerecido golpe de sorte, a PWN (minha editora na época) designou Maria Ofierska como minha editora. Ela literalmente me abriu os olhos para "a beleza das palavras" e de "sua disposição correta". Não foi uma tarefa fácil — ela encontrou um aluno a princípio ressentido e depois motivado, mas, para seu azar, perpetuamente obtuso; lembro-me, com uma mistura de profundo remorso e enorme gratidão, de seu esforço heroico — ao mesmo tempo hercúleo e sisífico — para infundir respeito e um mínimo apreço pelo poderoso encanto e o encantador poder das palavras numa cabeça equipada com pensamentos a serem expressados e ao mesmo tempo irremediavelmente carente do conhecimento, e acima de tudo do sentimento, de como fazê-lo de maneira apropriada. Tudo que sei sobre a sublime arte da escrita e sobre a responsabilidade do escritor pela beleza das palavras além da correção das ideias eu devo a ela, e ainda me envergonho por não ter sido capaz de atingir os altos padrões que ela estabeleceu para mim, tendo fracassado, em última instância, em seus esforços de me elevar a esse nível. Com toda a certeza, não sou (diferente de Orwell) o que os franceses chamam de "le littéraire" e os alemães de "der Dichter": minha habilidade não são "les belles lettres" — uma literatura que constitui "um fim em si mesma". O que não quer dizer que eu não ficaria muito feliz se pudesse dominar esse ofício.

É interessante notar que Bauman mencionou Ofierska meio século depois de seu encontro. Quantos autores reconhecem o papel dos editores em seu processo de formação profissional? Ele tinha um estilo particular — na

Krytyka Polityczna [Crítica Política], onde publicou textos no século XXI, os editores usavam a expressão "pisać Baumanem" (texto baumaniano), significando complicado e sofisticado, com muitas metáforas complexas e longas frases imbricadas. Não são textos para ler no ônibus, exigindo foco e releituras cuidadosas.

Trabalhando com idiomas

Bauman podia escrever em russo (sua principal língua no ensino médio), hebraico e francês (com alguma ajuda de Janina), mas formulava suas ideias sociológicas em duas línguas: polonês e inglês. A transferência de uma língua para outra não é apenas uma questão de dominar a gramática e o vocabulário. No começo, na Grã-Bretanha, "eu não tinha coragem de escrever em inglês", disse Bauman em nossa entrevista:

> Eu cheguei com algum conhecimento de inglês, mas era uma "língua de conferência". Quando viajava [para fora da Polônia] e falava inglês, fazia palestras, as pessoas, de início, ficavam surpresas com o meu inglês, no sentido de: "Parece um macaco, mas coça a cabeça quase como um homem". Mas [em Leeds] eu era um professor local, e os alunos [...] não levavam em consideração se eu era estrangeiro ou não. Eles tinham um professor, e o que poderia ser uma peculiaridade se transformou numa falha cruel e numa enorme desvantagem. Assim, por um longo tempo, eu não tive coragem de escrever em inglês.[8]

Para pessoas que dominaram ideias novas e complexas em sua língua materna, escrever em outro idioma com o mesmo nível de precisão, sofisticação e exatidão parece muitas vezes algo inacessível. "São duas coisas diferentes", como Bauman explicou:

> O conhecimento passivo da língua é relativamente suficiente para minhas necessidades, porque posso ler e utilizar algumas poucas línguas importantes [Bauman lia em polonês, russo, inglês, hebraico, francês, alemão e tcheco; textos mais curtos em italiano e espanhol]. Entretanto, no que se refere a um conhecimento ativo da língua, não sou um poliglota — não há dúvida quanto a isso. Se você

não tem perfeito conhecimento do idioma, não pode saber o que vai criar — existe aquilo que lhe vem à mente, mas você só diz o que é capaz de dizer, e isso é muito diferente. Não gosto dessas situações [...] [porque] acabamos usando atalhos — pegamos o caminho mais fácil. Não é possível ser realmente criativo numa língua que você não dominou por completo — não é possível —, e isso é um problema.[9]

Alguns autores alternavam idiomas com muito sucesso; por vezes o que parecia ser uma desvantagem se tornava um traço característico, até uma vantagem. Esse era o caso dos dois autores favoritos de Bauman — Joseph Conrad, o famoso romancista[10] de língua inglesa cujo idioma materno era o polonês, e o tcheco Milan Kundera, que escrevia em francês. Esses eram exemplos inspiradores para Bauman. Depois de dez anos trabalhando duro em seu inglês, ele passou a escrever num nível que considerava satisfatório.

Bauman revelou que o aspecto sociológico da imersão na língua explicava sua demora para se sentir confortável escrevendo em inglês:

Dez anos foram em parte consumidos pela administração e, de maneira geral, pelo processo de ingressar nesse ambiente [...]. Fui acusado antes de provar ser inocente. [Em outras palavras, as pessoas tomavam tanto suas imperfeições quanto suas proposições originais — Bauman adorava neologismos — como erros linguísticos.] Era o oposto da forma como funciona o sistema judicial inglês. E então [dez anos depois — por volta de 1980] [...] eu virei parte do cenário, um elemento dele — uma erva daninha crescendo ao lado da estrada.[11]

A "erva daninha do lado da estrada" escreveu e publicou em inglês num ritmo incrível assim que se liberou de seus deveres institucionais, em 1991. Os anos finais de trabalho, antes de sua aposentadoria, parecem ter sido mais tranquilos:

Eu tinha muita gratidão pelo fato de meus colegas serem solidários e gostarem uns dos outros, e nós nos entendíamos, e então veio a libertação, porque depois de outros dez anos [após o mencionado período de aprendizado, até conseguir escrever diretamente em inglês] eu me aposentei e então começou a verdadeira vida.

Bauman costumava dizer que sua "verdadeira vida" começou em Leeds em 1991, quando ele se aposentou e pôde dedicar seu tempo de trabalho à escrita. Foi quando ele publicou a maior parte de seus livros. Seu inglês era agora excelente — embora, como a maioria dos autores (mesmo os que escrevem em suas línguas nativas), seus textos precisassem de um bom tratamento editorial, sobretudo quando se dirigiam a um público mais amplo. Vários excelentes preparadores trabalharam nos manuscritos de Bauman para a Polity, a principal editora de sua obra no século XXI, tornando seus textos belos em inglês. John Thompson, editor da Polity, fala sobre um desses profissionais:

> Ela tem um excelente senso de estilo, e o ajudou a transformar seu trabalho num texto de fato fluente. Zygmunt escreve muito bem em inglês. Mas esta é claramente uma segunda língua [...]. Seu estilo era um pouco complicado e precisava dessa fluência. Ele sempre mostrou uma profunda gratidão pelo nosso trabalho. Era um autor maravilhoso porque valorizava tudo o que fazíamos.[12]

Bauman, claro, não recebia bem todas as mudanças, acrescenta Thompson:

> Ele não gostava das alterações de texto, de modo que se você lhe dissesse: "Por que o senhor não desenvolve melhor esse argumento, ou seria possível cortar este trecho?", ele não gostava. Era do tipo "pegar ou largar". Assim era Zygmunt. Ele fazia o que queria fazer. [...] Mas quando se tratava de questões de estilo e fluência em inglês, ele era sempre muito grato e nunca apresentava objeções. Por exemplo, para os textos de quarta capa, eu pedia a Zygmunt que me enviasse rascunhos, mas eu basicamente os reescrevia, virava-os de cabeça para baixo para captar seus diferentes significados [...] e ele dizia: "Muito obrigado, foi maravilhoso o que você fez". [...] Ele não fazia objeções a alterações desse tipo [...]. Queria se concentrar no desenvolvimento de suas ideias.[13]

Essa atitude tornava Bauman um colaborador "tranquilo" e um autor com quem os editores gostavam de trabalhar. Confiava neles. Em *Modernidade e Holocausto*, escreveu: "A David Roberts, minha gratidão por todo o seu cuidado e paciência editorial".[14] Ele sabia que não pertencia inteiramente à língua e à cultura em que escrevia, mas a um universo que era desconhecido por seus novos compatriotas. Como uma espécie de estranho, precisava confiar em seus editores. O trabalho deles era transformar seus manuscritos nos livros mais belos possíveis. O trabalho dele era escrever.

Espaço de trabalho

Quando suas filhas saíram de casa para a universidade, em 1974, Bauman se mudou de seu minúsculo escritório para uma sala um pouco maior, embora jamais conseguisse administrar seu ambiente de trabalho da forma como Janina o fazia. Ela trabalhava numa bela mesa, numa sala com "tudo em seu lugar". A sala de Zygmunt continha uma pequena escrivaninha que fora colocada no sentido inverso, de modo que a barra estabilizadora, normalmente atrás, ficava na frente, tornando difícil enfiar as pernas debaixo da mesa. Bauman era alto e precisava se esticar para acomodar as longas pernas sob a escrivaninha. Era a posição mais antiergonômica que se pode imaginar. Além disso, a escrivaninha estava quebrada. Ele a consertou temporariamente, mas ela continuou instável durante anos. A cadeira do escritório era um objeto muito simples, feito de madeira com um assento de plástico; antes, ele usava um banco recoberto com pele de carneiro. Bauman sempre brincava que, em seu trabalho, a coisa mais importante era a qualidade da *Sitzfleisch* (em alemão, literalmente, "carne do assento"). Mas essa referência a um assento robusto pode ter um duplo sentido. Bauman havia sido bastante punido ou criticado por seus pares, hierarquia e autoridades. Na Polônia, as crianças costumavam ser castigadas com tapas no traseiro. Portanto, se você fosse escrever alguma coisa que certamente atrairia ataques, era importante ter uma "pele grossa" nessa área.

Bauman tinha uma boa *Sitzfleisch*, mas também dores nas costas. "Papai estava sempre sentado numa posição desconfortável, como se o sofrimento fosse indispensável para que escrevesse. Nunca pediu da vida mais que o necessário", disse Irena. Lydia acrescentou: "Aquilo não fazia bem às suas costas. Mas era como que uma obrigação para ele, não ter nenhum conforto". Ela se lembra da desordem total em sua mesa, coberta de tabaco, cinzas, páginas manuscritas e transcrições, revistas e livros — tudo misturado. "Ele escrevia assim, numa bagunça total", continuou Lydia: "Primeiro era a máquina de escrever com tabaco por toda parte, depois ele passou a usar um computador e era a mesma bagunça".

O primeiro computador de Bauman foi um Amstrad, ao qual ele era muito apegado, sentindo um forte remorso quando precisou substituí-lo por um PC (Dell) barato, mas de boa qualidade, com uma tela grande e antiquada. Bauman não era fã da tecnologia. Quando tinha uma dúvida ou um problema técnico, se encontrava com Tony Bryant, seu amigo e especialista em "tecnologia". Sua indiferença em relação às máquinas era visível. O teclado do computador estava sempre cheio de tabaco. O tabaco e os cachimbos eram companheiros leais em seu local de trabalho. O cachimbo substituía os cigarros que ele costumava consumir em abundância. Quando estava escrevendo, Bauman fumava intensamente, parando raras vezes e por alguns momentos para falar. Depois de sua morte, Irena encontrou treze cachimbos, mais de vinte isqueiros e vários pacotes de tabaco da marca Clan Aromatic. Seu cheiro peculiar era onipresente no escritório e na casa inteira.

Atrás da escrivaninha havia uma grande e sólida estante com centenas de livros, que ele consultava enquanto escrevia o que quer que fosse. Havia também no escritório uma mesinha de centro repleta de livros em total desordem (ou numa ordem secreta só conhecida pelo dono do espaço), bem como jornais (a *Gazeta Wyborcza* polonesa, o *Le Monde* francês, o *New York Times* americano e o *Guardian* britânico), cartas e manuscritos, além de duas poltronas simples e úteis, para leitura e reuniões com colaboradores. O cômodo tinha três janelas, duas viradas para o oeste e uma para o leste, o que era importante, já que Bauman via o sol nascer a cada dia de trabalho.

Rotina de trabalho

Bauman sempre começava a escrever bem cedo, quando ainda estava escuro (entre quatro e quatro e meia da manhã). Antes de ir para a universidade, ele muitas vezes já tinha passado duas horas escrevendo. Depois da aposentadoria, ficava a primeira metade de seus dias em casa, dedicando-se à escrita. Os gregos não se deram conta de que Vênus, que é mais brilhante logo antes do pôr do sol e de novo pela manhã, era um planeta, e se referiam a suas duas manifestações como Estrela da Manhã e Estrela da Tarde. "Tenho uma teoria", ele me disse em 2013, segundo a qual, "de alguma forma, as pessoas se dividem entre essas duas estrelas. Claramente, Ola é uma Estrela da Tarde, que escreve as coisas mais maravilhosas à meia-noite. Eu sou a Estrela da Manhã: o que não escrevi antes do meio-dia não será escrito nesse dia."[15] "Ola", o diminutivo de Aleksandra em polonês, é a professora de sociologia Aleksandra Jasińska-Kania, companheira de Bauman em seus últimos anos de vida. Este foi o relato que ela fez de um dia perfeitamente organizado de sua "Estrela da Manhã":

> Ele [Bauman] costumava acordar por volta das quatro da manhã e, depois de dar uma rápida folheada nos jornais diários, escrevia até as oito, quando me acordava para o café da manhã. Mal podia me esperar acabar de comer, dizendo: "Tenho um monte de trabalho para terminar hoje". E então corria para o escritório, no andar de cima, para continuar escrevendo. Eu ficava no andar de baixo, em outro escritório, que fora de Janina. Em minha correspondência, muitas vezes encontrava e-mails de Zygmunt, com anexos do que ele havia escrito naquela manhã, para que eu lesse. Eu mal conseguia acabar de ler e responder cartas antes do meio-dia, quando ele me chamava para uns drinques antes do almoço que ele havia preparado e posto no forno (ele adorava cozinhar). Esse era o seu momento favorito do dia: quando estávamos bebendo e discutindo nosso trabalho matinal — sobretudo os textos dele, pois eu ainda não havia começado os meus. Eu só conseguia começar a trabalhar de fato depois do almoço e de um breve cochilo, mas, quando finalmente estava começando a encontrar alguma inspiração para escrever, Zygmunt vinha me perguntar se não poderíamos fazer uma pausa para ouvir música ou ver um filme que ele havia escolhido para o nosso entretenimento noturno. Tínhamos diferentes ciclos de atividade diária. Eu dizia que ele era uma cotovia e eu, uma coruja [...]. Ele era a Estrela da Manhã e eu, a da Tarde. Era difícil manter meu ritmo ajustado ao dele. Ele podia escrever quatro ou cinco livros em um ano, enquanto eu ficava satisfeita se nesse mesmo tempo conseguisse escrever quatro ou cinco artigos.[16]

Essa vitalidade impressionante, que só diminuiu nos últimos meses de vida de Bauman, foi um dos elementos que contribuíram para suas realizações. Igualmente importante foram sua disciplina e os processos que desenvolveu para escrever seus livros.

Escrevendo livros

Bauman não empregava um único método para escrever seus livros. Como muitos outros acadêmicos, ele usava seu ensino como base para alguns de seus títulos. Essa estratégia — "primeiro um curso, depois um livro" — é popular e praticada em diferentes disciplinas. Bauman a utilizou com enorme sucesso na Polônia, e continuou a utilizá-la em Leeds. "Isso é normal; você não pode separar o trabalho didático da escrita", disse ele. "Eles devem estar interligados, porque se trata do mesmo cérebro; e era assim que funcionava, basicamente [no meu caso] — primeiro o curso e depois o livro."[17]

Embora seja possível imaginar como um livro emerge a partir do ensino ou de conversas, o processo de conceitualização que transforma pensamentos vagos e desordenados num livro original parece menos fácil de entender. Nesse caso, Bauman me explicou:

> Havia temas que não encontravam justificativas nos cursos, mas criavam um canal para outras coisas sobre as quais eu estava pensando. Tive experiências fantásticas, por exemplo, com um livro [...]. Eu não estava pensando nele, na verdade. Simplesmente não estava nos meus planos. Fui ver um concerto em Harrogate [no Centro de Exposições de Leeds] e Yo-Yo Ma estava tocando sonatas de Beethoven no violoncelo. Yo-Yo Ma é um grande virtuose, mas o que eu estava pensando [naquele momento] não tinha nada a ver com as sonatas. Saí desse concerto com um plano claro para um livro sobre o qual eu nunca havia pensado deliberadamente. É claro que os elementos já estavam na minha cabeça, mas foi naquele concerto que eles se conectaram.[18]

Cientistas muitas vezes descrevem momentos de epifania semelhantes. Ouvir música clássica — em particular, apresentações ao vivo — parece estimular esses momentos, tão almejados pelas pessoas criativas.[19]

Escrever livros nem sempre foi um processo criativo agradável para Bauman, pois, embora gozasse de considerável apreço como pensador global, ele tinha dúvidas sobre o seu trabalho e momentos difíceis de que apenas as pessoas mais próximas em seu círculo tinham conhecimento. Peter Beilharz, sociólogo e amigo, escreveu: "No começo do nosso relacionamento, ele me mandava provas dos livros pelo correio. Nos últimos anos, quanto mais escrevia, mais depreciativo ficava sobre o próprio trabalho, e menos inclinado a compartilhá-lo dessa forma".[20]

Essa tendência podia ser resultado do envelhecimento e do cansaço, mas os que conheceram Bauman não ficariam plenamente satisfeitos com essa explicação. Ele era um homem cheio de vitalidade, e o mais provável era que a hesitação fosse um efeito colateral de seu trabalho intelectual criativo. Sua tendência à autocrítica era evidente no humor ácido e nas respostas cínicas que às vezes dirigia a si mesmo e a seu trabalho, expressando uma espécie de fragilidade e incerteza sobre seus escritos. "Como ele diria mais tarde, num diálogo com Alain Touraine nas Astúrias, ele se via como um seguidor e não como um líder ou pioneiro", escreveu Peter Beilharz.[21] Essa espécie de insegurança em relação a si mesmo também ficou evidente na observação que ele fez em nossa primeira entrevista, quando se descreveu como alguém que reciclava "pensamentos de outras pessoas".

Essas dúvidas e sentimentos de insegurança aparecem em declarações que ele fez a amigos próximos prevendo o fim de sua carreira de escritor. Beilharz escreveu que Bauman anunciava cada novo trabalho desta forma: uma média de um por ano.[22] Ele disse o mesmo a seu amigo Anthony Giddens em 1995: "Ainda estou zonzo depois da explosão, tentando ficar de pé. Desse jeito, acho que jamais vou conseguir escrever outro livro". Bauman sabia como pedir conselhos e confiar nos amigos:

> Como você certamente já deve ter percebido a essa altura, os ensaios que lhe enviei abordam uma série de assuntos diferentes [...]. Você consegue encontrar uma ideia que os conecte (tirando os resmungos mal-humorados de um velho)? Será que existe uma "ordem natural" em que esses ensaios devam ser organizados?[23]

John Thompson, editor de Bauman, comenta: "Era muito característico de Zygmunt, depois de concluir um livro, dizer: 'É isso, agora vou dar um tempo'". Thompson estava acostumado. Ele se lembra de dizer a Bauman para "'pegar leve por um tempo', e óbvio que ele nunca fazia isso [...]. Na manhã seguinte já começava a escrever um novo texto".[24]

Bauman publicou dezenas de livros após ter declarado pela primeira vez o fim de sua carreira de escritor. Beilharz explica:

> Bauman, é claro, estava me provocando, e a si mesmo. Quando eu ia visitá-lo, a cada ano, ele sempre me dava o manuscrito de seu livro mais recente, dizendo-me: "Aqui está, meu último livro". Não era apenas uma encenação. Em 6 de março de 1999 ele me escreveu dizendo que não sabia se viveria o suficiente para concluir *Modernidade líquida*.[25]

Esse livro, como se viu, marcaria o início da fama global de Bauman.

Modernidade líquida foi o primeiro de uma longa série de livros sobre fenômenos "líquidos" em diversos campos.[26] A liquidez era a base da construção de um mundo teórico pós-moderno. Ela inspirou mudanças de perspectiva em muitas pessoas, como se depreende da implementação do termo "líquido" como palavra-chave para rotular uma nova abordagem teórica. Bauman escreveu sozinho livros importantes sobre a pós-modernidade através dessas lentes, mas sua teoria também atraiu autores e especialistas de diferentes ramos das ciências sociais. Alguns visitaram os Bauman, que recebiam bem os convidados em sua casa, onde sempre aparecia gente nova para jantar e conversar. O conteúdo desses encontros sobretudo informais foi, em muitos casos, transformado em livros "coloquiais".[27]

Colaborações coloquiais

A hospitalidade e sociabilidade "baumanianas" criavam condições de trabalho perfeitas para a produção de livros organizados e baseados em conversas. Diferentes temas eram discutidos e analisados. Alguns marcaram a amplitude da abordagem de Bauman em áreas como mídia, arquitetura e administração. Outros contribuíram para difundir sua perspectiva sobre temas do mundo atual: consumo, desigualdade, migração e guerra. Os parceiros nessas conversas eram não só cientistas sociais, mas também jornalistas, escritores, estudiosos de literatura, filósofos, artistas, críticos culturais, especialistas em gestão e arquitetos.

Bauman começou esse "gênero" com acadêmicos poloneses: a filósofa e especialista em estudos culturais Anna Zeidler-Janiszewska e o filósofo Roman Kubicki, que organizaram visitas de Janina e Zygmunt a Poznań a partir do final da década de 1980. O primeiro livro deles, *Humanista w pono-*

woczesnym świecie. Rozmowy o sztuce życia, nauce, życiu sztuki i innych sprawach [Um humanista no mundo pós-moderno: Conversas sobre a arte da vida, a ciência, a vida da arte e outros assuntos], publicado em 1997, contém vários elementos da biografia de Bauman e nunca foi traduzido para o inglês. Foi Zeidler-Janiszewska que concebeu o livro, lembrou Kubicki numa entrevista.[28] As conversas começaram na Polônia e tudo foi gravado, e então os anfitriões poloneses foram para Leeds, ficaram hospedados na casa dos Bauman por uma semana e os debates continuaram:

> Depois fizemos as transcrições, mas o texto foi alterado e complementado por Zygmunt e teve várias versões. Foi por isso que, quando fizemos a segunda edição, ampliada (publicada em 2010), não houve gravações — nos comunicamos apenas por e-mail. O que não é tão bom, pois a dramaturgia é diferente, então não é a mesma coisa. A primeira etapa foi interessante, mas depois de todos aqueles e-mails... Zygmunt gostava de acrescentar coisas, às vezes nós também acrescentávamos, e por fim ele fez um longo monólogo, que depois entremeamos com nossas perguntas, para torná-lo mais dinâmico e "coloquial". Assim, com muita frequência, vinha primeiro a resposta e depois a pergunta.[29]

Bauman não verificou a prova final — confiava em seus colaboradores. Para ilustrar a edição do livro em 2010, providenciou fotografias que havia tirado em anos anteriores. Zeidler-Janicka, Kubicki e Chrzanowski escolheram as fotos que seriam usadas; Bauman não se opôs a isso. "Ele às vezes 'fingia' ser uma pessoa muito modesta, que não se importa consigo mesma", disse Kubicki. "Acho que era uma estratégia para reduzir distâncias. Era importante para ele que os outros se sentissem à vontade. E ele era um maravilhoso contador de histórias."

Essas histórias eram um tratamento especial de que as pessoas com altos cargos na Polônia muitas vezes sentiam falta em suas relações "socialmente distantes". Bauman não fazia o papel de estrela ou de "intelectual importante". Mas as pessoas sentiam que essa postura de autoironia era uma estratégia. Ele exalava uma "autoridade natural", e as pessoas o respeitavam, sentiam-se intimidadas e às vezes até tinham medo dele. Durante seus anos como chefe de departamento, Bauman se valeu de histórias e piadas para tornar as reuniões departamentais "palatáveis", e usou a mesma técnica durante os encontros de trabalho que produziram os "livros coloquiais". Ele apreciava um ambiente agradável e divertido e ficava satisfeito quando as pessoas gostavam dele. Administrar pessoas que gostam de seu chefe é muito mais fácil — Bauman aprendera isso como um oficial de dezoito anos comandando soldados com o dobro de sua idade.

Três anos após a publicação do livro coloquial polonês, Bauman concordou em trabalhar com o sociólogo Peter Beilharz na produção de *The Bauman Reader* (publicado em 2000), que se tornou um marco na recepção de sua obra pós-modernista. Foi um importante sinal de reconhecimento das teorias de Bauman, confirmando-o como um autor "clássico".[30]

A estreia em língua inglesa, em 2001, de um livro coloquial em coautoria com Keith Tester preparou o caminho para futuros projetos de colaboração. De 2001 a 2017, Bauman publicou quinze livros com vinte coautores diferentes. Desses, três foram mulheres: a filósofa Anna Zeidler-Janiszewska, a professora de administração Monika Kostera e a filha Irena Bauman — uma arquiteta. Em 2019, durante um simpósio dedicado ao legado de Bauman, Irena fez uma interessante descrição do pai como colaborador, ressaltando a pertinente questão da solidão criativa:

> A técnica de escrever através de uma conversa é digna de reflexão, sobretudo se considerarmos que Zygmunt não era a melhor pessoa no trabalho em equipe. Creio que talvez estejamos subestimando o esforço intelectual e o puro esforço físico investidos na tarefa de escrever um livro, e que, por mais brilhante que possa ser a mente, há uma solidão que aumenta com a idade — a solidão de ser mais velho que qualquer pessoa à sua volta e um certo tipo de isolamento que talvez nenhum de nós possa imaginar até estarmos, nós mesmos, nessa situação. Assim, talvez a mudança para esse estilo de escrita tenha sido [...] um catalisador para sustentar o hábito de escrever diariamente e, em parte, uma forma de administrar esse crescente isolamento.[31]

Essa excelente análise nos ajuda a entender a influência estimulante dos coautores de Bauman. Mas descrições do processo colaborativo indicam que Bauman não ficou tão impressionado assim com a energia de seus parceiros mais jovens. Irena Bauman relembrou:

> A ideia era que Jerzy [Kociatkiewicz] ou Monika [Kostera], os dois especialistas em gestão, apresentassem uma reflexão sobre algum aspecto do setor e passassem esse texto a um dos outros três autores, em sequência aleatória, até todos completarem o ciclo, quando então uma nova ideia seria apresentada no capítulo seguinte. Esse sistema teria funcionado, não fossem os diferentes níveis de agilidade (e de outros compromissos) que cada um de nós tinha em termos de velocidade de resposta. No meu caso, eu precisava de um tempo considerável para absorver o que os outros diziam a fim de formular e escrever uma resposta que tivesse ressonância e fizesse o pensamento avançar. De quatro a cinco semanas era o meu tempo ideal para cada capítulo, enquanto Monika e Jerzy precisavam de duas a três. Assim, basicamente, nos sentimos culpados durante todo o processo por reduzirmos Zygmunt a um ritmo inaceitável, já que ele só precisava de dois ou três dias. Uma vez sugeri que, se tínhamos de avaliar o sucesso de uma sociedade pelo bem-estar de seus membros mais frágeis, também teríamos de mensurar a velocidade correta da escrita pelos seus membros mais lentos. Isso não funcionou.

Uma característica que Bauman manteve até o fim da vida foi o ritmo. Ele fazia tudo muito depressa e era difícil acompanhá-lo. Essa particularidade tornava a colaboração problemática, porém uma dificuldade ainda mais importante era sua necessidade de manter o controle sobre o processo do grupo. "Essas questões de controle, pouco trabalho em equipe e generosidade extrema também estiveram presentes no processo de escrita do nosso livro", disse Irena. A "generosidade extrema" de Bauman no projeto de escrita coletiva era evidente em seu compartilhamento de ideias e tempo, e na disponibilidade para com seus coautores. Ele era generoso de uma forma muito eficiente. Dominava a arte do elogio e do estímulo. Demonstrava acreditar em seus colaboradores e, por seu envolvimento no projeto, fazia as pessoas irem além de seu desempenho usual. Irena usou o método Belbin[32] — uma ferramenta de recursos humanos — para descrever em qual de nove categorias seu pai se encaixava como membro de uma equipe:

> Ele era definitivamente um articulador — alguém que fornece o impulso necessário para garantir que a equipe se mantenha em movimento e não perca o foco. Entre os seus pontos fortes, [os articuladores] são desafiadores, dinâmicos, crescem sob pressão e possuem o entusiasmo e a coragem para superar dificuldades

> e desafios. E agora as fraquezas: podem ser propensos à provocação e algumas vezes ofender os sentimentos dos outros [...]. Não devemos ficar surpresos que por vezes possam se tornar agressivos e mal-humorados em suas tentativas de concluir as coisas. Eu tinha vivenciado momentos assim [como membro da equipe de Zygmunt]. Agora, um outro arquétipo é o do agregador, e eu estava muito interessada em saber que tipo de características dele meu pai poderia apresentar: um agregador ajuda o grupo a se consolidar, usando sua versatilidade para identificar a tarefa que precisa ser feita e concluí-la. Seus pontos fortes são o espírito de cooperação, a perceptividade, a diplomacia, saber ouvir e a capacidade de suavizar atritos [...]. Entre os pontos fracos estão possivelmente a indecisão em situações de crise e a tendência a evitar confrontos — o que nunca foi o caso [de Zygmunt]. Dizem que os agregadores hesitam diante da necessidade de tomar decisões impopulares — esse também não era o caso, definitivamente.[33]

Essa análise só podia ser feita por alguém que o conhecesse na intimidade, não apenas pela precisão, mas acima de tudo por tocar de maneira corajosa em pontos difíceis, vistos como características negativas de caráter. Bauman por vezes era temido por amigos e colaboradores. Podia ser seco e autoritário, cínico e irônico, até mesmo malicioso. A maior parte das pessoas em seu círculo mais próximo menciona seu "comportamento controlador" — ele queria controlar as coisas que eram importantes para ele... inclusive pessoas.

Aleksandra Jasińska-Kania se mudou para a casa em Lawnswood Gardens no momento em esses projetos colaborativos estavam no auge. Em minha entrevista com Bauman na residência do casal em 2013, Aleksandra assim descreveu essa fase: "Quando o trabalho de Bauman se tornou conhecido e começou a ter um grande impacto no mundo [...] pessoas mais jovens começaram a vir a ele com perguntas. Muitos dos trabalhos que foram realizados nos últimos anos...".

"Quatro anos", interrompeu Bauman.

"... com a intenção de explicar e dar continuidade a seus pensamentos", continuou ela, "são trabalhos conjuntos e se baseiam... numa espécie de debate."[34]

Bauman descreveu o processo coloquial como

> um desafio e uma reação, que é novamente um desafio para a outra parte [...]. Começa com uma espécie de formulação de perguntas e então respostas [...]. Ne-

nhuma dessas conversas [foi] planejada antecipadamente — ou seja, [...] quando começamos não sabíamos que direção iriam tomar: isso dependia da conversa.

Aleksandra concluiu de uma forma solene, típica de professores universitários — "Geralmente os mais jovens abordam o mestre" —, mas foi logo interrompida por Bauman, que, descontraído, perguntou: "Geralmente??? Não tem ninguém mais velho que eu hoje em dia!".

Esse tipo de humor ácido em relação à idade, com muitas interjeições de discordância ou de explicação, era típico da forma como Bauman falava nessa época. Esse diálogo ilustra bem o ambiente que Bauman criou e que acompanhou o processo de criação dos livros coloquiais. Como enfatizou Irena, seu pai precisava de companhia e da troca de ideias para realizar seu trabalho intelectual. Jasińska-Kania, por sua vez, observou que ele se mostrava ávido por compartilhar o que havia escrito logo após seu trabalho matinal. Buscava reações imediatas aos rascunhos que acabara de escrever. Precisava de um interlocutor para apresentar suas ideias, reforçar argumentos e completar suas análises, ou simplesmente para ter um feedback. Intelectuais precisam de parceiros para desenvolver novas ideias (muitos hoje em dia se queixam da falta de um "ambiente" e da ausência de "diálogos científicos").[35] Na fase final da vida de Bauman, esse papel de ouvinte e debatedor foi ocupado por Jasińska-Kania. Foi a ela que ele dedicou seu último livro (*Retrotopia*, 2017). Antes, por mais de sessenta anos, sua mais importante colaboradora e parceira foi Janina Bauman, embora ela permaneça parcialmente à sua sombra.

A principal colaboradora: Janina Bauman

De uma perspectiva sociológica, o relacionamento de Zygmunt e Janina é uma fascinante colaboração, por ter contribuído para importantes trabalhos criativos de ambos.[36] Zygmunt nunca escreveu um livro em coautoria com Janina. Cada um escrevia separadamente. Mas ambos discutiam tudo juntos, e os textos de Bauman eram inspirados por essas conversas. Esse intercâmbio começou desde o início de sua vida a dois. Ambos eram estudantes que produziam textos; Janina estudava jornalismo e escrevia todo dia em seu diário secreto. Quando se conheceram, ainda estudantes, provavelmente leram os trabalhos um do outro. Bauman foi um aluno brilhante, mas o olhar de um leitor crítico é sempre precioso. Quando ele ingressou na universidade e deu início a sua escrita intensiva, Janina já trabalhava como supervisora de roteiros, verificando a qualidade e a correção política de scripts cinematográficos. Ela lia muito e corrigia página atrás de página; também foi por vários meses tradutora de diálogos do francês para o polonês.

Em casa, Janina lia os rascunhos de Bauman como parte de seu papel de esposa. Eles eram um casal integrado, apaixonado por livros, filmes, teatro e... pela escrita. Após suas longas horas no escritório da Film Polski, Janina voltava para casa para encontrar Zygmunt e falar sobre os seus textos e todas as questões que eram importantes para ele. Bauman sempre tinha muitas opiniões importantes para compartilhar, manuscritos para mostrar, páginas para corrigir. Ele trabalhava rápido e produzia muito. Apesar de sobrecarregada com o próprio trabalho, Janina dedicava seu tempo livre a ele. As filhas lembram-se da mãe chegando do escritório e "papai pulando em cima dela, tendo nas mãos as últimas páginas que havia escrito", antes mesmo de ela tirar o casaco. A casa deles era um lugar onde o "equilíbrio entre trabalho e vida" não existia. Embora o trabalho feminino tradicionalmente fosse cozinhar e lavar, a tarefa de Janina era ouvir, discutir e corrigir. Ela não era socióloga, mas podia dar opiniões sobre estilo e conteúdo. Como outras esposas donas de casa, o trabalho de Janina era invisível, resultado de um acordo tácito. Era ela quem costumava fazer a primeira revisão dos escritos de Zygmunt.

Essa situação mudou depois que eles foram para a Inglaterra. Na Polônia, Bauman escrevia em polonês, e o mesmo acontecia em Israel, onde Janina revisava seus textos antes que ele o enviasse aos tradutores. Em Leeds, tudo mudou. Janina era fluente em francês, mas precisou fazer um enorme esforço para dominar o inglês. Ela frequentou aulas de literatura na universidade e leu bastante literatura inglesa, anotando as palavras ou expressões que não conhecia. Saiu-se tão bem que os amigos recordam que sua escrita em inglês era excelente. Infelizmente, durante os primeiros anos, ela não tinha confiança o bastante para falar no novo idioma. Isso não é incomum; muitas pessoas acostumadas a dominar seu vocabulário e sua fala hesitam em se expressar numa língua estrangeira, mesmo que a tenham aprendido muito bem. Era doloroso para Janina não conseguir falar inglês no nível que desejava. Não ajudava em nada que, no início de sua residência em Leeds, pela primeira vez na vida, ela tivesse se tornado uma dona de casa. Quando as filhas foram para a universidade, em 1974, ela decidiu retomar sua vida profissional, matriculou-se na faculdade de biblioteconomia e se tornou bibliotecária numa escola secundária.

Se as contribuições anteriores de Janina ao trabalho de Zygmunt permanecem invisíveis, suas traduções dos livros dele do inglês para o polonês ganharam um reconhecimento significativo. A comparação do ensaio autobiográfico que Bauman escreveu em 1986 com sua tradução para o polonês revela uma capacidade impressionante. A segunda parte do texto (escrita por volta de 2009) foi traduzida por outra pessoa, e o estilo é perceptivelmente diferente. Janina era uma excelente tradutora, e uma redatora de primeira linha. Sabia o valor de cada palavra e era capaz de elaborar uma história complexa com poucas delas. Seus títulos eram notáveis, como Bauman e os amigos do casal frequentemente observaram em sua correspondência (ver a carta da filósofa Lena Eilstein).[37]

Além de revisar, traduzir, ouvir e discutir o trabalho do marido, Janina era uma documentalista reconhecida. No *Maariv* (o maior jornal israelense da época), ela se destacou na preparação de documentos, como atesta a qualidade de seus arquivos de pesquisa da coleção Bauman em Leeds. Ela preparou coletâneas de textos de jornais com notas escritas à mão e outras informações necessárias para transformar essas fontes em referências acadêmicas. Entre os textos que escreveu na época estão resenhas de livros sobre o Holocausto publicadas em revistas de "estudos judaicos"; mais tarde, ela se envolveu em diversos projetos de pesquisa. Um deles se concentrava nos povos ciganos, na tragédia pela qual passaram no Holocausto e em sua estigmatização no pós-guerra, assim como na quase ausência de trabalhos históricos sobre a sua Shoá, conhecida como Porajmos.[38] Outro projeto teve como tema a história oral e os testemunhos de sobreviventes da Shoá que viviam em Leeds. Ela era fascinada pelas histórias de vida de "pessoas comuns". A quantidade de trabalhos sobre temas correlatos indica que ela estava preparando um livro acadêmico (ou uma tese). Mas Janina nunca recebeu um diploma, e nenhum livro foi publicado a partir dessas anotações. Estaria ela preparando material para Zygmunt, como parte de sua empresa intelectual doméstica?

Seu sonho de infância de se tornar uma escritora com trabalhos publicados, porém, de fato se concretizou. Após a morte da irmã e da mãe, Janina percebeu que não havia mais ninguém que pudesse contar a história de como elas haviam sobrevivido à guerra, algo que ela via como um dever seu — em relação a elas e para transmiti-la a suas filhas e netos. Seu livro *Inverno na manhã: Uma jovem no gueto de Varsóvia* foi publicado em 1986. Foi bem recebido e considerado um dos melhores testemunhos do Holocausto, além de raro, pois o apresentava pela perspectiva de uma adolescente. Enquanto trabalhava no livro, Janina esteve imersa no passado doloroso e parcialmente distante de sua vida no presente. Foi uma situação nova para Zygmunt, que durante esse tempo perdeu sua parceira de intercâmbios intelectuais. Na introdução de seu livro, Janina agradeceu ao "marido por tolerar sua prolongada ausência durante os dois anos que levou para escrevê-lo", quando ela "voltou a viver naquele mundo 'que não era o dele'".[39]

A diferença fundamental que sempre dividiria o casal é que Janina era uma sobrevivente do Holocausto, uma experiência extrema que eles não podiam compartilhar. Bauman, na verdade, vivera uma amostra limitada com as leis racistas alemãs, tendo sido obrigado a usar uma estrela amarela em Włocławek, no final de setembro de 1939, antes de fugir para a União Soviética. Como oficial polonês, testemunhara o terror nazista como membro de uma unidade de segurança que ocupou o campo de extermínio de Majdanek. Seu grupo foi a primeira unidade polonesa a pisar no lugar após sua libertação pelo Exército Vermelho. Embora tenha sido uma experiência chocante — ele nunca falou sobre isso em público —, Bauman foi uma testemunha, não um sobrevivente, do Holocausto.

Janina não falava de sua vida no tempo da guerra antes de deixar a Polônia. A questão foi levantada algumas vezes em Israel, onde a Shoá se tornou uma importante área de estudos no final da década de 1960. Quando se mudou para Leeds, o casal não teve tempo para gastar com sua infância dolorosa. Sua vida era o presente — as gêmeas terminando a escola, a adaptação da família, os cuidados com a mãe de Janina. Quando Irena e Lydia foram para a faculdade e Alina, mãe de Janina, faleceu, em 1980, ela começou a trabalhar em suas memórias.[40] Só quando as concluiu, no entanto, é que começou a falar com Bauman sobre essa época. Ele ficou chocado ao ler o livro. Não podia compartilhar diretamente as experiências da mulher, mas a maneira como ela transmitia seus sentimentos e a compreensão que tinha do Holocausto o afetaram profundamente, levando-o a escrever sobre sua própria compreensão da tragédia.

Em 1989, Bauman publicou um de seus principais trabalhos, *Modernidade e Holocausto*. No prefácio, ele escreveu:

> Depois de ler o livro de Janina, comecei a pensar em como eu desconhecia os fatos — ou melhor, em como não pensava direito sobre eles. E me ocorreu que realmente não compreendia o que acontecera naquele "mundo que não foi o meu". O que de fato ocorreu era complicado demais para ser explicado daquela forma simples e intelectualmente confortável que eu ingenuamente achava suficiente. Percebi que o Holocausto foi não apenas sinistro e horrendo, mas também absolutamente nada fácil de compreender em termos habituais, "comuns". Foi escrito em seu próprio código, que tinha de ser decifrado primeiro para tornar possível a compreensão.[41]

Os livros dos Bauman podem ser lidos em paralelo, constituindo em conjunto uma perfeita chef-d'oeuvre que reúne teoria e prática. Um relato etnográfico (de Janina) é coroado por uma análise teórica (de Zygmunt). As obras refletem a experiência e o conhecimento de seus autores. Zygmunt dedicou seu livro a Janina. Janina dedicou o dela à memória da mãe e da irmã (ela dedicou a Zygmunt um trabalho posterior, sobre sua vida na Polônia do pós-guerra). A mensagem central do livro de Bauman é que a modernidade produziu o Holocausto, não por acidente ou pela loucura de um líder, mas como um efeito da racionalização. Ele demonstrou que a modernidade podia resultar na destruição indiferente, meticulosamente planejada e organizada de um grupo étnico, empregando membros do próprio grupo em sua "eliminação". A primeira condição para produzir essa indústria mortal era desumanizar as vítimas. O discurso do ódio, os pogroms, as leis raciais e a construção da "alteridade" possibilitaram isso. Ele seguiu Hughes[42] na afirmação de que o fenômeno poderia ser produzido por outras sociedades, não sendo limitado aos alemães. Evidenciar o papel do capitalismo num genocídio organizado pelo Estado e planejado numa escala massiva era uma descoberta revolucionária. Essa nova interpretação do Holocausto constituiu uma mudança paradigmática (no sentido kuhniano) e ocorreu graças ao trabalho de Janina.

A impressionante imagem de uma Janina adolescente limpando os apartamentos vazios de judeus assassinados no gueto, depois organizando seus bens pilhados (joias, prataria, mobília etc.) a fim de serem transportados para a Alemanha, onde seriam usados por outras pessoas — uma economia predadora planejada com a maior eficiência, os únicos refugos sendo os milhões de pessoas destinados à eliminação —, causou uma impressão profunda em Bauman. A dor inimaginável dessa situação ganha corpo quando vem da pessoa na vida de quem se é mais próximo. Evidentemente, Zygmunt sabia o que havia acontecido na Polônia ocupada pelos nazistas. Ele também perdera a maior parte de sua família polonesa. Mas a descrição crua de Janina[43] foi uma revelação e lhe permitiu elaborar uma análise original do Holocausto.[44] Antes dele — com a exceção de Hughes —,[45] a Shoá era considerada um fenômeno singular, inexplicavelmente trágico, que nunca poderia voltar a acontecer. *Modernidade e Holocausto* afirma exatamente o oposto: que ela havia resultado de um genocídio industrial diabolicamente aperfeiçoado.

Bauman não chegaria a essa análise sem o livro de Janina; as duas obras representavam uma conexão entre dados de campo e teoria. Quando esse tipo de conexão acontece nas ciências biológicas experimentais, qualquer prêmio atribuído vai para os dois autores. Isso raramente ocorre no caso das ciências sociais e humanidades. O contexto da publicação de ambos os trabalhos foi favorável à difusão de suas mensagens, observa Griselda Pollock, historiadora e crítica de arte que era amiga íntima dos Bauman:

> Essa época testemunhou uma rápida expansão dos estudos judaicos e da memória cultural do Holocausto na Grã-Bretanha, junto com uma reformulação do senso de identidade dos judeus americanos. Os judeus deixaram de ser raposas negras e se tornaram raposas brancas.[46]

Os livros dos Bauman chegaram no lugar e no tempo certos para uma forte recepção. A Universidade de Leeds organizou a primeira conferência sobre "estudos judaicos" (antes, os "estudos semíticos" incluíam trabalhos escritos em árabe e hebraico). Esperava-se que atraísse de vinte a quarenta pessoas, mas duzentas se inscreveram, relembrou Pollock. Esse interesse era estimulante para o trabalho dos Bauman, embora sua colaboração se estendesse além do campo dos estudos do Holocausto.

Seu relacionamento fusionado foi um fator essencial na teoria-chave de Bauman para o século XXI — a ideia de "liquidez". O tema funciona tanto no linguajar comum quanto no vocabulário científico; Bauman o empregou para descrever um fenômeno das ciências sociais que é uma característica típica dos tempos atuais.

Em polonês, o termo é "płynny", um adjetivo que pode descrever o contexto social específico do gueto de Varsóvia. Em seu livro sobre o papel da Igreja católica polonesa no Holocausto, Jacek Leociak menciona a *Kronika lat wojny i okupacji* [Crônica dos anos de guerra e ocupação], de Ludwik Landau, de 23 de agosto de 1940:

> *Tudo é líquido, tudo é incerto.* Os conflitos cuidadosamente cultivados entre as populações cristã e judaica cresceram: os habitantes cristãos das ruas Zielna e Sienna estão apresentando uma petição para ficar fora dos muros [do gueto], dizendo que suas ruas "eternamente polonesas" só há pouco tempo foram contaminadas pela "judificação".[47]

A *Crônica* de Landau, publicada em Varsóvia em 1962, foi uma fonte rara e muito importante para os acadêmicos dedicados ao Holocausto, e deve ter sido lida por um dos Bauman, ou por ambos, e debatida. O termo "líquido" descrevia perfeitamente a realidade do gueto, em que o Novo Mundo era limitado por um muro construído dentro do Velho Mundo. Nesse espaço "líquido", as velhas regras desapareceram e não se podia compreender as novas. O caos estava por toda parte.

No final da década de 1980, a "liquidez" ainda não era o conceito poderoso que viria a ser. Foram os editores da Polity que converteram "o líquido" na teoria essencial de Bauman.

Sob as asas da Polity

O sucesso da carreira de Bauman, no que diz respeito a sua presença como autor e sua posição no espaço do intercâmbio intelectual e da transferência global de ideias, certamente se deveu, em grande parte, aos esforços de sua editora ao longo de um período de trinta anos. A Polity Press foi criada em 1984 por Anthony Giddens, David Held e John Thompson. Bauman, Giddens — seu amigo íntimo — e Ulrich Beck foram os "pais" da nova modernidade. E foi Giddens que convenceu Bauman a publicar seu trabalho pela

Polity. "A Polity ajudou a fazer de Bauman, e da liquidez, uma grife, um ícone comercial. Não existiria Bauman como o conhecemos sem a Polity, tampouco a liquidez", observa Beilharz.[48] Thompson, então um aluno de pós-graduação em Cambridge, conheceu Bauman em 1979 ou 1980 numa conferência sobre teoria literária realizada em Leeds, em que Bauman contribuiu para um projeto dedicado a Habermas.[49] Eles deram início a uma intensa colaboração quando a Polity reeditou três obras importantes de Bauman: *Legisladores e intérpretes* (1989), *Modernidade e Holocausto* (1989) e *Modernidade e ambivalência* (1993). Seus livros nem sempre foram grandes sucessos comerciais. O "filho favorito" de Bauman, como Peter Beilharz o chamava — *Mortality, Immortality and Other Life Strategies* (1992) —, foi altamente elogiado pelos especialistas, mas o público em geral não se interessou muito por ele.[50] Seu maior sucesso veio em 2000, com *Modernidade líquida*. Foi uma guinada para Bauman em termos de estilo, com ensaios voltados para um público mais amplo. Passar de textos acadêmicos para um conjunto mais amplo de leitores foi difícil: Bauman havia criado um estilo específico de desenvolver análises e construir argumentos ao longo de quarenta anos de prática. Parecia impossível fazer uma grande mudança estilística já na casa dos setenta anos. O papel do editor era crucial nessa mudança, que dependia fortemente da relação deste com Bauman.

"Havia muito diálogo", relembra Thompson.

> Eu perguntava no que ele estava trabalhando, no que estava interessado. Ele sempre me pedia opiniões, e eu sugeria maneiras de dar forma a seus argumentos. Às vezes ele ficava feliz em aceitar minhas sugestões, às vezes não [...]. Zygmunt possuía uma criatividade enorme, irrefreável. Era simplesmente extraordinário.

A Polity vibrava com o estilo e o ritmo de Bauman, e o ajudou a dar forma a seu projeto intelectual, proporcionando uma revisão de alta qualidade que tornou seus textos amplamente acessíveis ao público de língua inglesa sem prejudicar a complexidade do conteúdo. Bauman foi tratado pela Polity com um cuidado especial, explica Thompson:

> Nós desenvolvemos um projeto gráfico para os livros dele, um estilo específico, e o apresentamos de maneira agradável e com um visual interessante [...]. Dá-

vamos atenção aos títulos. Às vezes Zygmunt tinha bons títulos, às vezes não, e precisávamos trabalhar neles, e então vieram títulos que fizeram a diferença.

O exemplo mais espetacular foi a decisão de pegar o conceito de "liquidez" num original e transformá-lo no título de um livro. Depois disso, o conceito se tornou fundamental em muitas obras que traziam "líquido" no título. A Polity transformou seus livros *Modernidade líquida* e *Amor líquido* em best-sellers.

A Polity tinha um excelente departamento internacional. Os livros de Bauman ganharam traduções para 36 idiomas e ele foi o autor mais prolífico da editora. Mais do que isso, tornou-se uma marca no mercado de livros comerciais com base em ciências sociais, um fenômeno incomum no campo acadêmico. Férteis colaborações de longo prazo entre pessoas envolvidas em vários de seus projetos editoriais tiveram importância fundamental para o sucesso de seus livros. Era uma questão de estabilidade, e o relacionamento durou trinta anos graças à compreensão mútua e ao prazer de trabalhar juntos. "Era mesmo um processo agradável e criativo, e isso é realmente especial", diz Thompson. "Para ser franco, é raro termos uma relação assim tão boa com alguém que se ocupa de coisas de fato criativas e interessantes [...] e nós gostávamos disso."

A qualidade dessa relação se devia, em parte, à disposição de Bauman de aceitar as correções feitas por seus editores, que ia de par com a *politesse* e a atitude gentil que ele sempre teve com as pessoas que trabalhavam em seus projetos. Ele transformou a desvantagem de não ser um falante nativo do inglês numa vantagem, abstendo-se de interferir no bom senso de seus editores. Trata-se de uma atitude incomum, a julgar pelo grande volume de desavenças que costuma haver entre autores e editores. Mas Bauman não era como os outros autores. Ter escolhido a Polity como sua principal editora também foi uma decisão atípica. Antes disso, ele havia publicado com as maiores e mais famosas editoras acadêmicas (Cornell University Press, Columbia University Press, New York University Press, Basil Blackwell, Routledge etc.). Quando Anthony Giddens lhe propôs publicar pela Polity, era um passo arriscado. A editora era relativamente nova. Mas toda nova empresa precisa mostrar um certo nível de energia logo de início para despontar com sucesso, e esse também foi o caso da Polity. Ela atraiu muitos profissionais apaixonados, que trabalhavam com afinco em seus diversos departamentos. Isso foi benéfico para Bauman. Esse era o seu ambiente: rápido, dedicado e diferente das instituições estabelecidas. A colaboração foi um sucesso quase imediato, e ele era o autor mais importante da editora.[51] Bauman tinha experiência suficiente com outras editoras para saber que a relação com a Polity era uma combinação perfeita, que estava no lugar certo na hora certa.[52]

Depois de se aposentar da academia, Bauman desejava tornar seus textos e sua mensagem mais conhecidas para o mundo em geral. Griselda Pollock enfatizou que ele era "um estranho" — seu pensamento sociológico não se desenvolvera na cultura e na língua inglesas. Ele precisava de um "tradutor" — não no sentido literal, mas cultural —, uma equipe capaz, com delicadeza, de transformar sua mensagem numa comunicação compreensível. A Polity conseguia encontrar as palavras perfeitas para o público-alvo de Bauman, que incluía jovens leitores. John Thompson ficou impressionado ao ver como Zygmunt, embora setenta anos mais velho do que alguns de seus leitores, conseguia se manter atualizado. Ele estava sintonizado com a juventude.

O sucesso veio com a publicação de *Legisladores e intérpretes* e *Modernidade e Holocausto*, e nunca parou. "Bauman às vezes era dado a se repetir", segundo Beilharz:[53]

> Embora isso também seja uma estratégia e uma força, e não uma fraqueza. Livros pequenos e longos ensaios se tornaram o seu forte. Por trás desses *essais* ou episódios de sua crítica da modernidade líquida, pode-se ouvir o som de sua voz. Não é o tom perfeito da cultura acadêmica inglesa, mas a entonação alongada, cambiante, de uma conversa em busca de seus objetos e sujeitos.[54]

Depois de 1989, quase todos os livros de Bauman foram publicados pela Polity. Era uma relação muito sólida, e como ocorre em toda colaboração intensiva, era natural que houvesse algum grau de pressão[55] exercida tanto por Bauman quanto pela editora. Peter Beilharz relatou:

> Bauman me escrevia às vezes dizendo que estava sob pressão para entregar uma obra; embora fatores externos não possam explicar por si mesmos o incrível nível de produção que ele atingiu, quatro livros por ano em 2013, 2015 e 2017, por exemplo. Será que ele escrevia demais? Provavelmente, embora isso fosse parte de

uma estratégia na qual um público constante de leitores acadêmicos não podia ser tomado como certo, e ele havia desenvolvido uma séria necessidade de escrever.[56]

Será que ele escrevia demais? Bauman fazia tudo em demasia. Era seu modus vivendi.

Modus vivendi

Bauman fazia muita coisa. Lia muito e tinha muitos livros. Muitos amigos, muitas paixões e muitos hobbies. Era o que os franceses definem como bon vivant: gostava de cozinhar, beber, ver TV, ouvir música, comer, fumar (demais), alimentar pessoas (imensamente), falar (o tempo todo), divertir (sempre que possível). Era o anfitrião perfeito numa casa calorosa e acolhedora. Quando Peter Beilharz visitou a residência em Lawnswood Gardens, viu centenas de livros sobre o chão da sala de estar:

> A maioria dos títulos não era em inglês, mas em línguas do Leste Europeu. Perguntei de onde tinham vindo, lembrando que sua biblioteca havia sido totalmente desmontada [...]. Ele ficou honestamente surpreso quando indagado sobre essa cornucópia de livros e de onde tinham vindo, e respondeu com um leve sorriso: "Quando vou dormir, eles procriam!".[57]

O estilo monástico do escritório de Bauman contrastava fortemente com o imenso acúmulo de livros em seu pequeno espaço de trabalho — grandes estantes forradas de livros em sete línguas que apoiavam sua obra em curso. Havia também volumes favoritos de poesia, principalmente em polonês, com antologias de poetas estrangeiros traduzidas para o idioma. Bauman gostava de ter à mão esses tesouros durante suas horas de trabalho matinal. Na sala de estar havia romances em diferentes línguas. Os livros poloneses ficavam em outro cômodo, e eram a alma da casa. Numa entrevista em 1994, Janina explicou a Joanna Janiak:

> Meu marido e eu sempre enfatizamos quem somos. Mantemos um estilo de vida polonês, preparamos pratos poloneses para convidados ingleses; temos livros

poloneses em nossa casa, é claro, e também ingleses, evidentemente — a coleção polonesa fica no outro cômodo.[58]

Os Bauman adoravam hospedar pessoas em sua casa, mas o processo de reconstrução de sua vida em Leeds foi relativamente lento. Seus amigos ingleses eram poucos; eles pertenciam a mundos diferentes. Janina era a mulher do professor, e seus hóspedes não esperavam dela nada além de conversas informais:

> Ninguém jamais perguntou qual era a minha profissão ou o que eu fazia na Polônia. Eu era uma esposa, a esposa de um professor, e meus visitantes pareciam plenamente satisfeitos com isso. As únicas perguntas que chegaram a me fazer foram: "O que você acha daqui?" ou "Quantos anos têm as suas filhas?". Ninguém jamais quis saber quais eram os meus planos pessoais ou o que eu pretendia fazer neste país.[59]

Deve ter sido doloroso para Zygmunt ver sua esposa excepcionalmente sagaz e brilhante, a alma de suas reuniões domésticas, tornar-se silenciosa e retraída.

A distância entre os Bauman e seu novo ambiente também se deveu a transformações sociais pelas quais a Inglaterra passou na década de 1970. Como ele relatou quarenta anos depois numa entrevista a Tomasz Kwaśniewski:

> O vice-reitor da Universidade de Leeds era lorde Boyle. Um fenômeno verdadeiramente inglês: um aristocrata de esquerda, muito crítico do próprio país. Cuidadoso e gentil, ele costumava perguntar como eu me sentia na Inglaterra, o que via e o que pensava sobre isso. Eu então logo respondia que apreciava a democracia inglesa. Como ele ficava surpreso, e protestava! "Então esta é uma democracia?!" O que era uma descoberta para mim era para ele o pão de cada dia, que, quando está sempre sobre a mesa, passa despercebido. Mas, quando eu olhava mais de perto, começava a entender o que ele queria dizer.

> "E o que você via?", perguntou o jornalista.

> Em primeiro lugar, a cobiça era a principal motivação, o motor que impulsionava os atos. E não porque os ingleses sejam ambiciosos, porque não acho que

> sejam mais ambiciosos do que outras nações. Mas suas vidas são organizadas de maneira a promover a cobiça. Em segundo lugar: a superficialidade nas interações humanas. Era impressionante como, no capitalismo, a satisfação das necessidades existenciais se tornava independente do fortalecimento dos laços interpessoais. Num shopping center você é uma multidão, mas não age coletivamente. Cada um cuida de si e segue os seus.[60]

Essa superficialidade, descobriram os Bauman, era um obstáculo para fazer novos amigos em Leeds.

Na casa deles, o convidado era o rei. Zygmunt geralmente preparava a comida e servia um drinque — uísque, gim-tônica, bloody mary, vodca. Tony Bryant, sociólogo da área de ciência e tecnologia, recorda que, antes de ir almoçar pela primeira vez em Lawnswood Gardens, seus colegas de universidade o avisaram: "Tenha cuidado, é preciso reservar o dia inteiro. Você vai começar com um drinque ao meio-dia e acabar bêbado às cinco da tarde". De fato, a visita se estendeu até as sete da noite e ele ficou embriagado. Também comeu demais. Zygmunt adorava cozinhar. Passava muito tempo em sua minúscula cozinha preparando pratos, e sua especialidade era a culinária pesada com bastante carne — bifes, *escalopes flambées*, *kotlet schabowy*, gulache. Vegetais não eram sua especialidade, e ele de fato não cozinhava para vegetarianos. Sua neta lembra que, antes de uma reunião de família, Bauman passava horas preparando pratos de carne; quando seu neto vegetariano chegou faminto depois de uma longa viagem, não havia nada para ele comer. Zygmunt não pareceu muito incomodado com isso. Quando Tester, que também era vegetariano, chegou uma vez para jantar, Zygmunt havia preparado um menu de frutos do mar, e brincou dizendo que todo vegetariano come fruta. Ele não era realmente muito empático nessas ocasiões. Tinha sobrevivido às restrições alimentares do tempo da guerra e passado fome durante meses sem fim em sua juventude. Excluir a carne do cardápio era, para ele, assim como para a maior parte de sua geração, um capricho da moda — irrelevante e incompreensível. Um convidado podia ser vegetariano por princípio, em função de uma postura militante em relação aos direitos dos animais (como Tester, cuja tese de doutorado versava sobre esse tema), mas isso tinha pouca importância para ele.

Um "bom convidado" comia tudo que lhe ofereciam (era impossível comer tudo que Bauman oferecia). Ele gostava de ver as pessoas desfrutando sua comida mesmo que ele próprio não comesse tanto. As conversas eram agradáveis, e além da fumaça do cigarro ou do cachimbo, que os convidados inalavam de maneira voluntária ou involuntária, sempre havia um vinho tinto (geralmente italiano, mas também francês, australiano, búlgaro, chileno... desde que fosse tinto)[61] ou outra bebida alcoólica escolhida para o momento do dia, de acordo com a refeição ou o estado de espírito. A cozinha era de Zygmunt e nenhum convidado tinha permissão para ajudá-lo. Uma placa na porta dizia: "*Uwaga zły pies!*" (Cuidado — cão feroz!).[62] Na verdade, eles nunca tiveram nem cachorros nem gatos.

Bauman também servia a comida, trazendo pratos e trocando louças e copos da forma como se fazia nos grandes restaurantes. Lavava tudo sozinho e não aceitava ajuda. Depois do almoço ou jantar, chegava a hora da sobremesa, mesmo que os convidados não tivessem mais espaço no estômago. Zygmunt adorava sobremesas, e jamais resistia a um bom biscoito ou bolo. Sua neta Zośka (diminutivo de Zofia) ganhou um lugar no coração do *dziadzia* (vovô) porque preparava bolos para ele. O café espresso — feito numa máquina italiana — seguia-se à sobremesa. Os Bauman amavam a Itália e sua *arte della vita*.

Bauman produzia sua própria cerveja, seu próprio vinho e seu conhaque, que chamava de "baumanhaque". Tony Bryant explicou que o baumanhaque era apenas para convidados especiais, e que o desfrutava toda vez que seu pai, Pawel Blumenzweig, ia visitar os Bauman. Um judeu tcheco que escapara do Holocausto, Blumenzweig adotara o nome Paul Bryant na Inglaterra e tinha muito em comum com Bauman, que falava tcheco e gostava muito da cultura do país, de modo que sempre tinham bastante assunto. Zygmunt provavelmente aprendeu a fazer cerveja em casa e a produzir destilados durante a guerra ou logo depois, quando o álcool era escasso no Leste Europeu e se tornou uma espécie de moeda. Como acontece com todos os hobbies, quando Bauman começava alguma coisa ele logo aprendia e se tornava profundamente dedicado. O sociólogo canadense Robert Stebbins chama esse tipo de comportamento de "lazer sério".[63] Assim que chegava ao máximo que podia numa atividade, Bauman a abandonava completamente e iniciava outra. Foi o caso das bebidas feitas em casa e da fotografia.

Foram necessários vários anos para que Zygmunt aprendesse a fotografar as ruas e pessoas da cidade, as paisagens e a natureza de Yorkshire. Ele frequentou um clube de fotografia, em que conheceu outras pessoas com a mesma paixão e aprendeu a tirar retratos. Também acabou fazendo uma série de nus artísticos, para os quais contratou modelos. Tirou milhares de fotos e retratos de seus convidados e amigos, e por algum tempo ele e a câmera foram inseparáveis. Chegou a montar seu próprio quarto escuro (no andar de cima) e misturava os produtos químicos para fazer as revelações e impressões, em vez de pagar por esses serviços. "Quando você ia à casa dele naqueles anos, ele lhe oferecia um drinque e imediatamente o levava para o andar de cima para tirar uma foto sua", lembrou Tony Bryant: "Ele tirava fotos de nós, de meus pais, de todo mundo. Durante anos foi um fotógrafo ávido e hábil, e depois simplesmente parou. Como se pensasse: 'Está bem, já fiz isso o bastante'".[64]

A fotografia foi um hobby sério durante dez anos. Então ele explicou à família que havia chegado ao seu limite e não se interessava mais pelo assunto. Uma vez, tentou retomar a atividade, mas a tecnologia havia avançado e ele não estava disposto a aprendê-la.

As filhas de Bauman definiram esses períodos de fascínio como "fases do papai". Áreas de atividade secundária — fotografia, destilaria — se tornavam, por um curto período, o principal foco de seu tempo e de seus esforços. Embora possam parecer inusitados, esses ciclos não são incomuns no mundo científico. Entre pesquisadores das ciências biológicas, muitas vezes vi pessoas que ficaram fascinadas ou "loucas" por uma atividade ou um campo diferente de seus projetos de pesquisa.[65] Os campi de boas universidades dedicadas à pesquisa estão cheios de nerds como Bauman, com suas fases de panificação, jardinagem, prática de esportes radicais, pintura, cartunismo e estudo de línguas exóticas.

Muitos cientistas adoram esse tipo de desafio, e talvez sejam levados pela necessidade de ser os melhores e os primeiros em tudo. Tester lembrou que, em 2013, Zygmunt foi convidado para dar aulas em Girona, perto de Barcelona, durante um mês. Tester foi seu assistente:

> Ele tinha 88 [anos], e Girona é muito montanhosa [...]. Ficamos no mesmo hotel, e toda manhã caminhávamos até o topo de montanha, e ele queria ter sempre a certeza de que chegaria lá primeiro. Eu tinha a sensação de que, se tivesse o despeito de chegar lá antes dele, ele me faria tropeçar ou algo assim. "Sou como os jovens — posso fazer qualquer coisa!"[66]

Como muitos cientistas, Bauman tinha vontade de controlar tudo que pudesse ser controlado. Uma das últimas paixões que abandonou, bem no final da vida, foram as caminhadas. Ele havia desenvolvido uma abordagem quase profissional da caminhada em Yorkshire, usando mapas, bússola e guias antes que essas coisas se tornassem populares, e, junto com Janina, passava horas caminhando por muitos quilômetros nos arredores de Leeds. Com os anos, a velocidade de suas passadas diminuiu e os percursos se encurtaram, mas caminhar sempre foi uma parte importante de sua rotina diária. Uma coisa que não interessava os Bauman eram conversinhas e relações superficiais. Eles "não tinham disposição para se enquadrar", escreveu Janina. E organizaram sua vida social com pessoas que compartilhavam um estilo de vida semelhante, sobretudo velhos amigos de Varsóvia.

O eco de Varsóvia

Os Bauman tiveram a sorte de ter emigrado para a Inglaterra numa época em que alguns de seus melhores amigos moravam a poucas horas de trem de Leeds. Maria Hirszowicz e seu marido, Łukasz, que os amigos chamavam de Gidon, moravam em Londres desde o pogrom de Estado na Polônia em 1968. Ele era historiador e poliglota, especialista em Irã contemporâneo e mundo árabe, conhecido por sua erudição e senso de humor (sua casa em Londres era sempre aberta a acadêmicos e ativistas de oposição poloneses). Sua relação com os Bauman era como a de uma família; várias vezes passaram juntos o Natal e o Ano-Novo. Quando Łukasz faleceu, sua mulher, Maria, se tornou muito próxima de Janina e lhe ofereceu um grande apoio com suas memórias. Os Hirszowicz e os Bauman discutiam política polonesa e compartilhavam memórias de sua terra natal perdida. Mais do que qualquer outra coisa, porém, eles tinham uma paixão em comum — o bridge. Esse jogo de cartas, em que duas duplas se enfrentam, era muito popular na Polônia, que tinha algumas das equipes mais competitivas do mundo. Era uma boa diversão para amigos inteligentes compartilharem rodeados de alguns drinques e um número infinito de cigarros ou cachimbos.

Quando Leszek Kołakowski e sua esposa, Tamara, os visitavam, o assunto interminável não era o bridge, mas a política — questões polonesas, a Nova Esquerda[67] e outros eventos do momento. Eles discutiam livros, filmes, filosofia e ficção, compartilhavam fofocas sobre antigos colaboradores, *apparatchiks* do Partido e todo o corpo docente que havia permanecido ou emigrado. Kołakowski era próximo de organizações polonesas clandestinas e sua atividade foi tema de longas discussões sobre o "conservador-liberal-socialista-internacional", como Kołakowski jocosamente se referia ao movimento, amplo o bastante para incluir tanto ele quanto Bauman. Já no final da década de 1960, eles tinham opiniões divergentes sobre o marxismo, os partidos de esquerda e o futuro da Polônia. Com infindáveis horas de duração, os debates políticos aconteciam em meio a uma densa fumaça de tabaco.

Os dois eram grandes fumantes; tinham os mesmos gestos e fumavam de uma forma bastante teatral, observou Tester. Ao descrever um debate na TV entre Foucault e Kołakowski, ele disse:

> Kołakowski faz exatamente o mesmo que Zygmunt com seu cachimbo. Enquanto Foucault expressa uma posição da qual ele claramente discorda, Kołakowski bate e limpa o cachimbo sobre a mesa (fazendo barulho). Ele não diz nada [...] apenas pelo gesto ele mostra tudo [...] a linguagem corporal é: "Você está falando uma estupidez" [...]. Os dois "revisionistas" tinham dominado a arte da comunicação não verbal pelo uso do cachimbo.

Com o passar dos anos, a amizade dos dois se enfraqueceu e morreu. Kołakowski foi se afastando cada vez mais do marxismo e se voltando para o catolicismo, enquanto se arrependia de seu passado comunista. Bauman ficou impressionado com essa mudança e chegou a ter uma breve fase de curiosidade pela conversão ao catolicismo. Leu bastante sobre o tema, mas o fascínio passou depois de algumas semanas. Zygmunt sempre manteve uma visão socialista e secular do universo e da política. Kołakowski e ele estavam em campos diferentes e não tinham vergonha de deixar isso claro.

O primeiro conflito ocorreu após a instauração da lei marcial pelo general Wojciech Jaruzelski em 13 de dezembro de 1981. Membros da oposição foram jogados na cadeia e o Exército tomou as ruas das cidades polonesas e baniu o sindicato Solidariedade como inimigo do Estado. Kołakowski — o guru espiritual da oposição polonesa — condenou a decisão de Jaruzelski, mas a visão de Bauman era mais nuançada. Como ex-soldado, ele via a escolha de

Jaruzelski como o menor de dois males — se ele não tivesse imposto a lei marcial, o Exército soviético teria entrado, numa repetição do desastre ocorrido na Tchecoslováquia em 1968. De todo o grupo de amigos exilados, apenas Bauman não apoiou o protesto contra a ação. Embora mais tarde reconhecesse a intervenção militar como um equívoco, Bauman seria lembrado como um apoiador do golpe de Jaruzelski.

A ruptura final ocorreu em 2001, após os ataques terroristas do Onze de Setembro. A tragédia chocou o mundo, como escreveu Bauman num artigo publicado no dia 23 daquele mês no semanário *Tygodnik Powszechny* [Semanário Católico], mas ele se opunha a declarações em que políticos e os meios de comunicação anunciavam uma guerra entre a "nossa" civilização e o mundo bárbaro "deles". Assim como outros intelectuais de orientação esquerdista, Bauman afirmou que a exploração capitalista e as relações coloniais haviam alimentado o crescimento do terrorismo. A jornalista Agnieszka Kołakowska, filha de Kołakowski, reagiu com uma agressiva condenação publicada no jornal *Rzeczpospolita* [República] em 4 de outubro de 2001.[68] Ela escreveu que Bauman "repete opiniões sem pensar" num texto repleto de "insinuações, mistificações e falsificações". A fala de Bauman sobre a responsabilidade pelo ocorrido era "um circo pós-modernista de frases elaboradas e vazias". Kołakowska observou que radicais como Robert Fisk e Noam Chomsky haviam justificado o terrorismo de forma semelhante, mas eram menos antiamericanos do que Bauman: "Nosso dever sagrado agora é de lealdade em relação aos Estados Unidos e a nossa civilização", concluiu ela. Bauman considerou o ataque injustificado e agressivo.[69] Esperou por uma intervenção de Kołakowski — ao menos para discutir com ele. Nada aconteceu e a relação entre os dois acabou.

Maria Hirszowicz também se afastaria dos Bauman, aparentemente por divergências de opinião política. Em seu livro *Inverno na manhã*, Janina fez um caloroso reconhecimento a Maria e seu marido. Em 2001, contudo, o livro de Maria intitulado *Pułapki zaangażowania: intelektualiści w służbie komunizmu* [As armadilhas do engajamento: Intelectuais a serviço do comunismo] não faz menção aos Bauman, embora Zygmunt tivesse estudado os jovens comunistas e seu engajamento no Partido na década de 1960, o que não era ignorado por Hirszowicz. O livro expressa uma forte convicção positivista sobre a verdade e as leis morais, posição considerada ultrapassada pela sociologia do século XXI. O livro mostra que Kołakowski aprovou essa visão e Hirszowicz e outros intelectuais poloneses concordaram. Os valores socialistas haviam saído de moda e os Bauman perderam alguns de seus melhores amigos. Isso deve ter sido muito doloroso, mas Zygmunt nunca falou sobre o assunto em público. Na verdade, era raro que falasse sobre qualquer tema pessoalmente desagradável.

Na década de 1970, alguns velhos amigos e colegas puderam deixar a Polônia graças a um relaxamento das restrições de viagem e foram visitar o casal em Leeds. Um deles foi o primeiro coautor de Bauman, Jerzy Wiatr. Outro foi Jerzy Szacki, que se lembrou do vinho caseiro com que Bauman o recebeu. Ele continuava sendo persona non grata na Polônia, e seus trabalhos haviam sido banidos, mas mesmo assim alguns amigos poloneses iam visitá-lo em Lawnswood Gardens. Wiatr e Szacki poderiam ter tido problemas ao retornar, mas assumiram o risco e não enfrentaram nenhuma repreensão: o regime polonês não era tão rigoroso quanto o da União Soviética ou da Alemanha Oriental.

Família e família adotiva

Quando Lydia e Irena foram para a universidade, fora de Leeds, Janina se queixou de que a casa ficara grande demais para apenas três pessoas (a mãe de Janina, Alina Lewinson, passou com eles seus últimos anos de vida). Depois de 1980, os Bauman viviam sozinhos em uma casa de quatro quartos. Mas houve longos períodos em que ela voltou a se encher de gente. Quando Irena terminou os estudos, ela e o marido, Maurice, resolveram se estabelecer em Leeds e abriram um estúdio de arquitetura, e por vários meses moraram em Lawnswood Gardens. Irena se lembra desse período como uma época particularmente boa: "Nós ríamos muito, comíamos muito, bebíamos muito e fumávamos demais". Naquela época, ela estava tentando parar de fumar, mas em vez disso o marido acabou adquirindo o hábito. Apesar de todas as campanhas sobre os efeitos nocivos do fumo, a visão na casa dos Bauman era a de que nenhum excesso de comida, álcool ou cigarros era perigoso. Aproveitar a vida era o mais importante. Mesmo na década de 1940, o superior de Bauman no Exército havia notado que ele gostava de álcool, mas não abusava.

E isso não mudou muito. Zygmunt nunca bebeu o suficiente para perder o controle. Só era viciado em cigarro. Ele costumava brincar, dizendo que era a prova viva de que o tabaco não era tão perigoso, já que tinha vivido tanto.

Com o tempo, o círculo de amigos da família ultrapassou a comunidade polonesa. Depois que Irena e Maurice foram embora, Bryan Cheyette se mudou para perto,[70] morando ali de 1986 a 1996. Ele era um jovem acadêmico britânico que havia obtido uma bolsa em Leeds para estudar o antissemitismo na literatura inglesa, assunto que era do interesse dos Bauman. Esse período de meados da década de 1980 foi exatamente o momento em que tiveram início os estudos judaicos, e o Holocausto e o antissemitismo eram os temas mais importantes em Lawnswood Gardens. Em sua introdução a *Modernidade e Holocausto*, Bauman agradeceu a Cheytette por suas "críticas e conselhos". Por uma década, o jovem acadêmico continuou sendo um amigo íntimo, aparecendo, ao estilo polonês, sem ligar ou marcar, para tomar um café ou um drinque e discutir algum dos milhares de assuntos pelos quais eles se interessavam.

Outra pessoa que se beneficiou da amizade íntima com o casal foi Janet Wolff, especialista em sociologia da arte e da cultura que conheceu Zygmunt em 1973 durante o curso de doutorado. Sob a recomendação de Bauman, ela iniciou sua carreira acadêmica em Leeds e era sempre convidada à casa deles para discutir uma variedade de temas, incluindo o Holocausto. Janina agradece a Janet Wolff em *Inverno na manhã*; Wolff recorda ter sido a primeira a ler os rascunhos de muitos capítulos.[71] Janina também agradece a Griselda Pollock, a historiadora da arte que conheceu os Bauman em seu primeiro ano de trabalho em Leeds, em 1968. Pollock e o marido, Antony Bryant — Tony —, tornaram-se amigos muito próximos. Compartilhando o local de trabalho (Bryant trabalhou por um breve período no Departamento de Sociologia), tinham como principal interesse a herança familiar judaica. A calorosa relação com esse grupo parece ter sido, para os Bauman, uma espécie de reconstrução da família perdida.[72] Todos tinham em comum fortes conexões com a cultura asquenaze e a herança do Holocausto. Não se tratava de um retorno ao judaísmo como religião, mas de encontrar o bem-estar numa cultura familiar e secular.

Como acontece com toda família, havia temas que não eram compartilhados. Bauman era completamente fechado à recente prática acadêmica dos estudos feministas. "Essa abordagem do feminismo como explicação e questionamento teórico... ele não compreendia", diz Pollock. Mas "ele apoiava a contratação e a assistência a mulheres no departamento [...]. Não era de maneira alguma a figura patriarcal clássica. Era muito gentil comigo, muito respeitoso, e reconhecia alguma coisa... sem se envolver no que eu escrevia ou falava". Pollock, que se dedicava à teoria crítica feminista, convidou Bauman para seminários com especialistas nessa área, mas ele não mostrou interesse. Ela supôs que isso se devesse ao fato de ele não ter nenhuma conexão pessoal com o feminismo, embora tentasse compreender por que um leitor tão voraz pudesse ter tanta dificuldade em considerar o seu campo de estudos digno de interesse. "Suas próprias experiências é que eram fundamentais", disse ela.

A crítica de Pollock enfraquece a afirmação de Bauman sobre a ausência de conexão entre as experiências pessoais e o trabalho de um intelectual. Poderíamos nos perguntar por que Bauman, sempre sensível aos problemas de refugiados e apátridas, estigmatizados e marginalizados, nunca se interessou pelo feminismo. "Por que ele achava tão difícil acessar fenômenos não diretamente relacionados à sua experiência?", indagou Pollock.[73]

É uma pergunta pertinente.[74]

Não é incomum que intelectuais da geração de Bauman mostrem pouco interesse pelo feminismo. Vale lembrar que Bauman cresceu numa casa administrada por uma mãe de pulso forte e um pai introvertido. Além disso, na União Soviética de seus tempos de juventude, homens saudáveis estavam fora de casa por conta da guerra, e as mulheres os substituíam. Era um país em que um jovem podia ter a ilusão de equidade entre homens e mulheres. A libertação e a igualdade das mulheres eram parte da ideologia oficial (e, em vários aspectos, da realidade oficial) na Polônia do pós-guerra. Janina Bauman era uma mulher profissionalmente ativa e bem-sucedida. Para Bauman, a discriminação contra as mulheres era um problema do passado.

A metodologia de Zygmunt também o colocava em desvantagem no que se refere à compreensão do feminismo. Ele era um "observador nato", mas não utilizava os métodos etnográficos que possibilitam a sociólogos compartilhar a experiência de outras pessoas e assim expandir suas áreas de escrutínio. O trabalho teórico permite que o autor acesse amplas áreas da atividade humana, mas algumas dimensões permanecem inacessíveis. Sentimentos e experiência pessoal relacionados a ambientes íntimos ou ocultos exigem um acesso especial, suplementar — por exemplo, a temas muitas vezes inacessíveis, como o abuso sexual. O reconhecimento dos limites das reflexões de um cientista social é parte do ofício etnográfico — e da abordagem crítica feminista.

O terceiro aspecto a se considerar é a divisão do trabalho por gênero. A grande maioria dos coautores de Bauman eram homens. Em sua geração na Polônia, havia exemplos de "mulheres fortes que escrevem textos teóricos", mas elas eram exceções (Maria Ossowska, esposa de Stanisław Ossowski; Antonina Kłoskowska, especialista em sociologia da cultura). Fora Janina, os interlocutores de Bauman eram sobretudo homens. Os Bauman eram amigos da filósofa Lena Eilstein, que repreendeu Zygmunt por sua falta de compreensão no que dizia respeito à comunicação e à organização social dos animais.[75] Isso foi no final da década de 1980 e início dos anos 1990. Ela lhe indicou alguns livros e artigos sobre o tema, tendo escrito numa carta à família que Zygmunt devia "arranjar um cachorro", frase que também incluiu na resenha de um dos artigos dele na década de 1960! Eilstein estava convencida de que a experiência pessoal (ter um animal doméstico, no caso) o ajudaria a abrir a mente mais do que assistir a uma palestra (mas ela também lhe recomendou uma leitura apropriada).[76] Eilstein, porém, era vista no meio intelectual de Varsóvia como uma pessoa "diferente", "estranha" e "incomum". Ela deixou a Polônia com a mãe idosa sob a pressão do antissemitismo, mas retornou na década de 1990, por considerar que não se encaixava na vida americana. Continuou sendo uma amiga próxima do casal, embora não tenha deixado de desafiar a resistência de Zymgunt a novas perspectivas.

Para completar esse retrato de família, é necessário incluir dois "filhos espirituais" de Bauman. O primeiro foi Keith Tester; o outro, Peter Beilharz, que vivia na Austrália e era um hóspede regular em Lawnswood Gardens. Pelo menos uma vez por ano, ao longo de quase trinta anos, Beilharz visitava os Bauman, mantendo também contato próximo por e-mail. O primeiro encontro de Beilharz e Tester demonstra como Bauman serviu de mediador entre pessoas que faziam parte de seu círculo íntimo. Tester conta a história de quando conheceu Beilharz na casa de Zygmunt, em 2000:

> Peter já estava lá quando cheguei [...]. Eu entrei e seguimos para a sala de estar. Peter estava sentado, e o que Zygmunt fez foi pedir que ele se levantasse, e então colocou uma das mãos no meu ombro e a outra no de Peter, dizendo: "Vou sair agora, e, quando eu voltar, daqui a dez minutos, vocês serão irmãos" [...] e aí

> ele nos empurrou e caímos no sofá, ele saiu da sala e de fato voltou dez minutos depois e perguntou: "Vocês já são irmãos?". Tivemos sorte porque nos demos muito bem [...] de alguma forma, era uma questão de moldar o seu mundo [...] ele nos controlava, e não tínhamos escolha.

Enquanto para Tester essa situação representou, entre outras coisas, um sinal da necessidade de controle por parte de Bauman, para Beilharz foi apenas um modo familiar de aproximar amigos, um gesto típico de intelectuais e personalidades fortes de tentar administrar seu ambiente de maneira amigável. Beilharz, que era mais velho do que Tester e não fora aluno de Bauman, nunca se preocupou com a possibilidade de que este pudesse ou tentasse controlá-lo de alguma forma. Mesmo durante o período de seu trabalho em conjunto, Beilharz se sentiu livre para escrever sobre o modo como interpretava a obra de Bauman.

Controlador ou não, Zygmunt estava certo — seu desejo de que Peter e Keith se tornassem "irmãos" foi concretizado, e naquele momento eles iniciaram uma longa e profunda amizade. Como Beilharz concluiu em seu livro: "Então nós éramos, em algum sentido, os filhos. E ele muitas vezes nos chamava para a mesa: Filhos! Meus queridos! O almoço está pronto! Vocês precisam comer! Havia um bom tempo dedicado ao ritual de bater copos. *Na Zdrowie!*".[77]

15. Pensador global

Amor não líquido: janzygbau@

Janina e Zygmunt Bauman compartilhavam o mesmo e-mail, janzygbau@, criado a partir das primeiras sílabas de seus nomes, o que combinava com sua existência rigidamente coordenada. "Eles trabalhavam na maioria das coisas como um casal", disse Tester. "Na verdade [...] eles eram indivisíveis [...]. Não havia uma linha formal entre eles. [...] Cada um tinha sua própria identidade, mas eles eram também uma entidade única."[1] Bauman costumava dizer que assim que nasceu (em novembro de 1925) "encomendou" uma esposa, que nasceu nove meses depois (agosto de 1926). Essa afirmação pode ser lida de duas formas, segundo a nossa atual compreensão da política sexual. Por um lado, é uma mensagem de amor, emoldurando o destino romântico do casal; ela era a mulher da sua vida. Por outro lado, expressa sua posição de macho dominador: ele ordenou que a mulher fosse concebida. De certa forma, a visão paternalista e o senso de humor cínico descrevem muito bem o alto nível de integração na relação deles.

Bauman era um homem sedutor e galante que "certamente não se constrangia em demonstrar seu amor por Janina", disse Tester.[2] Em muitas entrevistas publicadas pela imprensa polonesa Bauman declarou estar apaixonado, envolvido num forte relacionamento, e com um discreto piscar de olhos deixava subentendido que vivia sob o controle da esposa. Certa vez, ele fez um comentário sobre seu envolvimento político na Polônia antes de 1968: "Jasia me disse: 'Desista, pare com isso, pare de ter ilusões'. Porque discutíamos nossa vida juntos. Sim, ela era a voz [da razão]. Mas por que não lhe dei ouvidos? *Afinal, eu costumava ouvi-la*".[3]

Em polonês, a expressão "Eu costumava ouvir" (*słuchałem się*) é uma forma (hoje em dia um pouco antiquada) usada pelas crianças para dizer "eu obedeço a meus pais". Ela contém um pequeno erro gramatical: podemos ouvir alguém (*słuchać kogoś*) ou a nós mesmos (*słuchać się*), mas não as duas coisas.[4] O uso por Bauman dessa curiosa expressão[5] ilustra um aspecto do relacionamento dos dois, no sentido de que ele ouvia a si mesmo (primeiro) e ouvia Janina (também).

Os amigos poloneses de Bauman confirmaram essa apresentação. Era Janina quem tomava as decisões, disseram eles; tinha uma personalidade muito forte. Foi ela, por exemplo, que recusou a mudança para a Austrália,[6] e foi ela também — e não Zygmunt — que preferiu ir para Israel em 1968. Com certeza, o relacionamento deles era mais complexo, não se resumindo a um ou outro ser a figura dominante; 62 anos de vida em conjunto raramente podem ser engessados num único modelo de relacionamento. "Vou lhe dar uma ideia", lembrou Tester:

> Janina está sentada num canto da sala da frente, fumando [...] e Zygmunt circula para garantir que todos tenham comida e bebida. Janina tinha definitivamente o poder [...] ela como que definia a situação, e Zygmunt facilitava as coisas e permitia que ela florescesse. Ter o poder significa que ela estava no controle, mas não era assim. Eles desempenhavam diferentes papéis: era ela que estruturava o evento, ele o fazia acontecer.

O termo "fusão" provavelmente define de maneira mais adequada a relação do casal, que Janina descreveu como uma bela e romântica história de amor em seu livro *A Dream of Belonging*, publicado em 1988. Eles se casaram no dia do aniversário dela, 18 de agosto de 1948, que ligou para sempre o dia de seu nascimento à união dos dois. Mas Janina não estava preparada para ser uma esposa guiada pelo marido. Sua família havia determinado que ela se tornaria médica; depois da guerra, enquanto vivia no gueto e em esconderijos, ela sonhava em se tornar escritora. Depois da graduação, ela manteve seu diário, o que era difícil para uma mulher profissionalmente ativa e mãe de três filhas. Apesar da instabilidade política, conseguiu administrar uma interessante carreira como negociadora indispensável entre censores e cineastas. Também representou o cinema polonês em festivais internacionais, uma posição de alto prestígio nos anos do apogeu da cinematografia do país.

Quando sua situação financeira melhorou, no final da década de 1950, os Bauman deram início ao ritual do almoço de aniversário de casamento, durante o qual faziam um resumo do ano anterior e previsões para o seguinte. "Nós realizávamos nossas comemorações ano sim, outro também, nunca perdendo uma, nem mesmo na triste época da crise que, nos anos 1960, ameaçou destruir nosso casamento", escreveu Janina: "Falar e ouvir sempre ajudou".[7] Eles tiveram um período de crise e conseguiram superá-lo. Curiosamente, essa informação discreta, embora importante, só aparece na versão em inglês do livro de Janina. Para o público polonês, não houve crises, apenas um casal perfeito. Em seus textos e discussões, Bauman enfatizou a importância do cuidado constante e dos esforços permanentes para manter a paixão inicial: "O amor [...] recusa-se a prometer um caminho fácil para a felicidade e a aceitação [...]. É algo que precisa ser *reconstruído* e renovado a cada dia, a cada hora; o tempo todo ressuscitado, reafirmado e vigiado".[8]

O amor requer prática e treinamento a cada dia: discussões, explicações, conserto de partes quebradas, desculpas e perdão. É assim que se constroem a compreensão e a confiança. Bauman apresentava essa visão como um modelo de como costumava ser o amor no período anterior à "modernidade líquida" — em oposição à época atual, em que a rápida troca de parceiros, como uma espécie de consumo, torna impossível refinar os relacionamentos, que se tornam inseguros e instáveis.

Para Bauman, o que importava numa relação amorosa era a felicidade, um tema que o fascinava. Conservar a felicidade num relacionamento de longa duração[9] era um dos maiores desafios. Como, num mundo líquido, era possível criar um amor não líquido? Numa entrevista concedida a Justyna Dąbrowska em 2011, ele descreveu a complexidade das relações amorosas:

> "Eu te amo": o que significa isso? Significa que, de fato, eu lhe desejo tudo de bom, quero que você seja feliz [...]. Para agir de acordo com o meu desejo, preciso criar um ideal de sua pessoa; aquela outra pessoa, aquela que é a sua felicidade, é a imagem do que é bom para você. Em algum momento (por amor a você), convenci-me de que sei melhor do que você como fazê-la feliz. Eu passei por cima da sua liberdade. Em nome do seu bem-estar, quero forçá-la a fazer uma coisa diferente daquela que você gostaria de fazer. O que acontece se, pelo contrário, ponho sua liberdade acima de qualquer outra consideração? Aí existe outra

> armadilha à espreita: um gesto de Pôncio Pilatos [...] em suma, indiferença e anestesia, e então esse é o momento para procurar o seu amor num túmulo e começar a escrever o obituário.[10]

Esse é um triste retrato do amor, enredado entre o excesso de controle e o excesso de liberdade, entre a possessividade e a indiferença. Uma percepção perturbadora do amor como um sentimento baseado numa imagem ideal do parceiro. Até que ponto isso se relacionava com a experiência pessoal de Bauman? Podemos ter alguma compreensão disso lendo a reação de Zygmunt aos livros autobiográficos de Janina. Numa carta endereçada a Tester, ele observa que o personagem Konrad em *A Dream of Belonging* representava "a imagem que Janina tem de mim, e eu resisti cuidadosamente a interferir, de maneira direta ou indireta, em seu retrato pictórico".[11] Curiosamente, Konrad só é o personagem de Zygmunt na versão do livro em inglês. Na tradução polonesa, o nome do personagem é Zygmunt. Por que foi feita essa mudança? Seria um reflexo dos efeitos da cultura britânica, em que a privacidade é um valor primordial? Ou resultado de negociações e discussões que talvez tenham ocorrido durante o jantar de aniversário de casamento?

Em seu livro sobre a vida em comum do casal, Janina fez algumas revelações discretas sobre essas noites especiais que aconteciam uma vez por ano, oferecendo instantâneos de momentos de pausa entre fases de sua vida conjugal.

> Ainda no bar, nós conversamos. Conversamos sobre mais um ano da vida de casados e sobre nossas filhas. Tentamos avaliar o que foi bom, o que foi ruim e o que poderia melhorar. Pensamos no que deve ser feito no próximo ano e sobre coisas que não podemos evitar — mísseis, desemprego em alta, aventuras militares de Israel.[12]

Sentados num restaurante em Leeds (provavelmente em 1986 ou 1987), comemorando mais um ano juntos, Janina e Zygmunt sentiam-se gratos por, depois de décadas de relacionamento, ainda poderem "sentar-se juntos em paz, conversar e esperar ansiosamente pelo ano que está apenas começando". Eles desfrutavam da aproximação de suas aposentadorias, que Zygmunt aguardava com impaciência. Não podiam ter imaginado o sucesso de Janina nem a fama espetacular e a criativa produção de Zygmunt — e as extraordinárias transformações políticas dos anos vindouros estavam inteiramente fora do campo de visão. Eles se preocupavam com a situação militar de Israel e com a segurança de seus familiares que lá viviam, mas não podiam imaginar que dois anos depois todo o bloco oriental entraria em colapso. Dois anos depois, eles voltariam à Polônia pela primeira vez em duas décadas.

Um amor não correspondido: a Polônia

O filósofo alemão Franz Rosenzweig escreveu: "O nível em que o judeu participa da vida de uma nação não depende dele, mas da nação".[13] A relação de Bauman com a "Polônia" — como uma sociedade representada por autoridades e instituições — é uma história complexa. Em grande parte, é a história de um amor não correspondido, de um indivíduo que mostrou a vida inteira que se via como um cidadão polonês como qualquer outro. Bauman não estava sozinho nessa condição. Esse é um problema fundamental para todos os poloneses judeus. Muitos intelectuais tornaram públicas suas reflexões.[14]

Bauman nunca publicou seus textos, como fizeram pensadores poloneses como Brandys, Morawski, Tuwim, Sandauer e muitos outros. Seu ensaio autobiográfico tem o título *Os poloneses, os judeus e eu: Uma investigação sobre o que fez de mim o que sou*. É praticamente o único texto em que Bauman aborda esse tema.

Zygmunt Bauman era apaixonado pela Polônia. Tinha um domínio perfeito da língua natal, amava a literatura e a poesia polonesas, se destacou na escola e, aos dezoito anos, se engajou no Exército polonês com orgulho. Depois da guerra, se envolveu ativamente na construção de uma sociedade melhor, seguindo um modelo polonês de justiça social, e se tornou um intelectual talentoso que se definia como um sociólogo *polonês*. Nessa etapa de sua longa vida — e mesmo depois —, contudo, a reivindicação de seus plenos direitos como polonês foi contestada. Independente dos políticos de plantão ou de o capitalismo ou o socialismo ditarem as regras, a legitimidade de sua declaração "Eu sou polonês" ainda é questionada.

A história que se segue, contada por ele em 2013, reflete a constância dessa relação de amor e ódio.

Quando os Bauman cruzaram a fronteira da Polônia, em 1968, acharam que seria para sempre. Mas tão logo obteve a cidadania britânica, Zygmunt começou a se corresponder com instituições polonesas em busca de manuscritos apreendidos pelas autoridades alfandegárias do país. "Recebi as respostas e as tenho guardadas até hoje", disse-me.[15] O funcionário da alfândega lhe falou que todos os manuscritos haviam sido enviados à Academia Polonesa de Ciências (PAN). Ele escreveu para o presidente da PAN, que disse que nada havia chegado lá. Em seguida, enviou as cartas da alfândega e da PAN ao professor Henryk Jabłoński, que era o primeiro-ministro. "Ele nunca me respondeu. Não tive nenhuma resposta." (Bauman conhecia Jabłoński pessoalmente das reuniões do Partido.) Por volta de 2006, um estudante de doutorado cujo orientador era ex-aluno de Bauman estava pesquisando no IPN e localizou seu arquivo, com a expectativa de que fosse o trabalho confiscado. "Como um idiota [...], de boa-fé, eu escrevi para o IPN", disse Bauman, para solicitar a devolução de seus manuscritos e os de Janina. Pouco tempo depois, Piotr Gontarczyk[16] escreveu um artigo belicoso sobre suas atividades durante a guerra e o pós-guerra.

> O IPN nunca respondeu a minhas perguntas. Assim, essa conspiração que envolve o agente alfandegário e o primeiro-ministro Jabłoński continua — nada mudou [...] regimes vêm e vão, primeiros-ministros e presidentes são substituídos, o sistema muda, mas existe uma espécie de continuidade nos serviços secretos. Eles na verdade não mudam, as mudanças são pequenas — transferências de pessoal e coisas do tipo, mas basicamente o sistema permanece o mesmo.[17]

Essa continuidade descrita por Bauman, que os historiadores poloneses também têm observado,[18] é surpreendente porque cobre três períodos muito diferentes — os regimes de Gomułka em 1968, de Gierek em 1972 e por fim o período pós-comunista. Devemos observar que a exceção a essa regra ocorreu em 2010, quando Bauman recebeu do ministro da Cultura a mais alta condecoração polonesa, a Medalha do Mérito Cultural Gloria Artis. Esse evento, contudo, atraiu muitas críticas, sobretudo dos apoiadores dos partidos de direita — uma surpreendente continuidade entre o velho regime comunista e os partidários da direita nos dias de hoje, que compartilham a mesma reação a Bauman — sempre hostil e sempre ecoando o antissemitismo.

Para essas pessoas, Bauman sempre foi um "inimigo da Polônia". Enquanto isso, Leszek Kołakowski, o líder mais importante dos revisionistas de 1968, foi bem recebido após a mudança de regime em 1989. Por quê? Em primeiro lugar, Kołakowski era considerado cem por cento polonês. Não era um judeu polonês, mas vinha de uma família católica e havia retornado a sua religião ancestral. Foi perdoado por seu engajamento comunista quando mudou de lado e passou a apoiar o capitalismo. Bauman não podia mudar suas origens, mas a opinião pública e a maioria dos intelectuais esperavam que ele abandonasse seus ideais esquerdistas... em vão. Ele manteve sua crença no socialismo. Por isso também nunca concordou em se tornar um sovietólogo na Guerra Fria e recusou ofertas de excelentes universidades (Yale, por exemplo).[19]

O culpado

Bauman permaneceu sob os holofotes dos serviços secretos muito depois de sair da Polônia. Escrever seu nome sem letras maiúsculas, e no plural, foi um elemento sutil do processo de estigmatização — ele era apresentado como um hipócrita.[20] Ele foi um alvo especial de Ryszard Gontarz, um dos jornalistas mais agressivos e antissemitas de 1968. Gontarz publicou um texto intitulado "O novo caminho de Zygmunt Bauman", no qual, num estilo irônico e malicioso, analisava o perfil distorcido de Bauman publicado no *Maariv* (ver capítulo 12), que fora traduzido para o polonês e lido em sua totalidade pela Rádio Europa Livre. Gontarz, que trabalhava para a Bezpieką, teve acesso à cópia do artigo de posse da polícia secreta.[21] Usou-o para caracterizar Bauman como um agente sionista e um dos cabeças dos "jovens revisionistas" que havia posado de marxista revolucionário:

> Nos círculos intelectuais da capital [Varsóvia] [...] ele era uma estrela de primeira grandeza. Até recentemente, muitos participantes dos incidentes de março o viam como um ídolo. Muitas pessoas jovens e ingênuas acreditavam que Zygmunt Bauman fosse um dos principais intérpretes do marxismo [...] esse "militante sionista" que, sob a direção de trapaceiros políticos com fome de poder, era um dos professores e líderes espirituais dos estudantes.

O artigo prossegue afirmando que Bauman era culpado de fomentar provocações por parte dos jovens manifestantes, concluindo: "Ele foi um dos responsáveis morais pelos eventos de março. É um dos principais culpados".[22] Como sabemos, tudo isso está longe da verdade.

Segundo o arquivo de Bauman, em 18 de setembro de 1968 o Partido organizou uma reunião no Instituto de Filosofia e Sociologia da PAN em que a entrevista de Bauman ao *Maariv* (transmitida dois dias antes pela Rádio Europa Livre) foi lida e discutida. Era o momento certo para forjar uma imagem de Bauman que ajudaria a desacreditar toda a revolta de março de 1968. Como registrou um agente da Bezpieką:

> Participantes do encontro expressaram sua total desaprovação a Z. Bauman como pessoa e à posição por ele assumida, enfatizando sua duplicidade e seu desejo de fazer uma carreira sob quaisquer condições, independente do país e do sistema político em que vive. Provocou particular indignação entre os presentes a declaração de Z. Bauman sobre a total solidariedade do círculo filosófico e sociológico de Varsóvia. Os ouvintes zombaram e riram da resposta de Bauman sobre a declaração dos trabalhadores que lhe foi entregue [...]. No final da reunião, um dos jovens acadêmicos, que não é membro do Partido e é católico, me agradeceu muito por tê-lo convidado para o encontro, que lhe permitiu saber a verdade sobre Z. Bauman.[23]

Denúncias semelhantes do "caso Bauman" foram feitas em várias seções do Partido na universidade.

Condenado à ausência

Na primavera de 1968, as obras de Bauman, assim como as de outros "autores revisionistas", foram excluídas das livrarias, bibliotecas e outros lugares onde eram acessíveis ao público. O nome dele foi inscrito na lista mais restritiva da censura: nem mesmo citações negativas eram permitidas.[24] As posições de Bauman como editor e catedrático foram entregues a poloneses não judeus, assim como outros empregos abandonados por indivíduos que haviam sido presos ou emigrado. Pessoas que nunca teriam sido aceitas como candidatas ao doutorado tomaram os lugares de estudantes que haviam fugido ou sido expulsos da universidade. Muitos acadêmicos viram suas carreiras avançarem rapidamente. Para alguns, o impossível se realizou. Como Bauman muitas vezes dizia, o expurgo étnico tornou milhares de pessoas felizes ao promovê-las a posições inacessíveis.

Depois dos eventos de 1968, sociólogos da Universidade de Varsóvia seguiram a linha ortodoxa. Alguns desenvolveram pesquisas quantitativas, baseadas em levantamentos, com uma metodologia crescentemente importada da sociologia norte-americana (sobretudo Parsons, Lazarsfeld e Merton). O banimento de obras e a anatematização de indivíduos afrouxaram as conexões entre Bauman e o meio acadêmico de Varsóvia. Muitas pessoas cortaram todos os laços com ele, embora umas poucas (Wiatr e Szacki) tenham permanecido em contato — ainda que sua correspondência fosse cuidadosamente examinada pelos censores. O que sobreviveu na memória coletiva foi a lembrança do coturno e da arma que ele levava para a escola quando ainda estava no KBW — um limitado retrato de Bauman como uma figura assustadora.

Aos poucos, os movimentos clandestinos foram ganhando força na universidade. Ao contrário de Kołakowski, Bauman não estava no centro desse movimento social; ele o seguia à distância, escrevendo, vez ou outra, um artigo sobre a situação na Polônia (seus colegas publicavam textos regularmente na *Annex*, uma revista de oposição). Como a maioria dos cientistas emigrados,[25] Bauman não participava da vida da diáspora polonesa, frequentemente vinculada à Igreja católica. Em vez de procurar amigos dentro da *Polônia* (a diáspora), Bauman tentou se ajustar às expectativas da comunidade ligada à Universidade de Leeds. Ele estava sempre muito ocupado como chefe de departamento e não tinha tempo para participar das "lutas" polonesas. Ao contrário de Kołakowski, seus temas sociológicos não estavam relacionados a uma crítica aguda do marxismo ou à Polônia. Ele era um sociólogo geral que analisava problemas universais e trabalhava na Grã-Bretanha. Recusou-se a ter como especialidade o Leste Europeu.[26]

Bauman também não condenou abertamente a aprovação da lei marcial em 1981, o que foi visto como um discreto apoio ao regime de Jaruzelski e levou antigos colegas e amigos a se afastarem dele. O contato de Bauman com a Polônia era particular: feito através de alguns ex-colegas que o visitavam em Leeds e da correspondência que mantinha com amigos poloneses, a maior parte dos quais vivia no exterior. As autoridades haviam proibido o contato com ele. Muitos colegas que permaneceram na Polônia temiam as consequências de manter um relacionamento ou apenas não estavam interessados. Ele fora ejetado do mundo intelectual polonês.

A situação de Bauman começou a mudar em 1980. Com a ascensão do movimento Solidariedade, decisões anteriores do governo foram criticadas e desafiadas, e essa crítica chegou às universidades. Em julho de 1981, o conselho de administração da Universidade de Varsóvia solicitou ao ministro da Educação Superior que revogasse sua decisão de 25 de março de 1968 de expulsar membros do corpo docente e reincorporasse os professores expurgados.[27] O ministério respondeu[28] pedindo que as defesas se dessem caso a caso, o que abriu a possibilidade de reabilitar pelo menos alguns deles. O reitor começou a enviar cartas aos professores excluídos pedindo que retornassem. Mas, dos seis professores demitidos, apenas quatro foram convidados a voltar — Bauman e Hirszowicz não estavam nessa lista. Qual o motivo dessa omissão? Supostamente, a sua questionável condição jurídica — ambos tinham renunciado "voluntariamente" à nacionalidade polonesa antes de partir. Os outros quatro haviam conseguido evitar essa decisão categórica.[29]

Essa história é contada numa carta escrita por Włodzimierz Brus, que foi contactado pelo reitor e imediatamente respondeu, dizendo que a situação o ofendia. Brus afirmou que qualquer exclusão de "pessoas que haviam renunciado à nacionalidade polonesa" era injusta e fraudulenta, uma vez que tal decisão não fora tomada de maneira livre. Além disso, observou Brus, não havia exigência formal de ser cidadão polonês para integrar o corpo docente da Universidade de Varsóvia. "Nem Maria Hirszowicz nem Zygmunt Bauman receberam uma carta da Universidade de Varsóvia pedindo perdão pela dor e injustiça causadas por seu afastamento", escreveu Brus, e essa discriminação injustificada "indica dolorosas semelhanças (com o passado) e levanta preocupações (quanto ao futuro)."[30]

Em 10 de novembro de 1981, o reitor Samsonowicz respondeu com uma carta enviada a Bauman dizendo que o conselho de administração da universidade queria reverter a decisão de 1968. A última frase era o que os professores afastados fazia muito tempo esperavam ouvir: "Ao informá-lo sobre isso, expresso meu pesar pelo que ocorreu em 1968".

Visivelmente, em 1981, a situação ainda não estava clara. As instituições discutiam os passos necessários para reparar os danos do passado, mas ninguém queria se desculpar ou assumir a responsabilidade pelo que havia acontecido. Samsonowicz, claro, não era responsável pela decisão de 1968. Mas os atingidos pelo banimento esperavam mais da instituição.

Em 13 de março de 1990, Samsonowicz, agora ministro da Educação Superior no primeiro governo pós-comunista, escreveu uma longa carta a Bauman pedindo perdão pelo tratamento injusto que ele havia recebido. É uma carta sincera, cheia de respeito, solicitando o retorno de Bauman ao corpo docente da Universidade de Varsóvia. O inverno de 1989 havia derrubado muitos obstáculos. Em meados da década de 1980, Bauman começou a se corresponder com colegas mais intensamente. Em 1986, Lydia Bauman solicitou um visto, não concedido, para retornar à Polônia com um grupo de estudantes.[31] Dois anos depois, em 1988, a Universidade de Varsóvia convidou Zygmunt para dar uma palestra. Os Bauman solicitaram vistos, que foram concedidos, e viajaram a Varsóvia para uma breve visita após vinte anos de ausência.

Volta ao lar!?

"Voltei a Varsóvia 'doutrinado' por Alfred Schütz, autor de um belo ensaio sobre o que em inglês se chama de *homecoming* [volta ao lar],[32] um termo de difícil tradução para o polonês", disse Bauman numa entrevista realizada em 1988:

> Trata-se de ir para casa, retornar ao lar uma segunda vez. O ensaio é extenso, mas dá sentido a um pensamento trivial: que a volta ao lar é a chegada de um homem que não mais existe a um lugar inexistente. Há, no entanto, expectativas: as pessoas esperam ver alguém de que se lembram de anos atrás, e quem chega pensa de forma semelhante. Nessa situação, um acordo é muito difícil. Eu estava com medo dessa chegada.[33]

Os Bauman viam essas expectativas mútuas com certa cautela, mas também temiam o comportamento das autoridades. O sistema de antes ainda estava presente, e o futuro não era claro. Afinal, em 1988, Janina Bauman ainda constava da lista de pessoas indesejáveis na Polônia — uma lista negra teoricamente inviolável. O nome de Zygmunt fora excluído poucos dias antes de seu retorno graças à intervenção de colegas.[34]

> Após o choque inicial no aeroporto de Okęcie, quando, depois de passar pelo controle de passaportes, fomos parados e, de forma não muito educada, nos mandaram esperar, explicando a contradição entre o fato de termos vistos e a presença de nossos nomes na lista de pessoas indesejáveis; depois da confusão na minha cabeça [quando as autoridades nos deixaram entrar] após ver todos aqueles rostos [de amigos] que eu não via há anos [...]. No segundo dia parecia que eu estava retomando conversas do ponto em que tinham sido interrompidas vinte anos antes, e que nada havia acontecido nesse intervalo — nem a mim nem às pessoas aqui.[35]

Ver a cidade de seu passado com todos os amigos que não tinham podido encontrar em duas décadas foi uma experiência emocionante para os Bauman. Tal como os últimos dias antes de sua partida da Polônia haviam sido carregados de emoção, os sentimentos de alegria que os acompanharam no retorno eram misturados a um tom de tristeza. Eles refletiram sobre o tempo, que passa muito depressa, e sobre todos aqueles anos em que tinham sentido saudades de tantas pessoas de quem eram próximos em Varsóvia. Alguns velhos amigos que em 1968 não haviam dito nada, mantendo-se em silêncio, agora pediam perdão, expressando vergonha por seu comportamento, sua fraqueza e seu medo da repressão.[36] Podemos imaginar que os Bauman não dormiram muito durante seu primeiro retorno à Polônia, e em outras visitas que fizeram com frequência a partir de então. Seus velhos amigos ficavam felizes por tornar a vê-los e sempre arranjavam tempo para encontros especiais. Novos amigos, conhecidos e colegas acadêmicos instigaram novos projetos de ensino, escrita e discussão. Era raro Bauman recusar uma oferta, e sua agenda foi ficando cada vez mais lotada. Eles ficaram felizes em visitar locais do passado, restaurantes, teatros, museus e a Filarmônica Nacional. Compraram livros e discos. Visitaram outras cidades: não só Poznań, mas Cracóvia e Lublin. Fizeram novos amigos entre filósofos e especialistas em estudos culturais, e também entre artistas. Bauman estava em seu período "fotográfico" e exposições foram organizadas, numa atmosfera amistosa com um círculo cada vez maior de pessoas jovens.

Zygmunt aceitou uma oferta da Academia Polonesa de Ciências para se tornar professor em tempo parcial. Em maio de 1991, foi nomeado para o Comitê de Ciências Sociais da mesma entidade, uma das instituições acadêmicas de maior prestígio.[37] Nesse processo, Bauman recuperou, de certa forma, o lugar que teria ocupado se tivesse permanecido na Polônia. Mas seu principal empregador antes de 1968 — a Universidade de Varsóvia — não teve tanta pressa para readmiti-lo — o processo levou seis anos e meio. O Conselho do Departamento de Filosofia e Sociologia votou em 20 de junho de 1989 pelo retorno dos docentes afastados (Hirszowicz e Bauman), solicitando ao reitor que tomasse as providências necessárias. Mas nada aconteceu, de modo que a solicitação voltou a ser feita cinco anos depois, em novembro de 1994, e em junho de 1995 o reitor convidou Bauman a retornar como professor. Uma carta de janeiro de 1996 mostra a resposta: ele decidira se tornar professor emérito.[38]

Esse período também assistiu ao retorno de Zygmunt às revistas científicas polonesas. Seu primeiro artigo pós-1989, "Upadek prawodawców" [A queda dos legisladores], foi publicado em 1990 na revista *Estudos Filosóficos*. Em 1992, *Modernidade e Holocausto* foi publicado em polonês pela Fundacja Kulturalna Masada (Fundação Cultural Masada). Os Bauman eram próximos do fundador da editora, Julian Wojdowski, que também era um autor excepcional. Tendo sobrevivido ao Holocausto na infância, ele publicou textos importantes sobre o antissemitismo, o Holocausto e o destino dos judeus. O livro de Bauman foi o primeiro e o único publicado pela Masada — Wojdowski suicidou-se em 1991.[39] Sua esposa, Anna Wojdowska-Iwaszkiewiczowa, ao ser perguntada por Czesław Miłosz, polonês ganhador do Prêmio Nobel de Literatura, por que o marido havia tirado a própria vida, respondeu: "Você não sabe que o Holocausto mata até mesmo os sobreviventes? É impossível viver com ele". Mas alguns conseguiram... Uma maneira de "viver com" o Holocausto era escrever e falar sobre ele. Foi isso que fez Janina.

O Holocausto se tornou o principal tema da vida dos Bauman naquela época. Em 1989, Janina traduziu e publicou em polonês *Inverno na manhã*, e o livro foi bem recebido, embora Zygmunt sempre tivesse achado que merecia maior atenção. Ele sempre pedia aos colegas e aos organizadores de suas visitas que promovessem eventos para os livros de Janina. Seu amigo de Poznań, o artista e professor Tomasz Kowalski, que organizou diversos encontros com o casal, junto com o professor de filosofia Roman Kubicki e a filósofa Anna

Zeidler-Janiszewska,[40] convidava todos os amigos, alunos e familiares para as apresentações de Janina. Seu público continuou pequeno em comparação com o de Zygmunt, mas ela gostava de observar as reações ao seu trabalho.

O entusiasmo que as visitas dos Bauman provocavam na Polônia era parte do crescente interesse pelo trabalho de Zygmunt. Seu livro *Modernidade e Holocausto* o colocou no topo do mundo universitário, angariando-lhe prêmios, convites para palestras e outros eventos prestigiosos, além de doutorados honoris causa. A aposentadoria não significaria um descanso para eles, que continuavam sem tempo para aceitar todos os convites que vinham do mundo inteiro. A celebridade chegou em um bom momento.

Reconhecimento mundial

O reconhecimento começou a crescer antes mesmo da "guinada líquida" no trabalho de Zygmunt. Em 1989, a Associação Italiana de Sociologia concedeu a ele o prestigioso Prêmio Europeu Amalfi de Sociologia e Ciências Sociais por *Modernidade e Holocausto*.[41] Seu sucesso na Itália teve início nesse momento e nunca acabou. Ele se tornou um astro na Europa. Até seu amigo e editor John Thompson ficou surpreso com o fenômeno, observando que autores e professores universitários do Reino Unido raramente alcançavam a celebridade de que Bauman desfrutava na Itália, na Espanha, em Portugal e na América do Sul. Nesses lugares, Bauman era visto como um guru, papel pelo qual ele sempre disse ter desprezo e se recusava a desempenhar. Bauman gostava de falar para grandes plateias, mas tinha menos entusiasmo por festas e recepções. Depois de suas palestras, ele e Janina costumavam ser convidados para recepções, jantares e coquetéis, mas com frequência escapavam com um amigo, como me contou Tomasz Kowalski. "Se ele estava destinado a se tornar uma celebridade, não seria de boa vontade", disse Beilharz. "No mundo acadêmico de hoje, em que a autopromoção é um requisito, isso é raro."[42]

Monika Kostera, coautora de um dos últimos livros de Bauman, *Management in Liquid Modernity*, relatou uma ocasião em detalhes:

> Em 1995, Zygmunt veio a Varsóvia. Sua palestra aconteceu no Instituto de Cultura, e havia muitos convidados. Foi difícil entrar: mídia, câmeras, pessoas muito

> conhecidas e nós. Bem, depois da palestra, que foi comovente — ele era uma pessoa incrível que falava com muita simplicidade e beleza sobre processos sociais complicados [...] — Ania [Anna Zeidler-Janiszewska] me apresentou a Zygmunt e nós ficamos conversando. Em certo momento, Zygmunt disse "Vamos", e uma rápida ação foi executada. Ania nos agarrou e saímos dali rapidamente, com todos aqueles jornalistas, câmeras e professores importantes [esperando por Bauman] [...] escapamos por um corredor. Ania conhecia o lugar e sabia como sair pela porta dos fundos. Nós então nos sentamos no café Literacka e passamos um momento absolutamente fantástico.

Embora gostasse de fugir de multidões, Bauman se saía muito bem em funções oficiais. Era um orador estupendo, com uma forma elegante de falar e uma rara fineza verbal, respondendo às perguntas com seu agridoce senso de humor. Todas essas características o tornavam simpático, e apesar de suas declarações em contrário, ele desempenhava com perfeição o papel de "sábio". A idade avançada potencializava sua aura de grande intelectual, e ele claramente gostava de falar de problemas contemporâneos e do mundo em mudança, sobretudo para públicos mais jovens. Isso era impressionante, uma vez que a maioria das pessoas de sua idade havia deixado de acompanhar as mudanças tecnológicas, a evolução social e os fenômenos globais.

O carisma físico de Bauman se expressava em seu modo talismânico de fumar o cachimbo, em sua altura, em seus cabelos brancos e na agilidade — rara em sua idade — com que apresentava apaixonadamente uma visão global baseada em análises sofisticadas. Era uma figura encantadora para uma cultura consumista na qual se preza tanto a juventude. Os jovens o viam como um velho Yoda encarquilhado que detinha os segredos para a compreensão da ação e dos relacionamentos humanos. Em suma, Zygmunt transformou sua idade de prejuízo em vantagem, usando sua imaginação sociológica para criar ideias atraentes e transmiti-las a grandes grupos de pessoas.

À medida que os Bauman iam envelhecendo, foi cada vez mais difícil para ele aceitar ficar afastado de Janina, ainda que por breves períodos, e ele sempre viajava com a esposa. Isso era problemático, mas inegociável. Janina parou de fazer suas visitas anuais a Israel, uma difícil concessão, porque sentia falta da filha, dos netos e da beleza das tardes de Jerusalém, tão bem descrita em *A Dream of Belonging*. Em Leeds, eles estavam sempre planejando a palestra, o projeto ou o livro seguintes, e se preparando para a próxima viagem. Mas Janina nem sempre era "a mulher do professor". Às vezes Zygmunt era "o marido de Janina Bauman". Ela foi convidada a falar sobre *Inverno na manhã* na Holanda, na Alemanha, na Escandinávia e em outros lugares, em universidades (sobre estudos judaicos, história da Shoá) ou eventos para o público. A partir de 1995, foi muitas vezes convidada pela Casa de Anne Frank, como autora e sobrevivente, para participar de projetos educacionais e históricos. Também se envolveu na elaboração de projetos sobre a memória do Holocausto e de educação para a tolerância. Frequentemente, compartilhava suas experiências do tempo da guerra com estudantes na Polônia e na Alemanha, o que era um desafio emocional. Zygmunt a acompanhava nessas viagens, muitas vezes dando palestras em universidades próximas. Estavam sempre juntos. Em 1998, a cidade de Frankfurt concedeu a Bauman o Prêmio Theodor W. Adorno — uma incrível honraria. Dois anos depois, a publicação de *Modernidade líquida* propiciou um novo começo. Bauman tinha 75 anos.

Bauman global

Entre 2000 e 2010, Zygmunt publicou pelo menos um livro por ano. Ele escrevia sobre assuntos que interessavam às pessoas: consumismo, globalização, modernidade, pós-modernidade, medo, amor, ódio e antissemitismo. Sua vasta formação e experiência, bem como sua erudição, atenção a expressões da cultura popular, como filmes, e o domínio de quatro ou cinco idiomas — inglês, polonês, hebraico, russo e por vezes francês e italiano —, ofereciam-lhe um vasto campo de jogo. Bauman reunia todos esses recursos para dar forma a livros e pensamentos compreensíveis e cativantes. "Eu realmente não 'pertenço' a nenhuma escola, sistema, claque ou fraternidade intelectual", disse Bauman em 2011:

> Eu não me candidatei a nenhuma delas, muito menos me esforcei para merecer um convite; não seria relacionado por qualquer uma delas como "um de nós". Creio que minha claustrofobia é incurável — tendo a me sentir desconfortável em qualquer sala fechada e estou sempre tentado a descobrir o que está do outro lado da porta. Acho que estou destinado a continuar sendo um forasteiro até o

> fim, porque me faltam as qualidades indispensáveis de um parceiro acadêmico: lealdade à escola, conformidade com o procedimento e disposição de obedecer aos critérios de coesão e consistência endossados pela instituição. E, francamente, não estou preocupado com isso.[43]

Bauman rompeu com as convenções[44] da escrita acadêmica. Alguns ambientes na academia consideram essa transgressão um problema, e alguns sociólogos profissionais, sobretudo no Reino Unido, criticaram duramente a guinada de Bauman para o estilo popular.[45] De maneira geral, os sociólogos na universidade foram ambivalentes em relação a isso. Tester via a "transgressão" de Bauman como parte do

> Zygmunt "controlador" — aquele que diz "Veja este filme!", "Leia este romance!", que tem um senso muito forte de vocação, além de um senso de humor extremo, sempre desempenhando com muita habilidade o papel de outsider. Isso para ele era uma piada.[46]

Ser um outsider se tornara um privilégio; permitia que ele se livrasse das amarras das convenções acadêmicas. Bauman havia tirado as algemas da academia e se tornado um escritor livre.[47] Não havia outro modo de continuar pensando, como ele próprio afirmou em entrevistas posteriores; precisava manter uma conexão especial com seus leitores, que incluíam ativistas. Seu trabalho engajado inspirou importantes movimentos sociais, que eram ou antiglobalistas ou buscavam alternativas ao modelo em vigor. Mas esse notável e enorme sucesso público chegou sob uma sombra: a velha história de seu amor não correspondido pela Polônia.

Global, famoso e... novamente culpado...

Durante as visitas que faziam à Polônia, Janina se envolvia principalmente em discussões sobre o Holocausto e as lições ensinadas por ele, enquanto Zygmunt participava de eventos acadêmicos e se tornava uma espécie de líder espiritual esquerdista (o grupo ligado à revista *Crítica Política* com frequência publicava seus textos e organizava palestras) — além de expor suas fotos. Em 2004, a Polônia se juntou à União Europeia, um evento que gerou otimismo e esperança em termos de estabilidade democrática. Bauman se tornou reitor da Universidade Aberta Jan Józef Lipski, em Teremiski, perto de Białowieża, no leste da Polônia. Essa instituição, criada por Jacek Kuroń, líder do Solidariedade, representava a ideia utópica de que uma universidade deveria abrir suas portas a todos, inclusive nos locais mais isolados do país, uma vez que a transmissão (e a construção) do conhecimento não deve se limitar a universidades nacionais ou privadas nem a alunos com alto capital social. Essas universidades populares existem na Polônia há quase um século, e é uma honra ser convidado a lecionar numa delas. A ideia da educação para todos continuou sendo um ideal socialista, implementando ideias de Gramsci e concretizando as palavras de Bauman. As palestras que ele deu num celeiro de madeira na pequena aldeia duzentos quilômetros a leste de Varsóvia atraíram muita gente — de habitantes locais à intelligentsia de Varsóvia e a vizinhos bielorrussos. Jovens e velhos se espremeram juntos no celeiro.

Em abril de 2004, ele obteve um doutorado honorário em letras pela Universidade de Leeds, "uma rara honraria neste país e uma profunda satisfação", Janina escreveu a Beilharz.[48] No total, Bauman receberia vinte doutorados honoris causa em diferentes países. Essas cerimônias eram sempre agradáveis — menos na Polônia. Por acaso, ao menos aparentemente, no exato momento em que a Universidade de Varsóvia iniciava o processo para conceder a Bauman a sua maior distinção, em junho de 2006, um historiador do IPN, o Instituto da Memória Nacional, publicou um artigo denunciando o seu passado comunista.[49]

O IPN é uma poderosa instituição da Polônia pós-comunista. É ao mesmo tempo um arquivo de registros da polícia secreta e de outras fontes do período comunista e uma agência que indeniza as vítimas e processa os supostos culpados de crimes cometidos sob o regime. Desde a eleição, em 2005, do partido nacionalista de direita Lei e Justiça, o IPN tem sido usado cada vez mais como ferramenta política para atacar e marginalizar opositores do governo, incluindo grande parte da liderança do movimento Solidariedade que ajudou a derrubar o comunismo. O uso seletivo de arquivos do IPN para a "depuração" ou limpeza da sociedade polonesa levou o editor e líder do Solidariedade Adam Michnik a declarar em 2008 que o IPN, em vez de preservar a memória nacional, a estava destruindo.[50] O artigo inaugural do IPN foi revisado para concentrar a atuação do instituto apenas nos crimes praticados pelo comunismo — e não pelo nazismo —, e recentemente foi alterado para zelar pelo "bom nome" da Polônia diante de acusações de cumplicidade no Holocausto. Mais objetivamente, de maneira seletiva, funcionários do instituto têm vazado arquivos para jornalistas a fim de difamar inimigos do atual governo. As vítimas dessas campanhas de difamação incluem personalidades como Lech Wałęsa, Jacek Kuroń... e Zygmunt Bauman.

Em meados da década de 2000, os membros do corpo docente da Universidade de Varsóvia foram instruídos a declarar se haviam colaborado com os serviços secretos, uma questão complicada para muitos deles, visto que, para viajar, os acadêmicos eram obrigados a assinar uma "declaração de colaboração" com a Bezpieką, mesmo se nunca tivessem trabalhado para ela. As discussões sobre o assunto geraram muita controvérsia pública. A lógica que sustentava a depuração era, na verdade, a mesma de 1968 — limpar a sociedade e consolidar o controle do partido governante através de sucessivas eleições. Cada vez mais o IPN era orientado a divulgar propaganda pró-governo e nacionalista.

O artigo sobre Bauman publicado em 2006 no site do IPN não continha provas de crime algum. Apresentava dois arquivos da Bezpieką, um deles de 1950, com uma avaliação positiva das atividades de Bauman por seu superior, o coronel Bibrowski, como justificativa para sua promoção. O outro era um certificado atestando que Bauman colaborava com a inteligência militar. Gontarczyk, o autor do artigo publicado pelo IPN, afirmava que a avaliação de Bibrowski mostrava que Bauman havia atuado como líder de equipe em atividades do KBW contra combatentes clandestinos no inverno de 1946. Uma vez que os neonacionalistas recém-chegados ao poder haviam declarado esses combatentes anticomunistas como heróis nacionais, a oposição a eles se tornara um crime, ainda que não fosse passível de processo. Não havia outra evidência específica contra Bauman.

Em capítulos anteriores, apresentei uma análise detalhada do contexto em que Zygmunt ingressou nos serviços militares. Não há como negar que ele apoiou ativamente o sistema comunista no período do pós-guerra nem que foi um oficial do KBW que serviu por três anos na inteligência militar. Os ataques de ódio a Bauman suscitados pelo artigo de Gontarczyk para o IPN provavelmente tiveram outras causas. Em primeiro lugar, ele nunca se desculpou por seu envolvimento na empreitada comunista na Polônia do pós-guerra. Ele declarou muitas vezes que, naquela época, dadas as circunstâncias, achava que essa era a melhor opção. Numa entrevista ao *Guardian* em 2007, Bauman disse que assumia plena responsabilidade por suas ações, mas não se desculpava porque não achava que tivesse feito nada de errado.

Em segundo lugar, ao contrário de ex-camaradas comunistas como Kołakowski, Bauman não mudou totalmente sua bandeira política, permanecendo do lado esquerdo da arena. Em terceiro lugar, ele se tornou muito famoso, o que atraiu inveja e raiva. Por fim, mas não menos importante, ele era judeu. O artigo do IPN desencadeou uma série de ataques raivosos a Bauman pela mídia antissemita. Ele se tornou um inimigo mítico cujo "cosmopolitismo" representava um perigo para a construção e manutenção de uma forte identidade nacional numa nova esfera europeia. O ódio era mobilizado pelo medo — o medo de que a Polônia estivesse perdendo sua cultura e sua língua, sua independência e seu modo de vida nas novas e "líquidas" esferas do mundo.

Poderíamos especular que o vazamento seletivo de provas aparentemente incriminadoras contra Bauman tenha sido parte de um processo intencional para enfraquecê-lo e impedir sua distinção honoris causa. Ele era um alvo perfeito para o IPN — um bode expiatório acessível para um governo nacionalista de direita. Era famoso e continuava a abraçar um ideal socialista e a criticar as perversidades do capitalismo numa época em que este era não apenas um novo sistema econômico na Polônia, mas uma nova "religião".

Em 5 de julho de 2006, no mesmo mês em que o artigo do IPN foi publicado, o diretor do Instituto de Ciências Sociais Aplicadas (ISNS) escreveu uma carta oficial à reitora da Universidade de Varsóvia observando a aproximação do quinquagésimo aniversário do doutorado de Bauman e solicitando sua "renovação solene".[51] A iniciativa era apoiada pela outra instituição sociológica da universidade, o Instituto de Sociologia (IS).[52] A "renovação solene do diploma de doutorado" é equivalente a um honoris causa (que não pode ser atribuído a quem se diplomou na mesma universidade; como Bauman havia feito seu doutorado na Universidade de Varsóvia, uma renovação solene era a única possibilidade). A decisão dos institutos sociológicos precisava da concordância do conselho de administração da universidade e de uma Comissão de Títulos Honorários que incluía a atual e os antigos reitores. Eles deveriam se reunir para discutir a concessão depois das férias de verão. No início de setembro, a reitora recebeu protestos.

Em 7 de setembro, o professor Jerzy Kwaśniewski enviou um e-mail solicitando que a honraria fosse reconsiderada:

> Em face da informação recentemente revelada de que o professor Zygmunt Bauman foi um oficial e agente dos serviços de segurança comunistas, oponho-me à solicitação do Departamento de Filosofia e Sociologia e do Instituto de Ciências Sociais Aplicadas de uma renovação do doutorado [...]. Ao mesmo tempo, solicito que esses conselhos departamentais retomem a votação do assunto depois que seus membros tenham lido o material do IPN sobre as atividades de Zygmunt Bauman nos serviços especiais comunistas.[53]

A segunda carta veio do Canadá. A professora e socióloga Maria Łoś havia se formado em Varsóvia no início da década de 1970 e dava aulas na Universidade de Ottawa sobre Leste Europeu e comunismo. Sua carta à reitora, enviada em 24 de setembro, também pedia a suspensão da homenagem a Bauman "até que ele explique seu antigo papel no aparelho de repressão. Para mim não há dúvida de que o professor Bauman possui importantes realizações científicas e tem influenciado significativamente a moldagem do pensamento social e ético nos últimos vinte anos". Mas "uma investigação tranquila e uma explicação" se faziam necessárias por conta de revelações do IPN de "*informações previamente desconhecidas* segundo as quais Zygmunt Bauman foi funcionário das autoridades de segurança comunistas entre 1945 e 1953, bem como agente secreto do serviço militar de inteligência, tendo participado ativamente da eliminação da resistência da guerrilha clandestina".[54]

O pano de fundo da história dessas cartas é importante para a compreensão do contexto da rejeição de Bauman pela universidade. Em primeiro lugar, Kwaśniewski chefiava um terceiro instituto sociológico na Universidade de Varsóvia, que competia com os outros dois, que desejavam homenagear Bauman. Nenhuma outra disciplina na Universidade de Varsóvia é organizada dessa maneira, e isso reflete as relações complexas entre redes que se desenvolveram ao longo de várias gerações. Łoś, por sua vez, era uma emigrante de longa data e, portanto, uma "especialista estrangeira", cuja carta vinda do exterior tinha mais peso do uma que fosse assinada por um acadêmico baseado na Polônia. Sendo um país periférico pós-soviético, a Polônia e muitos de seus cidadãos olhavam com absoluta idolatria para "o Ocidente".

Tanto Kwaśniewski quanto Łoś eram colaboradores próximos de Adam Podgórecki (1925-98), que deixou a Polônia em 1977 e foi para Ottawa, seguido por Łoś dois anos depois. Łoś era sua esposa. Tinha recebido o diploma de mestrado em 1966 e o de doutorado em 1971, no Instituto de Sociologia, e conhecia Bauman pessoalmente. Kwaśniewski havia se formado pelo Departamento de Sociologia de Łódź e assistido a aulas de Bauman. Podgórecki e Bauman eram docentes universitários da mesma idade e se conheciam, mas representavam diferentes posições sociológicas. Podgórecki era um especialista em desvio, sociotécnica e sociologia da moral, que Bauman criticava em seus trabalhos pós-Polônia. Suas características biográficas também eram distintas, embora ambos tivessem saído do país por motivos políticos. Podgórecki era um bem-visto católico anticomunista originário da alta burguesia polonesa. Kwaśniewski assumira seu lugar na universidade anos após sua saída. Nascido em 1942 numa área rural, Kwaśniewski também era um polonês não judeu, tendo sido contratado pela universidade em 1969, quando o expurgo antissemita abriu novos espaços.

O segundo ponto comum entre as duas cartas era o surpreendente nível de ignorância, uma vez que o estudo das instituições de segurança comunistas era a especialidade de Łoś. Os dois sociólogos deveriam saber que não havia nada de novo nos documentos do IPN. Nunca houve nenhum segredo sobre Bauman ser um oficial do KBW quando iniciou seu mestrado na Universidade de Varsóvia. Ele ia para o campus de uniforme, uma vez que não tinha tempo para trocar de roupa (assim como muitos outros estudantes), e continuou a usá-lo depois de deixar o KBW porque não tinha dinheiro para comprar novos trajes. Se Łoś e Kwaśniewski não se lembravam desse detalhe por experiência pessoal, teriam tomado conhecimento dele por colegas e amigos mais velhos — especialmente Podgórecki. Qualquer um na Universidade de Varsóvia deveria saber que o KBW fazia parte dos serviços secretos militares, e não era segredo que, nos dois anos que se seguiram ao final da guerra, todas as suas unidades estavam engajadas no "combate às guerrilhas polonesas". Com efeito, todo oficial do Exército polonês nesse período passava pelo menos algum tempo perseguindo dissidentes nas florestas — e Bauman estava longe de ser a única pessoa na Universidade de Varsóvia a prestar serviço militar naquela época. Mas ninguém jamais encontrou evidências de que Bauman tivesse disparado uma arma, muito menos maltratado ou torturado um prisioneiro. Essas pessoas tiveram problemas ao voltar à Polônia após a queda do comunismo; Bauman nunca teve.[55] Especialistas fizeram o trabalho sujo no pós-guerra e as autoridades mantiveram esse segredo até mesmo dentro de suas unidades. Bauman era um oficial de propaganda, um professor e um intelectual do Partido.

Para complementar a intriga, no final da década de 1970 ocorrera uma disputa acadêmica entre os amigos de Bauman e Podgórecki, durante uma polêmica surgida depois de um artigo que este publicou em 1976 sobre a sociologia polonesa e seus paradigmas, abordagens e metodologia.[56] Podgórecki, que defendia uma "sociologia positivista", criticou duramente, entre outros, Jan Szczepański e Aleksandra Jasińska-Kania, e Jerzy Szacki respondeu com um texto curto, defendendo seus colegas. Isso podia ser comparado a um conflito entre "escolas" ou "panelinhas" — mas o tom da discussão imposto pelo primeiro texto de Podgórecki foi particularmente áspero e agressivo.

Por fim, as cartas de Łoś e Kwaśniewski indicam que os autores apoiavam a purificação. Tal como Podgórecki, eles seguiam paradigmas opostos aos de Bauman — Łoś usando o conceito de modernidade tardia, e Kwaśniewski, "o desvio e as normas sociais". Ambos haviam se especializado em instituições punitivas e ressocialização, que Bauman criticava. Além disso, eles talvez esperassem que outra pessoa obtivesse a cobiçada "renovação solene" que estava sendo oferecida a Bauman. Haviam sido propostos outros nomes de fora do Departamento de Sociologia.

O processo oficial recomeçou depois das férias de verão. Em 9 de outubro, a reitora transmitiu aos institutos a decisão negativa da Comissão de Títulos Honorários, justificando-a com base no "caráter das realizações acadêmicas e docentes do candidato".[57] Essa curta sentença provocou fortes reações dos institutos sociológicos que haviam apresentado o nome de Bauman. Seus próceres enviaram cartas indignadas à reitora pedindo explicações adicionais.[58] O presidente do conselho acadêmico do Instituto de Ciências Sociais Aplicadas concluiu em 31 de outubro que o

> veredito da comissão e a forma de sua comunicação foram interpretados como desrespeitosos e desafiadores da competência não apenas dos conselhos dos dois institutos que representam a sociologia e as ciências sociais em nossa universidade, mas também de muitas instituições científicas prestigiosas e respeitadas da Europa Ocidental.[59]

A carta mencionava as nove universidades europeias que haviam concedido a Bauman o título de doutor honoris causa. Em 27 de novembro, a reitora solicitou aos membros da Comissão de Títulos Honorários que fornecessem respostas mais detalhadas dentro de três dias.

A carta final da reitora afirma:

> O professor Zygmunt Bauman é um acadêmico de alta qualidade cujas realizações sociológicas são indiscutíveis, amplamente reconhecidas e valorizadas na Europa e no mundo. Mas a atividade do professor no pós-guerra como oficial político do KBW e seu envolvimento ideológico — bem como o de outros docentes da Universidade de Varsóvia e da Escola Superior de Ciências Sociais — no Comitê Central do PZPR levantam sérias reservas e podem ensejar uma intensa controvérsia. A renovação do doutorado premia não apenas as realizações científicas, mas também padrões de atitude cívica. Ela tem um importante significado didático e educacional. Na Universidade de Varsóvia, felizmente, não temos nenhuma aspiração de julgar os membros de nossa comunidade por seu passado, nem de os condenar publicamente por seu envolvimento com o regime comunista [...]. Não é nenhuma surpresa, porém, que isso constitua um obstáculo à concessão das maiores honrarias. Isso se refletiu nos resultados da votação dos dois conselhos de docentes. Sendo assim, a comissão sustenta plena e unanimemente sua posição anterior.[60]

A reitora da Universidade de Varsóvia era a professora Katarzyna Macukow-Chałasińska, com formação em física, eleita em 2005 e filha de Józef Chałasiński, um sociólogo que não tinha boas relações com Hochfeld[61] ou Bauman. Na década de 1960, Chałasiński escreveu que, durante o período stalinista, fora "um coroinha do rito estabelecido — o culto a Stálin".[62] Antes de se voltar contra o marxismo ortodoxo, ele fora um jovem e agressivo comunista que enfrentava seu orientador, Znaniecki. Tudo isso indica que o insucesso na concessão do título honorário a Bauman tinha uma longa história, que começava antes da década de 1950 e incluía o ressentimento de alguns professores que haviam trabalhado com ele e de seus alunos. Depois de 1989, os marxistas autênticos estavam em minoria e o círculo de Hochfeld perdera sua força. Qualquer coisa que cheirasse a comunismo era malvista e reforçada por opiniões populares antissemitas. Não existem provas diretas de uma conspiração contra Bauman, mas um clima de caça às bruxas e de ressentimento cercou o evento.

O resultado não surpreendeu a comunidade sociológica de Varsóvia, embora muitos se opusessem à decisão. Um observador anônimo culpou os institutos por não terem preparado o terreno antes de lançarem a campanha pelo honoris causa de Bauman: "Tínhamos certeza de que ele iria obtê-lo, por suas realizações e sua fama. Mas lá em cima a oposição era forte, e nós perdemos. E depois veio a vergonha".

Aparentemente, a tese do antissemitismo parece fraca: judeus como o professor israelense Shmul Eisenstadt receberam títulos honorários da Universidade de Varsóvia. Mas Eisenstadt tinha um forte apoio institucional e era um praticante do funcionalismo, a principal abordagem sociológica da universidade. E, embora nascido em Varsóvia, ele havia ido para a Palestina antes da guerra, fora educado em Israel e nunca se imaginara polonês. Bauman sempre se apresentou como polonês, e, para muitos poloneses, era esse o problema. Hoje em dia, na Polônia, o antissemitismo não costuma ser voltado contra cidadãos israelenses, mas contra atuais ou antigos judeus poloneses.

Bauman não gostava de falar sobre esse "triste episódio", mas ficou muito desapontado. Não havia coisa pior que ser rejeitado por sua alma mater, que tinha sido um ambiente intelectual tão excepcional na década de 1960. O filho pródigo fora rejeitado mais uma vez, numa espécie de déjà-vu quase trinta anos depois da primeira rejeição. Bauman estava sendo novamente denunciado nas primeiras páginas dos jornais (com repercussões em outros países, como o artigo publicado no *Guardian* em abril de 2007, intitulado "Professor com um passado").[63]

O pior de tudo era essa incrível consistência no mundo líquido. Apesar das mudanças radicais que haviam ocorrido na Polônia depois de 1989, os processos de exclusão mantiveram uma continuidade impressionante. Qualquer que fosse o regime, Bauman se encaixava nos papéis de "culpado" e "inimigo" — sua condição principal era imutável, quer lhe fosse atribuída por ser judeu, "sionista" ou ex-comunista. Embora não aparecesse em documentos oficiais, o ativismo de Bauman em movimentos anticapitalistas do século XXI também constituía uma atividade passível de punição na imprensa nacionalista. Ele era o inimigo perfeito.

Num artigo de 2019 intitulado "A encruzilhada polonesa: Entre o anticomunismo liberal e o de direita", Jakub Majmurek observou:

> O anticomunismo de direita não tem uma figura única que reúna seus discursos, como o *homo sovieticus*. O mais próximo disso é provavelmente a figura do "major Bauman" — como a imprensa de direita chama o eminente sociólogo Zygmunt Bauman. O "major Bauman" reúne a narrativa da "guerra das raças" e a conquista soviética, a figura da elite da Terceira República Polonesa e a moderna esquerda ocidental, e assim é o alvo perfeito para os seus ataques.[64]

Os Bauman continuaram a visitar a Polônia depois de 2006, embora com menos alegria do que no passado. Amigos, colaboradores e apoiadores ardorosos da obra de Bauman organizavam novos eventos, e ele deu palestras no Collegium Civitas e no Instituto de Ciências Aplicadas criado pelo grupo ligado à revista *Crítica Política*. Mas essas instituições não faziam parte da corrente principal da educação superior polonesa. Com exceção da Academia Polonesa de Ciências, esse mundo não dava mais boas-vindas a Bauman. Outras universidades polonesas rejeitaram propostas de honoris causa (como a Universidade Mickiewicz, em Poznań), e Bauman declinou de uma homenagem oferecida pela Universidade da Baixa Silésia, uma instituição privada de Breslávia. Após uma ação de ódio organizada por grupos fascistas, que haviam perturbado sua palestra na cidade alguns meses antes (junho de 2013; ver Introdução), Bauman quis evitar esse tipo de incidente: não queria ser um "problema" para outras pessoas. Já em 1988, ele disse com ironia:

> Como tudo que fiz com a sincera convicção de que era bom para a Polônia foi considerado um elemento da conspiração sionista pela qual eu queria entregar Cracóvia a Israel, tive a impressão de que havia me tornado uma espécie de rei Midas; da mesma forma que o toque dele transformava tudo em ouro, tudo que eu tocava virava merda. Peço desculpas pela palavra desagradável, mas era assim que eu me sentia [...]. Eu tinha a sensação de que só podia atrapalhar, em vez de ajudar meus colegas. E que talvez fosse melhor para eles se eu fosse embora, se eles não tivessem de me carregar nas costas junto com todos os outros pesos.[65]

A exclusão prosseguiu não só na academia, mas de maneira geral. Bauman jamais recuperou sua cidadania polonesa, embora o presidente Aleksander Kwaśniewski lhe tenha perguntado num evento por que ele não a resgatou. Seria uma pequena formalidade, disse.[66] Bauman nunca tentou, e não está claro se chegou a considerar a ideia. Afinal, ele não renunciou à cidadania polonesa — foi expulso da Polônia com a família, e a renúncia era uma imposição. Não havia escolha. Solicitar que a devolvessem certamente seria perda de tempo. Também podia ser arriscado, uma vez que sua vida fora marcada por tantas rejeições pela sociedade polonesa. "Se não me tornei polonês e ninguém me deu essa possibilidade, o problema é da Polônia, não meu", escreveu o editor polonês de Bauman, Włodzimierz Wojdowski.[67] Ao contrário de Wojdowski, porém, que permaneceu na Polônia como um testemunho permanente do Holocausto, Bauman continuou polonês, pelo menos em espírito.

Lendas: Coturno e ferro — desconstrução

O capítulo 8 começa com essa anedota, sobre uma história que circula na Universidade de Varsóvia. Bauman, em seus tempos de estudante, frequentava as aulas usando uniforme militar e com uma arma no coldre, que às vezes caía no chão. O herói da história é Bauman — o nome do professor varia. Curiosamente, quando entrevistei Bronisław Baczko, um filósofo e colega de Zygmunt, ele fez um relato ligeiramente diferente:

> Nos meus primeiros anos na universidade, eu ainda estava no Exército [Baczko era um oficial político de posto mais elevado que Bauman — tinha o benefício de ocupar um apartamento num dos belos prédios que ficavam bem perto do campus]. Nem sempre dava tempo de trocar o uniforme por trajes civis quando eu corria direto do gabinete para as aulas. Fui eu que deixei cair minha arma no chão!

Outro entrevistado — Karol Modzelewski — lembrou-se dessa história com Kołakowski, e não Bauman, no papel principal. Essa versão foi confirmada por Jerzy e Barbara Szacki, que, depois de alguma hesitação, reconheceram Kołakowski como o dono do revólver ("ele estava sempre com a cabeça nas nuvens — só podia ter acontecido com ele"), e o lugar não era Varsóvia, mas Łódź.

Todas essas versões podem ser verdadeiras. Todos os protagonistas — Baczko, Kołakowski, Bauman — portavam armas nos primeiros anos na universidade. Eles estavam no serviço militar ativo (com exceção de Kołakowski, que não pertencia ao Exército polonês — mas fazia parte de um grupo comunista radical e, como todos os seus colegas, tinha uma arma para se defender). O que essa história nos conta?

Primeiro, sobre o contexto — no período do pós-guerra, depois da libertação, nem todos tinham voltado à vida civil. A universidade recebia bem os que ainda eram soldados da ativa. Devemos lembrar que a Polônia ainda estava em guerra nesses anos — armas eram como telefones celulares hoje em dia: toda pessoa ativa andava com uma, sobretudo quem apoiava o novo sistema. Todos os três heróis dessa mesma história tinham uma arma e a levavam para a universidade. O episódio é uma ilustração da natureza incomum daqueles tempos turbulentos. Por que ela menciona principalmente Bauman? Porque Kołakowski lavou as mãos em relação a seu passado comunista, Baczko imergiu em seu trabalho de professor, desaparecendo totalmente do meio acadêmico polonês, e Bauman... permaneceu como sempre — esquerdista e famoso! No século XXI, tornou-se uma celebridade mundial, um pensador global.

Ele também foi o único a ser alvo de uma campanha de ódio na Polônia (ainda que as biografias de Kołakowski e Baczko estivessem enredadas no engajamento comunista). A anedota continha uma mensagem oculta: Bauman era perigoso; todos deviam ter medo dele. Isso podia justificar as acusações feitas pela imprensa, assim como a falta de entusiasmo das autoridades universitárias em lhe atribuir honrarias. Bauman nunca negou seu envolvimento com o comunismo. Explicou diversas vezes que, nesse período do pós-guerra, o programa comunista era o mais atraente e igualitário — ele o via como o melhor plano para a Polônia no momento. Ao contrário da maioria dos envolvidos na construção da Polônia comunista/socialista após 1989, que se tornaram críticos da abordagem esquerdista, Bauman continuou fiel aos valores que o tinham levado a apoiar o comunismo naquele período.

Jasia...

As rejeições e desilusões foram difíceis, mas Bauman se acostumara a elas. Não estava, no entanto, preparado para a perda de Janina após quase 62 anos de casamento. Zygmunt mostrou seu amor a Janina, mas se o amor era uma tensão constante entre liberdade e controle, como descreveu, ele estava mais próximo deste último. Precisava da mulher, e ela estava sempre por perto, na tela de seu computador, viajando, caminhando com ele de mãos dadas, debatendo depois de ele concluir sua escrita diária, assistindo ao último filme "imperdível". Ela sempre estava um pouco à sua sombra.

Janina tinha sua própria escrita e suas próprias paixões, é claro. Amigos e familiares próximos lembram-se dos belos *garnki* (vasos) de cerâmica que ela fazia para eles — era uma ceramista que produzia raras e belas obras de arte. "De repente, minha mãe começou a fazer vasos em Leeds", recordou-se Irena. Ela sempre os presenteava a alguém. A filha de Irena, uma perita em arte especializada em cerâmica, disse que Janina tinha inventado um novo método adesivo: "Era um trabalho muito difícil, e esses vasos são lindos, mas não entendíamos o que ela estava fazendo, nem como ela era uma artista interessante. Não conseguimos entender durante todos aqueles anos".

Podemos nos perguntar o que explica essa falta de reconhecimento ou esforço para impor sua vontade e seus desejos — por que ela interrompeu suas viagens a Israel, por que não se empenhou para escrever mais livros, por que nunca expôs seus trabalhos de cerâmica nem tentou vendê-los. Janina estava envolta numa espécie de nostalgia ou tristeza, dizem alguns amigos — talvez porque vivesse à sombra de Zygmunt, talvez pelas incalculáveis perdas da infância. Ou por razões diversas. A emigração ocasionou muitas dificuldades. "Quando você muda sua língua, perde a capacidade de ser engraçado; fica mortalmente sério", observa sua amiga Griselda Pollock. Embora Janina escrevesse seus livros em inglês, "ela nunca teve essa capacidade de dizer o que queria em inglês". Por mais que as pessoas achassem que ela falava muito bem, certamente não era num nível que a deixasse confortável. Em seu primeiro livro, ela discutiu sua dificuldade com o idioma enquanto aprendia a fazer compras em Leeds. "Aprender uma nova língua para a vida cotidiana implica fazer o papel de bobo, o que pode gerar humilhação. O silêncio é uma estratégia alternativa", disse Peter Beilharz. O inglês foi a quinta língua de Janina, e ela só começou a aprendê-lo quando já tinha quase cinquenta anos. Em polonês ela era menos reservada; tinha um senso de humor e uma gentileza que, como lembram alguns amigos, tornavam Zygmunt mais "acessível". Além das limitações linguísticas, é claro, seu passado doloroso sempre esteve presente, pois a principal identidade de Janina era a de sobrevivente do Holocausto. Ela se concentrava em compartilhar sua experiência intransferível, e isso doía. Como observou Jan Gross em seu livro autobiográfico,[68] os estudos sobre o Holocausto são um campo de atividade especial. Eles afetam intensamente o autor e nunca lhe concedem um momento de sossego. O dever de transmitir é mais forte que a dor de recordar seus horrores.

Perto do fim da vida, Janina enfrentou uma doença cardíaca ocasionada pelas condições extremas de sua adolescência. Zygmunt estava "literalmente lhe dando comida na boca"[69] em seus últimos anos, mas os Bauman conseguiram comemorar seu sexagésimo aniversário de casamento no Hotel Bristol, em Varsóvia. Foi a última vez que foram juntos à Polônia. De volta a Leeds, passaram vários dias nas clínicas e hospitais do Serviço Nacional de Saúde à espera de tratamento. Bauman se recusava a pagar instituições privadas por uma questão de princípio. Por que ele e a mulher deveriam ter melhor atendimento do que pessoas que não podiam pagar? Ele detestava esperar, mas aguardou com paciência. O pensador global ficava sentado nos corredores de hospitais públicos enfrentando as carências no atendimento, um resultado das reformas devastadoras iniciadas por Margaret Thatcher. Aquele ainda era um serviço público, e Bauman se agarrou a seus ideais — para o tratamento da esposa e, mais tarde, para o dele próprio.

Janina morreu aos 83 anos de idade, em 29 de dezembro de 2009. O homem que lhe fizera sombra durante sua vida na Inglaterra também começou a desaparecer. Toda pessoa viva tem uma sombra. Se a sombra se vai, isso significa que a pessoa que a projeta não está mais lá. Ambas morrem.

você fala sem medir as consequências, meu deus,
sem se deixar perturbar pelos golpes do acaso,
e sua gente, seus criadores
você despacha para uma justiça sem rei
tribunais encapuzados

o caos governa sua tristeza
faísca dentro de você e fora
seus caminhos nos são desconhecidos
e sem dúvida para você a mais
inebriante neblina

quando você inveja o conhecimento de um sábio
você transforma seus olhos em pedras
e então se ergue acima de nós
livre da dor mortal
do remorso.

(Włodzimierz Holsztyński, "Encruzilhadas")[70]

Depois da morte de Janina, Zygmunt ficou em casa. Pediu aos amigos próximos que não telefonassem. Família e amigos ficaram cada vez mais preocupados com a possibilidade de ele seguir a mulher. Ele ficou de luto por um ano, perdendo sua energia vital... pela primeira vez na vida ele não tinha pressa.

Alguns meses depois, Keith Tester foi à casa dele, e o encontro foi muito doloroso. Tudo que Zygmunt queria fazer era lhe mostrar retratos de Janina. "Todos à sua volta temiam que fôssemos perdê-lo muito em breve", recordou Monika Kostera. Bauman disse que sua vida tinha acabado. Nunca mais viajaria, nunca mais iria aos lugares que visitava com Janina, nunca mais faria coisa alguma agora que ela se fora. Um documentário de Krzysztof Rzączyński intitulado *Love, Europe, World* acompanhou Zygmunt em sua primeira visita à Polônia sem a mulher. Suas filhas foram com ele. Numa cena, ele está caminhando e diz: "Estou sozinho". Lydia responde: "Não, papai, você tem a nós".

As filhas se organizaram para estar com o *tata* (papai). O clã de Bauman era forte, e elas colaboravam metodicamente para garantir que o pai estivesse acompanhado em todos os seus eventos profissionais, os quais continuaram, apesar das apreensões iniciais de Zygmunt. Em 2010, ele dividiu com Alain Touraine o Prêmio Príncipe das Astúrias de Comunicação e Humanidades. No mesmo ano, no Reino Unido, ele esteve presente quando da criação do Instituto Bauman na Escola de Sociologia e Política Social de Leeds, uma conquista gloriosa. Bauman participou de eventos no instituto, organizados por seu criador e diretor, Mark Davis, até seus últimos meses de vida.

O trabalho de Zygmunt começou a afastá-lo de sua mórbida inércia. Ele se envolveu na produção de um novo livro de diálogos com seu amigo Stanisław Obirek, um ex-padre jesuíta. Eles discutiram Deus e a humanidade, um projeto muito interessante para dois outsiders que haviam pertencido a grandes organizações e construíram ativamente utopias que nunca se realizaram. Nesse livro, eles discutiram a existência de Deus a partir de duas perspectivas — a de um crente e a de um ateu. Obirek acreditava que esse trabalho era terapêutico para Bauman, ajudando-o a aliviar o desespero pelo qual havia passado durante o período do luto.

Alguns meses após a morte de Janina, Bauman disse para as filhas: "Agora é uma questão de escolha: ou eu morro ou escolho a vida".

Ele escolheu a vida.

De volta à vida

Em seu aniversário de 85 anos, em 2010, Bauman recebeu na Polônia a Medalha do Mérito Cultural Gloria Artis. A cerimônia foi conduzida pelo ministro da Cultura e do Tesouro Nacional polonês. Bauman ficou feliz com a honraria, embora sofrendo e deprimido. Convidou para sua festa uma colega que havia conhecido na Universidade de Varsóvia em 1954 — Aleksandra Jasińska-Kania.[71] A partir de 1956, eles trabalharam juntos na seção de sociologia política sob a chefia de Hochfeld. Seus ritmos de carreira foram diferentes: Bauman chegou rápido ao doutorado e à habilitação. Aleksandra Jasińska mudou de temas (em parte por motivos políticos) e orientadores. Finalmente concluiu sua tese de doutorado em 1967, trabalhando sob a supervisão de Bauman. Ela se casou com o colega de departamento Albion Kania, e os casais Bauman e Kania foram amigos que se encontravam de tempos em tempos antes de 1968. Aleksandra visitou os Bauman em Leeds em 1988, quando era professora visitante em Oxford. Zygmunt também tinha conexões profissionais com ela; eles participaram várias vezes de coletâneas, como num livro sobre valores e moral publicado em inglês.[72]

Quando se reencontraram na festa de Bauman em 2010, eles tiveram a primeira de uma série de longas conversas sobre seus falecidos parceiros de vida (o marido de Aleksandra tinha morrido dezesseis anos antes), o processo de se tornar viúvo ou viúva, a tristeza e o luto e as etapas de dor, sofrimento e recuperação. Bauman percebeu que essas conversas o ajudaram a expor e identificar seus sentimentos, e a compartilhá-los. Essa mistura de sociologia e psicologia com uma amiga foi a melhor terapia que ele podia ter tido. A profunda amizade de Bauman com Jasińska-Kania e o ex-padre Obirek foi muito positiva, e ele recuperou progressivamente a vitalidade. Jasińska-Kania foi fundamental — ela sabia como transformar uma conversa triste numa interação positiva e, no final, prazerosa. No ano seguinte, quando recebeu um convite para dar aulas no Collegium Civitas — a primeira universidade privada da Polônia, criada por professores da Academia Polonesa de Ciências —, Bauman conseguiu que o reitor trouxesse Jasińska-Kania como sua colaboradora, e eles conduziram um seminário juntos. Ele ia a Varsóvia uma vez por mês, e Aleksandra dirigia os seminários na sua ausência.

"Depois de uma de suas aulas, ele me pediu em casamento", escreveu Jasińska-Kania. "Era difícil acreditar que o milagre de se apaixonar pudesse acontecer com pessoas de oitenta anos, mas nós dois nos sentíamos como se tivéssemos dezesseis novamente."[73] Foi um processo muito rápido — "muito ao estilo dele", recordou uma das filhas. "Ele apenas disse que tinha se apaixonado." Na época, Lydia e Irena pensaram que o pai iria se mudar permanentemente para Varsóvia, ou que o novo casal dividiria seu tempo entre Leeds e a capital polonesa. Em vez disso, Jasińska-Kania se mudou para Leeds. Zygmunt voltou a aproveitar a vida e começou novos projetos — quatro novos livros de diálogos só em 2013. Ele retomou sua intensa agenda de viagens, começou a receber convidados e recuperou uma vida muito semelhante à que tinha com Janina: escrever de manhã, cozinhar para Aleksandra, passar a tarde conversando, cantando, lendo, vendo TV e debatendo o tempo todo. Eles compartilhavam um interesse pela sociologia, em relembrar os tempos do círculo de Hochfeld, e tinham afinidade pela cultura e pela língua russas, em que ambos haviam sido criados. Filha de militantes comunistas, Jasińska-Kania crescera numa espécie de enfermaria soviética, com filhos de comunistas do mundo todo. Mais nova que Bauman na época, ela absorveu muitos aspectos da cultura russa, e esse era um ponto em comum entre os dois quando se reencontraram, já octogenários. Eles cantavam canções infantis russas, liam literatura russa e conversavam sobre filmes russos. Isso era uma coisa nova para Bauman, ter uma parceira para recordar as belas e vastas paisagens de sua juventude, os gélidos invernos e a generosidade das pessoas russas com quem haviam compartilhado aqueles anos sombrios.

Eles também falavam aos outros sobre o seu amor, o que surpreendeu muitas pessoas. Uma vez mais, Bauman agia de maneira incomum. Em nossa sociedade, relacionamentos que se iniciam na velhice tendem a provocar desconfiança e comentários cínicos. É claro que também havia fofocas sobre a união deles, mas Bauman não se importava com isso — como de costume, fazia o que queria. Aleksandra — "Ola", como a chamavam seus amigos e alunos de doutorado — compartilhava a atitude de Bauman. Sabia muito bem como podia se sentir uma pessoa atacada pela mídia, pois era filha de Bolesław Bierut (ver capítulos 8 e 9), o presidente stalinista da Polônia no pós-guerra que morrera em 1956, quando o stalinismo entrou em colapso. A mãe de Jasińska-Kania, Małgorzata Fornalska, era uma comunista que havia morrido em 1943 nas mãos dos nazistas, tornando-se mártir na Polônia. Durante os anos do comunismo, seu nome era celebrado e ensinado às crianças na escola; depois da mudança de regime, simplesmente desapareceu.

Jasińska-Kania estava escrevendo um livro sobre os pais e o conceito que eles tinham da luta pela liberdade na Polônia. Quem poderia entendê-la melhor que Bauman? Os amigos e familiares de Bauman gostavam dela — "ela salvou nosso Zygmunt", afirmou um deles. Aleksandra lhe proporcionou mais cinco anos produtivos por meio de uma forte amizade, da colaboração profissional e da conexão entre dois temperamentos eslávicos — apaixonados e briguentos. Amigos observaram que Zygmunt havia serenado depois de toda a preocupação por que passou nos anos finais de Janina. Era um relacionamento de que ambos precisavam. Depois de ficarem noivos em Bellagio, na Itália, no Ano-Novo de 2012, Bauman e Jasińska-Kania se casaram na Câmara Municipal de Leeds, na presença das filhas, incluindo a única de Aleksandra, que veio dos Estados Unidos, onde é professora de matemática.

Nos anos seguintes, o novo casal viajou com regularidade pela Polônia e a outros países, incluindo Israel, onde estiveram em 2013. Esse foi o quarto retorno de Zygmunt ao país, que ele nunca deixou de criticar em função de suas políticas militaristas e do que ele via como maus-tratos aos palestinos. Mas os membros mais próximos de sua família moravam lá, incluindo o neto Michael Sfard, que se tornaria um dos principais advogados de direitos humanos de Israel — uma herança viva das ideias do avô.[74]

A vida do novo/velho casal atraía o interesse de jornalistas — embora apenas Oprah tenha conseguido levá-los a seu programa. Em artigos de jornais, eles discutiam as dificuldades de serem um casal não casado oficialmente, ainda que velho. Os anfitriões ficavam desconfortáveis, sem saber se deviam reservar um ou dois quartos de hotel, ou como apresentar Jasińska-Kania. "Companheira de vida" era uma expressão que não saía fácil da boca. Bauman estava mais preocupado com questões práticas da velhice: o acesso a cuidados de saúde. Sempre bem organizado, preparou cuidadosamente a aposentadoria, a pensão e a cobertura do seguro, e fez o possível para administrar os mesmos assuntos para Aleksandra. Ele gostava de ter alguém para cuidar.

Aleksandra deixou Varsóvia e utilizou sua pensão de professora universitária para passar os últimos dias da vida de Bauman com ele em Leeds. A vida do casal tinha duas velocidades, escreveria ela: muito acelerada quando faziam viagens profissionais e mais lenta quando estavam em casa, escrevendo.[75] Eles viajavam tanto que cada um tinha um cartão de fidelidade KLM Flying Blue Platinum — mais de sessenta viagens por ano, inclusive ao Brasil, onde as plateias o adoravam. Eles foram a Boston e a Washington no final de 2013; Bauman deu uma palestra lá. Jasińska-Kania costumava passar o Natal nos Estados Unidos, onde moravam a filha, a neta e outros parentes.

O entusiasmo e a resistência juvenis de Zygmunt eram surpreendentes. Após uma palestra em Lublin, em 2012, ele escorregou na escada do Teatro Brama Grodzka e quebrou o braço esquerdo, mas teve sorte. O pai de um dos organizadores da palestra era ortopedista, e os médicos do setor de acidentes e emergências o atenderam de imediato, diagnosticando e tratando a fratura — não foi necessária uma cirurgia — e levando-o de volta ao hotel na manhã seguinte. No mesmíssimo dia, Aleksandra fez a palestra que seria dele e o casal seguiu para a próxima cidade da turnê. Os médicos ficaram impressionados com o bom humor de Bauman, sua tolerância à dor e excelente saúde. Ironicamente, a parada seguinte da turnê foi Kołobrzeg,[76] a cidade em que ele se ferira no mesmo braço na batalha de março de 1945. "Sempre que eu vou a Kołobrzeg tenho problemas com o braço esquerdo", brincou ele. "Fico imaginando se isso tem alguma coisa a ver com a cidade."

Cada vez mais, porém, Bauman era confrontado pelo discurso do ódio e por grupos neonazistas. Ele ficou perplexo e atemorizado com o ressurgimento dos fascistas, sobretudo depois do episódio de junho de 2013 em Breslávia. Os grupos que se levantaram na ocasião para ofendê-lo — o Acampamento Nacional Radical e a Juventude Polonesa[77] — tinham as mesmas ideologias ultranacionalistas dos políticos antissemitas responsáveis por implementar as regras que o haviam forçado a ocupar o banco do gueto oitenta anos antes.[78] Era um déjà-vu vivo demais, e Bauman decidiu não ir mais à Polônia depois da rusga em Breslávia, embora alguns amigos e outros observadores a vissem como uma ocorrência isolada que tinha como alvo o prefeito da cidade.

Em 2015, Adam Michnik tentou organizar um simpósio em comemoração ao nonagésimo aniversário de Bauman, mas este foi definitivo: "Jamais voltarei à Polônia". Numa carta ao amigo, Bauman escreveu que sentia ter sido expulso do país pela terceira vez em sua vida.[79]

Os jovens desordeiros não foram os únicos a atacar Bauman. Em 2014, Andrzej Przyłębski, professor de filosofia da Universidade de Poznań, escreveu uma carta à revista filosófica alemã *Information Philosophie* contestando o caráter dos ataques a Bauman em Breslávia.[80] Os estudantes não eram antissemitas, afirmou ele — o ataque encontrava justificativa no fato de que a unidade do KBW chefiada por Bauman era equivalente à SS. Embora outros acadêmicos tenham se manifestado para denunciar a carta de Przyłębski, essas opiniões circularam entre alguns membros do corpo docente, que atacaram Bauman por não se desculpar por seu envolvimento com o comunismo e suas organizações de segurança. Ainda que essas críticas fizessem referência apenas ao passado de Bauman como comunista, e não a sua origem judaica, o estereótipo do comunismo judaico continua sendo poderoso na Polônia, e opiniões de ódio são frequentes até nas universidades.[81]

Depois de encerrada a controvérsia da revista alemã, veio outro protesto. No dia 1º de maio de 2016, uma grande fotografia de Bauman foi queimada durante uma manifestação de direita[82] em favor do POLexit — a ideia de que a Polônia devia seguir a Grã-Bretanha e se divorciar da União Europeia (para evitar a islamização, dizia a direita). Adeptos de grupos de extrema direita afirmaram que a imagem de Bauman estava sendo queimada "por causa de suas opiniões e de seu currículo".[83] Mas a xenofobia estava crescendo na Polônia, e opiniões antissemitas e anti-imigração eram cada vez mais aceitáveis. No ano seguinte, um boneco representando um judeu foi queimado na praça central de Breslávia.

Em 2014, alguns meses depois de sua palestra em Breslávia, Bauman estava fumando no aeroporto de Varsóvia, durante uma escala, enquanto esperava o avião que o levaria a Tallin, onde daria uma palestra. Ali, no meio de um aeroporto internacional, um homem o atacou, proferindo insultos raciais e chamando-o de criminoso e comunista sujo. Esses ataques não podiam mais ser classificados como excessos sem importância. O passado de Bauman havia subitamente retornado para atormentá-lo. Talvez tenha sido nesse momento que ele decidiu escrever seu último livro, *Retrotopia*.

Seguindo sua sombra...

O último ano da vida de Bauman — 2016 — foi um ano italiano. Em junho, Aleksandra e Zygmunt foram para Cagliari — a capital da Sardenha, um dos lugares "mais felizes" do mundo, apesar do alto nível de desemprego e da baixa renda média. O casal foi convidado para um festival municipal e Bauman deu uma palestra. A felicidade era um de seus temas favoritos. Ele perguntou a amigos se eles eram felizes e o que os fazia assim. Era possível ser feliz? Deus não havia nos condenado ao eterno sofrimento? Pessoas que ouviram a fala de Bauman lembram-se dela como muito emocionante. A Sardenha era um lugar excepcional, e oferecia tudo que Bauman amava: bom vinho, excelente comida, paisagens estonteantes com um tipo singular de luz, muito valorizada por artistas. Um dos pensadores favoritos de Bauman, Antonio Gramsci, era sardo. Bauman tinha lido os *Cadernos do Cárcere* no início de sua vida sociológica e devia muito a esse livro, que impediu que o marxismo se arruinasse para ele. E assim, embora nunca tivesse estado antes na Sardenha, Bauman se sentiu quase em casa. Era mais uma parte da Itália que ele amava imensamente.

"Na Europa, gostávamos, sobretudo, de ir à Itália", disse Jasińska-Kania.

> Zygmunt amava o povo italiano, a comida, as paisagens, as cidades, os monumentos e os museus. Nós dois admirávamos especialmente a frequência maciça

aos Festivais de Filosofia e as grandes plateias nas palestras, que são características encantadoras e particulares da cultura italiana. Ir à Itália para esses eventos era uma ocasião muito festiva para nós. Zygmunt sempre ficava feliz por se reunir aos amigos na Itália, e foi lá que ele encontrou seus mais valiosos coautores ou colaboradores na publicação de suas obras.

O envolvimento com os italianos proporcionou a Bauman uma energia extra, mas sua saúde estava começando a declinar. Seu coração estava fraco, sua audição limitada, sua visão piorando. Ele se queixava de estar cada vez mais isolado do mundo. Estava escrevendo *Retrotopia*, um trabalho dedicado a Aleksandra. O mundo que ele havia observado e analisado durante anos estava mudando seu foco para o passado. As pessoas olhavam para trás e mergulhavam em extremos perigosos. A memória de nossas sociedades era mais curta que a expectativa de vida de uma pessoa. Era como se precisássemos de outra guerra para nos lembrarmos de como uma guerra era mortal. Estaríamos destinados a repetir as mesmas tragédias que haviam matado tantas pessoas?

Ao finalizar esse projeto, Bauman escreveu para sua velha amiga Janet Wolff, pedindo-lhe que colaborasse com o próximo:

> Imagino, querida Janet, culta, bela e excelente sob todos os aspectos, qual seria a sua resposta se recebesse a sugestão de se envolver (ou tentar se envolver) num livro-diálogo sobre cultura(s) com um velho homem antes que a artrite lhe atinja o cérebro? Uma conversa voltada não a seus colegas acadêmicos, mas aos praticantes da cultura e aos objetos das práticas culturais (e provavelmente contendo mais perguntas do que respostas — essas, na definição de Maurice Blanchot, maldições das perguntas)? Pense com liberdade, responda com franqueza. Entenderei se você disser que consegue imaginar prazeres mais atraentes na vida de uma pessoa! Essa provavelmente seria minha resposta a uma sugestão semelhante...[84]

O cérebro de Bauman, na verdade, nunca falhou — o resto do corpo, sim. Em seus últimos meses, ele precisou cancelar muitas viagens e palestras, sempre se desculpando em cartas elegantes (que incluíam os textos das palestras que não havia conseguido fazer). Mas ele tinha um último sonho a realizar e queria concretizá-lo a qualquer preço. Bauman tinha um singular interesse pelo papado de Jorge Mario Bergoglio, o papa Francisco, que rompera a tradição de um Vaticano imperial, opulento, dando um exemplo com seu estilo de vida modesto e sua proximidade com as pessoas comuns. Isso se aproximava da mensagem cristã de caridade e empatia, mas também era compatível com uma abordagem socialista (com foco na preocupação com os mais fracos e menos privilegiados de uma sociedade). Bauman sentia ter muita coisa em comum com o papa, apesar dos contrastes impostos por pertencerem a sistemas espirituais diferentes. Tanto ele quanto o papa Francisco eram celebridades públicas cujo passado estava ligado a regimes ditatoriais e a guerras civis. Ambos tinham ligeiras máculas no passado (o período de Bauman no KBW, a atividade de Bergoglio durante a ditadura militar argentina). Ambos eram acusados pela imprensa de terem sido apoiadores ativos de regimes nocivos. Mas, acima de tudo, tanto Bergoglio quanto Bauman tinham como foco os setores mais fracos da sociedade e o futuro do mundo. Para Bauman, o papa Francisco representava a esperança. E o papa, aparentemente, tinha algum interesse por Bauman.

"Em Florença, havia o monsenhor Paglia, que tinha uma relação muito próxima com Francisco", disse Stanisław Obirek.

> Paglia queria aproximá-los [Bauman e o papa]. Achava que Francisco precisava de intelectuais porque tinha a intuição, mas carecia da linguagem necessária para traduzir essas intuições — relacionadas à abertura e ao diálogo — de maneira compreensível. Zygmunt já estava impressionado com Francisco. E isso terminou com um convite para que Bauman fosse a Assis.[85]

A Comunidade de Santo Egídio, conhecida pela obra de caridade e pelos diálogos em favor da tolerância, organizou uma conferência em Assis no mês de setembro de 2016, e foi marcado um encontro com o papa Francisco durante o evento. Aleksandra e a família de Bauman tentaram persuadi-lo a cancelar a viagem, mas Bauman nem sequer cogitou a ideia. "Eu seria capaz de rastejar para me encontrar com ele", disse a Jasińska-Kania. Eles então se encontraram, e compartilharam algumas palavras de respeito e esperança: "Bauman comparou o papa Francisco a uma luz no fim do túnel no que dizia respeito à busca pela sobrevivência e integração da humanidade, e o papa riu, dizendo jocosamente que era a primeira vez na vida que ouvia a metáfora do túnel aplicada a ele".[86]

Dois meses depois, Bauman e Jasińska-Kania estavam de volta à Itália pela última vez. Foi uma passagem curta — duas noites em Florença. O título da palestra era "O fim do mundo", e foi a última de Bauman. A análise de expressões como "fim do mundo" e "fim dos tempos" foi seu adeus a um público italiano que sempre demonstrara interesse por sua obra. De volta a Leeds, Bauman se sentiu pior do que nunca. A família reduziu todos os planos dele ao mínimo — nada de visitantes ou colaboradores; foco na família.[87] As filhas e Aleksandra o cercaram de amor. A prioridade era melhorar sua saúde, embora já não parecesse mais haver esperança. Ele estava sob assistência médica domiciliar — desde a doença de Janina, detestava hospitais, mas apesar disso sempre procurara ser atendido no Serviço Nacional de Saúde, por mais imperfeições que tivesse. Como havia feito em outras situações, manteve sua filosofia de vida até o fim. Não havia razão para tirar da vida mais que o mínimo — nenhum tratamento especial.

Houve uma última comemoração do Natal, e então, ao saudar o Ano-Novo de 2017, Bauman disse: "Será um ano curto". De fato. Zygmunt Bauman morreu em 9 de janeiro de 2017.

Ele seguiu sua sombra…

Conclusão

Legado

Continua...

Zygmunt Bauman[1]

Em 19 de novembro de 2018, Tomasz Kowalski criou um monumento original em Poznań para comemorar o que seria o 93º aniversário de seu amigo Zygmunt Bauman. Ele esculpiu as iniciais de Bauman, ZB, em blocos de gelo de 93 centímetros de lado e os instalou na rua Prusa, perto da casa em que Bauman nasceu, em 1925. O que poderia ser mais adequado do que essa efêmera obra de arte que de sólida se tornou líquida e desapareceu com o tempo? Bauman, que declarara não gostar de comemorações e monumentos oficiais, certamente teria aceitado essa homenagem líquida do amigo artista.

Sem dúvida alguma, a obra de Zygmunt Bauman tem particular relevância por captar as transformações mais importantes do século XX e início do XXI. Bauman é uma importante figura acadêmica na sociologia, na filosofia e nos estudos sociais, e seu trabalho será debatido e desenvolvido em conferências, simpósios e institutos por muitos anos. Bauman escreveu durante a maior parte da vida, e suas obras englobam uma variedade de conteúdos, estilos e formas. Elas foram escritas e publicadas numa multiplicidade de línguas para uma variedade de públicos. A melhor forma de delinear seu legado talvez seja considerar os três principais períodos de sua atividade intelectual: o polonês, o britânico e o global.[2]

No primeiro período, Bauman escrevia em polonês para um público acadêmico da Polônia, embora seus textos fossem traduzidos para outras línguas (principalmente inglês, mas também francês, tcheco, hebraico etc.). No início de sua carreira, Bauman apoiava abertamente uma diversidade de tradições científicas e se opunha a uma abordagem marxista dogmática. "Deixe que todas as flores floresçam", escreveu ele.

> As ótimas condições de desenvolvimento da filosofia e da sociologia científicas só podem surgir quando, nos centros de educação de filósofos e sociólogos, e nas universidades, houver vários tipos de filosofia e sociologia representando uma variedade de escolas científicas.[3]

Durante seu período polonês, que terminou abruptamente em 1968, Bauman também publicou alguns trabalhos endereçados a um público mais amplo.

Durante o segundo período (1968-2000), seus textos se dirigiram principalmente aos intelectuais anglófonos. Seu primeiro livro publicado na Inglaterra, em 1972, *Between Class and Elite: The Evolution of the British Labour Movement. A Sociological Study*, foi originalmente escrito em polonês e publicado em 1960, de modo que pode ser considerado pertencente ao período polonês de sua carreira. Entre 1968 e 1972, houve um período de transição durante o qual Bauman deu continuidade a trabalhos anteriores e escreveu sobre a Polônia e o Leste Europeu. Seu segundo livro publicado em inglês, *Ensaios sobre o conceito de cultura* (1973), também era uma tradução do polonês. Ele começou a escrever seu próprio trabalho em inglês no início da década de 1980, e adquiriu reconhecimento acadêmico internacional em 1987 com *Legisladores e intérpretes: Sobre modernidade, pós-modernidade e intelectuais*. Sua obra-prima acadêmica, *Modernidade e Holocausto*, foi publicada em 1989, estabelecendo Bauman como um autor "clássico" em sociologia e garantindo-lhe um lugar seguro na literatura. Outros livros dedicados à modernidade e à pós-modernidade tornaram sua interpretação da dinâmica social acessível a um crescente círculo de leitores. *Aprendendo a pensar com a sociologia*, publicado em 1990, enfatizou seu desejo de contar as histórias da sociedade ocidental para leitores do Ocidente. *Mortality, Immortality and Other Life Strategies*, publicado em 1992, não foi um best-seller, mas obteve o amplo reconhecimento de especialistas. Uma visão pós-moderna de nosso mundo se tornara o tecido conjuntivo dos textos de Bauman da década de 1990, uma visão que se cristalizou ao longo daquele decênio e é perceptível em seu trabalho sobre processos de globalização e consumismo. Esse processo intelectual de moldar a dinâmica da realidade está claramente representado em *The Bauman Reader*, organizado por Peter Beilharz, que reforçou a reputação de Bauman como um intelectual clássico do século XX. O livro foi lançado em 2000, o mesmo ano em que *Modernidade líquida* se tornou uma síntese fundamental das análises anteriores de Bauman sobre transformação social e o ponto de partida para outras publicações que fortaleceram e popularizaram sua visão de um "mundo líquido". Com a publicação desse livro, Bauman deu início a seu último período de atividade.

Nesse ponto, a obra de Bauman rompeu os limites acadêmicos e as convenções intelectuais para alcançar um público mais amplo. As múltiplas formas de expressão que ele dominava, contudo, baseavam-se em referências filosóficas e sociológicas comuns, semelhantes às de intelectuais (filósofos, sociólogos, antropólogos, cientistas políticos, jornalistas) e artistas mais ou menos conhecidos — obras de ficção, poesia e cinema. Nesse último período, até formas da cultura popular como programas de televisão se tornaram fontes de reflexão sobre sociedades contemporâneas em transformação. Bauman também mudou o foco de sua expressão para temas de interesse mais geral: relacionamentos privados, amor, felicidade, consumo e solidão, assim como os processos de individualização, globalização, desigualdade e pobreza, discriminação e imigração.

A produtividade de Bauman atraiu críticas — a mais comum era a de que seu trabalho era repetitivo. Embora isso seja sem dúvida verdadeiro, a ênfase em certos temas fez seus livros alcançarem um público mais amplo, estabelecendo-o como um professor que convidava a sociedade a se olhar no espelho e entender o que via. A habilidade de Bauman em atingir e atrair um grande público a aceitar a metáfora "líquida" fez dele uma liderança entre os intelectuais globais. Em seu período final de atividade, não se imaginava mais publicando para o público acadêmico. Ele mesmo mencionou que estava reciclando suas ideias e as de outros. Usava dados de segunda mão não porque não soubesse realizar pesquisas empíricas, mas pelo desejo de alcançar mais pessoas.

Embora os livros "globais" de Bauman devam ser lidos como a escrita engajada de um intelectual público, eles ganharam adeptos acadêmicos em algumas áreas. O mundo intelectual aos poucos aceitou seu estilo de comunicação, e em muitos países seu legado encontrou um lar — por exemplo, nas universidades e escolas de administração escandinavas.[4] Existem filósofos, sociólogos, antropólogos e especialistas em estudos culturais baumanianos poloneses, e sua obra é aceita por acadêmicos da América do Sul e da Europa Meridional, particularmente no Brasil, na Itália, na Espanha e em Portugal.

A abordagem que Bauman assumiu em seu trabalho da fase final também tem tido um impacto sobre a pedagogia. Professores universitários que buscam manter a atenção de seu jovem público ao abrir novos temas para discussão têm achado muito eficiente a abordagem de Bauman. Eles utilizam seus textos para se comunicar com estudantes que estão apenas começando sua educação superior em ciências sociais e humanidades. Para muitos deles, os livros de Bauman são os únicos que leram para aprender sobre o funcionamento da sociedade.[5] Sabendo disso, os professores os usam como base de referência que pode ajudar a construir e estruturar uma análise para a compreensão dos dinâmicos (líquidos) processos sociais. Esses livros da última etapa permitem que se estabeleça uma conexão entre trabalho acadêmico e não acadêmico, uma passagem entre dois públicos diferentes.

A decisão de Zygmunt de mudar a abordagem depois de se aposentar surtiu efeito. Num período em que muitas pesquisas anunciam a morte do livro, muitas obras suas são best-sellers entre pessoas que, segundo se afirma, não são capazes de se concentrar num longo artigo de jornal. Quem poderia ter imaginado que tantos jovens, aparentemente perdidos num mar de jogos eletrônicos, avatares, relações amorosas virtuais, tuítes, chats e o último smartphone, iriam comprar e apreciar tantos de seus livros? Como ele conseguiu isso?

Bauman sabia como retratar e interpretar a dinâmica social que conforma a civilização ocidental. Ele lançou uma luz sobre o consumismo, a comodificação, a globalização, o neocolonialismo, a migração e a liquefação das relações, processos e estruturas sociais. Bauman sabia como se dirigir a um "público difícil" — vinha lidando com esse público desde a juventude. Ao apresentar a soldados semialfabetizados na União Soviética os complexos temas da igualdade social, da justiça, do marxismo e do socialismo, Bauman não usou o vocabulário das ciências sociais; simplesmente explicou o mundo futuro em que esses soldados teriam de viver. Ele adquiriu essas habilidades de comunicação ainda muito jovem, num ambiente de imensas pressões; sem dúvida, podemos acreditar que ele tinha uma habilidade "natural" nessa área. Seus ouvintes o seguiram no Exército durante a Segunda Guerra Mundial, em escolas militares depois da guerra e em universidades de diferentes países. No último período de sua vida, Bauman manteve essa capacidade como contador de histórias e tradutor do mundo contemporâneo, mas agora com um público que, por seu tamanho impressionante, confirmava a precisão de suas interpretações. Por meio do trabalho de Bauman, o público pôde ter uma avaliação do que era novo em suas vidas, uma realidade que nada tinha em comum com a experiência de gerações anteriores. Graças a ele, esses fenômenos se tornaram inteligíveis, ainda que deprimentes. Sua visão de um mundo líquido convenceu muitas pessoas.

Numa época em que as sociedades ocidentais parecem ter abandonado a noção de que o conhecimento é transmitido por velhas e velhos sábios, Bauman conseguiu atingir crianças "nascidas no tempo da liquidez", embora fosse velho o bastante para ser bisavô de muitas delas. Com tantos best-sellers, ele pode ter se tornado uma vítima do próprio sucesso, exaurido por pedidos para escrever sobre todos os assuntos imagináveis. A expectativa do público cresceu proporcionalmente ao número de livros que publicou. Ele se tornou, contra a própria vontade, uma espécie de guru, celebrado por "abrir nossos olhos" para certos fenômenos sociais, por sensibilizar o público para o que este não conseguia ver — um antídoto ao consumismo, uma lente através da qual se podia ver e compreender a pobreza, a desigualdade e a discriminação. Os leitores de Bauman foram participantes importantes de movimentos antiglobalistas como o Occupy. Ele também inspirou uma série de jovens a empreender atividades acadêmicas nas ciências sociais, inspirando sua vontade de aprender.

Bauman não ofereceu receitas sobre como viver — cada um tinha de encontrar seu próprio caminho; continuar com sua vida líquida ou se envolver na mudança. Bauman não aceitou prever o futuro. Falava sobre o presente em relação a um passado que conhecia bem. O segredo de seu sucesso como tradutor e intérprete convincente do período contemporâneo certamente teve relação com sua extensa e rica biografia, sua perspectiva de longo prazo sobre a experiência europeia do século XX, bem como sua experiência pessoal de exílio e distanciamento. Bauman discordaria dessa ideia que liga o intelectual à sua história de vida, dizendo que se fosse assim só poderia escrever sobre suas próprias experiências.

Ele evitou produzir um livro de memórias, embora estivesse preparando uma biografia com Keith Tester nos seus últimos anos de vida. Em 2015, Bauman me disse: "Nada de interessante aconteceu em minha vida. Nada específico — muitas pessoas passaram por todas essas turbulências. Sou apenas um típico produto do meu tempo". Isso era verdade até certo ponto, embora, é claro, toda a geração de judeus poloneses nascidos na década de 1920 tenha vivenciado tempos efetivamente "interessantes", e a sequência de sua própria vida não seja nada menos que extraordinária. A vida de Bauman foi marcada pela luta dentro de um conjunto de sistemas que eram tudo, menos homogêneos. Na Polônia, vivendo sob um regime que exercia forte pressão sobre todos os seus cidadãos, ele escolheu um caminho que oscilou entre a acomodação e a independência. Depois de 1968, recusou os convites para se tornar um exilado especialista em Leste Europeu: um sovietólogo antiesquerdista firmemente estabelecido no campo do capitalismo, do liberalismo e do neoliberalismo.

Sua singularidade aparece de maneira mais acentuada no período final de sua vida, quando se afastou da academia para interagir com um novo público como um sintetizador de todas as "experiências comuns" por que havia passado, transformando-as em expressões de valores gerais, numa mensagem de advertência às próximas gerações. Outros além de Bauman cumpriram o dever da *zahor* (lembrança) e da *tikkun olam* (a missão de melhorar o mundo). Ele o fez de uma forma que atraiu a atenção do público como poucos outros conseguiram.

Eu afirmaria que Bauman teve mais sucesso num domínio relacionado a sua experiência pessoal, na luta permanente entre sua identidade e aquela que lhe foi atribuída pela sociedade: seu *master status*. Sua vida foi um exemplo perfeito da contradição de status.[6] Isso ocorreu na escola em Poznań, no Exército polonês, como profissional na Polônia, em Israel — de cujas políticas em relação aos palestinos discordava — e novamente na Polônia. Na Polônia do século XX, ou se era judeu ou polonês — era preciso escolher. Bauman não quis fazer essa escolha, mas a sociedade polonesa continuamente o excluiu.

> Os poloneses pouco faziam para cativar as pessoas que se recusavam a admitir em sua tribo. Se eu tivesse adotado a visão polonesa do mundo, da história, da cultura, assim como a "identidade polonesa", dificilmente teria sido a convite. A maioria dos poloneses que eu conhecia fez o possível para me forçar a mudar de ideia; eles realmente se esforçaram para fazer com que eu me sentisse indesejado, estranho e inadequado. Mas, se eu fizesse o que eles queriam, confirmaria o próprio princípio do tribalismo, o direito tribal de rejeitar e perseguir, a própria

razão do ódio e do sofrimento. A causa do ódio se rejubila quando evoca uma imagem especular do ódio tribal em resposta a ela. E quem é mais obrigado a desafiar o princípio do tribalismo e do ódio do que eu — um judeu e um polonês?[7]

Até em Israel Bauman sentiu estar numa sociedade incapaz de rejeitar o tribalismo, para sua grande tristeza. Assim como muitos intelectuais judeus, ele apoiava uma versão cosmopolita da identidade judaica. Os judeus não precisavam viver num Estado próprio. Sua cultura podia enriquecer qualquer país em que fossem cidadãos. Bauman acreditava que a diáspora judaica tinha uma missão cultural e confiava no poder do outsider, que, por sua própria natureza, era sensível aos desprivilegiados e acreditava num mundo melhor:

> Nossa história [dos judeus] tem sido uma aula interminável sobre o que acontece quando a raça humana se decompõe em tribos. O significado de nossa história está todo nessa aula. Estabelecendo-nos como uma tribo — como uma tribo entre muitas —, só podemos perder esse significado. Ser verdadeiramente judeu significa lutar por um mundo sem tribos. Um mundo que não se divide entre o meu povo e os estrangeiros.[8]

Como ele contou ao *Haaretz* em 2013:

> Dói-me, dói-me tremendamente assistir ao esquecimento e abandono de nossa missão e dever coletivo, imposto a nós pela trágica história judaica: o dever de alertar o mundo para que não se esqueça do mal endêmico em todo e qualquer ódio nacionalista, e estar na vanguarda da luta contínua contra sua criação. E da ambição dos fundadores de Israel de servir como "uma luz para as nações".

Por meio de sua escrita, ele seguiu as duas prescrições: *tikkun olam* e *zahor*.

Em Leeds, Bauman era um polonês, um imigrante bem-vindo. Sua judaicidade não era um estigma, tampouco uma vantagem especial. Ele era visto como um polonês com a típica cultura polonesa da hospitalidade, da opulência na comida e na bebida, da vodca, da conversa e do fumo. Em Leeds, sua identidade não contrastava com seu *master status*. Ele desempenhava o papel que havia escolhido: o de professor universitário e imigrante polonês.

Na estrada (exceto na Polônia), ele era o velho famoso com uma vasta cabeleira grisalha e um cachimbo, uma instituição cujos livros eram vendidos em 34 línguas, um viajante frequente com um cachê e uma celebridade raros entre acadêmicos. Na maior parte do mundo, as pessoas reconheciam o seu trabalho. Falavam empregando termos que Bauman tinha inventado e viam o mundo pelas lentes dele. A maioria ignorava os problemas relacionados a sua condição ou não se importava com isso: polonês ou judeu, comunista ou socialista, filósofo ou sociólogo.

Ele havia alcançado algo quase impossível — um *master status* único, singular, o de ser simplesmente Zygmunt Bauman.

Apêndice
Investigando a vida de Bauman

O trabalho de produção deste livro começou em 2013, como o projeto de um capítulo de um livro com o título provisório *Olhando no espelho: As carreiras de sociólogos*. A ideia, desenvolvida com um colega — o sociólogo francês Christophe Brochier —, era criar estudos sociológicos em miniatura dedicados a aspectos selecionados de uma carreira intelectual e ilustrados por estudos de caso de sociólogos escolhidos. Bauman era um exemplo extraordinário de uma carreira determinada pela macropolítica e pela história; seu caso proporcionava pontos de reflexão sobre a capacidade de um acadêmico superar os limites de seu contexto, inclusive mudanças forçadas na língua escrita original. Bauman transformou em vantagens uma série de migrações que poderiam ter sido desfavoráveis, ou até desastrosas, para muitas pessoas. Além disso, sua fama tardia desafia a ideia comum de um desenvolvimento precoce da carreira como condição sine qua non para o sucesso acadêmico.

Devo revelar que, no início deste trabalho, eu não era "baumaniana", e que nossa escolha de Bauman para o projeto inicial do livro foi influenciada por sua biografia e não, absolutamente, por sua obra. Como socióloga formada na França, eu nunca o tinha lido com profundidade (Bauman está presente no universo acadêmico francês sobretudo na área dos estudos culturais). Em nosso laboratório, concentrado nas pesquisas de campo, Bauman era percebido como uma espécie de ensaísta e intelectual público. Eu só tinha lido trechos de *Modernidade e Holocausto* e folheado seus livros dialógico-biográficos (em polonês). Ao contrário da maioria das pessoas que conheciam Bauman, mas ignoravam o fato de que sua mulher também era escritora, eu tinha lido os dois livros publicados por Janina imediatamente após o seu lançamento na Polônia. Na mesma hora, tornei-me fã do trabalho dela e o recomendei a colegas e alunos. Em suma, antes de 2011, eu conhecia Zygmunt Bauman basicamente como "o marido de Janina Bauman".

Ouvi Bauman pela primeira vez em 2011, quando ele fez o discurso de abertura do novo ano acadêmico no Collegium Civitas, em Varsóvia, e fiquei muito impressionada com sua fala; a beleza de uma linguagem que ninguém usava, de uma forma elegante e ligeiramente antiquada, me atingiu em cheio. Só comecei a ler seus textos alguns meses antes de entrevistá-lo, em 2013. Eu havia tido a sorte de conseguir o apoio da professora de sociologia Aleksandra Jasińska-Kania, sua segunda parceira de vida, que o convenceu de que meu texto sobre sua carreira seria útil para outros acadêmicos. Ele aceitou minha proposta de entrevistá-lo em sua casa em Leeds. Nosso encontro aconteceu em 1º de novembro, alguns meses depois dos eventos de Breslávia. A conversa durou horas, e os temas diziam respeito a sua carreira sociológica. No final dessa entrevista, perguntei a ele se poderia consultar seus arquivos no IPN. Ele respondeu que eu não precisava de sua permissão, o que era verdade, mas eu preferia ter o seu consentimento, já que os registros do IPN incluíam arquivos dos antigos serviços secretos com dados pessoais e sensíveis, muitos dos quais de origem obscura e validade incerta. Bauman não apresentou nenhuma oposição à ideia, apenas pediu que, quando eu estivesse no IPN, tentasse encontrar alguns documentos que os serviços alfandegários haviam tomado dele em 1968. "São os meus manuscritos", disse ele, "e, acima de tudo, os diários de minha esposa."

De volta a Varsóvia, visitei os arquivos do IPN e meu projeto de um capítulo de livro dedicado a Bauman tomou nova forma. Mergulhei nas muitas caixas, dossiês e arquivos eletrônicos, penetrando cada vez mais em seu passado, que era a suposta fonte do "escândalo" que levara a mídia de direita polonesa a persegui-lo e assediá-lo. Quanto mais eu me afundava nos documentos, porém, ia emergindo um retrato mais nuançado. E à medida que avançava numa leitura mais cuidadosa, fui ficando incomodada, como pessoa, e ao mesmo tempo fascinada, como cientista, com o que descobria nas fontes disponíveis e com a imagem de Bauman que fora projetada e sustentada pela maioria da mídia noticiosa e parte do meio acadêmico na Polônia. Também fiquei surpresa com o fato de ele nunca ter tentado se defender ou contar sua história pessoal, mas, afinal de contas, esse era um direito dele, e também uma história comum entre as pessoas de sua geração. É uma história complicada, cuja compreensão exige um bom conhecimento da história polonesa. Levei quase seis anos para escrevê-la.

Eu sentia uma espécie de "pressão científica" — não desembolsei um centavo por minha educação na Polônia e na França, e meus trabalhos como pesquisadora foram sempre financiados com dinheiro dos contribuintes. Isso me dava uma sensação de fazer parte de um contrato social, que por sua vez me impelia a esclarecer o passado de Bauman e defendê-lo de mal-entendidos e acusações equivocadas, e também a expor o impacto da xenofobia, do nacionalismo e do antissemitismo no passado para ajudar a nos libertar desses velhos fantasmas.

No final de 2013, comecei a tentar encontrar publicações que explicassem a "vida polonesa" de Bauman. Todos os textos disponíveis eram parciais e continham informações equivocadas — e isso não levava em conta a propaganda política e os produtos do discurso de ódio antissemita. Mesmo na literatura científica e na mídia noticiosa respeitável, encontrei muitos mal-entendidos. Por exemplo, é comum encontrar a frase: "Bauman nasceu numa família de judeus pobres". A afirmação implica que, como um judeu pobre sendo criado na Polônia na década de 1930, Bauman deve ter falado iídiche e frequentado uma escola religiosa, podendo ser considerado um *yeshiva* — um judeu praticante que ajudava o pai a tocar seu pequeno negócio. Não há nada verdadeiro nesse quadro. Bauman nasceu num lar de "assimilados" e sua língua materna foi o polonês. Ele frequentava uma sinagoga — ao lado de outros judeus assimilados — apenas esporadicamente e foi matriculado em escolas públicas polonesas. Da mesma forma, nunca ajudou o pai, que era contador. A família realmente teve problemas financeiros. A crise da década de 1930 que atingiu a classe média europeia também os afetou. Os muitos currículos que ele apresentou — documentos muito populares durante a República Popular da Polônia — de fato se referiam a sua família como pobre, mas por motivos estratégicos. O propósito era ocultar a origem "burguesa" de seu pai, já que, na nova Polônia, ter ligações com o capitalismo era uma enorme desvantagem. Este livro apresenta e desconstrói histórias, lendas e incompreensões semelhantes.

Durante a escrita, fiquei desapontada com a enorme discrepância entre o que descobri nos documentos e a imagem pública associada ao nome de Bauman (não só na Polônia, mas também no exterior). Como não havia um texto bem documentado sobre sua vida, resolvi escrevê-lo. Realizei entrevistas com antigos colaboradores, amigos, familiares e alunos. Entre essas pessoas, havia as que se lembravam dos anos que Bauman passou na Polônia, e algumas, como ele, haviam também se envolvido na implementação do comunismo *à la polonaise*. Tentei entender essa época, quando a nova Polônia era um projeto realmente concreto. Falei com gente que me disse que o envolvimento na construção do comunismo significava para elas uma forma de acabar com o antissemitismo que cercara suas vidas na Polônia do pré-guerra. Como escreveu um colega de Bauman, o filósofo Stefan Morawski: "Julian Stryjkowski[1] explicou convincentemente que, ao se tornar comunista, ele deixara de ser judeu".[2] Para Bauman, como para toda essa geração de poloneses vistos como judeus na Polônia do pré-guerra — e, em função disso, como cidadãos de segunda classe —, o comunismo oferecia a promessa real de um mundo sem discriminação étnica. Para examinar o fenômeno do envolvimento comunista como forma de abandonar o estigma de ser judeu, combinei a compreensão histórica com a análise sociológica.

Trato os documentos que descobri em vários arquivos (do Partido, da universidade, dos serviços secretos) como produtos de pessoas agindo em circunstâncias particulares, e não como "provas objetivas". Por essa razão, todos os registros que utilizo são citados de maneira ampla e analisados em detalhes, de modo que o leitor possa entender seu significado e lê-los na linguagem de sua época para avaliar o contexto da vida de Bauman. Dessa perspectiva, a simples leitura contemporânea de algumas peças escolhidas se reduz à insignificância. A história é muito mais complexa do que parecia ser, o que não significa que Bauman estivesse envolvido em alguma atividade obscura pela qual seria cobrado. Por trás desses documentos pairam processos complexos que podem escapar ao leitor contemporâneo. É necessária uma extensa apresentação da moldura histórica para a compreensão dos eventos. Guerra, guerra civil, stalinismo e ditadura socialista influenciaram a trajetória de todos que atravessaram esses períodos. Julgar pessoas nessas circunstâncias sem conhecer sua situação e seu conhecimento particular no momento é simplesmente anticientífico.

Como socióloga, seguindo o paradigma interacionista e a "compreensão da perspectiva do participante" de Hughes, não posso assumir outra abordagem que não a de buscar uma compreensão dos eventos e processos em seus contextos. Assim, a apresentação das circunstâncias ocupa muito espaço aqui. Por meio da vida de Bauman, podemos entender as principais transformações históricas e políticas que ocorreram na Polônia e na Europa durante e após a guerra. Ele passou por grandes e trágicos eventos que ocorreram nessa parte do mundo; vivenciou a discriminação do pré-guerra, a Segunda Guerra Mundial e a ocupação nazista, a fuga, a situação de refugiado na União Soviética, o engajamento no Exército Polonês, a incorporação à inteligência militar, uma posição acadêmica durante o stalinismo e o Degelo, a Guerra Fria e a mobilidade internacional acadêmica, o expurgo antissemita de 1968, os distúrbios estudantis, a expulsão, a migração forçada para Israel e a partida, pouco tempo depois, para Leeds, na Inglaterra, onde afinal encontrou um ambiente de trabalho estável e, por fim, uma posição no mundo das celebridades. Se um diretor hollywoodiano usasse como tema a vida de Bauman, seria acusado de "exagero".

Bauman realmente nunca teve muito entusiasmo por contar sua história. Ele expressou reservas no final de nosso primeiro encontro e novamente durante a segunda entrevista, em novembro de 2015, quando lhe contei que planejava escrever sua biografia. Ele se opôs à ideia ("há tantos temas interessantes — minha vida não foi nada excepcional — e já há alguém trabalhando nisso", disse-me), mas não se negou a conceder uma entrevista. Isso era típico de Bauman; raramente se recusava a encontrar pessoas ou atender a seus pedidos. Durante a segunda entrevista, lembrei sua descrição da época da guerra — dolorosas memórias de fuga, isolamento, envolvimento e luta. Algumas informações já eram públicas, outras eram novas. Foi um exercício emocionante — as explicações o cansavam e o faziam retornar a esse período difícil. Ele não se entusiasmava por uma discussão centrada apenas em si mesmo. Sem a ajuda de Aleksandra Jasińska-Kania, que, dias antes de nosso encontro, discutira com ele seus anos de juventude a fim de estimular sua memória, minha entrevista não teria tido sucesso.

Embora fosse difícil conversar com Bauman sobre seu passado, duas outras pessoas já haviam realizado esse trabalho antes de mim. A primeira delas foi Tomasz Kwaśniewski, jornalista da *Gazeta Wyborcza*, o principal jornal polonês, que com frequência publicava entrevistas com ele, assim como alguns de seus textos. Embora muitos jornalistas poloneses escrevessem sobre Bauman, só Kwaśniewski foi capaz de estabelecer o tipo de relacionamento íntimo que possibilita confidências particulares. Em inglês, Bauman falou de seu passado com Keith Tester. Antigo aluno de doutorado, discípulo e amigo íntimo, ele foi designado por Bauman como seu biógrafo. Eles começaram a trabalhar no projeto e trocaram e-mails, mas depois de vários meses Tester desistiu. O principal problema para ele era a impossibilidade de lidar com o lado polonês da biografia (complexidade histórica e cultural, além de especificidade linguística). Quando entrei em cena, Tester me ofereceu seu imenso e ilimitado apoio, e também uma profunda amizade. Ele acompanhou meu trabalho, capítulo por capítulo, e compartilhou todo o seu material comigo — um raro exemplo de intercâmbio científico e generosidade no competitivo mundo acadêmico. Esse relacionamento foi bruscamente interrompido com a inesperada morte de Keith, em janeiro de 2019.

O acesso à correspondência particular de Tester e Bauman ajudou imensamente o meu livro, embora não tenha influenciado a narrativa central. A morte de Bauman, em janeiro de 2017, foi o ponto de inflexão em meu trabalho. Quando o conheci, ele estava em excelente forma e eu esperava que ele um dia o lesse. Bauman não era meu guru nem amigo, mas fiquei feliz por encontrar os documentos sobre sua família engavetados nos arquivos do IPN — especialmente o precioso diário de Janina escrito no gueto de Varsóvia e confiscado em 1968 pelas autoridades polonesas.

Meu instinto me dizia que uma das questões centrais — se não a principal — da vida de Bauman era a tensão entre suas identidades judaica e polonesa. Isso foi confirmado no final de 2017, quando a família me deu acesso a um ensaio autobiográfico inédito que ele tinha escrito na forma de uma carta de setenta páginas a suas filhas e netos intitulado *Os poloneses, os judeus e eu: Uma investigação sobre o que fez de mim o que sou*. O texto, cuja primeira parte foi escrita em 1986-7 e a segunda, vinte anos depois, contém a história de sua família e a reconstituição de seus sentimentos naquela época. Bauman tinha plena consciência dos riscos e limites dessas reconstituições. O texto, escrito em inglês, contribuiu significativamente para minha avaliação dos documentos, livros e outros materiais reunidos para elaborar esta biografia.

O arquivo particular de Bauman, parte da Coleção Especial da Universidade de Leeds, é outra fonte abundante. O acesso a esses documentos privados completou o quadro complexo que esbocei para este livro — o relato de uma vida enredada pela história, de um homem único arrastado pelas tormentas de uma época, que, como alguns outros, conseguiu se manter afastado da crença quase religiosa de que sua ação poderia mudar o curso dos ventos.

Quando Bauman percebeu que as tormentas eram muito fortes e que os seres humanos eram fracos demais para alterar seus impactos mortais, começou a refletir sobre elas da maneira como fazem as pessoas mais velhas e sábias.

Bauman não era um profeta. Era um acadêmico, um filósofo, um intelectual público. Este livro narra sua trajetória, e sua transformação, de ativista em pensador global. Como isso aconteceu?

Bauman: Uma biografia é minha tentativa de responder a essa pergunta, uma biografia que delineia cronologicamente a vida de Zygmunt Bauman como testemunha e participante ativo de seu tempo. A abordagem usada neste trabalho está entranhada na tradição sociológica da Universidade de Chicago, onde, mais de um século atrás, em meio a um rápido influxo de imigrantes, um grupo de acadêmicos desenvolveu as ferramentas para analisar as trajetórias de vida das pessoas. Eles estudaram os percursos dinâmicos resultantes de interações com outras pessoas (e, em menor grau do que hoje, como resultados de decisões individuais). Os sociólogos de Chicago colocaram as relações cara a cara das pessoas num contexto mais amplo. Em relação a isso, este livro mostra como a política, a história e a economia moldaram a vida de Bauman e de outros. A dinâmica desses macroprocessos é relatada no livro a partir de uma microperspectiva. A vida de Bauman é a história do destino de um ser humano e dos limites de sua agência — tema frequentemente analisado pelo próprio Bauman, embora com referência a suas experiências pessoais. O sentimento de identidade (Quem sou eu?) e o *master status* (Como os outros me percebem?) são dois eixos que atravessam este trabalho.

Everett Hughes (um dos principais sociólogos de Chicago) criou em 1945 o conceito de *master status*. Com essa expressão ele define a identidade social imposta por outros.[3] Há também definições menos precisas do *master status* como o papel dominante, qualquer que seja ele (estudante, amigo, filho, homem escocês). Vou insistir na análise de Hughes. Para explicar seu conceito, Hughes[4] usou um exemplo do mundo da medicina nos Estados Unidos na década de 1940, em que as divisões raciais eram corrosivas. Oswald Hall, seu aluno de doutorado, estudou carreiras médicas na cidade, com foco no papel da raça.[5] Hall elaborou a lista das expectativas que um doutor em medicina deveria concretizar. O *master status* converge exatamente com essa imagem estereotipada atribuída a determinada profissão, posição ou status. A contradição de status ocorre quando alguém tenta desempenhar um papel sem que tenha as características necessárias impostas pela sociedade. Tal situação com frequência ocorre quando pessoas de grupos discriminados ocupam posições de prestígio, ou tentam fazê-lo.

A experiência de Bauman era comum na Polônia. Ele desempenhou muitos outros papéis: estudante, soldado, oficial, intelectual, acadêmico, pai, emigrante e imigrante. Mas a condição predominante era sua origem étnico-cultural, que impunha percepções e influenciava fortemente suas interações com outros.

A agência de um indivíduo que vive em permanente tensão entre a identidade e o *master status* é altamente limitada. Examinei aqui o modo como Bauman lidou com essas tensões e se foi capaz de resolvê-las. *Bauman: Uma biografia* tem como foco as negociações entre os papéis que ele desejava desempenhar e os que lhe foram impostos. Bauman implementou estratégias precisas que o capacitaram a administrar sua trajetória dentro de restritas possibilidades.

Este livro descreve as pessoas importantes na vida de Bauman, assim como suas atividades e escolhas como acadêmico e observador da sociedade que desejava criar um mundo melhor. A vida de Bauman não é apresentada como a trajetória excepcional de um gênio, mas como a de um indivíduo que, na maior parte da vida, foi, em certo sentido, emblemático de sua geração. Sustento essa visão em meu estudo de cientistas da mesma geração e com biografias semelhantes. Sua vitalidade, seu envolvimento, sua ética de trabalho e sua atividade profissional, combinados com paixões, fizeram com que suas realizações existenciais fossem extraordinárias. A maioria deles compartilhava o importante componente biográfico do capital cultural familiar e os limites impostos por pertencerem a uma população discriminada.

Minha perspectiva é também consequência de minha formação sociológica sobre profissões e o estudo de carreiras em especial. O conceito de carreira é utilizado para retratar a trajetória de Bauman sob diversas dinâmicas. Sigo aqui a abordagem interacionista desenvolvida nos estudos de profissões criativas realizados por Howard Becker.[6] Colocar a interação social em primeiro plano mostra que a carreira de um indivíduo não é consequência de uma solitária ascensão ao sucesso, mas sim um conjunto de colaborações e relacionamentos que moldam e impulsionam o trabalho de indivíduos específicos. Sigo Becker em sua abordagem dos "mundos sociais". Esse conceito foi elaborado por interacionistas e diz respeito a um universo social, um ambiente social de determinada atividade com seu próprio discurso (cultura).[7] Becker abordou a escrita como uma técnica. Para ele, esta é um elemento básico do trabalho criativo.[8] Escrever é uma atividade solitária, mas uma carreira intelectual resulta de muitas fontes de inspiração, intercâmbios e debates. Neste livro, tentei resgatar das sombras elementos que em geral permanecem ocultos quando alguém se torna famoso. Essa abordagem ajuda a entender como Zygmunt Bauman se tornou um pensador global — como passou de um estudante que enfrentou a discriminação racial na Polônia ocidental a um adolescente refugiado de guerra vivendo no interior da União Soviética até se tornar um dos mais lidos e famosos intelectuais do início do século XXI.[9]

Notas

Epígrafe [p. 5]

1. Jedlicki, 1993, p. 163.

Introdução [pp. 11-7]

1. A palestra fora organizada pela Fundação Friedrich Ebert, um ramo intelectual do Partido Social-Democrata da Alemanha; pelo Centro de Pensamento Social Ferdinand Lasalle, organização independente; e pelo Departamento de Filosofia Social e Política da Universidade de Breslávia (Chmielewski, 2015). Foi descrita como uma "fusão" de judaicidade (Bauman e Ferdinand Lasalle eram judeus) com germanidade — já que a Fundação Friedrich Ebert é uma instituição alemã — e esquerdismo, pois os oradores e organizadores podiam ser classificados nessa categoria. Uma análise e um relato detalhado do evento por seu organizador, o professor Adam Chmielewski, podem ser lidos em: <https://adamjchmielewski.blogspot.com/2015/07/academies-of-hatred.html>.
2. Ibid.
3. Após a libertação, as unidades das NSZ continuaram sua luta anticomunista e atacaram grupos ligados ao novo sistema político de estilo soviético na Polônia.
4. O Renascimento Nacional da Polônia (NOP), partido político nacional radical e nacionalista que usa os símbolos de organizações fascistas do período entreguerras. O Acampamento Nacional Radical (ONR) foi criado em 1981, e em 1992 registrado como um partido legítimo (Cała, 2012; Rudnicki, 2018).
5. Essa organização nacionalista polonesa de direita se refere ao movimento com um nome que existiu durante a Segunda República Polonesa. Desde 2012 o grupo é registrado como uma associação (ver Rudnicki, 1985, 2018).
6. Cała, 2012.
7. Tomaszewski, 2016, pp. 206-19.
8. Sobre a metodologia utilizada neste livro, ver apêndice.
9. Bauman, 1986-7.
10. Para mais informações, ver apêndice.
11. O conteúdo da obra de Bauman só é descrito de forma breve e muito parcial neste livro, que faz um relato muito detalhado de sua vida e carreira, mas deixa para outros um exame pormenorizado de seus argumentos. A maior parte de seu

trabalho depois de assumir um cargo na Universidade de Leeds foi escrita em inglês, de modo que resolvi concentrar meu relato em aspectos menos conhecidos da vida de Bauman.

1. Uma infância feliz "em tais circunstâncias" [pp. 19-34]

1. *Kurjer Poznański*, ano 20, 19 nov. 1925; edição vespertina, p. 2.
2. O artigo foi publicado simultaneamente no jornal *Gazeta Warszawska* [Gazeta de Varsóvia].
3. Roman Dmowski foi um dos políticos mais poderosos após a divisão e nas primeiras décadas depois dela. Foi cofundador do Democracia Nacional, construído a partir de uma ideologia nacionalista e de fortes sentimentos patrióticos. Um dos lemas centrais nesse país multicultural era "libertar" a sociedade polonesa dos judeus. Um vigoroso antissemitismo e uma hostilidade aberta aos poloneses não cristãos (em 1931, os católicos romanos eram 75,2% da população) eram as forças motrizes do partido. Este, também conhecido como ND ou Endecja, era particularmente popular na região de Wielkopolska, cuja capital era Poznań. A presença do ND no governo local em Wielkopolska era uma das mais fortes na Polônia, e os jornais de extrema direita (destacando-se, entre eles, o *Kurjer Poznański*) que sustentavam seu ponto de vista se esgotavam rapidamente. Textos antissemitas eram comuns. A Juventude Polonesa, o braço jovem do ND, criado em 1922, desejava excluir estudantes e professores judeus de cargos na universidade e fez um lobby no Parlamento para aprovar leis que impunham restrições aos judeus. Como relata Brykczyński, Roman Dmowski foi "coautor da doutrina do egoísmo nacional. Administrou o trabalho da delegação polonesa em Versalhes (1918), mas nunca conseguiu assumir o poder no país. Ele acreditava que os poloneses estão condenados a uma luta eterna por sobrevivência contra outros grupos étnicos, especialmente judeus e alemães" (Brykczyński, 2017, p. 31).
4. *Kurjer Poznański*, ano 20, 19 nov. 1925; edição vespertina, p. 2.
5. Texto intitulado *Os poloneses, os judeus e eu: Uma investigação sobre o que fez de mim o que sou* (1986-7). Sou profundamente grata à família Bauman pela permissão de mencionar esse importante documento.
6. Bauman, 1986-7, pp. 21-2.
7. Uma vasta literatura sobre o antissemitismo na Polônia tem sido publicada nas últimas décadas em polonês — Cała (2012), Tokarska-Bakir (2012, 2018), Keff (2013) e Michnik e Marczyk (2017) —, assim como em inglês (Blobaum, 2005). Esse tema complexo será amplamente discutido no último capítulo.
8. *Longue durée* é um conceito (elaborado no final da década de 1940) do historiador Fernand Braudel, membro da escola dos Annales; refere-se à análise histórica de um fenômeno particular examinado ao longo de várias épocas.
9. Bauman, 1986-7, pp. 21-2.

10. Brykczyński, 2017, n. 33.
11. "O marechal Józef Piłsudski, antigo revolucionário socialista envolvido na luta pela liberdade, foi o primeiro líder da Polônia renascida. Descrevia-se como um lituano e se tornou um símbolo da ideia do Estado de polonesidade, a qual aceitava qualquer um que estivesse pronto a fazer parte da nação polonesa, qualquer que fosse sua origem étnica ou religião" (Brykczyński, 2017, p. 28).
12. Brykczyński, 2017, pp. 28-9.
13. Autor de *Comunidades imaginadas: Reflexões sobre a origem e a difusão do nacionalismo* (publicado originalmente em 1983).
14. Brykczyński, 2017, pp. 36-7.
15. Ver: <https://sztetl.org.pl/pl/miejscowosci/p/586-poznan/100-demografia/21585-demografia>. Cerca de 2 mil pessoas foram computadas nas estatísticas como "judeus".
16. Uma demonstração do apoio ao Endecja em Poznań foi a imensa reação ao assassinato do primeiro presidente polonês, Gabriel Narutowicz, por um fanático adepto do partido de Dmowski, o artista Niewiadomski. As pessoas colocaram altares nas janelas e as ruas de Poznań ficaram cheias de imagens de Niewiadomski, tratado como herói desde que matara um "maçom" eleito com o apoio de minorias étnicas. (Agradeço a Wojciech Grondys por essa observação.) Em 1920 a Polônia se dividia em duas correntes políticas: a socialista, aberta a minorias, e a extrema direita antissemita. Depois da eleição do primeiro presidente polonês, manifestações e confrontos entre os adeptos das duas correntes criaram um ambiente de insegurança e instabilidade (pessoas vistas como judias eram assediadas nas ruas). Como Brykczyński mostrou, a hostilidade em relação à comunidade judaica resultou no ataque a Narutowicz, embora o episódio tenha sido apresentado como o ato de uma pessoa com problemas mentais (Brykczyński, 2017).
17. Agradeço a Leszek Kwiatkowski — um especialista em hebraico da Universidade de Poznań — pela sugestão da tradução em inglês e pela informação sobre a expressão "infestação judaica"; e a Joanna Tokarska-Bakir — antropóloga e historiadora da Universidade de Varsóvia —, especialista em estudos judaicos, pela indicação de outro termo: "Quanto à palavra 'zażydzenie' para assinalar a distância e indicar a genealogia antissemita, eu a traduziria em alemão como 'Verjudung', porque foi nessa língua que ela apareceu pela primeira vez. Evidentemente, você poderia usar em inglês o termo 'jewification', judificação, seguindo a tradução dos *Cadernos negros* de Heidegger para essa língua, mas então a palavra retorna ao antissemitismo 'natural' próprio das grandes massas que carecem de memória" (citado a partir de correspondência privada com Joanna Tokarska-Bakir, junho de 2017).
18. *Kurjer Poznański*, ano 20, 13 nov. 1925; edição vespertina.
19. Do site oficial do Museu Polin de História dos Judeus Poloneses. Disponível em: <https://sztetl.org.pl/en/towns/p/586-poznan/99-history/137881-history-of-community>.
20. Witkowski, 2012.

21. A mudança é bem ilustrada pela família do fotógrafo polonês-israelense Fira Mełamedzon-Salańska, constituída por judeus do Leste que tinham fugido para Poznań. Mełamedzon-Salańska, dez anos mais velho que Zygmunt Bauman, nasceu na Rússia, mas viveu em Poznań de 1927 a 1939. "[Os] antigos judeus de Poznań sentiam-se alemães, e, depois da criação do Estado polonês, a maioria deixou o país" (Niziołek e Kosakowska, 2016, p. 66).
22. Archiwum Panstwowe w Poznaniu — Karta meldunkowa Baumann (869). Aqui o nome Bauman é escrito com dois "n", seguindo a norma alemã.
23. Todos os dados demográficos mencionados neste capítulo — ainda que sem a fonte — vêm do site: <www.sztetl.org.pl>.
24. Na verdade, era prática comum alterar esses dados mesmo antes da Segunda Guerra Mundial. Em lugares onde a administração não era unificada, ou fora perturbada por mudanças de regime ou de língua, os arquivos eram lugares de "construção histórica", mais do que um repertório de fatos.
25. Nessa parte da Europa, as mudanças de língua e alfabeto e a coexistência de vários idiomas falados concomitantemente não eram excepcionais. Isso resultava da composição multiétnica dos territórios, das guerras e ocupações que tiveram lugar durante séculos. A essa instabilidade política devemos acrescentar a irrelevância dos nomes de família, que só se tornaram amplamente usados no século XIX. Antes disso, apenas famílias nobres e aristocráticas usavam seus brasões e nomes de família de maneira organizada (em relação a terras e propriedades, títulos e posições).
26. Jastrząb, 2015.
27. IPN BU 0193/8207, p. 238.
28. Bauman, 1986-7, p. 3. Com "educação", Bauman se refere à educação geral secular.
29. Não consegui encontrar seu nome.
30. IPN BU 0193/8207, p. 238.
31. Uma das grandes levas de emigração da Polônia para a Palestina ocorreu em 1924-5 e é chamada de Aliá de Grabski. Este foi o primeiro-ministro à frente de um governo que impôs altos impostos aos pequenos camponeses, artesãos e lojistas, muitos deles judeus. (Aliá é o termo que designa a imigração judaica para a Palestina, e depois para Israel, a partir da diáspora.)
32. Bauman, 1986-7, pp. 4-5. *Melamed*: professor de escolas religiosas judaicas.
33. Ibid., p. 7.
34. Ibid., p. 6.
35. Ibid., p. 7.
36. Ibid., p. 8.
37. Ibid., p. 9.
38. Ibid.
39. Tomasz Kwaśniewski era naquela época um jornalista da *Gazeta Wyborcza* (o mais importante jornal polonês). Ele entrevistou Zygmunt Bauman várias vezes.
40. *Gazeta Wyborcza*, 10 fev. 2009. Assim como esta, a maioria das entrevistas de Bauman foi publicada na *Gazeta Wyborcza*.

41. Bauman, 1986-7, pp. 9-10.
42. *Kurjer Poznański*, ano 20, n. 313, 19 nov. 1925.
43. Depois do fracasso de Dmowski em obter um mandato em 1912, os "Endecs" organizaram um grande boicote econômico às lojas de judeus em Varsóvia; isso envenenou amplamente as relações entre poloneses e judeus na maior cidade da Polônia (Brykczyński, 2017, p. 33). Como explicou Dmowski: "Os filhos das grandes nações sabem como procurar pão ou uma carreira, ou servir aos interesses de seu povo, [mesmo] nas profundezas da África selvagem [se necessário] [...]. E aqui você seguirá entre os seus compatriotas, que irão aconselhá-lo, com exceção dos poucos que temem a competição. E a competição não será com poloneses, mas com judeus — seus pais sabiam disso e o fizeram" (*Kurjer Poznański*, 18 nov. 1952, p. 2).
44. Niziołek e Kosakowska, 2016, p. 67.
45. Bauman, 1986-7, pp. 14-5.
46. Bauman observa que a família não conseguiu arcar com um "forte-epiano" e em vez disso possuía uma versão menor desse instrumento — um piano vertical.
47. Wagner, 2015, pp. 15-9.
48. *Gazeta Wyborcza*, 21 nov. 2010.
49. Niziołek e Kosakowska, 2016, p. 73.
50. Entrevista com Zygmunt Bauman, Leeds, 1 nov. 2015.
51. Bauman, 1986-7, p. 4.
52. Segundo a historiadora Natalia Aleksiun, "o sionismo — entendido como o movimento e a ideologia de desenvolvimento da consciência nacional judaica mediante o estabelecimento de seu próprio Estado na Palestina e o renascimento da língua hebraica — foi um dos mais importantes fenômenos da história recente dos judeus". Na nota da p. 19, ela afirma: "Esse termo foi usado pela primeira vez por Nathan Birnbaum, em 1890, nas páginas da revista *Selbstemanzipation*. Ele enfatizava a necessidade de se criar um partido político para coordenar as atividades voltadas à colonização da Palestina" (Aleksiun, 2002, p. 19).
53. Bauman, 1986-7, pp. 4-5. O pai de Zygmunt se estabeleceu em Israel depois da Segunda Guerra Mundial.
54. Ver nota 31.
55. J. Bauman, 1988, p. 50. Na versão em inglês de seu livro, Janina Bauman chama Zygmunt de "Konrad". Na versão em polonês, ela usa "Zygmunt" (para maiores explicações, ver o capítulo final).
56. Bauman, 1986-7, p. 10.

2. Um aluno como nenhum outro [pp. 35-54]

1. Słonimski, 1938. Trad. [para o inglês] de Łukasz Gos-Furmankiewicz.
2. Bauman, 1986-7, pp. 11-2.
3. Landau-Czajka, 2006.

4. Ibid., p. 65.
5. Entrevista com Tomasz Kwaśniewski, *Gazeta Wyborcza*, 21 nov. 2010.
6. Bauman, 1986-7, p. 12.
7. Ver capítulo 1.
8. Esse é um tema antigo, mas também atual, em sociologia — do estudo de Thrasher sobre as gangues de Chicago (1927) ao *Code of the Streets* (2000) de Elijah Anderson. Entretanto, no caso de Poznań, o antissemitismo desempenha um papel central, mais do que outros fenômenos relacionados aos adolescentes urbanos.
9. Bauman, 1986-7, p. 13.
10. Ibid., p. 14.
11. O conceito de "Estado democrático" é tema de discussão — a história da Polônia no entreguerras foi problemática, com muitos elementos de uma democracia estéril. Sua prosperidade também foi relativa, mas a Polônia dessa época nunca sofreu as crises de fome em grande escala vivenciadas em outros países europeus.
12. J. Bauman, 1988, p. 130.
13. Ibid., p. 47.
14. Bauman, 1986-7, p. 16.
15. Entrevista com Tomasz Kwaśniewski, *Gazeta Wyborcza*, 21 nov. 2010.
16. Bauman, 1986-7, p. 11.
17. Ibid., p. 18.
18. Ibid., p. 15.
19. Da carta a Keith Tester, 2015-6.
20. Entrevista a Tomasz Kwaśniewski, *Gazeta Wyborcza*, 21 nov. 2010.
21. Agradeço a Maciej Gdula por sua história sobre o cachorro — quem lhe contou foi Aleksandra Jasińska-Kania, sua orientadora de doutorado e companheira de Bauman em seus últimos anos de vida.
22. Escolas Tsysho (Tsentrale Yidishe Shul-Organizatsyen, ou Organização Escolar Central Iídiche), também ausentes nos antigos territórios austríacos.
23. A partir da década de 1920, o Bund foi um partido socialista judeu popular. Seu nome oficial em iídiche era Algemeyner Yidisher Arbeter Bund in Poyln. Um de seus líderes, Marek Edelman, cirurgião e herói do Levante do Gueto de Varsóvia, assim descreveu seus adeptos: "Os bundistas não esperaram pelo Messias nem planejavam ir para a Palestina. Acreditavam que a Polônia era seu país e lutaram por uma Polônia mais justa, socialista, em que cada nacionalidade teria sua própria autonomia cultural e em que os direitos das minorias seriam assegurados" — citado em *Telegraph*, 4 out. 2009. Disponível em: <www.telegraph.co.uk/news/obituaries/politics-obituaries/6259900/Marek-Edelman.html>.
24. Włodzimierz Szer (1924-2013) foi um cientista — na última etapa de sua vida, professor da Escola de Medicina da Universidade de Nova York. Szer também produziu um livro de memórias (2013). Eu o entrevistei em 2011 na cidade de San Diego.
25. Szer, 2013, pp. 20-1.
26. Marian Turski nasceu em Druskieniki em 26 de junho de 1926. Sobreviveu ao gueto de Łodź, ao campo de concentração de Auschwitz-Birkenau e às chamadas

marchas da morte. A partir de 1945, morou em Varsóvia. Foi membro da seção juvenil do Partido dos Trabalhadores Poloneses e trabalhou na área de imprensa do Partido Operário Unificado Polonês, assim como na editoria de história do semanário *Polityka* a partir de 1958. É vice-presidente da Associação do Instituto Histórico Judaico na Polônia e presidente do Conselho do Museu de História dos Judeus Poloneses. Também é membro do Conselho Internacional de Auschwitz.

27. Kijek (citando Frost, 1998) afirma que 80% das crianças judias com idades de sete a catorze anos foram matriculadas em escolas primárias públicas na Polônia. Ele enfatiza os benefícios financeiros (as escolas públicas eram gratuitas, enquanto as escolas privadas religiosas, populares na comunidade judaica, cobravam mensalidades) e a política do governo polonês, que lutava contra o sistema educacional privado judaico — incluindo escolas religiosas e não religiosas (Kijek, 2010, p. 71).
28. Bauman, 1986-7, p. 10.
29. Ibid., pp. 12-3.
30. Segundo Natalia Aleksiun, a ORT foi fundada em 1880 sob o controle tsarista. A organização apoiava o treinamento vocacional — educação manual e artesanal — de membros da comunidade judaica. A partir de 1921, a ORT se tornou uma instituição internacional. Para mais informações, ver: <www.jhi.pl/psj/ORT>.
31. Organização juvenil sem relação em particular com nenhum partido voltada à educação de jovens à maneira sionista-socialista e à preparação destes para a Aliá.
32. Jovens pioneiros sionistas, próximos ao Hitachduth, o Partido Sionista-Socialista dos Trabalhadores; o Gordonia organizava fábricas e kibutzim e preparava pessoas para a emigração para a Palestina.
33. O chamado parágrafo ariano era um regulamento restritivo racista aplicado na Alemanha nazista em várias profissões, corporações, associações etc. Um parágrafo dos documentos de orientação desses grupos excluía pessoas de "raça não ariana", e geralmente visava os judeus. Na Polônia do entreguerras, muitas instituições tinham um "parágrafo ariano" que limitava sua filiação aos católicos poloneses. Ver mais em Natkowska (1999).
34. Kłódź, 2015, pp. 803-4.
35. *Numerus nullus* — de "número zero" em latim — refere-se à exclusão total de certos grupos de candidatos ao ensino (Kopaliński, 1980, p. 679). O dicionário *Larousse* fornece uma definição mais ampla: "Limitação discriminatória do número de pessoas admitidas a uma competição, função, nível — conforme decisão previamente tomada por uma autoridade". No contexto da academia, era, na prática, a exclusão de determinado grupo — no caso da Polônia do entreguerras (sobretudo a partir de 1935), os judeus, mas também os ucranianos e os bielorrussos.
36. Num artigo voltado para a situação dos estudantes universitários judeus, Aleksiun escreveu: "A Casa Acadêmica Judaica servia como local de encontro para estudantes que lá se reuniam para palestras e debates políticos: sionistas, bundistas, folkistas e comunistas" (Aleksiun, 2014, p. 26).
37. "Em 1937, a Polônia tinha cinco universidades reconhecidas pelo Estado, as de Cracóvia, Varsóvia, Lwów, Vilna e Poznań. Havia outras quinze instituições

educacionais importantes. No ano acadêmico de 1923-4, 8325 judeus e 23 810 não judeus estavam matriculados em universidades. Em 1937-8, apenas 4791 dos 48 168 estudantes (10%) eram judeus" (Rabinowicz, 1964).

"A maioria dos estudantes estava matriculada nas faculdades de direito e filosofia. Em 1932-3, os estudantes judeus constituíam 8% das turmas da escola de medicina, 2% da de farmácia [...]. Havia vinte judeus entre os 2 mil professores. O capitão Peter Wright, da Missão Britânica, relatou em 1919: 'Professores judeus, ainda que capacitados, foram desligados da universidade; médicos judeus, ainda que famosos, foram desligados dos hospitais'" (Rabinowicz, 1964, p. 51). "Embora o governo oficialmente denunciasse e extraoficialmente endossasse o *numerus clausus*, alguns acadêmicos poloneses levantaram vozes de protesto [...]. No outono de 1925 havia quatrocentos candidatos judeus ao corpo docente da escola de medicina de Cracóvia. Só treze foram admitidos" (Rabinowicz, 1964, p. 54). Mais informações sobre a situação dos estudantes judeus em universidades polonesas no período de 1918-39 podem ser encontradas em Aleksiun (2014), Rudnicki (1987) e Natkowska (1999).

38. Hnatiuk, 2016.
39. De acordo com os panfletos da Liga da Faixa Verde, ela foi criada por acadêmicos poloneses (professores e alunos) para lutar, por meio de ações organizadas e planejadas, contra "a influência judaica na sociedade polonesa". Os panfletos continham três demandas: 1) boicotar lojas, serviços e profissões; 2) romper todos os contatos com colegas e colaboradores judeus; e 3) apoiar a imposição do *numerus clausus* em todas as universidades (Rabinowicz, 1964).
40. Aleksiun, 2014, p. 126.
41. Markiewicz, 2004, pp. 109-10. Cartas de protesto foram assinadas por acadêmicos nos Estados Unidos e na Europa, mas sem sucesso, pois as práticas discriminatórias foram mantidas.
42. Incluindo Tadeusz Kotarbiński, Rudolf Weigl, Ludwik Krzywicki, Mieczysław Michałowicz, Franciszek Venulet e Zygmunt Radliński. Sobre Weigl, professor de microbiologia em Lwów, ver Allen (2014); sobre Michałowicz, Venulet e Radliński — professores da Escola de Medicina da Universidade de Varsóvia —, ver Aleksiun (2014, p. 23); sobre Krzywicki e Kotarbiński — professores de filosofia da Universidade de Varsóvia —, ver Markiewicz (2004, p. 10).
43. Aleksiun observou: "Entre a minoria que apresentou seus protestos estavam a União da Juventude Polonesa e a União da Juventude Socialista Independente" (Aleksiun, 2014, p. 29, n. 96).
44. Aleksiun, 2014.
45. Bauman, 1986-7, pp. 13-4.
46. Em comunidades judaicas tradicionais, o casamenteiro escolhe os candidatos ao casamento e organiza os encontros de famílias e candidatos.
47. Forma polonesa de "Mizrahi" — um grupo de judeus do Norte da África e da Ásia, também chamados de "judeus arábicos".

48. APW — KW PZPR — arquivo pessoal — Bauman 16 421 (3183).
49. Zygmunt Bauman — *Ankieta specjalna*, 1950; AIPN BU 0193/8207.
50. Bauman, 1986-7, p. 19.
51. Aleksiun, 2014, p. III, nota 3.
52. Bauman, 1986-7, pp. 19-20.
53. Ibid.
54. Arquivos Gimnazjum Berger, Archiwum Miasta Poznania, IVb-4-736, Katalog główny klasy Ia — sou grata a Anna Kłódź por sua ajuda a acessar esses dados.
55. Bauman, 1986-7, pp. 20-1.
56. Ibid., pp. 24-5.
57. Entrevista com Zygmunt Bauman, Leeds, 1 nov. 2015.
58. Kijak, 2010, p. 176.
59. Bauman, 1986-7, p. 25.
60. Esse processo gradual é mostrado pela perspectiva de duas famílias vizinhas no maravilhoso filme franco-italiano *Concorrência desleal* (2001), de Ettore Scola, sobre a ascensão do fascismo na Itália.
61. Noite dos Cristais: 9-10 de novembro de 1938, na Alemanha — enormes pogroms contra a população judaica com permissão das autoridades.
62. Para mais informações, ver Skórzyńska e Olejniczak (2012) e Tomaszewski (1998).
63. Aleksiun, 2002, p. 33.
64. Nesta seção, todas a citações de Zygmunt Bauman são de seu ensaio para as filhas escrito em 1986-7.
65. Segundo Niziołek, "a seção da Haszomer Hatzair em Poznań estava localizada no primeiro andar da sinagoga abandonada da comuna de Bracia (Brudergemeinde) desde meados do século XIX, na rua Szewska, 5. Era uma sinagoga de judeus reformistas que, após a criação da Polônia independente, foram, em sua maioria, para a Alemanha" (Niziołek e Kosakowksa, 2016, cap. 1, n. 18).
66. Bauman, 1986-7, p. 25.
67. Cerimônia religiosa para meninos que atingem a maioridade (por volta dos catorze anos). Um dos rituais básicos que as famílias judias organizam para seus filhos.
68. Fira, apud Niziołek e Kosakowska, 2016, p. 36.
69. Bauman, 1986-7, pp. 25-6.
70. Sobre pontos de inflexão, ver Hughes (1971); Abbott (1997).
71. Bauman, 1986-7, p. 26.

3. O destino de um refugiado de guerra [pp. 55-79]

1. Holsztyński, "Pal", 3 jun. 2008.
2. As palavras entre colchetes foram acrescentadas pela autora.
3. Durante conflitos militares anteriores (a Revolta de Kościuszko em 1794 ou a Primeira Guerra Mundial), judeus poloneses integraram unidades polonesas.

A rejeição dos judeus pelo Exército começou com a Guerra Polonesa-Soviética (1919-21).

4. Bauman, 1986-7, p. 26. Muito provavelmente isso ocorreu na noite de 2-3 de setembro.
5. Entrevista com Zygmunt Bauman, Leeds, 1 nov. 2015.
6. Bauman, 1986-7, pp. 26-7.
7. Houve campos de concentração em territórios poloneses.
8. Na Polônia, uma poderosa expressão idiomática — *atmosferka nieprzyjemna*.
9. Os bombardeiros atacaram não apenas alvos militares e estratégicos, como estações de trem, ferrovias e instalações militares, mas também espaços civis: cidades, vilas e pessoas em fuga. As estradas, cheias de civis, também fizeram parte do "objetivo estratégico". A Blitzkrieg baseava-se na técnica de aterrorizar a população civil. Em 25 de setembro de 1939, ocorreu o primeiro bombardeio de saturação, que matou 10 mil pessoas em Varsóvia. Já estava claro nesse ponto que a Alemanha tinha o controle de todo o território polonês (com exceção de áreas do Leste temporariamente cedidas aos soviéticos). Os ataques à população civil, incluindo hospitais, não eram necessários para a vitória do Terceiro Reich.
10. Bauman, 1986-7, p. 27.
11. Ibid., p. 27.
12. O Exército alemão estava em Włocławek por volta de 14 de setembro de 1939. "A perseguição começou tão logo o Exército alemão entrou em Włocławek [...] 23 judeus que estavam rezando [...] foram presos em 22 de setembro de 1939. Depois de presos, alguns (7-10) foram mortos a tiros ou perfurados por baionetas, e seus corpos enterrados no quintal [...]. Assassinatos individuais, espancamentos de judeus que caminhavam pelas ruas por alemães uniformizados e os chamados 'jogos' eram muito comuns. As contribuições eram uma forma de explorar financeiramente os judeus" (do site do Museu de História dos Judeus Poloneses: <https://sztetl.org.pl/en/towns/w/307-wloclawek/99-history/138251-history-of-community>.
13. Bauman, 1986-7, p. 28.
14. Ibid., pp. 28-9.
15. Uma descrição detalhada do terror nazista contra a comunidade judaica em Włocławek pode ser acessada em um site criado pela Associação do Instituto Histórico Judaico: <https://sztetl.org.pl/en/towns/w/307-wloclawek/99-history/138251-history-of-community>.
16. Todos os cavalos fortes e saudáveis foram tomados pelo Exército polonês; civis tinham somente animais velhos.
17. Entrevista com Zygmunt Bauman, Leeds, 1 nov. 2015.
18. Bauman, 1986-7, p. 29.
19. Poloneses que viviam na parte da Polônia ocupada pela Prússia geralmente falavam alemão, que o regime de Bismarck havia imposto como língua oficial. Isso era útil nos negócios e constituía um marcador de status social.

20. Em seu ensaio autobiográfico, Bauman escreveu: "O capitão deve ter ficado impressionado com o alemão refinado, literário, de meu pai, pois educadamente lhe pediu que fosse o porta-voz do restante dos refugiados e prometeu total cooperação" (Bauman, 1986-7, pp. 29-30).
21. Entrevista com Zygmunt Bauman, Leeds, 1 nov. 2015. A ponte a que ele se refere era sobre o rio Narew. Bauman observou que rifles de assalto soviéticos estavam pendurados em cordões — uma imagem muito específica do empobrecido soldado do Exército Vermelho que contrastava com o bem equipado e "elegante" oficial da Wehrmacht.
22. Bauman, 1986-7, p. 30.
23. Em novembro de 1939, após o controle temporário da fronteira pela Wehrmacht, unidades alemãs da Grenzschutz foram enviadas da antiga fronteira entre a Polônia e a Alemanha para essas novas linhas divisórias. As unidades da Grenzschutz tinham má reputação, sendo consideradas cruéis e agressivas. Antes de novembro de 1939, muitos refugiados haviam fugido para os territórios controlados pela União Soviética.
24. Bauman, 1986-7, p. 31.
25. Bartniczak, 1972, p. 63.
26. Essa região é cheia de pântanos e, especialmente no outono e na primavera, "ilhas flutuantes" são comuns.
27. O russo e o polonês são línguas eslavas — as palavras básicas em ambas podiam ser entendidas mesmo sem exposição prévia.
28. Entrevista com Zygmunt Bauman, Leeds, 1 nov. 2015. Como polonês e russo são línguas eslavas, Bauman pôde facilmente transformar a expressão polonesa "Moja mama jest tutaj" em "Maja mat' tut", que, embora não seja correta em russo, é perfeitamente compreensível.
29. Os territórios poloneses sob controle alemão tinham diferentes condições. A parte central era o *Generalgouvernement für die besetzten polnischen Gebiete*, enquanto os territórios da parte ocidental da Polônia, incluindo Poznań, foram simplesmente incorporados ao Terceiro Reich. Os territórios do Leste ficaram sob controle soviético até 1941.
30. Bauman, 1986-7, p. 33.
31. Por causa do influxo de refugiados, o número de habitantes cresceu cerca de 30% de 1939 a 1941, quando a população chegou a quase 10 mil.
32. Havia redes de familiares, de amigos e político-partidárias. Włodzimierz Szer e o pai, por exemplo, tinham uma ampla e útil rede de contatos no Bund. Em suas viagens, empregos, alimentação e outras necessidades da vida eram providenciados por "amigos do Bund".
33. AIPN BU 0193/8207, p. 12. Em outro documento — seu currículo datado de outubro de 1949 para admissão no Partido —, Bauman mencionou o local de trabalho de sua mãe: cantina dos oficiais n. 2, "Wojengorodka" em APW — KW PZPR — arquivo pessoal — Bauman 16 421 (3183).

34. Bauman, 1986-7, p. 34.
35. Expressão muito conhecida na Polônia para se referir a "contabilidade criativa".
36. Bauman, 1986-7, pp. 33-4.
37. Ibid., p. 34.
38. Ibid., pp. 34-5.
39. Entrevista com Zygmunt Bauman, Leeds, 1º nov. 2015.
40. Bauman, 1986-7, pp. 35-6. O parágrafo mencionado é o famoso Parágrafo 11 (ver nota 41).
41. Uma lei (o Parágrafo 11) restringia o número de poloneses com permissão para viver em cidades; além disso, antigos funcionários do Estado, professores, militares e membros de famílias aristocráticas foram banidos (deportados) "para a Sibéria". Pessoas consideradas opositoras do comunismo foram enviadas para campos de trabalhos forçados. Historiadores enumeram quatro levas de deportações, a última delas organizada em junho de 1941, todas sob a responsabilidade da polícia secreta soviética, o NKVD. Os deportados tinham uma condição diferente da de outros prisioneiros ou pessoas submetidas a trabalhos forçados. Em raros casos, cidadãos poloneses que escaparam à invasão nazista e sobreviveram no Leste da Rússia não estavam sob o controle do NKVD. Esse foi, visivelmente, o caso da família Bauman.
42. Szer descreveu esse ambiente multicultural da seguinte maneira: "Os russos [pós-invasão] abriram escolas em que o ensino se dava em quatro línguas: polonês, russo, iídiche e bielorrusso" (Szer, 2013, p. 93).
43. AIPN BU 0193/8207, p. 12. A diferença dos números das séries listadas aqui por Bauman é explicada pela mudança do sistema educacional polonês no pós-guerra. Quando o conflito começou, Bauman havia concluído o primeiro ano do ginásio e se preparava para o segundo. Na Bielorrússia, ele pulou direto para uma turma de terceiro ano. O sistema soviético era diferente — o primeiro ano do ginásio era chamado de quinta série escolar, de modo que, ao pular o segundo ano do ginásio, ele passou para a sétima série no sistema soviético. Bauman cursou a sétima e a oitava séries escolares em Mołodeczno.
44. Bauman, 1986-7, p. 35.
45. Bauman usou a palavra inglesa "teenager" [adolescente] — termo que não estava em uso na Polônia em sua adolescência, mas era claramente mais fácil para ele utilizar em inglês.
46. O reforço dos direitos das mulheres foi um notável aspecto positivo do sistema soviético, abrindo as portas ao sufrágio, à educação — incluindo a de nível superior — e a muitas profissões "masculinas".
47. Entrevista com Zygmunt Bauman, Leeds, 1 nov. 2015.
48. Bauman, 1986-7, p. 36.
49. AIPN BU 0193/8207, p. 12.
50. APW — KW PZPR — arquivo pessoal — Bauman 16 421 (3183).
51. Entrevista com Wacław Szybalski, maio 2010. Para mais informações sobre Szybalski, ver Wójcik (2015).

52. Kijak, 2010.
53. Segundo um questionário pessoal de 23 de outubro de 1949, Bauman também foi bibliotecário de uma escola em Mołodeczno; muito provavelmente, esse papel era atribuído a excelentes alunos que ajudavam um profissional — um bibliotecário adulto — de forma voluntária: APW — KW PZPR — arquivo pessoal — Bauman 16 421 (3183).
54. Bauman, 1986-7, pp. 36-7.
55. Ibid., p. 37.
56. Gross, 2001; Engelking e Grabowski, 2018.
57. Ver textos acadêmicos (Tokarska-Bakir, 2012; Gross, 2001, 2006; Gross e Grudzinska-Gross, 2012) e memórias de sobreviventes e seus descendentes (Grynberg, 1994, 2002).
58. Aleksiun, 2017.
59. O livro em inglês mais importante e conhecido é *Neighbors: The Destruction of the Jewish Community in Jedwabne, Poland*, de Jan Tomasz Gross, publicado em 2001. Ele provocou uma enorme reação, pois a compreensão das atitudes dos poloneses em relação à comunidade judaica durante a ocupação nazista tinha sido negligenciada e reservada, principalmente, à comunidade dos historiadores.
60. Nome dado pelos alemães à invasão dos territórios sob domínio soviético.
61. Bauman, 1986-7, p. 37.

4. O êxodo russo [pp. 80-100]

1. Bauman, 1986-7, p. 37.
2. Entrevista com Zygmunt Bauman, Leeds, 1 nov. 2015.
3. Como já foi dito, os soviéticos condenavam pessoas à Sibéria por centenas de razões (para mais sobre esse tema, ver Hnatiuk (2016) e Allen (2014); "condenado à Sibéria" é uma expressão comum que equivale a ser mandado para o gulag, punido com trabalho pesado e precárias condições de vida num lugar isolado ou distante. O gulag não tem uma clara definição geográfica. Geralmente significava a região da Sibéria, mas alguns prisioneiros acabaram no Cazaquistão, nas Repúblicas do Cáucaso ou na península de Kamchatka.
4. O nome do *kolkhoz* foi mencionado por Bauman em seu currículo de 27 de março de 1947: APW — KW PZPR — arquivo pessoal — Bauman 16 421 (3183).
5. Bauman, 1986-7, pp. 38-9.
6. Ibid., p. 39.
7. Ibid., pp. 39-40.
8. Todas as informações do currículo de Bauman escrito em 1949 vêm do APW — KW PZPR — arquivo pessoal — Bauman 16 421 (3183).
9. Bauman, 1986-7, p. 40.
10. Ibid.

11. Arquivos da Universidade de Varsóvia — ficha do empregado: Zygmunt Bauman — *akta osobowe* (arquivos pessoais).
12. "A moldura dourada era reservada a quem tirava as notas mais altas em todas as matérias, e isso praticamente abria o acesso da pessoa à universidade. A moldura prateada significava uma mistura de notas Bom e Excelente [...] e uma terceira [categoria de diplomas que] vinha sem moldura" (Szer, 2013, p. 22).
13. Lamont, 2010. Nessa parte do mundo, a cultura da atribuição de notas estimulava o bom desempenho, provavelmente mais do que em outros países. (Na França, por exemplo, um ditado popular afirma que "20/20 é para Deus, 18/20 para o professor, e 16/20 é o melhor que um aluno pode esperar".)
14. O original em cirílico está no APW — KW PZPR — arquivo pessoal — Bauman 16 421 (3183). "J. D." significa "escola ferroviária".
15. Não consegui confirmar como esse documento acabou nos arquivos do Partido; pode ter sido transferido dos arquivos militares de Bauman e enviado às organizações políticas — primeiro o PPR e depois o PZPR —, o que explicaria ser localizado nos arquivos APW — KW PZPR — arquivo pessoal — Bauman 16 421 (3183).
16. AIPN BU 0193/8207, p. 12 — *życiorys* (currículo).
17. Ibid.
18. Bauman, 1986-7, p. 41.
19. AIPN BU 0 1224/1505.
20. Bauman, 1986-7, pp. 41-2.
21. Ibid., pp. 42-4.
22. Ibid.
23. Ibid., pp. 44-5.
24. Foi em outubro e novembro, mas nessa região podemos usar o termo "inverno".
25. Bauman, 1986-7, p. 45.
26. Entrevista com Zygmunt Bauman, Leeds, 1 nov. 2015.
27. AAN — Ministerstwo Szkolnictwa Wyższego 2860 — 61/72, pp. 50-1.
28. AIPN BU 0 1224/1505.
29. APW — KW PZPR, *akta osobowe działaczy* (fichas de ativistas) no arquivo de Bauman: Zygmunt Bauman *sygnatura* 16 421 (3183), currículo de 1949, p. 2.
30. APW — KW PZPR — arquivo pessoal — Bauman 16 421 (3183).
31. Bauman, 1986-7, pp. 45-6.
32. Ibid., p. 46.
33. Para descrições desses empregos, ver filmes russos famosos (*Sibiriada*, de Konchalovski) e literatura polonesa (os contos de Hłasko). Esses empregos eram icônicos em função do isolamento, da brutalidade, das péssimas condições de trabalho (clima ruim), da proximidade com a natureza e das dificuldades. Em certo sentido, esse tipo de trabalho teve um papel alegórico em retratar a opressão no sistema soviético.
34. Bauman, 1986-7, p. 46.
35. Entrevista com um ex-aluno de Bauman que desejou permanecer anônimo.

36. Bauman, 1986-7, pp. 46-7.
37. Depois de abril de 1943, a *Novos Horizontes* passou a ser publicada em Moscou como uma revista da União dos Patriotas Poloneses (ZPP): segundo Marian Stępień, a *Novos Horizontes* teve um importante papel político e ideológico entre a intelligentsia polonesa que viveu na União Soviética durante a guerra ao elaborar um programa de mudanças políticas socialistas para uma futura Polônia envolvida numa aliança com a União Soviética ("Polish Literature", *Encyclopedia Guide*, v. II, *N-Ż*, Varsóvia, 1985, p. 45): <http://1917.net.pl/node/21385?page=1>.
38. Jędrychowski era um dos jornalistas que escreviam para a *Novos Horizontes*; ele apresenta sua história no *Quarterly of the History of the Polish Press*. Disponível em: <http://bazhum.muzhp.pl/media//files/Kwartalnik_Historii_Prasy_Polskiej/Kwartalnik_Historii_Prasy_Polskiej-r1980-t19-n4/Kwartalnik_Historii_Prasy_Polskiej-r1980-t19-n4-s45-61/Kwartalnik_Historii_Prasy_Polskiej-r1980-t19-n4-s45-61.pdf>.
39. Para o contexto político da criação da ZPP, ver Krystyna Kersten: "Wanda Wasilewska, convocada a Moscou em janeiro [de 1943], iria 'ser bem usada nos assuntos poloneses', pois como Stálin disse ao marido dela, Aleksandr Korniejczuk [...] 'pelo que mostra a situação, provavelmente se chegará ao conflito decisivo entre o governo polonês no exílio e a União Soviética' e, 'nesse caso, Wanda poderia ajudar muito'" (1991, p. 8).
40. J. Jałoszynski, "Niektóre problemy dotyczące powstania i struktury organizacyjnej Związku Patriotow Polskich w ZSRR" [Alguns dos problemas associados à criação e à estrutura organizacional da União dos Patriotas Poloneses na União Soviética], *Najnowsze Dzieje Polski*, v. 9, Varsóvia, p. 165, 1962, apud Nussbaum (1991, 2009).
41. Nussbaum, 1991, p. 184; id., 2009.
42. Os números de 1 a 5, lançados em Kuibichev [atual Samara], não foram amplamente distribuídos; informações sobre a publicação só foram divulgadas pela imprensa soviética depois da criação do Exército polonês aliado ao Exército Vermelho. *Nowe Widnokręg*, n. 6, 20 mar. 1943.
43. Não há uma indicação que permita saber se Bauman soube da criação da ZPP em fevereiro de 1943 ou depois de sua fundação oficial, em junho.
44. "Wanda Wasilewska (nascida em 1905) era filha de Leon Wasilewski, um dos principais militantes do Partido Socialista Polonês — Facção Revolucionária [...] historiadora e diplomata. Desde os primeiros anos da juventude ela esteve profundamente envolvida com a ação política, primeiro na União da Juventude Socialista Independente [...] e na Sociedade de Universidades Operárias [...] e então no Partido Socialista Polonês" (Kersten, 1991, pp. 8-9).
45. Discurso de Wasilewska publicado na revista *Novos Horizontes* (v. 9, p. 7, 5 maio 1943), apresentado em uma transmissão de rádio em 28 de abril de 1943.
46. O massacre de Katyń consistiu na execução em massa de oficiais militares poloneses pela União Soviética na Segunda Guerra Mundial. A descoberta desse massacre

ocasionou o corte de relações diplomáticas entre a União Soviética e o governo polonês no exílio em Londres. Para mais informações, ver: <www.britannica.com/event/Katyn-Massacre>.

47. "A Linha Curzon, linha de fronteira entre a Polônia e a União Soviética que foi proposta durante a Guerra Polonesa-Soviética de 1919-20 como uma possível linha de armistício e se tornou (com pequenas alterações) o limite entre a Polônia e a União Soviética depois da Segunda Guerra Mundial." Citado em: <www.britannica.com/event/Curzon-Line>.
48. Nussbaum, 1991, p. 185; Ibid., p. 20, n. 14: *Organizacja i Działania Bojowe Ludowego Wojska Polskiego w Latach 1943-1945* [A organização e a ação armada do Exército Popular Polonês, 1943-1945], seleção de fontes, v. I-IV (Varsóvia, 1958-65), v. IV, pp. 8-9.
49. "Nós vamos para o front", discurso de Wanda Wasilewska, *Novos Horizontes*, v. 3, 18, 20 set. 1943, pp. 8-9.
50. Nussbaum, 1991, p. 184.
51. Szer, 2013, p. 126. A canção popular "Guerra santa" foi composta em 1941, logo após a invasão da União Soviética pela Alemanha, por Aleksander Aleksandrov (criador do famoso Coral Aleksandrov). A letra é de Wasilij Lebiediew-Kumacz. Ver: <www.youtube.com/watch?v=JQPmwzMopJw>.
52. Ibid., p. 127.
53. Ibid., p. 128.

5. Guerra santa [pp. 101-34]

1. Żurowicz, 1953a, p. 29. "Julian Żurowicz" foi o pseudônimo que Bauman utilizou ao publicar dois romances em 1953: o primeiro a respeito da batalha de Kołobrzeg, o segundo sobre a atividade do KBW, o Corpo de Segurança Interna, nos anos do pós-guerra. Ambos foram publicados pelo Ministério da Defesa polonês numa série sobre histórias de guerra.
2. Bauman, 1986-7, p. 47.
3. Em russo, командировка — um certificado orientando que a pessoa que o recebeu fosse encaminhada a um lugar indicado.
4. AIPN BU 0 1224/1505 *Odpis życiorysu*; assinado por Paszkiowicz, Varsóvia, 27 dez. 1949.
5. APW — KW PZPR — arquivo pessoal — Bauman 16 421 (3183), currículo de 1949; questionário de filiação ao partido — PZPR 1949.
6. Entrevista com Zygmunt Bauman, Leeds, 1 nov. 2015.
7. Nussbaum, 1991, p. 190.
8. Entrevista com Zygmunt Bauman, Leeds, 1 nov. 2015.
9. Bauman, 1986-7, p. 48.
10. AIPN BU 0 1224/1505 *Odpis życiorysu*; assinado por Pasakiewicz, Varsóvia, 27 dez. 1949.

11. A ZPP criou, em maio de 1943, uma divisão polonesa dentro do Exército Vermelho. A 1ª Divisão de Infantaria, chamada de Divisão Tadeusz Kościuszko, era comandada pelo general Zygmunt Berling. Para mais informações, ver Nussbaum (1991).
12. Essa história é corroborada pelo currículo de Bauman (escrito à mão) datado de 27 de março de 1947: "Em janeiro de 1944, fui orientado pelo *Wojekomat* a trabalhar na indústria bélica, mas, no ponto de distribuição de Górki, fui encaminhado à milícia de Moscou. Lá, fui mandado para o 7º Departamento de Controle de Tráfego para assumir o posto de inspetor. Uma vez em Moscou, tive a oportunidade de contactar o chefe militar, o capitão Naszkowski da União dos Patriotas Poloneses, e com sua ajuda saí da milícia diretamente para o 1º Exército Polonês na União Soviética. Fui indicado para Sumy, aonde cheguei em abril de 1944": APW — KW PZPR — arquivo pessoal — Bauman 16 421 (3183).
13. O gulag era uma forma específica de confinamento que existiu primeiro sob a jurisdição tsarista, e depois soviética. Ver, por exemplo, Applebaum (2004).
14. Sobre o Exército de Anders, ver Redlich (1971); Redlich dá uma estimativa diferente do número de evacuados. Ver também Davis (2015).
15. Era uma prática comum: ver Redlich (1971).
16. Foi o caso de David Wieczner, que com essa explicação foi rejeitado pela Comissão Anders. Sou grata a Włodzimierz Holsztyński pela informação.
17. Gutman foi um dos principais especialistas em história da Shoá e criou a Escola Internacional de Estudos sobre o Holocausto.
18. Gutman, "Judeus no Exército do general Anders na União Soviética". Disponível em: <www.yadvashem.org/odot_pdf/Microsoft%20Word%20-%206217.pdf>, pp. 8-9.
19. Ibid., p. 8. Houve exceções: o historiador Stefan Patuszka estimou em 4 mil o número de soldados judeus do Exército de Anders — ver Patuszka (2010). Mas não há consenso sobre essa informação.
20. Redlich, 1971, apud Gross, 1998.
21. Mesmo lá, houve casos de discriminação étnica no processo de seleção; ver Nussbaum (1991).
22. Nussbaum, 1991, pp. 184-5.
23. Ibid., p. 186.
24. Ibid., p. 187.
25. Bauman, 1986-7, p. 49.
26. *Pod sztandarem 4 Pomorskiej Dywizji Piechoty im. Jana Kilińskiego* [Sob a bandeira da 4ª Divisão de Infantaria Pomerana Jan Kiliński], publicado em 1978. É importante ter em mente os limites desse tipo de fonte. Os livros publicados no período 1947-89 foram submetidos à censura. Esse procedimento obrigava os autores a ajustar suas narrativas à linha oficial da história. O livro não tem opiniões hostis, nem mesmo uma ligeira crítica ao regime comunista ou à política soviética da época da guerra. Além disso, Zygmunt Bauman não aparece entre os soldados mencionados. Isso é resultado da proibição de 1968 à menção de emigrantes judeus (e também de

pessoas que emigraram após 1945). Seus nomes foram apagados de todos os livros, relatos históricos etc. Considerando-se esses limites, o livro é uma fonte imperfeita de dados sobre a história da 4ª Divisão.

27. Nafalski, 1978, pp. 25-6.
28. AIPN BU 0 1224/1505.
29. Nafalski, 1978, p. 7.
30. Ibid., p. 10.
31. Nussbaum, 1991, p. 204.
32. Bauman, 1986-7, pp. 48-9.
33. Nafalski, 1978, p. 18.
34. Czapigo e Białas, 2015, p. 158.
35. Ibid., p. 164.
36. Se ele começou em meados de maio e terminou em 16 de junho, isso significa que o treinamento teria durado cerca de um mês.
37. Entrevista com Zygmunt Bauman, Leeds, 1 nov. 2015. Antes da Segunda Guerra Mundial, exigia-se que os oficiais tivessem diploma de ensino médio.
38. "Pop" é também um termo que designa um sacerdote ortodoxo — o que tem aqui um tom cínico, já que os clérigos eram excluídos do Exército Vermelho.
39. Szer, 2013, p. 129.
40. Ver uma série de testemunhos em Czapigo e Białas, 2015.
41. Bauman, 1986-7, p. 49.
42. Nussbaum, 1991, p. 188. Dois dos principais problemas, ambos analisados mais adiante neste capítulo, eram as atitudes antissoviéticas e o comportamento antissemita. Observe-se a categorização binária que Nussbaum emprega: poloneses e judeus — ambos haviam sido cidadãos poloneses, e os primeiros, na verdade, significavam sobretudo os católicos poloneses, e os segundos, os judeus poloneses. Mas essa categorização era comumente empregada pelos poloneses no século XX — alguns ainda a usam.
43. Bauman, 1986-7, pp. 49-50.
44. Nussbaum, 1991, p. 188.
45. Bauman, 1986-7, p. 50.
46. Nafalski, 1978, p. 25.
47. Dańko, apud Czapigo e Białas, 2015, pp. 58-9.
48. Ibid., p. 58.
49. Bauman, 1986-7, p. 50.
50. Dańko, apud Czapigo e Białas, 2015, p. 59.
51. 17 set. 1939. Piłsudski foi um herói nacional, general, político e figura simbólica da Polônia no período do entreguerras, assim como uma lenda para a maioria dos poloneses. É por isso que apresentá-lo sob uma luz negativa era percebido pelos soldados comuns como uma atitude antipatriótica.
52. Marchwicki, apud Czapigo e Białas, 2015, pp. 68-9.
53. Putrament falou muito sobre a reforma agrária, fundamental para o novo regime, que tomou as terras dos grandes proprietários (que possuíam cinquenta ou cem

hectares, dependendo da região) e as entregou aos camponeses. Parte das terras requisitadas se tornou propriedade do Estado; os pequenos agricultores tinham de dois a três hectares, e mais tarde cinco. Nos territórios do oeste, o limite era maior (sete a quinze hectares). (*Mała encyklopedia rolnicza*,1964, p. 660). Para mais informações, ver Słabek (1972).

54. Szer, 2013, p. 130.
55. Nussbaum, 1991, p. 199.
56. No *wągrówka* (o rascunho de temas a serem abordados preparado por Wągrowski), um grande espaço era dedicado à situação econômica da classe trabalhadora no pré-guerra. Mieczysław Wągrowski (1902-67) foi um dos criadores da Divisão Tadeusz Kościuszko e era encarregado dos modelos dos discursos apresentados por oficiais políticos em todo o Exército. Usando esses modelos, os educadores mantinham a coerência nas explicações e análises dos temas apresentados.
57. Rudnicki, apud Czapigo e Białas, 2015, pp. 177-8. Os habitantes da Silésia e de Łodź eram soldados da Wehrmacht recrutados entre cidadãos poloneses pertencentes a etnias que os nazistas consideravam germânicas (silesianos, pomeranos).
58. Nussbaum, 1991, p. 199.
59. Ibid., pp. 196-7
60. Ibid., p. 190.
61. Bauman, 1986-7, pp. 50-1.
62. Para mais informações sobre a presença de judeus poloneses no Partido Comunista no entreguerras, ver capítulo 8.
63. Nussbaum, 1991, p. 184.
64. Ibid., p. 195. "Ż" é a primeira letra de "Żyd": "judeu" em polonês.
65. Gross, 2010, p. 607.
66. Ibid.
67. Bauman, 1986-7, p. 51.
68. AIPN BU 0 1069/788 7157. Finalmente, outro arquivo informa com detalhes: "16 de abril de 1944, nomeação para cabo-mor (CbM); 26 de agosto de 1944 — oficial credenciado (OC)" (AIPN BU 0193/8207 Arquivos Pessoais — avanço na carreira —) <https://katalog.bip.ipn.gov.pl/informacje/54260>.
69. Entrevista com Zygmunt Bauman, Leeds, 1 nov. 2015.
70. Nafalski, 1978, pp. 19-20.
71. Bauman, 1986-7, pp. 51-2.
72. O 5º, e não o 6º Regimento de Artilharia Ligeira, era realmente chamado de 6º PAL — Pułk Artylerii Lekkiej. Durante nossa entrevista, Zygmunt me avisou que não recordava todos os detalhes e me pediu para verificar e corrigir as informações.
73. Cerca de 100 mil caminhões americanos foram enviados à União Soviética durante a Segunda Guerra Mundial. Ver: <https://en.wikipedia.org/wiki/Studebaker_US6_2%C2%BD-ton_6x6_truck>.
74. Ver introdução.
75. Bauman, 1986-7, p. 52.

76. Szer, 2013, p. 134.
77. De acordo com Szer, cada pelotão ou companhia tinha um soldado designado para entoar canções durante as marchas; às vezes ele cantava espontaneamente, sem ter recebido uma ordem (Szer, 2013, p. 35).
78. Ibid.
79. Czapigo e Białas, 2015, p. 68.
80. "Se o Levante de Varsóvia foi necessário", *Gazeta Wyborcza*, v. 178, OPINIE, p. 16, 1 ago. 1997.
81. Linha Curzon: ver capítulo 4, nota 47.
82. Nafalski, 1978, p. 32.
83. Bauman, 1986-7, p. 51.
84. Nussbaum, 1991, p. 186.
85. Nafalski, 1978, p. 32.
86. Sou grata a Keith Tester por compartilhar comigo suas entrevistas e sua correspondência pessoal com Bauman.
87. Esse dia se tornou, por muitos anos, um feriado nacional que comemorava o novo regime político polonês.
88. Karski fez uma observação sobre o governo polonês no exílio: "O governo em Londres tinha medo da reação das forças militares clandestinas [no país] — tinha medo de ser desacreditado por sua excessiva submissão aos aliados [que concordavam com Stálin sobre o futuro da Polônia]. Ao mesmo tempo — e essa foi a tragédia de toda a guerra —, o governo em Londres, comunicando-se com seus delegados no país, superestimou seu poder político na arena internacional o tempo todo [...]. Essa avaliação foi totalmente equivocada" ("Se o Levante de Varsóvia foi necessário", *Gazeta Wyborcza*, v. 178, OPINIE, p. 16, 1 ago. 1997).
89. Nussbaum, 1991, p. 183.
90. Rudnicki, apud Czapigo e Białas, 2015, p. 272.
91. *Kolkhozniks*: trabalhadores dos *kolkhozi* — fazendas nacionais soviéticas.
92. Prorok, apud Czapigo e Białas, 2015, p. 161.
93. Em inglês, ver Davis (2004).
94. Karski, apud Friszke e Karski, 1997, p. 16.
95. Nafalski, 1978, p. 45.
96. Ibid.
97. O Levante foi derrotado em 4 de outubro, e depois disso as tropas nazistas procederam à destruição de Varsóvia — rua por rua.
98. Ver Czapigo e Białas (2015).
99. Nafalski, 1978, pp. 107-9.
100. Czapigo e Białas, 2015, p. 263.
101. Nafalski, 1978, pp. 213-4.
102. Ibid., p. 219.
103. Żurowicz (Bauman), 1953a, p. 27.
104. Nafalski, 1978, p. 237.

105. Ibid., p. 233.
106. Czapigo e Białas, 2015, p. 239.
107. Nafalski, 1978, p. 269.
108. Em polonês: *"Ja byłem jeszcze smarkaty a to zasychło jak na psie"*.
109. Em polonês, *"czyn pierwszomajowy"*. Na Polônia pós-1945, o Partido decretou 1º de maio como um dia de trabalho coletivo voluntário. Antes da Segunda Guerra Mundial, a data era comemorada com grandes marchas por sindicatos e partidos de orientação esquerdista.
110. Segundo Nakalski: "As tropas vitoriosas da 4ª Divisão, sem parar em Klietz, saíram das margens do Elba e se assentaram ao longo do rio. Tropas aliadas estavam estacionadas do lado oeste. O rio carregava vozes alegres de cumprimentos e congratulações recíprocos [...] nas duas margens. Aqui, a 4ª Divisão completou sua trilha de combate de 1500 quilômetros" (Nafalski, 1978, p. 391).
111. Nafalski, 1978, p. 391.

6. Oficial do Corpo de Segurança Interna [pp. 135-72]

1. Tuwim, "Prayer 2", 1968.
2. Comissariado do Povo para Assuntos Internos (em russo: "Naródni Komissariat Vnutrenikh Del").
3. Fejgin nasceu em Varsóvia no ano de 1909; foi um comunista no pré-guerra (KPK). Em maio de 1945, representou o Conselho Geral da Unidade Político-Educacional do Exército Polonês e foi encarregado de criar a Unidade de Segurança Interna.
4. AIPN BU 0 1224/1505, p. 67. Currículo escrito à mão com data de 15 de agosto de 1950.
5. Bauman provavelmente teria sido recrutado por um dos muitos grupos de segurança interna a despeito da unidade em que lutasse durante a guerra; muitos soldados de divisões foram recrutados pelo KBW em maio de 1945 — sobretudo oficiais políticos.
6. Segundo Jan Gross: "Além de uma organização militar clandestina, o Exército Nacional (Armia Krajowa, AK), que no seu auge apregoava contar com 300 mil membros juramentados, foi estabelecida uma complexa rede de instituições na Polônia ocupada que, em conjunto, vieram a ser conhecidas como Estado Clandestino. Esse 'Estado' incluía versões clandestinas de partidos políticos do pré-guerra e uma administração governamental paralela (Delegatura) chefiada por um representante do legítimo governo polonês no exílio [...]. O Estado Clandestino foi fundado em Londres pelo governo no exílio" (Gross, 2006, pp. 6-7).
7. Após a criação do Conselho Nacional de Estado (KRN) pelo Partido dos Trabalhadores Poloneses em 31 de dezembro de 1943, foi criado em 20 de julho de 1944, por membros da União dos Patriotas Poloneses, o Comitê Polonês de Libertação Nacional, controlado pelos soviéticos.
8. O Conselho Nacional de Estado foi um governo temporário que, em resultado da pressão ocidental sobre Stálin, inicialmente incluiu vários grupos políticos. Líderes

comunistas pró-Stálin constituíam o maior e mais poderoso grupo. Mikołajczyk, enviado pelo governo no exílio em Londres, tornou-se vice-presidente desse governo de "unificação". Desde o início, a propaganda contra o Partido Camponês da Polônia, de Mikołajczyk, tornou impossível implementar a ideia de um governo de reconciliação. Mikołajczyk e seus adeptos foram apresentados como contrarrevolucionários, reacionários e inimigos do novo sistema, que "venceu" o referendo de 1946 e a eleição de 1947. Mikołajczyk acabou fugindo da Polônia para escapar da prisão.

9. O "mais politizado e temido ramo do Serviço de Segurança, coloquialmente chamado de Bezpieką, ou UB, estava presente em todo o país mediante uma rede de Escritórios de Segurança Pública (Urzędy Bezpieczeństwa Publicznego)" e de parte do MBP (Ministerstwo Bezpieczeństwa Publicznego — Ministério da Segurança Pública), escreve Jan Goss: "Duas vezes mais numeroso que o UB era a onipresente força policial representada pela Milícia dos Cidadãos, também subordinada ao Ministério da Segurança Pública. Um braço uniformizado quase militar do Serviço de Segurança, o Corpo de Segurança Interna (KBW), e uma força de polícia auxiliar [...], as Reservas Voluntárias da Milícia dos Cidadãos, também estavam disponíveis" (Gross, 2006, p. 4, n. *).
10. Chęciński, 1982, p. 62.
11. Strauss, 1959.
12. Jaworski, 1984, p. 38.
13. Szer, 2013, p. 188.
14. Bauman, 199?, p. 10.
15. Aqui, a pessoa registrada como inquilina do apartamento era Maurycy Bauman.
16. AIPN BU 0 1224/1505. Documento do Gabinete Provincial de Segurança Pública em Poznań dirigido ao chefe de divisão do 3º Departamento de Pessoal do MPB em Varsóvia — Poznań, 30 dez. 1951; "Entrevista sobre um cidadão. Bauman Mosze [Moshe], que residiu até 1939 em Poznań na rua Prusa, 17/5. No curso da entrevista, ficou estabelecido que o cidadão: Bauman Moshe (dados mais próximos não estabelecidos), nacionalidade judaica, cidadania polonesa, classe social — comercial, estado civil — casado; viveu nesse endereço até o início da Campanha de Setembro [1939]. Segundo o cidadão Przyworski, que agora mora no endereço supramencionado, Bauman até 1939 dirigia a empresa 'Bauman e Rychwalski' na rua Rynek [praça do Antigo Mercado], uma companhia têxtil, junto com seu sócio. No início da Campanha de Setembro, ele e a família fugiram para Włocławek e não voltaram à área. Seu genro e uma filha fugiram para a Argentina em 1939. Ele tinha cidadania argentina". Assinatura ilegível — Chefe da Faculdade "A" da WUBP em Poznań.
17. O genro de Maurycy tinha na verdade um passaporte britânico, não argentino. E o pai de Zygmunt chamava-se Maurycy, não Mosze (versão em iídiche).
18. Se Bauman fosse um capitão, como declarado no testemunho, esse evento deveria ter acontecido lá depois de 20 de dezembro de 1946, quando a insígnia do KBW

(uma faixa azul-marinho no boné) era amplamente conhecida. O relatório então o chamaria de "capitão do KBW" em vez de "capitão do Exército polonês".

19. O historiador Lukasz Krzyzanowski escreveu um livro, *Ghost Citizens: Jewish Return to a Postwar City* (2020), dedicado à história dos judeus de Radom (cidade cem quilômetros ao sul de Varsóvia). Dos 20 mil que estavam registrados em 1939 (um terço do total de habitantes), sobraram apenas 959 no verão de 1945, e no final de outubro de 1946 somente 111 sobreviventes judeus continuavam em Radom. Em 1950 havia trinta (Krzyzanowski, 2020, p. 95). Só alguns puderam recuperar suas casas ou empresas. A vida judaica não renasceu em Radom nem na maioria das cidades polonesas. Eles se tornaram cidadãos-fantasma; segundo Dominika Michalak, "essa expressão mostra que alguém está construindo sua posição econômica e social em cima das realizações da vida de outra pessoa. Da mesma forma como um 'ghostwriter' se nega a condição de autor, um 'ghostcitizen' [cidadão-fantasma] não tem a condição normativa de membro da comunidade. Tal como um 'ghostwriter' deixa sua marca pessoal num discurso (afinal, ele ou ela escreve o texto), um 'cidadão-fantasma' de fato contribui para a vida da comunidade. Não obstante, o reconhecimento lhes é negado. Como atores sociais e econômicos, não apenas são privados de sua propriedade, mas também tratados como inexistentes por uma comunidade. Obviamente, essa analogia está longe de ser completa. Um ghostwriter costuma ser pago por seu trabalho, enquanto ninguém deve coisa alguma a um cidadão-fantasma. Por exemplo, sua propriedade é tomada, mas o roubo não é reconhecido [...] eles estão fisicamente presentes, mas não são mais legítimos" (da correspondência pessoal com Dominika Michalak, 7 maio 2018). Só recentemente (e como consequência do livro publicado por Krzyzanowski e dos debates na mídia que se seguiram) é que letreiros alusivos foram afixados nos locais relacionados aos eventos do Holocausto. Esse não é um exemplo exclusivo da Polônia.

20. Alina Cała calcula que, nos anos de 1944-7, nos territórios libertados da Polônia, mais de mil judeus foram assassinados (Cała, 2014, p. 7). Várias estimativas têm sido publicadas (Ibid., n. 3).

21. Cała, 2014; Tokarska-Bakir, 2018.

22. República Popular da Polônia (Polska Rzeczpospolita Ludowa) foi o nome usado pela Polônia de 1952 a 1989. Anteriormente ela era conhecida como Polônia Popular (a partir de 1944) e depois de 1989 se tornou República da Polônia.

23. Kersten, 1991.

24. O título do livro sobre esses anos do pós-guerra escrito por Marcin Zaremba é *Wielka Trwoga* [Grande medo] (2012). O autor segue a terminologia do historiador francês George Lefebvre, que usou essa expressão em sua análise dos eventos da Revolução Francesa (*La Grande Peur de 1789*, publicado em 1932).

25. Tadeusz Łebkowski falou sobre duas revoluções: 1) pela democracia e pela independência; e 2) pelo comunismo: *Myśli o historii Polski i Polaków* [Reflexões sobre a história da Polônia e dos poloneses] (1983).

26. Tokarska-Bakir, 2018. Tradução para o inglês de *Okrzyki pogromowe*, de 2012.
27. Ibid., p. 207. Grifos meus.
28. Chęciński, 1982, p. 64.
29. Funcionários e adeptos do novo Estado foram as principais vítimas da violência cometida pelas forças clandestinas. Depois da transição de 1989 na Polônia, a interpretação histórica de suas ações mudou. O regime anterior as havia caracterizado como compostas de bandidos; depois de 1989, elas foram descritas como míticos *Żołnierze Wyklęci* [Soldados Malditos]. Historiadores de direita, com o apoio do IPN, contribuíram para a glorificação dos participantes, enquanto silenciavam sobre o terror que esses grupos infligiram à população civil na zona rural, assim como os atos criminosos (na maioria assassinatos) que praticaram e que tinham como alvo os sobreviventes judeus. O tom geral arrebatado e a falta de uma abordagem crítica tornam muito difícil o uso desses textos históricos.
30. Cała, 2014, p. 17; Tokarska-Bakir, 2018, pp. 128-33.
31. "Onda morta" (*martwa fala*) é o nome que se dá em polonês para descrever o fenômeno natural que ocorre no mar após uma tempestade; o mesmo acontece na terra ou no ar depois de um terremoto ou de uma explosão atômica. A calma aparente pode ser perigosa para grandes barcos, especialmente veleiros. No contexto da Polônia de 1945, essa metáfora foi usada por intelectuais para descrever a tragédia dos judeus (Skibińska, 2018, pp. 856-7, n. 591).
32. Cała, 2014, p. 19.
33. Provavelmente nunca saberemos o verdadeiro número de judeus vitimados pelos poloneses, mas o historiador polonês-canadense Jan Grabowski, em entrevista a um jornalista do *Haaretz*, deu o número aproximado de 200 mil, durante a Segunda Guerra Mundial: "É muito difícil chegar aos números precisos", observa ele, mas "cerca de 35 mil judeus poloneses sobreviveram à guerra na Polônia (excluindo os que fugiram para a União Soviética e voltaram após o confronto). Também sabemos que quase 10% dos judeus fugiram dos guetos devastados em 1942 e 1943 — o que totalizaria 250 mil judeus que tentaram sobreviver escondidos. Subtraia o primeiro número do segundo e você verá a escala do território 'sombrio' em que os poloneses, em sua maioria, decidiam quem iria viver e quem iria morrer". Ele acrescenta: "Meu cálculo é muito, muito conservador, porque não incluí aqui o estrago produzido pela polícia 'azul' polonesa, que foi uma força mortífera não apenas após a destruição dos guetos, mas durante as chamadas ações de extermínio". Para sustentar esse argumento, Grabowski recorre a Emmanuel Ringelblum, o historiador do gueto de Varsóvia, segundo o qual só a polícia "azul" foi responsável por "centenas de milhares de mortes de judeus" (Grabowski, apud *Haaretz*, 11 fev. 2017, disponível em: <www.haaretz.com/world-news/.premium.MAGAZINE-orgy-of-murder-the-poleswho-hunted-jews-and-turned-them-in-1.5430977>; ver também Engelking e Grabowski, 2018).
34. Skibińska, 2014, p. 48.
35. Como observa Skibińska no mesmo artigo: "Pessoas que eram boas, bem-intencionadas e realmente ajudaram os judeus a sobreviver ao pesadelo da guerra

geralmente compartilharam o destino deles após o conflito. Para evitar assédios e ataques, tiveram de interromper suas nobres ações, uma vez que, de acordo com o código cultural nacionalista católico, ajudar judeus era um ato censurável, vergonhoso e criminoso, enquanto 'livrar-se deles' era uma ação patriótica" (Skibińska, 2014, p. 61).

36. Retornados: pessoas que escaparam ao Holocausto refugiando-se na União Soviética. Sobreviventes: 50 mil nos territórios ocupados da Polônia — cerca de metade foi libertada de campos de concentração e extermínio pelo Exército Vermelho.

37. Gross, 2006, p. 36.

38. Ibid.; Gross e Grudzińska-Gross, 2012; Cała, 2014; Sznajderman, 2016; Krzyzanowski, 2020; Tokarska-Bakir, 2018.

39. Gross, 2006, pp. 39-47.

40. Kazimierz Wyka criou o conceito de economia deficiente ("*gospodarka wyłączona*"), que significa o principal fenômeno psicossocial dos anos de ocupação: "A questão não era tanto o comércio, mas se lançar na pilhagem, com ronroneios saciados nos intervalos" (Wyka, 1984, p. 295). Joanna Tokarska-Bakir seguiu essa ideia e concluiu: "O terceiro Estado polonês, a burguesia, surgiu em resultado da entrada inercial no lugar esvaziado pelos judeus. Como dizia Wyka: 'Para o lugar dos não batizados, os batizados'. 'Para os alemães, culpa e crime, para nós [poloneses], chaves e segurança' [Wyka, 1984, pp. 292-3]" (Tokarska-Bakir, 2018, p. 286).

41. Tokarska-Bakir, 2018, pp. 286-7.

42. Cała, 2014, p. 17.

43. Ibid.

44. Compare-se com as estimativas de Chęciński de 1948: "Quando a Segunda Guerra Mundial estava chegando ao fim, a milenar comunidade judaica da Polônia não existia mais: cerca de 90% de seus 3,5 milhões de membros — quase um décimo da população polonesa do pré-guerra — haviam sucumbido ao Holocausto [...]. As estimativas do número de judeus sobreviventes durante o domínio nazista variam de 25 mil a 50 mil, enquanto o número de judeus poloneses que sobreviveram na União Soviética fica entre 250 mil e 300 mil [Paul Lendvai, *Anti-Semitism in Eastern Europe* (Londres, 1971), p. 25; cf. Georg W. Strobel, *Das polnisch-jüdische Verhältnis: Der Bestand der jüdischen Minderheit in Polen* (Colônia, 1968), p. 2-3]. Segundo um estudo recente sobre os anos do pós-guerra, 'no total, cerca de 250 mil judeus permaneceram na Polônia por variáveis períodos de tempo' [Lucjan Dobroszycki, "Restoring Jewish Life in Post-War Poland", *Soviet Jewish Affairs*, v. 2, p. 59, 1973; ver também Władysław Gora, *Polska Rzeczpospolita Ludowa, 1944-1974* (Varsóvia, 1974), p. 147], embora para outras fontes esse número chegue a atingir 400 mil (Chęciński, 1982, p. 7)"; Krzyzanowski relata que havia quase 43 mil sobreviventes na Polônia no início de maio de 1945; no início de 1946, após a repatriação dos que estavam na União Soviética, esse número chegou a 244 mil (Krzyzanowski, 2020).

45. Cała, 2014, p. 17.

46. Ibid.

47. Bauman, apud Sznajderman, 2016, p. 114.
48. Na União Soviética, o sobrenome aparece primeiro, seguido do nome próprio.
49. Segundo o APW — KW PZPR — arquivo pessoal — Bauman 16 421 (3183) — questionário pessoal — 30 pontos, assinado por Bauman, com data de 31 de agosto de 1945.
50. Teoricamente, um batalhão podia ter de trezentos a setecentos soldados.
51. Depo, 2012, p. 125, nota 3.
52. Ibid., p. 129, nota 25. Curiosamente, os líderes do PPR foram tolerantes o bastante para aceitar a existência da seção da igreja Católica Romana do clero militar (Depo, 2012, p. 32).
53. Esse termo é usado no questionário pessoal de 31 ago. 1945.
54. Unidades do PPR no KBW eram formalmente inexistentes antes de 1947 (Depo, 2012, p. 32, n. 36).
55. APW — KW PZPR — arquivo pessoal — Bauman 16 421 (3183) — questionário pessoal.
56. Entrevista à *Gazeta Wyborcza*, 28 jun. 2013.
57. APW — KW PZPR — arquivo pessoal — Bauman 16 421 — "Podanie".
58. Depois de 1948, o PPR e o PPS se uniram e deram origem ao PZPR, mas nesse ponto só havia um verdadeiro partido na Polônia. O PSL era modesto e fraco — não um partido, mas uma facção (*stronnictwo*).
59. APW — KW PZPR — arquivo pessoal — Bauman 16 421 (3183). Nos Arquivos do Partido, documentos preservados — entre outros, sua carteira do partido — confirmam essa data.
60. O termo exato em polonês, *świadomy*, significa atento, bem informado e analítico, com a compreensão das relações de poder na sociedade.
61. APW — KW PZPR — arquivo pessoal — Bauman 16 421 (3183) — Rekomendacja Kazimierz Faryna.
62. AIPN BU 0 1224/1505 — cit. de "Nota sobre Z. Bauman" datada de 24 abr. 1969. Opinião de Jan Szachoćko de 3 dez. 1945.
63. Andrzej Werblan, nascido em 1924; historiador, funcionário comunista, autor de livros sobre o stalinismo na Polônia e de uma biografia de Gomułka, seu amigo.
64. As Leis de Nuremberg foram textos jurídicos adotados pelo Reichstag e preparados por Hitler em setembro de 1935. Elas forneceram a base jurídica para a exclusão dos judeus da sociedade alemã.

    Na entrevista que me concedeu, Andrzej Werblan deu uma explicação mais abrangente para esse tema fascinante: "Esse conflito se manteve até o fim — até 1938 [quando Stálin dissolveu o Partido e prendeu e matou vários líderes] — e foi o grande drama desse partido. O problema era que essa facção do Partido Comunista se recusava a levar em consideração que a falta de apoio da população não se devia à origem judaica de seus líderes, mas à posição do Partido sobre a independência. No Partido Socialista, também havia muitos líderes com raízes judaicas, mas ninguém os chamava de *Żydokomuna* — de modo que o problema não era a composição nacional, mas a relação com a União Soviética e a independência polonesa".
65. O episódio foi recontado por Werblan durante a entrevista.

66. Entrevista a Aida Edemariam, *Guardian*, 2007. "Professor with a Past", por Aida Edemariam. Disponível em: <www.theguardian.com/books/2007/apr/28/academicexperts.highereducation>.
67. Bauman, 199?, p. 10.
68. Realmente, alguém completou essa lista na ordem errada, já que *Semion* está escrito sobre a palavra impressa "categoria" e "inf." sobre "pseudônimo".
69. Agradeço a Regina Chernyszko-Epstein por sua pronta resposta a essa e outras questões relacionadas à cultura e à linguagem russo-judaicas.
70. Agradeço a Bella Szwarcman e Piotr Paźnik pela confirmação de que esse tipo de prática já era observado no final da década de 1930. Segundo Natalia Aleksiun (conversa particular), não há registro formal disso em nenhum documento oficial.
71. Faltam algumas informações que normalmente seriam mencionadas na capa. Ao pé desta, o número do arquivo do IPN, 00681/157, está escrito à mão, e no canto inferior esquerdo há um pequeno número (dos serviços de impressão?) com "1970" — provavelmente o ano de produção da capa do arquivo. Isso indica que a capa não é original e que a pasta foi reorganizada (em 1970?).
72. Disponível em: <https://inwentarz.ipn.gov.pl/slownik?znak=I>.
73. O sistema polonês foi "padronizado segundo o NKVD e utilizou a experiência de sua organização originária [...]. A tarefa [consistia em] infiltrar-se em cada estrato da sociedade polonesa, sem exceção. Em cada instituição administrativa, cultural e científica importante, deveria ser introduzido pelo menos um funcionário da Bezpieką trabalhando em tempo integral, com uma rede de informantes e agentes intermediários" (Chęciński, 1982, p. 62).
74. Disponível em: <https://inwentarz.ipn.gov.pl/slownik?znak=R#172>. UB — Urząd Bezpieczeństwa, ou Departamento de Segurança — tornou-se SB — Służba Bezpieczeństwa, ou Serviço de Segurança; o nome foi alterado em 1956, depois de algumas mudanças na organização.
75. O lápis precisava ser umedecido (com saliva) para funcionar. Inventado em 1857 por K. Puscgerm e patenteado em 10 de julho de 1886 por Educib Clark. Por conta dos produtos químicos usados em sua produção, o lápis causava infecções e queimaduras na mucosa oral. Foi comumente usado pela administração tsarista no final do século XIX e no século XX.
76. Agradeço às pessoas que me ajudaram a decifrar essa frase: Ryszard Wójcik e outros tradutores, anônimos, do russo para o polonês.
77. AIPN BU 0 1069 788.
78. Ibid. Grifos meus.
79. Ibid. A pasta contém outros documentos, mais neutros, como listas de amigos e colegas, membros da família (incluindo a irmã que estava na Palestina), com endereços e nível militar (a maioria de seus amigos e colegas eram soldados).
80. Ibid.

81. Na Polônia pós-1989, realizou-se o chamado "processo de purificação" — pessoas que colaboravam com os serviços secretos internos foram excluídas de algumas funções depois das mudanças políticas.
82. Entrevista com Michał Komar, Varsóvia, 18 nov. 2017.
83. "Sedução" é um termo irônico.
84. Lipiński, 2016.
85. Ibid., p. 33.
86. Edemariam, "Professor with a Past".
87. Apud Gmyr (2012, p. 67); revista n. 34, 1946, p. 1.
88. Kersten, 1991, pp. xxvii-xxviii; na nota *, lê-se: "Cit. in Gmyr, 2012, p. 167; revista n. 34, 1946, p. 1".
89. *Gazeta Wyborcza*, 28 jun. 2013: Tomasz Kwaśniewski, "Dałem się uwieść" [Fui seduzido], entrevista com Bauman. Disponível em: <http://wyborcza.pl/magazyn/1,124059,14189361,Bauman_dalem_sie_uwiesc.html>.
90. "Pró-independência" significa aqui antissoviético, anticomunista, antissocialista. Três terços dos combatentes eram constituídos por velhos integrantes do Exército Nacional, e o restante por braços das NSZ e da NZW.
91. Kazimierz Krajewski e Tomasz Łabuszewski (IPN), *Ziemia Ostrołęcka w walce z komunizmem 1944-1954*; Fundacja Pamiętamy Ostrołeka, out. 2008. Disponível em: <www.solidarni.waw.pl/pobierz/FundacjaPamietamy/ostroleka.pdf>, p. 25.
92. AIPN BU 0 1069/7887157.
93. *Gazeta Wyborcza*: Kwaśniewski, "Dałem się uwieść".
94. APW — KW PZPR — arquivo pessoal — Bauman 16 421 (3183), Kwestionariusz osobowy z 25 10 1948 (nr doc. 50) [questionário pessoal datado de 25 de outubro de 1948].
95. Agradeço a Beata Kowalczyk por sua ajuda e pela pesquisa realizada nos arquivos do IPN em 2017-8. Esta seção baseia-se em grande parte no material por ela preparado.
96. Essa é uma expressão popular usada por políticos de direita como parte de sua histórica estratégia política (reescrever a história da Polônia no século XX). A expressão apareceu em 1993, sendo depois popularizada por jornalistas e historiadores anticomunistas; em 2011, o governo polonês instituiu, em 1º de março, o Dia Nacional da Memória dos Soldados Malditos.
97. Ele morreu em setembro de 2003.
98. Há vários relatórios de julgamentos que incluem indicações do papel e das atividades de Młot (AIPN BU 1023515 — 22 volumes), incluindo registros de crimes e anotações sobre assaltos, ataques e ações ilegais. Mas um documento — um testemunho de seu assessor — é citado largamente nas páginas seguintes. O uso do relatório da inquirição de Kania — assessor de Młot — é motivado por seu estilo de apresentar a informação, assim como pelo número de detalhes incluídos na narrativa. As ações descritas por Kania também estão documentadas em outros registros (os serviços de segurança possuem outros documentos atestando as atividades de Młot). Em suma, essa não é uma acusação de uma única fonte.

99. Participantes de atividades clandestinas no pós-guerra são, na Polônia autoritária (pós-2015), tratados como heróis nacionais.
100. Krajewski e Łabuszewski, 2008, p. 34.
101. Na terminologia contemporânea, "MO" seria "Grupo de Comando Especial".
102. AIPN BU 1023/515, v. 2.
103. Várias mudanças políticas ocorreram nesse ano. Ver capítulo 9.
104. Os exemplos seguintes fazem parte do arquivo intitulado "Protocolo de interrogação do suspeito", datado de 13 de agosto de 1948. O suspeito é Czesław Kania: AIPN BU 1023515t_2.
105. Krajewski e Łabuszewski, 2008, p. 29.
106. Distrito XVI era a área sob o controle de "Młot".
107. Nesse artigo, Kijowski forneceu mais exemplos do assassinato de civis (Kijowski, 2010, p. 190).
108. AIPN BU 1023/515, v. 2.
109. Ibid.
110. O pseudônimo foi tirado de Félix Dzerjinski — um revolucionário polonês e russo conhecido pela crueldade.
111. AIPN BU 1023/515, v. 2. O documento é descrito como um "caderno de anotações para um ato criminoso: membros do bando dirigido por 'Las'".
112. Gambetta (1993).
113. AIPN BU 1023/515, v. 2.
114. AIPN BU 0189/62, v. 1 digi arch., pp. 11-3.
115. Żbikowski, 2014, p. 85.
116. AIPN BU 1023/515, v. 2.
117. Jerzy Kijowski enfatiza que "a *kehilla* judaica em Ostrołęka [...] constituiu um importante grupo dos habitantes da cidade até 1939, chegando a 83% (1916)". Disponível em: <http://mazowsze.hist.pl/28/Zeszyty_Naukowe_Ostroleckiego_Towarzystwa_Naukowego/645/2002/22891/>, p. 3.
118. Żbikowski, 2014, p. 67.
119. Para mais informações sobre a atividade de organizações clandestinas depois de 1945 no que se refere ao assassinato e à perseguição de judeus, ver Skibińska (2014); Cała (1988,2014); Tokarska-Bakir (2018), Engelking e Grabowski (2018).
120. Skibińska, 2014, n. 108, p. 53: "Yisrael Gutman e Shmuel Krakowski", *Unequal Victims: Poles and Jews during World War II* (Nova York: Holocaust Library, 1986), pp. 120-34; Aleksandra Bieńkowska, "Partyzantka polska lat 1942-1944 w relacjach żydowskich", *Zagłada Żydów. Studia i Materiały*, v. 1, pp. 148-64, 2005; Alina Skibińska e Dariusz Libionka, "'Przysięgam walczyć o wolną i potężną Polskę, wykonywać rozkazy przełożonych, tak mi dopomóż Bóg.' Żydzi w AK. Epizod z Ostrowca Świętokrzyskiego", *Zagłada Żydów. Studia i Materiały*, v. 4, pp. 287-323, 2008. "Além disso, devemos lembrar que as unidades de Judeus Independentes, geralmente compostas de poucos membros, enfrentaram uma severa escassez de provisões porque fazendeiros não lhes forneciam comida voluntariamente" (Skibińska, 2014,

p. 53). "Também deveríamos lembrar que o antissemitismo e a perseguição aos judeus foram igualmente realizados pelos Batalhões de Camponeses da Polônia (Bataliony Chłopskie — BCh) e pelo Exército Popular (Armia Ludowa — AL). Há, porém, algumas exceções, extremamente raras, como as unidades GL/AL, que de fato aceitavam judeus" (Skibińska, 2014, p. 53).

121. Żbikowski, 2014, p. 63.

122. N. 41 por Żbikowski: "Cit. de Kazimierz Krajewskir Tadeusz Łabuszewski, Białostocki Okręg AK-AKO, VII 1944-VIII 1945 r. (Varsóvia: Volumen, 1997), pp. 795--7. Henryk "Gryf" Jastrzębski, delegado regional interino do governo (no exílio em Londres), expressou uma visão mais moderada sobre a situação em Białystok em seu relatório de 11 de agosto de 1944: "Graças aos benevolentes cuidados da comunidade cristã polonesa, cerca de 3 mil judeus permanecem na região. Todos concordaram em romper os vínculos com seu lar atual, ou seja, a Polônia, e emigrar para a América. Não serão atraídos para trabalhar com a clandestinidade polonesa. Alguns deles trabalham em escritórios do Comitê Polonês de Libertação Nacional". Entretanto, de acordo com o relatório situacional n. 11 do comando regional do AK de Białystok, escrito pouco depois, em 5 de janeiro de 1945: "Despacho do comandante do distrito de Bielsk: os judeus estão entrando em conluio com o NKVD e quase todos possuem armas leves. Espionam moradores locais e recém-chegados. Em Drohiczyn, os soviéticos mataram acidentalmente um judeu. Os judeus, acreditando que os poloneses tivessem sido responsáveis, mataram nove poloneses [...]. De um despacho do comandante do distrito de Wysokie Mazowieckie: os judeus supostamente se mantêm afastados de tudo, mas na verdade são colaboradores do NKVD. Denunciam qualquer um que seja dono de alguma coisa anteriormente pertencente a judeus, por vezes fazendo chantagem, exigindo entre dez e quinze metros [de mil a 1500 quilos] de centeio em troca de coisas supostamente gastas. Eles não poupam nem aqueles que lhes dão abrigo, exigindo destes grandes reembolsos" ("Białostocczyzna 1944-1945 w dokumentach podziemia i oficjalnych władz", apud Jerzy Kułak (Org.), *Dokumenty do dziejów PRL*, v. X (Varsóvia: Instytut Studiów Politycznych Polskiej Akademii Nauk, 1998), pp. 45, 98 (Żbikowski, 2014, pp. 83-4).

123. Krajewski e Łabuszewski, 2008, p. 39.

124. Filme polonês que estreou em janeiro de 1947; conta a história de um músico envolvido em atividades clandestinas em Varsóvia durante a Segunda Guerra Mundial.

125. Bauman, 199?, p. 12.

126. *Socrealizm* (realismo socialista) foi uma corrente artística, politicamente engajada, promovida pelos vencedores da Revolução de Outubro e implementada em vários países do Leste Europeu durante o período stalinista. Foi um instrumento de propaganda nas mãos de um Estado unipartidário, e, por um certo período, outras correntes artísticas foram proibidas. Os artistas eram instruídos a representar atividades de trabalho, assim como operários e camponeses em diferentes contextos.

127. Essa é considerada a principal característica desse gênero de literatura — ver WojciechTomasik, "Aparat bezpieczeństwa w literaturze polskiej okresu socrealizmu", *Pamiętnik Literacki: czasopismo kwartalne poświęcone historii i krytyce literatury polskiej*, v. 85, n. 3, pp. 73-85, 1994.
128. Esse foi um pilar da mudança política que ocorreu após 1945.
129. Esse nome tem uma conotação duplamente negativa. Em polonês, Wrona significa "corvo", e no folclore o corvo é simbolicamente abominável e associado a poderes malignos. Além disso, a escolha sugere a insígnia militar alemã, que é uma águia negra, enquanto o símbolo da Polônia é uma águia branca. Era uma conotação muito desdenhosa.
130. Żurowicz, 1953b, p. 20.
131. Ibid., p. 21.
132. O nome deriva de *dwór*, que significa "mansão". Uma tradução livre poderia ser "pessoa que trabalha numa mansão".
133. Żurowicz, 1953b, p. 89.
134. Como a Polônia teve dificuldades com a inflação após a independência, era comum fazer transações com dólares americanos. Tais práticas se tornaram ilegais após 1945 — embora fossem muito comuns.
135. Agnieszka Gajewska, em seu excelente livro intitulado *Holocaust and the Stars: The Past in the Prose of Stanisław* (Poznań, 2016), analisou as obras desse autor de ficção científica mostrando como sua traumática experiência do Holocausto, que ele nunca discutiu oficialmente, aparece em sua literatura.
136. O tribunal militar ou a polícia do Exército tem o direito de solicitar e obter esse tipo de informação estratégica.
137. Żurowicz, 1953b, p. 94.
138. Ibid., p. 94.
139. Ibid., p. 97.
140. De seu currículo escrito à mão com data de 27 de março de 1947.
141. O documento não menciona a Cruz da Coragem que Bauman recebeu, segundo documentos anteriores, após a batalha de Kołobrzeg, em 1945.
142. AIPN BU 0193/8207.
143. Faryna foi o oficial que patrocinou o ingresso de Bauman no PPR alguns meses antes de assinar esse documento.
144. AIPN BU 635/9 60; 1581/75/9, p. 3. Esse documento diz respeito a mais de 850 soldados.
145. AIPN BU 635/9 60; 1581/75/9, p. 4.
146. Joanna Tokarska-Bakir (2018, p. 736): nota 2319/20 — Relatório de inspetores KBW, APIN BU 635 9, pp. 11-5.
147. Tokarska-Bakir, 2018, p. 387.
148. AIPN BU 0 1069/788 7157.

7. Um homem numa sociedade socialista [pp. 173-216]

1. AIPN BU 0 1224/1505: transcrição da palestra de Bauman numa sessão científica organizada pelo Conselho Regional de Estudantes da Associação da Juventude Rural em Łodź, 9-10 dez. 1967, intitulada "Valores morais e éticos da Revolução de Outubro: Um homem numa sociedade socialista", pp. 3-4.
2. Edemariam, "Professor with a Past".
3. Administrativamente, apenas a margem esquerda do rio Vístula foi incluída em Varsóvia. Depois da libertação, distritos da margem direita (Praga e outros) também foram incorporados. A cidade foi submetida a três ondas de destruição: 1) o cerco de setembro de 1939, quando 15% do total de prédios foram destruídos; 2) em abril de 1943, quando outros 12% vieram abaixo durante o Levante do Gueto de Varsóvia; 3) no Levante de Varsóvia de 1944 "e sobretudo depois de sua queda, quando os ocupantes alemães destruíram deliberadamente 58% de todos os prédios, o que em conjunto significa que 85% dos prédios foram derrubados, algo dramático e difícil de imaginar" (Mórawski, 2003, p. 360). O distrito da Cidade Velha foi o mais afetado — em janeiro de 1945, menos de 10% dos prédios permaneciam de pé.
4. *Gazeta Wyborcza*: Kwaśniewski, "Dałem się uwieść".
5. Uma popular rede de livrarias.
6. *Gazeta Wyborcza*: Kwaśniewski, "Dałem się uwieść".
7. Por acordos internacionais, os cidadãos da Segunda República Polonesa que viviam em áreas incorporadas pela União Soviética podiam voltar para a Polônia. A maior leva ocorreu no primeiro semestre de 1946. Judeus eram menos de 200 mil, e a maioria logo deixou a Polônia; em 1947, os comitês judaicos registraram 90 mil pessoas no país (Cała, 2014, p. 7).
8. A decisão de construir a Casa Comum foi tomada em 3 de abril de 1948; membros do PPR e do PPS acabaram doando mais de 1,5 bilhão de zlotych para essa construção. Para mais informações, ver Witold Pronobis, "Kongres Zjednoczeniowy — Powstanie PZPR", *Acta Universitatis Nicolai Copernici*, Historia XV — Nauki Humanistyczno-społeczne — zeszyt 102, 1978, pp. 21-37.
9. Em 1948, o PPR uniu-se ao PPS para formar o PZPR.
10. Na verdade, a maior instituição do distrito era uma prisão considerada abominável por abrigar presos políticos.
11. *A Dream of Belonging: My Years in Postwar Poland*, livro de Janina Bauman publicado em 1988 e dedicado ao marido, é uma boa fonte de detalhes íntimos da casa dos Bauman nesse período.
12. J. Bauman, 1988, pp. 47-8.
13. Modzelewski e Werblan (2017, pp. 35-49). Esse excelente livro sobre a vida política na Varsóvia do pós-guerra consiste numa série de discussões entre dois historiadores de lados políticos opostos que foram atores fundamentais nesse período. Segundo Werblan, Stálin preferia organizar e fraudar as eleições. Ele se opôs ao

referendo de 1946, mas os líderes do PPR se decidiram contra ele a fim de acompanhar a disposição popular.

14. Edemariam, "Professor with a Past".

15. Essa é uma expressão comum no Partido que significa, efetivamente, tentar angariar mais comprometimento com a atividade comunista. Na Polônia do pós-guerra, dependendo do ano, do regime e das circunstâncias, tanto "socialista" quanto "comunista" foram usados como termos para representar a direção da mudança no país. De acordo com o discurso oficial, a Polônia era um país socialista a caminho do comunismo. A percepção comum era de que ela mantinha alguns elementos de "relativa liberdade", divergindo, assim, de outros países do bloco soviético. Isso era verdade no sentido de que a liderança aceitava a existência de pequenas empresas privadas, uma atividade religiosa discreta e a propriedade de pequenos lotes de terra e de casas ou apartamentos. Isso produzia um sentimento de liberdade parcial, embora a situação fosse dinâmica e os anos de "relativa liberdade" frequentemente se alternassem com períodos de grande rigidez.

16. Ver capítulo 7. Bibrowski chefiou o Conselho de Educação Política do KBW.

17. Arquivos do KBW, 1950 — sou grata a Joanna Tokarska-Bakir por esse documento.

18. *Gazeta Wyborcza*: Kwaśniewski, "Dałem się uwieść". Ver capítulo 1 sobre o Sanacja e o Endecja. O Sanacja foi a facção de Piłsudski no pré-guerra, que assumiu o poder numa ação militar voltada à criação de uma vida política "sadia" ("Sanacja" tem origem na palavra latina "santos", que significa curar). Ver capítulos 1 e 2 sobre a situação material e o acesso limitado dos judeus à educação pública secundária e à educação superior na Polônia do pré-guerra.

19. J. Bauman, 1988, p. 49.

20. Tokarska-Bakir, 2018, p. 210.

21. *Gazeta Wyborcza*: Kwaśnieski, "Dałem się uwieść".

22. APW — KW PZPR — arquivo pessoal — Bauman 16 421 (3183), questionário do Partido (Ankieta dla aktywu partyjnego — PZPR Komitet Centralny — 23 out. 1949).

23. Smolar, 1983, p. 43,apud Hardy, 2009, p. 30.

24. O progresso de Bauman em sua carreira é visível no site do IPN, disponível em: <https://katalog.bip.ipn.gov.pl/informacje/54260>.

25. AAN, arquivo 2935 Ministerstwo Oświaty; Akademia Nauk Politycznychpismo — 3 jun. 1947.

26. Informações sobre o curso de 7 de julho de 1947 estão disponíveis em AAN, arquivo 2935 Ministerstwo Oświaty.

27. Ver: <www.britannica.com/biography/Manfred-Lachs>.

28. Durante todos os três anos, os alunos deviam ter aulas de línguas estrangeiras, incluindo russo, francês, inglês e alemão: AAN — 2935 — ANP.

29. Lachs, 1985, apud Sobiecka e Ślężak, 2015. E-book dedicado a Manfred Lachs. Disponível em: <https://issuu.com/ikmpsa/docs/manfred_lachs_w_podrozy__ktora_nazy>, p. 185.

30. Lachs, 1985, apud Sobiecka e Ślężak, 2015. E-book dedicado a Manfred Lachs. Disponível em: <https://issuu.com/ikmpsa/docs/manfred_lachs_w_podrozy__ktora_nazy>, p. 320.
31. J. Bauman, 1988, p. 37.
32. Ibid., p. 40.
33. A diferença entre as duas versões não tem a ver com a qualidade da tradução. Foi Janina Bauman quem traduziu seu próprio livro para o polonês. Ela pode ter imaginado que o público polonês teria mais familiaridade com o contexto do pós-guerra e entenderia melhor a importância das responsabilidades de Bauman no KBW.
34. J. Bauman, 2011, p. 31.
35. Id., 1988, p. 39.
36. Sob a ocupação alemã, cidadãos não tinham direito à educação secundária (só era permitida a formação profissional). Cursos de ensino médio e universitários eram organizados por grupos clandestinos, mas, devido ao caráter subterrâneo dessas instituições conspiratórias, sua oferta era limitada. Para mais informações sobre isso, ver Dławichowski (1983).
37. O avô materno de Janina era Aleksander Fryszman, famoso urologista que tinha uma clínica na rua Tłomackie, em Varsóvia, onde trabalhava com o filho, tio de Janina, Jerzy Fryszman — igualmente um urologista muito conhecido e fundador da Associação Polonesa de Urologistas. O pai de Janina, Szymon, também exercia essa profissão, enquanto seu irmão Julian, que morreu no Holocausto, era médico. Outro tio dela, Leon Plocker, foi um famoso gastroenterologista e comunista engajado. Os Fryszman-Lewinson eram uma típica família de "médicos de Varsóvia" — de origem judaica, formados nas melhores escolas de medicina (principalmente na Rússia, Áustria, Alemanha, Suíça e França) e "assimilados", isto é: em casa, falavam polonês, seus filhos haviam sido educados nas melhores escolas polonesas (antes da lei segregacionista), os homens serviram o Exército polonês e sua religião, se é que a praticavam, era mais uma expressão cultural do que o resultado de uma crença vigorosa.
38. Em 1988, Janina publicou no Reino Unido seu primeiro livro autobiográfico, *Inverno na manhã: Uma jovem no gueto de Varsóvia*. Trata-se de uma reconstituição de experiências de guerra baseada, em parte, no diário que ela escreveu na adolescência.
39. J. Bauman, 1988, pp. 1-2. O nome de nascimento de Eva era Rundstein.
40. Num prédio luxuoso situado na rua Sienna, 5.
41. J. Bauman, 1988, p. 2.
42. Ibid., p. 6.
43. Disponível em: <https://sztetl.org.pl/pl/miejscowosci/w/18-warszawa/100-demografia/22081-demografia>.
44. J. Bauman, 1988, p. 8.
45. Ibid., p. 10.
46. Como descrito no capítulo 2, a segregação racial foi institucionalmente imposta, e a atmosfera antissemítica era generalizada na Polônia.
47. J. Bauman, 1988, p. 11.

48. Janina Bauman começou a escrever um diário na adolescência e manteve o hábito por toda a vida. Essas anotações preciosas e singulares, na maior parte preservadas durante a guerra, constituíram a base de seus dois livros autobiográficos publicados no final da década de 1980. O volume que relata sua experiência de guerra é um dos mais importantes e raros testemunhos de crianças do gueto de Varsóvia e do lado "ariano" publicados após o conflito. O segundo livro conta sua vida na Polônia do pós-guerra. A história resumida neste capítulo se baseia nessas duas publicações.
49. Ver capítulo 5.
50. Pessoas que viviam fora da Alemanha, mas que eram consideradas alemãs do ponto de vista cultural e étnico.
51. AIPN BU 0 1224/1505, p. 131. Bułat deu uma declaração sobre a história da guerra a Alina Lewison e suas filhas. A data de 26 de junho de 1957 indica que ela foi feita quando da emigração de Alina Lewinson para Israel.
52. Durante a ocupação alemã, os judeus de Varsóvia foram forçados a morar no gueto. Do lado polonês "ariano", prédios, espaços e transportes públicos eram divididos entre poloneses e alemães.
53. Esconder-se do lado ariano oferecia aos judeus uma chance de sobrevivência. Há uma ampla literatura sobre a vida nessas condições: Bikont (2017); Nalewajko--Kulikov (2004); comparar com Paulsson (2003).
54. A rede mais conhecida que colocava crianças judias em lares arianos era a de Irena Sendler (ver Bikont, 2017). Sobre crianças judias escondidas do lado ariano, ver <https://www.yadvashem.org/odot_pdf/Microsoft%20Word%20-%204874.pdf>.
55. Soa como "nobre" em polonês.
56. Stanislaw Likiernik fornece um relato excepcional sobre passar a guerra escondendo suas origens judaicas (Likiernik, 2001, cap. 6).
57. Esse é um tema altamente controverso na Polônia e tem sido objeto de várias publicações. Ver Grabowski (2013) e, em polonês, a biografia da enfermeira Irena Sendler escrita por Anna Bikont (2017).
58. No início da Segunda Guerra Mundial, havia 359 827 judeus registrados em Varsóvia. Em 1940, outros 90 mil chegaram dos territórios anexados pelos alemães; em abril de 1941, a população do gueto chegou ao seu máximo, 450 mil. As "ações" de evacuação, de 22 de julho a 21 de setembro de 1942, resultaram na expulsão e na morte de 275 mil judeus. Apenas um pequeno número sobreviveu ao Levante do Gueto de Varsóvia e a seu esmagamento. Em 1946, havia 18 mil judeus na capital polonesa. Ver o site histórico do Museu Polin: <https://sztetl.org.pl/pl/miejscowosci/w/18-warszawa/99-historia-spolecznosci/138212-historia-spolecznosci>.
59. É impossível alimentar três pessoas com um salário modesto.
60. J. Bauman, 1988, pp. 181-2.
61. Segundo Natalia Aleksiun (*YIVO Encyclopedia*), a Berihá é um "movimento de massa clandestino, de organização sionista, integrado por 250 mil judeus da Europa Oriental e Central depois do Holocausto. O objetivo da Berihá (fuga ou retirada em hebraico) é trazer os judeus para a Palestina. O termo refere-se tanto à migração em si quanto à organização que lhe deu assistência. Os imigrantes eram sobretudo poloneses, embora eslovacos, romenos e outros judeus tenham

participado. A Áustria e a Tchecoslováquia serviam como países de trânsito dos quais os judeus saíram primeiramente para a Alemanha ou para a Itália" — ver: <www.yivoencyclopedia.org/printarticle.aspx?id=219>.

62. Joanna Tokarska-Bakir fornece um relato passo a passo da matança e de seus participantes em *Pod klątwą: społeczny portret pogromu kieleckiego* (2018). Ela desmonta habilidosamente a tese da provocação comunista, revelando os antecedentes de vários participantes do massacre e a dinâmica da situação.

63. Cała, 2014, p. 23.

64. Natalia Aleksiun, "Beriḥah", *YIVO Encyclopedia*: <www.yivoencyclopedia.org/printarticle.aspx?id=219>.

65. J. Bauman, 1988, p. 39. O relato autobiográfico de Janina Bauman foi claramente escrito da perspectiva de uma mulher apaixonada, mas alguns de seus elogios a Zygmunt reproduzem a personalidade descrita por seus colaboradores e amigos que entrevistei. Uma característica que Janina logo observou foi a capacidade de Zygmunt de fazer o que lhe parecia correto sem buscar primeiro a aprovação das pessoas à sua volta. Por exemplo, apesar de ser um oficial comunista, Bauman beijou a mão de Janina no primeiro encontro deles — um comportamento popular que, no final da década de 1940, seria percebido como burguês, mas que também podia ser tomado como um sinal de independência ou inconformidade com os significantes que predominavam num país socialista.

66. Ibid., p. 179. Sem tratamento adequado nem uma boa higiene, a tuberculose costumava ser uma doença fatal.

67. AIPN BU 0 1224/1505 — questionário de Bauman de 1950, reproduzido na nota de 24 abr. 1969.

68. Leon Plocker (1888-1968) estudou em clínicas universitárias em Berlim, Paris e na Basileia, foi também médico militar. Depois de obter o doutorado na Basileia, retornou à Polônia e participou da guerra entre a Polônia e a União Soviética (1920) como médico-soldado. Trabalhou como médico voluntário no gueto de Varsóvia, e durante o Levante e após a libertação dirigiu a clínica central do Ministério da Segurança Pública. Foi médico particular dos líderes do Ministério, a mais poderosa instituição da Polônia no pós-guerra.

69. Coronel Henryk Toruńczyk, nascido em 1909, filho de um militante socialista do Bund, um engenheiro têxtil (formado na Bélgica) e comunista no pré-guerra; na Espanha, engajou-se na Brigada Internacional (1937-9); foi o último comandante da Companhia Botwin e chefe do estado-maior da Brigada Polonesa Dabrowski (em polonês, "Dąbrowszczacy").

70. Coronel Leon Rubinsztein (também se escreve "Rubinsztajn") (1912-61), chefe de companhia da Brigada Internacional na Espanha; chefe de departamento do Ministério da Segurança Pública no pós-guerra.

71. AIPN BU 0 1224/1505 — Informação que consta da anotação de 24 abr. 1969, baseada nos arquivos pessoais de Bauman no KBW (pp. 2-3). O documento contém um erro no nome da família de Janina — "Lewinzon" em vez de "Lewinson".

72. Agradeço à professora Katarzyna Sierakowska pela informação referente aos casamentos de oficiais poloneses no entreguerras.

73. J. Bauman, 2011, p. 39.
74. Aleksiun, 2002, p. 254.
75. J. Bauman, 1988, p. 49.
76. Id., 2011, p. 34.
77. A principal fonte sobre a vida de Bauman nesse período é a versão polonesa do livro de Janina (2011), que contém muito mais detalhes do que a edição inglesa.
78. Diversos entrevistadores observaram ser esse o caso no período do pós-guerra, quando um clima de suspeição estava sempre presente.
79. Nas primeiras páginas deste capítulo, incluí mais detalhes sobre esse importante evento.
80. Sobre seu progresso na carreira, ver a segunda seção deste capítulo.
81. J. Bauman, 1988, p. 63.
82. Ibid., p. 65.
83. Ibid., p. 67. Zygmunt apoiava a Legia Warszawa.
84. J. Bauman, 2011, p. 54.
85. Komar, 2015, p. 22.
86. Famosa fábrica de chocolates criada por Karol Wedel em Varsóvia, em 1851, e nacionalizada em 1949.
87. Komar, 2015, p. 23.
88. Ibid., p. 24.
89. Lejb Fogelman, filho de Chaim, advogado polonês-americano, foi um ator-chave nas privatizações realizadas após a queda do comunismo, em 1989. Ele contou essa história a Komar.
90. Komar, 2015, p. 26.
91. "A maior dificuldade quando se tenta descrever a consciência dos poloneses nos anos do stalinismo é uma mistura caracteristicamente conflituosa de medo, falsidade e supostas explosões de entusiasmo com um apoio genuíno, por vezes até fanático, à ditadura e às suas ações. É impossível desatar esse nó porque todo mundo pronunciava as mesmas palavras e frases, entoava os mesmos lemas e, se não acreditava totalmente neles, não demonstrava essa falta de crença sequer aos próprios filhos" (Modzelewski, 2013, p. 60).
92. Ver Lipiński (2016).
93. Fiz essa entrevista em novembro de 2017 em Varsóvia. Sobre a infância de Turski, ver capítulo 2.
94. Sobre o engajamento dessa geração, ver Hirszowicz (2001). Ele foi um dos colegas de Bauman na universidade.
95. Ver, por exemplo, Nesterowicz (2017).
96. J. Bauman, 1988, pp. 74-7; 2011, pp. 58-63.
97. Id., 1988, p. 77.
98. Id., 2011, p. 62.
99. A expressão surgiu em 1936, durante a Guerra Civil Espanhola, para descrever republicanos que apoiaram secretamente os nacionalistas de Franco. No caso da Polônia durante a Segunda Guerra Mundial, referia-se aos alemães étnicos que

viviam em territórios poloneses antes de 1939 e apoiaram a invasão alemã. No contexto do pós-guerra, quinta-colunista era qualquer um que, embora aparentemente apoiasse o novo regime, secretamente se opunha a ele e defendia seus inimigos, sobretudo estrangeiros.

100. A história inteira está em J. Bauman (1988, pp. 92-7).
101. Versão polonesa do livro de J. Bauman (2011, p. 75).
102. AIPN BU 0 1224/1505, p. 129 ("Secreto").
103. J. Bauman, 1988, pp. 101-2.
104. Andrzej Wajda (1926-2016) foi um importante diretor de cinema e teatro polonês, ganhador de um Oscar honorário, da Palma de Ouro, do Leão de Ouro, do Urso de Ouro, do Bafta e do César. A história da censura a seu roteiro está em J. Bauman (1988, p. 14).
105. Entrevista à autora em dezembro de 2015.
106. APW — KW PZPR — arquivo pessoal — Bauman 16 421 (3183).
107. Vale observar que esse evento ocorreu antes de Stálin promover o Complô dos Médicos (dezembro de 1952).
108. Adam Schaff (1913-2006), filósofo marxista.
109. Schaff, apud Czarny, 2015, p. 28.
110. APW — KW PZPR — arquivo pessoal — Bauman 16 421 (3183).
111. AIPN, arquivo pessoal Zygmunt Bauman, parte III, ficha 7-7v.
112. APW — KW PZPR — arquivo pessoal — Bauman 16 421 (3183).
113. J. Bauman, 1988, p. 104.
114. Ver: <https://katalog.bip.ipn.gov.pl/informacje/69545>.
115. Arquivos da Universidade de Varsóvia, arquivos de estudantes, Zygmunt Bauman WFS — 23496.
116. Ibid.
117. Ibid.
118. Rapoport, 1991.
119. J. Bauman, 1988, p. 105.
120. APW — KW PZPR — arquivo pessoal — Bauman 16 421 (3183).

8. Um jovem acadêmico* [pp. 217-60]

1. Essa história continua a circular na Faculdade de Filosofia e Sociologia da Universidade de Varsóvia. Para uma breve análise dessa anedota, ver o capítulo final.

* Os links para acesso aos arquivos informados nas notas 2, 10, 97, 103 e 180 deste capítulo não mais se encontram disponíveis no site do Instituto de Sociologia da Universidade de Varsóvia, tendo sido acessados pela última vez em setembro de 2020. Os conteúdos no momento indisponíveis por via digital estão todos de posse da autora. (N. E.)

2. Esta seção de viés histórico baseia-se principalmente na apresentação de Antonii Sułek, do Instituto de Sociologia da Universidade de Varsóvia — incluindo a lista de mestrados (análise estatística feita pela autora), disponível no site oficial do Instituto de Sociologia em: <www.is.uw.edu.pl/wp-content/uploads/mgrisuw1933-2004.pdf>.
3. Sobre as mudanças após 1945, ver Kraśko (1996).
4. Leon Petrażycki (1867-1931): advogado, sociólogo do direito e filósofo formado em Kiev, Berlim, Heidelberg, Paris e Londres. Ensinou direito na Rússia tsarista e apoiou o sufrágio feminino. Na Polônia a partir de 1919, ocupou a cátedra de sociologia da Universidade de Varsóvia. Opunha-se à discriminação aos judeus.
5. Ludwik Krzywicki (1859-1941): intelectual, sociólogo, economista e político marxista. Um dos primeiros marxistas poloneses (traduziu para o polonês a primeira parte de *O capital* e algumas obras de Engels), integrou o movimento positivista. Estudou matemática em Varsóvia e etnologia, arqueologia e antropologia em Zurique e Paris.
6. Stefan Czarnowski (1879-1937): sociólogo, folclorista e historiador da cultura. Formado em Leipzig (filosofia, psicologia e economia), Berlim (teoria sociológica e história da arte) e Paris (pintura, sociologia e estudos religiosos). Foi um socialista que mais tarde apoiou o movimento revolucionário dos trabalhadores.
7. Stanisław Bystroń (1892-1964): etnógrafo e sociólogo, formado em Cracóvia e Paris (etnografia). Ensinou etnografia, etnologia e sociologia em Poznań, Varsóvia e Cracóvia (Universidade Jaguelônica).
8. Florian Znaniecki (1882-1958): sociólogo polonês-americano cujo trabalho teórico e metodológico ajudou a tornar a sociologia uma disciplina acadêmica distinta. Formado em Varsóvia, Paris e Suíça (doutorado em filosofia), foi coautor de *The Polish Peasant in Europe and America* (1918-20), por duas décadas uma bíblia metodológica para os adeptos da sociologia qualitativa. Foi um dos pais do humanismo na sociologia.
9. A edificação da sociologia é frequentemente atribuída à Universidade de Chicago, que em 1892-3 abriu seu Departamento de Ciências Sociais e Antropologia, mais tarde rebatizado Departamento de Sociologia e Antropologia — ver Chapoulie (2001, p. 3).
10. Ver Kłoskowska (1989) e Bartoszewski (2007). Kłoskowska se concentrou no trabalho intelectual de Ossowskie Chałasiński, e Bartoszewski analisou a atividade universitária clandestina (em 1944, ele estima que houvesse 3500 estudantes clandestinos). Bartoszewski relata a história de um professor de sociologia e seus alunos que foram capturados e mortos pela Gestapo em Poznań: <www.is.uw.edu.pl/wp-content/uploads/Socjologia-na-UW.-Wyd.2-2012.pdf>, pp. 119-24.
11. As informações contidas nesta seção baseiam-se em A. Sułek, *The History of the Institute of Sociology*, disponível no site oficial do Instituto de Sociologia da Universidade de Varsóvia em: <http://is.uw.edu.pl/pl/instytut/o-instytucie#historia>.

12. Stanisław Ossowski (1897-1963) foi um sociólogo formado em Varsóvia (filosofia com Kotarbiński e Tatarkiewicz, entre outros) e em Paris, Roma e Londres. Adepto da sociologia humanista (as crenças como base de vínculos e relacionamentos humanos) e cocriador, com sua esposa, da "ciência da ciência" — um opositor do positivismo.

    Maria Ossowska (1896-1974), formada em Varsóvia, era especialista em ética.
13. Nina Assorodobraj (1908-99): especialista em sociologia histórica (introduziu o estudo da memória e da consciência histórica); formada em Varsóvia e Paris, trabalhou em Lwów depois da habilitação. Foi professora da Universidade de Łodź no pós-guerra, depois em Varsóvia. Marxista e ativista (do PPR e depois do PZPR).
14. Kraśko, 1996, p. 126.
15. Essa corrente intelectual foi criada em 1895 por Kazimierz Twardowski (1866-1938), filósofo e psicólogo. Formado em Viena, trabalhou na Universidade de Lwów, onde se tornou um professor famoso. A Escola de Lwów-Varsóvia inclui elementos de matemática, psicologia, lógica e semântica.
16. Tadeusz Kotarbiński (1886-1981), filósofo, especialista em lógica e ética. Membro da Escola de Lwów-Varsóvia. Formado em Lwów (filosofia) e Darmstadt (arquitetura). Professor da Universidade de Varsóvia desde 1919. Opunha-se vigorosamente às leis antissemitas impostas na universidade na década de 1930. A partir de 1945, organizou o sistema de educação superior na Polônia e foi o primeiro reitor da Universidade de Łodź.
17. Władysław Tatarkiewicz (1886-1980), filósofo, historiador da filosofia, historiador da arte, especializado em estética. Membro da Escola de Lwów-Varsóvia.
18. Na Polônia, não era raro acumular duas ou mesmo três posições paralelas.
19. Rutkowski, 2016, pp. 421-2.
20. Julian Hochfeld (1911-66).
21. Ver capítulo 7.
22. Esse processo é ilustrado pelo número de alunos de mestrado e seus orientadores. Em 1952, de 63 pessoas que defenderam suas dissertações em ciências sociais, 26 foram orientadas por Ossowski, 22 por Assorodobraj; em 1953, houve apenas cinco alunos de mestrado, dos quais Ossowski orientou dois e Assorodobraj, três; em 1954, ano em que Bauman apresentou sua dissertação, houve 23 candidatos ao mestrado, na maioria orientados por docentes marxistas: Hochfeld (sete) Assorodobraj (quatro), Schaff (três) e Wojnar (três). Ossowski fora banido do ensino.
23. Essa informação vem do *carnet* de estudante — com um histórico de notas (*index*) preservado nos arquivos do estudante Bauman da Universidade de Varsóvia.
24. Tester, 2001.
25. Entrevistas realizadas em 2016.
26. Para mais informações sobre a relação mestre-estudantes, ver Wagner (2011, 2015).
27. Barbara Szacka disse: "Eu não estava no seminário de Ossowski por uma simples razão. Ossowski tinha um estilo muito especial de praticar ciência — um estilo único. Era um homem de um conhecimento sem precedentes. Dominava a história

europeia e se movimentava com muita liberdade e ao mesmo tempo com precisão lógica — pulava de um tópico para outro com muita liberdade [...] por causa da educação que eu havia tido, não conseguia acompanhá-lo".

28. Nessa mesma entrevista, Jerzy Szacki observou: "Há pessoas que concluíram o seminário dele, mas é difícil dizer que fossem seus alunos no sentido de seguirem seu pensamento [...] por exemplo, Nowak. Desse ponto de vista, Bauman e eu fomos mais alunos de Ossowski do que Stefan Nowak". Como é sugerido pelas cartas enviadas por Ossowski (em seus dez últimos anos de vida), ele tinha uma relação muito boa com Bauman.
29. Jerzy Wiatr (nascido em 1931), sociólogo, cientista político, militante comunista. Foi membro do Parlamento (1991-7) e ministro da Educação Superior (1996-7). Desde 1952, amigo de Bauman da Universidade de Varsóvia, com quem escreveu textos em parceria. Faz parte da escola de Hochfeld do "marxismo aberto".
30. Revista socioliterária (1947-57) quinzenal, depois semanal, publicada primeiro pela União da Juventude Combatente, em seguida pela União Acadêmica da Juventude Polonesa e depois pela União da Juventude Polonesa.
31. Wiatr também disse: "Mais tarde nossos filhos nos chamariam de 'tio'. Éramos mais que amigos, éramos quase parentes, e assim continuou até o fim".
32. Na verdade, Schaff, em sua carta a Walicki em 1982, descreveu Bauman como "stalinista", sugerindo pensar que Bauman fosse um sincero adepto de Stálin.
33. Entrevista realizada em 3 de abril de 2017 no Instituto de Sociologia da Universidade de Varsóvia.
34. Ver Nalewajko-Kulikov (2004).
35. Aqui Wiatr se refere à Crise de Suez (também chamada de Operação Kadesh ou Guerra do Sinai), um conflito militar entre Israel, Reino Unido, França e Egito iniciado em 29 de outubro de 1956.
36. Ver capítulo 7.
37. Kołakowski ficou órfão aos quinze anos de idade; sua mãe morreu em seus primeiros dias de vida; o pai, um jornalista e militar socialista, foi morto pelos nazistas em 1943. Kołakowski ficou sob os cuidados de outros membros da família e de amigos do pai (integrantes de um grupo socialista). Cresceu nas casas de membros da intelligentsia de Varsóvia e, apesar dos tempos de guerra, obteve uma excelente educação por meio de turmas clandestinas e formação em línguas estrangeiras.
38. Desde 1946, ele estava engajado no PPR (Merda, 2017, p. 38).
39. Tomasz Potkaj, "Rozmawiaj ze mną na poważniejsze tematy" [Vamos discutir sobre temas mais sérios], *Tygodnik Powszechny*; disponível em: <www.tygodnik.com.pl/apokryf/18/potkaj.html>.
40. Merda, 2017, p. 138.
41. Tomasz Potkaj, "Rozmawiaj ze mną na poważniejsze tematy".
42. *Kuźnica* foi uma revista literária semanal marxista publicada em Łodź de 1940 a 1950.
43. Tomasz Potkaj, artigo publicado em *Tygodnik Powszechny*. Disponível em: <www.tygodnik.com.pl/apokryf/18/potkaj.html>.

44. Kołakowski aparentemente foi para Varsóvia seguindo Kotarbiński, mas Schaff foi a figura-chave em sua vida — institucional, política e filosófica.
45. Merda, 2017, p. 139.
46. A expressão se refere às escolas de elite, geralmente militares, e tem origem na Turquia, onde os janízaros eram soldados impiedosos habilmente treinados para proteger o líder.
47. Tadeusz Kroński (1907-58), filósofo e historiador da filosofia. Educado em Varsóvia (por Tatarkiewicze Kotarbiński) e Praga. Um dos mais vigorosos adeptos de Stálin na Polônia. É considerado um dos pais espirituais das ideias da escola de Varsóvia liderada por Kołakowski, Baczko e Pomian.
48. Merda, 2017, p. 139.
49. AUW — Arquivo pessoal de empregado: Bauman — Certificado do fim da atividade militar, datado de 27 de março de 1953 — para apresentar o novo empregado.
50. AUW — Arquivo pessoal de empregado: Bauman — Solicitação de emprego, datada de 21 jan. 1953.
51. Marek Fritzhand era doze anos mais velho que Bauman. Filósofo marxista e especialista em ética, durante a Segunda Guerra Mundial foi oficial político na Divisão Kościuszko.
52. Rutkowski, 2016, p. 404.
53. "Em muitas universidades, aulas de sociologia não podiam ser realizadas nas faculdades de direito e economia devido à falta de professores" (Kraśko, 1996, p. 26).
54. AUW — Arquivo pessoal de empregado: Bauman — carta à PAN do HR UW — L.Dz. I29/K/54 (datada de 15 de abril de 1954).
55. AUW — Arquivo pessoal de empregado: Bauman; currículo datado de 23 de janeiro de 1953.
56. Schaff escreveu sobre o antissemitismo na Polônia no capítulo 7 de seu livro *Próba podsumowania* [Uma tentativa de resumo] (1999).
57. AUW — Arquivo pessoal de empregado: Bauman — *Życiorys naukowy* 1965 (currículo científico).
58. Kołakowski teve alguns problemas com o procedimento, mas defendeu seu doutorado sobre Espinosa. Tadeusz Kroński e Maria Ossowska foram os relatores.
59. Esse título foi mencionado em seu currículo acadêmico de 1965. No site do Instituto de Sociologia é mencionado outro título: *A ciência da natureza e a ciência social por Rickerte Windelband*. Um ponto de interrogação após o título indica que essa informação não foi confirmada. Mas a área de estudos permanece a mesma.
60. Jan Legowicz (1909-92), filósofo e historiador da filosofia. Formado em Lwów e Freiburg.
61. AUW, arquivo de empregado — Bauman; Protokoł Komisji Egzaminu Dyplomowego [Protocolo da Comissão de Exame para o Diploma], datado de 25 de junho de 1954.
62. AUW, arquivo de empregado — Bauman — carta à PAN do HR UW — L.Dz.I29/K/54 (datada de 15 de abril de 1954).
63. Segundo um documento dos arquivos do Partido: "Em 1953-4 ele foi membro do departamento executivo da POP [Podstawowa Organizacja Partyjna, a

Organização Básica do Partido]. Neste ano [1955] ele serviu como organizador do grupo do Partido na cátedra de materialismo histórico e dialético"; APW — KW PZPR — arquivo pessoal — Bauman 16 421 (3183).

64. Entrevista com Barbara Szacka e Jerzy Szacki, Varsóvia, 2016.

65. J. Bauman, 1988, p. 106.

66. Ibid., p. 115.

67. Bauman, em seu prefácio a Bauman (1964b, p. 9), apud Saltherwhite (1992, p. 97, n. 10).

68. Chałubiński (2017).

69. Friedman (1966).

70. Ver capítulo 2.

71. Friedman (1966).

72. Chałubiński, 2017, p. 31.

73. Wiatr, 2017b, p. 15.

74. Essa visão era mantida em alguns círculos. Antes da Segunda Guerra Mundial, a Polônia era um país independente; depois de 1944, o Estado ficou sob o controle soviético, a economia foi devastada pela guerra e o país não se beneficiou do Plano Marshall. À medida que avançavam a saúde econômica e o desenvolvimento industrial da Alemanha Ocidental, os poloneses compartilhavam um profundo sentimento de injustiça histórica.

75. Foi extremamente corajoso dizer isso publicamente, já que o discurso oficial era vitorioso e amigável à União Soviética.

76. Wiatr, 2017a, p. 15.

77. Grochowska, 2014, pp. 178-82.

78. Para um relato detalhado, ver Gdula (2017).

79. Ibid., p. 202.

80. Referindo-se a seu autor favorito, Kazimierz Kelles-Krauz, Hochfeld usou o conceito de "marxismo aberto". Este consistia em três elementos básicos, em minha opinião" (Wiatr, 2017a, pp. 18-9): "Em primeiro lugar: tratar todas as postulações de marxismo como teses científicas verificáveis, não como dogmas semirreligiosos adotados com base na autoridade institucional, o que era característico do marxismo-leninismo na época, e mesmo antes no marxismo oficial da Segunda Internacional (ver a crítica contemporânea do revisionismo de Edward Bernstein). Em segundo lugar, a prontidão para acomodar as descobertas e alegações que estavam além do alcance do pensamento marxista capazes de se sustentar perante o escrutínio científico — o que equivalia a rejeitar uma divisão rígida entre sociologia 'marxista' e 'burguesa'. E, finalmente, a disposição de enriquecer e revisar a teoria marxista com base em novos fatos, que, entre outras coisas, justificassem a necessidade de realizar uma pesquisa sociológica empírica. Essa pesquisa não era nem 'marxista' nem 'não marxista' [...]. [O] programa do marxismo aberto formulado por Hochfeld resultava logicamente de um reconhecimento da necessidade de enriquecer a teoria com o conhecimento de novos fenômenos sociais".

81. Sobre Kelles-Krauz e o marxismo aberto, ver Snyder (1997).

82. J. Hochfeld, "Rewizje i tradycje", *Przegląd Kulturalny*, v. 15, 1957; Hochfeld, "Kelles-Krauza marksizm otwarty, *Nowa Kultura*, v. 48, 1957.
83. Chałubiński, 2017, p. 35.
84. Werblan, apud Modzelewski e Werblan, 2017, p. 42.
85. Modzelewski e Werblan, 2017, p. 42.
86. Grochowska, 2014, p. 329.
87. Chałubiński, 2017, p. 32.
88. Wiatr, 2017a, p. 16.
89. Chałubiński, 2017, pp. 33-4.
90. Grochowska, 2014, p. 194.
91. Kraśko, 1966, p. 136, apud Gdula, 2017, p. 2002.
92. Ver a última parte do capítulo anterior.
93. Hirszowicz, 2001, pp. 26-7.
94. Em inglês, *maverick*, pessoa de comportamento não convencional e espírito independente. O nome vem de Samuel A. Maverick (1803-70), rancheiro texano que não marcava seu gado; ver: <www.collinsdictionary.com/dictionary/english/maverick>. Para a categoria maverick em sociologia, ver Becker (1982, pp. 233-46).
95. In Grochowska, 2014, p. 325.
96. Strzelecki fingia-se de gari para entrar e sair do gueto em missões de resgate. Ver, no site governamental, currículos de cientistas poloneses: <http://ipsb.nina.gov.pl/a/biografia/jan-strzelecki-socjolog>.
97. Disponível em: <www.is.uw.edu.pl/wp-content/uploads/mgrisuw1933-2004.pdf>.
98. Grochowska, 2014, p. 197.
99. Ver capítulo 4 em Grochowska (2014). Essa biografia de Strzelecki, uma pessoa reservada e modesta, também apresenta um quadro mais amplo dos intelectuais poloneses que trabalhavam sob restrições à liberdade. Andrzej Walicki, historiador das ideias e colega mais jovem de Strzelecki em Łodź, recordou que, na organização União da Juventude Socialista Independente "Vida", a que pertenciam Kołakowski e Strzelecki, este era aceito como uma "pessoa que tende a organizar exageradamente os recursos humanos", enquanto Kołakowski despertava temores; os que lhe eram próximos acreditavam que ele iria "denunciar por justa causa" em função de sua devoção cega ao Partido (Walicki, apud Grochowska, 2014, p. 70). Para o texto em polonês, ver: <http://lewicowo.pl/o-socjalistycznym-humanizmie>.
100. Grochowska, 2014, pp. 178-80.
101. Como foi explicado em capítulos anteriores, nem sempre o KBW apoiava incondicionalmente a política de Moscou (como fazia o UB). Mas em 1952-3, quando Bauman foi despedido, a organização era stalinista e uma via polonesa para o socialismo já não era mais uma opção.
102. Aleksandra Jasińska-Kania — a segunda esposa de Bauman.
103. Disponível em: <www.is.uw.edu.pl/wp-content/uploads/mgrisuw1933-2004.pdf>.

104. Segundo o site oficial do Instituto de Sociologia, os seguintes acadêmicos defenderam suas dissertações de mestrado em 1954: Aleksandra Jasińska (Kania): *Objetividade da natureza e da sociedade* (Schaff); Albin Kania: *O atual estágio da luta de classes e da política partidária no interior*; Włodzimierz Wesołowski: *O papel do Partido e da ideologia marxista-leninista na criação da consciência dos trabalhadores poloneses à luz de "memórias dos trabalhadores"* (Hochfeld).

105. Wiatr, 2017a, p. 17.

106. Grochowska, 2014, p. 325.

107. Franz Borkenau (1900-57), acadêmico e escritor austríaco. Em seu trabalho, ele estabeleceu uma relação entre marxismo e psicanálise. Trabalhou em Frankfurt (Instituto de Pesquisa Social) e em 1933 escapou à opressão nazista e antissemita, passando a viver em Paris, Panamá e Londres. Depois da guerra, voltou à Alemanha (Marburg) e se tornou abertamente anticomunista. Incluir textos dele numa lista de leitura era algo excepcionalmente corajoso na Polônia do pós-guerra.

108. Wiatr, 2017a, p. 16; ver Grochowska, 2014, p. 32.

109. Grochowska, em sua biografia de Jan Strzelecki, dá o título "Na focinheira" a um capítulo (Grochowska, 2014, p. 325).

110. Ibid., p. 328.

111. Bauman e Wiatr, por exemplo, foram coautores de dois artigos.

112. Entrevista com Zygmunt Bauman, Leeds, 31 out. 2013.

113. Para uma visão artística do período stalinista em Varsóvia, ver o filme *Rewers* [Reverter] (2009), de Borys Lankosz.

114. O stalinismo polonês foi mais leve no campus do que em outros países do bloco soviético. A ciência marxista foi introduzida na década de 1950, mas, por exemplo, a teoria genética de Lysenko só foi ensinada por um ano em Varsóvia, e mesmo durante esse período os alunos podiam ter aulas clandestinas de genética "burguesa". Ver William Dejong-Lambert (2012).

115. Entrevista com Barbara Szacka, 2016.

116. Wiatr, apud Grochowska, 2014, p. 335.

117. J. Bauman, 1988, p. 115. O primeiro texto publicado numa revista filosófica foi "Marksa 'Przyczynek do krytyki ekonomii politycznej'. W związku z nowym polskim wydaniem", *Myśl Filozoficzna*, v. 2, pp. 157-87, 1954. Uma nova edição polonesa do livro de Marx *Contribuição à crítica da economia política*, ele foi publicado na revista *Pensamento Filosófico* em 1954.

118. Outras cátedras e instituições foram administradas por indivíduos profundamente envolvidos com a implementação do stalinismo, fosse por medo, oportunismo ou verdadeira crença.

119. Grochowska, 2014, p. 335.

120. Mesmo depois de 1989, os salários ainda eram, geralmente, modestos e pagos pelo Estado — sem segurança no emprego.

121. AUW, arquivo de empregado — Bauman — documento n. A/11/463/52, de 15 fev. 1953.

122. AUW, arquivo de empregado — Bauman — documento n. N/II/593/513, de 24 fev. 1953. Esse tipo de documento é um certificado comum assinado por todo o corpo de ensino (os professores geralmente tinham menos horas de aula).
123. AUW, arquivo de empregado — Bauman — documento n. N/II/1177?19/52 de 20 de abril de 1953.
124. J. Bauman, 1988, p. 111.
125. Id., 2011, p. 92.
126. Ibid.
127. Ver capítulo 6.
128. O documento foi assinado pela chefe da área de relações humanas da universidade, Irena Kurowa: AUW, arquivo de empregado.
129. Carta do pró-reitor da Universidade de Varsóvia ao Ministério da Educação Superior, datada de 26 de outubro de 1954, solicitando permissão para a criação de um segundo cargo por tempo integral na educação superior: AUW, arquivo de empregado.
130. Documento da Escola do Partido PZPR; APW — KW PZPR — arquivo pessoal — Bauman 16 421 (3183). Ver também Puławski (2009, 2018).
131. J. Bauman, 1988, p. 116.
132. Esse apartamento era de propriedade da universidade ou administrado por ela. Era muito difícil obter a alocação administrativa de um apartamento; o número de crianças de uma família podia ter um papel decisivo no processo.
133. Janina escreveu que se esqueceu do aniversário de Zygmunt naquele ano, e isso o entristeceu. Eles passaram o 19 de novembro como um dia comum (J. Bauman, 1988, p. 21).
134. Janina Bauman sofreu de complicações pós-parto intensificadas por uma tuberculose anterior (J. Bauman, 1988).
135. Ibid., p. 122.
136. Ibid.
137. Ibid., p. 123.
138. Sempre houve uma disputa entre as versões stalinista e pró-polonesa do socialismo. A primeira, liderada por Bierut, prevaleceu depois da fusão do PPR com o PPS. A segunda foi representada primeiramente por Gomułka, que perdeu o poder após a criação do PZPR, sendo preso e torturado em 1951 pelo famigerado Departamento X.
139. A informação mais importante da seção seguinte recorre à análise de Modzelewski e Werblan em seu excelente livro de discussões moderado por Robert Walenciak (Modzelewski e Werblan, 2017).
140. Kemp-Welch, 1996, p. 181.
141. Segundo Barbara Szacka, "Bauman queixou-se de que a situação com as gêmeas era difícil" (entrevista com Barbara Szacka e Jerzy Szacki, Varsóvia, 2016).
142. A nova política do Partido mudou na direção de revogar alguns controles do Estado e do Partido, e punir e marginalizar os adeptos de Stálin. Divisões sobre essa nova direção produziram instabilidade em todos países governados por co-

munistas, exceto em lugares como a Albânia, que não reconheceu os crimes de Stálin. Por isso era proibida a presença de visitantes estrangeiros no dia do discurso — tratava-se de uma reunião "interna".

143. O processo de reparação começou imediatamente, com a anistia a presos políticos e a libertação de pessoas que cumpriam sentenças no gulag. Várias vítimas foram "reabilitadas" — incluindo ações post mortem para "reabilitar a memória das vítimas do stalinismo". Isso atingiu organizações arbitrariamente extintas, como o KPP (Partido Comunista da Polônia), dissolvido em 1938 por ordem de Stálin.

144. Kemp-Welch, 1996.

145. Ibid., p. 183.

146. A percepção de uma morte súbita foi provavelmente ampliada pelo clima de segredo que cercava a sua saúde debilitada.

147. Kemp-Welch, 1996, p. 185.

148. Ibid., p. 187.

149. Todos os entrevistados enfatizaram que Aleksandra Jasińska-Kania era uma pessoa modesta e prestativa. Ela não usava o nome do pai, e muitos alunos, inclusive membros do Partido, não sabiam que ela era filha do presidente.

150. Com humor, Kemp-Welch concluiu que os serviços de inteligência ocidentais pagaram cerca de 1 milhão de dólares pelo discurso — e poderiam obtê-lo por um preço muito mais baixo se o tivessem comprado em Varsóvia (Kemp-Welch, 1996, p. 89).

151. Kemp-Welch, 1996.

152. De acordo com seu obituário, publicado no *Independent* em 17 de novembro de 2007, Victor Spielman (Victor Abranovich Grayevsky), jornalista e espião nascido em Cracóvia, transmitiu o discurso para a CIA por meio dos serviços secretos israelenses. Em abril de 1956, enquanto visitava a namorada num escritório do Partido Comunista, ele viu a versão publicada e a convenceu a emprestá-la. Spielman então a entregou a Yaakov Barmor, que trabalhava para o Shin Bet, que a transmitiu para a CIA — ver <www.independent.co.uk/news/obituaries/viktor-grayevsky-400700.html#r3z-adoor>. Werblan, porém, tinha dúvidas sobre essa versão. Ele comparou a tradução em polonês com a "transcrição oficial" traduzida pela CIA e encontrou diferenças que indicavam que esta tinha trabalhado a partir do texto em russo. Werblan explicou que Khruschóv desejava que o discurso alcançasse o Ocidente e sabia que, com seus amplos recursos, a CIA faria isso acontecer (Modzelewski e Werblan, 2017, pp. 102-3).

153. Bauman está falando sobre a inanição intencional da década de 1930 que matou cerca de 5 milhões de pessoas e foi organizada e implementada por Stálin — para mais informações, ver Applebaum (2018).

154. Rádio anticomunista cujas transmissões se dirigiam ao Leste Europeu. Mas a emissora mais popular na Polônia era a Radio Wolna Europa — a Rádio Europa Livre. Ambas eram proibidas.

155. *Gazeta Wyborcza*: Kwaśniewski, "Dałem się uwieść".

156. Janina Bauman também leu sobre o massacre de Katyń em revistas alemãs, onde encontrou o nome do pai na lista das vítimas. Mas ela acreditava que a atribuição do massacre a soldados soviéticos fora uma ação de propaganda e que os nazistas tinham matado os oficiais poloneses. Essa versão foi mantida pelos comunistas após a Segunda Guerra Mundial.
157. Entrevista com Wiatr, 2017.
158. Para mais informações, ver Jedlicki (1963).
159. A revista semanal era muito popular. Considerada pelas autoridades um veículo revisionista, foi fechada em outubro de 1957 (ver Modzelewski, 2013, p. 86).
160. Rutkowski, 2016, p. 426.
161. Esse último aspecto foi eliminado em uma das várias reformas da educação superior realizadas no século XXI. O modelo descrito neste capítulo se refere a pessoas que faziam seu doutorado no final da década de 1950.
162. AAN, Ministerstwo Szkolnictwa Wyższego, 2860. Pasta pessoal, Zygmunt Bauman. Opinião de Hochfeld sobre a abertura do processo de concessão do título de doutor. Todas as informações e documentos mencionados sobre a tese de doutorado de Bauman estão nessa pasta.
163. Engels, 1888, p. 376.
164. AAN, Ministerstwo Szkolnictwa Wyższego, 2860. Pasta pessoal, Zygmunt Bauman.
165. AAN, Ministerstwo Szkolnictwa Wyższego, 2860 — opinião — documento escrito à mão assinado por "Marek Fritzhand". Contido no manuscrito original "Opinião" do dossiê sobre o processo da tese de doutorado.
166. AAN, Ministerstwo Szkolnictwa Wyższego, 2860. Relatório de voto — 20 jun. 1956. O relatório sobre toda a cerimônia de defesa (composto de introdução, apresentação da tese por Bauman, apresentação das análises dos avaliadores, discussão pública, elaboração e votos secretos, promoção) foi assinado dois dias depois, em 22 de junho de 1956.
167. AAN, Ministerstwo Szkolnictwa Wyższego, 2860, CK-I-3a/135/56/7.
168. AAN, Ministerstwo Szkolnictwa Wyższego, 2860, CK-I-3a/135/56.
169. AAN, Ministerstwo Szkolnictwa Wyższego, 2860 — opinião — documento escrito à mão assinado por "Marek Fritzhand".
170. J. Bauman, 1988, p. 126.
171. Ibid., p. 127.
172. "Os que atuaram na luta por mudança foram aconselhados a se manter longe de casa à noite para não serem presos" (Ibid.).
173. Segundo Werblan, a oposição chinesa convenceu os soviéticos a cancelar uma intervenção na Polônia (Modzelewski e Werblan, 2017).
174. Rutkowski, 2016, p. 437.
175. A onda migratória fez com que 51 mil pessoas obtivessem vistos israelenses (cerca de 8 mil delas acabaram indo para outros países) de 1955 a 1960. Esse número incluiu 14 mil pessoas repatriadas da União Soviética (ver Stola, 2017, p. 117).
176. Cała, 2012, p. 482.

177. Nesse mesmo ano, Maria Hirszowicz — amiga de Bauman — também defendeu seu doutorado, preparado sob a orientação de Hochfeld. Sua tese teve como título *Studium o sprzecznościach międzymocarstwowych we współczesnym kapitaliźmie* [Estudo sobre as contradições entre as superpotências no capitalismo moderno]. A equipe se tornou realmente forte, não apenas do ponto de vista intelectual, mas também institucional.

178. Sobre a reabilitação da sociologia polonesa depois de outubro de 1956, ver Łabędź (1959).

179. "Outras decisões referiam-se à política agrária (contra a coletivização), com foco na indústria de produtos [alimentícios] e nas relações com a Igreja. Todos esses aspectos tornaram a situação na Polônia muito diferente da de outros países comunistas" (Łabędź, 1959).

180. "Socjologia na Uniwersytecie Warszawskim", 2007, pp. 210-7: <www.is.uw.edu.pl/wp-content/uploads/Socjologia-na-UW.-Wyd.2-2012.pdf>.

181. Entrevista com Zygmunt Bauman, Leeds, 31 out. 2013.

182. *Nauka Polska*, v. 1, 1956, pp. 130-7 e 138-43.

183. A. Schaff, "Polska na III Międzynarodowym Kongresie Socjologicznym", *Nauka Polska*, v. 4, pp. 217-23, 1956.

184. Id., *Aktualne zagadnienia polityki kulturalnej w dziedzinie filozofii i socjologii* (Państwowe Wydawnictwo Naukowe: Varsóvia, 1956), pp. 41, 44-5.

185. Janina Bauman decerto tinha em mente essa publicação quando falou sobre textos críticos (1988, p. 15).

186. Z. Bauman, M. Hirszowicz, W. Wesołowski e J. Wiatr, "Wczoraj i jutro naszej socjologii", *Nowa Kultura*, v. 46, 1956.

187. Entrevista com Wiatr, 2017.

188. Bauman, 1956, p. 6.

189. Em 1957, também foi publicado um artigo crítico de Bauman na revista literária mensal *Criatividade* intitulado "Tratado sobre a burocracia".

190. Saltherwhite menciona: "Bauman escreveu sobre o stalinismo que, mesmo sem examinar as causas, era possível ver que ele havia destruído a própria essência do marxismo: ele liquidou o homem social como ponto de partida para a filosofia e a relação desse homem com seu ambiente socionatural como objeto dessa disciplina; na mesma linha, estrangulou o conteúdo humanista revolucionário profundamente arraigado na filosofia marxista [n. 20, p. 134 — de Bauman, 'O przezwyciężenie dezintegracji filozofii marksistowskiej', *Myśl Filozoficzna*, v. 6, 26, 1956] [...]. O contexto da filosofia marxista continuou sendo abordado num ensaio que Bauman escreveu em colaboração com outro sociólogo, Jerzy Wiatr, no qual eles discutiram especificamente a relação da sociologia contemporânea com o marxismo [n. 21 — Jerzy K. Wiatr e Zygmunt Bauman, "Marksizm i socjologiaw społczesna", *Myśl Filozoficzna*, v. 1, 1957]. Eles começaram discutindo a categoria da 'ideologia' como 'uma reflexão deformada, baseada em classe, da realidade social' [n. 22, p. 3, n. 1]. As conclusões que tiraram disso, contudo, eram o oposto

das alcançadas pela abordagem marxista tradicional. Em vez de dizerem que algo é verdadeiro porque o proletariado assim o sustenta, a posição do proletariado também devia ser submetida a uma investigação, de acordo com os critérios de verificação e falsificação. Só porque o proletariado está numa posição social ideal para discernir a verdadeira natureza da realidade não significa que ele não possa sucumbir à ideologia, no sentido mostrado acima [n. 23, p. 6]. Quando Wiatr e Bauman falam do ideal em que a 'ideologia' do proletariado se torna 'ciência', afastam-se de sua definição de ideologia como um 'reflexo deformado da realidade; embora qualifiquem o termo no novo contexto, parecem estar alterando definições. A 'ideologia' do proletariado é aqui concebida em dois sentidos mutuamente conflitantes" (Saltherwhite, 1992, pp. 20-2).

191. Łabędź, 1959.
192. Entrevista com Wiatr, 2017.
193. Łabędź, 1959.
194. Bauman, 1986-7, p. 21.
195. Em polonês, "Se você não pode não pensar": *"Jeśli nie możesz nie-myśleć"*.
196. "Ignoranci i impotenci", entrevista de Bauman a Tomasz Kwaśniewski, *Gazeta Wyborcza*, 21 nov. 2010. Disponível em: <http://wyborcza.pl/duzyformat/1,127290,8683542,Ignoranci_i_impotenci.html>.

9. Anos de esperança [pp. 261-88]

1. Pleskot, 2010, p. 293.
2. Disponível em: <www.fordfoundation.org/media/2418/1957-annual-report.pdf>, p. 42.
3. Para mais informações, ver Czernecki (2013).
4. Pleskot, 2010.
5. Ibid.
6. Essa ainda era a prática no final da década de 1980. Em 1985 e 1986, quando participei de cursos de verão na França, em Berlim Ocidental e na Itália, o procedimento era menos rígido, mas ainda se exigiam visitas ao serviço de passaportes. Depois de 1989, as regras mudaram e os cidadãos poloneses puderam manter seus passaportes em casa.
7. Kilias, 2017, pp. 82-3.
8. Sułek, 2011, p. 124.
9. Na era do imediato pós-guerra, o inglês não era tão popular quanto se tornou no decorrer do século. Os poloneses geralmente aprendiam russo (obrigatório até a década de 1990), alemão e francês.
10. Wincławski, 2006, p. 228.
11. Wiatr, apud Hochfeld, 1982, p. 391.
12. Cartas de Mills para Bauman foram levadas pela família deste para o Arquivo Bauman em Leeds.

13. Kilias 2017, p. 56.
14. Segundo a *Encyclopaedia Britannica*: "Revolução Húngara, levante popular na Hungria em 1956 [...]. Encorajada pela nova liberdade de debate e crítica, uma crescente onda de agitação e descontentamento transformou-se numa luta concreta em outubro de 1956. Os rebeldes venceram a primeira fase da revolução e Imre Nagy se tornou primeiro-ministro, concordando em estabelecer um sistema pluripartidário. Em 1º de novembro de 1956, ele declarou a neutralidade da Hungria [...]. Essa revolta foi derrotada de forma sangrenta com a intervenção militar soviética". Ver: <www.britannica.com/event/Hungarian-Revolution-1956>.
15. Ralph Miliband, "C. Wright Mills", *New Left Review*, v. 1, n. 15, maio-jun. 1962. Disponível em: <https://newleftreview.org/1/15/ralph-miliband-c-wright-mills>. Embora Milliband mencionasse Schaff e Kołakowski, ele não disse nada sobre Hochfeld ou Bauman.
16. Nascido no Texas em 1916, Mills se formou em sociologia e fez o mestrado em filosofia na Universidade do Texas, em Austin. Para o doutorado, retornou à sociologia, concluindo sua tese na Universidade de Wisconsin, em Madison, no ano de 1942. Depois de lecionar na Universidade de Maryland (e de escrever intensamente para revistas de esquerda como *New Republic* e *New Leader*), em 1945 Mills se mudou para Nova York, onde acabou por se tornar professor em Columbia. Visitou a União Soviética e outros países europeus durante seus anos sabáticos, morrendo em 1962 de ataque cardíaco.
17. Disponível em: <https://www.theguardian.com/politics/2015/feb/22/tariq-ali-fierce-socialist-ralph-miliband-music-delivery>.
18. A biografia de Ralph Miliband baseia-se no texto de Lipman: <www.lipman-miliband.org.uk/pdfs/RalphMilibandfullbiog.pdf>.
19. Ver capítulos iniciais do livro.
20. J. Bauman, 1988, pp. 131-2.
21. Czernecki, 2013, p. 298.
22. Bauman disse dez meses numa entrevista de 2010; em alguns arquivos, sua data de retorno é dada como julho; em outros, agosto.
23. Kilias, 2016, p. 83.
24. Segundo um relatório de 1957 da Fundação Ford, o British Council conseguiu 25 mil dólares para um intercâmbio entre o Reino Unido e a Polônia — ver: <www.fordfoundation.org/media/2418/1957-annual-report.pdf>, p. 42.
25. Janina Bauman mencionou 38,50 libras; a diferença pode ser explicada pelos 22 anos entre a publicação de seu livro e a entrevista de Zygmunt Bauman, assim como pelo hábito polonês de arredondar números.
26. "Ignoranci i impotenci", entrevista de Bauman a Tomasz Kwaśniewski, *Gazeta Wyborcza*, 21 nov. 2010.
27. Conclusão do estudo da experiência de pós-doutorado de cientistas poloneses no final do século XX e no século XXI: Wagner (2011).
28. J. Bauman, 1988, p. 132.
29. Ibid.

30. "Ignoranci i impotenci", entrevista de Bauman a Tomasz Kwaśniewski, *Gazeta Wyborcza*, 21 nov. 2010.
31. Tester, 2001.
32. AAN — documento dos arquivos pessoais, Zygmunt Bauman, Universidade de Varsóvia, Ministério da Educação Superior 81/5.
33. Em Harvard, em 2010, havia um dito popular entre os estudantes de pós-doutorado: "comer/dormir/estudar", uma descrição correta de seu foco no trabalho (o conjunto de pequenos e caros apartamentos perto dos institutos de pesquisa na área de Boston reflete esse estilo de vida).
34. J. Bauman, 1988, p. 132. Essa não era apenas a opinião de uma esposa amorosa. A produtividade de Bauman é confirmada pela qualidade de seu livro *Klasa, ruch, elita. Studium socjologiczne dziejów angielskiego ruchu robotniczego* (1960, PWN), publicado posteriormente (1972) em inglês com o título *Between Class and Elite: The Evolution of the British Labour Movement. A Sociological Study.*
35. Ibid., pp. 135-6.
36. Ibid., p. 135.
37. "Ignoranci i impotenci", entrevista de Bauman a Tomasz Kwaśniewski, *Gazeta Wyborcza*, 21 nov. 2010.
38. J. Bauman, 1988, p. 135.
39. Id., 2011, p. 111.
40. Id., 1988, pp. 140-1.
41. Apud Czernecki (2013, p. 299), do "Relatório sobre os acadêmicos da Fundação Ford", FFA, R530, G57-321.
42. O processo de habilitação varia. Na França, por exemplo, a publicação se dá após a habilitação; o manuscrito é apresentado como base para a habilitação e, depois de avaliações e de um exame, corrigido e publicado.
43. Na Polônia, devido à internacionalização das carreiras científicas e do progresso do modelo britânico de educação superior (que não tem habilitação), alguns pedem que a academia se torne "mais democrática", abolindo o sistema hierárquico complexo e feudal. No final da década de 1950, também havia uma demanda pela eliminação de uma reforma anterior que copiara o modelo acadêmico soviético. Por conta das frequentes mudanças que surgiram desses debates, os acadêmicos raramente faziam ideia, no início da década de 1960, de como tais mudanças poderiam afetar seu progresso na carreira num determinado ano.
44. Todos os documentos citados referentes à habilitação de Bauman são do AAN — Ministério da Educação Superior — Universidade de Varsóvia 46 — pasta Arquivos Pessoais — Zygmunt Bauman.
45. AAN — Ministério da Educação Superior — Universidade de Varsóvia 46 — pasta Arquivos Pessoais — Zygmunt Bauman. Trata-se do rascunho manuscrito de uma carta oficial ao ministro da Educação Superior.
46. A carta é datada de 28 de setembro de 1960.
47. AAN — Ministério da Educação Superior — Universidade de Varsóvia 46 — documento de duas páginas com data de 5 de dezembro de 1960, intitulado *Wykaz publikacji*.

48. Agradeço a Dariusz Brzeziński por esta informação.

49. Pelos padrões acadêmicos contemporâneos, esse livro seria considerado uma obra didática para sociólogos e pessoas que trabalham com relações humanas e cursos de administração etc. As categorias mencionadas no texto eram impostas pelo ministério, enquanto a atribuição das obras a essas categorias foi feita pelo próprio Bauman.

50. Bauman tinha uma carga de ensino ligeiramente maior que a de seus colegas. Segundo o documento oficial assinado por Hochfeld, este tinha 150 horas por ano e Bauman, 120. Sua colega Maria Hirszowicz tinha noventa horas, enquanto Szymon Chodak tinha sessenta. Três outros alunos de doutorado (Jankowska, Jasińska-Kania e Wesołowski) tinham 120 horas de aulas por ano acadêmico.

51. AAN — Ministério da Educação Superior — Universidade de Varsóvia 46 — documento de duas páginas, com data de 30 de junho de 1965, intitulado *Życiorys naukowy* (currículo científico), p. 2.

52. Informação obtida de entrevistas com amigos de Bauman.

53. Isso provavelmente também tem relação com a complexa história do honoris causa — uma cerimônia de renovação do doutorado na Universidade de Varsóvia, que foi recusada. Bauman tinha muitos opositores em sua antiga instituição — ver capítulo 13.

54. Toruńczyk estudou no Instituto de Sociologia (1964-8) e era uma figura de liderança na oposição desde 1963. Em 1968, foi condenada a dois anos de prisão por "atividades antidemocráticas". Em 1980, emigrou para a França, onde criou a revista mensal *Cadernos Literários*. Seu pai, o coronel Henryk Toruńczyk, foi amigo do tio de Janina Bauman e assinou seu certificado de "respeitabilidade moral" antes de seu casamento em 1947 (ver capítulo 5). (Sou grata a Barbara Toruńczyk por seu testemunho e pela permissão para usá-lo neste livro.)

55. AIPN BU 0 1224/1505 "Doniesieniedot. dr Zygmunta Baumana — "Henryk".

56. Entrevista com Jan Tomasz Gross, Nova York, abr. 2016.

57. Um 3+ era uma nota média; as notas eram: 2 — Insuficiente, 3 — Suficiente, 4 — Bom, 5 — Muito Bom. Gross era um ex-aluno de física que havia se transferido para a sociologia. A física "era muito difícil para mim, então mudei para a sociologia". Ele não passou no exame de ingresso, mas foi transferido graças aos relacionamentos da família — a sociologia era muito popular na época, e só graças ao apoio informal é que esse tipo de manobra foi possível.

58. Ver páginas seguintes.

59. Depois de sair de uma instituição, o orientador de doutorado geralmente continua a supervisionar a tese. É por isso que, depois de sair da Escola Superior de Pesquisa Social do Partido, Bauman manteve seus alunos de doutorado.

60. AAN — Ministério da Educação Superior — Universidade de Varsóvia 46 — documento com data de 30 de junho de 1965 intitulado *Wykaz kierowanych prac doktorskich*" [Relação de teses de doutorado que orientou].

61. Ibid.
62. AAN — Ministério da Educação Superior — Universidade de Varsóvia 46 — documento de duas páginas, *Życiorys naukowy* (currículo científico), p. 2.
63. Oskar Lange, famoso economista polonês.
64. Szacki está se referindo a *Calosc i rozwoj w swietle cybernetyki* [Totalidade e desenvolvimento à luz da cibernética], de Oskar Lange, publicado em 1963. Bauman provavelmente leu *Cibernética: Ou controle e comunicação no animal e na máquina* (1948), de Norbert Wiener, e/ou *Cibernética e sociedade: O uso humano de seres humanos*, do mesmo autor, publicado na década de 1950. O livro sobre cibernética econômica do autor russo-americano Wassily Leontief, *Studies in the Structure of the American Economy*, foi publicado na Polônia em 1963. No final da década de 1950 e início do decênio seguinte, esse campo atraiu alguns cientistas sociais e foi um "tema quente" em encontros internacionais.
65. Entrevista com Barbara e Jerzy Szacki em sua casa em Varsóvia, ago. 2015.
66. No primeiro grupo, a peça mais importante foi o manual intitulado *Esboço de uma teoria marxista da sociedade* (1964), livro de 577 páginas, o primeiro do gênero (sistematização da teoria marxista da sociedade) a ser publicado. Na segunda categoria (especialmente a sociologia da sociologia), a obra mais importante é *Visões do mundo humano* — que teve várias edições e numerosas traduções: AAN — Ministério da Educação Superior — Universidade de Varsóvia 46 — documento datado de 30 de junho de 1965, pp. 5-6.
67. AAN — Ministério da Educação Superior — Universidade de Varsóvia 46 — documento datado de 30 de junho de 1965, pp. 4-7.
68. Ibid., citação da p. 6.
69. Ibid. Segundo seu currículo científico datado de 30 de junho de 1965, Bauman também era editor de outras revistas de ciências sociais.
70. A mais detalhada lista de viagens, com data de 1º de abril de 1968, foi elaborada pelos serviços secretos: AIPN BU 0 1224/1505 — "Notatkasłużbowa' z dnia 1kwietnia 1968". Esse documento contém alguns erros no que se refere a datas.
71. AIPN BU 0 1224/1505 — "Notatka służbowa" — Nota de serviço de 1 abr. 1968. O documento contém erros a respeito da viagem para o Congresso da Associação Internacional de Sociologia em 1959 — ele se realizou em Stresa, no mês de setembro, e não em Viena, em abril. Mas a nota pode se referir à solicitação de passaporte e não ao período de viagem.
72. AIPN BU 0 1224/1505. Algumas fontes oferecem diferentes versões; não consegui confirmar todas as datas nos documentos oficiais.
73. AIPN BU 0 1224/1505 — "Notatka, Tajne", datada de 15 de março de 1968. Esse documento contém muitos erros: afirma que Bauman esteve em Londres, em 1957, por quinze meses, e não nove, e equivocadamente relata que ele deu cursos de verão na Universidade de Syracuse duas vezes — em 1964 e 1966 —, quando na verdade ele esteve lá apenas em 1966. O período apresentado como aquele em que ele ocupou a posição de professor visitante em Manchester também está errado.

74. J. Bauman, 1988, p. 164.
75. AIPN BU O 1224/1505 — "Notatka służbowa' z dnia 1 kwietnia 1968".
76. J. Bauman, 1988, p. 164.
77. Arquivo Bauman, Leeds: carta datada de 25 de janeiro de 1966, de Peter M. Worsley, professor da Universidade de Manchester. Worsley ficou surpreso com essas dificuldades, já que professores visitantes anteriores (Ossowski e um acadêmico soviético) não haviam tido problema algum para obter o visto de trabalho.
78. AIPN BU O 1224/1505 — "Dokumenty Biuro — 'C' Naczelnik wydziału IV departamentu III. — wyjazdsłużbowy do USA od 3 08 — 1966 do 10 09 1966 elegacja Ministerstwa Szkolnictwa Wyższego; wyjazd do Francji — 4 09 1966 na 8 dni — służbowydelegacja Min Szkolnictwa".
79. Seus registros de passaporte (número de passaporte 35846 e número profissional E043405) observam que, em 6 de junho de 1967, Bauman solicitou um passaporte para viajar ao Reino Unido.
80. A correspondência está depositada nos Arquivos da Universidade de Leeds. Jack Palmer e Dariusz Brzeziński estão fazendo a primeira análise da correspondência de Bauman. Futuros historiadores da sociologia terão muito trabalho com a leitura e a análise cuidadosas de sua atividade internacional.
81. As instituições aqui mencionadas são aquelas a que os acadêmicos estavam afiliados na época em que enviaram a(s) carta(s).
82. A correspondência de Bauman com intelectuais poloneses depois que ele deixou o país e que não foi barrada pela censura será discutida adiante.
83. Julia Kristeva (nascida em 1941), famosa filóloga, psicanalista e escritora, professora da Universidade Diderot, em Paris.
84. Este capítulo não se refere às cartas que Bauman recebeu de seus amigos e colegas poloneses depois de 1968.
85. Centro de conferências (Universidade de Syracuse, estado de Nova York) situado no meio de uma floresta, perto de um lago e longe da cidade — provavelmente o motivo de Bauman também ter usado o estereótipo de um lugar entediante.
86. Bauman, 1986-7, p. 16.
87. "Meu pai viveu, ao contrário, no mundo do espírito, por toda a vida, um exílio em relação à prática; o que ele ganhou em sofisticação perdeu em ortodoxia religiosa. Ele visitava a sinagoga uma vez por ano, no Dia do Perdão, no qual observava o jejum (mas na maior parte da vida ele fazia semijejuns sem observar os rituais) [...]. Cedo se tornou, e permaneceu por toda a vida, um sionista secular; ou melhor, o sionismo era sua religião": Bauman a Keith Tester, 2016.
88. Janina visitou a mãe em 1963.
89. AIPN BU O 1224/1505 — "Nota służbowa" — erros nesse documento indicam que o autor usou as datas de partida que Bauman solicitou e não aquelas em que realmente viajou.
90. Zygmunt Bauman, "Essay on a Marxist Theory of Society". Disponível em: <http://classiques.uqac.ca/contemporains/Bauman_zygmunt/essai_theorie_marxiste_de_la_societe/essai_theorie_marxiste_de_la_societe_texte.html>. Esse

texto é o primeiro capítulo do livro homônimo de Bauman, publicado pelas Éditions Anthropos.

91. Carta de Julian Hochfeld a Zygmunt Bauman (em Manchester) de março de 1966: Arquivo Bauman, Leeds.

92. O termo "servo" é uma palavra do pré-guerra e parece "politicamente incorreto", sobretudo quando empregado por um sociólogo socialista. Em 1966, porém, termos mais respeitosos não eram de uso comum.

93. J. Bauman, 1988, p. 165.

94. Entrevistas com as filhas de Bauman, 2019.

95. J. Bauman, 1988, p. 148.

96. O livro de Janina Bauman, *A Dream of Belonging*, descreve com detalhes todas as etapas de sua carreira — um relato fascinante sobre os bastidores da indústria cinematográfica estatal na Polônia do pós-guerra.

97. J. Bauman, 1988, p. 148.

98. Id., 2011, p. 121.

99. Ibid., p. 127.

100. J. Bauman, 1988, p. 150.

101. Id., 2011, p. 123.

10. Um romance frustrado com a polícia de segurança [pp. 289-324]

1. Bauman, 199?, p. 22.

2. A expressão "memória nacional" é tema de diversos textos e debates acadêmicos. O livro recente de Konrad Matyjaszek (2019) oferece uma útil introdução a esse assunto.

3. Para livros extensos dedicados aos processos que culminaram nos eventos de 1968, baseados sobretudo em documentos da Bezpieką, ver Friszke (2010) e Eisler (2006).

4. Por exemplo, Departamento III, Seção IV, Ministério da Segurança Interna (a cargo das viagens ao estrangeiro). As Notas foram produzidas em várias cópias distribuídas a diferentes serviços.

5. Bauman, 199?, p. 22.

6. Arquivo Bauman, Leeds.

7. Ver: <https://inwentarz.ipn.gov.pl/archivalCollection?id_a=2033&id_pz=9808&id s=10366& id_ps=17872>.

8. Os arquivos do IPN não estão completos — faltam alguns documentos do SB. Também é possível que eu não tenha conseguido ter acesso a todos os documentos.

9. *Cultura* era uma revista mensal publicada pelo Instituto Literário, criado em Roma, em 1946, por Jerzy Giedroyc. Depois que Giedroyc se mudou para a França, a revista passou a ser publicada pela Maison Laffite nos subúrbios a oeste de Paris. *Cultura* e outra publicação, *Cadernos Literários*, eram plataformas para a vida intelectual polonesa independente no exterior. Graças ao translado ilegal e à circu-

lação clandestina dos textos, elas eram uma fonte importante para a liberdade intelectual na Polônia.

10. AIPN BU 0 1224/1505, "Notatka służbowa tajne" — 23 nov. 1962.

11. O Klub Międzynarodowej Prasy i Książki, na esquina das ruas Nowy Świat e Jerozolimskie. Bauman foi provavelmente convidado a discutir seu último livro, *Społeczeństwo, w którym żyjemy* [A sociedade em que vivemos] (1962).

12. AIPN BU 0 1224/1505, "Notatka służbowa".

13. Para uma análise detalhada da atividade desses clubes, ver Andrzej Friszke (2010), *Anatomia Buntu: Kuroń, Modzelewski i Komandosi* [Anatomia da revolta: Kuroń, Modzelewski e comandos].

14. Havia outros círculos de opositores ao governo e ao Partido, mas os que são mencionados neste capítulo tiveram o papel mais importante na atividade política do campus.

15. Friszke, 2010, p. 359. Adam Michnik (nascido em 1946) tornou-se jornalista especializado em política, escritor e editor-chefe do principal jornal polonês, a *Gazeta Wyborcza*. Jan T. Gross (nascido em 1947) é professor de história na Universidade de Princeton e um importante especialista em antissemitismo polonês e história do Leste Europeu no século XX; Włodzimierz Kofman é um pesquisador de renome internacional em planetologia que trabalha na França (CNRS); e Aleksander Perski é professor de psicologia na Suécia, criador do Centro de Estudos de Estresse na Universidade de Uppsala. Todos eles, exceto Michnik, foram expulsos da Polônia no expurgo antissemita de 1968. As autoridades pressionaram Michnik a emigrar, mas ele se recusou.

16. Eisler (2006, p. 62).

17. Manturzewski estudou esse grupo em particular (ver Gross e Pawlicka, 2018, pp. 231-2) e, como cineasta amador, produziu um programa de TV sobre os jovens e suas aspirações. A imprensa os louvava como o grupo de jovens mais interessante (Friszke, 2010, p. 365); eles eram prodígios, um grupo de celebridades. Gross foi saudado pela revista *Polityka* como um astro em ascensão (para mais informações, ver o testemunho de Nina Smolar em Gross e Pawlicka, 2018, p. 255).

18. Entrevista realizada com Adam Michnik em Varsóvia, 24 abr. 2017. Todas as citações de Michnik são trechos dessa entrevista.

19. Quando as autoridades analisaram os nomes dos alunos que haviam assinado a petição em apoio a Michnik (janeiro/fevereiro de 1967), viram que estes incluíam Joanna Szyr, filha do vice-primeiro-ministro; Irena Grudzińska, filha de um oficial florestal sênior; Ewa Zarzycka, filha do chefe do Conselho Municipal de Varsóvia; Jerzy Pawel Sztachelski, filho do ministro da Saúde e Serviço Social; Jacek Kochanowicz, filho do vice-presidente do Comitê de Emprego e Pensões; Ryszard Kole, filho do vice-ministro das Finanças; e Janina Radkiewicz, cujo pai chefiava o Gabinete da Reserva de Estado (Rutkowski, 2016, p. 493).

20. A cultura dos pais era transmitida de forma simbólica. Por vezes jovens ativistas cantavam a *Internacional* em iídiche (parte da tradição do Bund); também cantavam canções de protesto russas.

21. Jan Józef Lipski, seis meses mais novo que Bauman; escritor, crítico, historiador da literatura e dissidente.
22. Entrevista com Adam Michnik, Varsóvia, 24 abr. 2017.
23. O contexto da época era mais complexo do que é geralmente apresentado: "Em jornalismo, ciência política e historiografia, há disputas ocasionais sobre se a República Popular da Polônia depois de 1956 foi um Estado totalitário ou autoritário. Não quero rejeitar essas disputas, pois ainda existe nelas algo importante. Parece-me, porém, que estamos lidando aqui com a confusão de dois ordenamentos diferentes, o que não ajuda nem a teoria nem o empirismo. Totalitarismo e autoritarismo são conceitos teóricos criados por cientistas políticos. Com base na teoria, é fácil distingui-los, trata-se de uma questão de definições precisas. Mas a teoria é cinzenta e rígida, enquanto o conhecimento, como a árvore da vida, é verde, com seus ramos farfalhando e balançando ao vento. É difícil organizá-los em categorias precisamente definidas. O historiador atrai a atenção para essa árvore tremeluzente e não para os rótulos" (Modzelewski, 2013, p. 90).
24. Ver, para os *Komandosi*, Friszke (2010); também Eisler (2006, cap. 2).
25. O ambiente desse período é retratado no filme francês *Os trapaceiros* (1958), de Marcel Carné, e nos filmes poloneses *Wspólny pokój* [Quarto compartilhado] (1959) e *Como ser amada* (1963), de Wojciech Has. Sobre a "juventude" francesa nas ciências sociais, ver Sohn (2005, pp. 123-34).
26. Friszke, 2010, p. 367.
27. Michnik, com dezessete anos à época, foi citado pelo nome por Gomułka.
28. Friszke, 2010, pp. 361, 370; Gross e Pawlicka, 2018, p. 47.
29. Friszke mostrou que por trás da decisão havia uma complexa disputa pelo poder entre várias redes dentro do Partido em Varsóvia (Friszke, 2010, pp. 370-1).
30. Esse grupo começou com acampamentos de verão da ZMP (União da Juventude Polonesa, 1954-6) mediante a criação da Equipe de Companheiros Walter em 1956, e acabou se tornando uma turma de escoteiros (*hufiec*) em 1958 (Bikont e Łuczywo, 2018, cap. 8, n. 3). Mais de oitocentas pessoas foram "educadas" por Kuroń na ZHP (Związek Harcerstwa Polskiego, ou Associação Polonesa de Escoteiros) (ver também Friszke, 2010). Curiosamente, Anna, filha de Bauman, frequentou o acampamento de verão de Kuroń na adolescência. É por isso que Bauman estava atento às atividades de Kuroń desde o final da década de 1950 e início da seguinte.
31. Houve controvérsias sobre sua morte. Ele era uma figura popular na Polônia na década de 1950.
32. Apud Bikont e Łuczywo, 2018, p. 285.
33. Kuroń trabalhava com a juventude desde o início da década de 1950, um período de implacável stalinismo.
34. Janusz Korczak, nascido em 1878, dedicou sua vida à luta pelos direitos da criança. Cresceu numa família de judeus progressistas (seu pai, um advogado, era membro do Haskala, um movimento de intelectuais judeus fortemente influenciado pelo Iluminismo que se espalhou entre meados do século XVIII e do século XIX, a partir da Alemanha, e se tornou popular nas várias partes da diáspora judaica;

para mais informações, ver Feiner, 2004) e recebeu sua educação de um general russo (Varsóvia na época estava sob o governo tsarista). No orfanato sob a direção de Korczak, as crianças criaram sua própria república, com parlamento, sistema judiciário e jornal. Durante a ocupação alemã, ele recusou ofertas de ajuda para fugir e permaneceu no gueto de Varsóvia com as crianças até serem deportados para Treblinka. Ver Berger (1989). O diretor de cinema polonês Andrzej Wajda realizou um filme biográfico, *Korczak*, em 1990.

35. Sobre a experiência de Modzelewski na Itália, ver Modzelewski (2013, pp. 98-101).

36. Bikont e Łuczywo, 2018.

37. Eles correspondiam à definição de Orinn Klapp de líderes simbólicos (Klapp, 1964). Kuroń e Modzelewski prepararam o caminho para a luta pela democracia na Polônia. Ambos passaram longos períodos na cadeia (Modzelewski escreveu sua tese de doutorado atrás das grades), com anos de atividade clandestina. Kuroń foi o criador do KOR (Komitet Obrony Robotników, ou Comitê de Defesa dos Trabalhadores). Modzelewski e Kuroń foram os primeiros cérebros do movimento Solidariedade (Modzelewski criou o nome do movimento e foi um de seus primeiros porta-vozes). Ambos pertenciam ao núcleo da oposição que possibilitou à sociedade polonesa pôr um fim ao período de unipartidarismo estatal e da economia dirigida pelo Estado, e depois de 1989 ocuparam posições oficiais. Kuroń foi Ministro do Trabalho e da Política Social e Modzelewski foi senador. Enquanto Kuroń continuou atuando na política até sua morte, em 2004, Modzelewski se tornou professor titular de história na Universidade de Varsóvia, com especialização em Idade Média.

38. Modzelewski falou com o chefe da União da Juventude Socialista, Smolar, e, pelo lado do Partido, Brus deu sua permissão para que se organizassem os encontros. Aleksander Smolar (economista, sociólogo, cientista político e jornalista) e o economista Włodzimierz Brus (Modzelewski, 2013, p. 101) foram expulsos da Polônia após o expurgo antissemita de 1968. Uma descrição detalhada desse clube pode ser encontrada na biografia de Kuroń escrita por Bikont e Łuczywo (2018).

39. Friszke, 2010, p. 89.

40. Bogdan Jankowski era amigo de Kuroń e Michnik, especialista em eletrônica e conhecido alpinista polonês.

41. Włodzimierz Brus nasceu em Płock, em 1921, e morreu em Oxford em 2007, depois de emigrar para o Reino Unido em 1972. Tyler Cowen, da Universidade George Mason, considera-o um dos dois economistas mais importantes do século XX. Ver Gewirtz (2017).

42. AIPN BU 0 1224/1505. O documento, "Doniesienie", é datado de 14 de dezembro de 1962, mas na verdade cobre uma reunião realizada um dia antes, em 13 de dezembro.

43. Friszke, 2010, p. 83.

44. Entrevista realizada em Varsóvia, 27 jul. 2015.

45. Hostil ao Estado e ao Partido.

46. AIPN BU 0 1224/1505 — o documento de três páginas datilografadas contém as rubricas: "Fonte: 'Amatorka'" (sugerindo uma amadora: segundo Friszke, historiadores do IPN a identificaram como Barbara Dziwiszek-Kowalik) (Friszke, 2010, p. 83, n. 7).
47. Outro ambiente que abrigava a oposição era a Igreja católica e seu Clube da Intelligentsia Católica.
48. Modzelewski, 2013, pp. 101-2.
49. Bauman, 1962b.
50. Os críticos não incluem Stálin como referência, mas o impacto do estilo stalinista permaneceu por anos após 1956.
51. AIPN BU 0 1224/1505, relatório n. 330/63 de 6 set. 1963.
52. AIPN BU 0 1224/1505, "Wyciąg z notatki o aktualnym stanie polskiej filozofii i socjologii dot. Zygmunta Baumana", pp. 8-13.
53. AIPN BU 0 1224/1505, anotações referentes ao manual *Um esboço da sociologia: Temas e conceitos*, p. 7.
54. Sułek, 2011, p. 139.
55. Esse artigo foi publicado na revista *Cultura e Sociedade*, com subtítulos que descreviam de maneira espantosa o conteúdo usando vocabulário musical (em italiano). Esse tipo de apropriação era raro na época e mostra a originalidade e o estilo de escrita incomum de Bauman. Certamente, ele continha muitos tropos comuns — seu uso era obrigatório —, mas devemos ter em mente que todas as publicações tinham de passar pelo controle do censor.
56. Intercâmbios internacionais (principalmente por meio da Fundação Ford no final da década de 1950 e no decênio seguinte) também tinham algum impacto. Acadêmicos poloneses iam para a Universidade Columbia, onde aprendiam a nova metodologia quantitativa que havia entrado na moda: pesquisas de opinião eram consideradas "objetivas", o que confirmava a abordagem positivista nas ciências sociais e estava distante da abordagem interpretativa praticada por Bauman. Ver Pleskot (2010).
57. AIPN BU 0 1224/1505, denúncia contra os assessores de Bauman. Datada de 8 de dezembro de 1964 e assinada por "Henryk". Informação — relatório sobre a reação da população universitária à prisão de Modzelewski e outros.
58. AIPN BU 0 1224/1505, "Wyciąg z notatki", p. 35 de 224.
59. Revista literária fechada pelas autoridades em 1957 por seu conteúdo oposicionista. Bauman era um de seus colaboradores.
60. Sociólogos poloneses, especialmente Bauman, foram muito importantes para o desenvolvimento da sociologia na Tchecoslováquia, introduzindo no país obras ocidentais. Para mais informações, ver Kilias (2016).
61. O termo empregado foi "kaszanka" — feita de cereais e sangue de animais: a salsicha do "homem pobre".
62. Modzelewski, 2013, pp. 102-3.
63. Melchior Wańkowicz (1892-1974), famoso escritor, jornalista e repórter polonês; foi preso em outubro de 1964, oficialmente por causa de um discurso enviado para ser

lido na Rádio Europa Livre. Passou cinco semanas na cadeia antes do julgamento e foi condenado a três anos de prisão, mas as autoridades nunca cumpriram a sentença em razão de sua celebridade (fora da Polônia) e de sua cidadania americana.

64. Friszke, 2010, p. 179. Os autores se inspiraram na obra do dissidente iugoslavo Milovan Djilas e de Stanisław Ossowski. A influência dessa Carta Aberta no exterior foi muito importante. Ela foi traduzida em várias línguas por grupos radicais de esquerda e se tornou, juntamente com o livro de Djilas, uma obra clássica para movimentos trotskistas, maoistas e anarquistas na Europa Ocidental. Em Paris, em 1968, Daniel Cohn-Bendit, líder do movimento, atribuía-se o nome de "Kuroń-Michnik". O texto também foi celebrado pela Espanha antifranquista e em Cuba (Bikont e Łuczywo, 2018, pp. 447-8).
65. Modzelewski, 2013, p. 105.
66. Friszke, 2010, p. 912.
67. As divergências de opinião política (Krajewski era maoista e Tejkowski, nacional-comunista) atrasaram o processo editorial. Enquanto isso, Andrzej Mazur, membro do grupo, trabalhava para a Bezpieką (Modzelewski, 2013, pp. 103-4). Do ponto de vista das autoridades, Bauman também estava associado à carta por meio de seu assessor Bernard Tejkowski, que pertencia ao grupo.
68. Modzelewski disse que isso foi motivado pela compatibilidade de suas seções, assim como pela grande confiança mútua (Ibid., p. 104).
69. Bikont e Łuczywo, 2018, p. 433.
70. Friszke, 2010, p. 179.
71. Para um exame detalhado, ver Friszke (2010), Modzelewski (2013); Bikont e Łuczywo (2018).
72. Apud Friszke, 2010, p. 194.
73. Friszke, 2010, p. 203.
74. Ibid., p. 204.
75. AIPN BU 0 1224/1505, Notatka służbowa z dn.: 21 abr. 1965, p. 3. Documento datado de 21 de junho de 1965.
76. AAN 14/136, arquivo 121-2, em Friszke (2010, p. 95).
77. Rutkowski escreveu sobre a defesa de Tejkowski feita por Bauman após uma reunião do Partido em janeiro de 1965, observando que Schaff era um delegado da unidade do Partido no Departamento de Filosofia (2016, p. 468). Devemos lembrar que Schaff estava dois níveis acima de Bauman na hierarquia da universidade e era a voz decisiva.
78. AIPN BU 0 1224/1505, Wyciąg z informacji z dnia: 21 abr. 1965.
79. Modzelewski usou uma expressão mais curta para definir os skinheads — um grupo ultranacionalista (Modzelewski, 2013, p. 104).
80. Bauman, 199?, parte 2, pp. 22-3.
81. AIPN BU 0 1224/1505, Wyciąg z doniesienia z dnia: 5 jun. 1965 (extraído do relatório de espionagem de TWC, pseudônimo "Kazik", de 5 jun. 1965) (escrito à mão).
82. AIPN BU 0 1224/1505, nota sobre o dr. Zygmunt Bauman de 21 abr. 1965, p. 2. Nas universidades polonesas, estudantes organizam "círculos" para melhorar seu co-

nhecimento em áreas específicas. Um professor (geralmente escolhido por alunos) lidera o grupo, ajudando seus membros a organizar encontros e outras atividades.

"Consciência" é o termo usado na abordagem marxista — consciência de classe é um "fenômeno histórico, nascido da luta coletiva [...] práticas humanas conscientes [são] [...] a conjunção de subjetividade e objetividade na história" — ver: <www.britannica.com/topic/class-consciousness>.

83. AIPN BU O 1224/1505, Doniesienie z dnia 11 czerwca 1968, odtworzone z taśmy mikrofonu- przez Winter. str 2. Fonte TW Winter W-wa 11 abr. 1968; Secreto: denúncia (reproduzida de uma fita de minifone), p. 2 (segundo os registros do IPN, "Winter" era Janina Koblewska (1918-97), professora da Escola Nacional de Cinema em Łodź e especialista em filmes infantis).

A ação de coleta de fundos foi organizada em março de 1965. Para mais informações, ver Rutkowski (2016). Ser expulso de uma universidade tornava quase impossível conseguir outro emprego no ensino superior. Na Polônia socialista, era muito difícil passar nos exames para obter um emprego nessa área, e ser demitido significava a perda da vaga — e, para os homens, dois anos de serviço militar.

84. AIPN BU O 1224/1505, Doniesienie z dnia 11 czerwca 1968, odtworzone z taśmy mikrofonu- przez Winter. str 2. Fonte TW Winter W-wa 11 abr. 1968; Secreto: denúncia (reproduzida de uma fita de minifone), p. 3.

85. AAN, Ministério da Educação Superior, Universidade de Varsóvia, pasta pessoal Zygmunt Bauman 46, Carta de Prodziekan doc. dr. Adam Podgórecki ao reitor da Universidade de Varsóvia solicitando o retorno de um suplemento por conta da demissão do Instituto de Ciências Sociais do Partido, 22 out. 1964.

86. Em nossa entrevista, Modzelewski me disse que leu esse livro na cadeia e que foi uma leitura importante para ele.

87. Entre eles, Aleksandra Jasińska-Kania, que fora aluna de Hochfeld. Pode parecer incomum que dois colegas do mesmo curso de mestrado se tornem aluno e orientador de doutorado — mas Aleksandra era mais nova que Zygmunt e levou muito mais tempo em sua tese de doutorado do que ele. Na verdade, ela mudou de tema (por motivos políticos) e praticamente escreveu uma segunda tese sob a orientação de Bauman (ela obteve o título em 1967).

88. AAN, Ministério da Educação Superior, Universidade de Varsóvia, pasta pessoal Zygmunt Bauman 46. Opinião da professora Maria Ossowska sobre a promoção a "professor extraordinário", 7 set. 1965.

89. A opinião de Ossowska não foi negativa, apenas menos efusiva ou extensa que as dos outros.

90. Entrevista com Werblan, Varsóvia, 9 out. 2015.

91. Na Polônia, a véspera do Natal é realmente um dia festivo — era, contudo, uma comemoração católica, e supunha-se que os membros do Partido fossem ateus.

92. AAN, Ministério da Educação Superior, Universidade de Varsóvia, pasta pessoal Zygmunt Bauman 46, nota escrita à mão, p. 147.

93. Sou grata a Natalia Aleksiun por identificar o autor como Jerzy Tomaszewski, seu orientador de doutorado. Tomaszewski é um nome comum na Polônia, e em 1960 havia vários professores com esse nome na Universidade de Varsóvia.

94. Em 1961, a cátedra de sociologia das relações políticas teve seu nome alterado para cátedra de sociologia II, e em 1964 para cátedra de sociologia geral.
95. Carta de Szymon Chodak para Bauman datada de 29 de março — Arquivo Bauman, Leeds.
96. Rutkowski, 2016, pp. 474-5.
97. Ibid., p. 477.
98. A reação das autoridades universitárias foi imediata, mas se concentrou inicialmente em Kołakowski e Michnik.
99. A Faculdade de Matemática, Física e Astronomia era bem conhecida e respeitada por sua excelência e longa tradição na Polônia. Vários de seus professores eram internacionalmente conhecidos. É importante observar que o departamento era praticamente livre da influência do Partido — um "mundo à parte". Com efeito, o Partido se preocupava com a falta de engajamento político no departamento (Rutkowski, 2016, p. 492).
100. Lityński era membro de grupos dissidentes, enquanto Holsztyński emigrou em 1968 durante o expurgo antissemita, embora não estivesse ligado ao movimento de oposição. Ver outros relatos: Friszke (2010); Rutkowski (2016).
101. Infelizmente, a visão equivocada de Lityński sobre esses eventos é a base da versão oficial, e a ação de matemáticos raramente é lembrada.
102. Trecho de uma carta particular de janeiro de 2018. Sou grata a Włodzimierz Holsztyński por nossa extensa correspondência.
103. Eisler, 2006, cap. 3.
104. Egito, Síria e Jordânia foram os principais envolvidos nesse conflito.
105. J. Bauman, 1988, pp. 167-8.
106. AIPN BU 0 1224/1505, Notatka dot doc. dr Baumana Zygmunta, 14 jun. 1967.
107. AIPN BU 0 1224/1505, Notatka informacyjna, 17 jul. 1967.
108. Ibid. Grifos meus.
109. Em 1953, ele foi oficialmente excluído do KBW, não como judeu, mas por ser filho de um sionista.
110. Friszke, 2010, p. 444.
111. J. Bauman, 1988, p. 169.
112. Friszke, 2010, p. 478.
113. AIPN BU 0 1224/1505, 28 jul. 1967, carta do comando municipal da milícia de Varsóvia ao chefe do Gabinete "C" do Departamento III. O Ministério do Interior solicitou todos os documentos sobre Bauman, que desde o final de julho estava sob observação estrita. Essa categoria faz referência a supostos inimigos ativos do Estado, vistos anteriormente pelos serviços secretos como indivíduos que não apoiavam o sistema socialista ou eram críticos do Partido e do governo. Para mais informações, ver o site do IPN: <https://inwentarz.ipn.gov.pl/slownik?znak=K#84>.
114. J. Bauman, 1988, p. 171.
115. Ver Friszke (2010, pp. 451-2).

116. Friszke escreveu que o primeiro salão foi organizado no apartamento de Jadwiga Staniszkis, em 12 ou 13 de outubro de 1967, e dedicado à questão da "nação" — o principal orador foi Modzelewski.
117. J. Bauman, 1988, p. 171.
118. Friszke, 2010, p. 499.
119. J. Bauman, 1988, pp. 177-8.
120. AIPN BU 0 1069/788 7157, Notatka, 22 abr. 1969, p. 3. Tradução para o inglês de Netrepko-Herbst.

11. O ano de 1968 [pp. 325-60]

1. J. Bauman, 1988, p. 179.
2. AIPN BU 0 204/7/5 44680/II, nota sobre Bauman com data de 5 de janeiro de 1968 — informação na parte de baixo de que a cópia foi enviada ao Departamento I, Seção 3.
3. AIPN BU 0 11224/1505, nota sobre situação na universidade com data de 21 de fevereiro de. 1968, p. 2.
4. AIPN BU 0 11224/1505, Wyciąg z doniesienia 'M-5' z dnia 15 marca 1968 — o inspetor do Departmento III, capitão J. Cioczek, escreveu numa nota datada de 21 de fevereiro de 1968 que o informante secreto "Kazik" (provavelmente um membro do corpo docente) havia relatado que não tinha ciência da ação de Bauman: "Ele promete que na próxima semana vai tentar descobrir a motivação para uma ação tão drástica. Vai falar com Pomian, que deve conhecer as causas. Se [Kazik] tiver a oportunidade, vai falar sobre o assunto com Bauman. Ele fará um relatório a respeito".
5. Essa informação não é corroborada por historiadores. Eisler relata que Morawski e Baczko se opuseram à demissão e queriam ser expulsos do Partido, o que aconteceu na véspera de sua expulsão da universidade (25 de março de 1968). Morawski comparou o episódio ao "ritual medieval de estuprar com o objetivo de confiscar a virgindade de mulheres que haviam sido condenadas à morte" (Eisler, 2006, p. 441). Em outras palavras, eles foram expulsos do Partido antes de serem expulsos da universidade.
6. AIPN BU 0 1224/1550, "Doniesienie" źrodło "Winter", 11 abr. 1968.
7. Na verdade, Brus devolveu sua carteira antes disso, e sem explicação. Sua esposa, Helena Wolińska-Brus, foi expulsa do Partido ao discordar de um discurso de Gomułka em 19 de junho de 1967. Seu marido se demitiu num ato de protesto contra a expulsão dela (Rutkowski, 2016, p. 498).
8. Nisso Bauman está equivocado — a data foi 3 de janeiro, segundo um documento da Bezpieką. Janina Bauman, na versão polonesa de sua autobiografia, menciona o dia 4 (Bauman saiu um dia antes da reunião do Partido).
9. Entrevista com Zygmunt Bauman, Leeds, 1 nov. 2015.
10. Sobre a análise do evento, ver Friszke (2010, pp. 515-22).

11. Gustaw é o herói de *Os antepassados*; ele passa por uma transformação e se torna um herói nacional chamado Konrad. No *roman à clef* autobiográfico de Janina Bauman, ela dá ao marido o nome de Konrad.
12. Eisler, 2006, p. 178.
13. J. Bauman, 1988, pp. 180-1.
14. Janina Bauman tinha acesso privilegiado a todo evento cultural na Polônia.
15. J. Bauman, 1988, p. 181.
16. Friszke, 2010, pp. 524-6.
17. Eisler, 2006, p. 181.
18. Segundo a tradução do artigo encontrada nos arquivos da Bezpieką, há informações sobre a expulsão de Brus e Bauman. Na verdade, isso está errado, pois ambos devolveram suas carteiras de identificação — e deixaram o Partido: Friszke (2010, p. 526, n. 160), AIPN 0330/327, v. 19, arquivos 218-9; original do documento, AIPN 443/16.
19. Friszke, 2010, p. 526, n. 160.
20. Eisler, 2006, pp. 181-2.
21. Friszke, 2010, p. 541; Eisler, 2006, p. 224.
22. Ver capítulos 1 e 2 sobre o antissemitismo do Endecja na Polônia do entreguerras.
23. Autor desconhecido, apud Eisler, 2006, pp. 224-5.
24. Em francês, "vagabundo".
25. Essa é uma alusão à expressão de Gomułka sobre uma quinta-coluna, feita em seu discurso de 19 de junho, ao descrever um "grupo sionista" atuando clandestinamente na Polônia.
26. Wieszcznaroduzszedł na *Dziady*: "*Wieszcz narodu zszedł na Dziady,/ Czy już o tym wiecie?/ Gdy go Michnik i Szlajfery/* Okrzykują w świecie. Rzekł tak mądrze ktoś niedawno/ *O piątej kolumnie,/ A Polacy w Żydów ślepią,/ Bo jak zwykle-durnie./ Dalej bracie, karabele/ Każdy w dłonie chwyta./ Żyda za pejs i za morze/ Rada znakomita./ Im ta Polska, w którą plują, Daje nadal łaski./ Ty studencie piwko ciągniesz,/ Czekasz na oklaski*". Esse texto foi publicado em várias versões; ver Friszke (2010, pp. 544-5).
27. Friszke, 2010, p. 550.
28. Eisler, 2006, p. 225.
29. Friszke, 2010, pp. 537-50.
30. No mesmo dia, uma bomba explodiu no banheiro do prédio em que trabalhavam os censores. Em 2006, Eisler relatou que os responsáveis nunca foram descobertos. Jamais ficou claro se a bomba foi uma provocação, um ato voltado para evitar um encontro de escritores ou uma ação de boa-fé da oposição (Eisler, 2006, p. 96).
31. Dos 365 votantes, 221 apoiaram a petição; mais informações em Eisler (2006, pp. 199-203).
32. Michnik e Szlajfer foram presos em 6 de março, mas libertados dois dias depois.
33. Entrevista concedida à autora por Barbara Szacka e Jerzy Szacki em Varsóvia, 14 ago. 2015. A menos que apresentadas de outra forma, todas as citações dos Szacki neste capítulo são dessa entrevista.
34. Friszke, 2010, p. 561.

35. Esta seção (cronologia, dados e descrição de eventos) baseia-se principalmente em Friszke (2010, pp. 556-81) e Eisler (2006, cap. 5). Um mapa do campus daquele dia pode ser encontrado em Eisler (2006, pp. 236, 246, 249).
36. J. Bauman, 1988, p. 184.
37. Friszke, 2010, p. 559.
38. "Em março de 1968, na Usina Mecânica de Varsóvia [...] bastões de metal de cinquenta-sessenta centímetros foram preparados e então recheados com borracha" (Eisler, 2006, p. 248).
39. A versão oficial foi: trabalhadores honestos tiveram de entrar para proteger dos maus estudantes o "poder do povo" (Ibid., p. 237).
40. Ibid., pp. 243-4.
41. Os serviços de segurança haviam planejado tudo antecipadamente: embora o Conselho da Faculdade tivesse cancelado sua reunião naquele dia, a *Tribuna do Povo* (o principal jornal do Partido) publicou um artigo no dia seguinte condenando o conselho por seu voto equivocado. "O roteiro já estava pronto, independente do que fizéssemos", comentou Jerzy Szacki.
42. Eisler, 2006, p. 244.
43. Ibid., p. 251.
44. Ibid., p. 272.
45. Ibid., p. 285.
46. Ibid., p. 292
47. Curiosamente, essas opiniões também foram publicadas pela revista católica *Słowo Powszechne* [Palavra Universal] (Ibid., pp. 282-3).
48. Eisler, 2006, pp. 282-3.
49. Ibid., p. 287.
50. Ibid., p. 355.
51. J. Bauman, 1988, p. 187.
52. A versão polonesa de 2009 do livro de Janina contém mais detalhes sobre aquela tarde. Eu incluo em minha descrição elementos que não aparecem na versão inglesa publicada em 1988.
53. Ver: <www.youtube.com/watch?v=UuRWvmHRlKk>. O vídeo mostra todo o discurso de Gomułka em 19 de março de 1968; o fragmento analisado está em 1"; registro arquivado pela Karta, uma instituição educacional e de pesquisa.
54. Gomułka apresentou os eventos de março e o que os levou a eles como uma conspiração, concentrando-se em parte no escritor Paweł Jasienica, que apresentou como um adepto do sistema do pré-guerra, um combatente anticomunista depois do conflito e um reacionário.
55. Ver: <www.youtube.com/watch?v=UuRWvmHRlKk>; o fragmento analisado está em 49'28".
56. Ibid.; fragmento analisado iniciado em 1h25'55".
57. J. Bauman, 2011, p. 155.
58. *Gazeta Wyborcza*: Kwaśniewski, "Dałem się uwieść".

59. Havia cinco nomes, mas Brus era economista e os outros, do Departamento de Filosofia.
60. Ver: <www.youtube.com/watch?v=UuRWvmHRlKk>; o fragmento analisado está em 1h36'3". É interessante lembrar que a mulher de Gomułka era uma judia polonesa.
61. Ibid., 1h38'.
62. Ver: <www.mpolska24.pl/post/4240/przemowienie-na-spotkaniu-z-warszawskim-aktywem-partyjnym-wygloszone-19-marca-1968>, em 1h38'28".
63. Ibid., 1h44'.
64. J. Bauman, 1988, p. 189.
65. Id., 2011, p. 156.
66. Id., 1988, p. 189. Na versão polonesa de seu livro, Janina Bauman (2011, p. 156) escreveu que, embora não houvesse mais lojas de judeus, teria sido bem fácil encontrar os endereços das pessoas citadas por Gomułka, já que toda cabine telefônica tinha um livro de endereços com números de telefones.
67. J. Bauman, 1988, p. 190.
68. Id., 2011, p. 159.
69. Eisler escreveu que, em sua primeira publicação sobre esse período terrível, ficou sabendo "do guarda-roupa em que Edda Perska permaneceu escondida na primavera [de 1968]". Mas, para evitar "associações irrelevantes com o Holocausto", escreveu Eisler, "omiti esse drástico episódio" (Eisler, 2006, p. 222).
70. Ibid., p. 117.
71. Agentes da Bezpieką mostraram a uma estudante presa nos protestos um álbum antropológico nazista e algumas fotos do professor Bronisław Baczko para comparação, perguntando se ela reconhecia seu professor em um dos retratos de um típico judeu (nesse caso, um *clochard*) (ver Eisler, 2006, p. 88). Associações semelhantes foram feitas em 2019 pela imprensa de extrema direita, que colocou um retrato de Jan Gross na primeira página com uma enorme legenda: "Como reconhecer um judeu" — ver <http://publicseminar.org/2019/04/how-media-political-and-religious-elites-shape-plebian-resistance/?fbclid=IwAR1Xat1TS2sVxCK5sNzXSRE9OIXfMi4J9mCwSJYzHPmg5kuVokXInPuC7Kg>.
72. "Os judeus precisavam levantar fundos para o transporte [...] [e tinham que pagar] a quantia devida pelas permissões de saída. Assim, com uma astúcia selvagem, Eichmann desenvolvera um esquema pelo qual suas vítimas tinham de organizar a própria partida forçada. Aos judeus deportados só era permitido levar pertences pessoais, e Eichmann e seus brutamontes nazistas viam com maldosa satisfação famílias aos prantos deixando os lares em que tinham nascido [...]. Quem receberia esses vagabundos sem teto e apátridas? Ele não estava preocupado com isso. A emigração para alguns países era controlada, e Eichmann deu a centenas deles passaportes falsos com permissões de saída e os despachou" (Clarke, 1960, p. 41). Agradeço a Aleksander Perski por suas explicações, seu artigo, a troca de correspondência sobre seu texto e o livro de Clarke.

73. Para uma análise da linguagem de 1968, ver Głowiński (1991).
74. Meng indica a posição de grupos próximos à Igreja católica em março de 1968: (A) "Apenas três dias depois dos primeiros distúrbios, o jornal da PAX publicou um artigo que explicava a explosão da agitação estudantil como resultado de uma conspiração 'sionista' que havia corrompido a juventude e a intelligentsia polonesas, afastando-as de sua 'responsabilidade patriótica pela República Popular'", em "Do studentów Uniwersytetu Warszawskiego", *Słowo Powszechne*, 11 mar. 1968 (Meng, 2008, p. 248); (B) para o grupo de intelectuais católicos ZNAK, "os estudantes que protestaram nas ruas dificilmente seriam participantes do meio intelectual católico laico. A maioria deles se identificava com a esquerda secular, que a essa altura não queria ter nada a ver com a Igreja. O ZNAK os defendeu bravamente nesse momento sombrio, mas sua intervenção durante a primavera de 1968 foi limitada num aspecto fundamental. O grupo parlamentar permaneceu totalmente silencioso em relação à campanha antissionista [...]. Nesse momento a campanha antissionista estava no auge, e até o ZNAK foi atacado por suas inclinações 'sionistas' [...]. O grupo se manteve em silêncio total no que dizia respeito a essas acusações absurdas e às centenas de judeus que então deixavam a Polônia" (Meng, 2008, pp. 256-7). (A PAX era uma organização católica que colaborava com o governo, de certa forma como um clube intelectual antissemita.)
75. *Gazeta Wyborcza*: Kwaśniewski, "Dałem się uwieść".
76. Com Eichmann ocorreram os dois tipos de pogrom — liderados pelo Estado e pela turba.
77. Alguns têm teorizado que pogroms anteriores também resultaram de manipulações do Estado. Mas o excelente estudo de Tokarska-Bakir (2018) sobre o pogrom de Kielce provou que ele emanou da sociedade local — com a inclusão de todas as classes.
78. Tokarska-Bakir, 2018.
79. Ou sob controle parcial. Além disso, nos confrontos de rua também havia um terceiro ator — as forças de segurança e/ou o Exército, que protegiam um grupo ou outro, dependendo do contexto (ver Tokarska-Bakir, 2018).
80. E. C. Hughes escreveu sobre a Alemanha nazista e sua "questão judaica" usando a expressão "trabalho sujo". A palestra de Hughes na Universidade McGill foi realizada em 1938-9; seu artigo só foi publicado em 1962.
81. A existência de tais listas e seu uso para demitir pessoas relembraram alguns dos piores momentos da ocupação nazista, como a demissão de funcionários franceses pelo regime de Vichy. Ver Baruch (1997).
82. Eisler, 2006, p. 116.
83. O discurso de Gomułka também incluiu a seguinte frase: "Em razão de seus sentimentos cosmopolitas, essas pessoas deveriam evitar áreas de trabalho em que a afirmação nacional é indispensável".
84. Eisler escreveu: "Um sentimento depressivo é provocado pela lista detalhada, com muitas páginas, de quem ia trabalhar, em que horário, quem chamava quem

e quando, com quem e por quanto tempo conversavam. O relatório é extremamente meticuloso, chegando a incluir os endereços de pessoas com as quais os indivíduos que estavam sendo vigiados tinham contato. Por essa documentação podemos saber, por exemplo, que Zygmunt Bauman esteve com a esposa num jantar no Teatralma [...]. A impressão mais forte vem das listas de pessoas bem conhecidas do mundo da cultura com anotações feitas ao lado de seus nomes: 'Em casa' [...]. Em 22 de março, não apenas Kołakowski, Bauman e Staszewski permaneceram em suas casas (o que é compreensível, dadas as circunstâncias), mas também Ficowski, Karst, Kijowski, Leopold, Pollak, Słonimski, Szechter e Woroszylski" (AIPN 0296/99, v. III, apud Eisler [2006, 2012]).

85. Entrevista com Zygmunt Bauman, Leeds, 31 out. 2013; também mencionado em diversos livros após a entrevista publicada no jornal israelense *Maariv* em agosto de 1968 (Eisler, 2006) — a tradução do artigo, assim como o trecho transmitido pela Rádio Europa Livre, está no arquivo de Bauman, AIPN BU O 1069/788.

86. A notícia se espalhou, de fato, por toda a Polônia, constantemente repetida no rádio e na TV, e também na imprensa.

87. Eisler, 2006, p. 445.

88. AIPN BU O 204/7/4460/II; trecho (Wyciąg) da nota sobre a discussão com o capitão "Janusz" realizada em 2 de abril de 1968 — Varsóvia, 24 abr. 1968, secreto.

89. Eisler, 2006, p. 446.

90. Eisler apoia Friszke e Zaremba, que enfatizaram que os estudantes eram uma das categorias importantes, mas a característica unificadora de todos os que atuaram em março de 1968 era a idade (Ibid., p. 396).

91. Sou grata a Arthur Allen por essa informação preciosa.

92. Entrevista com Zygmunt Bauman, Leeds, 31 out. 2013.

93. As estimativas vão de 13 mil a 22 mil, dependendo da definição de "emigração de março de 1968"; obviamente, nem todos os que deixaram o país em 1968 fizeram parte do grupo forçado a sair em resultado dos distúrbios e da repressão do governo. Alguns partiram para se casar com estrangeiros ou fizeram viagens turísticas para o exterior e lá permaneceram, ou tiveram razões profissionais para isso.

94. Michael Meng observa: "O tema permaneceu preponderante durante os quarenta anos de história do Estado comunista, enquanto os estereótipos frequentemente emaranhados do 'judeu comunista', 'sionista', 'não polonês' e 'cosmopolita' emergiam com vários graus de intensidade em 1945-6, 1956, 1968 e 1981. Um motivo para isso é a intensidade geográfica e historicamente específica do estereótipo antissemita do *żydokomuna* na Polônia, mas outro é a história do Holocausto nesse país. O ódio verbal de 1968 [...] atacou intensamente a ideia do Holocausto e moldou depois disso a maneira de discuti-lo. É muito provável que oficiais comunistas tenham sido particularmente treinados para formular esse ódio linguístico [...]. A virulência de 1968 e o ataque ao Holocausto ocorreram na Polônia porque o regime comunista, diferente de seu correlato na Alemanha Oriental, quase não tinha limites à intensidade do ódio antijudaico que podia professar. Seu prede-

cessor nunca produzira uma 'Solução Final' nem um Quisling que a apoiasse. Como observou Kazimierz Wyka em 1945: 'Se o antissemitismo polonês tivesse se estabelecido como colaboracionista, teria sido posteriormente destruído ou pelo menos desmascarado. Mas, como nunca teve a figura de um Quisling, manteve sua posição e ainda é considerado um símbolo do patriotismo'. [Wyka, 1945, apud Huener, 2003, p. 41]. Embora o antissemitismo nunca tenha desaparecido por completo na Alemanha dividida do pós-guerra, Wyka aponta para uma explicação pelo menos parcial da relação contestada, problemática, da Polônia do pós-guerra com o Holocausto [...] em 1968" (Meng, 2008, pp. 339-40).

95. Em polonês, apelidos são muitas vezes dados a crianças e amigos íntimos. Anka era uma das alcunhas carinhosas de Anna.

96. Em entrevistas com cientistas que deixaram a Polônia em função da campanha antissemita, descobri alguns abusos cometidos por professores. Numa escola, duas filhas de uma família foram atacadas verbalmente e depois de saírem dela receberam uma carta cheia de ódio de seu professor e de colegas de classe.

97. Ver o trabalho psicossociológico de Simon Gottschalk sobre o trauma na segunda e na terceira geração de sobreviventes do Holocausto, e também o trabalho do psiquiatra Tobie Nathan sobre o trauma das crianças refugiadas. Também há estudos sobre o impacto epigenético do trauma.

98. J. Bauman, 1988, p. 33.

99. O trem para Viena saía dessa estação. Em 1968-9 ela se tornou abjeta em função do número de pessoas que dali saíram definitivamente da Polônia. Houve muitas despedidas dramáticas envolvendo pais idosos que não podiam partir e talvez nunca mais vissem seus filhos e netos. Para aumentar o pavor que o lugar provocava, ela fora a estação de partida para o campo de extermínio de Treblinka durante a Segunda Guerra Mundial. Marcel Łodziński fez um filme sobre a emigração intitulado *Dworzec Gdański* (Estação Ferroviária de Gdański).

100. AIPN BU 0 204/7/4460/II Donos, źrodło 'Stolarski', com data de 24 de maio de 1968: "Secreto".

101. Em algumas famílias, quando os filhos perguntavam aos pais em que língua estavam falando, estes respondiam "francês". Durante a Segunda Guerra Mundial, usar o iídiche significava uma sentença de morte, e muitas famílias judias eram cuidadosas ao falá-lo na época do pré-guerra. Os avós de Zygmunt eram ambos falantes da língua.

102. Muitas dessas famílias raramente falavam o iídiche em casa. Escritores, poetas e professores que o usavam teriam sido exceções, assim como aqueles que mantinham a língua viva por temerem a sua extinção. Durante a Segunda Guerra Mundial, os que tinham o iídiche como língua principal e falavam polonês com sotaque tinham pouca chance de sobrevivência.

103. A pasta de emigração de Bauman (AIPN BU 0 204/7/4460/II) contém uma nota fiscal de 5 mil złotych pagos pelo procedimento — mais que um mês de salário.

104. AIPN BU 1268/13779 Podanie do Rady Państwa PRL de 13 de maio de 1968, assinado "Z. Bauman".

105. Alguns resistiram e se recusaram a deixar a Polônia, o mais famoso deles foi Adam Michnik, que reiteradamente se recusou a emigrar. A um oficial da Bezpieką que lhe pediu para deixar o país, ele respondeu que o faria quando o oficial concordasse em emigrar para Moscou. Um dos melhores livros sobre essa época é *Życie przecięte. Opowieści pokolenia marca* [Vida interrompida: Histórias da geração de março], escrito pela antropóloga Joanna Wiszniewicz com base em entrevistas com emigrantes (Wiszniewicz, 2008). Sobre a difícil decisão de emigrar ou não, ver o interessante livro do escritor e psicólogo Michał Grynberg, *Księga wyjścia* [O livro da partida], publicado em 2018.

106. Em tais situações, as embaixadas da Dinamarca e da Holanda ajudavam a conseguir dinheiro emprestado, embora isso geralmente ficasse a cargo de organizações judaicas.

107. Bauman também obteve um certificado do Sindicato dos Autores, indicando sua situação financeira em relação aos direitos autorais.

108. AIPN BU 1268/13779 Wniosek, 17 maio 1968.

109. De acordo com a lei da Polônia, crianças se tornam automaticamente polonesas se suas mães forem cidadãs do país.

110. Com a mesma caligrafia, em outro documento, em 30 de maio de 1968, o vice-ministro Świtała autorizou a partida da família de Bauman. Ver AIPN BU 1268/13779 Notatka służbowa dot. Bauman Zygmunta — wyjazd na pobyt stały do Izraela, 28 maio 1968.

111. Świtała não era um oficial da Bezpieką e não tinha realmente poder de decisão no Ministério do Interior (informação da Wikipédia).

112. Ver: <http://ohistorie.eu/tag/marzec-68/?print= pdf-search&fbclid= IwARo 26e V_ oPeYtw49r9tBX33Dd M9nnOrqkQ w3ySNr8tLZIgPWodM1_vFVYWI>.

113. Entrevista com Zygmunt Bauman, Leeds, 31 out. 2013.

114. Eisler citando testemunho de Szapiro (Eisler, 2006, p. 25).

115. "Vida interrompida" é a expressão que dá título ao livro de Joanna Wiszniewicz (2008).

116. Entrevista com Zygmunt Bauman, Leeds, 31 out. 2013. Leon era um membro do comitê de protesto dos estudantes. Bauman acreditava que, mesmo sob as regras da Bezpieką, o sistema jurídico polonês era legítimo e devia ser respeitado. Ele estava muito certo em acreditar nisso. Os primeiros julgamentos respeitaram plenamente a lei, e, com a defesa do melhor advogado (do pré-guerra), muitos opositores não foram condenados. Mas a partir da primavera de 1968 a situação mudou. Os advogados que defendiam dissidentes foram dispensados, e o tribunal passou para o controle político. Ainda assim, Leon Sfard, como a maioria dos participantes dos eventos de março de 1968, foi libertado depois de alguns meses e, tal como Anna, tornou-se apátrida e partiu para Israel. Para mais informações sobre Leon Sfard, ver: <https://marzec68.sztetl.org.pl/en/osoba/leon-sfard>.

117. AIPN BU 1638/5/4 108/55/4. A carta foi enviada ao diretor de Controle de Tráfego na Fronteira do Ministério do Interior em 4 de junho de 1968.

118. Nathan, 1994.
119. Todos retornariam para breves estadas, mas em 1968 foram convencidos de que estavam partindo para sempre. Vinte anos antes das eleições livres e do "fim do comunismo" na Polônia, ninguém podia imaginar que algo assim fosse possível.
120. Essa frase foi tomada de empréstimo do livro de Janina Bauman, a penúltima sentença: "Agora não pertenço a lugar algum" (1988, p. 202).

12. Terra Santa [pp. 361-94]

1. Essa citação do diário de Janina Bauman vem dos arquivos do IPN: AIPN BU 01069/788 7157 — Nota — 22 abr. 1969, p. 3. Agradeço a Barbara Nykiel-Herbert pela tradução.
2. Sou profundamente grata a Lydia Bauman e a suas irmãs Anna Sfard e Irena Bauman pela confiança e pelo acesso a esse documento singular, assim como pelas entrevistas e discussões que constituíram a base para a maior parte deste capítulo em relação a assuntos de família.
3. Geertz, 1973. A expressão "descrição densa" também foi empregada em correspondência particular por Anna Sfard.
4. O diário de Janina Bauman foi confiscado pela alfândega em 1968. Seus livros *Inverno na manhã* e *A Dream of Belonging* foram reconstituições desse diário, possíveis sobretudo graças às cópias feitas pela mãe de Janina depois da guerra.
5. É interessante comparar o relato de viagem de Lydia com o livro de Janina Bauman, *A Dream of Belonging* (1989).
6. Foi o termo empregado por Lydia Bauman.
7. Esse foi um ato espetacular de solidariedade e protesto contra as autoridades polonesas, possível graças à efêmera liberalização da Tchecoslováquia que a invasão soviética brutalmente suprimiu em agosto de 1968.
8. Ha-Sochnut ha-Yehudit L'Eretz Yisra'el, organização criada de acordo com o art. 4 do mandato britânico sobre a Palestina (aprovado em 1922 pelo Conselho da Liga das Nações) para organizar a imigração de judeus para essa região e seu assentamento. Ver: <https://sztetl.org.pl/en/glossary/jewish-agency-sochnut>.
9. De acordo com Stola, cerca de 13 mil pessoas saíram do país durante o pogrom de Estado e 28% delas foram para Israel. Em 1968, 1349 judeus foram para Israel, e, em 1969, 1735. Os outros emigrantes preferiram ir para a Europa Ocidental, a América do Norte e a Escandinávia (Stola, 2010, p. 222). Na agência judaica em Viena, os expatriados podiam conhecer suas opções. Para os que escolhiam Israel, a situação era simples e o processo avançava rápido. Os que desejassem emigrar para outros lugares tinham de esperar por um visto. Os Estados Unidos exigiam que o imigrante tivesse um patrocinador, o que podia levar vários meses para operacionalizar a viagem. A espera geralmente se dava na Itália, sobretudo em Roma.
10. J. Bauman, 2011, p. 27.

11. O castelo de Schönau esteve aberto de 1968 a 1973, quando um ataque terrorista levou o governo austríaco a fechá-lo. Cerca de 200 mil pessoas, na maioria judeus russos, se hospedaram lá a caminho de Israel.
12. Comunidades universitárias na França, Tchecoslováquia e Iugoslávia protestaram contra sua demissão.
13. Organizações judaicas (Hias, Joint e Sochnut) financiaram os emigrados durante o período de espera, pagando sua moradia, alimentação, cuidados de saúde e por vezes educação, mas se esperava que eles devolvessem esses valores quando a situação no novo país lhes permitisse.
14. AIPN BU 1093/8207 — relatório assinado pelo inspetor do Departamento IV, Seção 3 — tenente Wacław M. Krol; datado de 18 de julho de 1968.
15. Manuscrito de Lydia Bauman, p. 8.
16. Seis meses depois ele publicou na revista *Cultura* um célebre artigo intitulado "Sobre frustração e malabaristas" (Bauman, 1968).
17. Utilizo aqui a expressão "dupla presença" seguindo o trabalho de Abdelmalek Sayad sobre imigrantes argelinos e seu conceito de dupla ausência (ao contrário da visão transnacional de dupla presença) (Sayad, 2004).
18. Ver, por exemplo, Wiszniewicz (2008).
19. Entrevista com Anna Sfard, 20 abr. 2019.
20. Disponível em: <www.youtube.com/watch?v=kJytV7s-aUU&list=RDkJytV7s-aUU&start_radio=1&t=21&pbjreload=10>.
21. O filme se baseou no famoso livro do escritor russo Boris Pasternak, que ganhou o prêmio Nobel de Literatura em 1958. Pasternak não pôde recebê-lo pessoalmente, e seu livro, que não se enquadrava na estética soviética, nunca foi publicado na União Soviética. Finalmente traduzido e publicado na Itália, tornou-se um instrumento da luta anticomunista empregado pela CIA — em si mesma uma notável história de espionagem revelada recentemente por Finn e Couvée.
22. "Jerusalém do ouro, e do cobre, e da luz; Veja, eu sou um violino para todas as suas canções" — tradução do site <www.hebrewsongs.com>.
23. *"Obcy wśrod Obcych"* [estrangeiros entre estrangeiros] é a metáfora empregada por Kossewska para descrever a Aliá de março de 1968 (Kossewska, 2015).
24. Os eventos de 1956 produziram a chamada "Aliá de Gomułka". A guerra de 1967 e o rompimento de relações entre Israel e Polônia provocaram a emigração de diversos judeus poloneses.
25. Obviamente, os imigrantes de 1968 podiam escolher seu destino, mas os israelenses tendiam a ver todos eles como exilados e não como sionistas convictos.
26. Elżbieta Kossewska é autora de um livro sobre a imprensa polonesa em Israel de 1945 a 1970 (Kossewska, 2015).
27. Kossewska, 2015, pp. 234-5.
28. Goldkorn, nascido em 1952, saiu da Polônia para Israel em 1968 e depois de alguns anos se estabeleceu na Itália. Tornou-se jornalista e escritor, trabalhando por vários

anos como chefe da seção de cultura da *Espresso* — uma importante revista italiana. Era amigo de Bauman e publicou várias entrevistas com ele.

29. O termo faz referência ao fruto de um cacto nativo. Como Goldkorn o descreveu: "Sabra — um interior doce e delicado, aparentemente um pouco áspero e arrogante: o estereótipo de um judeu nascido na liberdade, que fala hebraico desde o nascimento, não infectado pela doença da diáspora e pela vergonhosa gíria iídiche — um corajoso judeu e ao mesmo tempo um bom fazendeiro e um belo homem, preferivelmente louro e de olhos azuis" (Goldkorn, 2018).
30. Ibid., pp. 133-4.
31. O conhecimento histórico comum do Holocausto era incompleto nessa época; particularmente ausente era a compreensão das muitas revoltas e levantes entre os condenados à morte nos guetos e nos campos de concentração.
32. Wiszniewicz, 2008, p. 589.
33. Goldkorn, 2018, p. 135. "Isto aqui é a Ásia" era uma reação comum de poloneses — sobretudo os que tinham familiaridade com repúblicas asiáticas da União Soviética devido ao tempo passado lá durante a Segunda Guerra Mundial (ver testemunhos em Wiszniewicz, 2008).
34. Małgorzata Tal, amiga de Anna, menciona-a numa história sobre seus primeiros dias de assentamento, dizendo que Anna deu boas-vindas a ela e à mãe no aeroporto Ben Gurion. As mulheres estavam perdidas e Anna as ajudou a organizar sua nova vida (Wiszniewicz, 2008, p. 579).
35. J. Bauman, 1988, p. 34. A imprensa israelense em língua polonesa da década de 1960 enfatizou a recepção privilegiada que Israel ofereceu aos judeus que chegaram em ondas da Polônia em 1956 e 1968, em comparação com os *olim* sefarditas (Kossewska, 2015, cap. 4). O tratamento proporcionado aos emigrantes poloneses devia-se ao seu nível educacional. As solicitações de emigração eram entregues à agência de passaportes polonesa sobretudo por intelectuais, e incluíram pelo menos quinhentos acadêmicos e pesquisadores, duzentos jornalistas e revisores, sessenta empregados de rádio e TV, cem músicos, atores e artistas visuais (Stola, 2010, p. 233).
36. Segundo Stanisław Obirek, coautor e amigo de Bauman, Sandler mencionou que este foi politicamente ativo em Israel após 1968.
37. Elżbieta Kossewska contou-me que o editor da *Cultura*, Jerzy Giedroyć, muitas vezes solicitava textos de Bauman.
38. Bauman manteve seu foco na Polônia, escrevendo sobre ela em polonês durante os anos de sua permanência em Leeds. Só depois de estar morando há dez anos no Reino Unido começou a escrever textos sociológicos diretamente em inglês.
39. Roman Karst (1911-88), marxista, crítico literário, especialista em teoria crítica, tradutor, escritor e professor de literatura na Universidade Stony Brook. Emigrou para os Estados Unidos em 1966.
40. Wiszniewicz, 2008, p. 521.

41. A forte ligação com a terra natal e seus "valores de outubro de 1956" eram elementos que distinguiam a Aliá de 1968 de emigrados poloneses anteriores.
42. Embora houvesse, sem dúvida, "sionistas" autênticos no grupo, a maioria dos emigrantes de 1968 parece ter tido uma boa posição profissional na Polônia antes de 1967 e nenhum plano de deixar o país. Ver Stola (2010).
43. Sobre o problema da identidade devido à emigração forçada em 1968, ver Wiszniewicz (2008) e Grynberg (2018).
44. Uri Ram é professor de sociologia na Universidade de Tel Aviv e autor de um livro histórico sobre a relação do Estado de Israel com o desenvolvimento da sociologia israelense (Ram, 1995). Eu o entrevistei em Tel Aviv em 20 de maio de 2017, em inglês.
45. Entrevista realizada em Tel Aviv, 20 maio 2017.
46. Correspondência particular, 4 jun. 2019.
47. Informações sobre o artigo são fornecidas pelo arquivo AIPN BU 0 1069/788 7157, nota de 22 de abril de 1969: "Secreto". Tradução do artigo do *Maariv*, ago. 1968 — do hebraico para o polonês, por tradutores da Bezpieką; do polonês para o inglês, por mim mesma, p. 2.
48. Ibid., p. 3.
49. Leon Rozenbaum, apud Wiszniewicz, 2008, p. 588.
50. Tradução do artigo do *Maariv*, ago. 1968, p. 3.
51. Sou grata a Anna Sfard por essa história sobre a publicação do *Maariv*. Ela observou que uma situação parecida aconteceu mais tarde com David Sfard, pai de Leon, especialista em literatura iídiche. Ele deu uma entrevista ao mesmo jornalista e o efeito foi semelhante: deturpações (entrevista com Anna Sfard, 20 abr. 2019).
52. Ditado atribuído aos tuaregues (segundo a Wikipédia francesa), mas na França comumente imputado ao rei Luís XIV (o "Rei Sol").
53. Ram, 1995, p. 9.
54. O funcionalismo é um quadro teórico para a construção de uma teoria da sociedade como um sistema complexo. No contexto de Israel, o mais importante é o funcionalismo parsoniano, como explicou Uri Ram: "Eisenstadt foi para a sociologia de Israel, tanto em substância quanto em função, o que seu colega e orientador Talcott Parsons foi para a sociologia americana. Foi o primeiro a institucionalizar na disciplina um 'paradigma' realmente dominante e usou o mesmo quadro teórico, o funcionalismo, para uma finalidade comparável: conferir legitimidade científica à elite governante e à ordem por ela construída [...]. O funcionalismo de Parsons era especificamente coerente com o capitalismo corporativo americano, da mesma forma que o funcionalismo de Eisenstadt era compatível com a variante israelense do capitalismo burocrático" (Ram, 1995, p. 44). Nesse paradigma, Israel é apresentado como uma "sociedade harmoniosa e homogênea" em processo de evolução social. Essa visão do processo de construção da nação israelense é insuficiente e carece de especificidade histórica e de uma abordagem empírica (Ibid., p. 48). Houve três fases do funcionalismo — ver Ram (1995).

55. Entrevista realizada em Tel Aviv, maio 2017.
56. AAN, Ministerstwo Szkolnictwa Wyższego 2860; carta do Ministério da Educação Superior ao reitor da Universidade de Varsóvia datada de 11 de dezembro de 1968 (DU-4-198-2/68).
57. Esse termo é comumente empregado na academia francesa. Intelectuais importantes eram chamados de "mandarins" para descrever a natureza de suas relações com estudantes e colaboradores. Tinham "cortes" de alunos, colaboradores e fãs, os quais eram conhecidos por explorar em troca de recompensas como apoio no desenvolvimento da carreira.
58. Eisenstadt, numa entrevista realizada por Shalva Weil em Leeds, fev. 2010; trechos publicados em 2011 no site da Associação Europeia de Sociologia em sua revista oficial, *European Sociologist*: <www.europeansociologist.org/sites/default/files/public/ES_issue31.pdf>.
59. Ram, 1995, p. 32.
60. Um dos textos mais importantes de Bauman sobre as relações entre Israel e a Palestina foi publicado no *Haaretz*: "Israel deve se preparar para a paz", 8 ago. 1970. Ele também escreveu um artigo em 2013: <www.haaretz.com/premium-israel-derelictin-duty-to-warn-the-world-1.5229873>.
61. Stavit Sinai mencionou que Eisenstadt tinha ligação com o Haganah e esteve implicado nas campanhas militares de 1948 (Sinai, 2019, cap. 1). Sou grata a Jack Palmer por essa informação.
62. Além disso, eles estavam envolvidos em diferentes sistemas educacionais. O percurso que leva ao doutorado dura cerca de oito anos na Europa (três para a graduação + dois para o mestrado + três para o doutorado), enquanto no modelo israelense, baseado no do Reino Unido, são três anos para graduação + três anos para o doutorado. Diferente do que ocorre na Europa continental, o mestrado não é obrigatório.
63. Sztompka, 2004.
64. Uri Ram assinalou: "O eminente status de Eisenstadt na sociologia israelense foi promovido por sua posição na arena internacional. Ele era com frequência o orador principal em eventos sociológicos internacionais, ganhador de diversos prêmios e honrarias profissionais e muito procurado para dar aulas como professor visitante em universidades estrangeiras (segundo uma lista parcial, foi: consultor da Conferência da Unesco sobre Integração Cultural de Imigrantes em Havana, 1956; bolsista do Centro de Estudos Avançados em Ciências Comportamentais em Stanford, Califórnia, 1955-6; professor em diferentes períodos nas universidades de Oslo e Chicago, no Instituto de Tecnologia de Massachusetts e na Universidade Harvard)" (Ram, 1995, p. 25).
65. Beilharz, 2020 MS, pp. 98-9.
66. Entrevista realizada por Shalva Weil em Leeds, fev. 2010.
67. Ram, 1995, p. 25.
68. Ram comentou: "Edward Shils coloca a estatura intelectual de Eisenstadt no mesmo patamar de Weber, Durkheim e Parsons (na sociologia convencional da

época era comum omitir qualquer menção a Marx como um dos ancestrais desse campo; E. Shils, 1985, pp. 4-6)" (Ram, 1995, p. 25).

69. Entrevista realizada em 2017; o entrevistado preferiu permanecer anônimo.
70. Ram, 1995, p. 26.
71. Entrevista com Uri Ram, Tel Aviv, 24 maio 2017.
72. Entrevista realizada por Shalva Weil em Leeds, fev. 2010.
73. Entrevista com Emanuel Marx, Tel Aviv, 23 maio 2017.
74. Entrevista com Anna Sfard, 20 abr. 2019.
75. O bar mitsvá (ou bat mitsvá, no caso das meninas) é uma cerimônia religiosa em que rapazes adolescentes conduzem preces escolhidas na sinagoga como sinal de maturidade religiosa. É um evento importante em famílias judias.
76. Correspondência particular, maio de 2017. Hazan também mencionou sua relação com Bauman e sua obra no período pós-israelense: "Continuei buscando contatos ocasionais com Bauman e tive o privilégio de obter seu endosso a dois livros que publiquei, *Serendipity in Anthropological Research* (que Esther Hertzog e eu organizamos em louvor a Emanuel Marx) e *Against Hybridity: Social Impasses in a Globalizing World*. A obra e a visão de Bauman têm sido uma fonte constante de inspiração para mim, especialmente em minha pesquisa sobre envelhecimento e morte; é o caso de seu maravilhoso livro *Mortality, Immortality and Other Life Strategies*, em que ele oferece uma teoria da condição de terminalidade em ambientes modernos e pós-modernos".
77. Ibid.
78. Entrevista com Emanuel Marx, Tel Aviv, 23 maio 2017.
79. Georg Simmel (1858-1918), filósofo e sociólogo alemão, pensador interdisciplinar que publicou textos sobre diferentes problemas da sociedade de seu tempo. Foi o pai dos interacionistas e também influenciou vários pensadores do século XX, entre eles Zygmunt Bauman.
80. AIPN BU 0 204/7/1.
81. Ver Kossewska, 2015.
82. A escritora e musicista Viola Wiman "deixou a Polônia cinquenta anos atrás e ainda não chegou a Israel" (Grynberg, 2018, p. 28); essa situação, conhecida como "síndrome da mulher de Lot", é um fenômeno reconhecido entre os *olim* (ver Kossewska, 2015).
83. *Yeridim* (hebr.): "aqueles que caem (de Jerusalém/da montanha)" — em suma, "fracassados"; esse termo contrasta com os *Aliyah* que se estabeleceram permanentemente em Israel.
84. Para mais informações sobre o impacto na imprensa da partida de membros da Aliá de março, ver Kossewska (2015, caps. 4, 6, 7).
85. J. Bauman, 1988, p. 34.
86. A cerimônia foi realizada em Estocolmo durante uma visita de férias. Eles desejavam uma cerimônia secular, que na época não era possível em Israel. Na Suécia, também encontraram amigos de Varsóvia expulsos em 1968 (Grynberg, 2018).

87. O livro foi publicado em 2017 em polonês e em 2018 em inglês, depois de ser recuperado por Dariusz Brzeziński. A história dessa descoberta é contada por Brzeziński em Bauman (2018).
88. AIPN BU 0 204/7/1 44680/1.
89. O processo de recuperá-los levou mais de um ano, mas os documentos originais ainda permanecem no IPN em Varsóvia. Infelizmente, isso ocorreu após a morte de Janina, em 2009, bem depois de ela ter publicado suas duas obras autobiográficas. Por isso, ela foi obrigada a recorrer às informações das cópias feitas pela mãe e à memória.
90. Refiro-me aqui ao crescimento do antissemitismo na Polônia; ver pesquisa da União Europeia, 2018: <https://fra.europa.eu/en/publication/2018/2nd-survey-discrimination-hate-crime-against-jews>, e os escandalosos eventos que se seguiram à histórica conferência da EHESS em Paris no final de fevereiro de 2019: <www.publicseminar.org/2019/04/the-subtext-of-a-recent-international-scandal-part-one-2>.
91. Bauman preparou suas anotações básicas em polonês e depois as traduziu para o inglês, seguindo-se outra tradução, para o hebraico, para dar suas aulas, como é visível no Arquivo Bauman, em Leeds. Há, por exemplo, uma lista escrita à mão que é provavelmente o esboço de um programa de ensino para um curso sobre classes sociais.
92. Uma carta sobre as traduções para o francês, com data de 16 de janeiro de 1969, inclui um memorando de entendimento e três contratos. Sou grata a Jack Palmer por sua ajuda com documentos da Coleção Especial.
93. "Os que tiveram algum tipo de oferta dos Estados Unidos ou da Europa Ocidental deixaram Israel imediatamente", disse Stanisław Obirek (entrevista realizada em Varsóvia, 24 set. 2018).
94. *Gazeta Wyborcza*: Kwaśniewski, "Dałem się uwieść".
95. "Com a dramática vitória de Israel na Guerra dos Seis Dias, em 1967, os judeus progressistas enfrentaram seu maior desafio. A Nova Esquerda, dividindo-se ao longo de linhas raciais e ideológicas, tornou-se crítica do Estado Judaico, igualando sua ocupação da Cisjordânia e da Faixa de Gaza aos impulsos imperialistas dos Estados Unidos na Guerra Fria. Muitos da Nova Esquerda rejeitavam o sionismo, rotulando-o de manifestação de um nacionalismo chauvinista, até mesmo racista." Ver: <www.jewishvirtuallibrary.org/new-left>.
96. Na Polônia, assim como em Israel, algumas pessoas entrevistadas preferiram permanecer anônimas.
97. Como diz Kossewska: "Em Israel, não era fácil ser um comunista ou mesmo um marxista. O sionismo continha elementos religiosos [...] era associado à próspera filantropia de pessoas ricas (vivia em simbiose com o capitalismo). Isso também causava conflitos com os árabes, que até a década de 1950 não podiam ser membros de partidos sionistas israelenses. É por isso que o Mapam não podia ser comunista, mas o Maki podia ser antissionista e judeu-árabe. A agitação comunista era frequentemente atraída para o boicote ao Estado judaico. Em contraste com os

grupos sionistas, a crítica agressiva dos comunistas aos aparelhos governamentais e instituições do Estado mobilizou o movimento da emigração judaica na direção oposta — para longe do Estado (Yerida)" (Kossewska, 2015, p. 433).

98. O Partido Trabalhista foi criado com base no Mapai, partido apoiado por Tova, irmã de Bauman.

99. "Muitos outros israelenses falaram criticamente sobre o que consideraram uma oportunidade perdida, a despeito da fragilidade das circunstâncias [...]. O dr. Goldman disse que estava desapontado com a rejeição do Gabinete. 'Poderia ter sido o início de uma forma de evitar outra guerra ou de ampliar o conflito no Oriente Médio', disse ele." Ver James Feron, "Cabinet Veto of a Goldmann-Nasser Meeting Decried in Israel", *New York Times*, 7 abr. 1970, disponível em: <www.nytimes.com/1970/04/07/archives/cabinet-veto-of-a-goldmannnasser-meeting--decried-in-israel.html>.

100. Segundo uma testemunha que permanece anônima. Em polonês: "*Trzeba stwierdzić, że Izrael nie chce pokoju*".

101. *Haaretz*, 8 ago. 1970.

102. Bauman em entrevista a Domosławski, "Gaszenie pożaru benzyną" [Apagando fogo com gasolina], *Polityka*, 16 ago. 2011, disponível em: <www.polityka.pl/tygodnikpolityka/swiat/1518590,1,rozmowa-artura-domoslawskiego-z-prof-zygmuntem-baumanem.read>.

103. Essa metáfora foi mencionada por um membro da família de Zofia Braun, que se mudou para Israel em 1968 (Grynberg, 2018, p. 83).

104. Entrevista realizada em Israel, maio 2017.

105. Władek Poznański, apud Wiszniewicz, 2008, p. 666.

106. Bauman, apud Tester, Jacobsen e Bauman, 2006, p. 273.

107. J. Bauman, 2011, p. 28.

108. Id., 1988, p. 36.

13. Um professor britânico [pp. 395-419]

1. Kołakowski, depois de lecionar como professor visitante nos Estados Unidos, estabeleceu-se em 1970 no Reino Unido como professor de filosofia.

2. Cartas de Kołakowski (1970-1) na correspondência pessoal dos Bauman: Arquivo Bauman, Leeds.

3. Antes de se mudar, Bauman mandou consertar as janelas para que elas pudessem ser mais bem fechadas. Acostumados ao inverno frio da Polônia, eles prestavam atenção nesse tipo de detalhe.

4. J. Bauman, 1988, p. 142.

5. Ibid.

6. Ver o trabalho de Anne-Catherine Wagner sobre famílias de expatriados (diplomatas e profissionais de alto nível) e o impacto dessa mudança de país sobre a estabilidade emocional das crianças.

7. Janina Bauman, num de seus livros autobiográficos, forneceu mais detalhes sobre o assunto (J. Bauman, 1988).
8. Tabet, 2017, p. 134.
9. Documento do Arquivo Bauman, Leeds.
10. A nota contém um pequeno erro: o ano de sua tese de doutorado foi 1954 e não 1956 — talvez introduzido inadvertidamente.
11. Bagguley, Campbell e Palmer, 2018, p. 37.
12. O sociólogo Jack Palmer, vice-diretor do Instituto Bauman, foi um dos coautores da pesquisa sobre a história do Departamento de Estudos Sociais da Universidade de Leeds. Sou grato a Jack por nossa extensa correspondência e por sua ajuda em relação ao período da vida de Bauman em Leeds e ao contexto local.
13. Site pessoal de Max Farrar — obituário escrito um ano após a morte de Bauman. Disponível em: <www.maxfarrar.org.uk>.
14. Keith Tester, numa entrevista realizada em Londres em 2 de novembro de 2018, disse: "Foi Miliband que arranjou o emprego para Bauman em Leeds ou fez com que isso acontecesse". Ver também a biografia de Miliband por Newman (2002).
15. Seus interesses de pesquisa passaram de temas coloniais para problemas da sociedade britânica (ele publicou vários artigos na *New Reasoner*, revista da Nova Esquerda), e ele se tornou sociólogo e professor de sociologia.
16. Worsley, 2008, p. 136.
17. Site pessoal de Max Farrar: <www.maxfarrar.org.uk>.
18. Bauman, apud Halsey, 2004, pp. 206-8. Com "homem da história", Bauman provavelmente se referia a *The History Man* (1975), romance de Malcolm Bradbury ambientado no campus. Agradeço a John Gaunt por ter indicado essa conexão.
19. Por essa observação, sou grata a Jean-Michel Chapoulie, que também critica a descrição de Bauman da sociologia francesa e de seu status na França (correspondência particular com a autora, jul. 2019).
20. Entrevista com Keith Tester, Londres, 2 nov. 2018.
21. Carta de Alan M. Dawea Zygmunt Bauman com data de 7 de janeiro de 1971: Arquivo Bauman, Leeds.
22. Correspondência com Jack Palmer, 16 ago. 2019.
23. Carta de Alan M. Dawe a Zygmunt Bauman, 7 jan. 1971.
24. Bagguley, Campbell e Palmer, 2018, p. 38.
25. Site pessoal de Max Farrar, obituário escrito um ano após a morte de Bauman.
26. Carta enviada por via aérea do dr. J. V. Loach, datada de 3 de maio de 1971: Arquivo Bauman, Leeds.
27. J. Bauman, 1988, p. 42.
28. Id., 2011, p. 115.
29. Włodzimierz Goldkorn, discussão com Zygmunt Bauman intitulada "Ludzie w ciemnych czasach" [Pessoas em tempos sombrios], *Odra*, out. 2013.
30. Entrevista com Zygmunt Bauman, Leeds, 31 out. 2013.
31. Wagner (2011) — principalmente pessoas fazendo trabalhos experimentais na área das ciências biológicas.

32. Entrevista com Zygmunt Bauman, Leeds, 1 nov. 2015.
33. Ibid.
34. Wagner, 2011.
35. Isso se evidencia em estudos que realizei em 2003 e 2015 na União Europeia e nos Estados Unidos, tendo como foco carreiras científicas e acadêmicas (ver, por exemplo, Wagner, 2011, 2014, 2016).
36. Sou grata a Alan Warde, aluno de doutorado de Bauman e, mais tarde, seu colega no departamento (entrevista realizada em Manchester, 23 ago. 2019), assim como a Antony Bryant, por seu relato sobre Bauman como amigo e colega (entrevista realizada em Leeds, 31 out. 2018).
37. As outras características atribuídas aos naturais de Poznań são: amor pela cidade; uso da linguagem local; um sotaque característico; disciplina, confiabilidade e frugalidade — ou mesmo avareza. Manter os pés no chão e ser equilibrado contrastam com o caráter estereotipicamente romântico dos poloneses do Leste, e isso sem dúvida se deve, em parte, às influências contrastantes das ocupações russa e prussiana durante a partição.
38. O sociólogo alemão Max Weber elaborou a abordagem científica, usando tipos ideais criados a priori.
39. Entrevista com Zygmunt Bauman, Leeds, 1 nov. 2015.
40. Ver: <https://baumaninstitute.leeds.ac.uk/this-is-not-an-obituary>; testemunho de Terry Wassall.
41. Ibid.
42. Ver mais em: <https://baumaninstitute.leeds.ac.uk/this-is-not-an-obituary>.
43. Nesta seção, faço uma avaliação da relação mestre-discípulo de Bauman e Tester usando uma ferramenta teórica que desenvolvi na pesquisa etnográfica (no mundo artístico dos músicos virtuoses e em laboratórios científicos). Os trechos são de entrevistas realizadas em 2013 (com Bauman) e 2018 (com Tester).
44. Essa opinião combina com a análise de Michèle Lamont em seu excelente livro sobre a avaliação acadêmica *How Professors Think* (2010)
45. Em polonês, o termo é *wspólna*, que significa "comum", mas também "compartilhado por pessoas em comum" — aqui traduzido como "consensual".
46. Entrevista com Zygmunt Bauman, Leeds, 31 out. 2013.
47. Ver Becker (1982, cap. 2).
48. Sobre o fenômeno do acoplamento de carreiras para acadêmicos, ver Wagner (2006, 2011); para os virtuoses, Wagner (2015).
49. Minha entrevista com Keith Tester foi realizada na Biblioteca Pública de Londres em 1º de novembro de 2018, poucos meses antes de seu falecimento.
50. Ver apêndice.
51. Trecho adicional: "Naquela época, em meados da década de 1980, houve um racha no departamento de Leeds — o grupo de Bauman e o grupo de Elias. Não havia hostilidade, mas tampouco havia manifestações de apoio entre os dois. Meu melhor amigo na época estava fazendo doutorado com Richard Kilminster, um dos principais adeptos de Elias [...] nunca conversamos sobre isso, mas nós ob-

servávamos [...]. Por que Zygmunt e Elias haviam rompido sua relação? Alguma coisa aconteceu [...] alguém disse que num jantar festivo. Elias teria dito alguma coisa a que Zygmunt se opôs, e depois disso tudo entrou em colapso. Será mesmo verdade? Não faço ideia". Sobre o conflito Elias-Bauman, ver o discurso de louvação a Richard Kilminster por Stephen Mennell, 5-6 abr. 2018: < https://www.stephenmennell.eu/docs/pdf/LaudatioRichardKilminster.pdf >.

52. Max Farrar fez essa afirmação num simpósio dedicado a Bauman na Universidade de Leeds em janeiro de 2019.
53. O orientando podia escolher sua bibliografia e suas ferramentas de investigação. Em outros ambientes acadêmicos, a orientação pode ser uma espécie de relacionamento feudal em que o aluno não decide coisa alguma e é simplesmente um trabalhador desvalorizado.
54. Escrevi sobre esse fenômeno ao analisar a orientação de músicos clássicos (Wagner, 2015), assim como alunos de doutorado em ciências biológicas (Wagner, 2011).
55. Hochfeld pagou uma bolsa de estudos para seu assessor, Strzelecki, do próprio bolso (ver Grochowska, 2014).
56. Stebbins, 2007.

14. Um intelectual no trabalho [pp. 420-58]

1. Peter Beilharz, 2020 MS, p. 208.
2. Esta seção foi escrita da perspectiva da sociologia do trabalho e não leva em consideração elementos como o estilo da escrita ou seu conteúdo.
3. Quando me encontrei com Bauman pela primeira vez, em 2013, não tinha a ideia de escrever sua biografia, mas estava interessada em seu trabalho — não no conteúdo, mas na arte da criação. Essa é a abordagem típica dos sociólogos do trabalho — especialistas em carreiras acadêmicas e ocupações criativas.
4. Lembro-me dessa frase de memória; ela foi dita antes que eu ligasse o gravador.
5. Pesquisa original significa que o acadêmico está coletando dados brutos por si mesmo e não usando exclusivamente publicações existentes para elaborar seu próprio texto.
6. Depois Kuhn popularizou e desenvolveu a abordagem de Fleck em seu livro *A estrutura das revoluções científicas*. Fleck era médico e microbiologista, mas depois de sua morte, em 1961, ficou mais conhecido na sociologia e na história da ciência por suas ideias revolucionárias, publicadas 26 anos antes da obra de Kuhn em *Gênese e desenvolvimento de um fato científico* (1935).
7. As aspas estão no original da carta de Bauman — provavelmente o espaço para os detalhes de referência.
8. Entrevista com Zygmunt Bauman, Leeds, 31 out. 2013.
9. Ibid.

10. Sobre Conrad e seu estilo de escrita, em relação com a diferença da língua nativa, ver a biografia de Korzeniowski (nome de família de Conrad) intitulada *Joseph Conrad: A Life*, por Zdzisław Najder (2007).
11. Entrevista com Zygmunt Bauman, Leeds, 31 out. 2013.
12. Entrevista com John Thompson, Cambridge, 2 nov. 2018.
13. Ibid.
14. Bauman, 1989, p. xiv.
15. Entrevista com Zygmunt Bauman, Leeds, 31 out. 2013.
16. Jasińska-Kania, 2018.
17. Entrevista com Zygmunt Bauman, Leeds, 31 out. 2013.
18. Ibid.
19. Dados compilados por mim entre 2003 e 2015.
20. Beilharz, 2020 MS, p. 136.
21. Ibid., p. 199.
22. Beilharz, 2020 MS.
23. Carta com data de 13 de setembro de 1995 preservada no Arquivo Bauman, Leeds.
24. Entrevista com John Thompson, Cambridge, 2 nov. 2018.
25. Beilharz, 2020 MS, p. 84.
26. Na primeira década do novo milênio, Bauman estava produzindo um livro por ano, inclusive os pequenos livros sobre identidade, comunidade, individualização, amor líquido, medo líquido, tempos líquidos, consumo e ética do consumo (Beilharz, 2020, MS, p. 83). Uma lista completa de suas publicações pode ser encontrada no site do Instituto Bauman e num número especial da revista *Thesis Eleven* dedicado a ele (n. 11, 2020).
27. Peter Beilharz observou: "Em 2013 foram quatro livros, três deles na forma de diálogos, que se tornou o novo modo de discurso preferido, representando o modelo coloquial levado à sua conclusão lógica" (Beilharz, 2020, MS, p. 82).
28. Zeidler Janiszewska, Kubicki e Chrzanowski organizaram diversos eventos relacionados aos Bauman, incluindo palestras, conferências, exposições fotográficas e encontros com os autores.
29. Entrevista realizada em Poznań, 27 nov. 2018.
30. Para mais informações sobre isso, ver Beilharz (2020).
31. Fala de Irena Bauman, 17 jan. 2019, na Universidade de Leeds, durante o simpósio "O legado de Bauman — Pensando em tempos sombrios". Sou grata a Irena por compartilhar o ensaio e me dar permissão para usar a versão gravada do discurso.
32. Meredith Belbin (nascida em 1926) criou um modelo de nove papéis na equipe para identificar os pontos fortes e fracos das pessoas no local de trabalho. Para mais informações, ver <www.belbin.com>.
33. Esse trecho foi datilografado durante o simpósio "O legado de Bauman".
34. De 2009 a 2013, Zygmunt Bauman publicou onze livros, seis dos quais em estilo coloquial.

35. Wagner, 2011.
36. Outros textos vão explorar melhor esse tema; ele exige um livro exclusivo.
37. As cartas de Lena Eilstein estão no Arquivo Bauman, Leeds.
38. J. Bauman, 1998.
39. Ibid., p. vii.
40. Mais informações sobre Janina Bauman e seus textos podem ser encontradas em Wolff (2011).
41. Bauman, 1989, pp. vii-viii.
42. Hughes, 1962.
43. Geertz, 1973.
44. Curiosamente, enquanto escrevia seu livro, Bauman trocou algumas cartas com Eisenstadt. O principal tema da correspondência foi o Holocausto e a modernidade. Subitamente, a correspondência parou. (Jack Palmer está trabalhando sobre essa relação intelectual, analisando as cartas guardadas no Arquivo Bauman em Leeds.)
45. Hughes, 1962.
46. Entrevista com Griselda Pollock, Leeds, 31 out. 2018.
47. Leociak, 2018, p. 71 (grifos meus). Literalmente, "infestado de judeus"; para mais informações sobre a expressão, ver capítulo 1.
48. Beilharz, 2020 MS, p. 206.
49. Todas as citações de John Thompson são da entrevista realizada em Cambridge em 2 nov. 2018.
50. Beilharz, 2020 MS, p. 84.
51. As publicações de sucesso da Polity antes de Bauman incluem traduções de obras de Bourdieu e Habermas (ver mais em Robbins, 2012, pp. 158-9).
52. No estudo das carreiras de cientistas, a maioria dos entrevistados usa essa expressão. O papel da oportunidade e de "estar no lugar certo na hora certa" frequentemente faz referência a seus colaboradores (mais em Wagner, 2011).
53. Beilharz, 2020 MS, p. 208.
54. Citações da primeira versão de Beilharz (2020, MS). Bauman foi acusado de autoplágio, um fenômeno frequente entre autores, sobretudo os que publicam muito. Com mais de setenta livros, seria impossível não se repetir.
55. Bauman também foi acusado de utilizar demasiado a Wikipédia, uma prática frequente para economizar tempo na academia hoje, resultante da pressão e dos prazos curtos que exigem citações exatas e precisas. Bauman trabalhava sozinho, não tinha um assistente de pesquisa (Janina colaborava com ele esporadicamente). E só usou a Wikipédia no último estágio de sua atividade, quando escreveu ensaios. Nunca a utilizou para suas publicações acadêmicas.
56. Beilharz, 2020 MS, p. 208.
57. Ibid., pp. 134-5.
58. Janiak, 2011 (1994). Joanna Janiak produziu em 1994 um documentário para a TV polonesa sobre Janina Bauman e fez uma entrevista com ela, publicada na revista *Miasteczko Poznań* [A cidade de Poznań].

59. J. Bauman, 1988, p. 146.
60. "Ignoranci i impotenci", entrevista de Bauman a Tomasz Kwaśniewski, *Gazeta Wyborcza*, 21 nov. 2010.
61. Agradeço a Peter Beilharz por sua observação sobre o vinho tinto.
62. Embora alguns convidados interpretassem essa placa como um aviso de Bauman, foi Janina que a colocou. A cozinha era definitivamente o espaço de seu marido.
63. Lazer sério, para Stebbins (2007), eram hobbies praticados em nível profissional.
64. Entrevista com Tony Bryant, Leeds, 31 out. 2018.
65. Wagner, 2011.
66. Entrevista com Keith Tester, Londres, 2 nov. 2018.
67. Em 1973, E. P. Thompson, adepto da Nova Esquerda, publicou uma carta de cem páginas endereçada a Kołakowski (ver *Socialist Register*, 1973); ver também Tester (2006).
68. Ver: <http://niniwa22.cba.pl/wina.htm?fbclid=IwAR1iGD6U7vOH47sxo4ozV7I1z1FbWwkd_NblU46fpPEuFtC5jw-FiaB3mU4>.
69. Keith Tester contou-me na entrevista que Bauman ficou realmente magoado com essa situação.
70. "Em 1986, no ano em que me mudei para Leeds, Janina Bauman publicou *Inverno na manhã: Uma jovem no gueto de Varsóvia*. Eu tinha acabado de completar minha tese de doutorado na Universidade de Sheffield por meio da Universidade Hebraica de Jerusalém. Minha tese foi sobre representações raciais do 'judeu' na cultura britânica e minha cabeça estava cheia de novas abordagens historiográficas do antissemitismo europeu. Depois de uma visita exploratória para testar minha adequação, logo me tornei vizinho de Zygmunt e Janina. Começou aí um diálogo — com foco na guinada judaica de Zygmunt (1986-96), amplamente ignorada — que durou quase uma década" (Cheyette, 2020).
71. Wolff, 2011.
72. Esse círculo era composto principalmente de pessoas relacionadas ao Departamento de Artes e Humanidades (por terem trabalhado e estudado nele).
73. Por exemplo, abuso sexual ou dominação masculina.
74. Ver Griselda Pollock, *Thesis Eleven*, 2020 (edição especial dedicada ao legado da obra de Bauman).
75. Há uma ampla correspondência de Eilstein no Arquivo Bauman em Leeds.
76. Carta de Lena Eilstein a Janina e Zygmunt Bauman, 1990. Arquivo Bauman, Leeds.
77. Beilharz, 2020 MS, p. 106. "*Na Zdrowie!*": "Saúde!" em polonês.

15. **Pensador global** [pp. 459-98]

1. Entrevista com Keith Tester, Londres, 2 nov. 2018.
2. Ibid.
3. *Gazeta Wyborcza*: Kwaśniewski, "Dałem się uwieść"; grifos meus.
4. Há também uma expressão popular — "Estou ouvindo (mesmo) minha mulher" — com o mesmo erro.

5. Essa é a linguagem vernacular. "*Brałem pod uwagę jej zdanie*" [Eu considerei a opinião dela] seria um modo mais típico de expressá-lo.
6. Bauman recebeu uma oferta de emprego em Camberra depois de três meses como professor visitante (ver capítulo 12).
7. J. Bauman, 1988, p. 58.
8. Bauman, 2008, p. 132.
9. Termo tomado de empréstimo ao historiador francês Bredel, que analisou o fenômeno a partir de uma ampla perspectiva histórica.
10. Bauman, apud Dąbrowska, 2019, pp. 158-9.
11. Bauman, e-mail a Tester, 2016.
12. J. Bauman, 1988, p. 59.
13. Levinas, 1976.
14. Prokop-Janiec, 2013.
15. Todos esses documentos se encontram no Arquivo Bauman, em Leeds.
16. P. Gontarczyk publicou um artigo na revista do IPN intitulado "Towarzysz 'Semjon', nieznany życiorys Zygmunta Baumana" [Camarada "Semion", currículo desconhecido de Zygmunt Bauman], *Biuletyn IPN*, v. 6, 2006. Com base em dois documentos, ele apresentou a atividade de Bauman fora do contexto, ignorando outros documentos de sua pasta e sem fazer críticas a essas fontes. Foi um artigo politicamente orientado cuja finalidade era promover o descrédito de Bauman, uma autoridade para todos os grupos poloneses de orientação esquerdista e grande parte da jovem intelligentsia.
17. Entrevista com Zygmunt Bauman, Leeds, 1 nov. 2015. Todos os documentos que ele enviou ao primeiro-ministro, à agência alfandegária e ao presidente da PAN foram guardados nos arquivos do serviço secreto e hoje se encontram nos arquivos do IPN.
18. A mesma conclusão foi formulada por Andrzej Werblan, que em 1968 se opunha ao revisionismo, mas em 1989 se tornou um historiador, responsável por um excelente livro sobre o stalinismo na Polônia e por uma biografia de seu amigo Gomułka.
19. Ver entrevista com Simon Tabet (2017).
20. Kraśko, 2017, p. 66.
21. Dąbrowski, 2008.
22. Ryszard Gontarz, "Nowa Droga Zygmunta Baumana", *Kurier Polski*, transcrito em AIPN BU 0 1224/1505.
23. AIPN BU 0 204/7/1/4468/11, "Nota de uma conversa com o Capitão 'K.O.'", Varsóvia — documento datado de 20 de setembro de 1968 — "Secreto".
24. Numa carta endereçada a Bauman em 1989, uma socióloga explicou que sua primeira lembrança dele era de quando recebera a ordem de refazer sua dissertação de mestrado para eliminar todas as referências à sua obra.
25. Wagner, 2011.
26. Ele rejeitou uma oferta para ser professor na Universidade Yale porque ela exigia um foco nos países do bloco soviético.

27. Carta de 18 de julho de 1981 enviada por Samsonowicz ao ministro da Educação Superior. Sou grata a Anna Sfard por esse documento, assim como por outros referentes à relação de seu pai com instituições polonesas de educação superior. Os documentos estão guardados no Arquivo Bauman, em Leeds.
28. A carta é datada de 10 de agosto de 1981 e assinada pelo subsecretário de Estado.
29. Kołakowski, que iniciou seu exílio como professor visitante no Canadá e depois nos Estados Unidos, manteve o passaporte polonês. Baczko (professor visitante em Clermont-Ferrand) e Brus também mantiveram sua cidadania. Morawski permaneceu na Polônia.
30. Carta de 1º de novembro de 1981 enviada por Włodzimierz Brus ao reitor da Universidade de Varsóvia, Henryk Samsonowicz (Arquivo Bauman, Leeds).
31. Essa história foi contada por Bauman em sua entrevista a Anna Mieszczanek em 1988, publicada na coletânea *Krajobraz po Szoku* [A paisagem depois do choque] (1989).
32. Ele usou o termo em inglês.
33. Bauman, apud Mieszczanek (entrevista), 1989, p. 160. O livro de Mieszczanek foi primeiro publicado por uma gráfica clandestina e depois, quando da suspensão do banimento de Bauman, numa edição oficial. Agradeço a Dariusz Brzozowski por me indicar essa entrevista e me contar a história de sua publicação.
34. De acordo com os documentos da Bezpieką, Bauman foi excluído dessa lista em 14 de junho de 1988, mas Janina, apenas em janeiro de 1989.
35. Bauman, 1989, p. 160.
36. Houve também pedidos de desculpas por escrito — por exemplo, uma breve carta de Wesołowski, colega íntimo de Bauman no círculo de Hochfeld. Ver Arquivo Bauman, Leeds.
37. Carta assinada por Marek Ziołkowski, presidente do Comitê de Sociologia da PAN; Arquivo Bauman, Leeds.
38. Nesse documento, Bauman também declara que não pretende pedir compensações relacionadas ao exílio. O documento está em sua pasta pessoal (n. 4982) nos Arquivos da Universidade de Varsóvia.
39. Anna Wojdowska-Iwaszkiewiczowa, numa transmissão da Rádio 2 polonesa em 4 de abril de 2013: <www.polskieradio.pl/8/380/Artykul/822897,Holokaust-zabijanawet-ocalonych>.
40. Anna Zeidler-Janiszewska morreu em 2017, antes que eu pudesse entrevistá-la. Era uma das amizades mais íntimas de Bauman na Polônia.
41. Ver: <https://web.uniroma1.it/disp/en/events/european-amalfi-prize>.
42. Beilharz, 2020 MS, p. 80
43. Dawes, 2011, p. 31.
44. Convenções no sentido beckeriano (Becker, 1982).
45. Ver, por exemplo, Kilminster, 2016, ou Rattansi, 2017.
46. Entrevista com Keith Tester, Londres, 2 nov. 2018.
47. Bauman, 2012.

48. Beilharz, 2020 MS, p. 159
49. Gontarczyk, "Towarzysz 'Semjon'".
50. Adam Michnik, "On the Side of Geremek", *New York Review of Books*, v. 25, set. 2008.
51. De acordo com esse documento, a eleição dos membros do conselho se realizou em 21 de junho com os seguintes resultados: dos 43 votos registrados, 34 foram a favor e seis contra, com três abstenções.
52. O Instituto de Sociologia votou em 18 de julho, com 28 a favor, oito contra e três abstenções.
53. AUW, arquivo pessoal — Bauman, cópia da "Carta enviada por e-mail" pelo professor Jerzy Kwaśniewski em 7 de setembro de 2006 às 21h26.
54. AUW, arquivo pessoal — Bauman, carta da professora Maria Łoś, 24 set. 2006. Grifos meus.
55. Sua colega Helena Wolińska, a primeira e terceira mulher de Włodzimierz Brus, tinha sido promotora na era stalinista e assinado sentenças de morte. Na era pós-comunista, a Polônia solicitou sua extradição. Ela permaneceu no Reino Unido até o fim da vida.
56. Szacki, 2011 (1976).
57. AUW, arquivo pessoal — Bauman. Frase copiada de duas cartas dos presidentes dos conselhos do ISNS e do IS.
58. AUW, arquivo pessoal — Bauman. Carta do presidente do Conselho Científico do IS, datada de 27 de outubro de 2006.
59. AUW, arquivo pessoal — Bauman. Carta do presidente do Conselho Científico do IS, datada de 31 de outubro de 2006.
60. AUW, arquivo pessoal — Bauman. E-mail impresso, sem data, do reitor aos presidentes dos conselhos do ISNS e do IS.
61. Chałubiński, 2017, pp. 33-4 e cap. 8.
62. Piskała e Zysiak, 2013, p. 294.
63. Ver: <www.theguardian.com/books/2007/apr/28/academicexperts.highereducation>.
64. Majmurek, 2019; ver: < https://www.academia.edu/39041706/Praktyka_Teoretyczna_1_31_2019_Anti_Communisms_Discourses_of_Exclusion >, ISSN 2081-8130, DOI: 10.14746/prt.2019.1.10.
65. Bauman, apud Mieszczanek, 1989, p. 164.
66. Essa história me foi contada por Aleksandra Jasińska-Kania em entrevista realizada em Varsóvia em dezembro de 2017.
67. "Judaism as a Fate", apud Molisak, 2004, p. 318.
68. Gross e Pawlicka, 2018.
69. Agradeço a Peter Beilharz por essa informação.
70. Włodzimierz Holsztyński, "Crossroads". Trad. [para o inglês] de Barbara Nykiel-Herbert. Sou grata a Holsztyński e Nykiel-Herbert por seus talentos.

71. Esta seção se baseia em duas entrevistas com Aleksandra Jasińska-Kania realizadas em Varsóvia em 2017 e 2018. A história completa do relacionamento dela e Bauman foi publicada num artigo de Jasińska-Kania (2018) em *Thesis Eleven*.
72. *Morality in the Age of Contingency*. Org. de P. Heelas, S. Lashe P. Morris. Oxford: Blackwell, 1996.
73. Jasińska-Kania, 2018.
74. O relacionamento deles era tão íntimo que agentes dos serviços secretos (provavelmente israelenses), em busca de documentos comprometedores relativos à atividade de Michael Sfard (de promoção da paz entre duas comunidades distintas), foram a Leeds, invadiram a casa de Bauman quando seus moradores estavam ausentes e fizeram uma investigação. Para colocar alguma pressão sobre Sfard, deixaram sinais de que haviam estado lá.
75. Jasińska-Kania, 2018.
76. Aleksandra resolveu visitar a cidade.
77. Também havia membros de outras organizações: NOP e Solidarni 2010.
78. Cała, 2012.
79. Essa informação foi mencionada em seu obituário, escrito por amigos e colaboradores de Poznań. Sou grata ao professor Roman Kubicki por atrair minha atenção para isso.
80. *Information Philosophie*, v. 2, 2014, p. 82.
81. Ver meu artigo sobre ações antissemitas perpetradas durante a conferência sobre a história do Holocausto realizada em Paris: Wagner, 2019.
82. Ver: <http://wroclaw.wyborcza.pl/wroclaw/1,35771,20006221,marsz-przeciwue-dutkiewicz-to-konfident-krzycza.html>.
83. Ver: <https://wroclaw.se.pl/policja-ma-nagrania-ze-spalenia-przez-narodowcow-zdjecia-dutkiewicza-i-baumana-pojda-do-analizy-aa-AgUP-JKKd-uC8r.html>.
84. Sou grata a Janet Woolf pela permissão de mencionar essa carta.
85. Entrevista com Stanisław Obirek, Varsóvia, 25 set. 2018.
86. Jasińska-Kania, 2018.
87. Aleksandra Jasińska-Kania disse-me numa carta (27 jan. 2020): "O último texto [que Zygmunt] escreveu antes de sua morte, deixando-me concluí-lo, foi solicitado por Carlo Bordoni para a revista *Prometeo*. [Trata-se] do artigo que escrevemos em conjunto intitulado 'Zachód chyli się ku upadkowi' [O Ocidente está à beira do colapso], publicado em 2017 em italiano, em 2018 em polonês, na revista *Odra*, e em 2019 em inglês, na revista *Thesis Eleven*".

Conclusão [pp. 499-506]

1. Bauman, 1992, p. 18.
2. Essa categorização foi utilizada por Wiatr (2017b).
3. Bauman, 1956, p. 6.

4. Arne Johan Vetlesen na Universidade de Oslo, Tommy Jensen e Nick Butler em Estocolmo, Mats Alvesson e Karin Jonnergard em Lund, Lena Olaison e Michał Zawadzki em Jonkoping, e Daniel Hjorth em Copenhague.
5. Essa hipótese se baseia em discussões com professores universitários em vários países da União Europeia, no Brasil e nos Estados Unidos, conduzidas informalmente durante mais de cinco anos durante encontros acadêmicos.
6. Hughes, 1945.
7. Bauman, 1986-7, p. 42.
8. Ibid., p. 44

Apêndice [pp. 507-15]

1. Stryjkowski foi um escritor e jornalista especializado nas relações entre poloneses e judeus.
2. Morawski, 1996, p. 111.
3. Exemplo dado por Hughes (1945): o *master status* de um jovem afro-americano não o capacitava a ser médico. Hughes ofereceu duas situações ilustrativas: 1) no caso de um acidente de automóvel à noite, um médico afro-americano poderá atuar nessa condição em casos de emergência e perigo de vida, se for o único médico no local; 2) uma senhora idosa gripada chama um médico e, quando abre a porta, percebendo que é um afro-americano, cancela a consulta, fingindo estar muito melhor. Hughes concluiu que, se a situação não representa um grande risco (uma velha que não é afro-americana sofrendo de uma gripe), o paciente vai cancelar a consulta médica, esperando por um médico que não seja negro. O médico afro-americano não atendeu às expectativas da senhora — ela imaginava que ele seria branco. O *master status* de um médico é qualquer coisa menos uma pessoa negra (isso foi na década de 1940).
4. Hughes, 1945.
5. Oswald Hall defendeu sua tese de doutorado, *The Informal Organization of Medical Practice*, em 1944.
6. Becker, 1963, 1982.
7. O conceito foi empregado pela primeira vez por Shibutani (1955) e discutido por Strauss (1959). Na década de 1980, foi popularizado por Howard Becker em seu livro *Art Worlds* (1982). Adele E. Clarke e Susan Leigh Star, em *The Social Worlds Framework: A Theory/Methods Package*, concluíram que Strauss e Becker "definiram mundos sociais como grupos que possuem compromissos comuns com certas atividades, compartilhando recursos de muitos tipos para atingir seus objetivos e construindo ideologias comuns sobre como tocar seus negócios". Ver: <www.researchgate.net/publication/261948477_The_Social_Worlds_Framework_A_TheoryMethods_Package>.
8. Becker, 1982, cap. 13.

9. Um artigo sociológico distinto sobre a metodologia precisa que utilizei neste livro estará disponível em breve na imprensa acadêmica.

Agradecimentos [pp. 625-9]

1 . Becker, 1982.
2. Wagner, 2015.

Referências bibliográficas

Zygmunt Bauman: Obras publicadas

44 Letters from the Liquid Modern World. Cambridge: Polity, 2010. [Ed. bras.: *44 cartas do mundo líquido moderno*. Trad. de Vera Pereira. Rio de Janeiro: Zahar, 2011.]

A Chronicle of Crisis, 2011-16 [Uma crônica da crise: 2011-2016]. Londres: Social Europe Edition, 2017.

Alone Again: Ethics After Certainty [Sozinho de novo: A ética após a certeza]. Londres: Demos, 1994.

Babel (com E. Mauro). Cambridge: Polity, 2016. [Ed. bras.: *Babel*. Trad. de Renato Aguiar. Rio de Janeiro: Zahar, 2016.]

Bauman/Bałka (com M. Bałka). Varsóvia: Narodowe Centrum Kultury, 2012.

Bauman o popkulturze. Wypisy [Bauman sobre a cultura pop. Excertos]. M. Halawa; P. Wróbel (Orgs.). Varsóvia: Wydawnictwa Akademickie i Profesjonalne, 2008.

Between Class and Elite: The Evolution of the British Labour Movement. A Sociological Study. Manchester: Manchester University Press, 1972. [Ed. original polonesa: *Klasa, ruch, elita. Studium socjologiczne dziejów angielskiego ruchu robotniczego* (Classe, massa, elite: Um estudo sociológico da história do movimento operário inglês). Varsóvia: Państwowe Wydawnictwo Naukowe, 1960.]

Born Liquid (com T. Leoncini). Cambridge: Polity, 2018. [Ed. bras.: *Nascidos em tempos líquidos*. Trad. de Joana Angélica D'Avila Melo. Rio de Janeiro: Zahar, 2018.]

Ciało i przemoc w obliczu ponowoczesności [O corpo e a violência no contexto da pós-modernidade]. Torún: Editora da Universidade Nicolaus Copernicus, 1995.

City of Fears, City of Hopes. Londres: Goldsmith's College, 2003. [Ed. bras.: *Confiança e medo na cidade*. Trad. de Eliana Aguiar. Rio de Janeiro: Zahar, 2009.]

Collateral Damage: Social Inequalities in a Global Age. Cambridge: Polity, 2011. [Ed. bras.: *Dano colateral: Desigualdades sociais numa era global*. Trad. de Carlos Alberto Medeiros. Rio de Janeiro: Zahar, 2013.]

Community: Seeking Safety in an Insecure World. Cambridge: Polity, 2001. [Ed. bras.: *Comunidade: A busca por segurança no mundo atual*. Trad. de Plínio Dentzien. Rio de Janeiro: Zahar, 2003.]

Consuming Life. Cambridge: Polity, 2007. [Ed. bras.: *Vida para consumo*. Trad. de Carlos Alberto Medeiros. Rio de Janeiro: Zahar, 2008.]

Culture as Praxis. Londres: Routledge & Kegan Paul, 1973 (reeditado em 1999 com novo prefácio). [Ed. bras.: *Ensaios sobre o conceito de cultura*. Trad. de Carlos Alberto Medeiros. Rio de Janeiro: Zahar, 2012.]

Culture in a Liquid Modern World. Cambridge: Polity, 2011. [Ed. bras.: *A cultura no mundo líquido moderno*. Trad. de Carlos Alberto Medeiros. Rio de Janeiro: Zahar, 2013.]

Cztery szkice socjologiczne [Carreira: Quatro esboços sociológicos]. Varsóvia: Iskry, 1960a.

Does Ethics Have a Chance in a World of Consumers? Cambridge, MA: Harvard University Press, 2008. [Ed. bras.: *A ética é possível num mundo de consumidores?*. Trad. de Alexandre Werneck. Rio de Janeiro: Zahar, 2011.]

Does the Richness of a Few Benefit Us All?. Cambridge: Polity, 2013. [Ed. bras.: *A riqueza de poucos beneficia todos nós?*. Trad. de Renato Aguiar. Rio de Janeiro: Zahar, 2015.]

Dwa szkice o moralności ponowoczesnej [Dois esboços sobre a ética pós-moderna]. Varsóvia: Instytut Kultury, 1994.

El retorno del péndulo: Sobre psicoanálisis y el futuro del mundo líquido (com Gustavo Dessal). Argentina: Fondo de Cultura Económica, 2014. [Ed. bras.: *O retorno do pêndulo*. Trad. de Joana Angélica d'Avila Melo. Rio de Janeiro: Zahar, 2017.]

Europe: An Unfinished Adventure. Cambridge: Polity, 2004. [Ed. bras.: *Europa: Uma aventura inacabada*. Trad. de Carlos Alberto Medeiros. Rio de Janeiro: Zahar, 2006.]

Freedom [Liberdade]. Milton Keynes: Open University Press, 1988.

Globalization: The Human Consequences. Cambridge: Polity, 1998. [Ed. bras.: *Globalização: As consequências humanas*. Trad. de Marcus Penchel. Rio de Janeiro: Zahar, 1999.]

Humanista w ponowoczesnym świecie. Rozmowy o sztuce życia, nauce, życiu sztuki i innych sprawach [Um humanista no mundo pós-moderno: Conversas sobre a arte da vida, a ciência, a vida da arte e outros assuntos] (com R. Kubickie e A. Zeidler--Janiszewska). Poznań: Zysk i S-ka, 1997.

Hermeneutics and Social Science: Approaches to Understanding [Hermenêutica e ciências sociais: Abordagens para a compreensão]. London: Hutchinson, 1978.

Idee, ideały, ideologie [Ideias, ideais, ideologias]. Varsóvia: Iskry, 1963.

In Praise of Literature (com R. Mazzeo). Cambridge: Polity, 2016b. [Ed. bras.: *O elogio da literatura*. Trad. de Renato Aguiar. Rio de Janeiro: Zahar, 2020.]

Identity: Conversations with Benedetto Vecchi. Cambridge: Polity, 2004. [Ed. bras.: *Identidade: Entrevista a Benedetto Vecchi*. Trad. de Carlos Alberto Medeiros. Rio de Janeiro: Zahar, 2005.]

In Search of Politics. Cambridge: Polity, 1999. [Ed. bras.: *Em busca da política*. Trad. de Marcus Penchel. Rio de Janeiro: Zahar, 2000.]

Intimations of Postmodernity [Intimações da pós-modernidade]. Londres: Routledge, 1992.

Konsumenci w społeczeństwie konsumentów [Consumidores na sociedade de consumidores]. Łódź: Wydawnictwo Uniwersytetu Łódzkiego, 2007.

Kultura i społeczeństwo. Preliminaria [Cultura e sociedade: Uma introdução]. Varsóvia: Państwowe Wydawnictwo Naukowe, 1966.

Legislators and Interpreters: On Modernity, Postmodernity and Intellectuals. Cambridge: Polity, 1987. [Ed. bras.: *Legisladores e intérpretes: Sobre modernidade, pós-modernidade e intelectuais*. Trad. de Renato Aguiar. Rio de Janeiro: Zahar, 2010.]

Life in Fragments: Essays in Postmodern Morality. Oxford: Basil Blackwell, 1995. [Ed. bras.: *Vida em fragmentos: Sobre ética pós-moderna*. Trad. de Alexandre Werneck. Rio de Janeiro: Zahar, 2011.]

Liquid Evil (com L. Donskis). Cambridge: Polity, 2016a. [Ed. bras.: *Mal líquido: Vivendo num mundo sem alternativas*. Trad. de Carlos Alberto Medeiros. Rio de Janeiro: Zahar, 2019.]

Liquid Fear. Cambridge: Polity, 2006. [Ed. bras.: *Medo líquido*. Trad. de Carlos Alberto Medeiros. Rio de Janeiro: Zahar, 2008.]

Liquid Life. Cambridge: Polity, 2005. [Ed. bras.: *Vida líquida*. Trad. de Carlos Alberto Medeiros. Rio de Janeiro: Zahar, 2007.]

Liquid Love: On the Frailty of Human Bonds. Cambridge: Polity, 2003. [Ed. bras.: *Amor líquido: Sobre a fragilidade dos laços humanos*. Trad. de Carlos Alberto Medeiros. Rio de Janeiro: Zahar, 2004.]

Liquid Modern Challenges to Education [Desafios líquidos da modernidade para a educação]. Palestra na Conferência Anual do Grupo Coimbra, em Padova, 26 maio 2011.

Liquid Modernity. Cambridge: Polity, 2000. [Ed. bras.: *Modernidade líquida*. Trad. de Plínio Dentzien. Rio de Janeiro: Zahar, 2001.]

Liquid Surveillance: A Conversation (com D. Lyon). Cambridge: Polity, 2013. [Ed. bras.: *Vigilância líquida*. Trad. de Carlos Alberto Medeiros. Rio de Janeiro: Zahar, 2014.]

Liquid Times: Living in an Age of Uncertainty. Cambridge: Polity, 2007. [Ed. bras.: *Tempos líquidos*. Trad. de Carlos Alberto Medeiros. Rio de Janeiro: Zahar, 2007.]

Living on Borrowed Time: Conversations with Citlali Rovirosa-Madrazo. Cambridge: Polity, 2010. [Ed. bras.: *Vida a crédito: Conversas com Citlali Rovirosa-Madrazo*. Trad. de Alexandre Werneck. Rio de Janeiro: Zahar, 2010.]

Management in a Liquid Modern World [Administração no mundo líquido moderno] (com I. Bauman, J. Kociatkiewicz e M. Kostera). Cambridge: Polity, 2015a.

Memories of Class: The Pre-History and After-Life of Class [Memórias de classe: A pré-história e a pós-vida da classe]. Londres: Routledge & Kegan Paul, 1982.

Między chwilą a pięknem. O sztuce w rozpędzonym świecie [Entre o momento e a beleza: Sobre arte em um mundo acelerado]. Łódź: Wydawnictwo Officyna, 2010.

Modernity and Ambivalence. Cambridge: Polity, 1991. [Ed. bras.: *Modernidade e ambivalência*. Trad. de Marcus Penchel. Rio de Janeiro: Zahar, 1999.]

Modernity and the Holocaust. Ithaca, NY: Cornell University Press, 1989. [Ed. bras.: *Modernidade e Holocausto*. Trad. de Marcus Penchel. Rio de Janeiro: Zahar, 1998.]

Moral Blindness (com L. Donskis). Cambridge: Polity, 2013a. [Ed. bras.: *Cegueira moral*. Trad. de Carlos Alberto Medeiros. Rio de Janeiro: Zahar, 2016.]

Moralność w niestabilnym świecie [Moralidade em um mundo instável]. Poznań: Księgarnia św. Wojciecha.

Mortality, Immortality and Other Life Strategies [Mortalidade, imortalidade e outras estratégias de vida]. Cambridge: Polity, 1992.

Nadzieje i obawy płynnej nowoczesności [Esperanças e medos da modernidade líquida] (com G. Gajewska). Gniezno: Fundacja Collegium Europaeum Gnesnense, 2005.

"O frustracji i kuglarzach" [Sobre frustração e malabaristas], *Kultura*, v. 12, pp. 5-21, 1968.

Of God and Man (com S. Obirek). Cambridge: Polity, 2015b. [Ed. original polonesa: *O Bogu i człowieku* (Sobre Deus e o homem). Cracóvia: Wydawnictwo Literackie, 2013.]

On Education (com R. Mazzeo). Cambridge: Polity, 2012. [Ed. bras.: *Sobre educação e juventude: Conversas com Riccardo Mazzeo*. Trad. de Carlos Alberto Medeiros. Rio de Janeiro: Zahar, 2013.]

On the World and Ourselves [Sobre o mundo e nós mesmos] (com S. Obirek). Cambridge: Polity, 2015c.

Paradoxes of Assimilation [Paradoxos da assimilação]. New Brunswick: Transaction Publishers, 1990.

Postmodern Ethics [Ética pós-moderna]. Oxford: Basil Blackwell, 1993.

Postmodernity and Its Discontents. Cambridge: Polity, 1997. [Ed. bras.: *O mal-estar da pós-modernidade*. Trad. de Mauro Gama. Rio de Janeiro: Zahar, 1998.]

Postmodernity: Chance or Menace? [Pós-modernidade: Oportunidade ou ameaça?]. Lancaster: Centre for the Study of Cultural Values, 1991.

Practices of Selfhood [Práticas de individualidade] (com R. Raud). Cambridge: Polity, 2015.

"Przeciwko monopolowi w nauce" [Contra o monopólio na ciência], *Po Prostu*, n. 48, p. 6, 1956.

Retrotopia. Cambridge: Polity, 2017. [Ed. bras.: *Retrotopia*. Trad. de Renato Aguiar. Rio de Janeiro: Zahar, 2017.]

Sketches in the Theory of Culture. Cambridge: Polity, 2018 (escrito originalmente para publicação em 1968). [Ed. original polonesa: *Szkice z teorii kultury* (Esboços de uma teoria da cultura). Varsóvia: Wydawnictwo Naukowe Scholar, 2017.]

Society Under Siege [A sociedade sitiada]. Cambridge: Polity, 2002.

Socjalizm brytyjski: Źródła, filozofia, doktryna polityczna [Socialismo britânico: Origens, filosofia, doutrina política]. Varsóvia: Państwowe Wydawnictwo Naukowe, 1959.

Socjologia na co dzień [Sociologia do cotidiano]. Varsóvia: Iskry, 1962a.

Społeczeństwo, w którym żyjemy [A sociedade em que vivemos]. Varsóvia: Książka i Wiedza, 1962.

State of Crisis (com C. Bordoni). Cambridge: Polity, 2014. [Ed. bras.: *Estado de crise*. Trad. de Renato Aguiar. Rio de Janeiro: Zahar, 2016.]

Strangers at our Door. Cambridge: Polity, 2016. [Ed. bras.: *Estranhos à nossa porta*. Trad. de Carlos Alberto Medeiros. Rio de Janeiro: Zahar, 2017.]

Systemy partyjne współczesnego kapitalizmu [Sistemas partidários no capitalismo contemporâneo]. Varsóvia: Książka i Wiedza, 1962.

The Active Utopia [A utopia ativa]. Londres: George Allen & Unwin, 1976.

The Art of Life. Cambridge: Polity, 2008. [Ed. bras.: *A arte da vida*. Trad. de Carlos Alberto Medeiros. Rio de Janeiro: Zahar, 2009.]

The Individualized Society. Cambridge: Polity, 2001. [Ed. bras.: *A sociedade individualizada*. Trad. de José Gradel. Rio de Janeiro: Zahar, 2008.]

Thinking Sociologically (com Tim May). 2. ed. Oxford: Blackwell, 2001. [Ed. bras.: *Aprendendo a pensar com a sociologia*. Trad. de Alexandre Werneck. Rio de Janeiro: Zahar, 2010.]

This Is Not a Diary. Cambridge: Polity, 2012. [Ed. bras.: *Isto não é um diário*. Trad. de Carlos Alberto Medeiros. Rio de Janeiro: Zahar, 2012.]

Towards a Critical Sociology: An Essay on Common-Sense and Emancipation. Londres: Routledge & Kegan Paul, 1976. [Ed. bras.: *Por uma sociologia crítica: Ensaios sobre senso comum e emancipação*. Trad. de Antônio Amaro Cirurgião. Rio de Janeiro: Zahar, 1977.]

"Valores morais e éticos da Revolução de Outubro: Um homem numa sociedade socialista". Transcrição da palestra de Bauman numa sessão científica organizada pelo Conselho Regional de Estudantes da Associação da Juventude Rural em Łodź, 9-10 dez. 1967.

Wasted Lives: Modernity and its Outcasts. Cambridge: Polity, 2004. [Ed. bras.: *Vidas desperdiçadas*. Trad. de Carlos Alberto Medeiros. Rio de Janeiro: Zahar, 2005.]

What Use Is Sociology? (com K. Tester e M. H. Jacobsen). Cambridge: Polity, 2013b. [Ed. bras.: *Para que serve a sociologia?* Trad. de Carlos Alberto Medeiros. Rio de Janeiro: Zahar, 2015.]

Wizje ludzkiego świata. Studia nad społeczną genezą i funkcją socjologii [Visões do mundo humano: estudos sobre a gênese da sociedade e a função da sociologia]. Varsóvia: Książka i Wiedza, 1964b.

Work, Consumerism and the New Poor [Trabalho, consumismo e os novos pobres]. Milton Keynes: Open University Press, 1998.

Zagadnienia centralizmu demokratycznego w pracach Lenina [Sobre o centralismo democrático nas obras de Lênin]. Varsóvia: Książka i Wiedza, 1957.

Zarys marksistowskiej teorii społeczeństwa [Esboço de uma teoria marxista da sociedade]. Varsóvia: Państwowe Wydawnictwo Naukowe, 1964a.

Zarys socjologii. Zagadnienia i pojęcia [Um esboço da sociologia: Temas e conceitos]. Varsóvia: Państwowe Wydawnictwo Naukowe, 1962b.

Z deszczu pod rynnę? Przyczynek do dziejów kulturowego patronatu [Da chuva para a sarjeta? Uma contribuição para a história do mecenato cultural]. Varsóvia: Narodowe Centrum Kultury, 2010.

Z dziejów demokratycznego ideału [A história do ideal democrático]. Varsóvia: Iskry, 1960b.

Z zagadnień współczesnej socjologii amerykańskiej [Questões da sociologia americana contemporânea]. Warszawa: Książka i Wiedza, 1961.

Bibliografia geral

ABBOTT, A. "On the Concept of Turning Point". *Comparative Social Research*, v. 16, pp. 85-105, 1997.

ALEKSIUN, N. "Intimate Violence: Jewish Testimonies on Victims and Perpetrators in Eastern Galicia". *Holocaust Studies*, v. 23, pp. 1-2, 2017. (Edição especial: "Jews and Gentiles in Central and Eastern Europe during the Holocaust in History and Memory".)

_____. "Together but Apart: University Experience of Jewish Students in the Second Polish Republic". *Acta Poloniae Historica*, v. 109, pp. 109-37, 2014.

_____. *Dokąd dalej? Ruch syjonistyczny w Polsce* (1944-1950). Varsóvia: Trio, 2002.

ALLEN, A. *The Fantastic Laboratory of Dr. Weigl: How Two Brave Scientists Battled Typhus and Sabotaged the Nazis*. Nova York: W. W. Norton & Co., 2014.

ANDERSON, E. *Code of the Street*. Nova York: W. W. Norton & Co., 2000.

APPLEBAUM, A. *Gulag: A History*. Nova York: Anchor Books, 2004.

_____. *Red Famine: Stalin's War on Ukraine*. Nova York: Anchor Books, 2018.

BAGGULEY, Campbell; PALMER, J. "Public Service and Jippi-Jappa — 100 Years of Leeds History". *Network Magazine of the British Sociological Association*, primavera 2018.

BARTNICZAK, M. "Ze starych i nowych dziejów Ostrowi Mazowieckiej. Nazwa, Herb i geneza miasta". *Ziemia*, pp. 52-74, 1972. Disponível em: <http://ziemia.pttk.pl/Ziemia/Artykul_1972_006.pdf>.

BARTOSZEWSKI, W. "Tajny komplet na Żoliborzu. Tragiczna karta z dziejów nauki podziemnej". In: SUŁEK, A. (Org.). *Socjologia na Uniwersytecie Warszawskim*. Varsóvia: IFiS PAN, 2007.

BARUCH, M. *Servir l'État français*. Paris: Fayard, 1997.

BAUMAN, J. *A Dream of Belonging: My Years in Postwar Poland*. Londres: Virago, 1988.

_____. "Demons of Other People's Fear: The Plight of the Gypsies". *Thesis Eleven*, v. 54, n. 1, pp. 51-62, 1998.

_____. *Nigdzie na ziemi. Powroty. Opowiadania*. Łodź: Wydawnictwo Oficyna, 2011.

_____. *Winter in the Morning: A Young Girl's Life in the Warsaw Ghetto and Beyond, 1939-1945*. Bath: Chivers Press, 1986-7. [Ed. bras.: *Inverno na manhã: Uma jovem no gueto de Varsóvia*. Trad. de Carlos Alberto Medeiros. Rio de Janeiro: Zahar, 2005.]

BECKER, H. *Art Worlds*. Berkeley: University of California Press, 1982.

_____. *Outsiders: Studies in the Sociology of Deviance*. Nova York: The Free Press of Glencoe, 1963.

BEILHARZ, P. *Intimacy in Postmodern Times: A Friendship with Zygmunt Bauman*. Manchester: Manchester University Press, 2020 [páginas indicadas do manuscrito — MS].

BERGER, L. *Korczak, un homme, un symbole*. Paris: Magnard, 1989.

BIKONT, A. *My z Jedwabnego*. Varsóvia: Wydawn. Proszyński i S-ka, 2004.

_____. *Sendlerowa*. Wołowiec: W ukryciu. Wyd. Czarne, 2017.

BIKONT, A.; ŁUCZYWO, H. *Jacek*. Varsóvia: Agora e Wołowiec: Czarne, 2018.

BLOBAUM, R. (Org.) *Antisemitism and Its Opponents in Modern Poland*. Ithaca, NY: Cornell University Press, 2005.

BRYKCZYŃSKI, P. *Gotowi na przemoc. Mord, antysemityzm i demokracja w międzywojennej Polsce*. Varsóvia: Wyd. Krytyki Politycznej, 2017.

CAŁA, A. *Ochrona bezpieczeństwa fizycznego Żydów w Polsce powojennej: Komisje Specjalne przy Centralnym Komitecie Żydów w Polsce*. Varsóvia: Żydowski Instytut Historyczny, 2014.

_____. *Żyd — wróg odwieczny?* Varsóvia: Wydawnictwo Nisza, 2012.

CHAŁUBIŃSKI, M. "Powroty do Juliana Hochfelda". *Studia Socjologiczno-Polityczne*, v. 1, n. 6, pp. 27-41, 2017.

CHAPOULIE, J.-M. *La Tradition Sociologique de Chicago*. Paris: Seuil, 2001.

CHĘCIŃSKI, S. *Poland, Communism, Nationalism, Anti-Semitism*. Nova York: Karz-Cohl, 1982.

CHEYETTE, B. "Zygmunt Bauman's Window: From Jews to Strangers and Back Again". *Thesis Eleven*, v. 156, n. 1, pp. 67-85, 2020.

CHMIELEWSKI, A. "Academies of Hatred", 2015. Disponível em: <https://adamjchmielewski.blogspot.com/2015/07/academies-of-hatred.html>.

_____. *Politics and Recognition: Toward a New Political Aesthetics*. Londres: Routledge, 2020.

CLARKE, C. *Eichmann: The Man and His Crimes*. Nova York: Ballantine Books, 1960.

CZAPIGO, D.; BIAŁAS, M. *Berlingowcy. Żołnierze tragiczni*. Varsóvia: RM, 2015.

CZAPLIŃSKI, P. "Katastrofa wsteczna". *Poznańskie Studia Polonistyczne — Seria Literacka*, v. 25, p. 45, 2015.

CZARNY, B. "Wpływ aspirantów Katedry Ekonomii Politycznej w Instytucie Kształcenia Kadr Naukowych w Warszawie na polską ekonomię po II wojnie światowej". *Ekonomia*, v. 41, 2015. Disponível em: <http://ekonomia.wne.uw.edu.pl/ekonomia/getFile/760>.

CZERNECKI, I. "An Intellectual Offensive: The Ford Foundation and the Destalinization of the Polish Social Sciences". *Cold War History*, v. 13, n. 3, pp. 289-319, 2013. Disponível em: <http://dx.doi.org/10.1080/14682745.2012.756473>.

DĄBROWSKA, J. *Miłość jest warta starania. Rozmowy z Mistrzami*. Varsóvia: Agora, 2019.

DĄBROWSKI, F. "Ryszard Gontarz. Funkcjonariusz UB i SB, Dziennikarz PRL". "Komentarze Historyczne". *Biuletyn IPN*, 2008.

DAVIS, N. *Rising '44: The Battle for Warsaw*. Nova York: Macmillan, 2004.

_____. *Trail of Hope: The Anders Army, an Odyssey across Three Continents*. Oxford: Osprey Publishing, 2015.

DAWES, S. "The Role of the Intellectual in Liquid Modernity: An Interview with Zygmunt Bauman". *Theory, Culture & Society*, v. 28, n. 3, pp. 130-48, 2011.

DEJONG-LAMBERT, W. "Lysenkoism in Poland". *Journal of the History of Biology*, v. 45, n. 3, pp. 499-524, 2012.

DEPO, J. "Korpus Bezpieczeństwa". *Bezpieczeństwo. Teoria i Praktyka*, v. 1, n. 6, pp. 125-39, 2012.

DŁAWICHOWSKI, K. A. "Szkoły jakich nie było". *Koszalińskie Towarzystwo Społeczno-Kulturalne*, v. 1-4, Koszalin: 1983.

EISLER, J. *Polski Rok 1968*. Varsóvia: Instytut Pamięci Narodowej, 2006.

ENGELKING, B.; GRABOWSKI, J. (Orgs.). *Dalejjestnoc. Dalej jest noc. Losy Żysów w wybranych powiatach okupowanej Polski*. Varsóvia: Centrum Badań nad Zagładą Żydow, 2018.

FEDUSZKA, J. *Gdzie słońce wschodzi i kędy zapada. ... Granice przez czasy, religie, krainy, miasta, wioski, podwórka, rodziny. Katalog wystawy w Muzeum Zamojskim*, 2001. Disponível em: <https://roztoczepoludniowe.com/granice/>.

FEINER, S. *Hadkalah and History: The Emergence of a Modern Jewish Historical Consciousness*. Liverpool: Liverpool University Press, 2004.

FIJUTH-DUDEK, A. *Marzec 68 Leopolda Ungera*, 2018. Disponível em: <http://ohistorie.eu/tag/marzec-68/?print=pdf-search&fbclid=IwAR026eV_49rIwR026e-V_0PeYtw49r9tBX33DdM9nnOrqkQw3ySNr8tLZIgPWodM1_vFVYWI>.

FINN, P.; COUVEE, P. *The Zhivago Affair: The Kremlin, the CIA, and the Battle Over a Forbidden Book*. Nova York: Pantheon Books, 2014.

FLECK, Ludwik. *Style myślowe i fakty*. Varsóvia: IFiS PAN, 1935.

FRIEDMAN, S. "Julian Hochfeld (1911-1966)". *Revue Française de Sociologie*, v. 7, n. 4, 1966.

FRISZKE, A. *Anatomia Buntu: Kuroń, Modzelewski i Komandosi*. WydZnak, 2010.

FRISZKE, A.; KARSKI, J. "Czy Powstanie Warszawskie było potrzebne". *Gazeta Wyborcza*, v. 178, p. 16, 1997.

FROST, S. *Schooling as a Socio-Political Expression: Jewish Education in Interwar Poland*. Jerusalém: Magnes Press, 1998.

GAMBETTA, Diego. *The Sicilian Mafia: The Business of Private Protection*. Cambridge, MA: Harvard University Press, 1993.

GDULA, M. "The Warsaw School of Marxism", *State of Affairs*, v. 13, pp. 197-226. Varsóvia: Instytut Socjologii Uniwersytet Warszawski, 2017.

GEERTZ, C. "Thick Description: Toward an Interpretive Theory of Culture". In: ____. *The Interpretation of Cultures: Selected Essays*. Nova York: Basic Books, 1973.

GEWIRTZ, J. *Unlikely Partners: Chinese Reformers, Western Economists, and the Making of Global China*. Cambridge, MA: Harvard University Press, 2017.

GŁOWIŃSKI, M. *Marcowe gadanie: Komentarze do słów, 1966-1971*. Varsóvia: Wydawn. Pomost, 1991.

GMYR, M. "Represyjne działania Wojsk Bezpieczeństwa Wewnętrznego województwa łódzkiego w pierwszym półroczu 1946r". *Aparat Represji w Polsce Ludowej 1944-1989*, v. 1, n. 10, pp. 167-83, 2012. Disponível em: <http://bazhum.muzhp.pl/media//files/Aparat_Represji_w_Polsce_Ludowej_1944_1989/Aparat_Represji_w_Polsce_Ludowej_1944_1989-r2012-t-n1(10)/Aparat_Represji_w_Polsce_Ludowej_1944_1989-r2012-t-n1(10)-s167-183/Aparat_Represji_w_Polsce_Ludowej_1944_1989-r2012-t-n1(10)-s167-183.pdf >.

GOFFMAN, A. *The Presentation of Self in Everyday Life*. Nova York: Anchor Books, 1959.

GOLDKORN, W. *Dziecko w śniegu*. Wołowiec: Czarne, 2018.

____. "'Ludzie w ciemnych czasach' — rozmowa z Zygmuntem Baumanem". *Odra*, v. 10, pp. 14-9, 2013.

GRABOWSKI, J. *Hunt for the Jews: Betrayal and Murder in German-Occupied Poland*. Bloomington: Indiana University Press, 2013.

GRAY LEMASTER, C. *A Corner of the Tapestry: A History of the Jewish Experience in Arkansas 1820s-1990s*. Fayetteville: University of Arkansas Press, 1994.

GREETED, C. *The Interpretation of Cultures*. Nova York: Basic Books, 1973.

GROCHOWSKA, M. *Strzelecki. Śladem nadziei*. Varsóvia: Świat Książki, 2014.

GROSS, J. T. *Neighbors: The Destruction of the Jewish Community in Jedwabne, Poland*. Princeton: Princeton University Press, 2001.

_____. "Niepamięćz biorowa". In: MICHNIK, A. (Org.). *Przeciw Antysemityzmowi 1936--2009*. Cracóvia: Universitas, 2010.

_____. *Strach. Antysemityzm w Polce tuż po wojnie. Historia moralnej zapaści*. Znak: Krak.w, 2006.

_____. *Upiorna dekada. Trzy eseje o stereotypach na temat Żydów, Polaków, Niemców i komunistów 1939-1948*. Cracóvia: Towarzystwo autorow i Wydawcow Prac Naukowych Universitas, 1998.

GROSS, J. T.; GRUDZINSKA-GROSS, I. *Golden Harvest: Events at the Periphery of the Holocaust*. Nova York: Oxford University Press, 2012.

GROSS, J. T.; PAWLICKA, A. *Bardzo dawno temu, mniej więcej w zeszły piątek*... Varsóvia: WydAB, 2018.

GRYNBERG, H. *Drohobycz, Drohobycz and Other Stories: True Tales from the Holocaust and Life After*. Londres: Penguin, 2002.

_____. "Ludzie Żydom zgotowali ten los". *Prawda nieartystyczna*. Varsóvia: PIW, 1994.

GRYNBERG, M. *Księga wyjścia*. Wołowiec: Wyd. Czarne, 2018.

HALSEY, A. H. *A History of Sociology in Britain: Science, Literature, and Society*. Oxford: Oxford University Press, 2004.

HARDY, J. *Poland's New Capitalism*. Londres: Pluto Press, 2009.

HIRSZOWICZ, M. *Pułapki Zaangażowania. Intelektualiści w służbie komunizmu*. Varsóvia: Scholar, 2001.

HNATIUK, Aleksandra. *Odwaga i strach*. Breslávia: KEW, 2016.

HOCHFELD, J. "Marksizm-socjologia-socjalizm. Wybór pism". *Studia Socjologiczne*, v. 4, n. 7, 1962, org. de Jerzy J. Wiatr. Varsóvia: PWN, 1982.

HUENER, J. *Auschwitz, Poland, and the Politics of Commemoration, 1945-1979*. Athens: Ohio University Press, 2003.

HUGHES, E. "Dilemmas and Contradictions of Status". *The American Journal of Sociology*, v. 50, n. 5, pp. 353-9, 1945.

_____. "Good People and Dirty Work". *Social Problems*, v. 10, n. 1, pp. 3-11, 1962.

_____. *The Sociological Eye*. Chicago: Aldine-Atherton, 1971.

JANIAK, J. "Polski styl". *Miasteczko Poznań — Żydowskie Pismo o Małych Ojczyznach*, v. 1, n. 8, 2011 [1994]. [Entrevista com Janina Bauman.]

JASIŃSKA-KANIA, A. "Living with Zygmunt Bauman, Before and After". *Thesis Eleven*, pp. 86-90, 2018.

JASTRZĄB, Ł. "Raporty o antysemickich wystąpieniach w Polsce po I wojnie swiatowej". *Pamiętnik Biblioteki Kórnickiej*. 0551-3790. Z. 32, 2015.

JAWORSKI, M. *Powstanie i działalność Korpusu Bezpieczeństwa Wewnętrznego*. Varsóvia: Akademia Spraw Wewnętrznych, KatedraHistorii i Archiwistyki, 1984.

JEDLICKI, J. *Źle urodzeni czyli o doświadczeniu historycznym*. *Scripta i poscripta*. Londres: Annex, 1993.

JEDLICKI, W. *Klub Krzywego Koła*. Paris: Wyd. Instytut Literacki, 1963.

JĘDRYCHOWSKI, S. "Nowe Widnokręgi: ze wspomnień (część III)". *Kwartalnik Historii Prasy Polskiej*, v. 19, n. 4, pp. 45-61, 1980.

KEFF, B. *Antysemityzm. Niezamknięta historia*. Varsóvia: Wydawnictwo Czarna Owca, 2013.

KEMP-WELCH, T. "Khrushchev's 'Secret Speech' and Polish Politics: The Spring of 1956". *Europe-Asia Studies*, v. 48, n. 2, pp. 181-206, 1996.

KERSTEN, K. *The Establishment of Communist Rule in Poland, 1943-1948*. Berkeley e Los Angeles: University of California Press, 1991.

KIJEK, K. "Między integracją w wykluczeniem. Doświadczenia szkolne jako czynnik politycznej socjalizacji młodzieży żydowskiej w Polsce okresu międzywojennego". In: LOMPART, Aleksandra (Org.). *Jednostka zakorzeniona? Wykorzeniona?* Varsóvia: Warsaw University Press, 2010.

KIJOWSKI, J. "Okruchy wspomnień o żydowskiej Ostrołęce". Żydzi w Ostrołęce, 2014. Disponível em: <http://mazowsze.hist.pl/28/Zeszyty_Naukowe_Ostroleckiego_Towarzystwa_Naukowego/645/2002/22891>.

_____. "Powiat Ostrołęka w pierwszej dekadzie rządów komunistycznych, Mazowsze i Podlasie w ogniu 1944-1956'. *Powiat Ostrołęka w pierwszej dekadzie rządów komunistycznych*, 2010. Disponível em: <http://mazowsze.hist.pl/17/Rocznik_Mazowiecki/395/2010/13021>.

KILIAS, J. *Goście ze Wschodu. Socjologia polska lat sześćdziesiątych XX wieku a nauka światowa*. Cracóvia: Nomos, 2017.

_____. "Socjologia polska i czeska: wzajemne stosunki, ich charakter i konteksty". *Stan Rzeczy*, v. 10, pp. 283-315. Varsóvia: WUW, 2016.

KILMINSTER, R. "Overcritique and Ambiguity in Zygmunt Bauman's Sociology: A Long-term Perspective". In: JACOBSEN, M. H. (Org.). *Beyond Bauman: Critical Engagements and Creative Excursions*. Londres: Taylor Francis, 2016.

KLAPP, O. *Symbolic Leaders: Public Dramas and PublicMen*. Londres: Taylor and Francis Group, 1964.

KŁÓDŹ, A. *Tajemnica Pana Cukra*. Varsóvia: Wielka Litera, 2015.

KŁOSKOWSKA, A. "Wojna i socjologia". *Kultura i Społeczeństwo*, v. 33, n. 2, 1989.

KOMAR, M. *Zarazwy buchnie*. Varsóvia: Czuły Barbarzyńca Press, 2015.

KOPALIŃSKI, W. *Słownik wyrazów obcych i zwrotów obcojęzycznych*. Varsóvia: Wiedza Powszechna, 1980.

KOSSEWSKA, E. *Ona jeszcze mówi po polsku, ale śmieje się po hebrajsku Partyjna prasa polskojęzyczna i integracjakulturowa polskich Żydów w Izraelu* (1948-1970). Varsóvia: Warsaw University Press, 2015.

KOZIŃSKA-WITT, H. "Reakcja samorządu krakowskiego na akty gwałtu dokonywane na ludności żydowskiej w okresie Drugiej Rzeczypospolitej (według sprawozdań prasowych)". *Kwartalnik Historii Żydów*, v. 251, pp. 559-82, 2014.

KOŹMIŃSKA-FREJLAK, E. "The Adaptation of Survivors to the Post-War Reality from 1944 to 1949". In: TYCH, F.; ADAMCZYK-GRABOWSKA, M. (Orgs.). *Jewish Presence in Absence: The Aftermath of the Holocaust in Poland, 1944-2010*. Yad Vashem, Jerusalém: The International Institute for Holocaust Research, 2014.

KRAJEWSKI, K.; ŁABUSZEWSKI, T. "Ziemia ostrołęcka w walce z komunizmem 1944--1954". *Fundacja Pamiętamy*, 2008. Disponível em: <www.solidarni.waw.pl/pobierz/FundacjaPamietamy/ostroleka.pdf≥.

KRAŚKO, N. *Instytucjonalizacja socjologii w Polsce 1920-1970*. Varsóvia: WN PWN, 1996.

_____. "Zygmunt Bauman: Człowiek — Uczony — Profeta". *Zdanie*, v. 1-2, pp. 172-3, 2017.

KRZYZANOWSKI, L. *Ghost Citizens: Jewish Return to a Postwar City*. Cambridge, MA: Harvard University Press, 2020.

KUHN, T. S. *The Structure of Scientific Revolutions*. Cambridge, MA: Harvard University Press, 1960.

ŁABĘDŹ, L. "Odmiany losu socjologii w Polsce". In: SUŁEK, Antonii (Org.). *Socjologia na Uniwersytecie Warszawskim. Fragmenty historii*. Varsóvia: Wydawnictwo IDiS PAN, 2007. pp. 208-17.

_____. "The Destinies of Sociology in Poland". *Soviet Survey*, v. 29, 1959.

LAMONT, M. *How Professors Think: Inside the Curious World of Academic Judgment*. Cambridge, MA: Harvard University Press, 2010.

LANDAU, L. *Kronika lat wojny i okupacji*, v. 1: *Wrzesień 1939 — listopad 1940*. Varsóvia: PWN, 1962.

LANDAU-CZAJKA, A. *Syn będzie Lech. Asymilacja Żydów w Polsce międzywojennej*. Varsóvia: Neriton, 2006.

LEOCIAK, J. *Młyny Boże. Zapiski o Kościele i Zagładzie*. Wołowiec: Wyd. Czarne, 2018.

ŁEPKOWSKI, T. *Myśli o historii Polski i Polaków*. Varsóvia: CDN, 1983.

LEVINAS, E. "Entre Deux mondes (la voie de Franz Rosenweig)". In: _____. *Difficile Liberté*. Paris: Albin Michel, 1976.

LIKIERNIK, S. *By Devil's Luck: A Tale of Resistance in Wartime Warsaw*. Edimburgo: Mainstream Publishing Company Ltd, 2001.

LIPIŃSKI, P. *Bicia nie trzeba było ich uczyć. Proces Humera i oficerów śledczych Urzędu Bezpieczeństwa*. Wołowiec: Wyd. Czarne, 2016.

MAJMUREK, J. "Polish Deadlock: Between Liberal and Right-Wing Anti-Communism". *Praktyka Teoretyczna*, v. 1, n. 31, pp. 174-7, 2019.

MAŁA encyklopedia rolnicza. Varsóvia: Państwowe Wydawnictwo Rolnicze i Leśne, 1964.

MARAMOROSCH, K. *The Thorny Road to Success: A Memoir*. Bloomington: iUniverse, 2015.

MARKIEWICZ, H. "Przeciw nienawiści i pogardzie". *Teksty Drugie*, v. 6. Varsóvia: Instytut Badań Literackich, 2004. Disponível em: <http://rcin.org.pl/Content/53490/WA248_69054_P-I-2524_markiew-przeciw.pdf>.

MATYJASZEK, K. "Produkcja Przestrzeni Żydowskiej w dawnej i współczesnej Polsce". Cracóvia: Universidade de Cracóvia, 2019. Disponível em: <https://universitas.com.pl/produkt/3878/Produkcja-przestrzeni-zydowskiej-w-dawnej-i-wspolczesnej-Polsce>.

MENG, M. *Shattered Spaces: Jewish Sites in Germany and Poland after1945*. Chapel Hill: Universidade da Carolina do Norte, 2008. Tese (Doutorado).

MERDA, R. "Adam Schaff wobec ewolucji poglądów filozoficznych Leszka Kołakowskiego. O sporach programowych w polskim marksizmie". *Folia Philosophica*, Katowice, v. 38, pp. 137-46, 2017.

MICHNIK, A.; MARCZYK, A. *Against Anti-Semitism: An Anthology of Twentieth-Century Polish Writings*. Oxford: Oxford University Press, 2017.

MIESZCZANEK, A. "Homecoming". In: _____. *Krajobraz po Szoku*. Varsóvia: Przedświt, 1989. [Entrevista com Bauman.]

MIŁOSZ, C. *The Captive Mind*. Londres: Secker & Warburg, 1953.

_____. *Wyprawa w dwudziestolecie*. Cracóvia: Wydawnictwo Literackie, 1999.

MODZELEWSKI, K. *Zajeździmy kobyłę historii. Wyznania poobijanego jeźdźca*. Varsóvia: Iskry, 2013.

MODZELEWSKI, K.; WERBLAN, A. *Modzelewski-Werblan. Polska Ludowa*. Org. de R. Walenciak. Varsóvia: Iskry, 2017.

MOLISAK, A. *Judaizm jako los. Rzecz o Bogdanie Wojdowskim*. Varsóvia: Wydawnictwo Warszawa, 2004.

MÓRAWSKI, K. *Dzieje miasta*. Varsóvia: Książka i Wiedza, 2003.

MORAWSKI, S. "Kto-m zacz?" In: TURSKI, M. (Org.). *Losy żydowskie, Świadectwo żywych*. Varsóvia: Stowarzyszenie Żydów Kombatantów i Poszkodowanych w II Wojnie Światowe, 1996, pp. 80-118.

NAFALSKI, J. *Pod sztandarem 4 Pomorskiej Dywizji Piechoty im. Jana Kilińskiego*. Varsóvia: Wydawnictwo Ministerstwa Obrony Narodowej, 1978.

NAJDER, Z. *Joseph Conrad: A Life*. Rochester, NY: Camden House, 2007.

NALEWAJKO-KULIKOV, J. *Strategie przetrwania. Żydzi po aryjskiej stronie Warszawy*. Varsóvia: IH PAN, 2004.

NATHAN, T. *L'Influence qui guérit*. Paris: Odile Jacob, 1994.

NATKOWSKA, M. *Numerus Clausus, Getto Ławkowe, Numerus Nullus, Paragraf Aryjski, Antysemityzm na Uniwersytecie Warszawskim 1931-1939*. Varsóvia: ŻIH, 1999.

NESTEROWICZ, P. *Każdy został człowiekiem*. Wołowiec: Czarne, 2017.

NEWMAN, M. *Ralph Miliband and the Politics of the New Left*. Londres: The Merlin Press, 2002.

NIZIOŁEK, A.; KOSAKOWSKA, K. *Fira. Poznańscy Żydzi. Opowieść o życiu. Albumy i wspomnienia Firy Małamedzon-Salańskiej*. Poznań: Wyd. Exemplum, 2016.

NUSSBAUM, K. "Jews in the Kościuszko Division and First Polish Army". In: DAVIES, N.; POLONSKY, A. (Orgs.). *Jews in Eastern Poland and the USSR, 1939-46. Studies in Russia and East Europe*. Londres: Palgrave Macmillan, 1991.

PASTUSZKA, S. J. *Życie kulturalne w Polskich Siłach Zbrojnych na Zachodzie w czasie II wojny światowej*. Varsóvia: Kielce, 2010.

PAULSSON, G. S. *Secret City: The Hidden Jews of Warsaw*. New Haven, CT: Yale University Press, 2003.

PERSKI, A. "Polenrevoltens antisemitiska vändning". *Dagens Nyheter*, pp. 16-7, 29 abr. 2013.

PISKAŁA, K.; ZYSIAK, A. "Świątynia nauki, fundament demokracji czy fabryka specjalistów?" *Praktyka Teoretyczna* v. 3, n. 9, 2013. Disponível em: <https://pressto.amu.edu.pl/index.php/prt/article/view/2950>.

PLESKOT, P. "Jak wyjechać na Zachód? Procedury wyjazdów polskich uczonych do państw kapitalistycznych z ramienia uczelni wyższych i PAN w latach 1955-1989". In: FRANASZEK, P. (Org.). *Naukowcy wladzy, wladza naukowcom. Studia*. Varsóvia: Instytut Pamięci Narodowe, 2010.

PROKOP-JANIEC, E. "Jew, Pole, Artist: Constructing Identity after the Holocaust". *Holocaust in Literary and Cultural Studies*. Varsóvia: Teksty Drugie/IBL PAN, 2013. Disponível em: <http://tekstydrugie.pl/wp-content/uploads/2016/06/Teksty_Drugie_2013_s.e.vol_.2_Holocaust_in_Literary_and_Cultural_Studies.pdf>.

PRZYŁĘBSKI, A. "Rectification". *Information Philosophie*, n. 2, p. 130, 2014.

PUŁAWSKI, A. *W obliczu Zagłady. Rząd RP na Uchodźstwie, Delegatura Rządu RP na Kraj, ZWZ-AK wobec deportacji Żydów do obozów zagłady* (1941-1942). Lublin: IPN, 2009.

______. *Wobec "niespotykanego w dziejach mordu". Rząd RP na uchodźstwie, Delegatura Rządu RP na kraj, AK a eksterminacja ludności żydowskiej od "wielkiej akcji" do powstania w getcie warszawskim*. Chełm: Stowarzyszenie Rocznik Chełmski, 2018.

RABINOWICZ, H. "The Battle of the Ghetto Benches". *The Jewish Quarterly Review*, v. 55, n. 2, pp. 151-9, 1964.

RAM, U. *The Changing Agenda of Israeli Sociology: Theory, Ideology, and Identity*. Albany: University of New York Press, 1995.

RAPOPORT, Y. *The Doctor's Plot of 1953*. Cambridge, MA: Harvard University Press, 1991.

RATTANSI, A, *Bauman and Contemporary Sociology: A Critical Analysis*. Manchester: Manchester University Press, 2017.

REDLICH, S. "Jews in General Anders' Army in the Soviet Union, 1941-1942". *Soviet Jewish Affairs*, v. 2, pp. 90-8, 1971.

ROBBINS, D. *French Post-War Social Theory: International Knowledge Transfer*. Thousands Oaks, CA: Sage, 2012.

ROCZNIK Statystycznymiasta Poznania — Rok gospodarczy, abr.-dez. 1921.

ROLAND, P. *The Jewish Resistance: Uprisings against the Nazis in World War II*. Londres: Arcturus, 2017.

ROTH, W.; JAL, M. "The Rashomon Effect". *Sociological Methods & Research*, v. 31, n. 2, pp. 131-73, 2002. Disponível em: <www.researchgate.net/publication/242742606_The_Rashomon_Effect>.

RUDNICKI, S. "From 'Numerus Clausus' to 'Numerus Nullus'". *Polin. A Journal of Polish-Jewish Studies*, v. 2, pp. 246-68, 1987.

RUTKOWSKI, T. P. "Na stykunauki i polityki. Uniwersytet Warszawski w PRL 1944-1989". *Dzieje Uniwersytetu Warszawskiego po 1945*. Varsóvia: Wydawnictwo Uniwersytetu Warszawskiego, 2016.

SALTHERWHITE, J. H. *Varieties of Marxist Humanism: Philosophical Revision in Postwar Eastern Europe*. Pittsburg: University of Pittsburg Press, 1992.

SAYAD, A. *The Suffering of the Immigrant*. Cambridge: Polity, 2004.

SCHAFF, A. *Próba podsumowania*. Warsaw: Wyd. Scholar, 1999.

SHIBUTANI, T. "Reference Groups as Perspectives". *The American Journal of Sociology*, v. 60, n. 6, pp. 562-9, 1955.

SINAI, S. *Sociological Knowledge and Collective Identity: S. N. Eisenstadt and Israeli Society*. Londres: Routledge, 2019.

SKIBIŃSKA, A. *"Martwa Fala". Zbiór artykułów o antysemityzmie*. Prefácio de S. R. Dobrowolski. Varsóvia: Społdzielnia Wydawnicza Wiedza, 2018.

SKIBIŃSKA, R. "The Return of Jewish Holocaust Survivors and the Reaction of the Polish Population". In: TYCH, F.; ADAMCZYK-GRABOWSKA, M. (Orgs.) *Jewish Presence in Absence: The Aftermath of the Holocaust in Poland, 1944-2010*. Yad Vasheme, Jerusalém: The International Institute for Holocaust Research, 2014.

SKÓRZYNSKA, J.; OLEJNICZAK, W. *Do zobaczenia za rok w Jerozolimie — deportacje Polskich Zydow w 1938 roku z Niemiec do Zbąszynia*. Poznań: Fundacja TRES, 2012.

SŁABEK, H. *Dzieje polskiej reformy rolnej, 1944-48*. Varsóvia: Wiedza Powszechna, 1972.

SŁONIMSKI, A. "Dwie ojczyzny". *Wiadomości Literackie*, v. 3, 1938.

SMOLAR, A. "The Rich and the Powerful". In: BRUMBERG, A. (Org.). *Poland: Genesis of a Revolution*. Nova York: Vintage Books, 1983. pp. 42-53.

SNYDER, Timothy. *Nationalism, Marxism and Modern Central Europe: A Biography of Kazimierz Kelles-Krauz (1872-1905)*. Cambridge, MA: Harvard University Press, 1997.

SOBIECKA, M.; ŚLĘŻAK, M. *In the Journey Called Living*. E-book dedicado a Manfred Lachs. Disponível em: <https://issuu.com/ikmpsa/docs/manfred_lachs_w_podrozy__ktora_nazy>.

SOHN, A.-M. "Les 'Jeunes', la 'jeunesse' et les sciences sociales (1950-1970)". In: CHAPOULIE J.-M. et al. (Orgs.). *Sociologues et sociologies. La France des années 60*. Paris: L'Harmattan, 2005.

STEBBINS, R. *Serious Leisure: A Perspective for Our Time*. Piscataway, NJ: Transaction, 2007.

STOLA, D. "Jewish Emigration from Communist Poland: The Decline of Polish Jewry in the Aftermath of the Holocaust". *East European Jewish Affairs*, v. 47, pp. 2-3 , 2017.

_____. *Kraj bez wyjścia? Migracje z Polski 1949-1989*. Varsóvia: IPN, 2010.

STRAUSS, A. "A Social World Perspective". In: DENZIN, N. (Org.). *Studies in Symbolic Interaction*, v. 1. Greenwich, CT: JAI Press, 1978.

_____. *Mirrors and Masks: The Search for Identity*. Glencoe, IL: Free Press, 1959.

SUŁEK, A. *Obrazy z życia sociologii w Polsce*. Varsóvia: Oficyna Naukowa, 2011.

_____. *Ogród metodologii socjologicznej*. Varsóvia: Scholar, 2002.

SZACKI, J. "Kilka uwag o artykule prof. A. Podgóreckiego". *Studia Socjologiczne*, v. 1, n. 60, pp. 226-9, 2011 [1976].

SZER, W. *Do naszych dzieci. Wspomnienia*. Varsóvia: Żydowski Instytut Historyczny im. Emanuela Ringenbluma, 2013.

SZNAJDERMAN, M. *Fałszerze pieprzu. Historie rodzinne*. Wołowiec: Wyd. Czarne, 2016.

SZTOMPKA, P. *Recenzja dot. dorobku prof. Shmuela Noaha Eisenstadta in Uchwała nr 262 Senatu Uniwersytetu Warszawskiego z dnia 17 listopada 2004*. Disponível em: <www.uw.edu.pl/wp-content/uploads/2014/05/Eisenstadt.pdf>.

TABET, S. "Interview with Zygmunt Bauman: From the Modern Project to the Liquid World". *Theory, Culture & Society*, v. 34, n. 7-8, pp. 131-46, 2017.

TESTER, K. *Conversations with Zygmunt Bauman*. Cambridge, Oxford, Boston e Nova York: Polity, 2001. [Ed. bras.: *Bauman sobre Bauman: Diálogos com Keith Tester*. Trad. Carlos Alberto Medeiros. Rio de Janeiro: Zahar, 2011.]

_____. "Intellectual Immigration and the English Idiom (Or, a Tale of Bustards and Eagles)". *Polish Sociological Review*, v. 155, pp. 275-91, 2006.

TESTER, K.; JACOBSEN, M.; BAUMAN, Z. "Bauman Before Exile — A Conversation with Zygmunt Bauman". *Polish Sociological Review*, v. 155, 2006.

THOMPSON, E. P. "An Open Letter to Leszek Kołakowski". *Socialist Register*, v. 10, 1973.

THRASHER, F. M. *The Gang: A Study of 1,313 Gangs in Chicago*. Chicago: University of Chicago Press, 1927.

TOKARSKA-BAKIR, J. *Legendy o krwi. Antropologia przesądu*. Wołowiec: Wyd. Czarne, 2008.

_____. *Okrzyki Pogromowe. Szkice z antropologii historycznej Polski lat 1939-1946*. Wołowiec: Wyd. Czarne, 2012.

_____. *Pod klątwą: społeczny portret pogromu kieleckiego*. Wołowiec: Wyd. Czarna Owca, 2018.

TOMASZEWSKI, J. *Preludium zagłady. Wygnanie Żydów Polskich z Niemiec w 1938r*. Varsóvia: PWN zawa, 1998.

TUWIM, J. "Polish Flowers". In: _____. *The Dancing Socrates and Other Poems*. Org. e trad. de Adam Gillon. Nova York: Twayne, 1968.

WAGNER, I. *Becoming a Transnational Professional. Kariery i mobilność polskich elit naukowych*. Varsóvia: Wyd. Naukowe Scholar, 2011.

_____. "Career Coupling: Career Making in the Elite Worlds of Musicians and Scientists". *Qualitative Sociology Review*, v. 2, n. 3, 2006. Disponível em: <www.qualitativesociologyreview.org/ENG/Volume5/QSR_2_3_Wagner.pdf >.

_____. "Confronting Polish Responsibility for the Shoah in Paris". *The New School for Social Research Public Seminar*, 2019. Disponível em: <www.publicseminar.org/2019/04/the-subtext-of-a-recent-international-scandal-part-one-2>.

_____. "Discovering the Secret of Excellence: Everett Hughes as a Source of Inspiration in Researching Creative Careers". In: SANTORO, M.; HELMES-HAYES, R. (Orgs.). *The Anthem Companion to Everett Hughes*. Londres: Anthem, 2016. pp. 193-210.

_____. *Producing Excellence: Making of a Virtuoso*. New Brunswick, NY: Rutgers University Press, 2015.

_____. "Works and Career Aspects of Ghetto Laboratories". In: PRIPIC, Katarina; WEIJDEN, Inge van der; ASHUELOVA, Nadia (Orgs.). *Researching Scientific Careers*, edição especial de *Social Studies of Science* (Academia de Ciências da Rússia e ESA RN STS), 2014.

WEIL, S. "On Multiple Modernities, Civilizations and Ancient Judaism". Entrevista com Shmuel Eisenstadt. *European Societies*, v. 12, n. 4, 2010.

WIATR, Jerzy. "Julian Hochfeld — ideolog PPS wybitny polski socjolog. Działanie polityczne a refleksja naukowa". In: SKRABALAK, Maria Witold (Org.). *Polscy socjaliści w XX wieku: ich rodowody oraz uwarunkowania ich działalności*. Varsóvia: Philip Wilson, 2010.

_____. "Otwarty Marksizm i odrodzenie socjologii: rola Juliana Hochfelda i Zygmunta Baumana". *Studia Socjologiczno-Polityczne*, v. 1, n. 6. Varsóvia: Wyd. Instytut Socjologii Uniwersytet Warszawski, pp. 13-25, 2017a.

_____. "Zygmunt Bauman — wielki uczony polskiej i światowej lewicy". *Myśl Socjaldemokratyczna*, n. 1-2, 2017b. Disponível em: <http://serwer1780760.home.pl/autoinstalator/wordpress/wp-content/uploads/2017/08/2017_1-2_CA%C5%81O%C5%9A%C4%86.pdf>.

WINCŁAWSKI, Włodzimierz. "Wyimki z kalendarza socjologii polskiej". *Przegląd Socjologiczny*, v. 55. n. 2, pp. 189-247, 2006. Disponível em: <http://cejsh.icm.edu.pl/cejsh/element/bwmeta1.element.desklight-56c53d29-c20e-4acc-bdff-2524c2f004fd/c/KRONIKA.pdf>.

WISZNIEWICZ, J. *Życie przecięte. Opowieści pokolenia Marca*. Wołowiec: Wyd. Czarne, Sękowa, 2008.

WITKOWSKI, R. *The Jews of Poznań: A Brief Guide to Jewish History and Cultural Sights*. Poznań: Wydawnictwo Miejskie Posnania, 2012.

WÓJCIK, Ryszard. *Kapryśna gwiazda Rudolfa Weigla*. Gdańsk: Gdańsk University Press, 2015.

WOLFF, J. "A 'Small, Limited World': Janina Bauman's Personal and Historical Stories". *Thesis Eleven*, v. 107, n. 1, 2011.

WORSLEY, P. *An Academic Skating on Thin Ice*. Nova York e Oxford: Bergahn Books, 2008.

WYKA, K. *Gospodarka wyłączona, w tegoż, Życie na niby. Pamiętnik po klęsce*. Cracóvia: Wyd. Literackie, 1984.

_____. "Potę ga ciemnoty potwierdzona". *Odrodzenie*, v. 43, 23 set. 1945.

ZAREMBA, M. *Wielka Trwoga. Polska 1944-1947 Ludowa Reakcja na Kryzys*. Cracóvia: Znak, 2012.

ŻBIKOWSKI, A. "The Post-War Wave of Pogroms and Killings". In: TYCH, F.; ADAMCZYK-GRABOWSKA, M. (Orgs.). *Jewish Presence in Absence: The Aftermath of the Holocaust in Poland, 1944-2010*. Yad Vasheme, Jerusalém: The International Institute for Holocaust Research, 2014.

ŻUROWICZ, J. [Bauman, Z.]. *Na Kołobrzeg!* Varsóvia: Wydawnictwo Ministerstwa Obrony Narodowej, 1953a.

_____. *W Krzeczuchach znów spokój. Opowieść o żołnierzach KBW*. Varsóvia: Wydawnictwo Ministerstwa Obrony Narodowej, 1953b.

Arquivos

AAN	Archiwum Akt Nowych (Arquivos de Novas Leis), Varsóvia.
AIPN	Archiwum Instytut Pamięci Narodowej (Arquivos do Instituto da Memória Nacional), Varsóvia.
AMP	Archiwa Miasta Poznania (Arquivos Municipais de Poznań).
APAN	Archiwum Polskiej Akademii Nauk (Arquivos da Academia Polonesa de Ciências).
APZPR	Archiwum Państwowe w Warszawie, Komitet Warszawski PZPR (Arquivos de Estado em Varsóvia, Comitê de Varsóvia do PZPR).
AUW	Archiwum Uniwersytetu Warszawskiego (Arquivos da Universidade de Varsóvia).
Arquivo Bauman, Leeds	Arquivo Janina e Zygmunt Bauman, Coleção Especial da Universidade de Leeds.

Agradecimentos

Ao contrário da crença popular, mesmo livros de um único autor não são o produto de um trabalhador solitário,[1] e muitas pessoas formaram elos na longa cadeia de colaboração que levou à versão final desta obra.

Sou profundamente grata a Arthur Allen, meu amigo há oito anos e meu colaborador mais próximo, sem o qual eu não conseguiria proporcionar aos falantes do inglês o prazer de ler este livro. Arthur é um escritor de sucesso e autor de *Vaccine: The Controversial Story of Medicine's Greatest Lifesaver*. Redator e editor da seção de saúde e ciência da revista *Politico*, com sede em Washington, DC, ele é um jornalista muito requisitado, mas encontrou tempo para esta biografia de Bauman porque é também um apaixonado historiador. Quando nos conhecemos, em 2011, ele estava trabalhando na produção de seu livro *The Fantastic Laboratory of Dr. Weigl* (2014), e me tornei sua assistente de pesquisa de documentos poloneses e consultora em questões relativas a certas partes da história da Polônia. Graças à minha contribuição ao projeto de Arthur, aprendi muito sobre a Segunda Guerra Mundial, documentos do pós-guerra, o Instituto da Memória Nacional (Instytut Pamięci Narodowej, IPN) e outros arquivos da Polônia. Esse conhecimento foi fundamental para a documentação apresentada aqui.

Não sou uma falante nativa da língua inglesa, na qual me tornei autodidata depois de receber educação formal em polonês e francês. Arthur não apenas corrigiu meus erros, detectou falsos cognatos e me instigou a ser mais precisa, cética e clara. Ele entendeu perfeitamente minhas piadas, meu estilo pessoal e minha escrita emotiva, o que foi fundamental para manter minha forma de expressão particular — o maior desafio na "tradução cultural". Com suas correções, Arthur conseguiu exprimir o que eu queria dizer, mas não sabia como!

Sua contribuição não se deu apenas do ponto de vista editorial, mas também histórico. Suas observações, perguntas, orientações e sugestões formais (como separar capítulos ou reformular títulos) me ajudaram a moldar minha narrativa de forma mais clara, sem deixar de lado a pertinência científica. Sou profundamente grata pelas horas, dias e meses que Arthur dedicou à correção deste manuscrito (ele também editou meu livro anterior, *Producing Excellence*)[2] e por seus comentários e palpites estimulantes. Trabalhamos juntos nesses três livros cheios de confiança e fascínio pelo trabalho um do outro; e se o fascínio não é tão raro, a confiança é excepcional. Nossa amizade e colaboração tornaram a escrita uma atividade menos solitária e mais agradável.

Também sou grata às muitas pessoas que confiaram em mim e dedicaram seu tempo a recordar experiências com Bauman como professor, colega, amigo ou parente. Essa longa lista começa com Aleksandra Jasińska-Kania, que possibilitou minhas duas entrevistas com Bauman; ela preparou nossos encontros, que foram extremamente ricos em novos dados. Sou grata também pelas entrevistas e conversas que tivemos após o falecimento dele. Foi ela que me apresentou às filhas de Bauman.

Sou profundamente grata a Anna Sfard, Lydia Bauman e Irena Bauman pela confiança, pelo enorme impulso que deram à minha pesquisa e pelas fascinantes conversas que tivemos. Elas não só me concederam seu tempo e responderam a todas as perguntas que fiz como também me deram livre acesso a dois manuscritos inéditos do pai. Esses textos extraordinários (que obtive em dezembro de 2017) confirmaram minha hipótese anterior e completaram a imagem mental que elaborei a partir de minhas entrevistas com Bauman. Também quero agradecer pela autorização para reprodução de fotografias da família. Sou particularmente grata a Lydia Bauman pela confiança e por me dar acesso ao diário particular em que ela descreve a viagem da família a Israel em 1968. Ela também concordou com o uso de um retrato de seu pai pintado por ela.

Sou imensamente grata a outras 39 pessoas que vivem em diferentes partes do mundo e que entrevistei para este livro. Em Varsóvia (em ordem cronológica de entrevistas) conheci Karol Modzelewski, Barbara e Jerzy Szacki, Andrzej Werblan, Józef Hen, Aleksandra Jasińska-Kania, Michał Komar, Stanisław Obirek, Marian Turski, Adam Michnik, Jerzy Wiatr, Tomasz Kitliński e seus pais e Adam Ostolski; em Poznań, Roman Kubicki e Tomasz Kowalski; em Genebra, Bronisław Baczko; em Nova York, Irena Grudzińska-Gross, Krystyna Fischer e Jan T. Gross; em Israel, Emanuel Marx, Shalva Weil e Uri Ram; no Reino Unido, Griselda Pollock, Tony Bryant, Janet Wolff, Keith Tester, John Thompson, Alan Warde e Monika Kostera. Esta última entrevista foi feita por Skype. Também gostaria de agradecer a três pessoas que não quiseram ter seus nomes mencionados. Falei ainda por telefone e/ou mantive correspondência com Adam Chmielewski, Leszek Kwiatkowski, Joanna Tokarska-Bakir, Włodek Goldkorn, Aleksander Perski, Elżbieta Kossewska, Barbara Toruńczyk e Peter Beilharz.

Gostaria de expressar minha especial gratidão a Włodzimierz Holsztyński por nossa correspondência e por seu longo e detalhado relato da atividade de oposição na Universidade de Varsóvia na sucessão de eventos que conduziram a março de 1968. Também sou profundamente grata a ele pela permissão de citar seus poemas. O talento de Holsztyński complementou minha narrativa em momentos nos quais a linguagem acadêmica era inadequada em comparação com a estética poética. Eu gostaria de agradecer a Barbara Netrepko-Herbert por suas traduções para o inglês dos poemas de Holsztyński e de Janina Bauman. Também sou grata a Łukasz Gos por sua tradução do poema de Antoni Słonimski.

Este livro também se beneficiou dos talentos de outros artistas: os fotógrafos Agata Szczypińska, Michele Monasta, Łukasz Cynalewski e Tomasz Kowalski. Eu gostaria de agradecer ainda ao historiador da arte Dariusz Konstantynow por nossas conversas e por me permitir publicar uma peça de sua coleção de caricaturas antissemitas.

Agradeço à família Bauman pela permissão para reproduzir fotografias de Zygmunt Bauman e poemas de Janina Bauman que descobri em arquivos do serviço secreto no IPN. Gostaria de agradecer a Beata Kowalczyk e Mariusz Finkielsztein por me ajudarem na coleta de dados e por seu trabalho junto aos arquivos do IPN, da Universidade de Varsóvia, da Academia Polonesa de Ciências (Polska Akademia Nauk) e dos Novos Arquivos (Archiwum Akt Nowych). Jarosław Kilias me ajudou com os arquivos da Sociedade Polonesa de Sociologia e Wanda Lacrampe contribuiu na exploração dos Arquivos do Partido Operário Unificado Polonês em Milanówek. Gostaria de agradecer ainda à escritora Anna Kłys, que me ofereceu espontaneamente sua ajuda na pesquisa dos Arquivos da Cidade de Poznań. Quero também agradecer a Patryk Pleskot, do IPN, por sua ajuda no estudo dos arquivos do antigo serviço secreto. No estágio final de meu trabalho, Dariusz Brzeziński, da Academia Polonesa de Ciências, apresentou-me a seus colegas Mark Davis e Tony Campbell, do Instituto Bauman. Eles me convidaram a fazer uma palestra na Universidade de Leeds, onde Griselda Pollock me franqueou a consulta de documentos nos arquivos da instituição e no Arquivo da Coleção Especial Janina e Zygmunt Bauman (doravante Arquivo Bauman). A pesquisa que realizei em Leeds não teria tido sucesso (muitos documentos ainda não estavam catalogados) sem o auxílio de Jack Palmer, Timothy Procter e Carolyne Bolton. Jack também me ajudou com informações sobre a Universidade de Leeds e o ambiente da sociologia britânica, e facilitou meu acesso a artigos e livros. Mariusz Finkielsztein, Andrzej Nowak, Pietro Ingalina e Katarzyna Kwiatkowska-Moskalewicz me deram igualmente um grande apoio, ajudando-me a encontrar fontes em polonês, inglês e francês.

De muitas formas, contei com a ajuda e o apoio constantes de Beata Chmiel. Primeiro, ela me ajudou a reunir a maioria dos artigos impressos e dos livros em polonês citados neste volume, obtendo esse material com segurança e eficiência. Além disso, nos últimos cinco anos ela tem me enviado tudo que encontra na internet sobre Zygmunt Bauman (minha casa tem acesso limitado). Beata mostrou grande apoio e entusiasmo por meu trabalho e me abriu uma série de portas — entrevistas, correspondência por cartas e debates. Ela foi uma excelente guia e conselheira no processo de conclusão deste livro. Outras pessoas me ofereceram grande apoio por meio de conversas e debates inspiradores. Estou em dívida com meus amigos Alicja Badowska-Wójcik e Ryszard Wójcik, bem como Claire Bernard e Paul Gradvohl, que me aconselharam com sabedoria quando precisei. Agradeço calorosamente a Lucyna Gebert por seu apoio, conexões e informações preciosas.

Uma das últimas e mais importantes etapas da produção de um livro é poder contar com comentários sobre o manuscrito. Quero agradecer do fundo do coração a todos que leram e comentaram meus rascunhos e me encorajaram. Meu primeiro leitor, Mariusz Finkielsztein, nunca hesitou em apontar meus erros, tais como parágrafos excessivamente longos ou explicações confusas. Como especialista em tédio acadêmico, ele teve particular atenção ao ritmo e à velocidade da narrativa. Também quero agradecer a Jean-Michel Chapoulie, Stanisław Obirek, Michał Komar, Beata Kowalczyk, Anna Rosińska, Beata Chmiel, Maciej Gdula, Adam Ostolski, Natalia Aleksiun, Włodek Goldkorn, Andrzej Nowak, Agata Czarnacka e Monika Kostera por suas observações e perguntas sobre o manuscrito.

Sou particularmente grata a Jan Tomasz Gross, Agnieszka Wiercholska e Aleksander Perski pela leitura cuidadosa e qualificada de todo o manuscrito — o verão de 2019 foi animado por nossas discussões, das quais também participaram Danuta e Henryk Kowalski; passamos horas falando sobre a história da Polônia, o engajamento com o comunismo e 1968, e também sobre nossas próprias experiências de emigração. Foi o arranjo perfeito para os retoques finais do livro.

Também quero agradecer ao meu revisor pelos conselhos motivadores e perguntas pertinentes que tornaram a obra menos extensa e mais precisa. Sou grata a John Thompson da Polity por sua paciência, ajuda e profunda compreensão de minhas condições de trabalho. Sua postura sempre foi de incentivo, apoio e estímulo. Foi um prazer saber que meu trabalho tinha importância e era aguardado, mas sem pressões desnecessárias. Também quero agradecer a Leigh Mueller, responsável pela preparação dos originais, por sua paciência e olhar atento, que detectou alguns erros remanescentes. E quero agradecer a todos da Polity por seu trabalho e envolvimento neste projeto.

Este livro envolveu um longo processo de coleta de dados (iniciado em 2013), com muitas viagens, ausência física e indisponibilidade mental. Minha família suportou tudo isso de maneira compreensiva; felizmente, cada um de nós é apaixonado pelo próprio trabalho. Sou grata a meus filhos, Filip Saffray e Anna Saffray-Borowski, assim como a suas famílias, pela tolerância e compreensão, e peço profundas desculpas por minha ausência em momentos muito importantes para eles. Devido a meu grande envolvimento neste projeto, a vida de Bauman foi com frequência o principal tema de discussão em nossa casa durante seis anos. Sou imensamente grata a meu marido, Philippe Saffray, pela paciência infinita, o incrível apoio e a compreensão profunda do meu trabalho. Ele foi meu instrutor permanente e o principal parceiro em todas as discussões, ajudando-me a formular todas as minhas hipóteses e questões. Embora sua profissão seja outra, Philippe compartilhou minha paixão com entusiasmo e lealdade. Quando passei por momentos difíceis de dúvida e cansaço, ele conseguiu encurtá-los. Sem o seu estímulo e apoio, e sem as nossas proveitosas discussões, este livro jamais teria sido concluído.

Um projeto que envolve entrevistas em diferentes partes do mundo requer suporte financeiro. Quero agradecer à Fundação Kościuszko por seu apoio a minha pesquisa com foco nos cientistas poloneses instalados nos Estados Unidos a partir da emigração de 1968. Graças à sua bolsa de estudos, passei o semestre da primavera de 2016 na New School for Social Research, na cidade de Nova York, e realizei diversas entrevistas com emigrantes, muitos dos quais conheciam Bauman. Também quero agradecer a Griselda Pollock, Jack Palmer e ao Instituto Bauman pelos convites para ir a Leeds, onde concluí meu processo de coleta de dados. Cobri algumas pequenas despesas de viagem com recursos concedidos pela Universidade de Varsóvia, mas a maior parte dos gastos foi coberta por minha família, incluindo meus pais. Sem o seu estímulo, eu jamais teria sido capaz de concluir o livro.

Por último, mas não menos importante, quero expressar minha gratidão a Keith Tester, que me ofereceu grande apoio no processo de preparação e escrita da segunda parte da obra. Ele sempre me ofereceu excelentes comentários, estimulando discussões e trocas de ideias inspiradoras. Nosso curto mas intenso relacionamento profissional terminou de maneira abrupta com o seu falecimento, e este livro é dedicado à sua memória.

Créditos das imagens

pp. 1, 4-10, 12, 13, 15-17, 20: Acervo da família Bauman
p. 2: Agata Szczypinska-Puisais
pp. 11 e 14: Instytut Pamięci Narodowej — IPN
pp. 18-19: Stefano Casati
pp. 21-22: Collegium Civitas University
p. 23: Carlo Bordoni
p. 24: Łukasz Cynalewski

Índice remissivo

ESTA OBRA FOI COMPOSTA POR MARI TABOADA EM DANTE PRO E
IMPRESSA EM OFSETE PELA GRÁFICA SANTA MARTA SOBRE PAPEL PÓLEN SOFT
DA SUZANO S.A. PARA A EDITORA SCHWARCZ EM NOVEMBRO DE 2020

FSC
www.fsc.org
MISTO
Papel produzido a partir de fontes responsáveis
FSC® C011188

A marca FSC® é a garantia de que a madeira utilizada na fabricação do papel deste livro provém de florestas que foram gerenciadas de maneira ambientalmente correta, socialmente justa e economicamente viável, além de outras fontes de origem controlada.